全国优秀教材二等奖

“十二五”普通高等教育本科国家级规划教材

中国电力教育协会高校电气类专业精品教材

发电厂电气部分

（第五版）

主编　苗世洪　朱永利

编写　律方成　李永刚

　　　刘继春　卢锦玲

主审　涂光瑜　张伏生

中国电力出版社

CHINA ELECTRIC POWER PRESS

内 容 提 要

本书为“十二五”普通高等教育本科国家级规划教材。

本书以发电厂电气部分为主，着重叙述发电、变电和输电的电气主系统的构成、设计和运行的基本理论和计算方法，相应地介绍主要电气设备的原理和性能。全书共分为十章，主要内容包括能源和发电，发电、变电和输电的电气部分，常用计算的基本理论和方法，电气主接线及设计，厂用电接线及设计，导体和电气设备的原理与选择，配电装置，发电厂和变电站的控制与信号，同步发电机的运行及电力变压器的运行等。本书与第四版相比，突出反映了现代电力工业的现状、特点及发展方向，增加了高压直流换流站、600MW和1000MW机组及智能变电站等方面的新技术内容，删除了一些陈旧、不适合当前教学的内容。

本书可作为高等院校电气工程及其自动化专业及相关专业的本科教材，也可作为高职高专和函授教材，同时还可供从事发电厂和变电站电气设计、运行、管理工作的工程技术人员参考。

图书在版编目（CIP）数据

发电厂电气部分/苗世洪，朱永利主编. —5版. —北京：中国电力出版社，2015.8（2024.12重印）
“十二五”普通高等教育本科国家级规划教材
ISBN 978-7-5123-7280-1

Ⅰ.①发… Ⅱ.①苗…②朱… Ⅲ.①发电厂-电气设备-高等学校-教材②电厂电气系统-高等学校-教材 Ⅳ.①TM62

中国版本图书馆CIP数据核字（2015）第039521号

出版发行：中国电力出版社
地　　址：北京市东城区北京站西街19号（邮政编码100005）
网　　址：http://www.cepp.sgcc.com.cn
责任编辑：陈　硕（010-63412532）
责任校对：黄　蓓
装帧设计：郝晓燕
责任印制：吴　迪

印　　刷：固安县铭成印刷有限公司
版　　次：1987年11月第一版　2015年8月第五版
印　　次：2024年12月北京第七十四次印刷
开　　本：787毫米×1092毫米　16开本
印　　张：24.75
字　　数：608千字
定　　价：59.00元

前　言

本书是根据第一批“十二五”普通高等教育本科国家级规划教材的编写要求及2013年8月在北京召开的“发电厂电气部分（第五版）修订会议”确定的大纲进行修订的。

本书在广泛征求有关学校意见的基础上，保留了《发电厂电气部分（第四版）》教材的主要内容，并进行了如下修订：突出反映了现代电力工业的现状、特点及发展方向，增加了高压直流换流站、600MW及1000MW机组及智能变电站等方面的新技术内容，删除了一些陈旧、不适合教学的内容。

本书由华中科技大学、华北电力大学和四川大学联合编写。第一、二、五章由华中科技大学苗世洪教授编写、修订，第七、八、九、十章分别由华北电力大学卢锦玲副教授、朱永利教授、李永刚教授、律方成教授编写、修订，第三、四、六章由四川大学刘继春教授编写、修订。本书由苗世洪教授、朱永利教授任主编，由苗世洪教授负责全书的统稿。

在本书的编写过程中，限于编写人员的理论水平与实践经验，加之编写时间仓促，书中难免有缺点和错误，敬请读者批评指正。

编　者

2015年7月

第四版前言

本书第三版自 2004 年 8 月问世以来，承各兄弟院校、电气工程领域同仁与广大读者的厚爱，纷纷采用本书作为电气工程及其自动化专业本科生的教材，并于 2007 年被评为电力行业精品教材。

面对如此众多的读者，编者深感社会责任之重大。特别是随着科学技术日新月异的进步和我国电力工业的快速发展，电力技术有许多观点需要更新、许多理论需要修正、许多方法需要补充和改进，也有许多算例需要充实。这也是本书再版时考虑应达到的目标，但由于时间和精力的限制，这次改版来不及做系统的重大修改，只是作了局部的调整和修正，以便适时满足教学之急需，敬请读者见谅。

本书与第三版相比，有以下一些特点。

（1）与时俱进，反映了现代电力工业的现状及特点，如节能减排，"一特四大"，1000MW 大容量发电机组的电气主接线和特点，750kV 超高压和 1000kV 特高压在电力系统中的作用，以及数字化发电厂和数字化变电站等。

（2）新增封闭母线的发热与散热平衡和电动力的计算、电气主接线可靠性计算方法，既有理论分析，又有算例，可操作性强，便于教与学。

（3）有规律性，也就是人们认识、掌握、分析、设计与运行，进而创新的规律，为读者将来从事发电厂、变电站及电力系统领域的科学研究、设计、试验、运行及管理等方面的工作奠定基础。本书遵循和围绕这条规律，先后介绍发电厂和变电站中的电气设备的原理与功能，常用计算的基本理论和方法，电气主接线、厂用电接线及设计，电气设备的选择，发电厂和变电站的控制，以及同步发电机和电力变压器的运行。这是一个完整过程，为后续学习、创新夯实基础。

本书共分 10 章，内容包括绪论，能源和发电，发电、变电和输电的电气部分，常用计算的基本理论和方法，电气主接线及设计，厂用电接线及设计，导体和电气设备的原理与选择，配电装置，发电厂和变电站的控制与信号，同步发电机的运行和电力变压器的运行。书中带"*"号标记的内容供选学。

本书是由华中科技大学、华北电力大学和四川大学联合编写的。其中，绪论和第一、二、三、五、七章由华中科技大学熊信银教授编写，第八、九、十章分别由华北电力大学朱永利教授、律方成教授、李永刚教授编写，第四、六章由四川大学刘继春副教授编写。本书由熊信银教授任主编并统稿，朱永利教授任副主编，由华中科技大学涂光瑜教授和西安交通大学张伏生教授主审。

在本书编写过程中，参阅了书末所列的参考文献，以及国内有关制造厂、设计院、发电厂和高等院校编写的说明书、图纸和运行规程等技术资料。在此，一并谨致诚挚谢意。

限于编者水平，书中难免有错误和不足之处，热诚希望读者和同仁批评指正、提出宝贵意见。

编　者

2009 年 2 月

第三版前言

本书是根据中国电力教育协会 2002 年 12 月选题立项而编写的普通高等教育"十五"规划教材，作为电气工程及其自动化专业《发电厂电气部分》课程的教学用书。本书第二版由四川联合大学范锡普教授主编，经过多年教学实践检验，对培养高级专门人才起了很好的指导作用，在全国影响很大。随着国民经济的迅速发展，电力工业的腾飞，举世瞩目的三峡工程按期实现了蓄水、通航、发电三大目标，一举圆了中华民族几代人的梦，"西电东送，南北互供，全国联网"战略正在顺利推进，新技术、新设备的广泛应用，对高级专门人才的需求格局和素质要求也发生了很大的变化，本着"与时俱进，开拓创新"的精神，在充分吸取许多高校教学成果的基础上，对第二版教材进行了修订完善，使之更加适合在新形势下本课程教学的要求。

《发电厂电气部分》（第三版）教材具有下述特点：

（1）先进性，反映了现代发电厂、变电站和电力系统的现状及特点，例如，大容量发电机组（300MW，600MW）的电气主接线和运行，330～750kV 超高压输电在电力系统中的作用，交流 500kV 变电站电气主接线的特点，500kV 抽能并联高压电抗器、串联电容器补偿设备的基本原理，直流 500kV 输电系统的设备功能、电气主接线及运行方式，以及计算机技术在发电厂和变电站的应用等。

（2）规律性，符合人们认识事物和获取知识的规律，例如，电能的生产、变换、输送、分配和使用的过程，以及人们对发电厂和变电站的电气部分的了解、理解、掌握，进而设计和运行的过程，循序渐进，由浅入深，做到加强基础，不断拓宽知识。

（3）适用性，便于教与学。在讲述常用计算的基本理论和方法时，尽量做到原理叙述完整，公式推演清楚，既有理解分析，又有例题验证，利于培养和训练分析问题和解决问题的能力以及开拓创新能力，且便于自学，使那些没有机会进入课堂听讲的也能看懂。

本教材内容包括：绪论，能源和发电，发电、变电和输电的电气部分，常用计算的基本理论和方法，电气主接线及设计，厂用电接线及设计，导体和电气设备的原理与选择，配电装置，发电厂和变电站的控制与信号，同步发电机的运行和电力变压器的运行。本书为普通高等学校电气工程及其自动化专业、电力系统及其自动化专业以及相关专业的教材，同时亦可供从事发电厂和变电站的电气设计、运行、管理及有关工程技术人员的参考用书。书中带"*"号标记的节供选学。

本教材是由华中科技大学、华北电力大学和四川大学联合编写的。其中，绪论、第一、二、三、五、七章由华中科技大学熊信银教授编写，第八、九、十章分别由华北电力大学朱永利教授、律方成教授、李永刚副教授编写，第四、六章由四川大学刘继春博士编写，由熊信银对全书进行统稿。本教材由熊信银教授主编，朱永利教授副主编，华中科技大学涂光瑜教授、西安交通大学张伏生教授、东南大学李扬教授、华北电力大学张东英副教授主审。

在编写过程中，华中科技大学毛承雄教授认真阅读了本书绪论，第一、二、三、五、七章书稿；华北电力大学赵书强副教授、盛四清副教授认真阅读了本书的第八、九、十章书稿，并提出了宝贵的修改意见和建议。研究生唐剑东对全书书稿作了技术性的整理。在本次编写中，参阅了书中“参考文献”所列文献，以及国内有关制造厂、设计院、发电厂和高等院校编写的说明书、图纸和运行规程等技术资料。在此，一并谨致诚挚谢意。

限于编者水平，书中难免有错误和不足之处，热诚希望读者和同仁批评指正。

编　者

2004年6月

第二版前言

本书是在总结《发电厂电气部分》第一版教材的基础上，根据1987年高等学校电力工程类专业教学委员会通过的“发电厂电气部分课程的基本内容和基本要求”及1992年在成都召开的发电厂教学小组会上通过的“发电厂电气部分第二版编写大纲”进行重新编写的。

本教材第二版编写大纲在广泛征求有关学校意见的基础上，采用了大家从教学中总结出的、更切合本课程教学的新体系。此外，本教材还从教学进程上作了改革，首先阐明物理概念，讲完理论部分，即用实例加以说明和印证，让学生牢固掌握所学内容。新教材除保留了第一版教材行之有效的部分外，还针对我国电力工业的发展，增加了相应的新技术和内容，而且图形符号全部采用新国标。

本教材第一、四、七章由四川联合大学范锡普教授编写；第八、九章由华北电力学院戴克健教授编写；第四（4-8）、五、六章由华中理工大学胡能正副教授编写；第二、三、五（5-2）章由西安交通大学李朝阳副教授编写。全书由范锡普教授主编，重庆大学阎超教授主审。

在此次编写中，充分吸取了许多学校的教学经验和宝贵意见，并承有关单位提供了不少新的有益资料，对此深表谢忱。

第一版前言

本书是根据水利电力部电力类专业编委会 1982 年 9 月通过的大纲编写的，作为“电力系统及其自动化”专业《发电厂电气部分》课程的教材。

发电厂是电力系统的重要组成环节，它直接影响整个电力系统的安全与经济运行。本书主要讲述发电厂的电气部分。在发电厂中，电气一次系统是主干系统，处于关键的地位。本书阐述一次系统及其设备的原理、设计和运行方面的内容，力求概念清楚，层次分明，便于自学。每章末附有小结。另外，为了加深理解每章的内容，还附有一定数量的复习思考题和习题。

本教材共分十章：一、绪论；二、载流导体的发热和电动力；三、电气主接线；四、厂用电；五、电气设备的选择；六、配电装置；七、电气主设备的控制和信号；八、高压断路器的运行；九、同步发电机的运行；十、变压器的运行。

参加本教材编写的有：华中工学院范锡普教授（一、二、七章）和胡能正副教授（五、六章），华北电力学院戴克健教授（九、十章），西安交通大学李朝阳副教授（三、四、八章）。全书由范锡普教授主编，南京工学院朱家果副教授主审。

本书在编写过程中，曾得到不少单位的支持，并提供了大量的资料和有益的建议，对此表示衷心的感谢。

目　　录

第一章　概　　述

本章首先介绍了电力工业的发展概况，然后对发电厂和变电站的类型及特点进行了介绍，最后对发电厂和变电站的电气部分进行了概述。

第一节　电力工业发展概况

一、我国电力工业发展简况

1882年7月26日，上海电气公司在上海成立，安装了一台以蒸汽机带动的直流发电机，并正式发电，从电厂到外滩沿街架线，供给照明用电，这是我国的第一座火电厂。这与世界上第一座火电厂——于1875年建成的法国巴黎火车站电厂相距仅7年，与美国的第一座火电厂——旧金山实验电厂相距3年，与英国的第一座火电厂——伦敦霍尔蓬电厂同年建成，说明当年我国电力建设和世界强国差距并不大。我国水力发电始于1912年5月28日，在云南昆明附近的螳螂川上建成了石龙坝水电厂，装有两台240kW的水轮发电机组。以上这些是公认的我国电力工业起点。

但是，从1882年7月上海第一台发电机组发电开始到1949年新中国成立，在60多年中经历了辛亥革命、土地革命、抗日战争和解放战争，这时期电力工业发展迟缓，全国发电设备的总装机容量184.86万kW（当时占世界第21位），年发电量仅43.1亿kW·h（当时占世界第25位），人均年占有发电量不足10kW·h。当时我国的电力系统大多是大城市发、供电系统，跨地区的有东北中部和南部的154、220kV电力系统，东北东部的110kV电力系统（分别以丰满、水丰、镜泊湖水电厂等为中心）及冀北电力系统。

新中国成立后，电力工业有了很大的发展，尤其是1978年以后，改革开放、发展国民经济的正确决策和综合国力的提高，使电力工业取得了突飞猛进、举世瞩目的辉煌成就。到1995年末，全国年发电量已达到10 000亿kW·h，仅次于美国而跃居世界第2位；全国发电设备总装机容量达2.1亿kW，当时居世界第3位。从1996年起，我国发电装机容量和年发电量均居世界第2位，超过了俄罗斯和日本，仅次于美国，成为名副其实的电力大国。半个多世纪的风雨历程，铸造了共和国的繁荣昌盛，50多年的艰苦奋斗，成就了我国电力工业的灿烂辉煌。

截至2013年底，全国发电装机容量达到12.5亿kW，首次超越美国位居世界第1位。从电力生产情况看，全年发电量达到5.35万亿kW·h，同比增长7.5%。全国火电机组供电标准煤耗321g/kW·h，提前实现国家节能减排"十二五"规划目标，煤电机组供电标准煤耗继续居世界先进水平。

与此同时，我国大力发展非化石能源发电。2013年非化石能源发电装机3.9亿kW，占总装机容量比重达到31.6%，同比提高2.4%。全年常规水电装机新增2873万kW；年底装机达 2.6 亿 kW，同比增长 12.9%；发电量同比增长 4.7%，发电设备利用小时数为 3592h。全年抽水蓄能新增 120 万 kW，年底装机容量 2151 万 kW。并网太阳能发电全年新增装机 1130 万 kW，同比增长 953.2%，年底装机达 1479 万 kW，同比增长 335.1%；发电量 87 亿 kW·h，同比增长 143.0%。风电延续高速增长，风电设备利用率明显提高，全年并网风电新增 1406 万 kW；年底装机达 7548 万 kW，同比增长 24.5%；发电量 1401 亿 kW·h，同比增长 36.3%，发电设备利用小时数为 2080h。非化石能源发电的迅速发展，为全国节能减排作出了重要贡献。

我国电力工业的飞速发展，还体现在电力系统电压等级、电厂规模和单机容量的大幅度提高上。

1972 年建成了我国第一条超高压 330kV 输电线路，由甘肃刘家峡水电厂到陕西关中地区。

1981 年建成了我国第一条超高压 500kV 输电线路，由河南姚孟火电厂到湖北武汉。

2005 年 9 月，我国第一个超高压 750kV 输变电工程（官厅至兰州东）正式投入运行，这是我国电力工业发展史上一个新的里程碑。750kV 输变电工程是当时国内电压等级最高的电网工程，也是西部大开发的又一项重点工程。项目的建设，对于加快我国电网发展和积累电网建设经验都具有重要的示范作用，也为充分利用西部地区丰富的能源、加快资源优势向经济优势转化，创造了更好的条件和机遇。这一示范工程的建成投产，标志着我国电网建设和输变电设备制造水平跨入世界先进行列。

2006 年 8 月 19 日，我国特高压试验示范工程 1000kV 晋东南—南阳—荆门工程正式奠基。这是我国首个特高压交流试验示范工程，是我国能源发展的一次跨越。随着特高压试验示范工程的奠基，能源新格局初露端倪，全国范围内的能源资源高效配置成为可能。

以特高压交流试验示范工程为起点，我国正“整体、快速”推进特高压电网建设。预计在 2020 年前后，基本形成覆盖华北、华中、华东地区的特高压电网，实现“西电东送，南北互供”。

除超高压交流输电外，1988 年还建成了从葛洲坝到上海南桥的±500kV 高压直流输电线路，全长 1080km，输送容量 120 万 kW，使华中、华东电网互联，形成了跨大区的联合电力系统。

2006 年 12 月 19 日云广特高压直流输电工程开工，这也是世界首个±800kV 特高压直流输电工程，是继特高压交流试验示范工程全线开工建设、稳步推进之后，我国电力工业发展史上具有重要里程碑意义的又一件大事，标志着我国特高压电网建设又迈出了重要的一步。

2014 年 7 月，溪洛渡左岸—浙江金华±800kV 特高压直流输电工程正式投运。该工程在世界上首次实现单回直流工程 800 万 kW 连续运行和 840 万 kW 过负荷输电运行，创造了超大容量直流输电的新纪录。溪浙工程建成投运后，我国已经拥有“两交四直”六条特高压线路，初步构建形成连接中国大型煤电、水电、新能源基地和东中部负荷中心的能源配置平台。截至 2014 年 6 月底，特高压电网累计送电 1930 亿 kW·h，实现了能源大范围优化配置，保障了清洁能源送出和消纳。

目前，我国最大的火电机组容量为 110 万 kW（新疆农六师煤电有限公司二期工程），最大的水电机组容量为 80 万 kW（向家坝水电站），最大的核电机组容量为 175 万 kW（台山核电站）；最大的火力发电厂装机容量为 540 万 kW（内蒙古托克托电厂，8×60 万+2×30 万 kW），最大的水力发电厂装机容量为 2250 万 kW（三峡电厂，32×70 万+2×5 万 kW），最大的核电发电厂装机容量为 380 万 kW（大亚湾——岭澳核电站，2×90 万+2×100 万 kW），最大的抽水蓄能厂装机容量为 240 万 kW（广东抽水蓄能电厂，8×30 万 kW）。

华东、华北、华中、南方电网的装机容量均已超过 2 亿 kW，东北、西北电网装机容量也超过 1 亿 kW。

举世瞩目的三峡水电厂，共设有 32 台 70 万 kW 的水轮发电机组，分别位于左、右岸电站和地下电站，加上两台 5 万 kW 电源机组，总装机容量达到 2250 万 kW。三峡水电厂第一台机组于 2003 年 7 月 10 日正式并网发电，到 2012 年 7 月全部机组投产，历时 9 年时间。截至 2012 年 7 月 4 日，三峡水电厂发电量累计达到 5648 亿 kW·h，相当于燃烧了近 2 亿 t 标准煤，减排二氧化碳 4 亿 t、二氧化硫 500 多万 t。三峡水电厂是世界上最大的水力发电厂，经过半个多世纪的论证，十多年艰辛建设，按期实现了蓄水、通航、发电三大目标。

我国核电工业于 20 世纪 70 年代初开始起步，1984 年第一座自行设计、制造、安装、调试的 30 万 kW 浙江秦山核电厂破土动工，至 1991 年 12 月 15 日成功并网，实现了核电厂零的突破。之后，我国相继建成了浙江秦山二期核电厂、广东岭澳一期核电厂、浙江秦山三期核电厂等，截至 2013 年 8 月底，共有 17 台核电机组相继投入商业运行，总装机容量约 1475 万 kW，使我国核电设计、建造、运行和管理水平得到了很大提高，为我国核电加快发展奠定了良好的基础。

二、电力系统发展前景

为国民经济各部门和人民生活供给充足、可靠、优质、廉价的电能，是电力系统的基本任务。节能减排，“一特四大”，实现高度自动化，西电东送，南北互供，发展联合电力系统，是我国电力工业的发展方向，也是一项全局性的庞大系统工程。为了实现这一目标，还有很多事要做，且依赖于各方面相关技术的全面进步。

1. 节能减排，世纪之约

节能减排这个人类与自然的约定、企业与社会的约定、世界各国人民个体与整体的约定，伴随着人类历史长河的涓涓细流如期而至。2007 年，在印度尼西亚的巴厘岛，全世界 187 个国家的代表已经就未来气候谈判战略达成共识，《联合国气候变化框架公约》的蓝图初步形成。可以清晰地看到，人类与自然的和谐相处将成为 21 世纪各国政府的头号议题。对于发展中的中国，我们有理由给予更多期待。

2006 年，我国确定了 5 年内单位 GDP 能耗降低 20%和主要污染物排放总量降低 10%的目标。节能减排，不只在于这是“国家确定，人大通过”的国家规划，具有法律尊严，更在于其成败关系到国家的核心竞争力。在国际范围内，特别是在经济全球化的快车道上，这是一场很严酷的较量，讲的是经济质量，论的是科技含量与知识含量，究的是投入产出比率，影响到的是国家前途和命运。

节能减排的困难在于，“节能”符合利润原则，相对简单；“减排”则涉及全局利益与局部利益的矛盾、眼前利益与长远利益的矛盾、国家利益与人类利益的矛盾等复杂的关系，有一个先发展后治理还是边发展边治理，抑或只发展不治理的问题。但有一点是肯定的，如果不是在发展中寻求治理的办法，在治理中探求发展的道路，其代价则会更为惨重，甚至无法挽回，对不起子孙后代。

在当今世界中，节能减排已经不是一个国家或一个地区的内部事务，而是整个人类所需要共同面临的一个严肃问题。当人类发现，传统的工业发展方式已经没有出路，能源和生态的危机已经严重影响到了人类自身的生存和发展时，唯一的出路就是立即转变观念，走节能减排的新型工业化道路。

“十一五”规划纲要明确提出了节能和减排两个约束性目标，电力工业是国家实施环保改造的重点领域，上大压小、脱硫脱硝，对于我国工业改革的战略布局具有十分重要的意义。在国家一系列政策的支持和鼓励下，电力工业挑起了保障我国经济可持续发展的重任，在节能减排的道路上一马当先，为实现人类与自然和谐相处的世纪约定作出了重要贡献。

当前，我国电力工业结构不合理的矛盾十分突出，特别是能耗高、污染重的小火电机组比重过高。到2005年底，全国单机10万kW及以下小火电机组容量达到1.15亿kW左右。因此，电力工业将“上大压小”、加快关停小火电机组放在“十一五”期间工作的首位。“十一五”期间，全国关停小火电机组共7682.5万kW，每年可节约燃煤8700万t，减少二氧化碳排放17 700万t。同时，“十二五”规划中指出，要加快转变电力发展方式，保障供应安全、优化能源结构、促进节能减排、实现和谐发展，大力推进电力结构优化，规划2015年全国水电增加1700万kW，煤电减少500万kW，气电增加1000万kW，太阳能发电增加300万kW，生物质能发电及其他增加200万kW。这些政策和举措明确表明了我国优化电力生产结构、促进节能减排的决心。

2. 做好电力规划，加强电网建设

电力工业是能源工业、基础工业，在国家建设和国民经济发展中占据十分重要的地位，是实现国家现代化的战略重点。电能是发展国民经济的基础，是一种无形的、不能大量储存的二次能源。电能的发、变、送、配和用电，几乎是在同一瞬间完成的，须随时保持功率平衡。要满足国民经济发展的要求，电力工业必须超前发展，这是世界电力工业发展规律，因此，做好电力规划、加强电网建设就尤为重要。

电力规划就是根据社会经济发展的需求、能源资源和负荷的分布，确定合理的电源结构和战略布局，确立电网电压等级、输电方式和合理的网架结构等。电力规划合理与否，事关国民经济的发展，直接影响电力系统今后运行的稳定性、经济性、电能质量和未来的发展。

2003年8月14日（美国东北时间），美国东北部和加拿大东部联合电网发生了大面积停电事故。这次停电涉及美国俄亥俄州、纽约州、密歇根州等6个州和加拿大安大略省、魁北克省2个省，共计损失负荷61.80GW，多达5000万居民瞬间便失去了他们赖以生存的电力供应。在纽约，停电使整个交通系统陷入全面瘫痪，成千上万名乘客被困在漆黑的地铁隧道里，公共汽车就地停运，造成道路堵塞，人们在高温下冒着酷暑步行回家；许多人被长时间困在电梯里；空调停运，人们只能聚集在大街上。这次停电，给美、加两国造成的经济损失是巨大的。因此，要吸取这次美、加大停电事故的经验教训，引以为鉴。

根据我国社会经济发展的需求，加强电力总体规划，确定合理的电源结构和战略布局，留有足够的容量和能量的备用，建成容量充足、结构合理、运行灵活的联合电力系统，并采取必要的措施，防患于未然，确保联合电力系统安全稳定运行，为国民经济的正常运转和人民正常的生活提供充足、可靠、优质而又廉价的电能。

3. 电力工业现代化

实现现代化，就是要逐步用当代先进的科学技术武装我国的农业、工业、国防和科学技术事业，使之达到国际先进水平。工业要现代化，作为基础和先行工业的电力工业，更要实现现代化。

要实现电力工业现代化，首先必须使电能满足和谐社会建设的需要，满足工农业生产和人民生活用电不断增长的需要；其次，就是要用当代先进科学技术和装备改造电力企业。目前电力技术的先进水平主要表现为特高压、大系统、大电厂、大机组、高度自动化以及核电技术。

（1）特高压、大系统。系统容量在4000万～8000万kW以上，交流输电电压为超高压500、750kV和特高压1000kV，直流输电电压为±500kV和特高压±800kV。

（2）大电厂、大机组。大电厂包含大火电基地、大水电基地、大核电基地和大可再生能源发电基地。大机组通常是指：火电厂容量为460万～640万kW时，最大机组容量为100万～160万kW；水电厂容量为1260万kW时，最大机组容量为70万～80万kW；抽水蓄能电厂容量为240万kW时，最大机组容量为45.7万kW；核电厂容量为400万～800万kW时，最大机组容量为100万～170万kW；风力发电厂容量为100万～200万kW时，最大机组容量为1000～7200kW。

（3）高度自动化。建立以电子计算机为中心的安全监测、控制和经济调度系统，实行功率和频率的自动调整，火电厂实行单元集中控制，水电厂和变电站实行无人值班和远方集中控制。

电力工业发展的规划目标是：优先开发水电，实行大中小开发相结合，全国常规水电装机2015年预计达到3.0亿kW左右，2020年预计达到3.6亿kW左右；优化发展煤电推行煤电一体化开发，加快建设大型煤电基地，预计2015年我国煤电装机达到9.28亿kW，2020年预计达到11.7亿kW；安全高效发展核电，规划2015年我国核电装机达4294万kW，主要布局在沿海地区，2020年规划核电装机达到8000万kW；在充分考虑电价承受能力和保持国际竞争力的条件下，积极发展风电等可再生能源发电。这一符合我国国情的规划目标，将使我国的电力工业走向低能耗结构、低环境污染、高效率运营的和谐发展道路。

4. 联合电力系统

电力工业发展的经验告诉我们，电力系统越大，调度运行就越能合理和优化，经济效益就越好，应变事故的能力就越强。所以世界上很多发达国家的电力系统都已联合成统一的国家电力系统，甚至联合成跨国电力系统。这可以说是现代化电力工业发展的重要标志。

由于负荷的不断增长和电源建设的发展，因为负荷和能源分布不均衡，将一个电力系统与邻近的电力系统互联，是历史发展的必然趋势。不仅城市与城市之间、省与省之间、大区与大区之间的相邻电力系统如此，国与国之间的电力系统也是这样。例如，西欧各国、前苏联与东欧各国、北欧各国、北美的美国与加拿大的电力系统都已互联。这是因为电和其他产品相比有很大不同，就是运输时间短暂（接近光速），在地球范围内传输，无论相距多远基本上感觉不到差别。

形成全国性电力系统后将大大有利于优化电源结构，充分利用水能，水火互补，相得益彰；可充分利用各地区的时间差和负荷特性差，收到巨大的错峰效益。我国幅员广阔，各地区不仅有时间气候差异，人民生活习惯和工农业构成及发达程度也不相同，直接影响电力负荷特性，联网可收到更大的效益。例如北京缺电，山西的煤多又运不出去，输电比输煤要方便。山西向华北送电，一年送出几十亿千瓦时。特别是在交通运输紧张的情况下，通过联网把电送出去，效益更大。另外，在错峰方面，北京与沈阳时差为 0.5h，与兰州时差为 1h，与乌鲁木齐时差为 2h，从东到西联网，可以把早晚高峰错开，称为经度效益或时差效益。如果南北联网，则可把夏冬季高峰错开，称为纬度效益或温差效益。

总的看来，发展联合电力系统，主要有下述效益：

（1）各系统间电负荷的错峰效益。由于各电力系统地理位置、负荷特性和人们生活习惯等情况的不同，利用时差，错开高峰用电，可削减尖峰，因而联网后的最高负荷总比原有各电力系统最高负荷之和为小，这样就可减少电力系统总装机容量，从而节约电力建设投资。

（2）提高供电可靠性、减少系统备用容量。联网后，各子系统的备用容量可以相互支援，互为备用，能增强抵抗事故的能力，因而提高供电可靠性。由于联网降低了电力系统的最高负荷，因而也就降低了备用容量。同时，由于联合电力系统容量变大了，系统备用系数可降低一点，也可减少系统备用容量，又保证安全。

（3）有利于安装单机容量较大的机组。采用大容量机组可以降低单位容量的建设投资和单位电量的发电成本，有利于降低造价、节约能源、加快建设速度。电力系统互联后，由于系统总容量增大了，为安装大容量机组创造了条件。

（4）进行电力系统的经济调度。电力系统经济调度，宏观上是水、火电的经济调度，充分利用丰水期的水能，多发水电，减少弃水损失，大量节约火电厂的燃料；水电还可以跨流域调度，在大范围内进行电力系统的经济调度。例如将红水河、长江和黄河水系进行跨流域调度，错开出现高峰负荷的时间和各流域的汛期，可能减少备用容量约 350 万 kW，经济效益将更为显著。微观上是机组间的经济调度，让耗能低的机组尽量多发电，减少能耗。从宏观和微观两方面看效益都是很大的。

（5）调峰能力互相支援。若电力系统孤立运行时，为了调峰都要装设调峰电站或调峰机组，但其调峰能力并不一定能发挥出来。系统互联后，不仅因负荷率提高，也由于调峰容量的互相支援，调峰能力得到充分发挥，因此可以减少系统调峰机组容量。

此外，发展联合电力系统还具有提高高效率机组利用率和使用廉价燃料，能承受较大的冲击负荷，有利于改善电能质量等作用。

但联合电力系统也会带来一些问题：

（1）增加联络线和电力系统内部加强所需的投资以及联络线的运行费用；

（2）当系统间联系较弱时，将有可能引起调频方面的复杂性和出现低频振荡，为防止上述现象产生必须采取措施，从而增加投资或运行的复杂性；

（3）增加了系统短路容量，可能导致增加或更换已有设备；

（4）增加了联合电力系统的通信和高度自动化的复杂性。

综上所述，由于各系统的具体情况不同，联网所获得的效益和所支出的费用也不会相同，但其获得的效益将超过支出的费用。

5. 电力市场

世界上许多国家在电力工业中引入竞争机制，发展电力市场，这是一百多年来电力工业发展的一件历史性的改革。

所谓电力市场既是电能生产与运营的组织、指挥、控制和管理中心，也是电能商品集中交易与结算的场所。也就是说，电力市场是依法成立的，采用经济手段，本着公平竞争、自愿互利的原则，对电力系统中发电、输电、供电和用户等进行协调和运行管理的机构。

改革开放以来，我国电力工业发展很快，形成了国家、地方、外资等多家办电的局面，这对缓和电力供求矛盾起了很大的作用。但是，由于产权多元化而造成利益主体多元化，在这种情况下如何协调好投资各方的利益就成了一个非常重要的问题。为此，建立电力市场，给每个参与投资成员以平等竞争的机会，创造一种平等竞争的环境。

在电力市场环境下，电能是一种商品，商品交换靠的是价格，而价格应是交易双方都能接受才能成交。但是，由于电能具有垄断性和发、供、用电同时性两大特点，因而制定电价的机制与一般商品不同。电价过低，一方面会影响电力工业的发展，另一方面将影响电力生产；而电价过高，将影响其他工业的发展，甚至影响社会安定。因此，电价是电力市场的支点。

电价的改革无论在世界上哪个国家都是极为慎重的，因为电力工业作为国家公用事业必须考虑国家、电力企业和用户等方面的利益协调。研究市场经济条件下电价问题，要建立科学的电价模型，这个模型应能考虑各种因素及其变化而随时修改，并能接受政府部门与社会的监督。

电力市场是电力工业顺应经济改革的必然发展方向，能够引入公平竞争机制，使电力系统充满生机和活力，同时使电力企业和用户均受益。我国电力体制改革的总体目标是建立全国统一、竞争开放、规范有序的电力市场，这必将引起调度、运行、自动化、财务、规划和用户等方面一系列重大变革。

6. IT 技术

正如 19 世纪末电气技术蓬勃发展曾极大改变人类生活和生产的各方面一样，20 世纪下半叶以来对人类影响最大的技术显然是以计算机为中心的 IT（Information Technology）信息技术。

IT 技术在电力系统中的应用，目前取得的成果集中在两个方面。一方面是各类电气设备的微机化和智能化，如微机励磁调节系统、微机继电保护装置、微机无功电压控制装置、微机调速器，以及其他各类单台设备的微机监控系统等。在这一方面，人们针对交流采样、数字滤波、抗干扰能力、计算速度、传感技术等问题进行了大量的研究。另一方面是电力系统各类复杂计算由计算机自动实现，如潮流计算、短路计算、暂态稳定计算、电磁暂态计算、电压稳定计算、小干扰分析计算、各类优化计算、智能软件等。该领域的进展不仅大大提高了电力系统各类计算的准确度，提高了工作效率，而且还使得以前不可能定量进行分析的计算成为可能，增加了电力系统分析计算的新内容。

上述两方面研究的成熟和计算机技术的进一步发展，使得系统无缝集成技术成为新的研究热点，目前比较成功的有：SCADA（Supervisory Control and Data Acquisition）监视控制与数据采集系统、EMS（Energy Management System）能量管理系统、DMS（Distribution Management System）配电管理系统，就地或区域的综合监控系统，MIS（Management Information System）管理信息系统，以及数字化变电站、数字化发电厂等。随着数字化、智能化和网络技术的进一步发展，系统无缝集成技术在未来会有更广阔的发展空间。

7. 洁净煤发电技术

我国是世界上最大的煤炭生产国和消耗国。在我国的能源生产和消耗结构中，煤炭一直占主导地位，煤炭产量占全国一次能源生产总量的75%左右。2007年，全国原煤产量为25.36亿t，其中发电用煤已达50%。煤炭作为能源，在国民经济发展中作出了巨大的贡献，但在其开发与利用过程中，也带来了一系列环境污染问题，危及生态平衡与人类的生存。

从煤炭中获取能量，主要是通过燃烧。煤燃烧后排放的主要污染物有粉尘、硫氧化物（SO_2、SO_3）、氮氧化物（NO_x）及二氧化碳（CO_2）等，这些是构成全球性四大公害——大气烟尘、酸雨、温室效应和臭氧层破坏的主要成分，严重污染了人类赖以生存的环境，因此，煤的清洁开发和利用是摆在人类面前的紧迫问题。我国电力工业清洁、高效地利用煤炭，走电力与环境和谐发展道路，对保证国民经济可持续发展和保护环境极为重要。

洁净煤发电技术是指最大限度地发挥煤作为发电能源的潜能，同时实现最少的污染物排放，以达到煤的高效、清洁利用和发电。洁净煤发电技术包括在发电设备中实现煤的清洁燃烧和高效利用的发电技术，具体有以下几个方面：

（1）煤炭利用前的净化技术。煤炭利用前的净化处理是洁净煤发电的源头技术，其最主要的技术措施有选煤、型煤和水煤浆等。

（2）煤炭燃烧过程中的洁净燃烧技术。煤炭的高效洁净燃烧是实现洁净煤发电的一个最重要环节，是洁净煤发电技术的核心。洁净燃烧技术包括两个主要方面：一是采用先进的低NO_x燃烧技术，改进传统的煤粉燃烧方式；二是新型的煤燃烧与发电技术，主要有循环流化床燃烧技术、燃料电池技术以及各种先进的燃煤联合循环技术（整体煤气化联合循环发电、增压流化床联合循环发电、燃煤磁流体联合循环发电）等。

（3）烟气净化技术。对常规燃煤粉的电厂锅炉，在炉膛内燃烧环境下，几乎煤中所有的可燃硫成分均会迅速转化成为SO_2。燃煤火电厂烟气脱硫是目前世界上应用最广泛的一种控制SO_2排放的技术，发展非常迅速。烟气脱硫技术常使用石灰或石灰石等吸收剂与烟气接触来进行脱硫反应，由于燃煤火电厂所产生的烟气量巨大，因此脱硫费用相当高。

目前，烟气脱氮技术的应用还远不如烟气脱硫技术，而且其设备投资和运行费用也比烟气脱硫高，在较大的范围内采用烟气脱氮装置还有很大的困难。

（4）煤的转化。煤炭的转化主要是煤的气化和液化。煤的气化技术的发展与应用已经超过煤的液化技术，但煤的液化具有比煤的气化更长远的应用前景。煤气化工艺与燃气—蒸汽动力装置相结合，组成整体煤气化联合循环，可实现更清洁、高效的发电。

大力开发和实施洁净煤发电技术，不仅关系到我国环境的保护和经济的可持续稳定增长，而且是未来能源市场激烈竞争的需要。

8. 绿色能源的开发和利用

绿色能源的开发与利用作为能源开发的一场革命，正在世界各国如火如荼地展开。

所谓绿色能源是指通过特定的发电设备，将风能、太阳能、生物质能、海洋能和地热能等可再生能源转换得来的电能，其最大特点是生产过程中不排放或很少排放对环境有害的废气和废水等污染物。下面，仅以风能和太阳能的开发和利用为例进行叙述。

（1）风力发电。我国风力资源丰富，尤其在西北、东北和沿海地区，有着建设风力发电厂（又称风力发电场）的天然优势。20世纪80年代，有关部门提供的估计资料表明，我国陆地上10m高度可供利用的风能资源为2.53亿kW，陆地上50m高度可供利用的风能资源为5亿多kW。截至2013年底，我国并网风电装机容量7548万kW，同比增长24.5%，规划2015年和2020年风电装机分别达1亿kW和1.8亿kW。当前应在风能的开发利用上加大投入力度，使高效清洁的风能在我国能源格局中占据应有的地位。

（2）太阳能发电。“万物生长靠太阳”，就是因为生长所需要的能源都来自太阳。太阳是一个巨大、久远、无尽的能源。尽管太阳辐射到地球大气层的能量仅为其总辐射能量（约为 3.75×10^{26}W）的22亿分之一，但已高达 1.73×10^{17}W，换句话说，太阳每秒钟照射到地球上的能量就相当于500万t煤。太阳能的利用已日益广泛，包括太阳能光利用和太阳能热利用等。

太阳能利用最成功的技术是应用光电转换原理制成的太阳能电池，即光伏发电。世界光伏产业和光伏市场在法规政策强力推动下呈快速发展。2013年，全球光伏市场的新增装机容量达到38.7GW，累计装机容量达到140.6GW，其中我国新增装机容量为12GW，同比增长232%，接近欧洲2013年新增装机容量总和；同时，我国首次成为全球第一大光伏市场。在“十二五”规划中，我国提出太阳能发电规划发电装机容量2015年达到500万kW左右，2020年达到2500万kW左右。

太阳能既是一次能源，又是可再生能源。它资源丰富，无需运输，对环境无任何污染。因此，研究开发和利用太阳能已成为人类科学技术永恒的课题，其前途是无限的。

第二节 发电厂类型

一、电能与发电厂

电能是由一次能源经加工转换而成的能源，称为二次能源。电能的开发和应用，是人类征服自然过程中所取得的具有划时代意义的光辉成就。自从有了电，消除了黑夜对人类生活和生产劳动的限制，大大延长了人类用于创造财富的劳动时间，改善了劳动条件，丰富了人们的生活。在现代文明中，电被视为与空气和水一样重要，这不仅是因为电使家庭晚餐愉快和谐，使电视机和网络成为生活中不可缺少的部分，还因为它可使电气火车奔驰，让工厂机器轰隆转动和实现电气化。可以想象，如果没有了电能，现代文明社会将不复存在。

电能与其他形式的能源相比，其特点有：

（1）电能可以大规模生产和远距离输送。用于生产电能的一次能源广泛，可以由煤炭、石油、核能、水能等多种能源转换而成，便于大规模生产。电能运送简单，便于远距离传输和分配。

（2）电能方便转换和易于控制。电能可方便地转换成其他形式的能，如机械能、热能、光能、声能、化学能及粒子的动能等，同时使用方便，易于实现有效而精确的控制。

（3）损耗小。输送电能时损耗比输送机械能和热能都小得多。

（4）效率高。电能代替其他能源可以提高能源利用效率，被称之为“节约的能源”。例如用电动机代替柴油机，用电气机车代替蒸汽机车，用电炉代替其他加热炉等，可提高效率20%～50%。

（5）电能在使用时没有污染，噪声小。例如用电瓶车代替汽车、柴油车、蒸汽机车等，成为“无公害车”，因此电能被称为“清洁的能源”。

总之，随着科学技术的发展，电能的应用不仅影响到社会物质生产的各个侧面，也越来越广泛地渗透到人类生活的每个层次。电气化在某种程度上成为现代化的同义语，电气化程度已成为衡量社会物质文明发展水平的重要标志。

将各种一次能源转变成电能的工厂，称为发电厂。按一次能源的不同发电厂分为火力发电厂（以煤炭、石油和天然气为燃料）、水力发电厂（以水的势能作动力）、核能发电厂以及风力发电厂、地热发电厂、太阳能发电厂、潮汐发电厂等，此外，还有直接将热能转换成电能的磁流体发电厂等。目前我国以火力发电厂为主，其发电量占全国总发电量的70%以上；多处大型水力发电厂正在加紧建设中；核电厂的建设也已取得了重大成绩。下面仅对在国民经济中占重要地位的火电厂、水电厂和核电厂的生产过程及其特点进行介绍。

二、火力发电厂

火力发电厂简称火电厂，是利用煤炭、石油、天然气作为燃料生产电能的工厂，其能量的转换过程是：燃料的化学能→热能→机械能→电能。

（一）火电厂的分类

（1）按原动机分：凝汽式汽轮机发电厂、燃气轮机发电厂、内燃机发电厂和蒸汽—燃气轮机发电厂等。

（2）按燃料分：①燃煤发电厂，即以煤炭作为燃料的发电厂；②燃油发电厂，即以石油（实际是提取汽油、煤油、柴油后的渣油）为燃料的发电厂；③燃气发电厂，即以天然气、煤气等可燃气体为燃料的发电厂；④余热发电厂，即用工业企业的各种余热进行发电的发电厂。此外还有利用垃圾及工业废料作为燃料的发电厂。

（3）按蒸汽压力和温度分：①中低压发电厂，蒸汽压力在3.92MPa、温度为450℃的发电厂，单机功率小于25MW；②高压发电厂，蒸汽压力一般为9.9MPa、温度为540℃的发电厂，单机功率小于100MW；③超高压发电厂，蒸汽压力一般为13.83MPa、温度为540/540℃的发电厂，单机功率小于200MW；④亚临界压力发电厂，蒸汽压力一般为16.77MPa、温度为540/540℃的发电厂，单机功率为300～1000MW不等；⑤超临界压力发电厂，蒸汽压力大于22.11MPa、温度为550/550℃的发电厂，机组功率为600MW、800MW及以上；⑥超超临界压力发电厂，蒸汽压力为26.25MPa、温度为600/600℃的发电厂，机组功率为1000MW及以上。

（4）按输出能源分：①凝汽式汽轮机发电厂，即只向外供应电能的发电厂，其效率较低，只有30%～40%；②热电厂，即同时向外供应电能和热能的电厂，其效率较高，可达60%～70%。

（二）火电厂的电能生产过程

我国火电厂所使用的燃料主要是煤炭，且主力电厂是凝汽式汽轮机发电厂。下面就以采用煤粉炉的凝汽式汽轮机发电厂为例，介绍火电厂的生产过程。

火电厂的生产过程概括地说是将煤炭中含有的化学能转变为电能的过程。整个生产过程可分为三个阶段：①燃料的化学能在锅炉燃烧中转变为热能，加热锅炉中的水使之变为蒸汽，称为燃烧系统；②锅炉产生的蒸汽进入汽轮机，冲动汽轮机的转子旋转，将热能转变为机械能，称为汽水系统；③由汽轮机转子旋转的机械能带动发电机旋转，将机械能变为电能，称为电气系统。凝汽式火电厂电能生产过程示意图如图1-1所示。

1. 燃烧系统

燃烧系统由运煤、磨煤、燃烧、风烟、灰渣系统等组成。其流程如图1-2所示。

（1）运煤系统。火电厂的用煤量是很大的，装机容量4×30万kW的发电厂，煤耗率按360g/(kW·h)计，每天需用标准煤$360\times120\times10^4\times24=10\ 368$(t)。

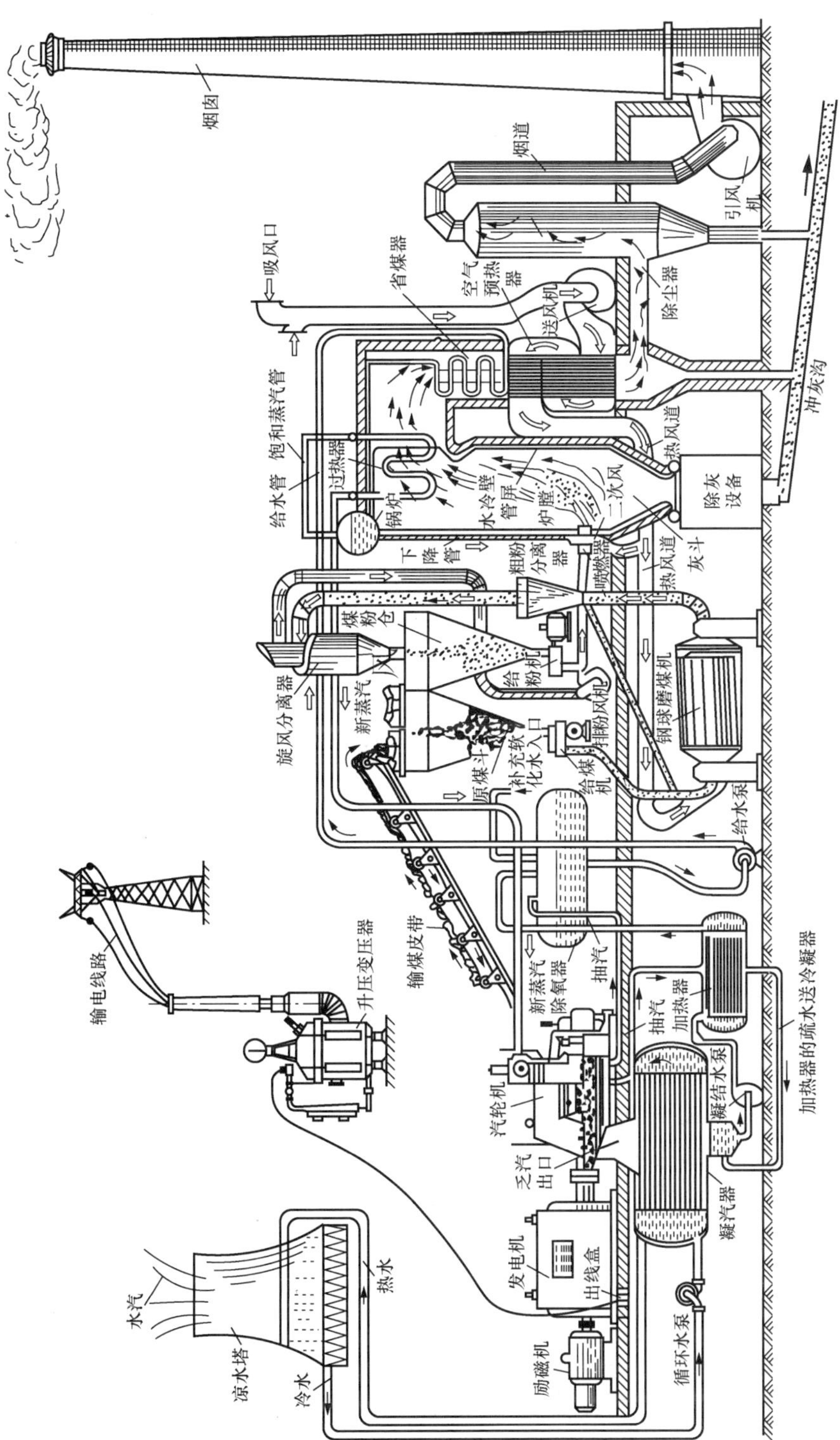

图1-1　凝汽式汽轮机发电厂电能生产过程示意图

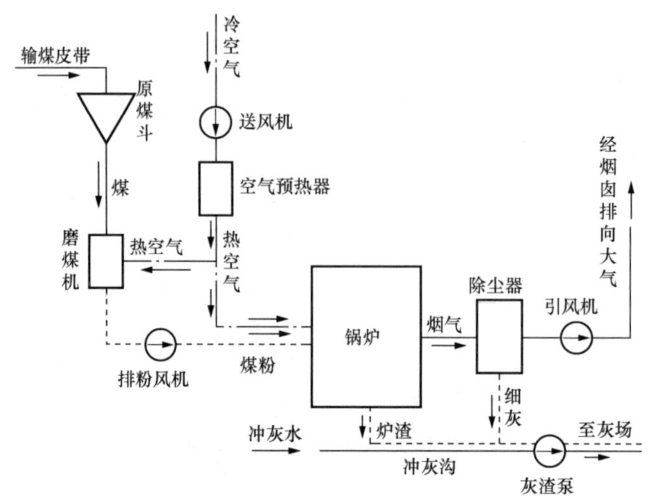

图 1-2　火电厂燃烧系统流程示意图

（2）磨煤系统。将煤炭运至电厂的储煤场后，经初步筛选处理，用输煤皮带送到锅炉间的原煤仓。煤从原煤仓落入原煤斗，由给煤机送入磨煤机磨成煤粉，并经空气预热器来的一次风烘干并带至粗粉分离器；在粗粉分离器中，将不合格的粗粉分离返回磨煤机再行磨制，合格的细煤粉被一次风带入旋风分离器，使煤粉与空气分离后进入煤粉仓。

（3）锅炉与燃烧系统。由可调节的给粉机，按锅炉需要将煤粉送入一次风管，同时由旋风分离器送来的气体（含有约 10%未能分离出的细煤粉），由排粉风机提高压头后作为一次风将进入一次风管的煤粉经喷燃器喷入锅炉炉膛内燃烧。

例如，300MW 机组的锅炉蒸发量为 1000t/h（亚临界压力），采用强制循环汽包炉；600MW 机组的锅炉为 2000t/h 的直流锅炉。在锅炉的四壁上，均匀分布着 4 支或 8 支喷燃器，将煤粉（或燃油、天然气）喷入锅炉炉膛，火焰呈旋转状燃烧上升，又称为悬浮燃烧炉。在炉的顶端，有储水、储汽的汽包，内有汽水分离装置，炉膛内壁有彼此紧密排列的水冷壁管，炉膛内的高温火焰将水冷壁管内的水加热成汽水混合物上升进入汽包，而炉外下降管则将汽包中的低温水靠自重下降至水连箱与炉内水冷壁管接通。靠炉外冷水下降而炉内水冷壁管中热水自然上升的锅炉叫自然循环汽包炉；当压力高到 16.66～17.64MPa 时，水、汽重度差变小，必须在循环回路中加装循环泵，即称为强制循环汽包炉。当压力超过 18.62MPa 时，应采用直流锅炉。

（4）风烟系统。送风机将冷风送到空气预热器加热，加热后的气体一部分经磨煤机、排粉风机进入炉膛，另一部分经喷燃器外侧套筒直接进入炉膛。炉膛内燃烧形成的高温烟气沿烟道经过热器、省煤器、空气预热器逐渐降温，再经除尘器除去 90%～99%（电除尘器可除去 99%）的灰尘，经引风机送入烟囱，排向大气。

（5）灰渣系统。炉膛内煤粉燃烧后生成的小灰粒细灰，经除尘器收集排入冲灰沟，燃烧中因结焦形成的大块碎炉渣，下落到锅炉底部的渣斗内，经碎渣机破碎后也排入冲灰沟；再经灰渣泵将细灰和碎炉渣经冲灰管道排往灰场。

2. 汽水系统

火电厂的汽水系统由锅炉、汽轮机、凝汽器、除氧器、加热器等设备及管道构成，包括给水系统、循环水系统和补充给水系统，如图 1-3 所示。

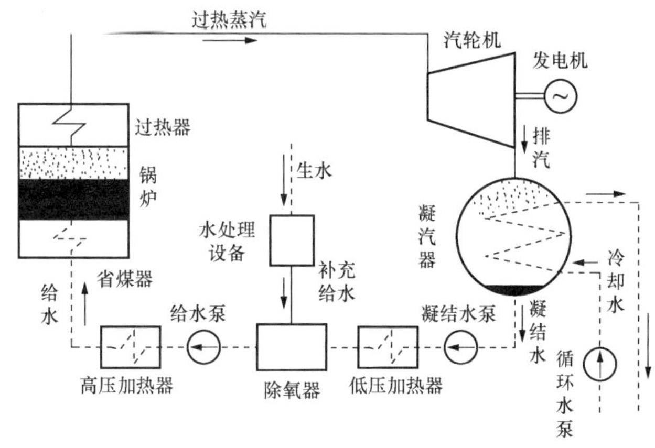

图 1-3 火电厂汽水系统流程示意图

(1) 给水系统。由锅炉产生的过热蒸汽沿主蒸汽管道进入汽轮机，高速流动的蒸汽冲动汽轮机叶片转动，带动发电机旋转产生电能。在汽轮机内做功后的蒸汽，其温度和压力大大降低，最后排入凝汽器并被冷却水（循环水）冷却凝结成水（称为凝结水），汇集在凝汽器的热水井中。凝结水由凝结水泵打至低压加热器中加热，再经除氧器除氧并继续加热。由除氧器出来的水（称为锅炉给水），经给水泵升压和高压加热器加热，最后送入锅炉汽包。在现代大型机组中，一般都从汽轮机的某些中间级抽出作过功的部分蒸汽（称为抽汽），用以加热给水（称为给水回热循环），或把做过一段功的蒸汽从汽轮机某一中间级全部抽出，送到锅炉的再热器中加热后再引入汽轮机的以后几级中继续做功（称为再热循环）。

(2) 补充给水系统。在汽水循环过程中总难免有汽、水泄漏等损失，为维持汽水循环的正常进行，必须不断地向系统补充经过化学处理的软化水。这些补充给水一般补入除氧器或凝汽器中，即补充给水系统。

(3) 循环水系统。为了将汽轮机中做过功后排入凝汽器中的乏汽冷却凝结成水，需由循环水泵从凉水塔抽取大量的冷却水送入凝汽器，冷却水吸收乏汽的热量后再回到凉水塔冷却，冷却水是循环使用的。这就是循环水系统。

3. 电气系统

发电厂的电气系统包括发电机、励磁装置、厂用电系统和升压变电站等，如图 1-4 所示。

发电机的机端电压和电流随着发电机容量的不同而各不相同，额定电压一般在 10～24kV 之间，而额定电流可达 20kA 及以上。发电机发出的电能，其中一小部分（约占发电机容量的 4%～8%）由厂用变压器降低电压后，经厂用配电装置由电缆供给水泵、送风机、磨煤机等各种辅机和电厂照明等设备用电，称为厂用电（或自用电）；其余大部分电能，由主变压器升压后，经高压配电装置、输电线路送入电力系统。

(三) 火电厂的特点

火电厂与水电厂和其他类型的发电厂相比具有以下特点：

(1) 火电厂布局灵活，装机容量的大小可按需要决定。

(2) 火电厂的一次性建造投资少，单位容量的投资仅为同容量水电厂的一半左右；建造工期短，2 台 30 万 kW 机组，工期为 3～4 年；发电设备年利用小时数较高，约为水电厂的

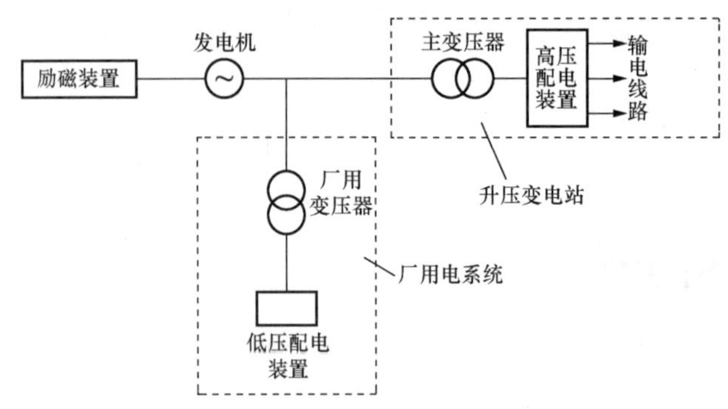

图 1-4　火电厂电气系统示意图

1.5 倍左右。

(3) 火电厂耗煤量大，目前发电用煤约占全国煤炭总产量的 50%左右，加上运煤费用和大量用水，其生产成本比水力发电要高出 3～4 倍。

(4) 火电厂动力设备繁多，发电机组控制操作复杂，厂用电量和运行人员都多于水电厂，运行费用高。

(5) 燃煤发电机组由停机到开机并带满负荷需要几小时到十几小时，并附加耗用大量燃料。例如，一台 30 万 kW 发电机组启停一次耗煤可达 60t 之多。此外，火电厂担负急剧升降的负荷时，还必须付出附加燃料消耗的代价。

(6) 火电厂担负调峰、调频或事故备用时，相应的事故增多，强迫停运率增高，厂用电率增高。据此，从经济性和供电可靠性考虑，火电厂应当尽可能担负较均匀的负荷。

(7) 火电厂的各种排放物（如烟气、灰渣和废水）对环境的污染较大。

(四) 火电厂对环境的影响及处理措施

目前，国内的火电厂大多采用的是矿物燃料，其化学成分非常复杂，燃烧产物的排放难免对环境造成污染。火电厂生产时的污染排放主要是烟气污染物排放、灰渣排放和废水排放，其中烟气中的粉尘、硫氧化物和氮氧化物经过烟囱排入大气，这些一次污染物通过在大气中的迁移、转化生成二次污染物，会给环境造成很大的危害。

在火电厂中，废水主要是通过废水处理系统加以净化或回收再利用。粉尘排放控制主要是通过除尘器除尘，大容量发电机组通常采用静电除尘，效果较好。硫氧化物的控制主要是采用烟气脱硫技术或在燃烧过程中加入适量的石灰石等碱性吸收剂来处理。灰渣的利用方式很多，并有一定的经济效益，加大灰渣综合利用的力度是减少灰渣污染最有效的措施，但目前还不能全部加以综合利用。某些煤中含有少量的天然铀、钍以及它们衍生的放射性物质，通过烟气或废水排入环境，会造成污染。因此，要加大力度减少火电厂排放污染物，减少放射性污染的影响。

三、水力发电厂

水力发电厂简称水电厂，又称水电站，是把水的势能和动能转换成电能的发电厂。它的基本生产过程是：从河流较高处或水库内引水，利用水的压力或流速冲动水轮机旋转，将水能转变成机械能，然后由水轮机带动发电机旋转，将机械能转换成电能。

水电厂的发电容量取决于水流的水位落差和水流的流量，即

$$P = 9.8\eta QH$$

式中：P 为水电厂的发电容量，kW；Q 为通过水轮机的水的流量，m^3/s；H 为作用于水电厂的水位落差，也称水头，m；η 为水轮发电机组的效率，一般为 0.80～0.85。

因为水的能量与其流量和水头成正比，所以利用水能发电的关键是集中大量的水和造成大的水位落差。我国是世界上水能资源最丰富的国家，蕴藏量为 6.76 亿 kW，年发电量 1.92×10^4 亿 kW·h。优先开发水电，是一条国际性的经验，是发展能源的客观规律。图 1-5 所示为三峡水电厂的鸟瞰图。

图 1-5　三峡水电厂鸟瞰图

由于天然水能存在的状况不同，开发利用的模式也各异，因此水电厂的形式也是多种多样的。

（一）水电厂的分类

1. 按集中落差的方式分

（1）堤坝式水电厂。在河流中落差较大的适宜地段拦河建坝，形成水库将水积蓄起来，抬高上游水位，形成发电水头，这种开发模式称为堤坝式。由于堤坝式水电厂厂房在水利枢纽中的位置不同，又分为坝后式和河床式两种形式。

1）坝后式水电厂。坝后式水电厂的厂房建在坝的后面，厂房不承受上游水压，全部水压由坝体承受，适用于水头较高的情况。其水库的水流经坝体内的压力水管引入厂房推动水轮发电机发电。图 1-6 所示为坝后式水电厂示意图，是我国最常见的水电厂形式。

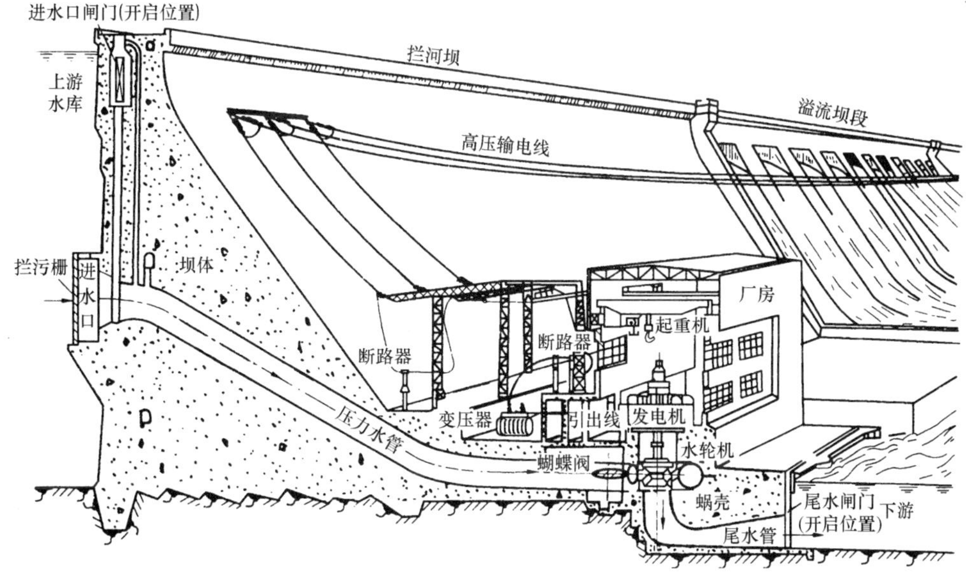

图 1-6　坝后式水电厂示意图

2）河床式水电厂。图 1-7 所示，河床式水电厂的厂房代替一部分坝体，厂房也起挡水作用，直接承受上游水的压力。因其修建在河床中，故名河床式水电厂。其水流由上游进入厂房，驱动水轮发电机后泄入下游。这种水电厂无库容，也不需要专门的引水管道，一般建于中、下游平原河段。

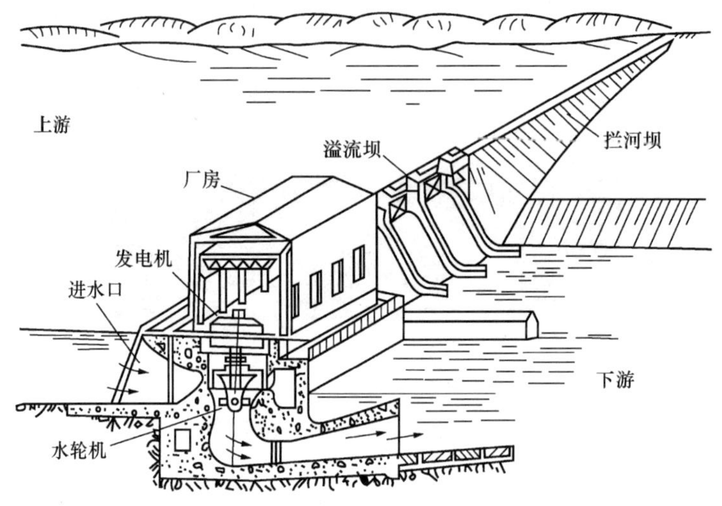

图 1-7 河床式水电厂示意图

（2）引水式水电厂。如图 1-8 所示，引水式水电厂建筑在山区水流湍急的河道上，或河床坡度较陡的地方，由引水渠道造成水头，而且一般不需修坝或只修低堰，适用于水头很高的情况。

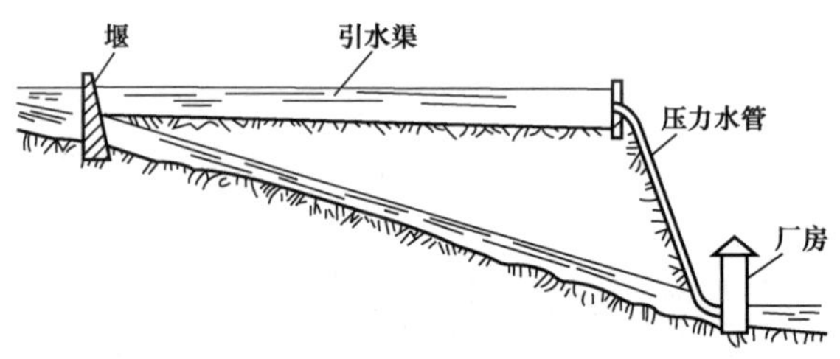

图 1-8 引水式水电厂示意图

（3）混合式水电厂。在适宜开发的河段拦河筑坝，坝上游河段的落差由坝集中，坝下游河段的落差由压力引水道集中，而水电厂的水头则由这两部分落差共同形成。这种集中落差的开发模式称为混合开发模式。由此而修建的水电厂称为混合式水电厂，兼有堤坝式和引水式两种水电厂的特点。

2. 按径流调节的程度分

（1）无调节水电厂。河川径流在时间上的分布往往与水电厂的用水要求不相一致。如果水电厂取水口上游没有大的水库，就不能对径流进行调节以适应水电厂用水要求，这种水电厂称为无调节水电厂或径流式水电厂。例如引水式水电厂、水头很低的河床式水电厂，多属此类型。这种水电厂的出力变化，主要取决于天然来水流量，往往是枯水期水量不足、出力很小，而洪水期流量很大、产生弃水。

（2）有调节水电厂。如果在水电厂取水口上游有较大的水库，能按照水电厂的用水要求对天然来水流量进行调节，这种水电厂称为有调节水电厂。例如堤坝式、混合式和有日调节池的引水式水电厂，都属此类型。

根据水库对径流的调节程度，又可将水电厂分为以下几种：

1）日调节水电厂。日调节水电厂库容较小，只能对一日的来水量进行调节，以适应水电厂日出力变化对流量的要求。

2）年调节水电厂。年调节水电厂有较大的水库，能对天然河流中一年的来水量进行调节，以适应水电厂年输出功率变化（包括日输出功率变化）和其他用水部门对流量的要求。它能将丰水期多余水量存蓄于库中供枯水期应用，以增大枯水期流量，提高水电厂的输出功率和发电量。

3）多年调节水电厂。多年调节水电厂一般有较高的堤坝和很大的库容，能改变天然河流一个或几个丰、枯水年循环周期中的流量变化规律，以适应水电厂和其他用水部门对流量的要求。完全的多年调节水库弃水很少，可使水电厂的枯水期输出功率和年发电量有很大提高。

（二）水电厂的特点

水电厂与火电厂和其他类型的发电厂相比具有以下特点。

（1）可综合利用水能资源。水电厂除发电以外，还有防洪、灌溉、航运、供水、养殖及旅游等多方面综合效益，并且可以因地制宜，将一条河流分为若干河段分别修建水利枢纽，实行梯级开发。

（2）发电成本低、效率高。水电厂利用循环不息的水能发电，节省大量燃料；因不用燃料，也省去了运输、加工等多个环节，运行维护人员少，厂用电率低，发电成本仅是同容量火电厂的1/3～1/4或更低。

（3）运行灵活。水电厂设备简单，易于实现自动化，机组启动快，水电机组从静止状态到带满负荷运行只需4～5min，紧急情况可只用1min。水电厂能适应负荷的急剧变化，适于承担系统的调峰、调频和作为事故备用。

（4）水能可储蓄和调节。电能的生产是发、输、用同时完成的，不能大量储存；而水能资源则可借助水库进行调节和储蓄，而且可兴建抽水蓄能发电厂，扩大利用水能。

（5）水力发电不污染环境。大型水库还可调节空气的温度和湿度，改善自然生态。

（6）水电厂建设投资较大，工期较长。

（7）水电厂建设和生产都受到河流的地形、水量及季节气象条件限制，因此发电量也受到水文气象条件的制约，有丰水期和枯水期之别，因而发电不均衡。

（8）由于水库的兴建、土地淹没、移民搬迁，给农业生产带来一些不利，还可能在一定程度上破坏自然界的生态平衡。

（三）抽水蓄能电厂

1. 工作原理

上面讲到的水电厂是专供发电用的。此外，还有一种特殊形式的水电厂，称为抽水蓄能电厂，其示意图如图1-9所示。

抽水蓄能电厂是以一定水量作为能量载体，通过能量转换向电力系统提供电能。为此，其上、下游均需有水库以容蓄能量转换所需要的水量。

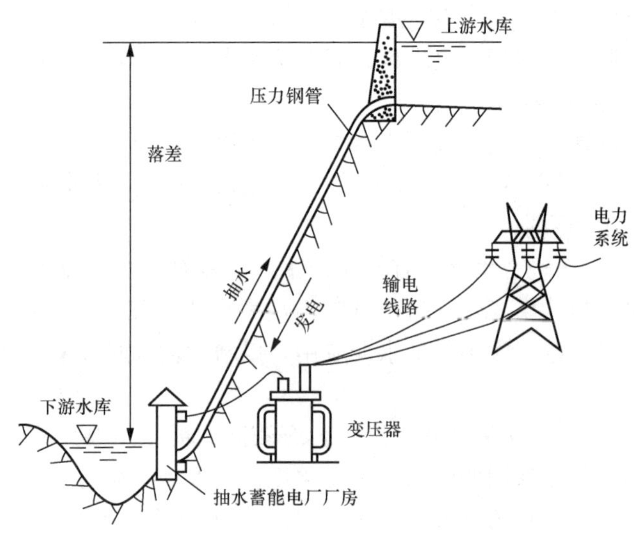

图 1-9 抽水蓄能电厂示意图

在抽水蓄能电厂中必须兼备抽水和发电两类设施。在电力负荷低谷时（或丰水时期），利用电力系统待供的富裕电能（或季节性电能），将下游水库中的水抽到上游水库，以位能形式储存起来；待到电力系统负荷高峰时（或枯水时期），再将上游水库中的水放出来，驱动水轮发电机组发电，并送往电力系统，这时用以发电的水又回到下游水库。显而易见，抽水蓄能电厂既是一个吸收低谷电能的电力用户（抽水工况），又是一个提供峰荷电力的发电厂（发电工况）。

2. 抽水蓄能电厂在电力系统中的作用

（1）调峰。电力系统峰荷的上升与下降变动比较剧烈，抽水蓄能机组响应负荷变动的能力很强，能够跟踪负荷的变化，在白天适合担任电力系统峰荷中的尖峰部分。例如，我国广东从化抽水蓄能电厂，装机容量为 8 台 30 万 kW 机组，在电力系统调峰中发挥了重要作用。

（2）填谷。在夜间或周末，抽水蓄能电厂利用电力系统富裕电能抽水，使火电机组不必降低输出功率（或停机）和保持在热效率较高的区间运行，从而节省燃料，并提高电力系统运行的稳定性。填谷作用是抽水蓄能电厂独具的特色，常规水电厂即使是调峰性能最好，也不具备填谷作用。

（3）事故备用。抽水蓄能机组启动灵活、迅速，从停机状态启动至带满负荷仅需 1～2min，而由抽水工况转到发电工况也只需 3～4min，因此抽水蓄能电厂宜于作为电力系统事故备用。

（4）调频。抽水蓄能机组跟踪负荷变化的能力很强，承卸负荷迅速灵活。当电力系统频率偏离正常值时，它能立即调整输出功率，使频率维持在正常值范围内，而火电机组却远远适应不了负荷陡升陡降。

（5）调相。抽水蓄能电厂的同步发电机，在没有发电和抽水任务时可用来调相。由于抽水蓄能电厂距离负荷中心较近，控制操作方便，对改善系统电压质量十分有利。

（6）黑启动。抽水蓄能电厂可作为黑启动电源，在电力系统黑启动刚开始时，无需外来电源支持能迅速自动完成机组的自启动，并向部分电力系统供电，带动其他发电厂没有自启动能力的机组启动。

（7）蓄能。抽水蓄能电厂通常有一个下游水库和一个上游水库共两个水库。电能的发生、输变和使用是同时完成的，不能大量储存，而水能可借助抽水蓄能电厂的上游水库储蓄，即应用抽水蓄能机组，将下游水库中的水抽到上游水库，以位能形式储存起来，供需要时利用，便可实现较大规模的蓄能。

3. 抽水蓄能电厂的效益

（1）容量效益。在电力系统负荷出现高峰时，大型抽水蓄能电厂可以像火电厂一样发电，能有效地担负电力系统的工作容量（主要是尖峰容量）和备用容量，减少电力系统对火电机组的装机容量要求，从而实现节省火电设备的投资和运行费用，由此产生的效益为容量效益。具体效益的大小与抽水蓄能电厂的建设条件、被替代方案的容量投资、固定运行费、系统的电源构成等因素有关。

（2）节能效益。电力系统中的大型高温高压热力机组，包括燃煤机组和核电机组，不适于在低负荷下工作。例如，火电厂中的燃煤机组在强迫压低负荷后，燃料消耗以及厂用电和机组磨损都将增加。抽水蓄能机组投入电力系统运行后，通过其调峰填谷作用的发挥，可以减少水电厂调峰的弃水电量，可以改善火电厂燃煤机组的运行条件，保持这些燃煤机组在额定输出功率下稳定运行，提高燃煤机组发电设备利用小时数，降低煤耗率，从而实现提高运行效率和节约运行费，包括燃料费用和机组启停费用。

（3）环保效益。按照国家环保要求，燃煤含硫大于1%的电厂必须安装脱硫装置。安装国产脱硫设备成本为300～500元/kW。由于建设180万kW（如6×30万kW）的抽水蓄能电厂，则可节省脱硫设备投资5.4亿～9亿元，若设计使用寿命为30年，则每年节约费用0.18亿～0.3亿元。

（4）动态效益。上述的容量效益、节能效益和环保效益，均为抽水蓄能电厂的静态效益。此外，抽水蓄能电厂还有动态效益。抽水蓄能电厂的动态效益可归纳为调频、调相、快速负荷跟踪、事故备用、提高供电可靠性和黑启动等方面。对于动态效益的定量评价，目前国内还没有被大家共同认可的评价方法。此外，动态效益还与所在电力系统的具体电源结构、网架特点、电力系统运行方式、电价政策等因素有关，因此测算结果往往差别很大。

对于抽水蓄能电厂的动态效益的计算，按保守估计，根据不同的电力系统情况，年动态效益一般可按电厂本身投资的12%～15%计算。例如，某抽水蓄能电厂的总装机容量为180万kW（如6×30万kW），单位工程造价为3500元/kW，则单位工程年动态效益为420～525元/(kW·年)，总体动态效益为7.56亿～9.45亿元/年。

（5）提高火电设备利用率。以抽水蓄能电厂替代电力系统中的热力机组调峰，或者使大型热力机组不压负荷或少压负荷运行，均可减少热力机组频繁启、停机所导致的设备磨损，减少设备故障率，从而提高热力机组的设备利用率和使用寿命。

（6）对环境没有污染且可美化环境。抽水蓄能电厂有上游和下游两个水库。纯抽水蓄能电厂的上游水库建在较高的山顶上，如在风景区还可成为一道风景线。

四、核能发电厂

在能源发展史上，核能的和平利用是一件划时代的大事。可实现大规模可控核裂变链式反应的装置称为核反应堆，简称反应堆，它是人类利用核能的关键设备。核能最重要的利用是核能发电。核能发电的迅速发展对解决世界能源问题有着现实意义和深远意义，快速发展核能是解决我国21世纪能源问题的一项根本性措施。

我国自行设计建设的第一座核电厂——浙江秦山核电厂（1×30万kW）于1991年并网发电，广东大亚湾核电厂（2×90万kW）于1994年建成投产，在安装调试和运行管理方面都达到了世界先进水平。截至2013年8月底，全国共有17台核电机组相继投入商业运行，总装机容量约1475万kW。核电对于改善我国的能源结构，减少环境污染，特别是对缓解我国缺乏常规能源的东部沿海地区的电力供应，将发挥越来越大的作用。

核能发电厂（简称核电厂），是利用反应堆中核燃料裂变链式反应所产生的热能，再按火电厂的发电方式将热能转换为机械能，再转换为电能，其中核反应堆相当于火电厂的锅炉。

核能能量密度高，1g铀-235全部裂变时所释放的能量为8.33×10^{10}J，相当于2.8t标准煤完全燃烧时所释放的能量。作为发电燃料，其运输量非常小，发电成本低。例如一座100万kW的火电厂，每年约需300万～400万t原煤，相当于每天需8列火车运煤。同样容量的核电厂若采用天然铀作燃料只需130t，采用3%的浓缩铀-235作燃料则仅需28t。利用核能发电还可避免化石燃料燃烧所产生的日益严重的温室效应。电力工业主要的燃料——煤炭、石油和天然气都是重要的化工原料。基于以上原因，世界各国对核电的发展都给予了足够的重视。

（一）核电厂的分类

核电厂通常由核系统和设备两大部分组成，又称核岛；常规核系统和设备，又称常规岛。目前世界上使用最多的是轻水堆核电厂，即压水堆核电厂和沸水堆核电厂。

1. 压水堆核电厂

图1-10所示为压水堆核电厂的示意图。压水堆核电厂的最大特点是整个系统分成两大部分，即一回路系统和二回路系统。一回路系统中压力为15MPa的高压水被冷却剂主泵送进反应堆，吸收燃料元件的释热后，进入蒸汽发生器下部的U形管内，将热量传给二回路的水，再返回冷却剂主泵入口，形成一个闭合回路。二回路系统的水在U形管外部流过，吸收一回路水的热量后沸腾，产生的蒸汽进入汽轮机的高压缸做功；高压缸的排汽经再热器再热提高温度后，再进入汽轮机的低压缸做功；膨胀做功后的蒸汽在凝汽器中被凝结成水，再送回蒸汽发生器，形成一个闭合回路。一回路系统和二回路系统是彼此隔绝的，如果燃料元件的包壳破损，只会使一回路水的放射性增加，而不致影响二回路水的品质，这样就大大增加了核电站的安全性。

稳压器的作用是使一回路系统的水的压力维持恒定。它是一个底部带电加热器，顶部有喷水装置的压力容器，其上部充满蒸汽，下部充满水。如果一回路系统的压力低于额定压力，则接通电加热器，增加稳压器内的蒸汽，使系统的压力提高；反之，如果系统的压力高于额定压力，则喷水装置启动，喷冷却水，使蒸汽冷凝，从而降低系统压力。

通常一个压水堆有2～4个并联的一回路系统（又称环路），但只有一个稳压器。每一个环路都有一台蒸汽发生器和1～2台冷却剂主泵。压水堆核电厂的主要参数见表1-1。

压水堆核电厂具有以下优点：以轻水作慢化剂和冷却剂，反应堆体积小、建设周期短、造价较低；一回路系统和二回路系统分开，运行维护方便；需处理的放射性废气、废液、废物少。因而压水堆核电厂在核电厂中占主导地位。

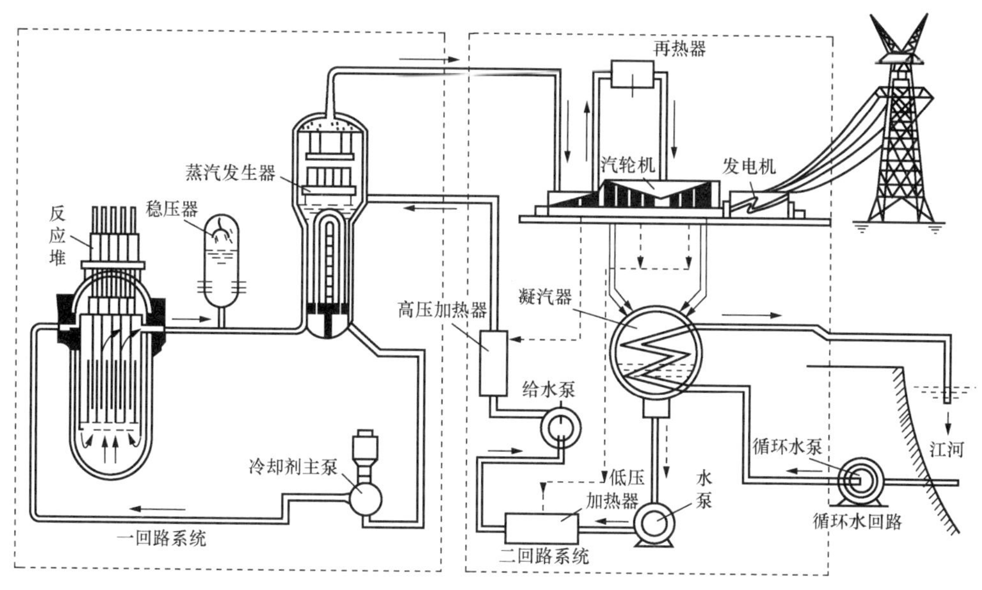

图 1-10 压水堆核电厂的示意图

表 1-1 **压水堆核电厂的主要参数**

主 要 参 数	环 路 数		
	2	3	4
堆热功率（MW）	1882	2905	3425
净电功率（MW）	600	900	1200
一回路压力（MPa）	15.5	15.5	15.5
反应堆入口水温（℃）	287.5	292.4	291.9
反应堆出口水温（℃）	324.3	327.6	325.8
压力容器内径（m）	3.35	4	4.4
燃料装载量（t）	49	72.5	89
燃料组件数	121	157	193
控制棒组件数	37	61	61
一回路冷却剂流量（t/h）	42 300	63 250	84 500
蒸汽量（t/h）	3700	5500	6860
蒸汽压力（MPa）	6.3	6.71	6.9
蒸汽含湿量（%）	0.25	0.25	0.25

2. 沸水堆核电厂

图 1-11 所示为沸水堆核电厂的示意图。在沸水堆核电厂中，堆芯产生的饱和蒸汽经分离器和干燥器除去水分后直接送入汽轮机做功。与压水堆核电厂相比，省去了既大又贵的蒸汽发生器，但有将放射性物质带入汽轮机的危险。由于沸水堆芯下部含汽量低，堆芯上部含汽量高，因此下部核裂变的反应性高于上部。为使堆芯功率沿轴向分布均匀，与压水堆不同，沸水堆的控制棒是从堆芯下部插入的。

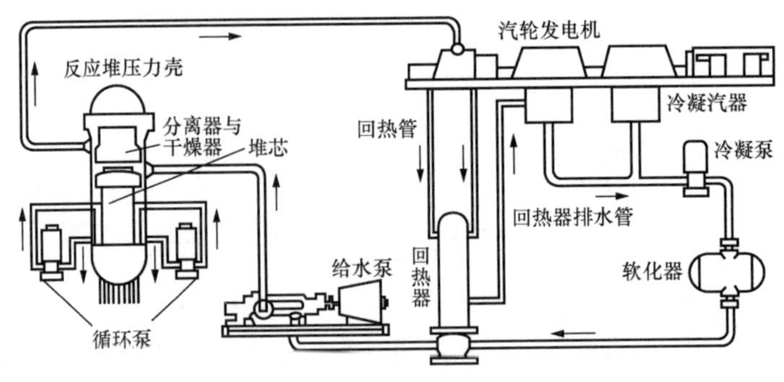

图 1-11　沸水堆核电厂的示意图

在沸水堆核电厂中反应堆的功率主要由堆芯的含汽量来控制，因此在沸水堆中配备一组喷射泵，通过改变堆芯水的再循环率来控制反应堆的功率。当需要增加功率时，可增加通过堆芯水的再循环率，将汽泡从堆芯中扫除，从而提高反应堆的功率。万一发生事故时，如冷却循环泵突然断电，堆芯的水还可以通过喷射泵的扩压段对堆芯进行自然循环冷却，保证堆芯的安全。

由于沸水堆中作为冷却剂的水在堆芯中会产生沸腾，因此设计沸水堆时一定要保证堆芯的最大热流密度低于所谓沸腾的“临界热流密度”，以防止燃料元件因传热恶化而烧毁。沸水堆核电厂的主要参数见表 1-2。

表 1-2　　沸水堆核电厂的主要参数

参数名称	参数值	参数名称	参数值
堆热功率（MW）	3840	控制棒数目（根）	193
净电功率（MW）	1310	一回路系统数目	4
净效率（%）	34.1	压力容器内水的压力（MPa）	7.06
燃料装载量（t）	147	压力容器的直径（m）	6.62
燃料元件尺寸［外径(mm)×长度(mm)］	12.5×3760	压力容器的总高（m）	22.68
燃料元件的排列	8×8	压力容器的总质量（t）	785
燃料组件数	784		

（二）核电厂的系统

核电厂是一个复杂的系统工程，集中了当代的许多高新技术。为了使核电厂能稳定、经济地运行，以及一旦发生事故时能保证反应堆的安全和防止放射性物质外泄，核电厂设置有各种辅助系统、控制系统和安全设施。以压水堆核电厂为例，它有三大主要系统。

1. 核岛的核蒸汽供应系统

核蒸汽供应系统包括以下子系统：

（1）一回路主系统，包括压水堆、冷却剂主泵、蒸汽发生器和稳压器等。

（2）化学和容积控制系统，用于实现一回路冷却剂的容积控制和调节冷却剂中的硼浓度，以控制压水堆的反应性变化。

（3）余热排出系统，又称停堆冷却系统。它的作用是在反应堆停堆、装卸料或维修时，用以导出燃料元件发出的余热。

（4）安全注射系统，又称紧急堆芯冷却系统。它的作用是在反应堆发生严重事故，如一回路主系统管道破裂而引起失水事故时，为堆芯提供应急的和持续的冷却。

（5）控制、保护和检测系统，为上述4个子系统提供检测数据，并对子系统进行控制和保护。

2. 核岛的辅助系统

核岛的辅助系统包括以下子系统：

（1）设备冷却水系统，用于冷却所有位于核岛内的带放射性水的设备。

（2）硼回收系统，用于对一回路系统的排水进行储存、处理和监测，将其分离成符合一回路水质要求的水及浓缩的硼酸溶液。

（3）反应堆的安全壳及喷淋系统。核蒸气供应系统大都置于安全壳内，一旦发生事故安全壳可以防止放射性物质外泄，此外还能防止外来袭击（如飞机坠毁等）。当事故发生引起安全壳内的压力和温度升高时，安全壳喷淋系统能对安全壳进行喷淋冷却。

（4）核燃料的装换料及储存系统，用于实现对燃料元件的装换料和储存。

（5）安全壳及核辅助厂房通风和过滤系统。它的作用是实现安全壳和辅助厂房的通风，同时防止放射性外泄。

（6）柴油发电机组，为核岛提供应急电源。

3. 常规岛的系统

常规岛的系统与火电厂的系统相似，它通常包括：

（1）二回路系统，又称汽轮发电机系统，由蒸汽系统、汽轮发电机组、凝汽器、蒸汽排放系统、给水加热系统及辅助给水系统等组成；

（2）循环冷却水系统；

（3）电气系统及厂用电设备。

（三）核电厂的运行

核电厂运行的基本原则和常规火电厂一样，都是根据负荷需要量来调节供给的热量，使得热功率与电负荷相平衡。由于核电厂是由反应堆供热，因此核电厂的运行和火电厂相比具有一些新的特点。

（1）在火电厂中，可以连续不断地向锅炉供给燃料，而压水堆核电厂的反应堆，却只能对反应堆堆芯一次装料，并定期停堆换料。因此在堆芯换新料后的初期，过剩反应性很大。为了补偿过剩的反应性，除采用控制棒外，还需在冷却剂中加入硼酸，并通过硼浓度的变化来调节反应堆的反应性。反应堆冷却剂中含有硼酸以后，就给一回路主系统及其辅助系统的运行和控制带来一定的复杂性。

（2）反应堆的堆芯内，核燃料发生裂变反应释放核能的同时，也放出瞬发中子和瞬发 γ 射线。由于裂变产物的积累，以及反应堆的堆内构件和压力容器等因受中子的辐射而活化，所以反应堆不管是在运行中或停闭后，都有很强的放射性，这就给核电厂的运行和维修带来了一定的困难。

（3）反应堆在停闭后，运行过程中积累起来的裂变碎片和 β、γ 射线衰变，将继续使堆芯产生余热（又称衰变热），因此反应堆停闭后不能立即停止冷却，还必须把这部分余热排出去，否则会出现燃料元件因过热而烧毁的危险；即使核电厂在长时间停闭情况下，也必须继续除去衰变热；当核电厂发生停电或一回路管道破裂等重大事故时，应急堆芯冷却系统立即自动投入，在任何事故工况下保证对反应堆进行冷却。

（4）核电厂在运行过程中，会产生气态、液态和固态的放射性废物，对这些废物必须遵照核安全的规定进行妥善处理，以确保工作人员和居民的健康，而火电厂中这一问题是不存在的。

（5）与火电厂相比，核电厂的建设费用高，但燃料费用较低。为了提高核电厂的运行经济性，极为重要的是要维持高的发电设备利用率。为此，核电厂应在额定功率或尽可能在接近额定功率的工况下带基本负荷连续运行，并尽可能缩短核电厂的停闭时间。

第三节　变电站类型

变电站是电力系统中变换电压、接受和分配电能、控制电力的流向和调整电压的电气设施。在电力系统中变电站是输电和配电的集结点。

一、变电站的分类

（一）按变电站在电力系统中的地位和作用分类

变电站按在电力系统中的地位和作用分类，可以分为枢纽变电站、中间变电站、区域（地区）变电站、企业变电站和末端（用户）变电站。

（1）枢纽变电站。枢纽变电站位于电力系统的枢纽点，电压等级一般为 330kV 及以上，联系多个电源，出线回路多，变电容量大；全站停电后将造成大面积停电，或导致系统瓦解。枢纽变电站对电力系统运行的稳定性和可靠性起重要作用。

（2）中间变电站。中间变电站位于系统主干环行线路或系统主要干线的接口处，电压等级一般为 330～220kV，汇集 2～3 个电源和若干线路；全站停电后，将引起区域电力系统的解列。

（3）区域（地区）变电站。地区变电站是一个地区和一个中、小城市的主要变电站，电压等级一般为 220kV；全站停电后将造成该地区或城市供电的紊乱。

（4）企业变电站。企业变电站是大、中型企业的专用变电站，电压等级为 35～220kV，1～2 回进线。

（5）末端（用户）变电站。位于电力系统最末端的用户变电站，其低压侧电压等级按负荷大小及负荷性质的不同，有 10kV、6kV、3kV、0.6kV、380V/220V 等。

（二）按变电站建筑形式和电气设备布置方式分类

变电站按建筑形式和电气设备布置方式分类，可以分为户内变电站、半户内变电站、户外变电站。

（1）户内变电站。户内变电站的主变压器、配电装置均为户内布置。为了减少建筑面积和控制建筑高度，满足城市规划的要求，并与周边环境相协调，利于城市景观的美化，可以考虑采用 GIS SF_6 气体绝缘全封闭组合电器设备。GIS 设备具有体积小、技术性能优良的特点。

（2）半户内变电站。半户内变电站的主变压器为户外布置，配电装置为户内布置。半户内布置方式是指除变压器为户外布置外，全部配电装置集中布置在一幢主厂房不同楼层的电气布置方式。该布置方式结合了全户内布置变电站节约占地面积，与周围环境协调、美观，设备运行条件好，以及户外布置变电站工程造价低廉的优点。

（3）户外变电站。户外变电站的主变压器、配电装置均为户外布置，设备占地面积较大，一般适合于建设在城市中心区以外、土地资源比较宽松的地方。

（三）其他分类

除以上分类外，根据不同的标准，变电站还有不同分类方法，例如：

（1）按变电站供电对象的差异，分为城镇变电站、工业变电站和农业变电站；

（2）按变电站是否有人正常运行值班，分为有人值班变电站和无人值班变电站；

（3）按变电站围护结构不同，分为土建变电站和箱式变电站。

此外还有其他的一些分类方法，在此不再赘述。

二、新型变电站简介

近年来出现的数字化变电站和智能变电站，在现代电力系统中将发挥越来越重要的作用，下面对其进行简要介绍。

（一）数字化变电站

1. 含义和结构

数字化变电站是由智能化一次设备、网络化二次设备在 IEC 61850 通信协议基础上分层构建，能够实现智能设备间信息共享和互操作的现代化变电站。

数字化变电站自动化系统的结构在物理上可分为两类，即智能化的一次设备和网络化的二次设备；在逻辑结构上可分为三个层次，分别为过程层、间隔层、站控层。

过程层是一次设备与二次设备的结合面，主要由电子式互感器、合并单元、智能单元等自动化设备构成，主要完成与一次设备相关的功能，如开关量、模拟量的采集以及控制命令的执行等。

间隔层主要包括变电站的保护、测控、计量等二次设备，主要任务是利用本间隔层的数据完成对本间隔层设备的监测和保护判断。

站控层主要包括变电站监控系统、远动系统、继电保护故障信息系统等，其作用是完成对本站内间隔层设备及一次设备的控制，并完成与远方控制中心、工程师站及人机界面的通信功能。

2. 主要特点与优点

数字化变电站的主要特点如下：

（1）变电站传输和处理的信息全数字化；

（2）过程层设备智能化；

（3）统一的信息模型，包括数据模型和功能模型；

（4）统一的通信协议，数据无缝交换；

（5）高质量信息，具有可靠性、完整性、实时性；

（6）各种设备和功能共享统一的信息平台。

数字化变电站的主要优点如下：

（1）各种功能共用统一的信息平台，避免设备重复投入；

（2）测量准确度高、无饱和、无电流互感器二次开路；

（3）二次接线简单；

（4）光纤取代电缆，电磁兼容性能优越；

（5）信息传输通道都可自检，可靠性高；

（6）管理自动化。

（二）智能变电站

智能变电站的实现基于数字化变电站，但在支撑智能电网建设、可再生能源即插即退等智能性方面，可满足更高的要求。智能变电站更深层次体现出智能电网的信息化、自动化和互动化的技术特点。

智能变电站是指采用先进、可靠、集成、低碳、环保的智能设备，以全站信息数字化、通信平台网络化、信息共享标准化为基本要求，自动完成信息采集、测量、控制、保护、计量和监测等基本功能，并可根据需要实现支持电网实时自动控制、智能调节、在线分析决策、协同互动等高级功能的变电站。

1. 智能设备

智能设备是指附加了智能组件的高压设备。智能组件通过状态感知元件和指令执行元件，实现状态的可视化、控制的网络化和信息互动化，为智能电网提供最基础的功能支撑。

高压设备与智能组件之间通过状态感知元件和指令执行元件组成一个有机整体。三者之间可类比为“身体”、“大脑”和“神经”的关系，即高压设备本体是“身体”，智能组件是“大脑”，状态感知元件和指令执行元件是“神经”。三者合为一体就是智能设备，或称高压设备智能化，是智能电网的基本元件。

2. 智能变电站高级应用功能

（1）设备状态可视化。该功能采集主要一次设备（变压器、断路器等）状态信息，进行状态可视化展示并发送到上级系统，为实现优化电网运行和设备运行管理提供基础数据支撑。

（2）变电站智能告警在线处理专家系统。该功能根据告警信息的级别，实行优先级管理，方便重要告警信息的及时处理，有助于智能变电站应对各类突发事件。

（3）变电站事故信息综合分析辅助决策系统。该功能在故障情况下对包括 SOE 信号及保护装置、相量测量、故障录波等数据进行数据挖掘、多专业综合分析，并将变电站故障分析结果以简洁明了的可视化界面综合展示。

（4）智能变电站经济运行与优化控制。该功能利用无功电压控制设备，配合自动电压调节系统，从基于电网的角度对广域分散的电网无功装置进行协调优化控制。

（5）与智能电网其他节点的互动。该功能实现与大用户及各类电源等外部系统进行信息交换。

三、直流输电换流站

（一）换流站简介

目前电力系统中发电和用电的绝大部分为交流电，要采用直流输电方式必须进行电能转换。在输电系统的送端需要将交流电转换为直流电（此过程称为整流），经过直流输电线路将电能送往受端；而在受端又必须将直流电转换为交流电（此过程称为逆变），然后送到受端的交流系统中去，供用户使用。在这个系统的送端进行整流变换的地方称为整流站，而在受端进行逆变变换的地方称为逆变站，两者统称为换流站。用来实现电力的整流和逆变的电力电子装置分别称为整流器和逆变器，一般统称为换流器。

在高压直流输电系统中，为了完成电力的换流，并达到电力系统对安全稳定及电能质量的要求，换流站中应包括的主要设备或设施有换流阀、换流变压器、平波电抗器、交流开关设备、交流滤波器及交流无功补偿装置、直流开关设备、直流滤波器、控制与保护装置、站外接地极以及远程通信系统等。

（二）背靠背换流站

背靠背换流站作为高压直流输电工程的一种特殊换流方式，将高压直流输电的整流站和逆变站合并在一个换流站内，在同一处完成将交流变直流，再由直流变交流的换流过程，其整流和逆变的结构、交流侧的设施与高压直流输电完全一样。与常规换流站相比，其具有以下优点：

（1）直流侧电压低，整流器和逆变器装设在一个阀厅内，换流站的设备相应减少，换流站的结构简单，比常规换流站的造价低15%～20%。

（2）由于整流器和逆变器装设在一个换流站内，直流回路的电阻和电抗均很小，同时又不需要远动通信传递信号，没有通信延时，因此其控制系统响应速度更快。此外，由于没有直流输电线路，因此直流侧的故障率很低，从而使保护得到了简化。

（3）由于背靠背换流站无直流输电线路，换流站的损耗很小，因此在运行中可方便地降低直流电压和增加直流电流来进行无功功率控制或交流电压控制，以提高电力系统的电压稳定性。

（4）在实现电力系统非同步联网时，可不增加被联电力系统的短路容量，从而避免了由此所产生的需要更换开关等问题；可利用直流输送功率的可控性，方便地实现被联电力系统之间的电力和电量的经济调度；此外，可方便地利用直流输送功率的快速控制来进行电力系统的频率控制或阻尼电力系统的低频振荡，从而提高了电力系统运行的稳定性和可靠性。

（5）由于直流侧电压较低，有利于换流站设备的模块化设计。采用模块化设计可进一步降低换流站的造价，缩短工程的建设周期，提高工程运行的可靠性。

第四节 发电厂和变电站电气部分概述

一、电气设备、接线和装置

为了满足电力生产和保证电力系统运行的安全稳定性和经济性，发电厂和变电站中安装有各种电气设备，其主要任务是启停机组、调整负荷、切换设备和线路、监视主要设备的运行状态、发生异常故障时及时处理等。根据作用的不同，可将电气设备分为一次设备和二次设备。

在发电厂和变电站中，各种电气设备必须用导体按一定的要求连成一个整体，并与必要的辅助设备一起安装，构成通路，实现发供电，这便是电气接线和电气装置。

（一）一次设备

通常将生产、变换、输送、分配和使用电能的设备，如发电机、变压器和断路器等称为一次设备。它们包括以下设备：

（1）生产和变换电能的设备。例如发电机将机械能转换成电能，电动机将电能转换成机械能，变压器将电压升高或降低以满足输配电需要。这些都是发电厂中最主要的设备。

（2）接通或断开电路的开关电器。例如断路器可用来接通或断开电路的正常工作电流、过负荷电流或短路电流，它配有灭弧装置，是电力系统中最重要的控制和保护电器。隔离开关用来在检修设备时隔离电压，进行电路的切换操作及接通或断开小电流电路，它没有灭弧装置，一般只有电路断开的情况下才能操作。此外，还有负荷开关、接触器和熔断器等，它们用于正常或事故时，将电路闭合或断开。

（3）限制故障电流和防御过电压的保护电器。例如限制短路电流的电抗器和防御过电压的避雷器等。

（4）载流导体。例如传输电能的裸导体、电缆等，它们按设计的要求，将有关电气设备连接起来。

（5）互感器。互感器包括电压互感器（TV）和电流互感器（TA）。电压互感器将交流高压变成低压（100V或$100/\sqrt{3}$V），供电给测量仪表和继电保护装置的电压线圈。电流互感器将交流大电流变成小电流（5A或1A），供电给测量仪表和继电保护装置的电流线圈。

（6）无功补偿设备。例如并联电容器、串联电容器和并联电抗器，用来补偿电力系统的无功功率，以降低有功损耗和维持系统的稳定性。

（7）接地装置。无论是电力系统中性点的工作接地、防雷接地，还是保护接地、保护接零，均需同埋入地中的接地装置相连接。

（二）二次设备

对一次设备和系统的运行状态进行测量、控制、监视和起保护作用的设备，称为二次设备。它们包括以下设备：

（1）测量表计，如电压表、电流表、频率表、功率表和电能表等，用于测量电路中的电气参数。

（2）继电保护、自动装置及远动装置，能迅速反应系统不正常情况或故障情况，进行监控和调节或作用于断路器跳闸将故障切除。

（3）直流电源设备，包括直流发电机组、蓄电池组和整流装置等，供给控制、保护用的直流电源和厂用直流负荷、事故照明等。

（4）操作电器、信号设备及控制电缆。例如各种类型的操作把手、按钮等操作电器，用于实现对电路的操作控制；信号设备给出信号或显示运行状态标志；控制电缆用于连接二次设备。

（三）电气接线

在发电厂和变电站中，根据各种电气设备的作用及要求，按一定的接线方式用导体连接起来所形成的电路称为电气接线。由一次设备（如发电机、变压器、断路器等）按预期生产流程所连成的电路，称为一次电路，或称电气主接线。由二次设备所连成的电路称为二次电路，或称二次接线。

电气主接线表明电能汇集和分配的关系以及各种运行方式。电气主接线通常用规定的图形符号和文字符号画成电气主接线图来表示。电气主接线图可画成三线图，也可画成单线图。三线图给出各相的所有设备的全图，比较复杂，故电气主接线图常用单线图表示，只在有需要时才绘制三线图。值得注意的是，单线图虽然绘出的是单相电路的连接情况，实际上却表示三相电路。在图中所有元件应表示为无电状态，如高压断路器、隔离开关均在断开位置。

图1-12所示为具有两种电压（发电机电压及升高电压）大容量火电厂的电气主接线图。图中发电机G1和G2发出的电能，分别经断路器QF1、QF2和隔离开关QS1～QS4送至10kV母线。母线W1～W5起汇集和分配电能的作用。图中10kV母线为双母线三分段接

线。它是用分段断路器 QFD 将一般双母线中的一组母线分为 W1 和 W2 两段，在分段处装有电抗器 L3，另一组母线 W3 不分段。发电机输出的一部分电能由电缆馈线 WL1 和 WL2 送往近区负荷。馈线 WL1 和 WL2 上分别装有电抗器 L1 和 L2，用于限制短路电流。另一部分电能则分别通过升压变压器 T1 和 T2 送到 220kV 母线上，送往电力系统。发电机 G3 和变压器 T3 单独接成发电机—变压器单元接线，直接连到高压 220kV 母线 W4、W5 上。220kV 高压母线为双母线接线。

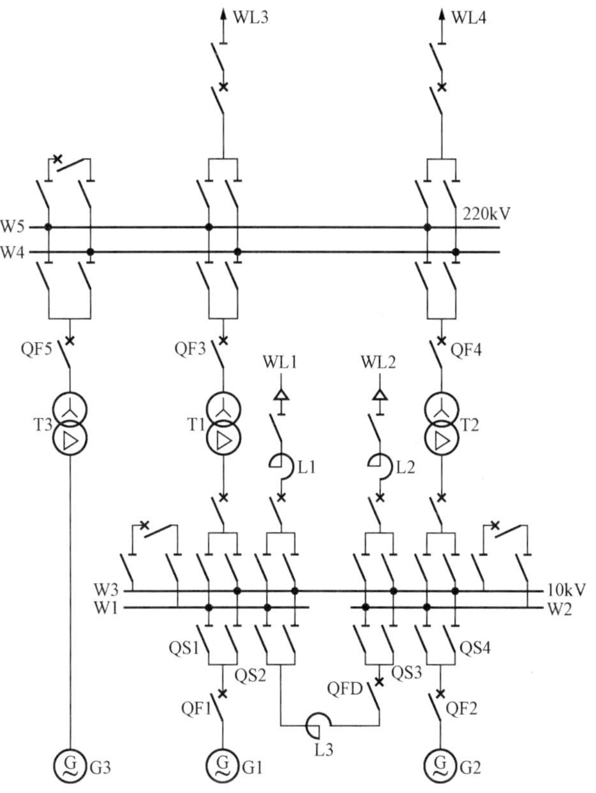

图 1 - 12　火电厂的电气主接线图

（四）配电装置

根据电气主接线的要求，由开关电器、母线、保护和测量设备以及必要的辅助设备和建筑物组成的整体即为配电装置。配电装置按电气设备装设地点不同，可分为屋内配电装置和屋外配电装置。图 1 - 12 中，由断路器 QF1 和 QF2、隔离开关 QS1～QS4、母线 W1～W3、电抗器 L1 和 L2 以及馈线 WL1 和 WL2 等构成的配电装置布置在屋内，称为屋内配电装置，又称发电机电压配电装置；而由断路器 QF3～QF5、相应的隔离开关、母线 W4 和 W5 以及出线 WL3 和 WL4 等构成的配电装置布置在屋外，称为屋外配电装置，又称高压配电装置。

发电厂和变电站的电气主接线，要根据容量、电压等级、负荷情况，经过详细的技术经济比较，然后选出最佳方案。

二、发电厂电气部分

我国电力系统中，发电机单机容量不断增长，目前 300、600MW 的单机已成为系统中的主力机组，1000MW 的单机已逐步进入一些大型电力系统。

（一）300MW 发电机组电气部分

1. 电气主接线

300MW 发电机组采用发电机—变压器单元接线，如图 1 - 13 所示。变压器高压侧接入 220kV 系统。

单机容量为 300MW 的发电机，由于额定电流很大，连接线采用全连离相封闭母线。由图 1 - 13 可看出，300MW 发电机组电气主接线具有下述特点：

（1）发电机与主变压器的连接采用发电机—变压器单元接线，无发电机出口断路器和隔离开关；

（2）在主变压器低压侧引接一台高压厂用变压器，供给厂用电；

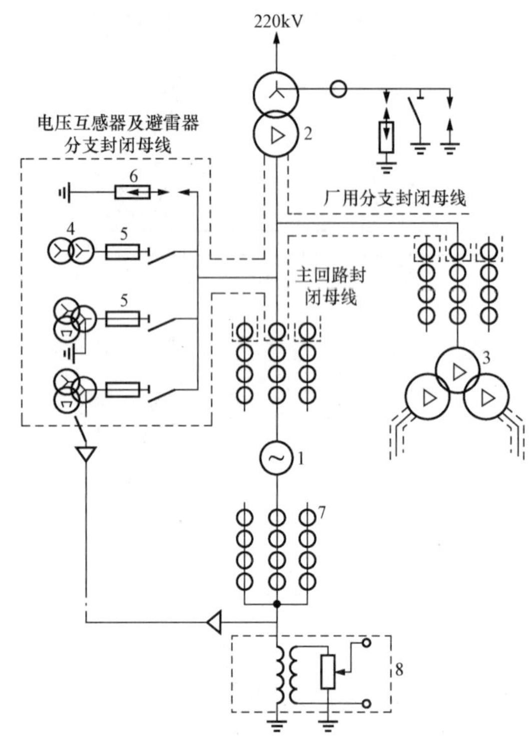

图 1-13 300MW 发电机组电气主接线图

1—发电机；2—主变压器；3—高压厂用变压器（为分裂绕组变压器）；4—电压互感器；5—高压熔断器；6—避雷器；7—电流互感器；8—中性点接地变压器

（3）在发电机出口侧，通过高压熔断器接有三组电压互感器和一组避雷器；

（4）在发电机出口侧和中性点侧，每相装有电流互感器 4 只；

（5）发电机中性点接有中性点接地变压器；

（6）高压厂用变压器高压侧，每相装有电流互感器 4 只。

发电机和主变压器之间的连接母线及厂用分支母线均采用全连离相封闭母线。主回路封闭母线为 ϕ500mm×12mm（外径×壁厚）的圆管形铝母线，屏蔽外壳为 ϕ1050mm×8mm 的铝管，相间距离为 1400mm。高压厂用分支封闭母线为 ϕ150mm×10mm 的圆管形铝母线，屏蔽外壳为 ϕ700mm×5mm 的铝管，相间距离为 1000mm。电压互感器及避雷器分支封闭母线为 ϕ150mm×10mm 的圆管形铝母线，屏蔽外壳为 ϕ700mm×5mm 的铝管，相间距离为 1200mm。发电机回路电流互感器均套在发电机出线套管上，并吊装在发电机的出线罩上。发电机中性点选用干式接地变压器。为提高封闭母线的安全可靠性，应装设微正压充气装置。

采用全连离相封闭母线，与采用敞露母线相比具有以下优点：

（1）供电可靠。封闭母线有效地防止了绝缘遭受灰尘、潮气等污秽和外物造成的短路。

（2）运行安全。由于母线封闭在外壳中，且外壳接地，使工作人员不会触及带电导体。

（3）由于金属外壳的屏蔽作用，母线相间电动力大大减少，而且基本消除了母线周围钢构件的发热。

（4）施工安装简便，运行维护工作量小。

2. 主要电气设备

（1）发电机：额定功率为 300MW，额定电压为 20kV，额定电流为 10 189A，$\cos\varphi=0.85$，额定转速为 3000r/min。

（2）主变压器：额定容量为 360MV·A，额定电压为 242±2×2.5%/20kV，额定电流为 858.9/10 392.3A，联结组号为 YNd11，$\Delta P_0=177$kW，$I_0\%=0.3$，$\Delta P_k=809$kW，$U_k\%=11$。

（3）高压厂用变压器：额定容量为 40/20-20MV·A，额定电压为 20±2×2.5%/6.3-6.3kV，联结组号为 Dd12d12。

（4）电压互感器：JDZJ-20 型，变比为 $\frac{20}{\sqrt{3}}\Big/\frac{0.1}{\sqrt{3}}\Big/\frac{0.1}{3}$kV；JDZ-20 型，变比为 $\frac{20}{\sqrt{3}}\Big/\frac{0.1}{\sqrt{3}}$kV。

（5）高压熔断器：RN4-20型，额定电压为20kV，额定电流为0.35A，最大开断电流有效值为20kA，三相最大开断容量为4500MV·A。

（6）电流互感器：LRD-20型，变比为12 000/5A。

（7）中性点接地变压器：型式为干式、单相，额定电压为20kV/0.23kV，额定容量为25kV·A，二次侧负载电阻为0.5～0.6Ω，换算至变压器一次侧电阻值为3781～4537Ω。可见，发电机中性点实际为高电阻接地方式，用来限制电容电流。

（二）600MW发电机组电气部分

1. 电气主接线

600MW发电机组采用发电机—变压器单元接线，如图1-14所示。变压器高压侧接入500kV系统，500kV侧采用一个半断路器接线方式。

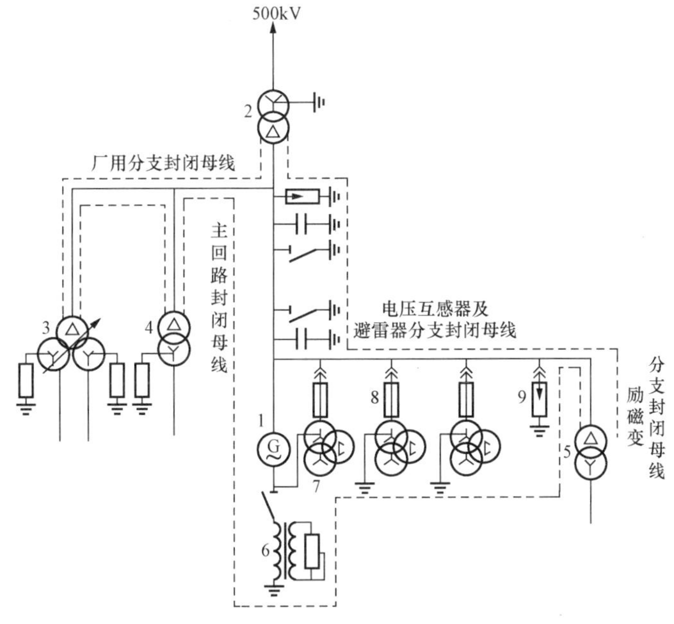

图1-14　600MW发电机组电气主接线图

1—发电机；2—主变压器；3—高压厂用变压器；4—高压公用变压器；
5—励磁变压器；6—中性点接地变压器；7—电压互感器；
8—熔断器；9—高压避雷器

额定电流为19 245A、单机容量为600MW的发电机采用全连离相封闭母线。由图1-14可看出，600MW发电机组电气主接线具有下述特点：

（1）发电机与主变压器的连接采用发电机—变压器单元接线，发电机和主变压器之间没有断路器和隔离开关。根据实际情况，发电机和主变压器之间可设置断路器和隔离开关，但需经技术经济分析论证确定。

（2）主变压器采用三相双绕组变压器，低压侧绕组接成三角形，高压侧绕组接成星形。变压器高压侧中性点接地方式为直接接地。

（3）在主变压器低压侧引接一台高压厂用变压器和一台高压公用变压器，供给厂用电。

（4）在发电机出口侧，通过高压熔断器接有三组电压互感器和一组避雷器。

（5）在发电机出口侧和中性点侧，每相装有电流互感器4只。

（6）发电机中性点接有中性点接地变压器。

（7）高压厂用变压器高压侧，每相配置套管式电流互感器 3 只。

（8）主变压器高压侧每相各配置套管式电流互感器 3 只，中性点配置电流互感器 1 只。

发电机与主变压器之间的连接母线及厂用分支母线均采用全连离相封闭母线。主回路封闭母线为 ϕ900mm×15mm 的圆管形铝导体，屏蔽外壳为 ϕ1450mm×10mm 的铝管，相间距离为 1800mm。厂用分支封闭母线为 ϕ200mm×10mm 圆管形铝导体，屏蔽外壳为 ϕ750mm×5mm 的铝管，相间距离为 1000mm。电压互感器及避雷器分支封闭母线为 ϕ150mm×10mm 的圆管形铝导体，屏蔽外壳为 ϕ700mm×5mm 的铝管，相间距离为 1200mm。发电机回路电流互感器均套在发电机出线套管上，并吊装在发电机的出线罩上。发电机中性点选用干式接地变压器。为提高封闭母线的安全可靠性，应装设微正压充气装置。

2. 主要电气设备

（1）发电机：额定功率为 600MW，额定电压为 20kV，额定电流为 19 245A，$\cos\varphi$=0.9，额定转速为 3000r/min。

（2）主变压器：三相双绕组变压器，额定容量为 720MV·A，额定电压为 550/20kV，调压范围为 $550/\sqrt{3}(1\pm3\times2.5\%)$kV，额定电流为 755.8/20 784.6A（高压/低压），联结组号 YNd11，$\Delta P_0=278.4$kW，$I_0\%=0.12$，$\Delta P_k=1280$kW，$U_k\%=13.5$。

（3）高压厂用变压器：额定容量为 50/31.5-31.5MV·A，额定电压为 20±8×1.25%/6.3-6.3kV，联结组号 Dyn1yn1。

（4）电压互感器：JDZ-20 型，变比为 $\frac{20}{\sqrt{3}}\Big/\frac{0.1}{\sqrt{3}}$kV；JDZJ-20 型，变比为 $\frac{20}{\sqrt{3}}\Big/\frac{0.1}{\sqrt{3}}\Big/\frac{0.1}{3}$kV。

（5）电流互感器：LRD-20 型，变比为 12 000/5A。

（6）中性点接地变压器：干式、单相，额定电压为 20/0.23kV，额定容量为 25kV·A，其二次侧接负载电阻值为 0.5～0.6Ω。

（7）高压熔断器：RN4-20 型，额定电压为 20kV，额定电流为 0.35A，最大开断电流有效值为 20kA，三相最大开断容量为 4500MV·A。

（8）避雷器：FCD2-20 型。

（三）1000MW 发电机组电气部分

1. 电气主接线

1000MW 发电机组采用发电机—变压器单元接线，如图 1-15 所示。变压器高压侧经隔离开关接入 500kV 系统，500kV 侧采用一个半断路器接线方式。

由于额定电流为 23 949A，单机容量为 1000MW 的发电机出口母线采用全连离相封闭母线。由图 1-15 可看出，1000MW 发电机组电气主接线具有下述特点：

（1）发电机与主变压器的连接采用发电机—变压器单元接线，发电机和主变压器之间没有断路器和隔离开关，但在主母线上设有可拆连接点。

（2）发电机出口主封闭母线上有接地开关，母线接地开关能承受主回路动、热稳定的要求。接地开关附近有观察接地开关位置的窥视孔。

（3）主变压器采用三台单相双绕组油浸式变压器，低压侧绕组接成三角形，高压侧绕组接成星形。变压器高压侧中性点接地方式为直接接地。

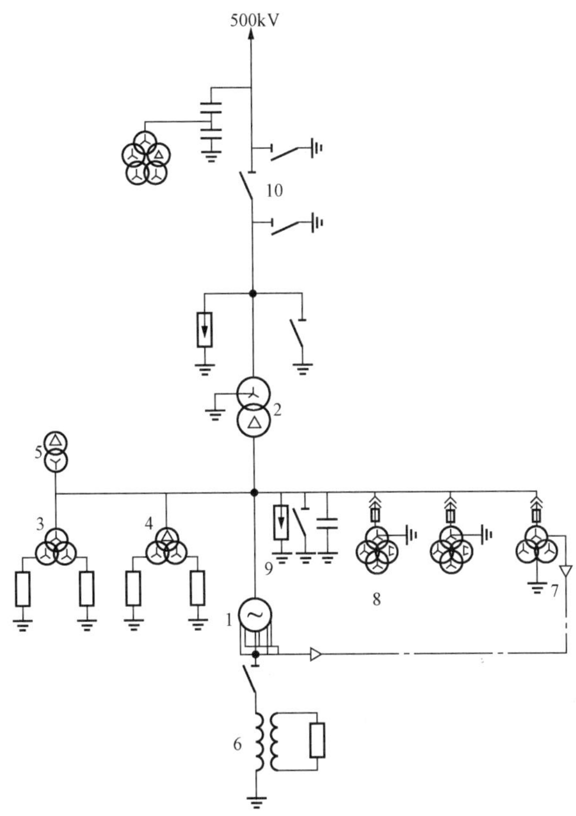

图 1-15 1000MW 发电机组电气主接线图
1—发电机；2—主变压器；3、4—高压厂用变压器；5—励磁变压器；6—中性点接地变压器；7、8—电压互感器；9—高压避雷器；10—隔离开关

（4）在主变压器低压侧引接两台容量相同的高压厂用变压器，供给厂用电。

（5）在发电机出口主封闭母线有短路试验装置，主回路 T 接引至电压互感器柜，通过高压熔断器接有三组三相电压互感器和一组避雷器。500kV 进出线路装设一组三相电容式电压互感器。

（6）在发电机出口侧和中性点侧，每相装有套管式电流互感器 4 只。

（7）发电机中性点经隔离开关接有中性点接地变压器。

（8）高压厂用变压器高压侧，每相配置套管式电流互感器 3 只。

（9）主变压器高压侧每相各配置套管式电流互感器 4 只，中性点配置电流互感器 2 只。

发电机与主变压器之间的连接母线及高压厂用变压器高压侧均采用全连离相封闭母线。主回路封闭母线为 ϕ940mm×16mm 的圆管形铝导体，屏蔽外壳为 ϕ1572mm×11mm 的铝管，相间距离为 2000mm；三角连接回路封闭母线为 ϕ600mm×15mm 的圆管形铝导体，屏蔽外壳为 ϕ1230mm×7mm 的铝管，相间距离为 1800mm；高压厂用分支封闭母线为 ϕ150mm×12mm 的圆管形铝导体，屏蔽外壳为 ϕ780mm×5mm 的铝管。

封闭母线设有氢检测安装点、自动排氢装置、发电机短路试验装置、检修接地装置和微正压充气装置等附属设施。设有温度在线检测装置和就地监测仪表，可就地及远方显示温度并带有通信接口。在线检测装置设置远方报警开关量和遥测模拟量输出。测温点最少应包括以下位置：6点在发电机出口，6点在主变压器处。如果主封闭母线导体中间有软连接，则在软连接处设置测温点。各个测点均分别将温度信号以4～20mA模拟量送往控制系统（DCS）。

2. 主要电气设备

（1）发电机：额定功率为1008MW，额定电压为27kV，额定电流为23 949A，$\cos\varphi=0.9$滞后，额定转速为3000r/min。

（2）主变压器：三台单相双绕组变压器，额定容量为3×380MV·A，额定电压为525/27kV，调压范围为$525/\sqrt{3}(1\pm2\times2.5\%)$kV，额定电流为1254/14 074A（高压/低压），联结组号YNd11（三相），$\Delta P_0=125$kW，$I_0\%=0.15$，$\Delta P_k=396$kW，$U_k\%=18$。

（3）高压厂用变压器：额定容量为68/34-34MV·A，额定电压为27±2×2.5%/10.5-10.5kV，联结组号Dyn1yn1。

（4）电压互感器：TEMP-500IU型，单相、油浸、户外、电容式电压互感器，变比为$\frac{500}{\sqrt{3}}\Big/\frac{0.1}{\sqrt{3}}\Big/\frac{0.1}{\sqrt{3}}\Big/\frac{0.1}{\sqrt{3}}\Big/0.1$kV；JDZJ-27型，变比为$\frac{27}{\sqrt{3}}\Big/\frac{0.1}{\sqrt{3}}\Big/\frac{0.1}{\sqrt{3}}\Big/\frac{0.1}{3}$kV。

（5）电流互感器：变比为30 000/5A。

（6）中性点接地变压器：干式、H级绝缘单相变压器，额定电压为27/0.23kV，额定容量为100kV·A，其二次侧接负载电阻值为0.30Ω。

（四）超超临界发电机组的特点与问题

前述300MW发电机组为亚临界火力发电机组，600MW发电机组为超临界火力发电机组，1000MW发电机组为超超临界火力发电机组。目前，300MW和600MW的火电单机已成为系统的主力机组，1000MW机组也逐步进入一些大型电力系统，火电机组已向大容量、高参数和高效率的超超临界机组发展。超超临界发电技术是在超临界发电技术基础上发展起来的一种成熟、先进、高效的发电技术，可以大幅度提高机组的热效率，在可用性、可靠性、运行灵活性和机组寿命等方面可以与亚临界火力发电机组相媲美。随着超超临界火力发电机组的国产化，我国在今后新增的火电装机结构中必将大力发展超超临界火力发电机组。超超临界发电技术是我国电力工业升级换代、缩小与发达国家技术与装备差距的新一代技术。超超临界发电技术的发展还将带动制造工业、材料工业、环保工业和其他相关产业的发展，创造了新的经济增长点。

超超临界火力发电机组与常规发电机组相比，具有无可比拟的优越性。经测算，国产超超临界火力发电机组在额定负荷下，锅炉效率为93.88%，汽轮机热耗为7295.80kJ/(kW·h)，发电煤耗为270.60g/(kW·h)，氮氧化物排放量为270mg/m^3，供电煤耗为283.20g/(kW·h)［2007年全国供电煤耗为357g/(kW·h)］，机组热效率高达45.4%，达到了国际先进水平，二氧化硫排放浓度为17.60mg/m^3，优于发达国家排放控制标准。此外，机组最低不投油稳燃负荷为350MW，在500～1000MW的负荷区间机组具有很高的热效率；还可以20MW/min的变化率升降负荷，具有灵活而强大的调峰能力。

但是，发展超超临界火力发电机组在设计和制造方面还有许多关键技术问题有待解决。例如开发新材料就是关键问题，这种新材料应具有热强度高、抗高温烟气氧化腐蚀和高温汽水介质腐蚀，可焊性和工艺性良好，且价格低廉。在所选蒸汽参数下，应分析锅炉和汽轮机各部件所选用的材料、壁厚、用材量、造价、运行性能和技术经济，还应验证材料的持久强度、蠕变强度、断裂韧性、低疲劳特性、设计应用安全系数，分析热应力寿命和损耗特性等。

三、500kV 交流变电站电气部分

（一）500kV 变电站电气主接线

变电站电气主接线指的是变电站中汇集、分配电能的电路，通常称为变电站一次接线。它是由变压器、断路器、隔离开关、互感器、母线、避雷器等电气设备按一定顺序连接而成的。

为了便于运行分析与操作，变电站的主控制室中，通常使用能表明主要电气设备运行状态的主接线操作图，每次操作预演和操作完成后，都要确认图上有关设备的运行状态正确无误。

电气主接线是整个变电站电气部分的主干电路。电气主接线方案的选定对变电站电气设备的选择、现场布置、保护与控制所采取的方式，运行的可靠性、灵活性、经济性，检修、运行维护的安全性等，都有直接的影响。因此，选择优化的电气接线方式，具有特别重要的意义。

500kV 变电站是电力系统的枢纽站，在电力系统中的地位极为重要，其安全可靠运行将直接影响整个系统的安全稳定运行。因此，对 500kV 变电站可靠性要求较高。目前，我国 500kV 变电站的电气接线一般采用双母线四分段带专用旁路母线接线和 3/2 断路器接线两种接线方式，从发展看后者比前者更被认同和广泛使用。

如图 1-16 所示，两组母线 W1 和 W2 间有两串断路器，每一串的三组断路器之间接入两个回路引出线（如 WL1、WL2），处于每串中间部位的断路器称为联络断路器（如 QF12）。由于平均每条引出线装设一台半断路器，故称为一台半断路器接线。如断路器串在三串及以上，则引出线隔离开关（如 QS116）可以取消，以节约投资。

由图 1-16 看出，600MW 汽轮发电机与主变压器接成发电机—变压器单元接线方式，发电机出口不装断路器，将额定电压为 20kV 的发电机经三台单相双绕组、总容量为3×240MV·A 的主变压器升高电压至 500kV。

发电机至主变压器之间的主引出线采用离相封闭母线，厂用变压器分支引出线和电压互感器分支引出线（图 1-16 中未画出）也采用离相封闭母线。

每台发电机设置两台容量为 56MV·A、电压为 20/10.5/3.15kV 的高压厂用变压器。厂用变压器的容量除满足预测的厂用最大负荷外，余下 10%容量供负荷扩充用。

500kV 变电站为升压变电站，其配电装置采用中型布置，断路器采取三列式布置。在母线和线路上三相装设电容式电压互感器，在主变压器上为单相装设，接线简单清晰。母线为铝合金管型硬母线，间隔宽度为 32m，基本冲击绝缘水平 1800kV。

变电站采用架空地线作直击雷保护，避雷线引到主厂房 A 排柱接地。避雷器装在进线侧和变压器旁，母线上未装避雷器。

在 500kV 变电站中，500kV 线路和设备的电压等级高、工作电流大，设备本身外形尺寸和体积均很大，如 500kV 变压器和并联电抗器套管的对地距离近 9m、断路器和隔离开关的本体高度近 7m、避雷器高度近 6.5m。因此，过电压（分为内部过电压和外部过电压）与绝缘配合，静电感应的空间场强水平和限制措施，以及电晕和无线电干扰等都比较突出。

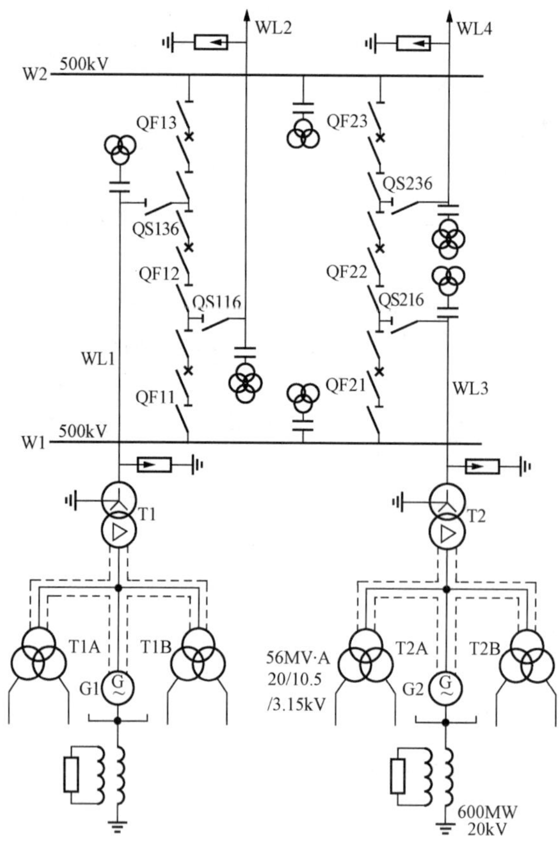

图 1-16 500kV 变电站电气主接线

（二）500kV 变电站主要电气设备

500kV 变电站的主要电气设备有主变压器、断路器、隔离开关、电压互感器、电流互感器、避雷器、并联电抗器和串联电容器等。

1. 主变压器

（1）500kV 主变压器。500kV 主变压器的主要特点是电压等级高、传输容量大，对变压器的设计和工艺的要求也就很高。500kV 变电站的主变压器为升高变压器，对于单机容量为 600MW 的发电机组，采用发电机—变压器组单元接线，变压器的容量约为 700MV·A，多采用三相变压器，也有采用三台单相变压器接成三相变压器组。

500kV 升压变压器的主要技术数据如下：

型式：户外油浸三相变压器。

额定容量：755MV·A。

额定电压：525±2×2.5%/20kV。

额定电流：（高压/低压）830/21 800A。

阻抗电压：13.32%（保证值：13.5%）。

空载电流：0.114%（保证值：0.234%）。

空载损耗：298.6kW（保证值：310kW）。

允许温升：绕组 60℃，油 55℃。

冷却方式：强迫油循环风冷式。

联结组号：YNd11。

变压器质量：总质量 494t，油质量 8.7t，铁心和绕组质量 347t，器身（油箱）质量 6.0t。

（2）500kV 自耦变压器。500kV 变电站的联络变压器和降压变压器大都采用自耦变压器。500kV 自耦变压器一般接成星形—星形。自耦变压器由于铁心饱和，在二次侧感应电压内会有 3 次谐波出现。为了消除 3 次谐波及减小自耦变压器的零序阻抗，三相自耦变压器中除公共绕组和串联绕组外，还增设了一个接成三角形的第三绕组。此绕组和公共绕组、串联绕组只有磁的联系，没有电的联系。第三绕组电压为 6～35kV，除用来消除 3 次谐波外，还可以用来对附近地区供电，或者用来连接无功补偿装置等。

500kV 自耦变压器的主要技术数据如下：

型式：户外油浸三相三绕组自耦变压器，中压侧绕组端带有载调压装置。

额定容量：750/750/240MV·A。

额定电压：525/230±9×1.33%/36kV。

额定电流：824/1882/3849A。

阻抗电压：$U_{k(1-2)}\%=12$，$U_{k(1-3)}\%=48$，$U_{k(2-3)}\%=35$。

空载电流：0.2%。

空载损耗：146.17kW。

允许温升：绕组 60℃，油 55℃。

冷却方式：强迫油循环风冷。

联结组号：YNd11。

变压器质量：总质量 350t。

2. 断路器

在电力系统中，断路器的主要作用是：在正常情况下控制各输电线路和设备的开断及关合；在电力系统发生故障时，自动开断短路电流，以保证电力系统正常运行。断路器依据其使用的灭弧介质，可分为油断路器、真空断路器、空气断路器、六氟化硫（SF_6）断路器等。由于电力系统容量越来越大，电网输电电压越来越高，所以对断路器的要求也越来越高。在众多种类的断路器中，由于 SF_6 断路器具有灭弧能力强、开断容量大、熄弧特性好的特点，因而在超高压输电网的竞争中占据了绝对领先位置。到目前为止，我国 500kV 断路器全部使用 SF_6 断路器。

500kV SF_6 断路器的主要技术数据如下：

型号：LW6-500 型。

额定电压：500kV。

最高工作电压：550kV。

额定电流：3150A。

额定短路开断电流：50kA。

额定峰值耐受电流（峰值）：125kA。

额定短时耐受电流（有效值）：50kA（3s）。

额定短路关合电流（峰值）：125kA。

固有分闸时间：≤28ms。

全开断时间：≤50ms。

合闸时间：≤90ms。

金属短接时间：35ms。

3. 隔离开关

隔离开关是高压开关设备的一种，在结构上隔离开关没有专门的灭弧装置，因此不能用来拉合负荷电流和短路电流。正常分开位置时，隔离开关两端之间有符合安全要求的可见绝缘距离。在电网中其主要用途有：①设备检修时，隔离开关用来隔离有电和无电部分，形成明显的开断点，以保证工作人员和设备的安全；②隔离开关和断路器相配合，进行倒闸操作，以改变系统接线的运行方式。

500kV 隔离开关的主要技术数据如下：

型号：GW-500 型。

额定电压：500kV。

最高运行电压：550kV。

额定电流：3150A。

额定峰值耐受电流（峰值）：125kA。

额定短时耐受电流（有效值）：50kA（3s）。

开断容性电流：2A。

分、合闸时间：6.4s±1s。

4. 电压互感器

电压互感器是将高电压转换成低电压，供各种设备和仪表用。电压互感器的主要用途有：①供电量结算用，要求有 0.2 级准确度等级，但输出容量不大；②用作继电保护的电压信号源，要求准确度等级一般为 0.5 级及 3P 级，输出容量一般较大；③用作合闸或重合闸检查同期、检测无压信号，要求准确度等级一般为 1.0 级和 3.0 级，输出容量较大。

现代电力系统中，电压互感器一般可做到四绕组式，这样一台电压互感器可集上述三种用途于一身。电压互感器分为电磁式和电容式两大类，目前在 500kV 电力系统中大量使用的都是电容式电压互感器。

5. 电流互感器

电流互感器是专门用作变换电流的特种变压器。电流互感器的一次绕组串联在输电线路中，线路中的电流就是互感器的一次侧电流。二次绕组接有测量仪表和保护装置，作为二次绕组的负荷。二次绕组输出电流额定值一般为 5A 或 1A。

电流互感器的一、二次绕组之间有足够的绝缘，从而保证所有低压设备与高电压相隔离。输电线路中的电流各不相同，通过电流互感器的一、二次绕组不同匝数比的配置，可以将大小悬殊的线路电流变换成大小相当、便于测量的电流值。

6. 避雷器

避雷器是变电站保护电气设备免遭雷电冲击波袭击的设备。当雷电冲击波沿线路传入变电站并超过避雷器保护水平时，避雷器首先放电，将雷电压幅值限制在被保护设备雷电冲击水平以下，使电气设备受到保护。

按技术发展的先后，避雷器有五种，即保护间隙、管型避雷器、阀型避雷器、磁吹阀式避雷器和氧化锌避雷器。目前 500kV 系统中广泛采用氧化锌避雷器作过电压保护，因它具有无间隙、无续流、残压低等优点；也有采用磁吹阀式避雷器作为过电压保护。

四、直流输电换流站电气部分

（一）换流站电气主接线

换流站电气主接线有两种：一种由换流单元串联而成，另一种由换流单元并联而成。随着单个晶闸管额定电压和电流的提高，以及换流单元并联还需要考虑均流，故并联方式已很少使用，绝大多数采用串联方式，用 2 个换流单元串联，也可用 3～4 个换流单元串联。

图 1-17 所示为两端双极直流输电系统电气主接线图。图中换流变压器 2 和换流器 3 组成一个换流单元 4，由两个换流单元 4 串联组成串联换流单元 5。由换流站接地电极 12 与串联换流单元 5、平波电抗器 9 组成换流站的极设备，简称极（见图中虚线框 6）。对接地电极电位为正的称为正极，为负的称为负极。直流输电系统两端的换流站 7 各包括换流站极设备 6 和极的交流滤波器 1、直流滤波器 10 以及一端接地电极 12。直流输电线路有两根导线分别与换流站的正、负极相连，称其中每根输电线为直流输电线路 11。直流输电线路把整流站的一个极和逆变站相同极性的一个极连接起来，形成极连接（见图中虚线框 8），由极连线再加上两端的接地电极 12 和大地（或海水）回流电路。这便构成两端单极直流输电系统。如果再把另一个相反极性的两端单极直流输电系统包括进来，则成为两端双极直流输电系统，即如图 1-17 所示的直流输电系统。

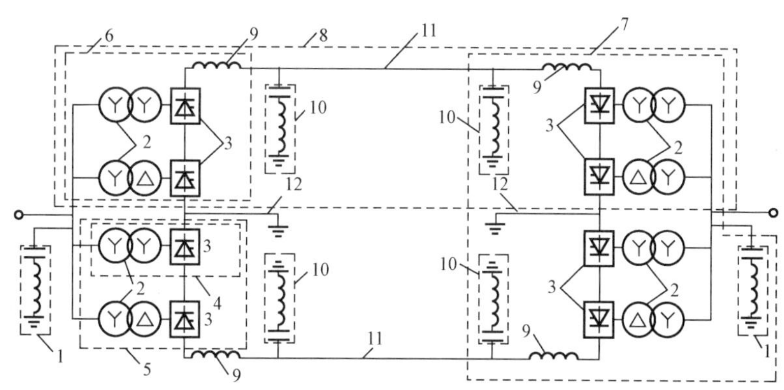

图 1-17 两端双极直流输电系统电气主接线图

1—交流滤波器；2—换流变压器；3—换流器；4—换流单元；5—串联换流单元；6—极设备；7—换流站；8—极连接；9—平波电抗器；10—直流滤波器；11—直流输电线路；12—接地电极

图 1-18 是图 1-17 所示换流站中 1 个极较为详细的电气主接线图。从图中可以看出，主接线中除了换流变压器 2、换流桥 6、平波电抗器 8、交流滤波器组 1、直流滤波器组 9、接地电极 13 之外，还包括交流断路器 16、同步调相机 3、避雷器 4、高频阻塞器 5、直流冲击波吸收电容器 10、直流电流互感器 12 和直流电压互感器 11，以及旁路隔离开关 7 等。实际上换流站的主接线上还有各种隔离开关等设备，也可能还有直流断路器；换流桥上装有阻尼—均压电路，以及用于控制触发系统和测量零部件及有关的显示设备。这些设备都没有一一画出来。图中高频阻塞器的作用是抑制换流器在换相过程中所引起的无线电干扰。直流冲击吸收电容器的作用是吸收沿直流输电线路向换流站入侵的大气过电压。通常把换流器、

换流变压器、平波电抗器和滤波器等看作是换流站特有的主要一次电气设备。

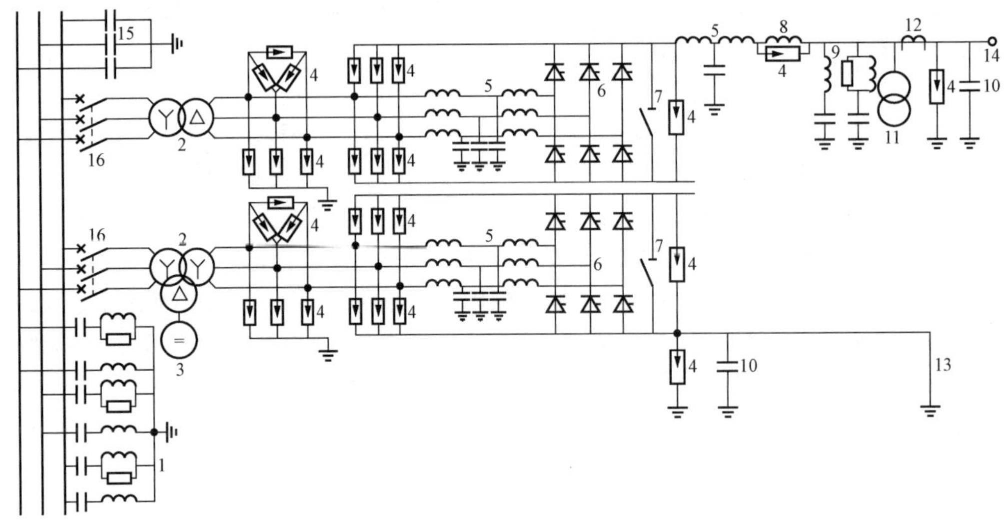

图 1-18 换流站 1 个极的电气主接线图

1—交流滤波器组；2—换流变压器；3—同步调相机；4—避雷器；5—高频阻塞器；6—换流桥；7—旁路隔离开关；8—平波电抗器；9—直流滤波器组；10—直流冲击波吸收电容器；11—直流电压互感器；12—直流电流互感器；13—接地电极；14—直流输电线路；15—电力电容器组；16—交流断路器

（二）电气设备

直流输电系统是由整流站、直流线路、逆变站组成的。整流站和逆变站的主要设备基本相同。当输送功率方向可逆时，一个换流站既可作为整流站，又可作为逆变站运行。

下面将直流输电系统中的主要电气设备及其功能做一个简要的叙述。

（1）换流器，用于将交流电力变换成直流电力，或将直流电力逆变为交流电力。现在的换流器都是由晶闸管组成的，每个晶闸管的额定电压可达 1.5kV，额定电流可达 1200A。

（2）换流变压器，用于电压的变换和功率的传送，向换流器供给交流功率，或从换流器接受交流功率。

（3）交流断路器，用于将直流侧空载的换流站或换流装置投入到交流电力系统或从其中切除。当换流站主要设备（特别是换流器及换流变压器）发生故障时，在直流电流的旁通电路形成后，可用它将换流站从系统中切除。

（4）直流断路器。在直流系统中，除了整流器桥臂短路之外，大多数故障可以借控制系统在较短时间内将故障电流限制到额定直流的 2～3 倍，因而直流断路器的断流能力只要求比负荷开关略大。

（5）交流滤波器，一般采用谐振电路形式。滤波器常分为若干组，各组分别谐振于主要的特征谐波频率。交流滤波器除了吸收高次谐波外，还为换流站提供一部分工频的无功功率。

（6）直流滤波器。对于直流架空线路，均装设与平波电抗器相配合的直流滤波器，且为无源滤波器。一般每极二组直流滤波器，均为双调谐，一组调谐于 12/24 次，另一组调谐于 12/36 次，用于吸收高次谐波电流。

（7）直流平波电抗器，亦称直流电抗器，通常为空心干式电抗器，具有高达 1H 的电感。其作用是：①当系统发生扰动时，抑制直流过电流的上升速度；②减小直流侧的交流脉动分量；③小电流时保持电流连续；④防止逆变器换相失败。

（8）无功补偿设备。换流站的换流装置在运行中需要消耗无功功率，除了交流滤波器供给一部分无功功率之外，其余由安装在换流站内的无功补偿设备（包括电力电容器、同步调相机、静止补偿器）供给；逆变站的无功补偿设备还应供一部分受端负荷所需的无功功率。静止补偿器和装有快速励磁调节装置的同步调相机有助于提高直流输电系统的电压稳定性。

（9）直流输电线路，可以是架空线路，也可以是电缆线路。除了导体数和间距的要求有差异外，直流线路与交流线路十分相似。

（10）接地电极。大多数采用大地作为中性导线。与大地相连接的导体需要有较大的表面积，以便使电流密度和表面电压梯度最小，这个导体被称为接地电极。直流输电系统的接地电阻很小，一般在 0.1Ω 左右。

小 结

发电厂是将一次能源转换成电能的工厂。按利用一次能源的不同，发电厂可分为火电厂、水电厂、核电厂、风力发电厂和太阳能发电厂等。

火电厂的能量转换过程是：燃料的化学能→热能→机械能→电能。它主要由燃烧系统、汽水系统和电气系统组成。

水电厂是将水的势能和动能转换成电能的工厂。水电厂有不同的分类，各有其特点。此外，尚有一种特殊形式的水电厂，称为抽水蓄能电厂。它在电力系统中担任调峰、填谷、备用、调频和调相任务，且具有节能、蓄能等功能。

核电厂是利用反应堆中的核燃料裂变链式反应所产生的热能，再按火电厂的发电方式，将热能转换为机械能，再转换为电能。常见的核电厂是压水堆核电厂和沸水堆核电厂，主要是由核岛和常规岛组成。

变电站有多种分类方式，本章简要介绍了数字化变电站和智能变电站，其在现代电力系统中将发挥越来越重要的作用。本章还介绍了直流输电换流站以及背靠背换流站。与常规换流站相比，背靠背换流站具有显著优点。

发电厂和变电站中的电气设备按其作用分为一次设备和二次设备。通常把生产、变换、输送、分配和使用电能的设备（如发电机、变压器和断路器等）称为一次设备，而把对一次设备和系统的运行状态进行测量、控制、监视和起保护作用的设备（如测量表计、继电保护和自动装置等）称为二次设备。由一次设备按预期生产流程用导体连接起来所形成的电路称为一次电路，又称为电气主接线；而由二次设备所连成的电路称为二次接线。

我国电力系统中，发电机单机容量不断增长，300、600MW 单机容量成为系统的主力机组，1000MW 单机容量正逐步进入一些大型电力系统。为此，本章介绍了 300、600、1000MW 发电机电气主接线的特点、主要设备，以及数字化发电厂。300MW 及以上的发电机组都采用离相封闭母线。

最后，本章还介绍了 500kV 交流变电站以及直流输电换流站的电气主接线和主要电气设备。

思 考 题

1-1 简述火电厂的分类、电能生产过程及其特点。

1-2 简述水电厂的分类、电能生产过程及其特点。

1-3 简述抽水蓄能电厂在电力系统中的作用及其效益。

1-4 简述核电厂的电能生产过程及其特点。

1-5 简述变电站的常用分类方式。

1-6 什么是数字化变电站？简述其特点。

1-7 简述背靠背换流站与常规换流站相比具有哪些优势。

1-8 发电厂和变电站中哪些设备属于一次设备？哪些设备属于二次设备？其功能是什么？

1-9 简述 300MW 发电机组电气主接线的特点及主要设备。

1-10 简述 600MW 发电机组电气主接线的特点及主要设备。

1-11 简述 1000MW 发电机组电气主接线的特点。

1-12 简述 500kV 交流变电站电气主接线及主要电气设备。

1-13 简述换流站的电气主接线及主要电气设备。

第二章　载流导体的发热和电动力

本章讲述常用计算的基本原理和方法，包括载流导体的发热和电动力理论，电气设备及主接线的可靠性分析和技术经济分析，因为无论规划设计和运行管理都与此有关，故集中在一起进行分析。对于发热，由于长期发热和短路时发热各有其特点，将分别叙述导体载流量和短路时发热温度的计算方法及应用。对于电动力，按发电厂中常用的三相导体的受力情况进行分析，得出其最大值，并分析导体振动的动态应力。

第一节　概　　述

电气设备中有电流通过时将产生损耗。例如载流导体的电阻损耗、载流导体周围金属构件处于交变磁场中所产生的磁滞和涡流损耗、绝缘材料内部的介质损耗等，这些损耗都将转变成热量使电气设备的温度升高。长期发热，是由正常运行时工作电流产生的；短时发热，是由故障时的短路电流产生的。

发热对电气设备的影响有以下几点：

（1）使绝缘材料的绝缘性能降低。有机绝缘材料长期受到高温作用，将逐渐老化，以致失去弹性和降低绝缘性能。绝缘材料老化的速度与使用时的温度有关。因此，对不同绝缘等级的绝缘材料，根据其耐热的性能和使用年限的要求规定了相应的使用温度，在使用过程中如超过这一温度，绝缘材料将加速老化大大缩短使用寿命。

（2）使金属材料的机械强度下降。当使用温度超过规定允许值后，由于退火，金属材料机械强度将显著下降。例如，当长期发热温度超过 100℃（铝）和 150℃（铜），或短时发热温度超过 200℃（铝）和 300℃（铜）时，金属材料抗拉强度显著下降，因而可能在短路电动力的作用下变形或损坏。

（3）使导体接触部分的接触电阻增加。当发热温度超过一定值时，接触部分的弹性元件就会因退火而导致压力降低；同时发热使导体表面氧化，产生电阻率很高的氧化层（银的氧化层电阻不大），使接触电阻增加，引起接触部分温度继续升高，将会产生恶性循环，破坏正常工作状态。

导体短路时，虽然持续时间不长，但短路电流很大，发热量仍然会很高。这些热量在极短时间内不容易散出，于是导体的温度迅速升高。同时，导体还受到电动力的作用。如果电动力超过允许值，将使导体变形或损坏。由此可见，发热和电动力是电气设备运行中必须注意的问题。

为了保证导体可靠地工作，须使其发热温度不得超过一定限值。这个限值称为最高允许温度。按照有关规定：导体的正常最高允许温度，一般不超过 70℃；在计及太阳辐射（日照）的影响时，钢芯铝绞线及管形导体，可按不超过 80℃来考虑；当导体接触面处有镀（搪）锡的可靠覆盖层时，允许提高到 85℃；当有银的覆盖层时，可提高到 95℃。

导体通过短路电流时，短时最高允许温度可高于正常最高允许温度，对硬铝及铝锰合金可取200℃，对硬铜可取300℃。

第二节 导体的发热和散热

在发电厂和变电站中，母线（导体）大都采用硬铝或铝锰、铝镁合金制成。无论正常情况下通过工作电流，或短路时通过短路电流，母线都要发热。为使母线发热温度不超过最高允许温度，需了解发热过程，并进行分析计算。

导体的发热计算是根据能量守恒原理，即导体产生的热量与耗散的热量应相等来进行计算的。导体的发热来自导体电阻损耗的热量。热量的耗散有对流、辐射和导热三种形式。具体来说，在稳定状态时，母线电阻损耗的热量及吸收辐射太阳热量之和应等于母线向周围介质辐射散热和空气对流散热之和（由于空气导热量很小，因此裸导体对空气的导热可略去不计），即

$$Q_R + Q_t = Q_l + Q_f \tag{2-1}$$

式中：Q_R为单位长度导体电阻损耗的热量，W/m；Q_t为单位长度导体吸收太阳辐射的热量，W/m；Q_l为单位长度导体的空气对流散热量，W/m；Q_f为单位长度导体向周围介质辐射的散热量，W/m。

下面分别对这些热量进行计算。

1. 导体电阻损耗的热量Q_R

单位长度（1m）的导体，通过母线电流I_W(A)时，由电阻损耗产生的热量，可计算为

$$Q_R = I_W^2 R_{ac} \quad (\mathrm{W/m}) \tag{2-2}$$

导体的交流电阻R_{ac}为

$$R_{ac} = R_{dc}K_f = \frac{\rho[1+\alpha_t(\theta_w - 20)]}{S}K_f \quad (\Omega/\mathrm{m}) \tag{2-3}$$

式中：R_{dc}为导体的直流电阻，Ω/m；K_f为导体的集肤效应系数；ρ为导体温度为20℃时的直流电阻率，Ω·mm²/m；α_t为20℃时的电阻温度系数，℃$^{-1}$；θ_w为导体的运行温度，℃；S为导体截面积，mm²。

常用电工材料的电阻率ρ及电阻温度系数α_t见表2-1。

导体的集肤效应系数与电流的频率、导体的形状和尺寸有关。矩形导体的集肤效应系数如图2-1所示。图中f为电流频率，R_{dc}为1000m长导体在20℃时的直流电阻。圆柱形及圆管形导体的集肤效应系数如图2-2所示。

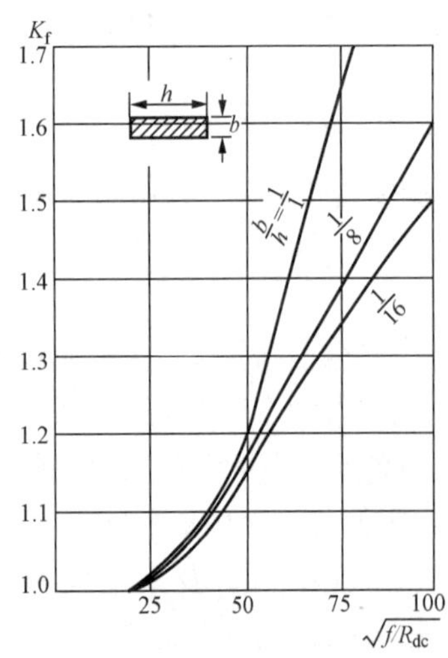

图2-1 矩形导体的集肤效应系数

表2-1 常用电工材料的电阻率ρ及电阻温度系数α_t

材料名称	ρ（Ω·mm²/m）	α_t（℃$^{-1}$）
纯铝	0.029 00	0.004 03
铝锰合金	0.037 90	0.004 20
铝镁合金	0.045 80	0.004 20
铜	0.017 90	0.003 85
钢	0.139 00	0.004 55

2. 导体吸收太阳辐射的热量 Q_t

吸收太阳辐射（日照）的能量会造成导体温度升高，凡安装在屋外的导体应考虑日照的影响。对于单位长度圆管形导体，Q_t 可计算为

$$Q_t = E_t A_t F_t = E_t A_t D \quad (\mathrm{W/m}) \tag{2-4}$$

式中：E_t 为太阳辐射功率密度，$\mathrm{W/m^2}$，我国取 $E_t = 1000\mathrm{W/m^2}$；A_t 为导体对太阳照射热量的吸收率，对表面磨光的铝管取 $A_t = 0.6$；F_t 为单位长度导体受太阳照射面积，$\mathrm{m^2}$；D 为导体的外直径，数值上等于 F_t。

对于屋内导体，因无日照的作用，这部分热量可忽略不计。

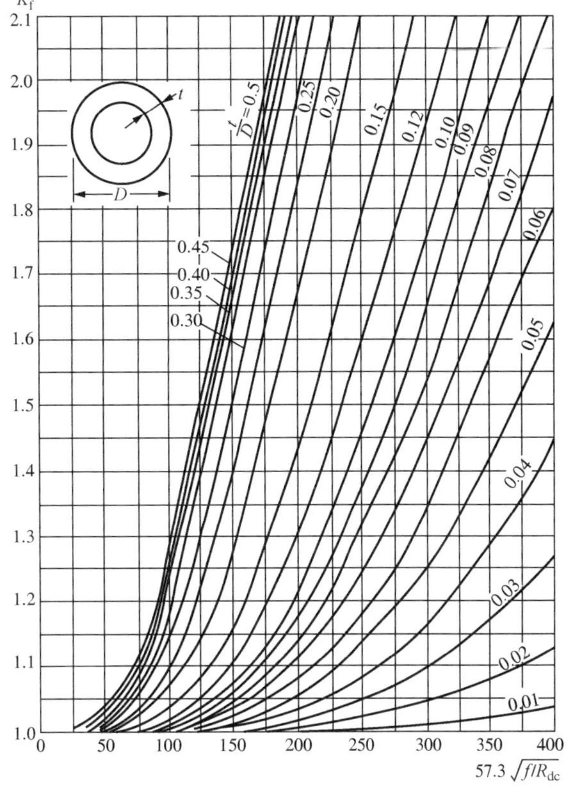

图 2-2 圆柱形及圆管形导体的集肤效应系数

3. 导体空气对流散热量 Q_l

由气体各部分发生相对位移将热量带走的过程，称为对流。由传热学可知，对流散热所传递的热量与温差及散热面积成正比，即导体对流散热量为

$$Q_l = \alpha_l(\theta_w - \theta_0)F_l \quad (\mathrm{W/m}) \tag{2-5}$$

式中：α_l 为对流散热系数，W/(m^2·℃)；θ_w 为导体运行温度，℃；θ_0 为周围空气温度，℃；F_l 为单位长度导体散热面积，$\mathrm{m^2/m}$。

按对流条件的不同分为自然对流散热和强迫对流散热两种情况。

(1) 自然对流散热。屋内自然通风或屋外风速小于 0.2m/s，属于自然对流散热。空气自然对流散热系数可按大空间湍流（又称紊流）状态来考虑，一般取

$$\alpha_l = 1.5(\theta_w - \theta_0)^{0.35} \quad \mathrm{W/(m^2 \cdot ℃)} \tag{2-6}$$

单位长度导体的散热面积与导体的形状、尺寸、布置方式等因素有关。导体片（条）间距离越近，对流散热条件就越差，故有效对流散热面积应相应减小。下面列出几种常用导体（见图 2-3）的对流散热面积。

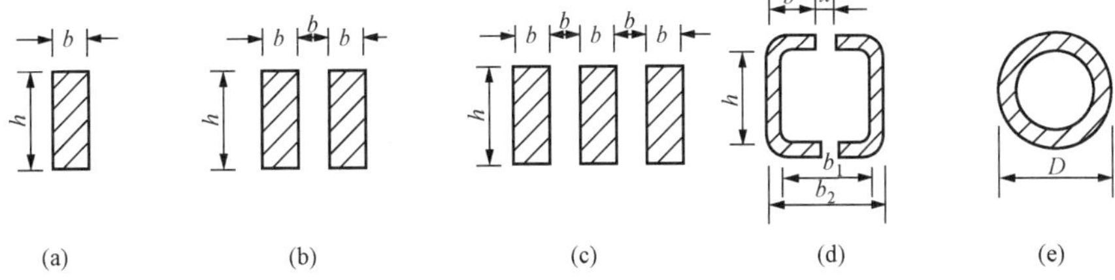

图 2-3 常用导体对流散热面积

(a) 单条矩形导体；(b) 两条矩形导体；(c) 三条矩形导体；(d) 槽形导体；(e) 圆管形导体

如图 2 - 3（a）所示，单条矩形导体对流散热面积为

$$F_1 = 2(A_1 + A_2) \quad (m^2/m)$$

式中：A_1、A_2 分别为单位长度导体在高度 h 方向和宽度 b 方向的面积，m^2/m。

当导体截面尺寸单位为毫米（mm）时，则

$$A_1 = \frac{h}{1000}$$

同理

$$A_2 = \frac{b}{1000}$$

如图 2 - 3（b）所示，两条矩形导体对流散热面积为

$$F_1 = \begin{cases} 2A_1 & (b = 6\text{mm}) \\ 2.5A_1 + 4A_2 & (b = 8\text{mm}) \\ 3A_1 + 4A_2 & (b = 10\text{mm}) \end{cases}$$

如图 2 - 3（c）所示，三条矩形导体对流散热面积为

$$F_1 = \begin{cases} 3A_1 + 4A_2 & (b = 8\text{mm}) \\ 4(A_1 + A_2) & (b = 10\text{mm}) \end{cases}$$

如图 2 - 3（d）所示，槽形导体对流散热面积，当 100mm$<h<$200mm 时，有

$$F_1 = 2A_1 + A_2 = 2\left(\frac{h}{1000}\right) + \frac{b}{1000}$$

当 $h>$200mm 时，有

$$F_1 = 2A_1 + 2A_2 = 2\left(\frac{h}{1000}\right) + 2\left(\frac{b}{1000}\right)$$

当 $b_2/x \approx 9$ 时，因内部热量不易从缝隙散出，平面位置不产生对流，故

$$F_1 = 2A_1 = 2\left(\frac{h}{1000}\right)$$

如图 2 - 3（e）所示，圆管形导体对流散热面积为

$$F_1 = \pi D$$

（2）强迫对流散热。屋外配电装置中的管形导体常受到大气中风吹的作用，风速越大，空气分子与导体表面接触的数目增多，对流散热的条件就越好，因而形成强迫对流散热。

强迫对流散热系数 α_1 为

$$\alpha_1 = \frac{N_u \lambda}{D} \tag{2 - 7}$$

$$N_u = 0.13\left(\frac{VD}{\upsilon}\right)^{0.65}$$

式中：λ 为空气的导热系数，W/(m·℃)，当气温为 20℃时 $\lambda = 2.52 \times 10^{-2}$ W/(m·℃)；D 为圆管外径，m；N_u 为努谢尔特准则数，是传热学中表示对流散热强度的一个数据（无因次）；V 为风速，m/s；υ 为导体表面空气的运动黏度系数，m^2/s，当空气温度为 20℃时 $\upsilon = 15.7 \times 10^{-6} m^2/s$。

如果风向与导体不垂直，二者之间有一夹角 φ，则式（2 - 7）需乘以修正系数 β（无因次），其值为

$$\beta = A + B(\sin\varphi)^n$$

当 $0° < \varphi \leqslant 24°$时，$A=0.42$、$B=0.68$、$n=1.08$；当 $24° < \varphi \leqslant 90°$时，$A=0.42$、$B-0.58$、$n=0.9$。

将式（2-7）乘以修正系数β后，代入式（2-5）中，即得强迫对流散热量为

$$Q_1 = \frac{N_u\lambda}{D}(\theta_w - \theta_0)[A + B(\sin\varphi)^n]\pi D$$

$$= 0.13\left(\frac{VD}{\upsilon}\right)^{0.65}\pi\lambda(\theta_w - \theta_0)[A + B(\sin\varphi)^n] \quad (\text{W/m}) \qquad (2-8)$$

4. 导体辐射散热量 Q_f

热量从高温物体以热射线方式传给低温物体的传播过程，称为辐射。根据斯蒂芬—波尔兹曼定律，导体向周围空气辐射的热量与导体和周围空气绝对温度 4 次方差成正比，即导体辐射散热量 Q_f为

$$Q_f = 5.7\varepsilon\left[\left(\frac{273+\theta_w}{100}\right)^4 - \left(\frac{273+\theta_0}{100}\right)^4\right]F_f \quad (\text{W/m}) \qquad (2-9)$$

式中：ε 为导体材料的相对辐射系数（又称黑度系数），见表 2-2；F_f为单位长度导体的辐射散热表面积，m^2/m。

表 2-2　**导体材料的相对辐射系数 ε**

材　料	辐射系数	材　料	辐射系数
绝对黑体	1.00	氧化了的钢	0.80
表面磨光的铝	0.040	有光泽的黑漆	0.82
氧化了的铝	0.20～0.30	无光泽的黑漆	0.91
氧化了的铜	0.60～0.70	各种颜色的油漆，涂料	0.92～0.96

单条矩形导体和两条矩形导体的辐射散热形式，如图 2-4 所示。

单位长度矩形导体的辐射散热表面积 F_f，依导体形状和布置情况而定。如图 2-4（a）所示，单条矩形导体辐射散热表面积为

$$F_f = 2(A_1 + A_2) \quad (m^2/m)$$

式中：A_1、A_2 分别为高度方向和宽度方向的面积，计算方法与求 F_1 相同。

如图 2-4（b）所示，两条矩形导体内侧只能在缝隙处向外辐射，相当于两平行导体缝隙间的面积仅有一部分能起向外辐射作用。通常计算中，内侧面积应乘上系数 $1-\phi$。其理由是：ϕ 为辐射角系数，$\phi = \sqrt{1+(A_2/A_1)^2} - A_2/A_1$，代表辐射到对面导体的部分，这部分不能向外辐射，故能辐射出去的只有 $1-\phi$。因此，两条矩形导体的辐射散热表面积为

$$F_f = 2A_1 + 4A_2 + 2A_1(1-\phi)$$

三条矩形导体的辐射表面积，可按两条导体相同的原理求得

$$F_f = 2A_1 + 6A_2 + 4A_1(1-\phi)$$

槽形导体的辐射散热表面积为

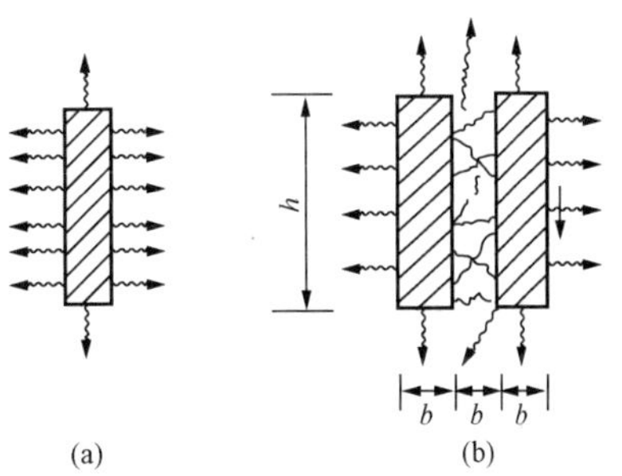

图 2-4　导体的辐射散热形式

（a）单条矩形导体；（b）两条矩形导体

$$F_f = 2(h + 2b) + b$$

式中：h 为槽形导体的高度，m；b 为槽形导体的宽度，m。

圆管形导体的辐射散热表面积为

$$F_f = \pi D$$

式中：D 为导体的直径，m。

5. 导热散热量 Q_d

固体中由于晶格振动和自由电子运动，使热量由高温区传至低温区；而在气体中，气体分子不停地运动，高温区域的分子比低温区域的分子具有较高的速度，分子从高温区运动到低温区，便将热量带至低温区。这种传递能量的过程称为导热。

根据传热学可知，导热散热量 Q_d 为

$$Q_d = \lambda F_d \frac{\theta_1 - \theta_2}{\delta} \quad (W) \tag{2-10}$$

式中：λ 为导热系数，W/(m·℃)；F_d为导热面积，m^2；δ 为物体厚度，m；θ_1、θ_2 分别为高温区和低温区的温度，℃。

第三节　导体的长期发热及其载流量的计算

本节通过分析导体长期通过工作电流时的发热过程，计算导体的载流量（长期允许电流），并对大电流导体附近钢构件的发热进行分析。

一、导体的温升过程

导体的温度由最初温度开始上升，经过一段时间后达到稳定温度。导体的升温过程可用热量平衡方程式来描述。

根据前面所述，散失到周围介质的热量为对流散热量 Q_l 和辐射散热量 Q_f之和，这是一种复合散热。工程上为了便于分析和计算，常把辐射散热量表示成与对流散热量相似的计算形式，用一个总散热系数 α_w和总散热面积 F 来表示对流散热和辐射散热的作用，即

$$Q_l + Q_f = \alpha_w(\theta_w - \theta_0)F \tag{2-11}$$

式中：F 为导体的散热面积，m^2；θ_w为导体运行的温度，℃；θ_0 为周围空气的温度，℃。

在导体升温过程中，导体产生的热量 Q_R一部分用于本身温度升高所需的热量（Q_c），一部分散失到周围介质中（$Q_l + Q_f$）。由此可写出如下热量平衡方程

$$Q_R = Q_c + Q_l + Q_f \quad (W/m) \tag{2-12}$$

设导体通过电流 I 时，在 t 时刻导体运行温度为 θ_w，则其温升 $\tau = \theta_w - \theta_0$，在时间 dt 内的热量平衡微分方程为

$$I^2 R dt = mc d\tau + \alpha_w F \tau dt \quad (J/m) \tag{2-13}$$

式中：I 为流过导体的电流，A；R 为导体的电阻，Ω；m 为单位长度导体的质量，kg/m；c 为导体的比热容，J/(kg·℃)；α_w 为导体的总散热系数，W/(m^2·℃)；F 为导体的散热面积，m^2。

导体通过正常工作电流时，其温度变化范围不大，因此电阻 R、比热容 c 及散热系数 α_w 均可视为常数。

式（2-13）经整理后，即得

$$\mathrm{d}t=-\frac{mc}{\alpha_{\mathrm{w}}F}\frac{1}{I^2R-\alpha_{\mathrm{w}}F\tau}\mathrm{d}(I^2R-\alpha_{\mathrm{w}}F\tau) \tag{2-14}$$

设 $t=0$ 时，初始温升 $\tau_{\mathrm{k}}=\theta_{\mathrm{k}}-\theta_0$，当时间由 $0\rightarrow t$ 时，温升由 $\tau_{\mathrm{k}}\rightarrow\tau$，对式（2-14）进行积分

$$\int_0^t\mathrm{d}t=-\frac{mc}{\alpha_{\mathrm{w}}F}\int_{\tau_{\mathrm{k}}}^{\tau}\frac{1}{I^2R-\alpha_{\mathrm{w}}F\tau}\mathrm{d}(I^2R-\alpha_{\mathrm{w}}F\tau)$$

解得

$$t=-\frac{mc}{\alpha_{\mathrm{w}}F}\ln\frac{I^2R-\alpha_{\mathrm{w}}F\tau}{I^2R-\alpha_{\mathrm{w}}F\tau_{\mathrm{k}}}$$

由此可求得 τ

$$\tau=\frac{I^2R}{\alpha_{\mathrm{w}}F}(1-\mathrm{e}^{-\frac{\alpha_{\mathrm{w}}F}{mc}t})+\tau_{\mathrm{k}}\mathrm{e}^{-\frac{\alpha_{\mathrm{w}}F}{mc}t} \tag{2-15}$$

经过很长时间后 $t\rightarrow\infty$，导体的温升亦趋于稳定值 τ_{w}，故稳定温升为

$$\tau_{\mathrm{w}}=\frac{I^2R}{\alpha_{\mathrm{w}}F} \tag{2-16}$$

令导体的散热时间常数

$$T_{\mathrm{r}}=\frac{mc}{\alpha_{\mathrm{w}}F} \tag{2-17}$$

将式（2-16）、式（2-17）代入式（2-15），最后得出升温过程的表达式为

$$\tau=\tau_{\mathrm{w}}(1-\mathrm{e}^{-\frac{t}{T_{\mathrm{r}}}})+\tau_{\mathrm{k}}\mathrm{e}^{-\frac{t}{T_{\mathrm{r}}}} \tag{2-18}$$

式（2-18）说明升温的过程是按指数曲线变化，在经过 $t=(3\sim4)T_{\mathrm{r}}$ 时间后，τ 便趋近稳定温升 τ_{w}，如图 2-5 所示。

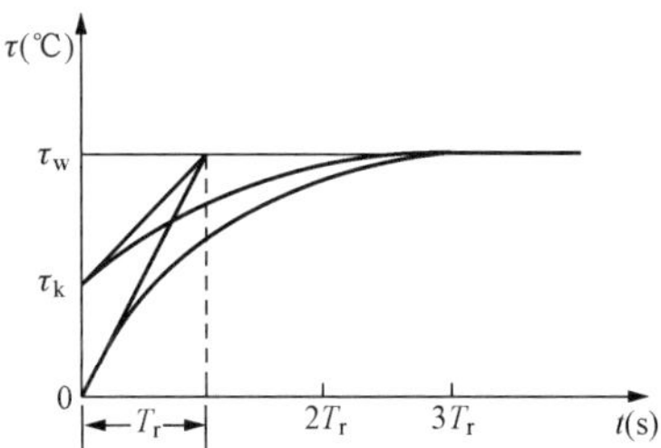

图 2-5　导体温升 τ 的变化曲线

二、导体的载流量

上面已经推出，导体长期通过电流 I 时，稳定温升为 $\tau_{\mathrm{w}}=\frac{I^2R}{\alpha_{\mathrm{w}}F}$。由此可知，导体的稳定温升，与电流的平方、导体材料的电阻成正比，而与总散热系数和总散热面积成反比。

根据稳定温升式（2-16），可计算导体的载流量，即

$$I^2R=\alpha_{\mathrm{w}}\tau_{\mathrm{w}}F=Q_{\mathrm{l}}+Q_{\mathrm{f}} \tag{2-19}$$

则导体的载流量为

$$I=\sqrt{\frac{\alpha_{\mathrm{w}}F(\theta_{\mathrm{w}}-\theta_0)}{R}}=\sqrt{\frac{Q_{\mathrm{l}}+Q_{\mathrm{f}}}{R}}\quad(\mathrm{A}) \tag{2-20}$$

式（2-20）可用来计算导体的载流量，亦可用来计算导体的正常发热温度 θ_{w}、载流导体的截面积 $S\left(S=\rho\frac{l}{R}\right)$。

式（2-20）未考虑日照的影响。对于屋外导体，计及日照时导体的载流量为

$$I=\sqrt{\frac{Q_{\mathrm{l}}+Q_{\mathrm{f}}-Q_{\mathrm{t}}}{R}}\quad(\mathrm{A}) \tag{2-21}$$

为了提高导体的载流量，宜采用电阻率小的材料，如铝、铝合金等。导体的形状在同样

截面积的条件下，圆形导体的表面积较小，而矩形、槽形的表面积则较大。导体布置应采取散热效果最佳的方式，而矩形导体竖放的散热效果比平放的要好。

【例 2 - 1】 屋内配电装置中装有 100mm×8mm 的矩形铝导体。导体正常运行温度为 $\theta_w=70$℃，周围空气温度为 $\theta_0=25$℃，试计算该导体的载流量。

解 由式（2 - 20）可知，无风无日照时导体的载流量为

$$I=\sqrt{\frac{Q_l+Q_f}{R}}\quad(\mathrm{A})$$

下面分别求 R、Q_l 和 Q_f。

（1）求交流电阻 R。温度 20℃时铝的电阻率 $\rho_{20}=0.029\Omega\cdot\mathrm{mm}^2/\mathrm{m}$。铝的电阻温度系数 $\alpha=0.004\,03$℃$^{-1}$。当温度为 70℃时，1000m 长铝导体的直流电阻为

$$R_{dc}=1000\frac{\rho_{20}[1+\alpha(\theta_w-20)]}{S}=1000\times\frac{0.029\times[1+0.004\,03\times(70-20)]}{100\times8}$$

$$=0.043\,55(\Omega)$$

对于 $\sqrt{\dfrac{f}{R_{dc}}}=\sqrt{\dfrac{50}{0.043\,55}}=33.88$ 及 $\dfrac{b}{h}=0.08$，由图 2 - 1 曲线查得集肤系数 $K_f=1.05$，则每米长导体的交流电阻为

$$R=1.05\times0.043\,55\times10^{-3}=0.045\,73\times10^{-3}(\Omega/\mathrm{m})$$

（2）求对流散热量 Q_l。对流散热面积

$$F_l=2A_1+2A_2=2\times\left(\frac{100}{1000}\right)+2\times\left(\frac{8}{1000}\right)=0.216(\mathrm{m}^2/\mathrm{m})$$

对流散热系数

$$\alpha_l=1.5(\theta_w-\theta_0)^{0.35}=1.5\times(70-25)^{0.35}=5.6848[\mathrm{W}/(\mathrm{m}^2\cdot℃)]$$

所以由式（2 - 5）求得对流散热量

$$Q_l=\alpha_l(\theta_w-\theta_0)F_l=5.6848\times(70-25)\times0.216=55.26(\mathrm{W}/\mathrm{m})$$

（3）求辐射散热量 Q_f。单位长导体的辐射散热面积

$$F_f=2A_1+2A_2=2\times\left(\frac{100}{1000}\right)+2\times\left(\frac{8}{1000}\right)=0.216(\mathrm{m}^2/\mathrm{m})$$

因导体表面涂漆，取辐射系数 $\varepsilon=0.95$，由式（2 - 9）求得辐射散热量为

$$Q_f=5.7\varepsilon\left[\left(\frac{273+\theta_w}{100}\right)^4-\left(\frac{273+\theta_0}{100}\right)^4\right]F_f$$

$$=5.7\times0.95\times\left[\left(\frac{273+70}{100}\right)^4-\left(\frac{273+25}{100}\right)^4\right]\times0.216=69.65(\mathrm{W}/\mathrm{m})$$

（4）计算导体的载流量。由式（2 - 20）求得 100mm×8mm 铝导体的载流量为

$$I=\sqrt{\frac{Q_l+Q_f}{R}}=\sqrt{\frac{55.26+69.65}{0.045\,73\times10^{-3}}}=1653(\mathrm{A})$$

将这个由计算所得的铝导体的载流量与由附表 1 查得 100mm×8mm 矩形铝导体长期允许载流量（平放：1542A，竖放：1609A）相比较，符合要求。

三、大电流导体附近钢构件的发热

随着发电机组容量的加大，导体的电流也相应增大，导体周围出现强大的交变电磁场，使其附近钢构件中产生很大的磁滞和涡流损耗，钢构件因此而发热。如果钢构件是闭合回

路，其中尚有环流存在，发热还会增多。当导体电流大于 3000A 时，附近钢构件的发热不容忽视。钢构件温度升高后，可能使材料产生热应力而引起变形，或使接触连接损坏。混凝土中的钢筋受热膨胀，可能使混凝土发生裂缝。根据相关规定，钢构件发热的最高允许温度：①人可触及的钢构件为 70℃；②人不可触及的钢构件为 100℃；③混凝土中的钢筋为 80℃。

在现代发电厂中，为了减少钢构件损耗和发热，常采用下面一些措施：

（1）加大钢构件和导体之间的距离，使磁场强度减弱，因而可降低涡流和磁滞损耗；

（2）断开钢构件回路，并加上绝缘垫，消除环流；

（3）采用电磁屏蔽。在磁场强度 H 最大的部位套上短路环（铝环或铜环），利用短路环中感应电流的去磁作用以降低导体的磁场，如图 2-6 所示；或在导体与钢构件之间安置屏蔽栅，栅中的电流亦可使磁场削弱。

（4）采用分相封闭母线。如图 2-7 所示，每相母线分别用铝质外壳包住，外壳上的涡流和环流能起双重屏蔽作用，壳内和壳外磁场均大大降低，从而使附近钢构件的发热得到较好改善。

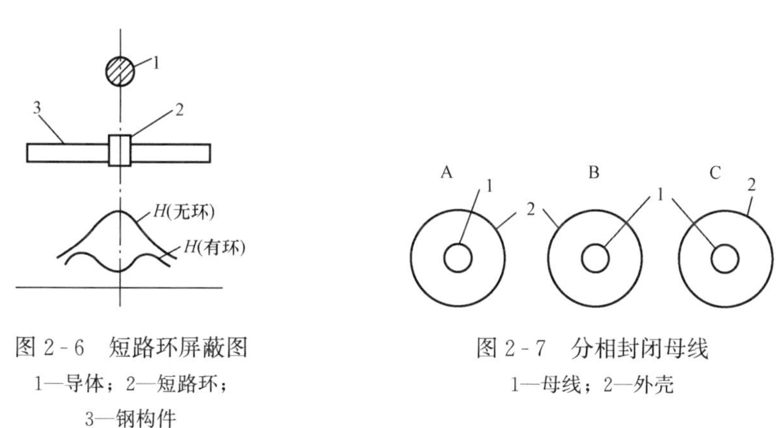

图 2-6　短路环屏蔽图
1—导体；2—短路环；
3—钢构件

图 2-7　分相封闭母线
1—母线；2—外壳

第四节　短路时导体的发热及其最高温度的计算

载流导体短路时（或称为短时）发热，是指短路开始至短路被切除为止很短一段时间内导体发热的过程。此时，导体发出的热量比正常发热要多，导体温度升得很高。短路时发热计算的目的，就是确定导体的最高温度。

一、导体短路时发热过程

均匀导体短路时的发热过程如图 2-8 所示。从图上可以看出，从短路开始（t_w）到短路被切除（t_k）这段极短的时间内，导体的温度从初始值 θ_w 很快上升到最大值 θ_h。在短路被切除后，导体的温度从最大值 θ_h 自然冷却到周围环境温度 θ_0。

载流导体短路时发热计算的目的在于确定短路时导体的最高温度 θ_h。它不应超过所规定的导体短路时发热允许温度。当满足这个条件时则认为导体在流过短路电流时具有热稳定性。

导体短路时发热有下列特点：

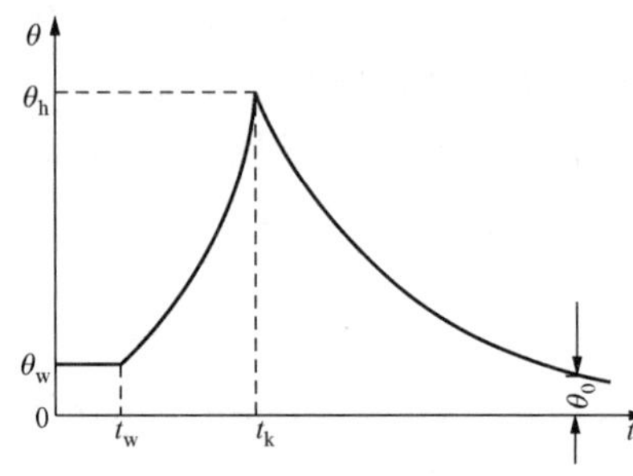

图 2-8 均匀导体短路时的发热过程

θ_w—导体正常工作时（短路前）的温度；
θ_h—短路后导体的最高温度；
θ_0—导体周围环境温度

（1）短路电流大，持续时间短，导体内产生的热量来不及向周围介质散布，可认为在短路电流持续时间内所产生的全部热量都用来升高导体自身的温度，即认为是一个绝热过程。

（2）短路时导体温度变化范围很大，它的电阻和比热容不能再视为常数，而应为温度的函数。

根据短路时导体发热的特点，可列出在时间 dt 内热平衡方程式为

$$i_{kt}^2 R_\theta \mathrm{d}t = mC_\theta \mathrm{d}\theta \quad (\mathrm{J}) \tag{2-22}$$

$$R_\theta = \rho_0(1+\alpha\theta)\frac{l}{S}$$

$$m = \rho_m S l$$

$$C_\theta = C_0(1+\beta\theta)$$

式中：i_{kt} 为 t 时刻短路全电流瞬时值，A；R_θ 为温度为 θ℃时导体的电阻，Ω；C_θ 为温度为 θ℃时导体的比热容，J/(kg·℃)；m 为导体的质量，kg；ρ_0 为 0℃时导体的电阻率，Ω·m；α 为电阻率 ρ_0 的温度系数，1/℃；C_0 为 0℃时导体的比热容，J/(kg·℃)；β 为比热容 C_0 的温度系数，1/℃；l 为导体的长度，m；S 为导体的截面积，m^2；ρ_m 为导体材料的密度，kg/m^3，铜为 $8.89\times10^3 kg/m^3$，铝为 $2.71\times10^3 kg/m^3$。

将 R_θ、C_θ 及 m 的值代入式（2-22），即得导体短路时发热的微分方程式为

$$i_{kt}^2\rho_0(1+\alpha\theta)\frac{l}{S}\mathrm{d}t = \rho_m S l C_0(1+\beta\theta)\mathrm{d}\theta$$

整理后得

$$\frac{1}{S^2}i_{kt}^2\mathrm{d}t = \frac{C_0\rho_m}{\rho_0}\left(\frac{1+\beta\theta}{1+\alpha\theta}\right)\mathrm{d}\theta \tag{2-23}$$

对式（2-23）两边求积分，等式左边积分从短路开始（$t_w=0$）到短路切除时（t_k）积分，等式右边从导体的短路开始温度（θ_w）到通过短路电流发热后的最高温度（θ_h）积分，于是得

$$\frac{1}{S^2}\int_0^{t_k} i_{kt}^2\mathrm{d}t = \frac{C_0\rho_m}{\rho_0}\int_{\theta_w}^{\theta_h}\left(\frac{1+\beta\theta}{1+\alpha\theta}\right)\mathrm{d}\theta \tag{2-24}$$

式（2-24）等号左端积分项 $\int_0^{t_k} i_{kt}^2\mathrm{d}t$ 与短路电流发出的热量成比例，称为短路电流热效应（或称热脉冲），用 Q_k 表示，即

$$Q_k = \int_0^{t_k} i_{kt}^2\mathrm{d}t \quad (\mathrm{A^2\cdot s}) \tag{2-25}$$

式（2-24）等号右端项

$$\begin{aligned}\frac{C_0\rho_m}{\rho_0}\int_{\theta_w}^{\theta_h}\left(\frac{1+\beta\theta}{1+\alpha\theta}\right)\mathrm{d}\theta &= \frac{C_0\rho_m}{\rho_0}\left(\int_{\theta_w}^{\theta_h}\frac{1}{1+\alpha\theta}\mathrm{d}\theta + \int_{\theta_w}^{\theta_h}\frac{\beta\theta}{1+\alpha\theta}\mathrm{d}\theta\right)\\ &= \frac{C_0\rho_m}{\rho_0}\left[\frac{\alpha-\beta}{\alpha^2}\ln(1+\alpha\theta_h)+\frac{\beta}{\alpha}\theta_h\right]\\ &\quad -\frac{C_0\rho_m}{\rho_0}\left[\frac{\alpha-\beta}{\alpha^2}\ln(1+\alpha\theta_w)+\frac{\beta}{\alpha}\theta_w\right] = A_h - A_w\end{aligned}$$

其中
$$A_h=\frac{C_0\rho_m}{\rho_0}\left[\frac{\alpha-\beta}{\alpha^2}\ln(1+\alpha\theta_h)+\frac{\beta}{\alpha}\theta_h\right]\quad [J/(\Omega\cdot m^4)]$$
$$A_w=\frac{C_0\rho_m}{\rho_0}\left[\frac{\alpha-\beta}{\alpha^2}\ln(1+\alpha\theta_w)+\frac{\beta}{\alpha}\theta_w\right]\quad [J/(\Omega\cdot m^4)]$$

于是式（2-24）可写成
$$\frac{1}{S^2}Q_k=A_h-A_w \tag{2-26}$$

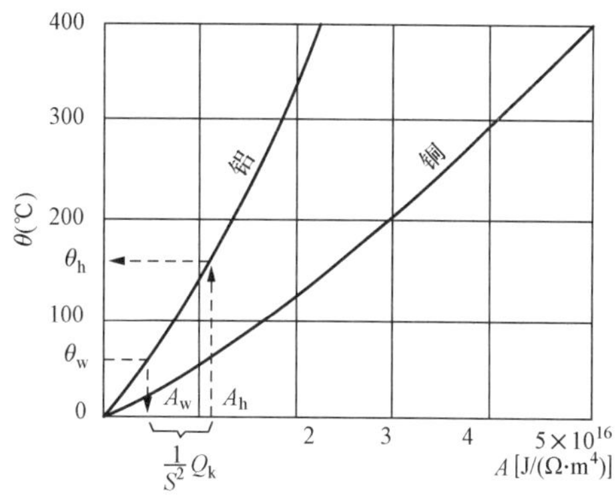

图 2-9　$\theta=f(A)$ 曲线

式（2-26）中的 A 值与导体材料和温度 θ 有关。实际上，为了简化 A_w 和 A_h 的计算，已按各种材料的平均参数作成 $\theta=f(A)$ 曲线，如图 2-9所示。图中横坐标是 A 值，纵坐标是 θ 值。用此曲线计算最高温度 θ_h 的方法如下：

（1）由已知的导体初始温度 θ_w（通常取为正常运行时最高允许温度），从相应的导体材料的曲线上查出 A_w；

（2）将 A_w 和 Q_k 值代入式（2-26）求出 A_h；

（3）由 A_h 再从 $\theta=f(A)$ 曲线上查出 θ_h 值。

二、短路电流热效应 Q_k 的计算

由电力系统短路计算可知，短路全电流瞬时值 i_{kt} 的表达式为
$$i_{kt}=\sqrt{2}I_{pt}\cos\omega t+i_{np0}\mathrm{e}^{-\frac{t}{T_a}} \tag{2-27}$$
式中：I_{pt} 为 t 时刻短路电流周期分量有效值，A；i_{np0} 为短路电流非周期分量起始值，A，$i_{np0}=-\sqrt{2}I''$，其中 I'' 为短路电流周期分量 0s 值；T_a 为非周期分量衰减时间常数，s。

将 i_{kt} 的表达式代入式（2-25），可得
$$\begin{aligned}Q_k&=\int_0^{t_k}i_{kt}^2\mathrm{d}t=\int_0^{t_k}(\sqrt{2}I_{pt}\cos\omega t+i_{np0}\mathrm{e}^{-\frac{t}{T_a}})^2\mathrm{d}t\\&\approx\int_0^{t_k}I_{pt}^2\mathrm{d}t+\int_0^{t_k}i_{np0}^2\mathrm{e}^{-\frac{2t}{T_a}}\mathrm{d}t\\&=Q_p+Q_{np}\quad (A^2\cdot s)\end{aligned} \tag{2-28}$$

式（2-28）中的第一项积分为短路电流周期分量热效应 Q_p。第二项积分为短路电流非周期分量热效应 Q_{np}。下面分别进行计算。

1. 短路电流周期分量热效应 Q_p 的计算

对于短路电流周期分量热效应 Q_p，可采用辛普生法进行计算。由数学分析可知，任意曲线 $y=f(x)$ 的定积分，可采用辛普生法近似计算，即
$$\int_a^b f(x)\mathrm{d}x=\frac{b-a}{3n}[(y_0+y_n)+2(y_2+y_4+\cdots+y_{n-2})+4(y_1+y_3+\cdots+y_{n-1})] \tag{2-29}$$
式中：b、a 分别为积分区间的上、下限；n 为把整个区间分成长度相等的小区间数（偶数）；y_i 为函数值（i=1，2，…，n）。

在计算周期分量热效应时，代入 $f(x)=I_{pt}^2$，$a=0$，$b=t_k$。当取 n=4 时，则 $y_0=I''^2$，$y_1=I_{t_k/4}^2$，$y_2=I_{t_k/2}^2$，$y_3=I_{3t_k/4}^2$，$y_4=I_{t_k}^2$。为了进一步简化，可以认为 $y_2=\frac{y_1+y_3}{2}$。将这些数

值代入式（3-29），可得

$$Q_p=\int_0^{t_k}I_{pt}^2\mathrm{d}t=\frac{t_k}{12}(I''^2+10I_{t_k/2}^2+I_{t_k}^2)\quad(\mathrm{A}^2\cdot\mathrm{s})\tag{2-30}$$

2. 短路电流非周期分量热效应 Q_{np} 的计算

由式（2-28）可得短路电流非周期分量热效应 Q_{np} 的计算式为

$$\begin{aligned}Q_{np}&=\int_0^{t_k}i_{np0}^2\mathrm{e}^{-\frac{2t}{T_a}}\mathrm{d}t=\frac{T_a}{2}(1-\mathrm{e}^{-\frac{2t_k}{T_a}})i_{np0}^2=\frac{T_a}{2}(1-\mathrm{e}^{-\frac{2t_k}{T_a}})(-\sqrt{2}I'')^2\\&=T_a(1-\mathrm{e}^{-\frac{2t_k}{T_a}})I''^2=TI''^2\quad(\mathrm{A}^2\cdot\mathrm{s})\end{aligned}\tag{2-31}$$

式中：T 为非周期分量的等效时间，s，其值可由表 2-3 查得。

如果短路电流切除时间 $t_k>1\mathrm{s}$，导体的发热主要由周期分量来决定，在此情况下非周期分量的影响可略去不计，即

$$Q_k\approx Q_p$$

表 2-3　　非周期分量的等效时间 T

短路点	T（s）	
	$t_k\leqslant0.1\mathrm{s}$	$t_k>0.1\mathrm{s}$
发电机出口及母线	0.15	0.20
发电机升高电压母线及出线、发电机电压电抗器后	0.08	0.10
变电站各级电压母线及出线	0.05	0.05

【例 2-2】 铝导体型号为 LMY-100×8，正常工作电压 $U_N=10.5\mathrm{kV}$，正常负荷电流 $I_w=1500\mathrm{A}$。正常负荷时，导体的温度 $\theta_w=46℃$，继电保护动作时间 $t_{pr}=1\mathrm{s}$，断路器全开断时间 $t_{br}=0.2\mathrm{s}$，短路电流 $I''=28\mathrm{kA}$，$I_{0.6s}=22\mathrm{kA}$，$I_{1.2s}=20\mathrm{kA}$。计算短路电流的热效应和导体的最高温度。

解 （1）计算短路电流的热效应。短路电流通过的时间等于继电保护动作时间与断路器全开断时间之和，即

$$t_k=t_{pr}+t_{br}=1+0.2=1.2(\mathrm{s})$$

短路电流周期分量的热效应 Q_p 为

$$Q_p=\frac{t_k}{12}(I''^2+10I_{t_k/2}^2+I_{t_k}^2)=\frac{1.2}{12}\times(28^2+10\times22^2+20^2)=602.4\times10^6(\mathrm{A}^2\cdot\mathrm{s})$$

因为短路电流切除时间 $t_k=1.2\mathrm{s}>1\mathrm{s}$，导体的发热主要由周期分量来决定，在此情况下非周期分量的影响可略去不计。

由此可得短路电流的热效应 Q_k 为

$$Q_k\approx Q_p=602.4\times10^6\,\mathrm{A}^2\cdot\mathrm{s}$$

（2）计算导体的最高温度。因为 $Q_w=46℃$，由图 2-7 查得 $A_w=0.35\times10^{16}\mathrm{J}/(\Omega\cdot\mathrm{m}^4)$，代入式（2-26）得

$$\begin{aligned}A_h&=\frac{1}{S^2}Q_k+A_w=\frac{1}{\left(\frac{100}{1000}\times\frac{8}{1000}\right)^2}\times602.4\times10^6+0.35\times10^{16}\\&=0.4441\times10^{16}[\mathrm{J}/(\Omega\cdot\mathrm{m}^4)]\end{aligned}$$

再由图 2 - 9 中对应的 A_h 查得

$$\theta_h = 60℃ < 200℃(\text{铝导体最高允许温度})$$

由此可见，导体最高温度未超过最高允许值，能满足热稳定要求。

第五节　短路时导体电动力的计算

载流导体位于磁场中要受到磁场力的作用，这种力称为电动力。电力系统短路时，导体中通过很大的短路电流，导体会遭受巨大的电动力作用。如果导体机械强度不够，将变形或损坏。为了安全运行，应对载流导体短路时电动力的大小进行分析和计算。

一、计算电动力的方法

1. 毕奥—萨伐尔定律法

电动力是磁场对载流导体的一种作用力，可应用毕奥—萨伐尔定律法计算。如图 2 - 10 所示，处在磁场中的导体 L（单位为 m），通过电流 i（单位为 A），根据毕奥—萨伐尔定律可知，导体单元长度 $\mathrm{d}l$ 上所受的电动力 $\mathrm{d}F$（单位为 N）为

$$\mathrm{d}F = iB\sin\alpha \mathrm{d}l \tag{2 - 32}$$

式中：B 为 $\mathrm{d}l$ 处的磁场磁感应强度，T；α 为 $\mathrm{d}l$ 与 B 的夹角，rad。

由左手定则确定电动力 $\mathrm{d}F$ 的方向。

如将式（2 - 32）沿导体 L 的全长积分，可得到导体 L 全长上所受的总电动力为

$$F = \int_0^L iB\sin\alpha \mathrm{d}l \tag{2 - 33}$$

电气设备在正常状态下，由于流过导体的工作电流相对较小，相应的电动力也较小，因而不易为人们所察觉。而在短路时，特别是短路冲击电流流过时，电动力可达到很大的数值，如载流导体和电气设备的机械强度不够将会产生变形或损坏。为了防止这种现象的发生，必须研究短路冲击电流产生电动力的大小和特征，以便选用适当强度的导体和电气设备，保证足够的动稳定性，必要时也可采取限制短路电流的措施。

2. 两条平行导体间的电动力计算

因配电装置中，导体都是平行布置的，所以在分析三相导体受力情况之前，先分析两条细长平行导体间的电动力。设两条平行细长导体长度为 L，中心距离为 a，两条导体通过的电流分别为 i_1 和 i_2，且二者方向相反，如图 2 - 11 所示。当 $L \gg a$ 和 $a \gg d$（d 为导体直径）时，可以认为导体中的电流集中在各自的轴线上流过。为了利用式（2 - 33）来确定两条载流导体间的电动力，可以认为一条导体处在另一条导体的磁场里。设载流导体 1 中的电流 i_1 在导体 2 处所产生的磁感应强度为

$$B_1 = \mu_0 H_1 = \mu_0 \frac{i_1}{2\pi a} = 2 \times 10^{-7} \frac{i_1}{a} \quad (\mathrm{T})$$

根据式（2 - 32），载流导体 2 在 $\mathrm{d}l$ 上所受的电动力为

$$\mathrm{d}F = i_2 B_1 \sin\alpha \mathrm{d}l = 2 \times 10^{-7} \frac{i_1 i_2}{a} \sin\alpha \mathrm{d}l \quad (\mathrm{N})$$

由于导体 2 与磁感应强度 B_1 的方向垂直，故 $\alpha=90°$、$\sin\alpha=1$，作用在载流导体 2 全长上的电动力为

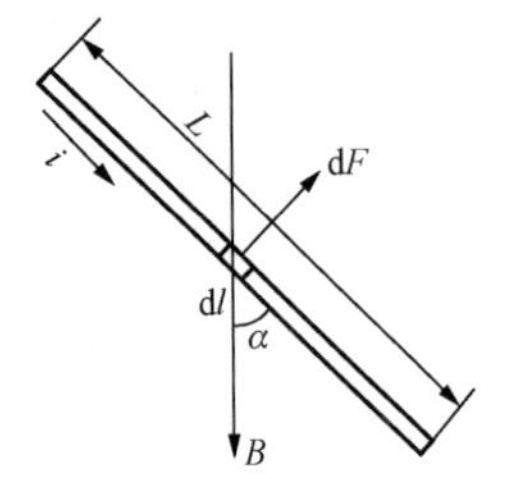

图 2-10 磁场对载流导体的电动力

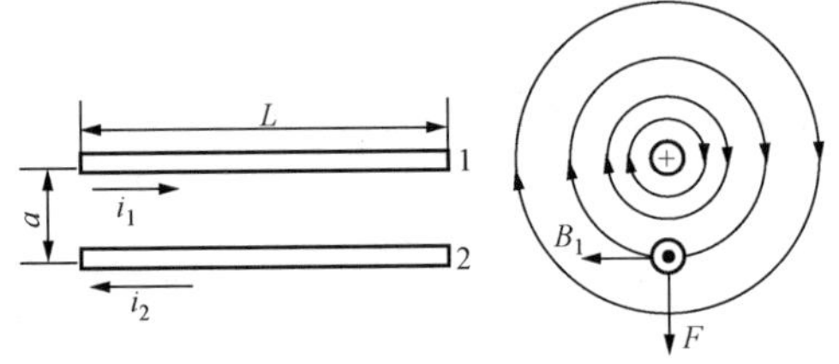

图 2-11 两平行细长载流导体间的电动力

$$F=\int_0^L 2\times10^{-7}\,\frac{i_1 i_2}{a}\mathrm{d}l=2\times10^{-7}\,\frac{i_1 i_2}{a}L\quad(\mathrm{N})\tag{2-34}$$

不难证明，载流导体 1 上也受到同样大小的电动力。当 i_1 与 i_2 反方向时，两条导体间产生排斥力；而当 i_1 与 i_2 同方向时，则产生吸引力。

以上所述的电动力，尚未考虑导体截面尺寸和形状的影响。导体截面的形状有矩形、圆柱形、槽形等。将它们看成由若干无限细长导体组成，再按上面同样的推导过程求得其合力，便是实际的电动力。当考虑截面的因素时，常乘以形状系数 K（形状系数表示实际形状导体所受的电动力与细长导体电动力之比）。这样，实际电动力为

$$F=2\times10^{-7}K\,\frac{L}{a}i_1 i_2\quad(\mathrm{N})\tag{2-35}$$

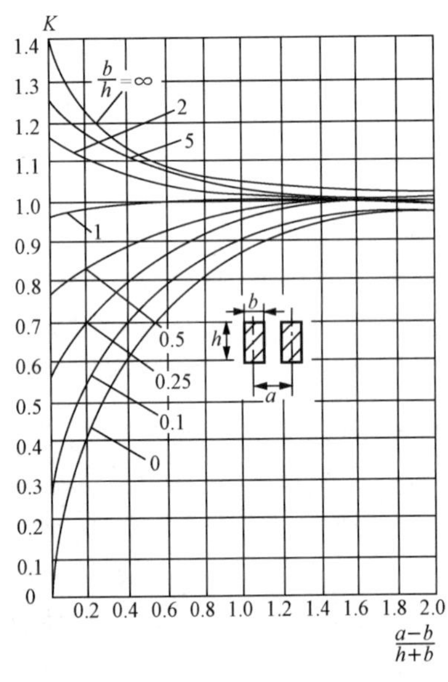

图 2-12 矩形导体形状系数曲线

矩形导体形状系数曲线如图 2-12 所示。K 是 $\frac{a-b}{h+b}$ 和 $\frac{b}{h}$ 的函数。图 2-12 表明：当 $\frac{b}{h}<1$，即导体竖放时，$K<1$；当 $\frac{b}{h}>1$，即导体平放时，$K>1$；当 $\frac{b}{h}=1$，即导体截面为正方形时，$K\approx1$；当 $\frac{a-b}{h+b}$ 增大时（即加大导体间的净距），K 趋近于 1；当 $\frac{a-b}{h+b}\geqslant2$，即导体间的净距等于或大于截面周长时，$K=1$，可以不考虑截面形状对电动力的影响，直接应用式（2-34）计算两母线间的电动力。

对于圆柱形、管形导体，形状系数 $K=1$。对于槽形导体，在计算相间和同相条间的电动力时，一般均取形状系数 $K\approx1$。

二、三相导体短路时的电动力

1. 电动力的计算

配电装置中导体均为三相，而且布置在同一平面内。利用前面单相系统的计算方法推广到三相系统，便可求得三相导体短路时的电动力。

如不计短路电流周期分量的衰减，三相短路电流为

$$
\left.\begin{aligned}
i_A^{(3)} &= I_m\left[\sin(\omega t+\varphi_A)-e^{-\frac{t}{T_a}}\sin\varphi_A\right]\\
i_B^{(3)} &= I_m\left[\sin\left(\omega t+\varphi_A-\frac{2}{3}\pi\right)-e^{-\frac{t}{T_a}}\sin\left(\varphi_A-\frac{2}{3}\pi\right)\right]\\
i_C^{(3)} &= I_m\left[\sin\left(\omega t+\varphi_A+\frac{2}{3}\pi\right)-e^{-\frac{t}{T_a}}\sin\left(\varphi_A+\frac{2}{3}\pi\right)\right]
\end{aligned}\right\} \tag{2-36}
$$

式中：I_m为短路电流周期分量的最大值，A，$I_m=\sqrt{2}I''$；φ_A为短路电流 A 相的初相角；T_a为短路电流非周期分量衰减时间常数，s。

三相短路时，中间相（B 相）和外边相（A、C 相）受力情况并不相同，如图 2 - 13 所示。下面分别进行叙述。

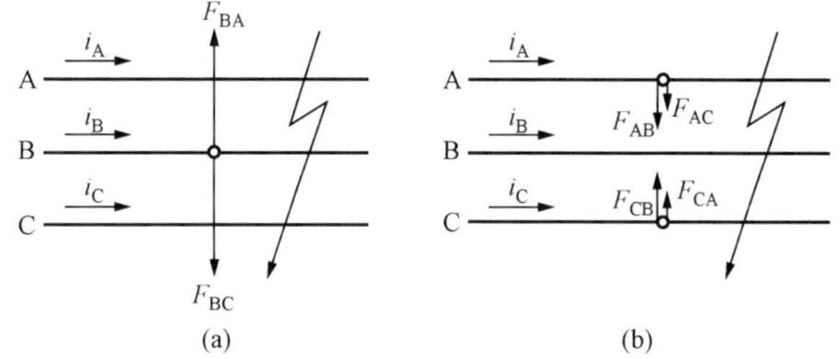

图 2 - 13　对称三相短路时的电动力
（a）作用在中间相（B 相）的电动力；
（b）作用在外边相（A 相或 C 相）的电动力

（1）作用在中间相（B 相）的电动力。假设电流的方向如图 2 - 13（a）所示，中间相受到两个边相（A、C 相）的作用力 F_{BA}和 F_{BC}，即

$$F_B=F_{BA}-F_{BC}=2\times10^{-7}\frac{L}{a}\left[i_B^{(3)}i_A^{(3)}-i_B^{(3)}i_C^{(3)}\right]$$

将短路电流算式（3 - 36）代入上式，经三角公式变换后，得

$$
\begin{aligned}
F_B=&2\times10^{-7}\frac{L}{a}I_m^2\left[\frac{\sqrt{3}}{2}e^{-\frac{2t}{T_a}}\sin\left(2\varphi_A-\frac{4}{3}\pi\right)\right.\\
&\left.-\sqrt{3}e^{-\frac{t}{T_a}}\sin\left(\omega t+2\varphi_A-\frac{4}{3}\pi\right)+\frac{\sqrt{3}}{2}\sin\left(2\omega t+2\varphi_A-\frac{4}{3}\pi\right)\right]
\end{aligned} \tag{2-37}
$$

（2）作用在外边相（A 相或 C 相）的电动力。外边相如 A 相，受到 B 相和 C 相的作用力分别为 F_{AB}和 F_{BC}，故

$$
\begin{aligned}
F_A=&F_{AB}+F_{AC}=2\times10^{-7}\frac{L}{a}\left[i_A^{(3)}i_B^{(3)}+0.5i_A^{(3)}i_C^{(3)}\right]\\
=&2\times10^{-7}\frac{L}{a}I_m^2\left\{\frac{3}{8}+\left[\frac{3}{8}-\frac{\sqrt{3}}{4}\cos\left(2\varphi_A+\frac{\pi}{6}\right)\right]e^{-\frac{2t}{T_a}}\right.\\
&-\left[\frac{3}{4}\cos\omega t-\frac{\sqrt{3}}{2}\cos\left(\omega t+2\varphi_A+\frac{\pi}{6}\right)\right]e^{-\frac{t}{T_a}}\\
&\left.-\frac{\sqrt{3}}{4}\cos\left(2\omega t+2\varphi_A+\frac{\pi}{6}\right)\right\}
\end{aligned} \tag{2-38}
$$

由式（2 - 38）可知，F_A由四个分量组成：①不衰减的固定分量，如图 2 - 14（a）所示；②按时间常数 $T_a/2$ 衰减的非周期分量，如图 2 - 14（b）所示；③按时间常数 T_a衰减的工频分量，如图 2 - 14（c）所示；④不衰减的 2 倍工频分量，如图 2 - 14（d）所示。这四个分量之和为 F_A，如图 2 - 14（e）所示。

从式（2 - 37）看出，F_B中没有固定分量，仅有其他三个分量。

2. 电动力的最大值

工程上常用到电动力的最大值。先求外边相（A 相或 C 相）和中间相（B 相）电动力的

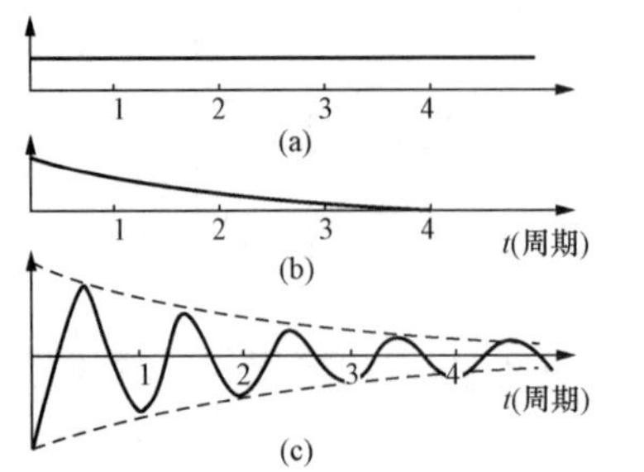

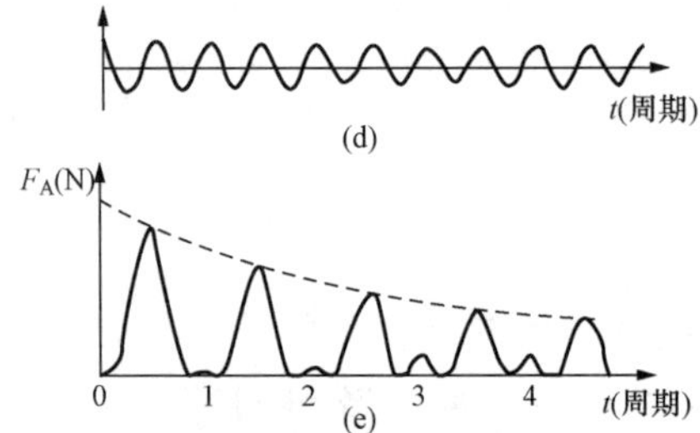

图 2-14　三相短路时 A 相电动力的各分量及其合力

（a）不衰减的固定分量；（b）按时间常数 $T_a/2$ 衰减的非周期分量；
（c）按时间常数 T_a 衰减的工频分量；（d）不衰减的 2 倍工频分量；（e）合力 F_A

最大值，然后进行比较。

F_A的最大值出现在固定分量和非周期分量之和为最大的瞬间，此时 $\cos\left(2\varphi_A+\dfrac{\pi}{6}\right)=-1$，故 $2\varphi_A+\dfrac{\pi}{6}=(2n-1)\pi$，$n=1,2,\cdots$。由此可得 φ_A 为 75°、255°⋯，此角称为临界初相角。

F_B的最大值出现在非周期分量为最大的瞬间，此时 $\sin\left(2\varphi_A-\dfrac{4\pi}{3}\right)=\pm1$，即 $2\varphi_A-\dfrac{4\pi}{3}=\pm\left(n-\dfrac{1}{2}\right)\pi, n=1,2,\cdots$，故临界初相角为 φ_A 为 75°、165°、255°⋯。

将临界初相角分别代入电动力表示式（2-38）和式（2-37），一般取 $T_a=0.05$s，可得

$$F_A=2\times10^{-7}\frac{L}{a}I_m^2\left(\frac{3}{8}+\frac{3+2\sqrt{3}}{8}e^{-\frac{2t}{0.05}}-\frac{3+2\sqrt{3}}{4}\times e^{-\frac{t}{0.05}}\cos\omega t+\frac{\sqrt{3}}{4}\cos2\omega t\right)\quad(2-39)$$

$$F_B=2\times10^{-7}\frac{L}{a}I_m^2\left(\frac{\sqrt{3}}{2}e^{-\frac{2t}{0.05}}-\sqrt{3}e^{-\frac{t}{0.05}}\cos\omega t+\frac{\sqrt{3}}{2}\cos2\omega t\right)\quad(2-40)$$

F_A 和 F_B 的变化曲线如图 2-15 所示。

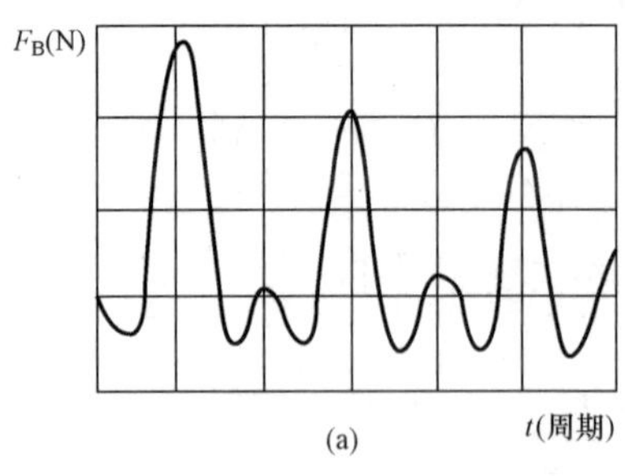

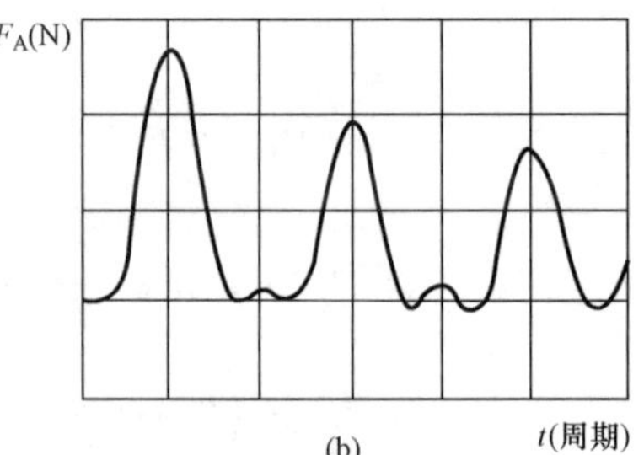

图 2-15　三相短路时电动力变化曲线

（a）中间相 F_B；（b）外边相 F_A

在短路发生后最初半个周期，短路电流的幅值最大，此时 $t=0.01$s，冲击电流 $i_{sh}^{(3)}=1.82I_m$。将 $t=0.01$s 和 $I_m=\left(\dfrac{i_{sh}^{(3)}}{1.82}\right)$ 代入式（2-39）和式（2-40）便可分别求得 A 相和 B 相的最大电动力。

A 相的最大电动力为

$$F_{Amax}=1.616\times10^{-7}\frac{L}{a}[i_{sh}^{(3)}]^2 \quad (N) \tag{2-41}$$

B 相的最大电动力为

$$F_{Bmax}=1.73\times10^{-7}\frac{L}{a}[i_{sh}^{(3)}]^2 \quad (N) \tag{2-42}$$

比较式（2-41）和式（2-42），可知 $F_{Bmax}>F_{Amax}$，故计算最大电动力时应取 B 相的值。再进一步比较两相短路和三相短路时的电动力。

由于 $\frac{I''^{(2)}}{I''^{(3)}}=\frac{\sqrt{3}}{2}$，故两相短路时的冲击电流 $i_{sh}^{(2)}=\frac{\sqrt{3}}{2}i_{sh}^{(3)}$。当二相导体中流过此冲击电流时，其最大电动力为

$$F_{max}^{(2)}=2\times10^{-7}\frac{L}{a}[i_{sh}^{(2)}]^2=2\times10^{-7}\frac{L}{a}\left[\frac{\sqrt{3}}{2}i_{sh}^{(3)}\right]^2=1.5\times10^{-7}\frac{L}{a}i_{sh}^2 \quad (N) \tag{2-43}$$

式中：i_{sh}为三相短路时冲击电流 $i_{sh}^{(3)}$，一般将上标略去。

最后，比较 F_{Amax}、F_{Bmax}和 $F_{max}^{(2)}$，三个电动力中，仍以 F_{Bmax}为最大，故遇到求最大电动力时，应取

$$F_{max}=1.73\times10^{-7}\frac{L}{a}i_{sh}^2 \quad (N) \tag{2-44}$$

3. 导体振动时动态应力

导体具有质量和弹性，组成一弹性系统。当受到一次外力作用时，就按一定频率在其平衡位置上下运动，形成固有振动，其振动频率称为固有频率。由于受到摩擦和阻尼作用，振动会逐渐衰减。若导体受到电动力的持续作用而发生振动，便形成强迫振动。由图 2-14（c）、（d）可知，电动力中有工频和 2 倍工频两个分量。如果导体的固有频率接近这两个频率之一时，就会出现共振现象，甚至使导体及其构架损坏，所以在设计时应避免发生共振。

凡连接发电机、主变压器以及配电装置中的导体均属重要回路，这些回路需要考虑共振的影响。

导体的振动过程，可按结构动力学中具有分布质量的梁那样来处理。如机械阻尼略去不计，导体在电动力作用下运动微分方程为

$$EJ\frac{\partial^4 y}{\partial x^4}+m\frac{\partial^2 y}{\partial t^2}=F(t) \tag{2-45}$$

式中：$F(t)$ 为作用在导体上的电动力，N/m；E 为导体材料的弹性模量，Pa，表征导体在拉伸或压缩时材料对弹性变形的抵抗能力，铜为 11.28×10^{10}Pa，铝为 7×10^{10}Pa；J 为导体截面惯性矩，m^4；m 为导体单位长度的质量，kg/m；y 为导体各点的位移，m；x 为导体各点的坐标，m。

式（2-45）表明，电动力 $F(t)$ 被弹性力$\left(等号左边第一项 EJ\frac{\partial^4 y}{\partial x^4}\right)$及惯性力$\left(等号左边第二项 m\frac{\partial^2 y}{\partial t^2}\right)$所平衡。如果把硬导体看成多跨的连续梁，其一阶固有频率为

$$f_1=\frac{N_f}{L^2}\sqrt{\frac{EJ}{m}} \tag{2-46}$$

式中：L 为绝缘子跨距，m；N_f为频率系数，根据导体连续跨数和支撑方式而异，其值见表 2-4。

导体发生振动时，在导体内部会产生动态应力。对于动态应力的考虑，一般是采用修正静态计算法，即在最大电动力 F_{max}上乘以动态应力系数 β（β 为动态应力与静态应力之比值），以求得实际动态过程中动态应力的最大值。动态应力系数 β 与固有频率的关系，如图 2-16 所示。

由图 2-16 可见，固有频率在中间范围内变化时，$\beta>1$，动态应力较大；当固有频率较低时，$\beta<1$；当固有频率较高时，$\beta\approx1$。对于屋外配电装置中的铝管导体，取 $\beta=0.58$。

表 2-4　导体在不同固定方式下的频率系数 N_f值

跨数及支承方式	N_f
单跨、两端简支	1.57
单跨、一端固定、一端简支，两等跨、简支	2.45
单跨、两端固定，多等跨简支	3.56
单跨、一端固定、一端活动	0.56

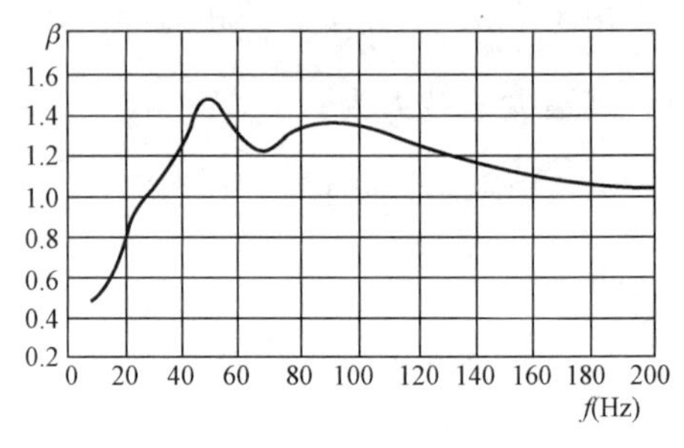

图 2-16　动态应力系数

为了避免导体产生危险的共振，对于重要的导体，应使其固有频率在下述范围以外：

(1) 单条导体及一组中的各条导体为 35～135Hz；

(2) 多条导体及引下线的单条导体为 35～155Hz；

(3) 槽形和管形导体为 30～160Hz。

如果固有频率在上述范围以外，可取 $\beta=1$。若在上述范围内，则电动力便应乘上动态应力系数 β，于是有

$$F_{max}=1.73\times10^{-7}\frac{L}{a}i_{sh}^{2}\beta\quad(\text{N})\tag{2-47}$$

【例 2-3】 某发电厂装有 10kV 单条矩形铝导体，尺寸为 60mm×6mm，支柱绝缘子之间的距离 $L=1.2$m，相间距离 $a=0.35$m，三相短路冲击电流 $i_{sh}=45$kA。导体弹性模量 $E=7\times10^{10}$Pa，单位长度的质量 $m=0.972$kg/m。试求导体的固有频率及最大电动力。

解　导体的截面惯性矩为

$$J=\frac{bh^3}{12}=\frac{0.6\times6^3}{12}\times10^{-8}=10.8\times10^{-8}(\text{m}^4)$$

导体的一阶固有频率为

$$f_1=\frac{N_f}{L^2}\sqrt{\frac{EJ}{m}}$$

当导体支承方式为单跨、两端简支，查表 2-4 得 $N_f=1.57$，故有

$$f_1=\frac{1.57}{1.2^2}\times\sqrt{\frac{7\times10^{10}\times10.8\times10^{-8}}{0.972}}=96.15(\text{Hz})$$

计算结果表明，固有频率 f_1 在 35～135Hz 范围以内，应考虑动态应力系数。查图 2-16曲线，对应 $f=96.15$Hz，$\beta=1.35$，则最大电动力为

$$F_{max}=1.73\times10^{-7}\frac{L}{a}i_{sh}^{2}\beta=1.73\times10^{-7}\frac{1.2}{0.35}\times45\ 000^2\times1.35=1621.5(\text{N})$$

小　结

根据能量守恒原理，载流导体的发热和散热应该相平衡。导体长期发热时，由正常工作电流产生的热量，一部分使导体温度升高，另一部分散失到周围空气中，由此建立热平衡关系，大约经过 $t=(3\sim4)T_r$，便达到稳定温升 τ_w。由稳定温升计算公式可求出导体的载流量，亦可算出导体正常发热温度或导体的截面。

载流导体短路时的发热过程是，短路电流通过的时间很短，发出的热量来不及散到空气中，可以认为这是一个绝热过程。导体通过短路电流产生的热量全部用于使温度升高，按能量守恒原理可导出短时发热过程。短路电流热效应包括短路电流周期分量热效应和短路电流非周期分量热效应，对于周期分量热效应可采用辛普生法进行计算。如果短路电流切除时间 $t_k>1s$，导体的发热主要由周期分量来决定，在此情况下非周期分量的影响可略去不计。

导体周围出现强大的交变电磁场时，会使导体附近钢构件中产生很大的磁滞和涡流损耗，导致钢构件发热。为了减少钢构件损耗和发热，应采取适当的措施。

电动力的计算，经过对三相导体短路时外边相所受的力、中间相所受的力以及三相和两相短路电动力进行比较，得出三相短路时中间相所受的力为最大，以后计算即以此为依据。如果导体固有频率在规定范围以内，求导体的电动力还要乘上动态应力系数 β，这样便考虑了共振的影响。

思考题和习题

2-1　研究导体和电气设备的发热有何意义？长期发热和短时发热各有何特点？

2-2　为什么要规定导体和电气设备的发热允许温度？短时发热允许温度和长期发热允许温度是否相同，为什么？

2-3　导体长期允许电流是根据什么确定的？提高长期允许电流应采取哪些措施？

2-4　屋内配电装置中，安装有 100mm×10mm 的矩形铝导体，导体正常运行温度为 $\theta_w=70℃$，周围空气温度为 $\theta_0=25℃$。试计算该导体的载流量。

2-5　为什么要计算导体短时发热最高温度？如何计算？

2-6　电动力对导体和电气设备的运行有何影响？

2-7　三相平行导体发生三相短路时最大电动力出现在哪相上？试加以解释。

2-8　导体的动态应力系数的含义是什么？在什么情况下才考虑动态应力？

2-9　设发电机容量为 10 万 kW，发电机回路最大持续工作电流 $I_{max}=6791A$，最大负荷利用小时数 $T_{max}=5200h$，三相导体水平布置，相间距离 $a=0.70m$，发电机出线上短路时间 $t_k=0.2s$，短路电流 $I''=36.0kA$，$I_{t_k/2}=28.0kA$，$I_{t_k}=24.0kA$，周围环境温度为 35℃。试选择发电机引出导体。

第三章　灭弧原理及主要开关电器

本章基于电弧理论，研究高压断路器开断电路时的电压恢复过程。重点讲述六氟化硫断路器及真空断路器的灭弧结构，介绍特高压断路器及智能断路器的研发技术，分析断路器的各类操动机构的性能、应用范围及发展趋势。

第一节　电弧的形成和熄灭

开关电器的主要任务是切断有电流通过的电路。只要电源电压大于10～20V，电流大于80～100mA，在开关电器的动、静触头分离瞬间，触头间就会出现电弧。由于电弧不容易自行熄灭，因此，一般用以切断电流的开关电器（高压断路器、低压开关电器和熔断器等）中，均有专门用来熄灭电弧的灭弧装置。研究开关电器的结构原理、性能特征和工作状况，必须先研究在切断电流的过程中，电弧形成和熄灭的物理过程。

一、电弧的形成和弧隙中介质的游离过程

电弧的产生和维持是触头绝缘介质的中性质点（分子和原子）被游离的结果，游离就是中性质点转化为带电质点。电弧的形成过程就是气态介质或固态、液态介质高温气化后向等离子体态的转化过程。因而，电弧是一束游离的气体放电现象。

电弧的形成与维持通常经过电子发射、碰撞游离和热游离三个阶段过程。

1. 电子发射

在触头分离的最初瞬间，触头电极的阴极区发射电子对电弧过程起决定性作用。阴极表面发射电子有两种方式。一种是热电子发射，指触头分离瞬间，接触电阻突然加大而产生的高温及电弧燃烧，使阴极表面出现强烈的炽热点，将使阴极的金属材料内的大量电子不断逸出金属表面。另一种是强电场电子发射，指触头刚分开时，触头间距离很小，产生很强的电场强度（3×10^{6}V/m以上），阴极表面的电子就会被电场力拉出而形成触头空间的自由电子。这种强电场电子发射是在弧隙间最初产生电子的主要原因。

2. 碰撞游离

电弧的形成主要是碰撞游离所致。阴极表面发射出的电子和弧隙中原有的少数电子在强电场能的作用下，向阳极方向运动，不断地与其他粒子（如气体原子、分子）发生碰撞，将中性粒子中的电子击出，游离成正离子和新的自由电子，新产生的电子也向阳极加速运动，同样也会使它所碰撞的中性质点游离，这种游离过程称作碰撞游离。

对于每种气体介质，都有一定值的游离电位。这是指它被电子撞击而游离时，电子所必须具备的最小速度，而这一速度对应游离电位。表3-1列出了几种气体的游离电位。

表 3-1 **几种气体的游离电位**

气体	H_2	N_2	CO_2	H	金属蒸气
游离电位（V）	15.8	16.3	14.3	13.3	7.5

碰撞游离也可以分级进行，动能不足的电子一次击中气体中性质点后，虽不足以使它游离，但也已开始使它处于激发状态，之后这些质点若继续被后继电子击中，可以获得游离所必需的能量。碰撞游离连续进行就可能导致在触头间充满了电子和离子，从而介质被击穿，电流急剧增大，出现光和热的效应而形成电弧。

3. 热游离

电弧形成之后，维持电弧燃烧所需的游离过程是热游离。由于在电弧燃烧的过程中，碰撞游离已不可能在弧隙中维持必要的离子和电子浓度。因为在弧光放电时，弧柱中的电导很大，电位梯度很小，通常只有 10～20V/cm，电子的自由行程又只有 10^{-3}～10^{-4}cm（自由行程即质点间距离与介质的温度成正比，与其压力成反比），所以电子不能获得所必需的游离位能，于是碰撞游离已不可能。然而电弧产生之后，弧隙的温度很高，具有足够动能的中性质点不规则热运动速度增加，互相碰撞游离出电子和正离子，这种现象称为热游离。

如图 3-1 所示，某些双原子气体（曲线 1，其游离电位原为 15V）在 10 000℃以上，离子相对浓度 A 即急剧增加；而金属蒸气（曲线 2，游离电位原为 7.5V）离子相对浓度的急剧增加开始于 4000℃。一般气体开始发生热游离的温度为 9000～10 000℃，由于开关电器中的金属触头在高温下熔化，以致在介质气体中混有金属蒸气，而弧心温度总大于 4000～5000℃。所以热游离足以维持电弧的燃烧。

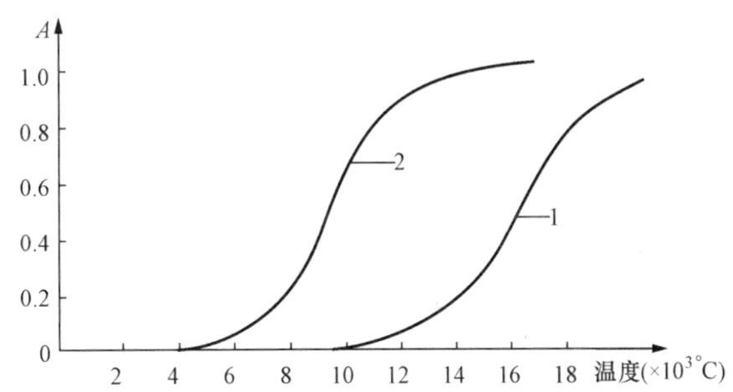

图 3-1 双原子气体和金属蒸气热游离的离子相对浓度
曲线 1—双原子气体；曲线 2—金属蒸气

在电弧电流中，99%是由电子运动形成的，由正离子的运动形成的电流仅是总电流的 1%。

二、电弧间隙的去游离

电弧中发生游离的同时，还进行着与此相反的另一个过程，即使带电质点减少的复合和扩散的去游离过程。

1. 复合

复合是指正离子和负离子互相吸引，结合在一起，电荷互相中和的过程。两异号电荷要在一定时间内，处在很近的范围内才能完成复合过程，两者相对速度越大，复合可能性就越小。因电子质量小，易于加速，其运动速度约为正离子的 1000 倍，所以电子与正离子直接复合几率很小。通常，电子在碰撞时，先附在中性质点上形成负离子，速度大大减慢，而负离子与正离子的复合比电子与正离子间的复合容易得多。

复合也发生在与电弧接触的固体介质（如在其中发生电弧的管子或狭缝壁等）的表面。较活动的电子，首先使表面充电到某一负电位，此时负离子和电子在表面排开，正离子则被吸引到表面上，而失去电荷。

复合的速率与带电质点的浓度成正比，因而与电弧直径的平方成反比。

2. 扩散

扩散是指带电质点从电弧内部逸出而进入周围介质中的现象。扩散去游离主要有：①浓度扩散，指带电质点将会由浓度高的弧道向浓度低的弧道周围扩散，使弧道中的带电质点减少；②温度扩散，指弧道中的高温带电质点将向温度低的周围介质中扩散。

扩散出去的带电质点在周围介质中进行再复合，电弧间隙中则减少了带电质点数目，有利于熄弧。扩散的速率决定于电弧表面上带电质点的数目，因而扩散的速率也与电弧直径成反比。

显然，在交流电弧中，随着电弧截面的减小（电流的减小），复合和扩散都增强了。当电流接近零值时，电弧截面减小很多，去游离过程就很强烈。

游离和去游离是电弧燃烧中的两个相反过程，这两个过程的动平衡，将使电弧稳定燃烧。若游离过程大于去游离过程，将会使电弧愈加强烈地燃烧；反之，将会使电弧燃烧减弱，以致最终熄灭。开关电器中，为了加强灭弧能力，都采用各种措施减弱游离过程。从等离子体观点来看，也就是控制温度，使触头间的介质由等离子体态转化为其他物态。

三、电弧的特性及灭弧的基本原理

电弧上的电压是弧电流与电弧电阻的乘积，而电弧介质的电阻大小是由介质中弧电流消耗的热能所致的游离程度决定，显然介质电阻不仅与弧电流的平方成比例，而且受热惯性因素影响，因而电弧的伏安特性必然是非线性的。

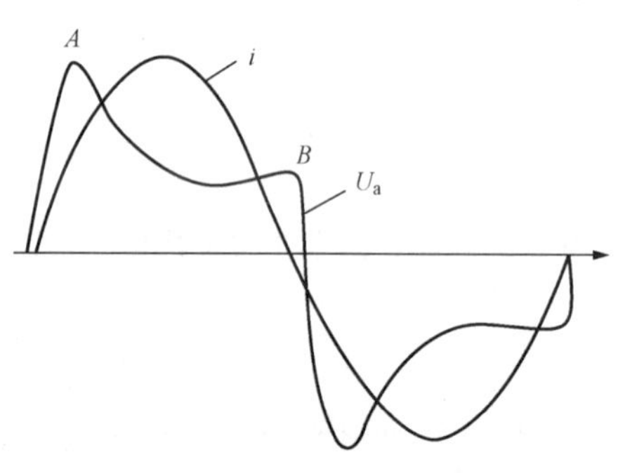

图 3-2　电弧电压 U_a 波形

交流电弧具有过零值自然熄灭及动态的伏安特性两大特点。

由于弧柱的热惯性，电弧温度变化即热游离程度变化滞后于电流变化，因而电弧电压呈现图 3-2 所示的马鞍形。对应于正弦波电流，半个波内，电弧电压中间大部分平坦，只有在电流靠近零点，瞬时值很小时，电弧电压升高，呈现为电弧尖峰。图中 A 点是电弧产生时的电压，称为燃弧电压，而 B 点是电弧熄灭时的电压，称为熄弧电压。显然，由于介质的热惯性，燃弧电压必然大于熄弧电压。

交流电弧的上述特性，特别是过零值的自然暂时熄灭，对采取措施加强去游离，以使在下半周电弧不会重燃而最终熄灭尤为重要。

决定交流电弧熄弧的基本因素是弧隙的介质强度恢复过程和加在弧隙上的电压恢复过程。

1. 弧隙介质强度恢复过程

这里，引用电弧间隙的介质强度这一概念，是指间隙的介质强度等于某一电压，将这一电压加在间隙上时，间隙的游离与去游离过程平衡，而间隙的游离程度不变。如外加电压比介质强度大，即使其量极微小，间隙的游离作用即开始增大，与此同时，介质强度即将减小，因此游离将迅速增强，从而产生非弧光放电。在非弧光放电时的介质强度又叫做击穿电压，此时当外加电压有微量增加时，非弧光放电即迅速转变为弧光放电，也就是说间隙被电击穿。

弧隙介质强度恢复过程是指在电弧电流过零后，弧隙的绝缘能力在经过一定的时间恢复到绝缘的正常状态的过程。弧隙介质强度以耐受电压 $U_d(t)$ 表示。

弧隙介质强度 $U_d(t)$ 主要由断路器灭弧装置的结构和灭弧介质的性质所决定，随断路器型式而异。目前，电力系统中常用的灭弧介质有油（变压器油或断路器油）、空气、真空、SF_6 等。图 3-3 示出其介质强度恢复过程的典型曲线。从图中可以看出：在 $t=0$ 电流过零瞬间，介质强度突然出现 $0a(0a'、0a'')$ 升高的现象，称为近阴极效应。这是因为在电弧过零之前，弧隙充满着电子和正离子，当电流过零后，弧隙的电极极性发生改变，弧隙中的电子立即向新阳极运动，而比电子质量大一千多倍的正离子则基本未动，从而在新阴极附近呈现正电荷离子层，如图 3-4 所示。阴极附近电位梯度约有 $10^5 \sim 10^6$ V/cm，而且集中于 10^{-4} cm 的厚度内（此值约相当于电子的自由行程），其电导很低，显示出一定的介质强度，约在 0.1～1μs 的短暂时间内有 150～250V 起始介质强度。这种近阴极效应特性，交流电弧远大于直流电弧（其值为 10～20V）。

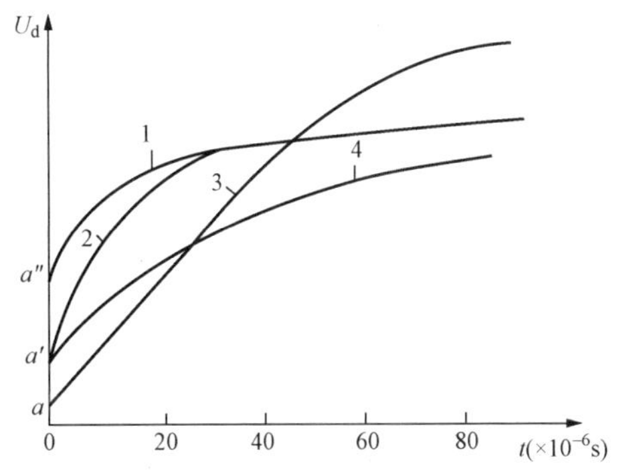

图 3-3　介质强度恢复过程曲线

1—真空；2—SF_6；3—空气；4—油

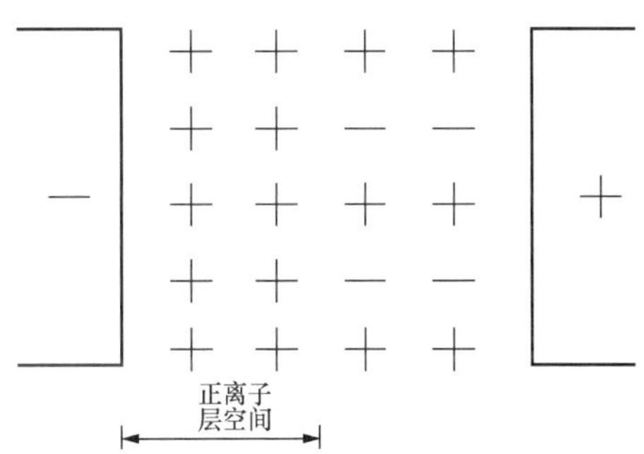

图 3-4　电流过零后电荷重新分布

上述的阴极电压降与介质的性质及电极材料（介质中混合电极金属蒸气）有关，例如铁比黄铜的阴极电压降小 40%～50%，但是此值与电弧电流的大小无关。而弧隙电流过零后的介质强度的增长速度和恢复过程（见图 3-3），与电弧电流的大小、介质特性、触头分离速度和冷却条件等因素有关。

2. 弧隙电压恢复过程

弧隙电压恢复过程是指电弧电流自然过零后，电源施加于弧隙的电压将从不大的熄弧电压逐渐恢复到电源电压的过程，以恢复电压 $U_r(t)$ 表示。该电压恢复过程可能是周期性或非周期性的变化过程，这主要取决于系统电路的参数。

综上可知，在电弧电流过零时，弧隙之间同时存在着介质强度恢复过程和电源电压恢复过程。电弧熄灭的条件应为 $U_d(t)>U_r(t)$；反之，弧隙被电击穿，电弧重燃。

第二节　切断交流电路时电压的恢复过程

在交流电流通过零值时，开关电器触头上出现的恢复电压，是由于电力系统中的电磁暂态过程引起的，系统恢复电压上升的速度和幅值对交流电弧过零值后的熄灭具有决定性的作用，从而对各种开关电器的性能、结构和运行产生重要影响。

现以开关电器中的断路器为例说明。

如图 3 - 5（a）所示电路，k 点发生短路时，断路器 QF 能否开断电路，取决于电弧电流过零自然熄灭后弧隙介质强度的恢复与弧隙电压恢复的过程。

一、弧隙电压恢复过程分析

交流电弧过零值时，断路器触头上出现的电压恢复过程是电路中的电磁暂态过程。设电源 G 为中性点接地的电力系统，断路器 QF 带有并联电阻 r（r 亦可认为是熄弧后的弧隙电阻），R、L、C 为一相电路元件参数，则得图 3 - 5（a）的等值电路如图 3 - 5（b）所示。当电弧电流过零时，由于 u 和 i 不同相位，此时电源电压存在一定的瞬时值 U_0，称为开断瞬间工频恢复电压。熄弧后，断路器触头之间从熄弧电压过渡到电源电压这一过程时间很短，一般不超过几百微秒，可近似认为 U_0 不变，并以直流电源来代替。于是，断路器电压恢复过程相当于电压为 U_0 的直流电源突然合闸于 R、L、C 串联电路时，在电容 C 两端的电压 U_C 变化过程，就是断路器触头之间的电压恢复过程，即 $U_r=U_C$。由图 3 - 5（b）所示等值电路图可得

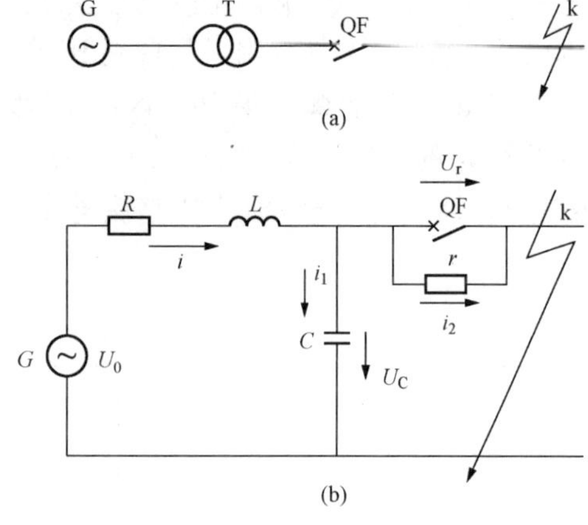

图 3 - 5　断路器开断短路电流

（a）开断电路；（b）等值电路

$$\left.\begin{aligned} U_0 &= iR + L\frac{\mathrm{d}i}{\mathrm{d}t} + U_C \\ i &= i_1 + i_2 = C\frac{\mathrm{d}U_C}{\mathrm{d}t} + \frac{U_C}{r} \end{aligned}\right\} \tag{3 - 1}$$

整理后，可得线性常系数微分方程为

$$LC\frac{\mathrm{d}^2U_C}{\mathrm{d}t^2} + \left(RC + \frac{L}{r}\right)\frac{\mathrm{d}U_C}{\mathrm{d}t} + \left(\frac{R}{r} + 1\right)U_C = U_0 \tag{3 - 2}$$

微分方程的通解为

$$\left.\begin{aligned} U_C &= \frac{rU_0}{R+r} + C_1\mathrm{e}^{\alpha_1 t} + C_2\mathrm{e}^{\alpha_2 t} \\ \alpha_1 &= -\frac{1}{2}\left(\frac{R}{L} + \frac{1}{rC}\right) + \sqrt{\frac{1}{4}\left(\frac{R}{L} - \frac{1}{rC}\right)^2 - \frac{1}{LC}} \\ \alpha_2 &= -\frac{1}{2}\left(\frac{R}{L} + \frac{1}{rC}\right) - \sqrt{\frac{1}{4}\left(\frac{R}{L} - \frac{1}{rC}\right)^2 - \frac{1}{LC}} \end{aligned}\right\} \tag{3 - 3}$$

式中：C_1、C_2 均为积分常数，其值由初始条件决定；α_1、α_2 均为特征方程的根。

（1）当 $\frac{1}{4}\left(\frac{R}{L}-\frac{1}{rC}\right)^2>\frac{1}{LC}$ 时，α_1、α_2 为实根，根据初始条件，当 $t=0$ 时，$U_C=-U_{r0}$（熄弧电压），$i_1(0)=C\frac{\mathrm{d}U_C}{\mathrm{d}t}=0$，代入式（3 - 3）可求得

$$\left.\begin{aligned}C_1&=-\frac{\alpha_2}{\alpha_2-\alpha_1}\left(U_{r0}+\frac{rU_0}{R+r}\right)\\C_2&=\frac{\alpha_1}{\alpha_2-\alpha_1}\left(U_{r0}+\frac{rU_0}{R+r}\right)\end{aligned}\right\}\tag{3-4}$$

将式（3-4）代入式（3-3）得断路器触头的恢复电压为

$$U_r=U_C=\frac{rU_0}{R+r}+\frac{1}{\alpha_1-\alpha_2}(\alpha_2 e^{\alpha_1 t}-\alpha_1 e^{\alpha_2 t})\left(U_{r0}+\frac{rU_0}{R+r}\right)\tag{3-5}$$

通常$U_{r0}\ll U_0$，$R\ll r$，且电力系统$L\gg C$，即$\alpha_1\ll\alpha_2$，$\alpha_1 e^{\alpha_2 t}\ll\alpha_2 e^{\alpha_1 t}$，则式（3-5）可简化为

$$U_r=U_0(1-e^{\alpha_1 t})\tag{3-6}$$

若不计电力系统的电阻R，且电力系统参数满足$\frac{4r^2C}{L}<0.25$，即$r<\frac{1}{4}\sqrt{\frac{L}{C}}$时，由式（3-3）可见

$$\alpha_1=-\frac{1}{2rC}+\sqrt{\frac{1}{4r^2C^2}-\frac{1}{LC}}=-\frac{1}{2rC}+\frac{1}{2rC}\left(1-\frac{4r^2C}{L}\right)^{\frac{1}{2}}\approx-\frac{r}{L}\tag{3-7}$$

$$U_r=U_0(1-e^{-\frac{r}{L}t})\tag{3-8}$$

可见，弧隙电压恢复过程是非周期性的，且按指数规律变化。恢复电压最大值不会超过U_0（见图3-6），因此不会发生过电压。曲线上任一点的斜率，代表该瞬间电压恢复速度，表明电压恢复的快慢。对式（3-8）微分，可得电流过零时（$t=0$）的恢复电压上升速度，即

$$\left.\frac{dU_r}{dt}\right|_{t=0}=\frac{r}{L}U_0\quad(\text{V/s})\tag{3-9}$$

由式（3-9）可知，并联电阻r越小，恢复电压上升速度越低。

（2）当$\frac{1}{4}\left(\frac{R}{L}-\frac{1}{rC}\right)^2<\frac{1}{LC}$时，$\alpha_1$、$\alpha_2$为虚根，有

$$\left.\begin{aligned}U_r&=U_C=\frac{rU_0}{R+r}+(C_1\cos\omega_0 t+C_2\sin\omega_0 t)e^{\beta t}\\\beta&=-\frac{1}{2}\left(\frac{R}{L}+\frac{1}{rC}\right)\\\omega_0&=\sqrt{\frac{1}{LC}-\frac{1}{4}\left(\frac{R}{L}-\frac{1}{rC}\right)^2}\end{aligned}\right\}\tag{3-10}$$

式中：β为衰减系数；ω_0为电路固有振荡频率。

根据同样的初始条件，求出积分常数C_1、C_2后，代入式（3-10）中，并计入$R\ll r$，$U_{r0}\ll U_0$，可得到

$$U_r=U_0\left[1+\left(\frac{\beta}{\omega_0}\sin\omega_0 t-\cos\omega_0 t\right)e^{\beta t}\right]\tag{3-11}$$

在不计电力系统的电阻（$R=0$）及触头间没有并联电阻（$r=\infty$）时，$\beta=0$，则

$$U_r=U_0(1-\cos\omega_0 t)\tag{3-12}$$

式中：振荡频率$\omega_0=\frac{1}{\sqrt{LC}}$，即$f_0=\frac{\omega_0}{2\pi}=\frac{1}{2\pi\sqrt{LC}}$。

由式（3－12）可知，在周期性振荡过程中，触头弧隙的恢复电压最大值可达 $2U_0$，如图 3－7 中曲线 1 所示。如计及 U_{r0}，则恢复电压最大值可达 $2U_0+U_{r0}$。在实际电路中，由于 R、r 的存在，将产生衰减，故恢复电压最大值一般小于 $2U_0$。由此可见，在高压电力系统发生纯感性短路、开断电弧过零时，U_0 如恰为工频电源电压幅值，则恢复电压的最大幅值将达到 2 倍电源电压振幅，从而在电路中便可能出现过电压。

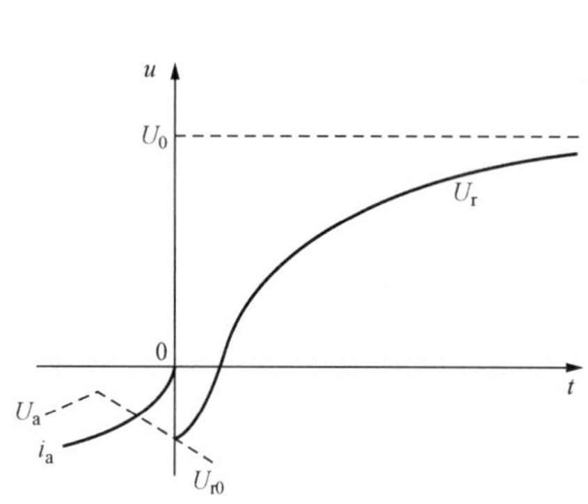

图 3－6　恢复电压非周期性变化过程

U_a—电弧电压；U_r—恢复电压

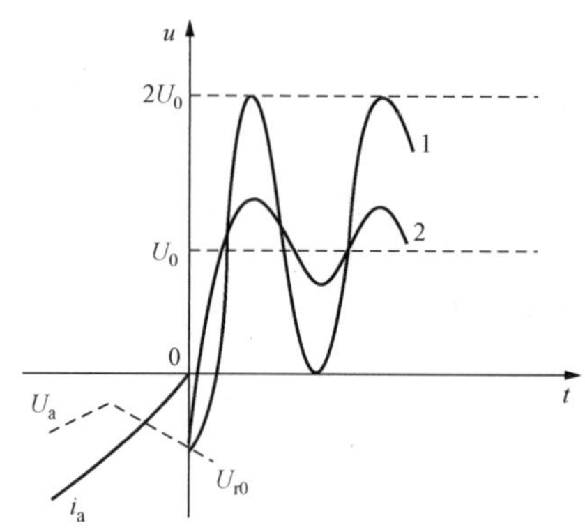

图 3－7　周期性振荡恢复电压

1—$\beta=0$ 时的情况；2—$\beta\neq0$ 时的情况

幅值系数及电压恢复速度是描述恢复电压的重要特征量。幅值系数是瞬态恢复电压的最大值与工频恢复电压最大值的比值，一般为 1.3～1.6；而电压恢复速度通常取固有振荡频率的半周期内电压恢复的平均速度，即

$$\left.\frac{\mathrm{d}U_r}{\mathrm{d}t}\right|_{av}=\frac{\omega_0}{\pi}\int_0^{\frac{\pi}{\omega_0}}\omega_0U_0\sin\omega_0t\mathrm{d}t=4f_0U_0 \tag{3-13}$$

恢复电压的临界情况是当 $\frac{1}{4}\left(\frac{R}{L}-\frac{1}{rC}\right)^2=\frac{1}{LC}$ 时，α_1、α_2 为实数重根，此时仍是非周期性的，且最大值不会超过工频电源电压的幅值，其恢复过程曲线与图 3－6 类似。可见，在电阻 R 很小的高压电网中，临界并联电阻（单位为 Ω）为

$$r_{cr}=\frac{1}{2}\sqrt{\frac{L}{C}} \tag{3-14}$$

电压恢复过程，当触头间并联电阻 $r<r_{cr}$ 时，为非周期性过程；当 $r>r_{cr}$ 时，为周期性过程。

由以上分析可知，弧隙电压恢复过程，取决于电路的参数，而触头两端的并联电阻可以改变恢复电压的特性。当并联电阻的数值低于临界电阻时，将把具有周期性振荡特性的恢复电压过程转变为非周期性恢复过程，从而大大降低恢复电压的幅值和恢复速度，相应地可增加断路器的开断能力。

按不同运行方式要求，在断路器触头间接入一定数值的并联电阻，使主触头间产生的电弧电流被分流或限制，使之容易熄灭，而且使恢复电压的数值及上升速度都降低，同时使可能的振荡过程变为非周期振荡，从而抑制过电压的产生。

二、不同短路类型对断路器开断能力的影响

断路器的弧隙恢复电压与线路参数和开断瞬间工频恢复电压 U_0 有直接关系，从而不同

的短路类型将对断路器开断能力有着明显的影响。

1. 开断中性点直接接地系统中的单相短路电路

当电流过零，工频恢复电压瞬时值为 $U_0=U_m\sin\varphi$。通常短路时，功率因数很低，一般 $\cos\varphi<0.15$，所以 $\sin\varphi\approx1$，此时

$$U_0=U_m\sin\varphi\approx U_m \tag{3-15}$$

即起始工频恢复电压，近似地等于电源电压最大值。

2. 开断中性点不直接接地系统中的三相短路电路

三相交流电路中，各相电流过零时间不同，因此，断路器在开断三相电路时，电弧电流过零便有先后。在电流首先过零电弧熄灭的一相称为首先开断相。

如图 3-8（a）所示，发生短路开断后，A 相首先电流过零，此时 B、C 相仍由电弧短接。A 相断路器靠近短路侧触头的电位相当于 B、C 两相线电压的中点电位，由图 3-8（b）可知

$$\dot{U}_{NN'}=\dot{U}_{AB}+\frac{1}{2}\dot{U}_{BC}=1.5\dot{U}_A \tag{3-16}$$

可见，A 相开断后断口上的工频恢复电压为相电压的 1.5 倍。在 A 相熄弧之后，由图 3-8（b）可见，经过 0.005s（电角度 90°）后，B、C 两相的短路电流同时过零，电弧同时熄灭，在 B、C 两相弧隙上，每个断口将承受线电压的一半，即 0.866 倍相电压。

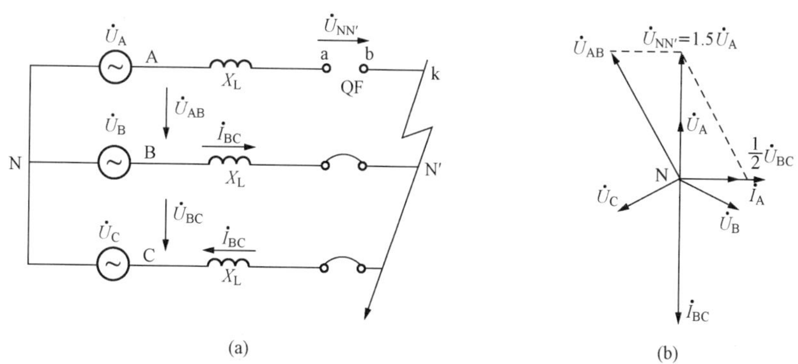

图 3-8　A 相电弧熄灭后的等值电路图及相量图

（a）等值电路图；（b）相量图

断路器开断三相电路时，其恢复电压是首先开断相为最大，所以断口电弧的熄灭关键在于首先开断相。但是，后续断开相的燃弧时间将比首先开断相延长 0.005s，相对来讲，电弧能量又较大，因而可能使触头烧坏，喷油、喷气等现象也比首先开断相更严重。

3. 开断中性点直接接地系统中的三相接地短路电路

该系统发生三相接地短路故障时，断路器分断过程分析方法与前面介绍的相同。经分析，当系统零序阻抗与正序阻抗之比不大于 3 时，其首先开断相的恢复电压的工频分量为相电压的 1.3 倍；第二开断相恢复电压的工频分量可为相电压的 1.25 倍，最后开断相就变为单相情况，也就是相电压。

中性点直接接地系统中，由于额定电压高，相间距离大，一般不会出现三相直接短路；如果出现，则各相工频恢复电压与中性点不直接接地系统中的三相短路分析结果相同，即首相开断系数仍为 1.5。

从上面分析可见，断路器开断短路故障时的工频恢复电压除与系统中性点接地方式、短路故障类型有关外，还因三相开断的顺序而异，其中首先开断相的工频恢复电压最高。而断路器首相开断时工频恢复电压最大值U_{prm1}为

$$U_{prm1}=K_1\frac{\sqrt{2}}{\sqrt{3}}U_{sm}=0.816K_1U_{sm} \tag{3-17}$$

式中：U_{sm}为电力系统的最高运行电压；K_1为首相开断系数，其值为首先开断相的工频恢复电压与相电压比。

通常，对中性点直接接地系统，两相接地短路及单相接地故障时的工频恢复电压均较三相接地故障为低，且认为三相直接短路的机会极少，故依据三相接地短路时的故障取首相开断系数为1.3；而对中性点不接地系统，一般以三相短路故障（中性点接地或不接地都相同）为最高，即首相开断系数为1.5。若计及在中性点不接地系统中的异地两相接地故障，则计算短路电流开断相的工频恢复电压最大值时，$K_1=1.73$。该异地两相接地故障，通常是单相接地故障的继发故障，且接地故障发生在断路器的不同侧的两相处。

三、特殊运行方式下的开断对断路器开断能力的影响

断路器不仅在开断电力系统的短路大电流时可能出现震荡恢复电压，延长开断电路的时间，而在某些特殊运行方式时，即使开断的是小电流（如空载变压器和空载长线）也可能出现过高的恢复电压上升速度或幅值，发生不能开断电弧或在系统中引起危险的过电压，从而威胁设备的绝缘和系统运行的稳定性。对此，应在断路器结构设计、运用选型及系统绝缘配合上予以重视，并采取相应的措施。

在各类特殊运行方式中，备受关注的主要有：小电感电流开断、电容电流开断、近距离开断及失步故障开断等。

1. 开断小电感电流

开断空载变压器、并联电抗器及空载高压电动机，开断的都是数值不大的电感性电流。对于依靠电弧自身能量灭弧的自能式断路器而言，小电流的电弧能量不足以灭弧，而此感性电弧电流过零自然熄灭时，加在断路器触头上电压正好是电源电压的幅值，易使电弧重燃，出现不稳定电弧电流，导致系统恢复电压产生高频振荡；而对于外能式断路器，由于具有很强的吹弧能力，当切断小电感电流时，往往在电弧电流到达零值之前，被强行熄灭，从而产生截留过电压，威胁系统安全。

2. 开断电容电流

开断电容器组或超高压空载长线，虽然开断电流不大，但在电弧过零时，电容上或线路上电压是电力系统交流电压最大值U_m，由于断路器处于电流为零的开断状态，残留在电容或线路上的电荷无处释放；经过半个周期，断路器断口两侧的电压将是电容上电压U_m与电源侧电压$-U_m$的叠加，即恢复电压呈现$2U_m$值，如果断路器熄弧性能不够，电弧再次重燃；又经过半个周期，电路将产生振幅为$3U_m$的高频振荡。依此类推，理论上，假设每隔半个工频周期后就重燃一次和熄弧一次，则过电压将按$3U_m$、$-5U_m$、$7U_m$、$-9U_m$…增长，从而威胁电力系统设备安全及系统稳定性。

可见，开断容性电流产生的过电压的实质是，因电弧电流过零后电容上存在残余高幅值电压，以及断路器弧隙介质强度恢复较慢而发生的“电击穿”。

3. 近距离开断

近距离开断是指大容量系统中，距断路器出线端数百米至几千米线路上发生短路的故障开断。

近距离开断的短路电流虽然小于断路器出口处的短路电流，但也有不太小的短路电流，由于断路器与故障点之间数百米至几千米线路上存在分布参数的电感与电容，使断路器开断瞬间线路上的残留电荷往复反射，在断路器断口间产生高频振荡，使瞬态恢复电压起始部分的上升速度很高，电弧难以熄灭。通常，故障距断路器较近时，恢复电压起始上升速度很高，但幅值不大；而当故障点较远时，恢复电压幅值虽然很高，但上升速度较低。这两种情况都对断路器灭弧能力威胁不大。最不利的近距离开断是在恢复电压上升速度及幅值都较高的情况，这取决于断路器的灭弧性能及开断的系统及线路参数。

通常近距离开断以 35～110kV 中等电压的电力系统中最为严重。

4. 失步故障开断

当电力系统发生短路或冲击负荷时，可能使一部分发电机过负荷，另一部分发电机欠负荷，导致电力系统失去稳定，发电机转入异步运行。如果失步的发电机与电力系统的联系很弱并带有较大的地方性负荷，则有可能因不能自整步再恢复同步而导致系统解列，这一般出现在水、火电厂联合系统。水轮发电机由于调节水量的阀门惯性大动作缓慢，以及水锤效应对调节水量的影响，响应瞬间突变负荷的自整步能力不如有良好自整步能力的汽轮发电机，因此，具有水电厂的电力系统出现失步故障的概率较多。

失步故障开断的电流虽然远小于短路电流，但恢复电压很高，最严重的失步是两个电力系统电压正好相反（相差 180°电角度），此时开断瞬间的工频恢复电压可达近 2 倍相电压，计及断路器首相开断系数，断路器首相开断时，在中性点不接地系统中，工频恢复电压为 3 倍相电压，在中性点直接接地系统中为 2.6 倍相电压。

考虑到两电源完全反相开断的概率很低，国际 IEC 高压断路器标准规定，断路器首相开断时的工频恢复电压对中性点不接地系统为 2.5 倍相电压，而中性点直接接地系统为 2 倍相电压。

第三节　交流电弧熄灭的基本方法

交流电弧电流在每一个半周内都通过零值，此时电弧的自然暂时熄灭，与电弧间隙的去游离程度无关。此后，由于电流反向，电弧又重新点燃。因此，在交流断路器中应当创造条件，使自然熄灭的电弧不再重新发生。电弧能否熄灭，决定于电弧电流过零时，弧隙的介质强度恢复速度和恢复电压上升速度的竞争。加强弧隙的去游离或减小弧隙电压的恢复速度，都可以促使电弧熄灭。

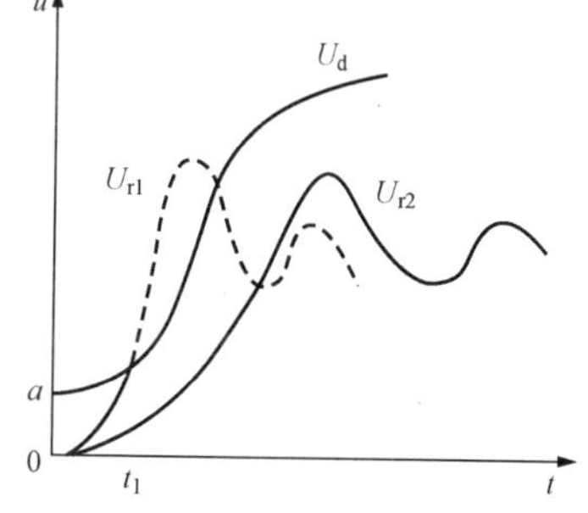

图 3-9　介质强度与恢复电压曲线

弧隙介质强度恢复过程 $U_{d(t)}$ 主要由断路器灭弧装置的结构和灭弧介质性质决定，而恢复电压 $U_{r(t)}$ 的上升过程主要取决于系统电路的参数。如图 3-9 所示，当恢复电压按 U_{r1} 变化时，在 t_1 时间之后，由于恢复电压大于介质强度，电弧即重燃；如按 U_{r2} 变化，则电弧就不会重燃。

事实上，这两种过程是相互有关系的，即恢复电压速度与弧隙的介质强度有关，而弧隙的介质强度又受电压恢复速度的影响。因此，应将它们看成一个复杂现象的两方面，虽然如此，有条件地将恢复电压看成独立的现象，有助于更深刻地理解在开断不同形式的电路时，断路器中电弧的熄灭条件。

可以用各种不同方法恢复弧隙中的介质强度，以达到熄弧的目的。然而，长弧和短弧的熄灭有较显著的差异。

（1）短弧的熄灭。在电流经过零值后，阴极附近空间的介质强度立刻恢复的现象，即近阴极效应呈现的起始介质强度 150～250V，就是 220V 以下低压开关电器中交流电弧容易熄灭的原因。由于这种低电压开关电器的功率不大，在断路时，开关电器触头往往不大发热，因此电弧在电流第一次经过零值时即熄灭。只有当切断很大电流，触头炽热时，才发生延时电弧。这种近阴极效应呈现的起始介质强度，也可用在 380V 以上的低电压开关电器的电弧熄灭。为此，在开关电器中靠近触头部位侧加装由铜片或钢片所组成的灭弧栅，电弧在电流磁场力作用下，被吸入灭弧栅，将其分成一串短电弧，从而造成对应数目的阴极。当电流经过零值时，所有短弧同时熄灭，每一阴极附近几乎立刻形成起始介质强度 150～250V。如果触头上的电压小于所有阴极的介质强度总和时，则电弧不再重燃。

（2）长弧的熄灭。在几千伏或几万伏的高压断路器中灭弧，近阴极效应是无足轻重的。有决定意义的是电弧间隙即弧柱中的去游离过程，同时降低恢复电压上升的速度、幅度，抑制恢复电压可能产生的高频振荡。

现代高压断路器中，广泛采用以下几种方法灭弧。

1. 利用灭弧介质

电弧中的去游离程度，在很大程度上取决于电弧周围介质的特性，如介质的传热能力、介电强度、热游温度和热容量。这些参数的数值越大，则去游离作用越强，电弧就越容易熄灭。空气的灭弧性能是各类气体中最差的，氢的灭弧能力是空气的 7.5 倍。用变压器油作灭弧介质，使绝缘油在电弧的高温作用下分解出氢气（H_2约占 70%～80%）和其他气体来灭弧。六氟化硫（SF_6）是良好的负电性气体，氟原子具有很强的吸附电子的能力，能迅速捕捉自由电子而成为稳定的负离子，为复合创造了有利条件，因而具有很好的灭弧性能。SF_6气体的灭弧能力比空气约强 100 倍。用真空作为灭弧介质，真空以气体的绝对压力值来表示，压力越低则真空度越高。在国际单位制中，压力以 Pa（帕）为单位，一个工程大气压约为 0.1MPa。在工程界，常用 Torr（托）作真空度的单位，1Torr=133.3Pa。通常真空灭弧室的真空度为 10^{-4}～10^{-7}Torr 之间，在这样的真空条件下，弧隙间自由电子很少，碰撞游离可能性大大减少，况且弧柱对真空的带电质点的浓度差和温度差很大，有利于扩散。真空的介质强度比空气约大 15 倍。

采用不同灭弧介质可以制成不同类型的断路器，如空气断路器、油断路器、SF_6断路器、真空断路器等。由于空气灭弧性能差，而变压器油灭弧性能是依赖电弧电流产生的高温分解出氢气灭弧，有易燃易爆危险。因此，当前高压断路器主要采用真空介质及 SF_6气体介质，尤其是 SF_6气体具有无毒、不可燃、绝缘性能高和灭弧能力远超过一般介质的特点，因而 SF_6断路器几乎独占了 110kV 及以上电压等级的断路器份额。

2. 采用特殊金属材料作灭弧触头

采用熔点高、导热系数和热容量大的耐高温金属作触头材料，可以减少热电子发射和电弧中的金属蒸气，抑制弧隙介质的游离作用。同时，触头材料还要求有较高的抗电弧、抗熔焊能力。常用的触头材料有铜、钨合金和银、钨合金等。

3. 采用灭弧介质或电流磁场吹动拉长与冷却电弧

在高压断路器中利用各种结构形式的灭弧室，使气体或油产生巨大的压力并有力地吹向弧隙，将使带电离子扩散和强烈地冷却而复合。空气断路器利用充入压力约为2.3MPa（即23个工程大气压）的干燥压缩空气作为吹动电弧的灭弧介质。SF_6断路器利用压力为0.3～0.7MPa的纯净SF_6气体作为灭弧介质在灭弧室吹动电弧，油断路器利用油和油在电弧作用下分解出的气体吹动电弧，真空断路器利用电弧电流产生的横向或纵向磁场吹动电弧使之冷却。

吹动方向与弧柱轴线平行的称为纵吹，它使电弧冷却变细；吹动方向与弧柱轴线垂直的称为横吹，它使电弧拉长，表面积增大并加强冷却。在断路器更多地采用纵、横混合吹弧或环吹方式，其熄弧效果更好。

4. 采用多断口熄弧

每相采用两个或更多的断口串联，在断路器分闸时，由操动机构将断路器各个串联断口同时拉开，断口把电弧分割成多个小电弧段，把长弧变成短弧。在相等的触头行程下，多断口比单断口的电弧拉得长，而且电弧被拉长的速度也增加，加速了弧隙电阻的增大。同时，由于加在每个断口的电压降低，使弧隙恢复电压降低，亦有利于熄灭电弧。

多个灭弧装置串联的积木式结构的断路器在开断位置及开断过程中，由于灭弧装置的导电部分与断路器底座和大地间分布电容的存在，每一个断口在开断位置的电压分配和开断过程中的恢复电压分配将出现不均匀现象，影响到整个断路器的灭弧能力。为此，通常在断路器的多断口（每一个灭弧室）上加装并联电容，只要电容量足够大（其电容量一般为1000～2500pF），断口上的电压分布就接近相等，从而保证了断路器的灭弧能力。如图3-10所示，断路器开断接地故障之后，U为电源电压，U_1和U_2分别为两个断口电压，C_Q为断口触头之间形成的电容，C_0为断路器整个带电灭弧室部分通过绝缘支架之间形成的电容，通常C_0远大于C_Q。可见，靠近接地端的断口电压U_2由于C_Q与C_0并联作用，必远远小于电源端的断口电压U_1。为此，在两个断口并入比C_0与C_Q大得多的电容，这个电容称为均压电容，可使两断口上的电压分布近于相等，以确保断路器的灭弧性能。

5. 提高断路器触头的分离速度

迅速拉长电弧，可使弧隙的电场强度骤降，同时使电弧的表面突然增大，有利于电弧的冷却和带电质点向周围介质中扩散和离子复合。为此，在高压断路器中都装有强有力的分闸操动机构，以加快触头的分断速度。

6. 断路器加装并联电阻

上述几种方法，着重于提高断路器介质强度的恢复上升速度。而系统恢复电压上升的速度及幅值，对交流电弧的熄灭具有决定性影响。为了降低恢复电压上升速度及熄弧时的过电压，通常在大容量发电机出口断路器及110kV以上的高压断路器，特别是特高压断路器上的断口处加装并联电阻，如图3-11所示。

分闸时，主触头先打开，由于有并联电阻接入，不仅使主触头间产生的电弧容易熄灭，

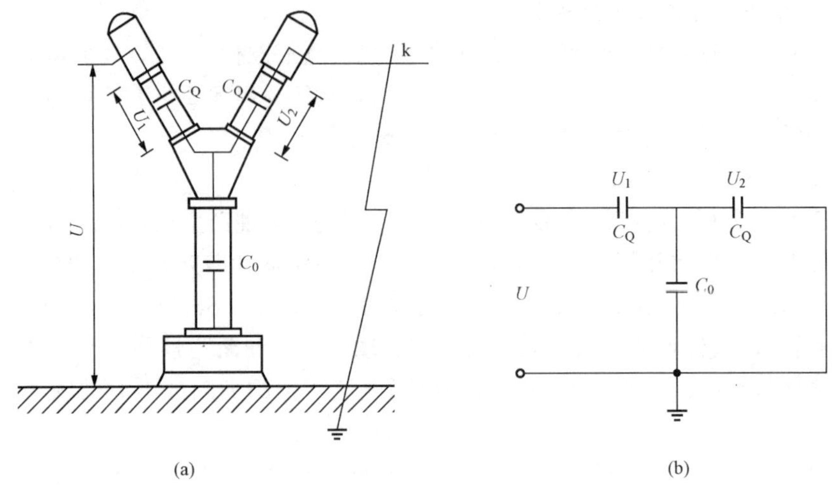

图 3 - 10　断路器加装并联电容

(a) 断路器中电容分布；(b) 断口电压分布计算图

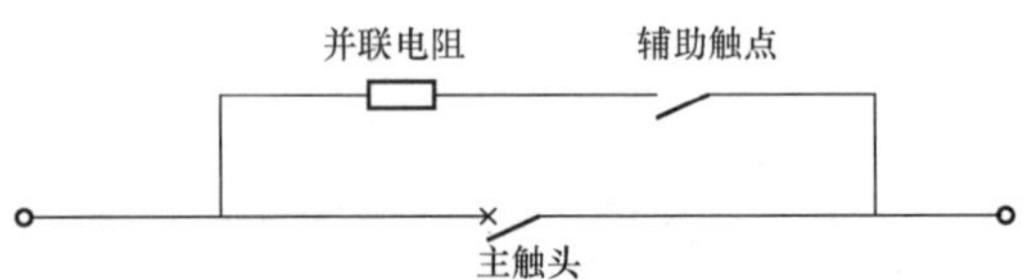

图 3 - 11　分、合闸并联电阻滞后分断和提前关合的动作原理

而且使恢复电压的数值及上升速度都降低，并联电阻对电路的振荡过程起阻尼作用，可能使振荡过程变成非周期振荡过程，从而抑制了过电压，当主触头间电弧熄灭后，辅助触点打开，完全开断电路。合闸时，顺序相反，辅助触点先合，让其预合在电阻性负荷上，然后合上主触头，避免合闸过电压。

在实际高压断路器设备中，根据不同使用要求，通常是综合利用上述几种常用熄弧方法，以达到迅速灭弧的要求。

第四节　高压断路器原理及主要结构

高压断路器是电力系统最重要的控制设备和保护设备。高压断路器的功能是接通和断开正常工作电流、能快速切除过负荷电流和故障电流，它是开关电器中最为完善的一种设备。

高压断路器有多种类型，但其基本结构类似，主要包括电路通断元件、绝缘支撑元件、操动机构及基座等几部分（如图 3 - 12 所示）。电路通断元件是其关键部件，它由接线端子、导电杆、动/静触头及灭弧室等组成，承担着接通和断开电路的任务。绝缘支撑元件则安装在基座上，起着固定通断元件的作用，并使其带电部分与地绝缘。操动机构起控制通断元件的作用，当操动机构接到合闸或分闸命令时动作，经中间传动机构驱动动触头，实现断路器的合闸或分闸。

高压断路器按安装地点的不同，可分为户内型和户外型两种；按灭弧介质的不同，可分为六氟化硫（SF_6）断路器、真空断路器、油断路器（又分为多油和少油）、空气断路器等。

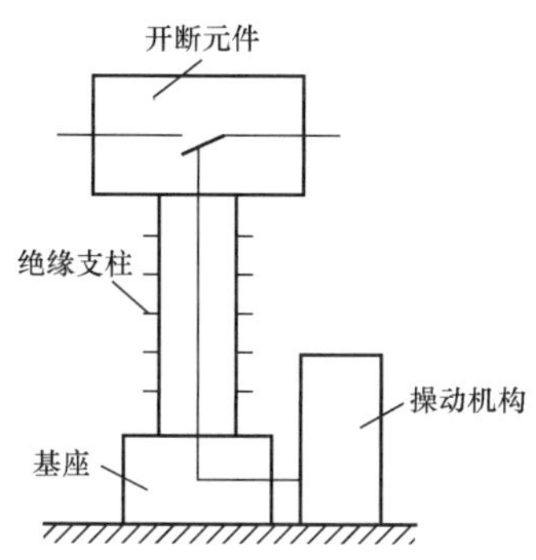

图 3-12　高压断路器基本结构示意图

国产高压断路器的型号含义如下：

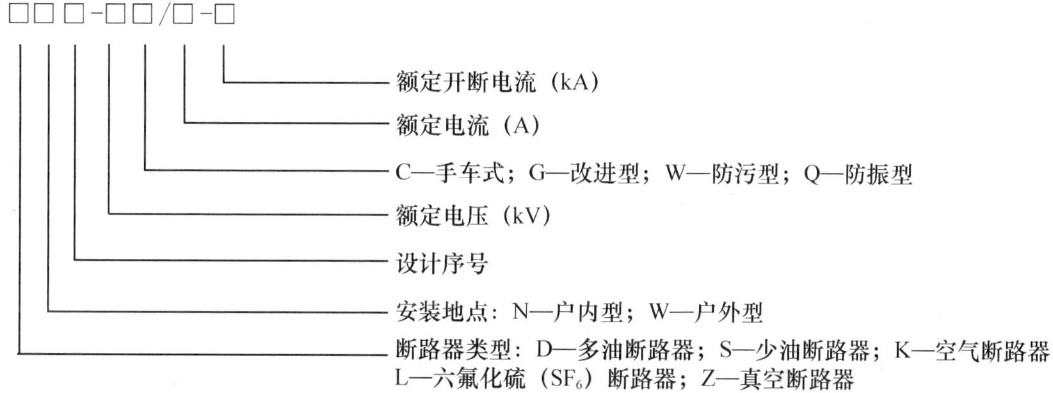

目前，在发电厂及变电站中最常用的有 SF_6 断路器和真空断路器，部分 20 世纪投运的厂站还有少量的少油断路器尚在运行中，而空气断路器在国内已趋于淘汰。

我国高压断路器的产品正在向两极化方向发展。当前，在 126kV 及以上电压等级，乃至超高压和特高压等级中，SF_6 系列一统天下；而在中压（12～40.5kV）等级，真空系列占绝对优势，特别在量大面广的 12kV 等级中占到 99.39%。目前对于高压（72kV 及以上）等级真空断路器，世界各国均处于研究试制及试运行阶段，如高电压真空绝缘、大电流开断、额定电流与温升、机械特性、灭弧室外壳绝缘及容性、小感性电流开断等技术均有待攻关。

一、真空断路器

真空断路器是利用真空的高介质强度来灭弧的断路器。它具有触头开距短（一般约为 10mm）、熄弧快、体积小、质量轻、无爆炸危险、无污染等优点。

真空交流电弧的熄灭与其他交流电弧一样，主要决定于电流过零后弧隙介质强度的恢复。而恢复速度与弧隙中的触头金属蒸气密度及电弧的热状态有关。

由于真空间隙的气体稀薄，分子的自由行程大，发生碰撞的几率小，所以，碰撞游离不是真空间隙击穿的主要因素，触头电极蒸发出来的金属蒸气才是形成真空电弧的原因。因此，影响真空间隙击穿的主要因素除真空度外，还与电极材料、电极表面状况、真空间隙长度有关。

真空断路器在开断大电流时，如果出现电弧的弧柱呈收缩状和阳极斑点（即呈现集聚性电弧，阳极表面有大而亮的斑点出现），阳极斑点会向弧柱喷射大量的金属蒸气，造成弧柱压力加大，粒子大量扩散，此时真空断路器则完全丧失开断能力。如果要求电弧燃烧时在半个周波内不出现阳极斑点，只有采取提高真空中灭弧能力的措施，才使真空断路器应用到大容量断路器的领域。

（一）真空灭弧室的结构

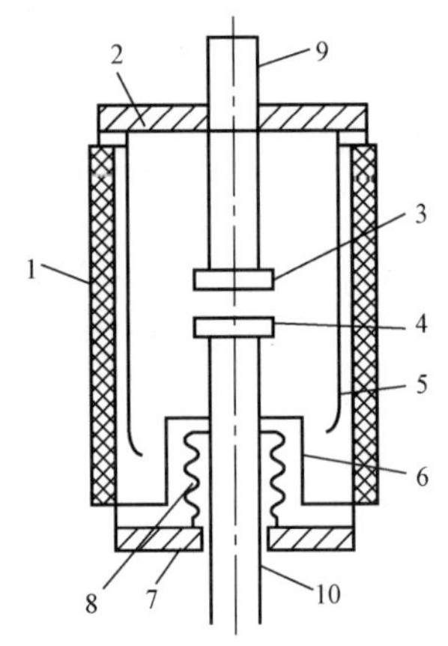

图 3-13　真空灭弧室的结构

1—绝缘筒；2—静端盖板；3—静触头；4—动触头；5—主屏蔽罩；6—波纹管屏蔽罩；7—动端盖板；8—波纹管；9—静导电杆；10—动导电杆

真空灭弧室是真空断路器的心脏，其基本结构如图 3-13 所示。它由外壳、触头和屏蔽罩三大部分组成。外壳是由绝缘筒 1、静端盖板 2、动端盖板 7 和波纹管 8 所组成的真空密封容器。灭弧室内的静触头 3 固定在静导电杆 9 上，静导电杆穿过静端盖板 2 并与之焊成一体；动触头 4 固定在动导电杆 10 的一端上，动导电杆的中部与波纹管 8 的一个端口焊在一起，波纹管的另一端口与动端盖板 7 的中孔焊接，动导电杆从中孔穿出外壳；在动、静触头和波纹管周围分别装有屏蔽罩 5 和 6。由于波纹管在轴向上可以伸缩，因而这种结构既能实现从灭弧室外操动动触头作分合运动，又能保证外壳的密封性。由于大气压力的作用，灭弧室在无机械外力作用时，其动、静触头始终保持闭合位置，当外力使动导电杆向外运动时，触头才分离。

1. 外壳

外壳的作用是构成一个真空密封容器，同时容纳和支持真空灭弧室内的各种零件。为保证真空灭弧室工作的可靠性，对外壳的密封性能要求很高，其次是要有一定的机械强度。绝缘筒用硬质玻璃、高氧化铝陶瓷或微晶玻璃等绝缘材料制成，以陶瓷为主。外壳的端盖常用不锈钢、无氧铜等金属制成。

波纹管的功能是用来保证灭弧室完全密封，同时使操动机构的运动得以传到动触头上。波纹管常用的材料有不锈钢、磷青铜、铍青铜等，以不锈钢性能最好，有液压成形和膜片焊接两种形式。波纹管允许伸缩量应能满足触头最大开距的要求。触头每分、合一次，波纹管的波状薄壁就要产生一次大幅度的机械变形，使波纹管很容易因疲劳而损坏。通常，波纹管的疲劳寿命也决定了真空灭弧室的机械寿命，一般机械操动寿命可达 10 000 次。

2. 屏蔽罩

主屏蔽罩采用导热性能好的材料制造，常用的材料为无氧铜、不锈钢和玻璃，其中铜是最常用的。在一定范围内，金属屏蔽罩厚度的增加可以提高灭弧室的开断能力，但通常其厚度不超过 2mm。主屏蔽罩的主要作用是：

（1）防止燃弧过程中电弧生成物喷溅到绝缘外壳的内壁上，引起其绝缘强度降低；

（2）冷凝电弧生成物，吸收部分电弧能量，以利于弧隙介质强度的快速恢复；

（3）改善灭弧室内部电场分布的均匀性，降低局部场强，促进真空灭弧室小型化。

波纹管屏蔽罩用来保护波纹管免遭电弧生成物的烧损，防止电弧生成物凝结在波纹管表面上。

3. 触头

由于纯金属触头缺乏真空触头良好的性能，故真空断路器触头材料使用了两种互不相同的合金的组合材料，即铜铋材料（Cu/Bi）和铜铬材料（Cu/Cr）。

真空断路器的初始研发阶段，国内以 ZN3、ZN5 型真空断路器为典型代表产品，使用铜铋触头材料，开断、抗击穿等性能均较差，性能也不够稳定，断流水平只在 20kA 以下，与少油断路器相比，无明显优越性。

当前，真空断路器的研发进入发展和提高阶段，以 ZN12、ZN28、ZN63 系列产品为代表，已经由铜铋触头发展到铜铬触头，不仅大大提高了开断能力，而且大大减小了截流值，降低截流过电压。铜铬合金是目前使用最为广泛且综合性能优异的触头材料，由它制造的触头具有开断能力强、电磨损速率低、截流水平低等优点。与初期阶段产品相比较，现阶段真空断路器的开断能力在 12kV 等级可增加 2～3 倍，最大达到 63kA。

在 Cu/Bi 材料中，纯铜具有高度韧性，加入少量的 Bi，大大降低了纯铜韧性。加 Bi 的目的是为了解决熔焊问题。

Cu/Cr 触头具有很强的吸气能力，能吸收 CH_4、CO、N_2 和 H_2 等气体。Cu/Cr 触头的吸气效应比气体释放过程更为有效，可确保灭弧室具有恒定的真空度和较长的工作寿命。

为适应大容量、高电压真空断路器的开发研制，世界各国对于触头材料的研究从未停止，近年来对 Cu/Ta 等系列的触头材料研究已获得成果。Cu/Ta 合金具有优良的抗熔焊性能和抗电蚀性，性能优于 Cu/Bi 和 Cu/Cr。

触头是真空灭弧室内最为重要的元件，真空灭弧室的开断能力和电器寿命主要由触头状况来决定。目前真空断路器的触头系统，就接触方式而言，都是对接式的。触头根据开断时灭弧的基本原理不同，大致可分为非磁吹触头和磁吹（横吹、纵吹）触头两大类。

（1）非磁吹圆柱状触头。该触头的圆柱端面作为电接触和燃弧的表面，真空电弧在触头间燃烧时不受磁场的作用。开断小电流时，即瞬时值小于 10kA 的触头间的真空电弧为扩散型，燃弧后介质强度恢复快，灭弧性能好；开断电流较大时，真空电弧为集聚型，燃弧后介质强度恢复慢，因而开断可能失败。采用铜合金的圆柱状触头，开断能力不超过 10kA。在触头直径较小时，其极限开断电流和直径几乎呈线性关系，但当触头直径大于 50～60mm 后，继续加大直径，极限开断电流就增加很少了。因此，这种简单形式的触头不能用于断路器。圆盘状触头容易加工，成本低，用于真空接触器和真空负荷开关等开断电流不超过 10kA 的灭弧室中。

（2）横磁吹触头。利用电流流过触头时所产生的横向磁场，驱使集聚性电弧不断在触头表面运动的触头，称为横磁吹触头。横磁吹触头主要可分为螺旋槽触头和杯状触头两种。

中接式螺旋槽触头的工作原理如图 3-14 所示。其整体呈圆盘状，靠近中心有一突起的圆环，供接触状态导通电流用（所以称中接式，若圆环在外缘则称外接式）。在圆盘上开有 3 条（或更多）螺旋槽，从圆环的外周一直延伸到触头的外缘。动、静触头结构相同。当触头在闭合位置时，只有圆环部分接触；当触头分离时，最初在圆环上产生电弧电流 i_1。电流线在圆环处有拐弯，电流回路呈“[”形，其径向段在弧柱部分产生与弧柱垂直的横向磁场，使电弧离开接触圆环，如图 3-14 所示电流的方向，向触头的外缘运动，推向开有螺旋槽的跑弧面。由于螺旋槽的限制，电流 i_2 在跑弧面上只能按规定的路径流通，如图 3-14 中虚线所示。跑弧面上电流 i_2 径向分量的磁场使电弧朝触头外缘运动，而其切向分量的磁场使电弧在触头上沿切线方向运动，故可使电弧在触头外缘上做圆周运动，不断移向冷的触头表面。在工频半周的后半部电流减小时，集聚型电弧在冷的触头表面转变为扩散型电弧，当电流过零时电弧熄灭。螺旋槽触头在大容量真空灭弧室中应用得十分广泛。

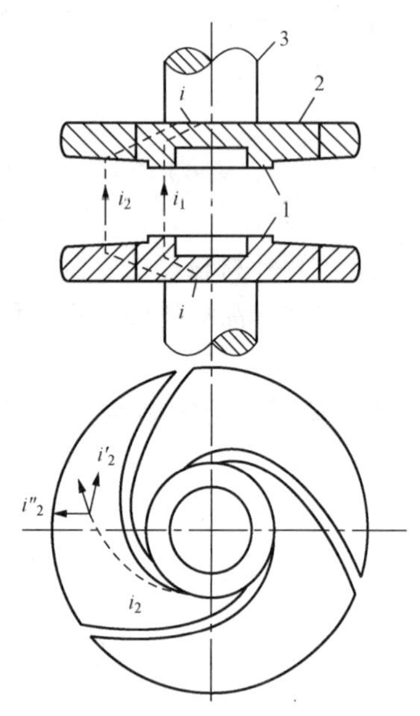

图 3-14 中接式螺旋槽触头工作原理
1—接触面；2—跑弧面；3—导电杆

（3）纵磁吹触头。除上述横磁吹触头是在垂直于电弧弧柱方向加一横向磁场，使电弧弧柱不断地在电极上运动而熄灭外，近年国内外已在纵向磁吹触头的技术上取得了重大突破。纵向磁场的作用是，削弱电弧自生磁场所产生的磁收缩力，使真空电弧电流在电极间隙内及触头表面均匀分布，阻止阳极斑点的出现。其开断能力及抗电蚀性都强于横磁吹触头。

纵磁吹触头可用于更大的电流，此时电弧不再聚集而呈扩散形态。电弧在触头表面分成许多细弧，触头表面均匀受热，防止了局部过热。这样触头表面烧损更小，有利于提高开断电流和触头寿命。因此，纵磁吹触头的出现是真空灭弧室在技术上的重大改革。

纵磁吹触头的结构基本上有两种：一种靠在灭弧室外部装有线圈，当其被流过开关的电流所激励，将在触头间隙中形成一个相当均匀的纵磁场；另一种靠触头本身特殊结构产生纵磁场。后一种结构的优点是，产生磁场的元件作为触头结构的一部分，不用外加线圈。但也存在其缺点，它使触头的结构变得相当复杂，而且制作相当繁琐；此外，触头要承受相当大的作用力，在合闸位置和动触头中，承受相当大的动态力。

纵磁吹结构的真空断路器造价均高于横磁吹结构。

真空灭弧室技术已经有了很大的发展，重大标志是采用固封极柱真空灭弧室，即将真空灭弧室通过自动压力凝胶工艺包封在环氧树脂壳体内，形成固封极柱，避免了外力和外界环境对真空灭弧室及其他导电件的影响，增强了外绝缘强度，大大减少了装配工作量，并使真空断路器小型化。

可见，真空灭弧室的技术进步反映在触头的材质、纵横磁场的形成、制造工艺的改进以及外绝缘的改变上。灭弧室的外绝缘经历了空气绝缘、复合绝缘、固封绝缘的阶段。

（二）真空断路器的整体结构

根据断路器灭弧室和操动机构布置方式的不同，中压真空断路器的结构大致可分为两种类型。

1. 分体式

断路器的灭弧室和操动机构为分体式结构，通常采用悬挂布置或综合落地布置。例如，图 3-15 所示为 ZN4-10、ZN28A 型真空断路器的结构布置图。

2. 整体式

断路器的灭弧室和操动机构设置在一个几何尺寸尽量小的共同框架上。弹簧操动机构采用平面布置，操动机构的零部件固定在真空断路器的机架上。断路器位置配合精度、整体刚度大为提高，很容易实现断路器功能单元的模块化设计，同时安装、调试、检修均非常方

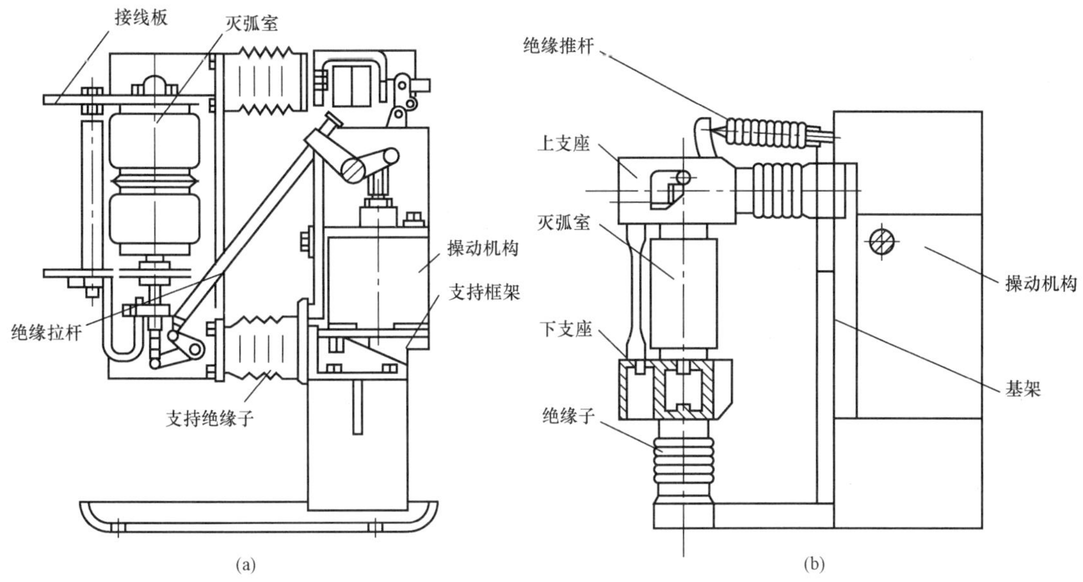

图 3-15 分体式真空断路器结构布置图

(a) ZN4-10 型悬挂式；(b) ZN28A 型综合落地式

便。例如 ZN12 系列真空断路器，其结构布置图如图 3-16（a）所示。

为追求加工准确度、外观质量、减少调整环节、保证一致性、免维护等，真空断路器正向复合绝缘或全绝缘型整体式结构发展，即由一浇注的绝缘框架或管状绝缘体支撑真空灭弧室。这样可以有效地防止真空灭弧室受到机械或电气的损害，同时改善了电场分布，使相与地的绝缘可满足湿热及严重污秽环境要求。此类断路器最大的优点在于结构紧凑、体积小巧，用较小的功即可操动，因而操动机构的磨损也极小。这些特点决定了该类真空断路器不但具有优良的电气、绝缘性能，而且还具有较高的可靠性、较长的使用寿命。例如 ZN63A 系列真空断路器，其结构布置图如图 3-16（b）所示。

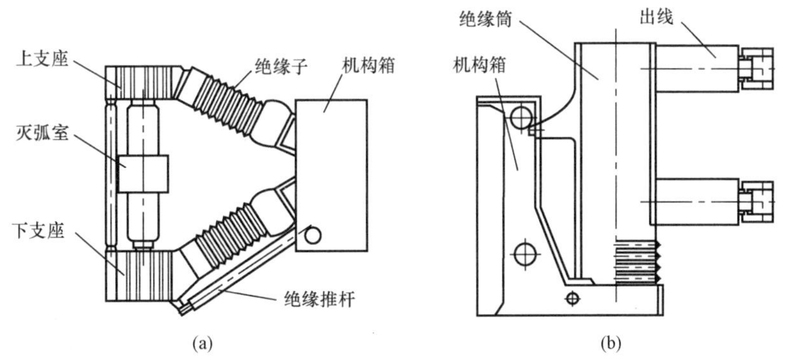

图 3-16 整体式真空断路器结构布置图

(a) ZN12 系列整体式；(b) ZN63A 系列复合绝缘整体式

二、SF_6断路器

SF_6断路器是采用 SF_6气体作为灭弧介质的断路器。SF_6断路器的性能主要由断路器灭弧室结构决定。SF_6断路器最初是类似空气断路器的双压式断路器，用气泵将 SF_6气体压入高压储气室，在开断时，SF_6气体从高压储气室流入气压较低的灭弧室，从而产生气吹作用将电弧熄灭。这种高压断路器由于充气压力高，且 SF_6气体在高压下易液化，大大降低灭弧性能；另外，需要一套抽气系统，结构非常复杂，因而已被淘汰。

目前，SF_6断路器为单压式断路器，在开断短路电流时，由气缸与活塞之间的相对运动产生压气作用，使气缸内 SF_6气体压强升高，气体从喷口排出，对电弧产生纵吹使其在电流过零时熄灭。单压式断路器，结构简单，充气压强也较低，加之具有优越的开断性能，获得广泛应用。

（一）灭弧室的结构

单压式断路器的灭弧室是根据活塞压气原理工作的，故又称压气式灭弧室。平时灭弧室只有一种压力为 0.3～0.7MPa 的 SF_6气体，起绝缘作用。开断过程中，灭弧室所需的吹气压力由动触头系统带动压气缸对固定活塞相对运动产生，就像打气筒一样。其 SF_6气体是在封闭系统中循环使用，不能排向大气。这种灭弧装置结构简单、动作可靠。单压式灭弧室又分定开距和变开距两种。

1. 定开距灭弧室结构和动作过程

图 3-17 所示为定开距灭弧室。图 3-17（a）中断路器处于合闸位置，这时动触头 3 跨接于由两个带喷嘴的空心静触头 4、5 之间，构成电流通路；动触头与压气缸 1 在结构上连成一体，并与拉杆 7 连接，操动机构可通过拉杆带动动触头和气压缸左右运动。固定活塞由绝缘材料制成，它与动触头、压气缸之间围成压气室 2。分闸时，操动机构通过拉杆带着动触头和压气缸向右运动，使压气室内的 SF_6气体被压缩，压力约提高 1 倍左右，如图 3-17（b）所示。当动触头离开静触头 4 时，产生电弧，同时将原来被动触头所封闭的压气缸打开，高压 SF_6气体迅速向两静触头内腔喷射，对电弧进行强烈的双向纵吹，如图 3-17（c）所示。当电弧熄灭后，触头处在分闸位置，如图 3-17（d）所示。这种灭弧室中断路器弧隙由两个静触头 4、5 保持固定的开距，故称为定开距灭弧室。由于 SF_6的灭弧和绝缘能力强，所以开距一般不大，动作迅速。

2. 变开距灭弧室的结构和动作过程

变开距灭弧室内动、静触头间的开距，随着压气室的运动而逐渐加大，即使电弧已被吹熄，动触头继续运动直至终止位置，即在吹弧过程中，触头开距不断加大。

断路器的导电体由主触头和辅助触头两部分组成，合闸状态时，二者并联；分闸时，流经绝大部分电流的主触头先分离，电流转移到耐弧材料为铜钨合金做成的辅助弧触头上，随着操动机构运动，辅助弧触头打开而形成电弧，随即打开喷口间隙气吹熄电弧。

变开距灭弧室的灭弧过程如图 3-18 所示。图 3-18（a）所示为断路器处于合闸位置。分闸时可动部分向右运动，压气室内的 SF_6气体开始受压缩并提高压力。随着可动部分的运动，主静触头 1 与主动触头 5 首先分离，由于弧触头还未断开，所以这时不产生电弧，喷口也未形成，也无吹弧作用；直到可动部分向右移动到一定位置时，弧静触头 2 与弧动触头 4 开始分离，电弧产生，在喷嘴和弧动触头间形成喷口，SF_6气体从两个方向吹向电弧，使电弧熄灭，如图 3-18（b）所示。电弧熄灭后的分闸位置如图 3-18（c）所示。

为了在分闸过程中使压气室的气体集中向喷嘴（用绝缘材料制成）吹弧，在合闸过程中压气室内不致形成真空，所以在固定活塞 9 上设有逆止阀 7。合闸时逆止阀打开，压气室 8 与活塞内腔相通，SF_6气体从活塞的小孔充入压气室；分闸时逆止阀堵住小孔，使 SF_6气体集中向喷嘴吹弧。

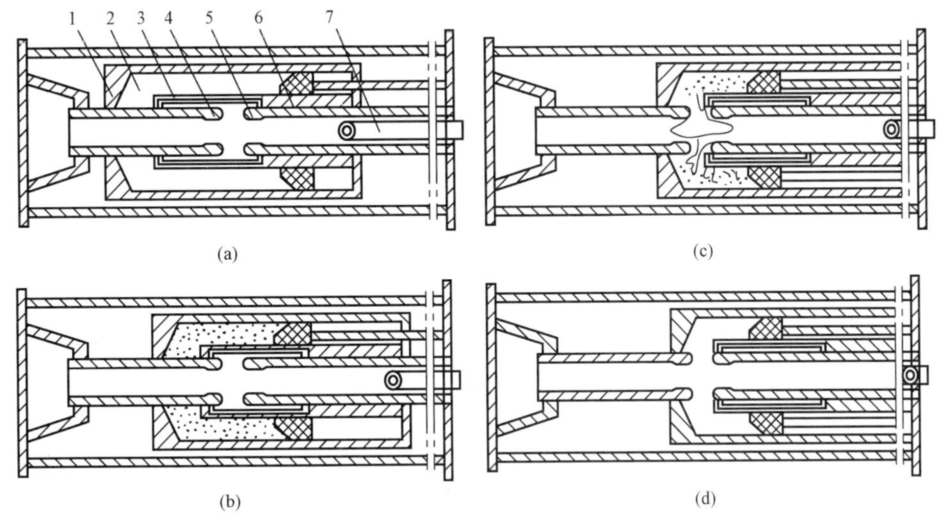

图 3-17　定开距灭弧室动作过程

(a) 合闸位置；(b) 压气过程；(c) 吹弧过程；(d) 分闸位置

1—压气缸；2—压气室；3—动触头；4，5—静触头；6—固定活塞；7—拉杆

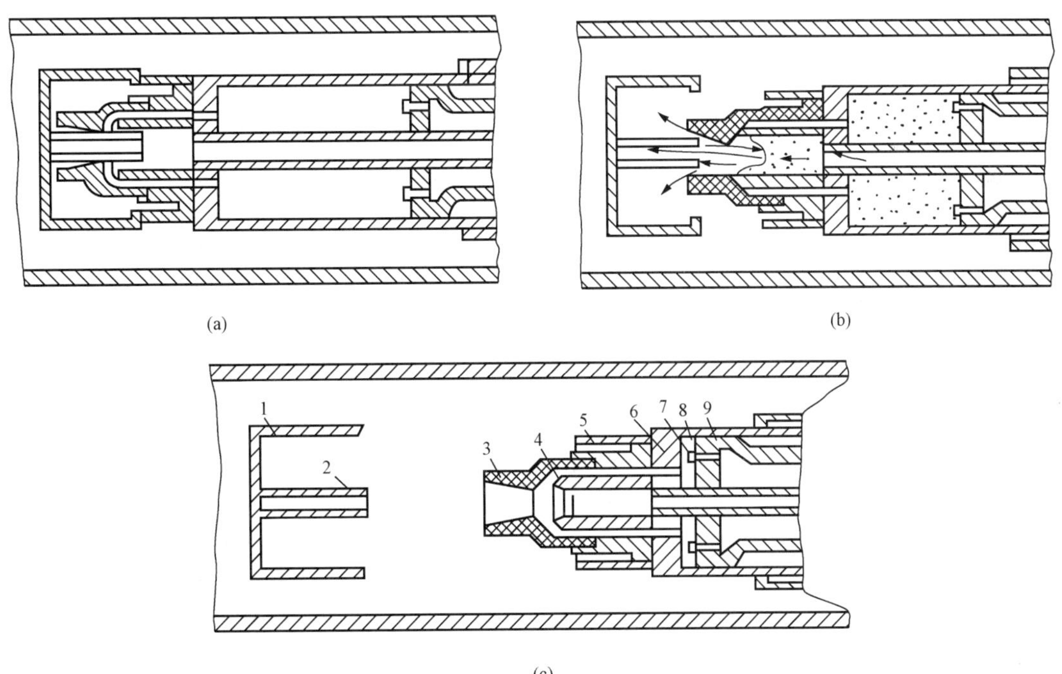

图 3-18　变开距灭弧室动作过程

(a) 合闸位置；(b) 吹弧过程；(c) 分闸位置

1—主静触头；2—弧静触头；3—喷嘴；4—弧动触头；5—主动触头；

6—压气缸；7—逆止阀；8—压气室；9—固定活塞

3. 定开距与变开距灭弧室结构比较

变开距在吹弧过程中电极开距不断变大，破坏了气流场的死区；此外，虽然熄弧后有较大的绝缘间隙，避免了熄弧后“电击穿”引发的电弧重燃，但由于燃弧时间增长，可能由于介质强度恢复速度减慢致使“热击穿”，从而限制了变开距断路器产品的极限开断电流。

定开距结构的电场集中在固定的两喷口电极之间，开断过程中压气缸要耐受恢复电压，且在动触头过喷口瞬间，断口绝缘强度因短接一部分而降低，这使得定开距断路器产品的单元断口电压提高受限。

因此，由于110kV断路器灭弧室定开距灭弧室的单元断口电压不太高，开断电流较大，运用于开断较大电流时，宜采用定开距灭弧室的结构，而用于220kV及以上的单断口SF_6断路器，以及用于发电厂出口反向开断时，采用变开距结构灭弧室较为有利。随着超高压断路器对提高单元断口电压的要求，变开距结构得到广泛采用。

此外，应当注意到SF_6高压断路器正在向自能式灭弧方向发展。自能式SF_6断路器是高压断路器发展的必然趋势。自能式灭弧原理就是最充分地利用电弧能量，加热膨胀室内的SF_6气体，提高气体压力，在喷口处形成高速气流与电弧的强烈能量交换，并于电流过零时，熄灭电弧。由于自能式原理靠电弧本身能量熄灭电弧，不需操动机构提供能量，故操作功大大减小，可采用低操作功的弹簧操动机构，从而大大地提高了断路器的机械可靠性。

（二）SF_6断路器的总体结构

SF_6断路器的总体结构可分为支柱式和落地罐式两大类。

1. 支柱式

支柱式SF_6断路器系列性强，可以用不同个数的标准灭弧单元及支柱瓷套组成不同电压等级的产品。按其整体布置形式可分为Y形、T形及I形3种布置形式。

（1）Y形布置的LW6-500型SF_6断路器一相结构如图3-19所示。每相为双柱四断口，每个断口除并联有电容（2500pF）外，还并联有合闸电阻（100Ω）；电容呈两侧对称排列，电阻呈水平布置；因电压较高，支柱有3节瓷套，其上端装有均压环；每相两柱配一台液压操动机构。

（2）T形布置的SFM-500型SF_6断路器一相结构如图3-20所示。该断路器是我国与外企合作开发的产品，断路器每相只有两个断口，灭弧室为变开距压气式结构，每相配一台气动操动机构，可单相操作及三相联动。

（3）I形布置的LW15-220型SF_6断路器一相结构如图3-21所示。该型断路器为单断口结构，即每相只有一个断口。每相由灭弧室、支柱瓷套、机构箱组成。灭弧室采用变开距、双喷结构，支柱瓷套与灭弧室瓷套气室相通，支柱瓷套内的绝缘拉杆与灭弧室动触头相连，每相配一台气动操动机构，可单相操作及三相联动。

2. 落地罐式

LW12-500型SF_6断路器一相切面图如图3-22所示。目前，110～500kV电压等级均有落地罐式SF_6断路器产品，且外形相似。这类产品实际上是断路器和电流互感器构成的复合电器，具有结构简单、体积小、开断性能好、抗震和耐污能力强、可靠性高、操作噪声小、不维修周期长、使用方便等优点。

三、油断路器及空气断路器

（一）油断路器

油断路器采用变压器油作为灭弧介质。其按绝缘结构可分为多油和少油断路器两大类。

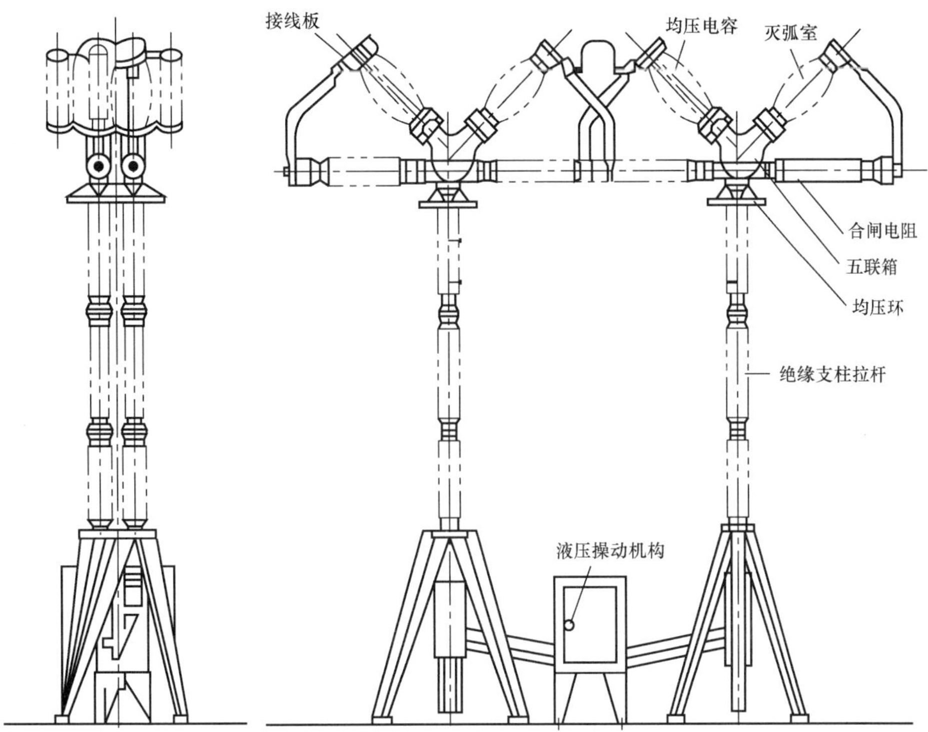

图 3-19　Y 形布置的 LW6-500 型 SF_6 断路器一相结构图

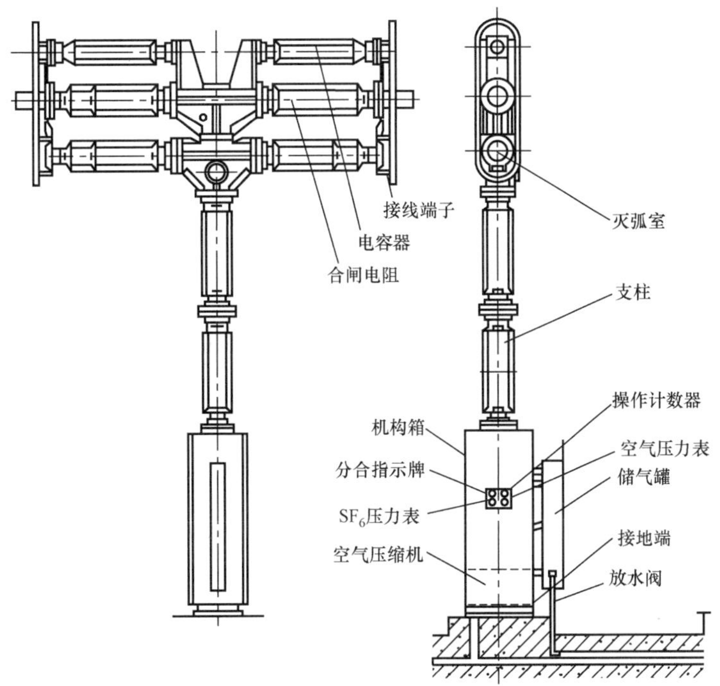

图 3-20　T 形布置的 SFM-500 型 SF_6 断路器一相结构图

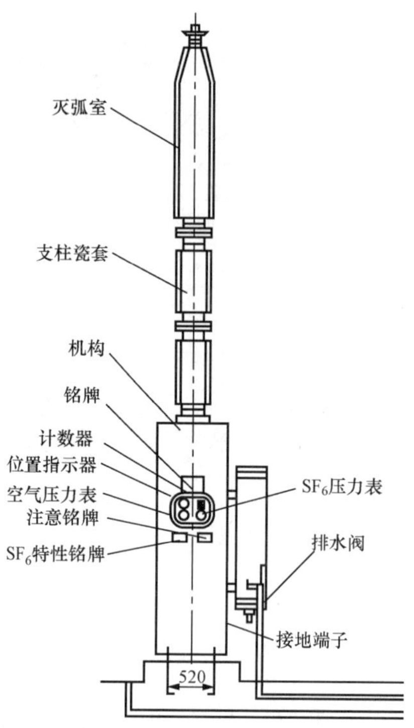

图 3-21　I形布置的 LW15-220 型 SF_6 断路器一相结构图

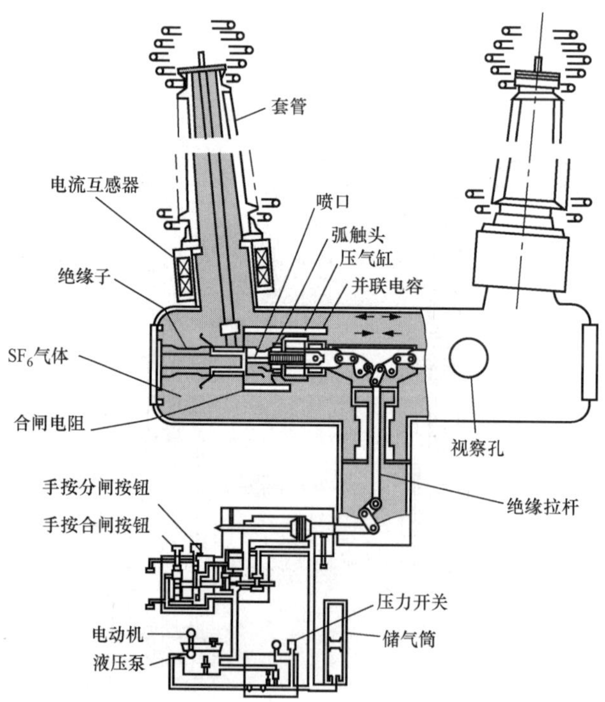

图 3-22　落地罐式 LW12-500 型 SF_6 断路器一相切面图

多油式断路器中的油具有灭弧和绝缘两大功能，因此外壳不带电压。少油断路器中的油仅作为灭弧介质使用，因此其外壳带有高压，漆为红色，警示运行人员不得触及。

油断路器中的灭弧室是典型的自能式灭弧室，电弧在油中燃烧时，油迅速分解、蒸发并在电弧周围形成气泡。在灭弧室内由气体、油和油蒸气形成的气流和液流，按照具体的灭弧装置结构，可对电弧形成横向吹弧、平行于电弧的纵向吹弧或横纵结合方式吹弧，加速去游离过程，缩短熄弧时间，从而使电弧在电流过零时熄灭。这种主要利用电弧本身能量来熄灭电弧的断路器，其开断性能与被开断电流的大小有关。在其额定开断电流以内，被开断的电流越大，电弧能量越大，灭弧能力越强，燃弧时间也越短；而被开断的电流较小时，灭弧能力较差，燃弧时间反而较长，存在临界开断电流（对应最大燃弧时间的开断电流）现象。

多油式断路器因油量过大，存在爆炸火灾隐患，目前已淘汰使用。少油断路器在 20 世纪投运的 220kV 及以下电压等级的配电装置中仍有很少量的保留运用。

（二）空气断路器

空气断路器是采用压缩空气吹弧，拉长与冷却电弧。该断路器的灭弧室是典型的利用外部能量来熄灭电弧的外能式灭弧室，其开断性能主要与外部供给的灭弧能量有关。空气断路器在开断大、小电流时，外部供给的灭弧能量基本不变，因此其燃弧时间较稳定，具有大容量下开断能力强及开断时间短的特点。但其结构复杂，尚需配置压缩空气装置，价格昂贵，而且跳合闸时排气噪声大，现已趋于淘汰。

第五节　特高压断路器和智能断路器

一、特高压断路器

特高压断路器是指用于额定电压超过 750kV 电压等级的更高一级电压电网，通常为 1000kV 电压等级电网的断路器。随着电网容量的增大，特别是能源中心远离负荷中心，发展特高压输电，实现大容量、远距离、高效率输电成为输变电的发展方向，而特高压断路器是发展特高压输电的关键设备之一。

20 世纪 80 年代中期，苏联建设了世界上首条 1150kV、1208km 特高压输电线路，并投入商业运行，后期因苏联解体，其输送容量大幅减少，而降低为 550kV 运行。该线路 1150kV 断路器采用空气断路器敞开式布置，以电压 250kV 为模数的双断口灭弧组件构成，共有 5 个灭弧组件、10 个断口。

由于 SF_6 气体具有优异的灭弧与绝缘性能，使得 SF_6 断路器具有许多优点，如断口电压高、开断能力强，可频繁操作和连续开断故障电流，以及开断容性电流不重燃等。因而，当前 SF_6 断路器在特高压领域完全取代了空气断路器，同时广泛采用 GIS（封闭组合电器）结构，与开敞式布置结构相比大幅度缩小占地面积，减少高电压的电磁污染，大大延长了设备检修周期。

特高压断路器首先要求应能满足特高压电网大容量短路电流的开断能力，保证能安全可靠运行的电气绝缘性能，同时必须具有比一般高压断路器更高的技术要求。

1. 降低开断和关合时的操作过电压

在特高压电网中，对线路和变电站设备绝缘水平与造价影响较大的过电压水平，不是如同中高压电网的大气雷电过电压，而是操作过电压。为此，特高压断路器采用了加装分闸和合闸电阻措施，以降低断路器操作过程中的系统恢复电压。

在特高压断路器设计中，通常为简化结构，合闸与分闸共用一个电阻，该电阻通过串联的电阻开关同断路器的主触头并联。合闸时电阻开关先关合，完成合闸电阻的预接入，而后约 10ms 断路器的主触头才关合。分闸时，断路器主触头先打开，电阻开关约 30ms 延时打开。这相当于一个电阻性电路的关合，避免了产生高幅值的过电压。

为降低操作过电压，通常要求合闸电阻较低，分闸电阻较高，且对分闸电阻的热容量要求也很高。这导致断路器的结构复杂、造价昂贵。为此，我国成功研制了图 3-23 所示的带独立合闸电阻的四断口 1100kV 断路器，其开断电流为 63kA。该断路器取消了分闸电阻，灭弧室采用 4 个灭弧室以积木式组合成整个灭弧室，与合闸电阻分别布置在两个独立壳体内，电阻断口与主断口为并联布置，而操动合闸电阻的电阻开关处于另一个独立壳体中。

如图 3-23 所示，该国产 1100kV 四断口断路器的灭弧室与电阻共用一台操动机构，采用连杆传动分别动作。电阻开关静触头采用了弹簧储能气体阻尼的结构。断路器在合闸过程中，电阻断口先接通，同时活塞推动活塞筒中的储能弹簧压缩。当断路器位于合闸位置时，弹簧处于被压缩状态；分闸时，电阻开关动触头在液压机构的带动下，快速分离，静触头在压缩弹簧及活塞筒中气体阻尼的共同作用下慢速恢复，从而实现了电阻系统的先合先分。取消分闸电阻后，分闸时可能出现的操作过电压，由电力系统安装的避雷器限制。

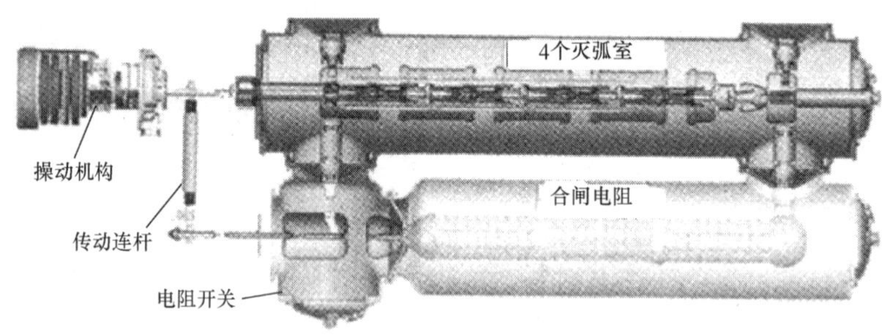

图 3-23 带独立合闸电阻的四断口 1100kV 断路器

国产 1100kV 双断口断路器，主断口由一组大功率液压机构操动，用于灭弧室主断口的开断和关合，另设置一组小功率液压机构单独操动电阻断口，用于电阻断口的开断与关合，增设机械延时动作控制装置，确保主断口与电阻断口开断时间的控制。每相断路器的分合闸共用一套电阻元件，其阻值为 600Ω，热容量为 135MJ。此外，在两个断口间并联 1080pF 的电容器用来均衡电压和限制恢复电压的上升率。

2. 提高 GIS 中的 SF_6 气体绝缘性能

特高压 GIS 中，高额定电压及各种过电压值要求 SF_6 绝缘间隙和内部设备尺寸都较大。图 3-24 中的曲线为不同压力下的气体击穿电压特性。由图可见，SF_6 气体含量 φ_{SF6} 为 100% 时，在 0.5MPa 下的气体击穿电压比在 0.3、0.1MPa 下的高很多，气体绝缘强度随压力的增加而增加。因此，工程应用中一般采用增加气体压力的方法，提高 GIS 间隙的击穿场强，缩小 GIS 内部电气设备的体积。然而，高的 SF_6 气压加大了 GIS 密封技术的难度，而且使 SF_6 在西北等高寒地区易液化，导致其绝缘能力减弱。

SF_6 气体是一种人造气体，具有优异的绝缘和灭弧性能。然而，SF_6 气体是一种具有潜在（目前全球 SF_6 排放量还很少）温室效应的气体，它的全球变暖系数为二氧化碳的 23 900

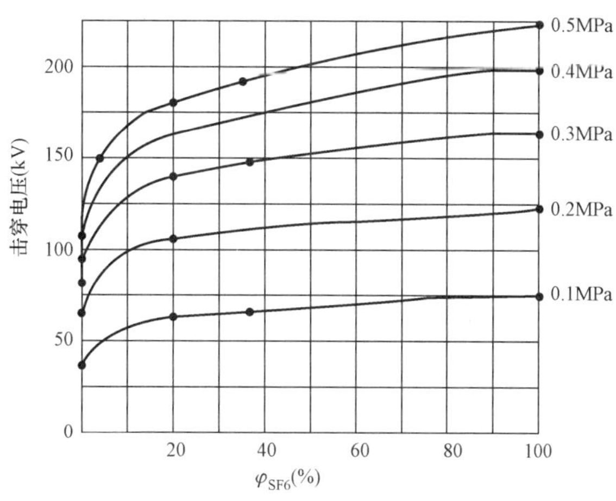

图 3-24　不同压力下的气体击穿电压特性

倍，大气中的寿命为 3200 年（二氧化碳为 50～200 年）。同时，存在高寒条件下易液化的缺点。长期以来，各国都在不断寻找替代介质，现已发现的三氟碘甲烷（CF_3I）气体绝缘性能很好，在均匀电场中的绝缘水平是 SF_6的 1.2 倍，其特性见表 3-2。然而，CF_3I 气体虽然有良好的绝缘与环保特性，但有较高的液化温度，加之价格为 SF_6的 100 倍，因而要取代 SF_6介质在断路器中的地位是不现实的。当前 SF_6仍然是唯一可选的介质。

表 3-2　CF_3I 气体特性

指　　标	CF_3I气体	SF_6气体
全球变暖系数	小于 5	23 900
沸点	−22.5℃	−64℃

近年来的研究表明，在 SF_6气体中加入少量的 N_2气体，SF_6/N_2的配比如不低于 50%/50%，其混合气体的绝缘强度与纯 SF_6气体相差很小，但可以降低 GIS 在较高的气体压力下的液化浓度，适用于高寒地区。此外，SF_6/N_2混合气体还能降低纯 SF_6气体放电电压对电场均衡的影响，降低金属微粒及电极表面的粗糙度，同时可降低 SF_6排放量，符合全球对环保的关注，具有良好的应用前景。

3. 提高单个断口电压

断路器的灭弧室由若干个断口组成，每个断口承受一定的电压，以积木式组成整个灭弧室。如果单个断口可以承受 250kV 时，则 500kV 断路器需要两个断口，1000kV 断路器需要四个断口。如果单个断口可以承受 500kV，则 1000kV 断路器只要两个断口。

在特高压断路器内减少断口数目，可极大地改善每个断口在开断位置的电压分配和开断过程中的恢复电压分配不均现象，减少断口之间的并联均压电容数量，简化断路器结构，降低造价。目前，1000kV 的断路器有两个断口和四个断口两种，且国内外均将注意力集中于两断口断路器上。

为提高特高压断路器的单个断口开断能力，两断口断路器通常采用混合灭弧方式。也就是在压气基础上，利用电弧能量加热 SF_6气体，增加压力室的压力，形成强烈的双向吹弧，缩短开断时间；同时采用混合压气式原理，优化压气缸尺寸，利用电弧能量提高压气室内气体压力，从而降低了机构操作功，具有较强的短路开断能力。

图 3-25 所示为混合压气式灭弧室原理示意图。在开断初期［图 3-25(a)］电弧加热气体的一部分，返回到压力室，提高了压力室的压力。在开断过程中［图 3-25(b)］压气缸继续加大压力，形成强烈的双向吹弧。在这种混合压气式灭弧室中，压气和热膨胀同时发生在一个灭弧室内，压气的灭弧效力得到热膨胀的增强，从而提高了灭弧效能与开断能力。

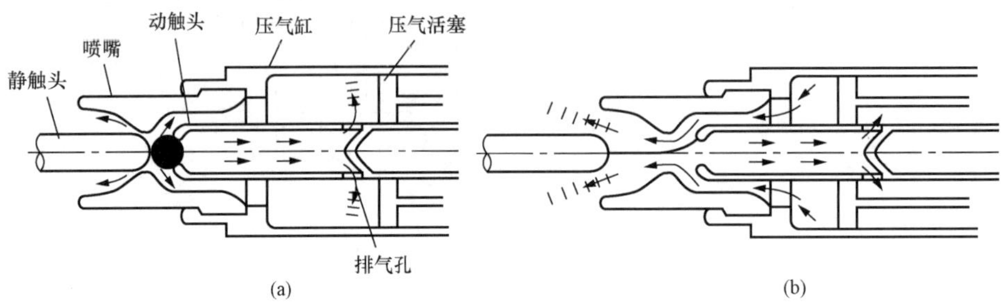

图 3-25 混合压气式灭弧室原理示意图
(a) 开断初期；(b) 开断过程中

为更加完善热膨胀效应，提高开断性能，减少操作功，世界各国对这种自能式的混合压气灭弧室不断更新，出现了众多的新型产品。

4. 配置大功率高性能的操动机构

由于特高压断路器灭弧室运动质量大，且要求分闸速度高，操作过程中传动及支撑部分都受到较大冲击力，并且要满足 5000 次机械寿命要求。因而，操动机构必须大功率、平稳可靠。为满足特高压电网对开断的系统稳定性及操作过电压水平的要求，操动机构还必须能快速响应，同时分、合闸速度具有可调性能。

二、智能断路器

随着光电技术和微电子技术的飞速发展，光电式、电子式互感器的成功研制，使电气量的采集数字化，推动了断路器的智能化发展，使变电站自动化技术由二次系统向一次系统延伸，为实现数字化变电站奠定了坚实基础。

按国际电工技术委员会对于智能断路器的定义为“具有较高性能的断路器和控制设备，配有电子设备、传感器和执行器，不仅具有断路器的基本功能，还具有附加功能，尤其是在监测和诊断方面。”智能断路器在现有断路器基础上引入智能控制单元。智能控制单元通常由数据采集、智能识别和调节装置三个基本模块组成。智能识别模块是智能控制单元的核心；数据采集模块主要由新型传感器组成，随时将电网的数据以数字信号形式，提供给智能识别模块进行分析处理；调节装置模块由能接收定量控制信息的部件和驱动执行器组成，用来调整操动机构的参数，以改变每次操作时的运动特性。

智能断路器的基本工作模式是根据监测到的不同故障电流，自动选择操动机构和灭弧室预先选定的工作条件。如正常运行时电流较小，能以较低的速度分闸；而当系统出现故障时，短路电流较大，能以较高速度分闸，以获得电气和机械性能的最佳配合和分闸效果。当系统发生故障时，继电保护装置发出分闸信息或者由操作人员发出操作信息，首先启动智能识别模块工作，判断当前断路器所处的工作条件，并对调节装置发出不同的定量控制信息，自动调整操动机构的参数，以获得与当前系统工作状态相适应的运动特性。

断路器的智能化操作要求其操动机构的动作时间具有可控性，但目前断路器常用的气动操动机构、液压操动机构、电磁操动机构和弹簧操动机构由于中间介质等因素，控制时间离散值大，其运动特性很难达到理想的可控状态。因此，智能断路器及满足要求的操动机构，特别是在高电压领域尚处于研究开发阶段。

第六节　高压断路器操动机构

操动机构是驱动断路器分合闸的重要配套设备，断路器的工作可靠性在很大程度上依赖于操动机构的动作可靠性。断路器的合闸、分闸动作是由操动机构和与此相互联系的传动机构来完成。

传动机构属于断路器本体的机械部分，作用是使断路器的动静触头按照一定的行程作分闸或合闸的动作。通常它将操动机构传送的旋转运动或直线运动转变为动触头的直线运动。传动机构主要有导轨型和平行运动型两类。导轨型的传动机构由于直连动静头的导杆受到导轨限制，受到与其运动方向相垂直的力，承受扭曲力矩易变形，因此动作可靠性受到影响。这种传动机构简单价廉，常见于早期的断路器（如 SN1 型少油断路器）。平行运动型的传动机构可让动触头的导杆正确地沿直线方向移动，工作性能良好，在断路器中得到广泛采用。

操动机构是独立于断路器本体以外的部分，因此操动机构往往是一个独立的产品。一种型号的操动机构可以配用于不同型号的断路器，而同一型号的断路器也可装配不同型号的操动机构，使用时用传动机构与断路器连接。

下面着重讨论操动机构的性能要求及各类操动机构的构造与工作原理。

一、对操动机构的要求

操动机构工作性能的优劣，对高压断路器的工作性能和可靠性有着极为重要的影响。操动机构的动作性能必须满足断路器的工作可靠性的要求。

1. 具有足够的合闸功率

只有足够大的合闸功率的操动机构才能确保在各种规定的使用条件下，按需求的合闸速度实现断路器可靠合闸，并维持在合闸位置，不产生误分闸。

在电网正常工作时，用操动机构使断路器关合的是工作电流，关合是较容易的。但在电网事故情况下，如断路器关合到有预伏短路故障的电路时，短路电流可达几万安以上，断路器导电回路受到的电动力可达几千牛，从断路器导电回路的布置以及触头的结构来看，电动力的方向又常常是阻碍断路器关合的。因此，在关合有预伏短路故障的电路时，由于电动力过大，断路器有可能出现触头不能迅速、可靠地实现关合，从而引起触头严重烧伤。因此，操动机构必须具有足够的合闸功率，才能具有关合短路故障的能力。

由于合闸过程中，合闸命令的持续时间很短，而且操动机构的操作力也只在短时间内提升，因此操动机构必须在完成断路器的合闸操作后，有保持合闸状态的机构，以保证在合闸命令和操作力消失后，断路器仍能维持在合闸位置。

2. 接到分闸命令后应迅速可靠地分闸

操动机构对断路器的分闸功率通常可以满足，这是由于断路器导电回路通过短路电流及触头结构所呈现的电动力方向，对于断路器的分闸起到加速作用。然而要求操动机构对断路器的分闸功能不仅能够电动（自动或受遥控）对断路器分闸，在某些特殊情况下，还应该可以进行手动分闸，而且要求断路器的分闸速度与操作人员的动作快慢和下达命令的时间长短无关。

3. 具有自由脱扣装置与防跳跃措施

操动机构中自由脱扣装置的作用是，断路器合闸过程中，若操动机构又接到分闸命令，则操动机构不应继续执行合闸命令而应立即分闸，并保持在分闸位置。

当断路器关合在有预伏短路故障的电路时，断路器应自动分闸。此时若合闸命令还未解除（如转换开关的手柄或继电器还未复位），则断路器分闸后又将再次短路合闸，紧接着又会短路分闸。这样，有可能使断路器连续多次分、合短路电流，这一现象称为“跳跃”。出现跳跃时，断路器将无谓地连续多次合、分短路电流，造成触头严重烧损甚至引起爆炸事故。因此操动机构必须具有防止跳跃的能力，使得断路器关合短路电流而又自动分闸后，即使合闸命令尚未解除，也不会再次合闸。防跳跃可以采用机械的方法，不少操动机构中装设自由脱扣装置的目的就是为了防止跳跃。此外，尚有“电气防跳”措施，即在断路器的分、合闸操作的控制电路中，加装防跳跃继电器，防止跳跃的出现。

4. 复位与闭锁功能

断路器分闸后，操动机构中的各个部件应能自动地或通过简单的操作后，回复到准备合闸的位置，以保证操动机构的动作可靠。

同时，要求操动机构应具有以下的闭锁装置：

（1）分合闸位置连锁。保证断路器在合闸位置时，操动机构不能进行合闸操作；断路器在分闸位置时，操动机构不能进行分闸操作。

（2）低气（液）压与高气（液）连锁。对于气动或液压操动机构，当气体或液体压力低于或高于额定值时，操动机构不能进行分、合闸操作。

（3）弹簧操动机构中的位置连锁。弹簧储能不到规定要求时，操动机构不能进行分、合闸操作。

二、操动机构的类型

根据所提供能源形式的不同，操动机构可分为手动操动机构（CS）、电磁操动机构（CD）、弹簧操动机构（CT）、气动操动机构（CQ）、液压操动机构（CY）等几种。其中，手动、电磁操动机构属于直动机构，弹簧、气动、液压操动机构属于储能机构。

在高压乃至特高压 SF_6 断路器中，配用的操动机构有三种：液压、气动、弹簧操动机构。在中压真空断路器中主要配用的操动机构为电磁操动机构和弹簧操动机构。此外，电压10kV、开断电流 6kA 以下的轻型断路器常保留手动操动机构，用人力合闸，用已储能的分闸弹簧分闸。

1. 电磁操动机构

电磁操动机构是直接依靠电磁力合闸，可进行远距离控制和重合闸。其优点是结构简单、零件数少（约为 120 个）、工作可靠、制造成本低。其缺点是合闸线圈消耗的功率太大，合闸电流可达数百安，而且对二次操作电源可能形成一定冲击；要求配用 220/110V 的大容量直流电源（如大容量蓄电池），因而辅助设施投资大，维护费用高；机构本身笨重，由于电磁时间常数影响，使合闸时往往有一定延迟，故在真空断路器中使用已逐渐减少。

2. 弹簧操动机构

弹簧操动机构是以弹簧作为储能元件的机械式操动机构。弹簧的储能借助电动机通过减速装置来完成，并经过锁扣系统保持在储能状态。其分合闸操作采用两个螺旋压缩弹簧实现。合闸时锁扣借助磁力脱扣，合闸弹簧释放的能量一部分用来合闸，另一部分用来给分闸弹簧储能。合闸弹簧一释放，储能电动机立刻给其储能，储能时间不超过 15s（储能电动机采用交直流两用电动机），因而可实现断路器的快速自动重合闸。运行时分合闸弹簧均处于压缩状态。

弹簧操动机构不需要专门的操作电源，储能电动机功率小，交直流两用，同时合闸弹簧的储能还可以通过人工手动完成，使用方便；但弹簧操动机构结构比较复杂，零件数量较多，通常约为 200 个，成本较高，传动环节有出现故障的概率。

目前国内外使用的弹簧机构主要为螺旋弹簧机构。该机构又分为配装式和一体式。

我国一般使用配装式弹簧操动机构，配装式弹簧机构有单独的型号，如 CT17、CT19 型等，而且有专门厂家生产，可配不同型号的断路器，如 ZN12、ZN28 型。

一体式指弹簧机构与真空断路器本体构成一体，机构本身一般没有单独型号，由真空断路器厂家一起生产，减少中间传动环节，使结构变得简单紧凑，降低了能耗和噪声。这种机构一经装配完成应做到免调试，如 ZN63A 型断路器采用一体式弹簧操动机构。

3. 气动操动机构

单一的压缩空气作动力的气动操动机构已淘汰，断路器当前采用的是以压缩空气作动力进行分闸操作，辅以合闸弹簧作为合闸储能元件的气动操动机构。压缩空气靠操动机构自备的压缩机进行储能，分闸过程中通过气缸活塞给合闸弹簧进行储能，同时经过机械传递单元使触头完成分闸操作，并经过锁扣系统使合闸弹簧保持在储能状态。合闸时，锁扣借助磁力脱扣，弹簧释放能量，经过机械传递单元使触头完成合闸操作。

气动操动机构是利用压缩空气作为能源产生推力的操动机构。由于以压缩空气作为能源，因此气动操动机构不需要大功率的直流电源，独立的储气罐能供气动机构多次操作。断路器的分合闸全部依靠压缩空气，并依靠压缩空气的推力将断路器维持在分闸或合闸位置。气动操动机构在国内主要用于 220kV 和 500kV 的高压断路器。

气动操动机构的缺点是体积较大，零部件的加工准确度比电磁操动机构还高，同时需要配备压缩空压装置及压缩空气罐，对空气的气密性要求很高，因此活塞和气缸维护的要求高。加之气动操动机构中能量的传递是压缩空气，操作过程中会发生动作延迟，因而在特高压断路器上较少使用。

4. 液压操动机构

液压操动机构将储存在储能器中的高压油作为驱动能传递媒体。储能器中的能量维持主要使用氮气，利用储压器中预储的能量，运用差动原理，间接推动操作活塞来实现断路器的分合闸操作。

液压操动机构具有操作平稳，无噪声、且需要控制的能量小，在不大的机构尺寸下就可以获得能量强大的操作力，以及液压元件质量轻且反应速度快，容易实现自动控制与各种保护，暂时失去电源时仍能操作多次，动作可靠等一系列优势，特别适用于 126kV 及以上的高压，超高压和特高压断路器。

三、断路器操动机构发展趋势

目前，上述四种基本型式的操动机构都在不断改型，出现了不同原理的组合，如气动弹簧操动机构和液压弹簧操动机构，充分发挥了气动和弹簧、液压和弹簧两者的优势。

传统的液压操动机构（国产 CY3 型）储能器启动电动油泵，液压油经过滤器进入油泵，经压缩将高压油送到储压器推动活塞上升，压缩氮气，当活塞上升到一定位置，微动开关将切断电动机电源，储能完成。当合闸或分闸线圈接受到合闸或分闸信号后，由合闸或分闸电磁铁动铁芯推动合闸或分闸阀，高压油经过油路进入工作缸的合闸腔或分闸腔，在高压油的作用下，迅速向左或右移动，带动断路器合闸或分闸。这种机构不同程度地存在漏油、管路太多、元件分散等缺陷。

近年来，为了解决传统液压操动机构储能器气体泄漏造成储能功能下降，影响能量输出而造成断路器的慢分和慢合的隐患，出现了新型液压弹簧操动机构。它是在液压操动机构基础上发展起来的，主要的改进是用碟簧储能取代氮气储压筒储能，实现模块化，集装板块结构，集成液压和弹簧操动机构的优点为一体，操作平稳，但制造难度较大，成本较高；同时，采用高集成的液压技术和先进的密封技术；使液压传递回路达到几乎完全密封的状况；不断改进液压操动机构，在设计中，合闸一级、二级阀和供排三级之间无管路连接，减少了漏油的环节，使产品结构更加紧凑，布置更趋合理。

国产 CY15 型液压操动机构采用了碟簧作为储能介质，与氮气储能相比，压力基本不随温度变化，且避免了油氮互渗，可获得高压力、大操作功能的要求，在 800kV 及以上特高压断路器得到应用。

此外，弹簧操动机构出现了新的型式，从原来以螺旋弹簧为动力源的四连杆驱动方式，变成以盘簧（涡卷弹簧）为动力源的凸轮驱动方式。这样不仅实现了操动机构单元化、小型化，而且提高了可靠性。弹簧各部分在储能过程中受力始终是均匀的，而且摩擦力极小，效率高；能实现与真空灭弧室的最佳匹配。目前，弹簧操动机构技术已经成熟，因此用量较大。机构的设计现有很大进步，以不同功能单元为分界线，实现全模块化设计，减少功能单元的中间环节，大大减少零件数（如整体机构原来有 200 多个零件，后改进为 100 多个零件，现有的仅为 70 多个零件），达到整体功能结构清晰，操作维护简便，运行可靠。

除了上述几种基本型操动机构，还出现了新型的电动机操动机构、永磁操动机构。

（1）电动机操动机构。这种新颖的机构是利用先进的数字技术与简单、可靠、成熟的电动机相结合，不仅满足断路器操动机构的所有核心要求，而且在性能和功能方面具有简单可靠（只有一个运动件）、先进的监视平台、可优化的预设定行程曲线等很多优势。

电动机操动机构的基本原理是一台用电子器件控制的电动机，去直接操动断路器的操作杆。该电动机操动机构由一些单元组成，主要包括能量缓存单元、充电单元、交换器单元、控制单元、电动机与解算器单元及输入/输出（I/O）单元。电动机由能量缓存单元经变换器供电，能量缓存单元由充电单元（电源单元）来充电。基于微处理器的控制单元控制速度并进行监视。电动机操动机构的操动通过输入/输出单元来实现。各单元之间的连接如图 3 - 26 所示。

（2）永磁操动机构。在中压断路器操动机构方面，继电磁操动机构和弹簧操动机构之后，出现了永磁操动机构。它是一种崭新的操动机构，利用电磁铁操动，永久磁铁锁扣，电容器储能，电子器件控制。

永久磁铁用来产生锁扣力，不需任何机械能就可将真空断路器保持在合、分闸位置上。

驱使动铁心运动的能量来自电容器，电容器事先被充电，储存电场能。操作时，电容器以放电的方式，向励磁线圈释放能量，这样电场能被转换成磁场能，磁场能再转换成动铁心

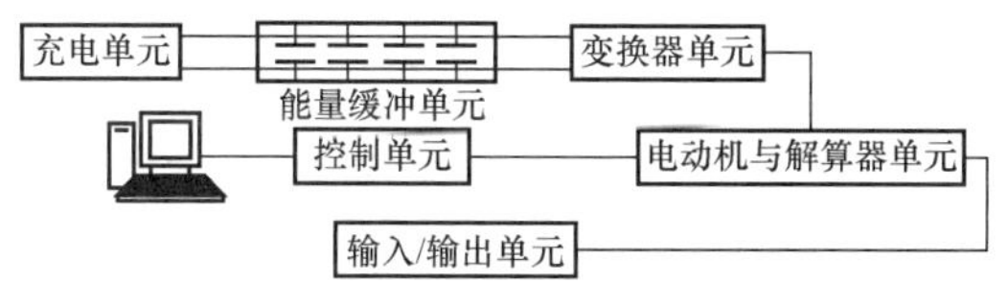

图 3-26 电动机操动机构各单元之间的连接

运动的机械能。电容器提供巨大的脉冲能量，足够一次重合闸之用，如可提供 3000W 脉冲能量，在完成一个完整的操作顺序之后，可在 10s 之内充好电。

采用现代电力电子技术，构成电子控制单元。一般采用接近开关检测分、合闸状态。

永磁操动机构相对电磁操动机构和弹簧操动机构，大大减少了机械零件数，简化了结构，提高了可靠性及机械寿命，适用于频繁操作，而且具有很好的力—行程特性，与真空断路器的负载特性非常吻合。

永磁操动机构有永久磁铁锁扣的持久问题，电容器因电解质老化带来的寿命问题以及电子控制器件的可靠性问题。同时使用电容器和电子控制装置增加了成本，使永磁操动机构相比弹簧操动机构造价高得多。因而推广永磁操动机构有一定难度。

永磁操动机构还处于发展阶段，未来会有更大的发展空间。目前，其少量用于中小容量的真空断路器，而更多的用于需要频繁操作的重合器和接触器。

小结

开关电器分断电路产生的电弧是气体游离放电现象。开关电器分断瞬间，在开关电器触头阴极表面通过热电子发射和强电场发射产生一定数量的自由电子，在强电场作用下，自由电子激发中性气体产生强烈的碰撞游离，形成了电弧。电弧产生大量的光和热，使电弧中的质点相互不断碰撞，产生热游离，维持电弧燃烧。

电弧中发生游离的同时，还同时进行着使带电质点减少的复合和扩散的去游离过程。

游离和去游离是电弧燃烧中的两个相反过程，这两个过程的动平衡，将使电弧稳定燃烧。若游离过程大于去游离过程，将会使电弧愈加强烈地燃烧；反之，将会使电弧燃烧减弱，以致最终熄灭。

交流电弧具有过零值自然熄灭的特点，采取措施加强去游离，使在下半周电弧不会重燃而最终熄灭尤为重要。

决定交流电弧熄弧的基本因素是加在弧隙上的电压恢复过程和弧隙的介质强度恢复过程。电压恢复过程可能是周期性或非周期性的变化过程，这主要取决于系统电路的参数。触头两端的并联电阻可以将周期性振荡特性的恢复电压过程转变为非周期性恢复过程，从而大大降低恢复电压的幅值和恢复速度，相应地可增加断路器的开断能力。

不同类别的短路故障开断和若干特殊运行方式下的开断，对断路器开断能力的影响都应引起高度重视，主要影响表现在首先开断相的工频恢复电压幅值、上升速度，以及出现不稳定电弧电流，导致系统恢复电压产生高频振荡。

弧隙介质强度恢复过程主要由断路器灭弧装置的结构及灭弧介质的性质所决定。高压断路器中，广泛采用灭弧介质、特殊金属材料作灭弧触头、吹动拉长与冷却电弧、多断口以及提高断路器触头的分离速度等不同方法，恢复弧隙中的介质强度，以达到熄弧的目的。

高压断路器按灭弧介质可分为六氟化硫、真空、油、空气断路器。当前在中压领域的真空断路器，以及高压及特高压领域的六氟化硫断路器已独立市场。

真空断路器灭弧室的触头电极蒸发出来的金属蒸气是形成真空电弧的原因。触头材料、结构决定了断路器的开断能力。常用的触头材料为铜铋合金和铜铬合金，结构上分为横磁吹触头与纵磁吹触头。采用铜铬材料的纵向磁场电极结构灭弧室具有更优越的灭弧性能。

SF_6断路器经历了双压式到单压式的发展，并逐步向自能式的发展。目前，单压式 SF_6 断路器的灭弧室正以其结构简单、充气压强较低以及优越的开断性能获得广泛应用。单压式 SF_6 断路器灭弧室又分为定开距和变开距两种。变开距灭弧室有利于提高单元断口电压，是高压、超高压、特高压 SF_6 断路器的首选。

对特高压断路器更高的技术要求主要表现在：降低开断和关合时的操作过电压，提高 GIS 中的 SF_6气体绝缘性能，提高单个断口电压以及配置大功率高性能的操动机构。

操动机构是驱动断路器分合运动的重要配套设备，常用的操动机构有电磁、弹簧、气动及液压操动机构等几种。中压真空断路器主要配置电磁操动机构及弹簧操动机构，高压、特高压 SF_6断路器主要配置液压、气动、弹簧操动机构。当前，各类操动机构都在不断改型，特别是出现了不同原理的组合如气动弹簧操动机构和液压弹簧操动机构；以及新一代弹簧操动机构；同时完全新颖的电动机操动机构、永磁操动机构等正在研发中。

思考题

3-1　什么是碰撞游离、热游离、复合和扩散？

3-2　为什么电弧的伏安特性是非线性的，且燃弧电压大于熄弧电压？

3-3　什么是弧隙介质强度恢复过程及弧隙电压恢复过程？影响这两种恢复过程的因素有哪些？

3-4　电弧熄灭的条件是什么？

3-5　什么是开断瞬间工频恢复电压 U_0？

3-6　在断路器触头间通过辅助触点接入一定数值的并联电阻有何作用？

3-7　什么是首相开断系数？

3-8　为什么需要对开断空载变压器、并联电抗器、空载高压电动机，以及开断电容器组或超高压空载长线着重关注？

3-9　什么是近距离开断及失步故障开断？

3-10　长弧和短弧的熄灭有何差别？

3-11　断路器的常用熄弧方法有哪些？

3-12　为什么真空断路器在中压领域能很快替代了传统的油断路器？

3-13　真空灭弧室外壳、触头和屏蔽罩三大部分的技术要求有哪些？

3-14　真空断路器的横磁吹触头与纵磁吹触头对灭弧室的开断能力影响有何差异？

3-15　为什么 SF_6断路器能在高压、特高压领域独占市场？

3-16　SF_6断路器的定开距和变开距灭弧室结构对高压电网短路电流的开断能力有何差异？

3-17　特高压断路器必须具有比一般高压断路器更高的要求，体现在哪些方面？

3-18　何为智能断路器？

3-19　对断路器操动机构的性能要求有哪些？

3-20　简述常用操动机构的类型与各类操动机构的优缺点及应用范围。

3-21　简述当前操动机构的技术创新和发展概况。

第四章　电气主接线及其设计

电气主接线是发电厂、变电站电气设计的首要部分，也是构成电力系统的主要环节。

本章以电气主接线的设计为中心，介绍电气主接线设计的基本要求、典型接线形式和运行方式，以及主要设备的作用与配置原则，并对变压器选择、限制短路电流的方法等进行详尽的分析。同时，综合阐述各种类型发电厂或变电站电气主接线的特点和设计的一般原则与步骤，并举例说明。

第一节　电气主接线的基本要求和设计程序

电气主接线简称主接线，又称为电气一次接线，它是将电气设备以规定的图形和文字符号，按电能生产、传输、分配顺序及相关要求绘制的单相接线图。主接线代表了发电厂或变电站高电压、大电流的电气部分主体结构，是电力系统网络结构的重要组成部分。它直接影响电力生产运行的可靠性、灵活性，同时对电气设备选择、配电装置布置、继电保护、自动装置和控制方式等诸多方面都有决定性的关系。因此，主接线设计必须经过技术与经济的充分论证比较，综合考虑各个方面的影响因素，最终得到实际工程确认的最佳方案。

一、电气主接线设计的基本要求

电气主接线设计的基本要求，概括地说应包括可靠性、灵活性和经济性三方面。

1. 可靠性

安全可靠是电力生产的首要任务，保证供电可靠是电气主接线最基本的要求。停电不仅使发电厂造成损失，而且给国民经济各部门带来的损失将更加严重，在经济发达地区，故障停电的经济损失是实时电价的数十倍，乃至上百倍，至于导致人身伤亡、设备损坏、产品报废、城市生活混乱等经济损失和社会影响更是难以估量。因此，主接线的接线形式必须保证供电可靠。

电气主接线的可靠性不是绝对的，同样形式的主接线对某些发电厂和变电站来说是可靠的，而对另外一些发电厂和变电站则不一定能满足可靠性要求。所以，在分析电气主接线的可靠性时，要考虑发电厂和变电站在系统中的地位和作用、用户的负荷性质和类别、设备制造水平及运行经验等诸多因素。

（1）发电厂或变电站在电力系统中的地位和作用。各发电厂和变电站的电气主接线可靠性，应与该电厂和变电站接入的电力系统相适应。

大型发电厂或超高压变电站，由于它们在电力系统中的地位很重要，供电容量大、范围广，发生事故可能使系统稳定运行破坏，甚至瓦解，造成巨大损失。为此，其电气主接线应采取供电可靠性高的接线形式。从发电厂接入电力系统的方式的选择上来看，大型发电厂一般距负荷中心较远，电能须用较高电压输送，其容量也较大，此时宜采用双回路或环网等强联系形式接入系统，并确保相应电压等级接线方式的可靠性。在设计时，需对主接线可靠性进行定性分析和定量计算。

中小型发电厂和变电站的主接线没有必要为追求过高的可靠性而采用复杂的接线形式，在与电力系统的接入方式上可采用单回线弱联系的接入方式。然而，中小型发电厂和变电站一般靠近负荷中心，对常有的 6～10kV 电压级的近区负荷，宜采用供电可靠性较高的母线接线形式，以便适应近区各类负荷对供电可靠性的要求。

（2）负荷性质和类别。负荷按其重要性有Ⅰ类、Ⅱ类和Ⅲ类之分。担任基荷的发电厂，设备利用率较高，年利用小时数在 5000h 以上，主要供应Ⅰ、Ⅱ类负荷用电，必须采用供电较为可靠的接线形式，且保证有两路电源供电。承担腰荷的发电厂年利用小时数在 3000h 以下，其接线的可靠性要求需要进行综合分析。例如：钢铁企业虽属Ⅰ类用户，但不是该企业中的所有负荷都绝对不允许停电；农业用电虽属Ⅲ类用户，但在抗旱排涝时期就必须保证供电。

（3）设备的制造水平。主接线的可靠性在很大程度上取决于设备的可靠程度，采用可靠性高的电气设备可以简化接线。大容量机组及新型设备、自动装置和先进技术的使用，都有利于提高主接线的可靠性，但不等于设备使用得越多越新、接线越复杂就越可靠。相反，不必要的多用设备，使接线复杂、运行不便，将会导致主接线可靠性降低。

（4）长期运行实践经验。主接线可靠性与运行管理水平和运行值班人员的素质等因素有密切关系，衡量可靠性的客观标准是运行实践。国内外长期运行经验的积累，经过总结均反映于相关的技术规程、规范之中，在设计时均应予以遵循。

主接线可靠性的基本要求通常包括以下几个方面：断路器检修时，不宜影响对系统供电；线路、断路器或母线故障时，以及母线或母线隔离开关检修时，尽量减少停运出线回路数和停电时间，并能保证对全部Ⅰ类及全部或大部分Ⅱ类用户的供电；尽量避免发电厂或变电站全部停电的可能性；大型机组突然停运时，不应危及电力系统稳定运行。

在可靠性分析中，最主要的基础统计数据是断路器的可靠性，其主要指标是故障率、可用系数和平均修理小时数。评估供电可靠性的主要指标有停电频率、每次停电的持续时间及用户在停电时的生产损失或电网企业在电力市场环境下通过辅助服务市场获得备用容量所付出的代价。

2. 灵活性

电气主接线应能适应各种运行状态，并能灵活地进行运行方式的转换。灵活性包括以下几个方面。

（1）操作的方便性。电气主接线应该在服从可靠性的基本要求条件下，接线简单，操作方便，尽可能地使操作步骤少，以便于运行人员掌握，不致在操作过程中出差错。

（2）调度的方便性。电气主接线在正常运行时，要能根据调度要求，方便地改变运行方式；在发生事故时，要能尽快地切除故障，使停电时间最短，影响范围最小，不致过多地影响对用户的供电和破坏系统的稳定运行。

（3）扩建的方便性。对将来要扩建的发电厂和变电站，其主接线必须具有扩建的方便性。尤其是火电厂和变电站，在设计主接线时应留有发展扩建的余地。设计时不仅要考虑最终接线的实现，还要考虑到从初期接线过渡到最终接线的可能和分阶段施工的可行方案，使其尽可能地不影响连续供电或在停电时间最短的情况下，将来可顺利完成过渡方案的实施，使改造工作量最少。

3. 经济性

在设计主接线时，主要矛盾往往发生在可靠性与经济性之间。通常设计应在满足可靠性和灵活性的前提下做到经济合理。经济性主要从以下几方面考虑：

（1）节省一次投资。主接线应简单清晰，并要适当采用限制短路电流的措施，以节省开关电器数量、选用价廉的电器或轻型电器，以便降低投资。

（2）占地面积少。主接线设计要为配电装置布置创造节约土地的条件，尽可能使占地面积少；同时应注意节约搬迁费用、安装费用和外汇费用。对大容量发电厂或变电站，在可能和允许条件下采取一次设计，分期投资、投建，尽快发挥经济效益。

（3）电能损耗少。在发电厂或变电站中，电能损耗主要来自变压器，应经济合理地选择变压器的型式、容量和台数，尽量避免两次变压而增加电能损耗。

二、电气主接线的设计程序

电气主接线的设计伴随着发电厂或变电站的整体设计进行。按国家规定，发电厂和变电站基本建设的程序一般分为初步可行性研究、可行性研究、初步设计、施工图设计四个阶段。

（1）初步可行性研究。电气专业配合系统规划设计提出建厂（站）的必要性、负荷及出线条件等，并与相关部门一起进行建厂条件的调查分析，提供拟建厂（站）的地址、规模、分批投资控制和筹资措施，编制项目建议书。

（2）可行性研究。该阶段落实建厂（站）的条件，明确主要设计原则，提供投资估算与经济效益评价。电气专业需与系统设计配合提出电气主接线方案，并提供需要与相关专业协调的设备选型与布置、土建与交通等资料，编制设计任务书。

（3）初步设计。根据上级批复的设计任务书，提出主要技术原则和建设标准，以及主要设备的投资概算；同时组织主要设备订货，为施工图设计提供依据。

初步设计必须掌握国家及行业的规程规范，建设标准合理，技术先进可靠，重大设计原则和方案通过充分的比选，提出推荐优化方案供上级审查。要积极、慎重采用新技术和新设备，提供准确的设计概算，满足控制投资、计划安排拨款的要求。

（4）施工图设计。根据初步设计审查文件和主要设备落实情况，提出符合质量和深度要求的施工图和说明书，满足施工、安装和订货要求。

电气主接线设计在各阶段中随着要求、任务的不同，其深度、广度也有所差异，但总的设计原则、方法和步骤基本相同。

1. 原始资料分析

（1）工程情况，包括发电厂类型（凝汽式火电厂、热电厂，或堤坝式、引水式、混合式水电厂等），设计规划容量（近期、远景），单机容量及台数，最大负荷利用小时数及可能的运行方式等。

发电厂容量的确定是与国家经济发展计划、电力负荷增长速度、系统规模和电网结构以及备用容量等因素有关。发电厂装机容量标志着电厂的规模和在电力系统中的地位和作用。在设计时，可优先选用大型机组。但是，最大单机容量不宜大于系统总容量的10%，以保证该机在检修或事故情况下系统的供电可靠性。当前在我国，单机容量300、600MW的机组已形成电网的主力机组，1000MW级的核电、火电机组已相继投入运行。

发电厂运行方式及年利用小时数，直接影响着主接线设计。一般地，承担基荷为主的发电厂年利用小时数在 5000h 以上，承担腰荷的发电厂在 3000～5000h，承担峰荷的发电厂在 3000h 以下。不同的发电厂其工作特性有所不同，核电厂或单机容量 300MW 及以上的火电厂以及径流式水电厂等应优先担任基荷，相应主接线应以供电可靠为主选择接线形式。水电厂是电力系统中最灵活的机动能源，启、停方便，多承担系统调峰、调相任务；根据水能利用及库容的状态可酌情担负基荷、腰荷和峰荷。因此，其主接线应以供电调度灵活为主选择接线形式。

（2）电力系统情况，包括电力系统近期及远景发展规划（5～10 年），发电厂或变电站在电力系统中的地位（地理位置和容量大小）及作用，本期工程的近期和远景与电力系统连接方式，以及各级电压中性点接地方式等。

发电厂的总容量与电力系统容量之比，若大于 15%时，则该厂就可认为是在系统中处于比较重要地位的电厂，应选择可靠性较高的主接线形式。因为它的装机容量已超过了电力系统的事故备用和检修备用容量，一旦全厂停电，会影响系统供电的可靠性。

为简化网络结构及电厂主接线，减少电压等级，电厂接入系统电压不应超过两级，容量为 100～300MW 机组宜接入 220kV 系统，容量为 600MW 及以上的机组宜接入 500kV 及以上系统，且出线数目应尽量减少，以利于简化配电装置的规模及其维护。

主变压器和发电机中性点接地方式是一个综合性问题。它与电压等级、单相接地短路电流、过电压水平、保护配置等有关，直接影响电力系统的绝缘水平、系统供电的可靠性和连续性、主变压器和发电机的运行安全以及对通信线路的干扰等。我国一般对 35kV 及以下电压电力系统采用中性点非直接接地系统（中性点不接地或经消弧线圈接地），又称小电流接地系统；对 110kV 及以上高压电力系统皆采用中性点直接接地系统，又称大电流接地系统。发电机中性点都采用非直接接地方式，目前广泛采用的是中性点经消弧线圈接地或经单相配电变压器（二次侧接电阻）接地。

（3）负荷情况，包括负荷的性质及其地理位置、输电电压等级、出线回路数及输送容量等。电力负荷的原始资料是设计主接线的基础数据，电力负荷预测是电力规划工作的重要组成部分，也是电力规划的基础。对电力负荷的预测不仅应有短期负荷预测，还应有中长期负荷预测，对电力负荷预测的准确性，直接关系着发电厂和变电站电气主接线设计成果的质量。一个优良的设计，应能经受当前及较长远时间（5～10 年）的检验。

发电厂承担的负荷应尽可能地使全部机组安全满发，并按系统提出的运行方式，在机组间经济合理分布负荷，减少母线上电流流动，使电机运转稳定和保持电能质量要求。

（4）环境条件，包括当地的气温、湿度、覆冰、污秽、风向、水文、地质、海拔高度及地震等因素，对主接线中电气设备的选择和配电装置的实施均有影响。对于 330kV 及以上电压的电气设备和配电装置，要遵循 GB 8702—1988《电磁辐射防护规定》，严格控制噪声、静电感应的场强水平及电晕无线电干扰，同时对高电压大容量重型设备的运输条件亦应充分考虑。

（5）设备供货情况。这往往是主接线设计方案能否成立的重要前提。为使所设计的主接线方案具有可行性，必须对各主要电气设备的性能、制造能力和供货情况、价格等资料汇集并分析比较。

2. 主接线方案的拟定与选择

根据设计任务书的要求，在原始资料分析的基础上，根据对电源和出线回路数、电压等级、变压器台数、变压器容量以及母线结构等的不同考虑，可拟定出若干个主接线方案（本期和远期）。依据对主接线的基本要求，从技术上论证并淘汰一些明显不合理的方案，最终保留2～3个技术上相当、又都能满足任务书要求的方案，再进行经济比较。对于在系统中占有重要地位的大容量发电厂或变电站主接线，还应进行可靠性定量分析计算比较，最终确定出在技术上合理、经济上可行的最终方案。

3. 短路电流计算和主要电气设备选择

按不同电压等级各类电气设备选择与校验的要求，确定电气主接线的各短路计算点，进行短路电流计算，并合理选择电气设备。

4. 绘制电气主接线图

将最终确定的电气主接线按工程要求绘制施工图。

5. 编制工程概算

对于工程设计，无论哪个设计阶段（初步可行性研究、可行性研究、初步设计、施工图设计），概算都是必不可少的组成部分。它不仅反映工程设计的经济性与可靠性的关系，而且为合理地确定和有效控制工程造价创造条件，为工程付诸实施，为投资包干、招标承包、正确处理有关各方的经济利益关系提供基础。

概算的编制是以设计图纸为基础，以国家颁布的《工程建设预算费用的构成及计算标准》、《全国统一安装工程预算定额》、《电力工程概算指标》以及其他有关文件和具体规定为依据，并按国家定价与市场调整或浮动价格相结合的原则进行。其概算的构成主要有以下内容：

（1）主要设备器材费，包括设备原价、主要材料（钢材、木材、水泥等）费、设备运杂费（含成套服务费）、备品备件购置费、生产器具购置费等。

（2）安装工程费，包括直接费、间接费及税金等。直接费指在安装设备过程中直接消耗在该设备上的有关费用，如人工费、材料费和施工机械使用费等。间接费指安装设备生产过程中为全工程项目服务，而不直接耗用在特定设备上的有关费用，如施工管理费、临时设施费、劳动保险基金和施工队伍调遣费用等。税金是指国家对施工企业承包安装工程的营业收入所征收的营业税、教育附加和城市维护建设税。

（3）其他费用，指以上未包括的安装建设费用，如建设场地占用及清理费、研究试验费、联合试运转费、工程设计费及预备费等。预备费是指在各设计阶段用以解决设计变更（含施工过程中工程量增减、设备改型、材料代用等）而增加的费用、一般自然灾害造成的损失和预防措施的费用，以及预计设备费用上涨价差补偿费用等。

第二节　主接线的基本接线形式

主接线的基本接线形式是指主要电气设备常用的几种连接方式，以电源和出线为主体。由于各个发电厂或变电站的出线回路数和电源数不同，且每路馈线所传输的功率也不一样，因而为便于电能的汇集和分配，在进出线数较多时（一般超过4回），采用母线作为中间环节，可使接线简单清晰，运行方便，有利于安装和扩建。而与有母线的接线相比，无汇流母线的接线使用开关电器较少，配电装置占地面积较小，通常用于进出线回路少，不再扩建和发展的发电厂或变电站。

有汇流母线的接线形式概括地可分为单母线接线和双母线接线两大类，无汇流母线的接线形式主要有桥形接线、角形接线和单元接线。

一、单母线接线及单母线分段接线

1. 单母线接线

图 4-1 所示为单母线接线。其供电电源在发电厂是发电机或变压器，在变电站是变压器或高压进线回路。母线既可保证电源并列工作，又能使任一条出线都可以从任一个电源获得电能。各出线回路输送功率不一定相等，应尽可能使负荷均衡地分配于母线上，以减少功率在母线上的传输。

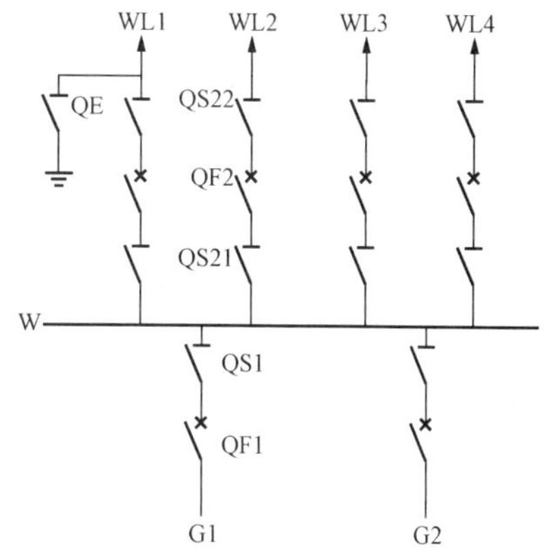

图 4-1　单母线接线

G—电源（发电机或变压器）进线；QF—断路器；W—母线；QS—隔离开关；QE—接地开关；WL—出线（输电线路）

每条回路中都装有断路器和隔离开关。紧靠母线侧的隔离开关称作母线隔离开关，靠近线路侧的称为线路隔离开关。由于断路器具有开合电路的专用灭弧装置，可以开断或闭合负荷电流和开断短路电流，故用来作为接通或切断电路的控制电器。隔离开关没有灭弧装置，其开合电流能力极低，只能用作设备停运后退出工作时断开电路，保证与带电部分隔离，起着隔离电压的作用。所以，在断路器可能出现电源的一侧或两侧均应配置隔离开关，以便检修断路器时隔离电源。若馈线的用户侧没有电源时，断路器通往用户的那一侧，可以不装设线路隔离开关；但由于隔离开关费用不大，为了阻止雷击过电压的侵入或用户启动自备柴油发电机的误倒送电，也可以装设。若电源是发电机，则发电机与其出口断路器之间可以不装隔离开关，因为该断路器的检修必然在发电机组停机状态下进行；但有时为了便于对发电机单独进行调整和试验，也可以装设隔离开关或设置可拆连接点。

高压隔离开关一般有主闸刀与接地开关，图 4-1 中 QE 是线路隔离开关的接地开关，用于线路检修时替代临时安全接地线的作用。为避免发生接地开关接地状态下误合主闸刀的事故，主闸刀与接地开关之间设置有机械连锁装置。当电压在 110kV 及以上时，断路器两侧的隔离开关和线路隔离开关的线路侧均应配置接地开关。此外，对 35kV 及以上的母线，在每段母线上亦应设置 1～2 组接地开关或接地器，以保证电气设备和母线检修时的安全。

在运行操作时，必须严格遵守下列操作顺序：在接通电路时，应先合断路器两侧的隔离开关，再合断路器。如图 4-1 中对馈线 WL2 送电时，须先合上母线隔离开关 QS21，再合线路隔离开关 QS22，然后再投入断路器 QF2；切断电路时，应先断开断路器 QF2，再依次断开 QS22 和 QS21。这样的操作顺序遵守了两条基本原则。一是防止隔离开关带负荷合闸或拉闸。二是防止了在断路器处于合闸状态下（或虽在分闸位置，但因绝缘介质性能破坏而导通），误操作隔离开关的事故不发生在母线隔离开关上，以避免误操作的电弧引起母线短路事故；反之，误操作发生在线路隔离开关时，造成的事故范围及修复时间将大为缩小。为了防止误操作，除严格按照操作规程实行操作票制度外，还应对隔离开关和相应的断路器加装电磁闭锁、机械闭锁或防误操作的电脑钥匙。

单母线接线的优点是接线简单，操作方便，设备少、经济性好，并且母线便于向两端延伸，扩建方便。其缺点是：①可靠性差，母线或母线隔离开关检修或故障时，所有回路都要停止运行，造成全厂（站）长期停电；②调度不方便，电源只能并列运行，不能分列运行，并且线路侧发生短路时，有较大的短路电流。

综上所述，这种接线形式一般只用在出线回路少，并且没有重要负荷的发电厂和变电站中。

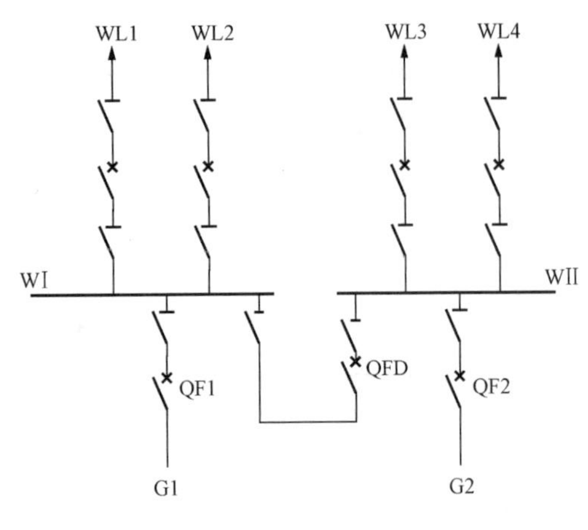

图 4-2　单母线分段接线

2. 单母线分段接线

单母线分段接线如图 4-2 所示。单母线用分段断路器 QFD 进行分段，可以提高供电可靠性和灵活性。对重要用户可以从不同段引出两回馈电线路，由两个电源供电；当一段母线发生故障，分段断路器自动将故障段隔离，保证正常段母线不间断供电，不致使重要用户停电；而两段母线同时故障的几率甚小，可以不予考虑。在可靠性要求不高时，亦可用隔离开关分段，但当任一段母线故障时，将造成两段母线同时停电，在判别故障后，拉开分段隔离开关，完好段即可恢复供电。

通常，为了限制短路电流，简化继电保护，在降压变电站中，采用单母线分段接线时，低压侧母线分段断路器常处于断开状态，电源是分列运行的。为了防止因电源断开而引起的停电，应在分段断路器 QFD 上装设备用电源自动投入装置，在任一分段的电源断开时，将 QFD 自动接通。

分段的数目，取决于电源数量和容量。段数分得越多，故障时停电范围越小，但使用的分段断路器的数量亦越多，且配电装置和运行也越复杂，通常以 2～3 段为宜。但是，当这种接线进出线较多或需对重要负荷采用两条出线供电时，增加了出线数目，且常使架空线交叉跨越，使整个母线系统可靠性受到限制。

单母线分段接线适用于：小容量发电厂的发电机电压配电装置，一般每段母线上所接发电机容量为 12MW 左右，每段母线上出线不多于 5 回；变电站有两台主变压器时的 6～10kV 配电装置；35～63kV 配电装置出线 4～8 回；110～220kV 配电装置出线 3～4 回。

二、双母线接线及双母线分段接线

1. 双母线接线

双母线接线有两组母线，并且可以互为备用。每一电源和出线的回路都装有一台断路器，有两组母线隔离开关，可分别与两组母线连接。两组母线之间的联络，通过母线联络断路器（简称母联断路器）QFC 来实现。图 4-3 所示为双母线接线。有两组母线后，与单母线相比，投资有所增加，但使运行的可靠性和灵活性大为提高。其有以下特点。

（1）供电可靠。通过两组母线隔离开关的倒换操作，可以轮流检修一组母线而不致使供电中断；一组母线故障后，能迅速恢复供电；检修任一回路的母线隔离开关时，只需断开此隔离开关所属的一条电路和与此隔离开关相连的该组母线，其他电路均可通过另一组母线继续运行，但其操作步骤必须正确。例如，欲检修工作母线，可把全部电源和线路倒换到备用母线上。其步骤是：先合上母联断路器两侧的隔离开关，再合母联断路器 QFC，向备用母线充电，这时两组母线等电位；为保证不中断供电，按“先通后断”原则进行操作，即先接通备用母线上的隔离开关，再断开工作母线上的隔离开关；完成母线转换后，再断开母联断路器 QFC 及其两侧的隔离开关，即可使原工作母线退出运行进行检修。

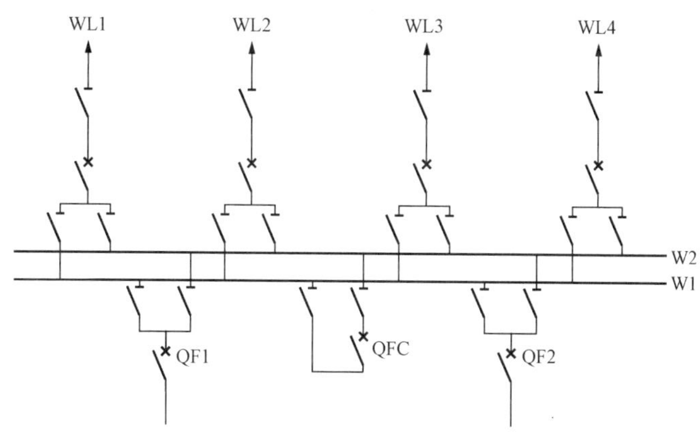

图 4-3　双母线接线

(2) 调度灵活。各个电源和各回路负荷可以任意分配到某一组母线上，能灵活地适应电力系统中各种运行方式调度和潮流变化的需要；通过倒换操作可以组成各种运行方式。例如：

1) 当母联断路器断开，一组母线运行，另一组母线备用，全部进出线均接在运行母线上，即相当于单母线运行。

2) 两组母线同时工作，并且通过母联断路器并联运行，电源与负荷平均分配在两组母线上，即称之为“固定连接方式”运行。这是最常采用的运行方式，它的母线继电保护相对比较简单。

3) 有时为了系统的需要，亦可将母联断路器断开（处于热备用状态），两组母线同时运行。此时，这个发电厂相当于分裂为两个发电厂各向系统送电。这种运行方式常用于系统最大运行方式时，以限制短路电流。

根据系统调度的需要，双母线还可以完成一些特殊功能。例如，用母联断路器与系统进行同期或解列操作；当个别回路需要单独进行试验时（如发电机或线路检修后需要试验），可将该回路单独接到备用母线上运行；当线路利用短路方式熔冰时，亦可用一组备用母线作为熔冰母线，不致影响其他回路工作等。

(3) 扩建方便。向双母线左右任何方向扩建，均不会影响两组母线的电源和负荷自由组合分配，在施工中也不会造成原有回路停电。

由于双母线接线有较高的可靠性，广泛用于以下情况：进出线回数较多、容量较大、出线带电抗器的 6～10kV 配电装置；35～60kV 出线数超过 8 回，或连接电源较大、负荷较大时；110kV 出线数为 6 回及以上时；220kV 出线数为 4 回及以上时。

2. 双母线分段接线

为了缩小母线故障的停电范围，可采用双母线分段接线，如图 4-4 所示。用分段断路器将工作母线分为 WⅠ段和 WⅡ段，每段工作母线用各自的母联断路器与备用母线 W2 相连，电源和出线回路均匀地分布在两段工作母线上。

双母线分段接线比双母线接线的可靠性更高。当一段工作母线发生故障后，在继电保护作用下，分段断路器先自动跳开，而后将故障段母线所连的电源回路的断路器跳开，该段母线所连的出线回路停电；随后，将故障段母线所连的电源回路和出线回路切换到备用母线上，即可恢复供电。这样，只是部分短时停电，而不必全部短期停电。

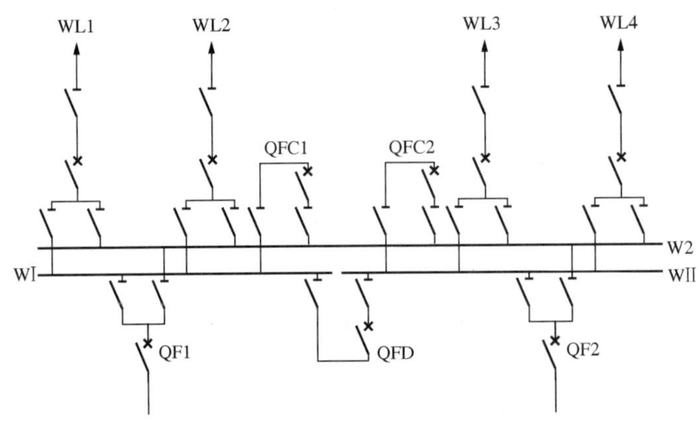

图 4-4 双母线分段接线

双母线分段接线比双母线接线增加了两台断路器，投资有所增加。但双母线分段接线不仅具有双母线接线的各种优点，并且任何时候都有备用母线，有较高的可靠性和灵活性。

在中小发电厂的发电机电压配电装置及变电站 6～10kV 配电装置中，当进出线回路数或母线上电源较多，输送和通过功率较大时，为限制短路电流以选择轻型设备，并为提高接线的可靠性常采用双母线三或四分段接线，并在分段处加装母线电抗器。这种接线具有很高的可靠性和灵活性，但增加了母联断路器和分段断路器数量，配电装置投资较大。

此外，双母线分段接线较多用于 220kV 配电装置，当进出线数为 10～14 回时采用三分段（仅一组母线用断路器分段），15 回及以上时采用四分段（二组母线均用断路器分段）；同时在 330～500kV 大容量配电装置中，出线为 6 回及以上时一般也采用类似的双母线分段接线。

三、带旁路母线的单母线和双母线接线

断路器经过长期运行和切断数次短路电流后都需要检修。为了使采用单母线分段或双母线接线的配电装置在检修断路器时，不致中断该回路供电，可增设旁路母线。

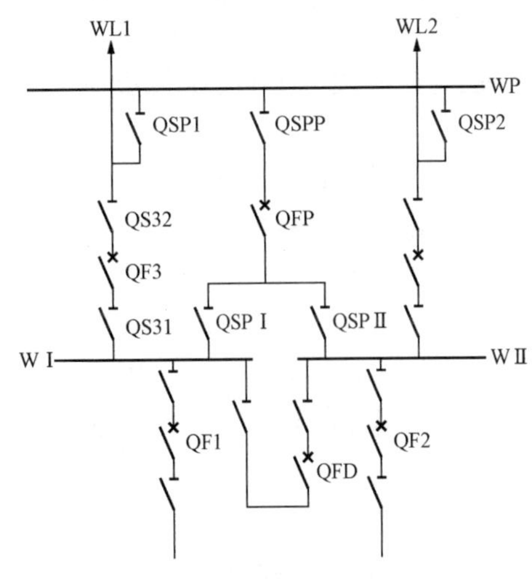

图 4-5 单母线分段带专用旁路断路器的旁路母线接线

通常，旁路母线有三种接线方式：①有专用旁路断路器的旁路母线接线；②母联断路器兼作旁路断路器的旁路母线接线；③用分段断路器兼作旁路断路器的旁路母线接线。

1. 单母线分段带旁路母线的接线

图 4-5 所示为单母线分段带专用旁路断路器的旁路母线接线。接线中设有旁路母线 WP、旁路断路器 QFP 及母线旁路隔离开关 QSP Ⅰ、QSP Ⅱ、QSPP；此外在各出线回路的线路隔离开关的外侧都装有旁路隔离开关 QSP1 和 QSP2，使旁路母线能与各出线回路相连。

在正常工作时，旁路断路器 QFP 以及各出线回路上的旁路隔离开关，都是断开的，旁路母线 WP 不带电。通常，旁路断路器两侧的隔离开关

处于合闸状态，即 QSPP 于合闸状态，而 QSPⅠ、QSPⅡ二者之一是合闸状态，另一则为开断状态，例如 QSPⅠ合闸、QSPⅡ分闸，则旁路断路器 QFP 对 WⅠ段母线上各出线断路器处于随时待命的“热备用”状态。

当出线 WL1 的断路器 QF3 要检修时，QSPⅠ处于合闸状态（若属分闸状态，则与 QSPⅡ切换），则合上旁路断路器 QFP，检查旁路母线 WP 是否完好。如果旁路母线有故障，QFP 在合上后会自动断开，就不能使用旁路母线；如果旁路母线是完好的，QFP 在合上后不跳开，就能进行退出运行中的 QF3 操作，即合上出线 WL1 的旁路隔离开关 QSP1（两端为等电位），然后断开出线 WL1 的断路器 QF3，再断开其两侧的隔离开关 QS32 和 QS31，由旁路断路器 QFP 代替断路器 QF3 工作，QF3 便可以检修，而出线 WL1 的供电不致中断。

在上述的操作过程中，当检查到旁路母线完好后，可先断开旁路断路器 QFP，用出线旁路隔离开关 QSP1 对空载的旁路母线合闸，然后再合上旁路断路器 QFP，之后再进行退出 QF3 的操作。这一操作虽然增加了操作程序，然而可避免万一在倒闸过程中，QF3 事故跳闸下 QSP1 带负荷合闸的危险。

单母线分段带有专用旁路断路器的旁路母线接线极大地提高了供电可靠性，但这样的接线增加了一台旁路断路器的投资。

图 4-6 所示为分段断路器兼作旁路断路器的接线，可以减少设备、节省投资。该接线方式在正常工作时按单母线分段运行，而旁路母线 WP 不带电，即分段断路器 QFD 的旁路母线侧的隔离开关 QS3 和 QS4 断开，工作母线侧的隔离开关 QS1 和 QS2 接通，分段断路器 QFD 接通。当 WⅠ段母线上的出线断路器要检修时，为了使 WⅠ、WⅡ段母线能保持联系，先合上分段隔离开关 QSD，然后断开断路器 QFD 和隔离开关 QS2，再合上隔离开关 QS4，然后合上 QFD。如果旁路母线是完好的，QFD 不会跳开，则可以合上待检修出线的旁路开关，最后断开要检修的出线断路器及其两侧的隔离开关，就可对该出线断路器进行检修。检修完毕后，将该出线断路器投入运行的操作顺序与上述的相反。

图 4-7 所示为旁路断路器兼作分段断路器的接线。该接线设置一台两个分段母线公用的旁路断路器，正常工作时隔离开关 QS1 和 QS3 接通，旁路断路器 QFP 接通，WⅠ、WⅡ段母线用旁路断路器 QFP 兼作分段断路器，旁路母线处于带电运行状态。当 WⅠ段母线上的出线断路器要检修时，先合上隔离开关 QS2，以保持 WⅠ、WⅡ段母线间的联系，而后断开旁路母线与 WⅡ段母线间的隔离开关 QS3，再合上待检修出线回路的旁路隔离开关，最后断开要检修的出线断路器及其两侧的隔离开关，就可对该出线断路器进行检修。

2. 双母线带旁路母线的接线

双母线接线可以带旁路母线，用旁路断路器替代检修中的回路断路器工作，使该回路不致停电。图 4-8 为双母线带旁路母线的接线。可以设专用旁路断路器，也可以用旁路断路器兼作母联断路器，或用母联断路器兼作旁路断路器，分别如图 4-8（a）～（c）所示。双母线分段接线也可以带旁路母线，但需设两台旁路断路器，分别接在工作母线的两个分段上，接线更为复杂。

3. 旁路母线设置的原则

110kV 及以上的高压配电装置中，因为电压等级高、输送功率较大、送电距离较远、停电影响较大，同时高压断路器每台检修通常都需 5～7 天的较长时间，因而不允许因检修断路器而长期停电，均需设置旁路母线，从而使检修与它相连的任一回路的断路器时，该回路便可以不停电，提高了供电的可靠性。当 110kV 出线在 6 回及以上、220kV 出线在 4 回及以上时，宜采用带专用旁路断路器的旁路母线。

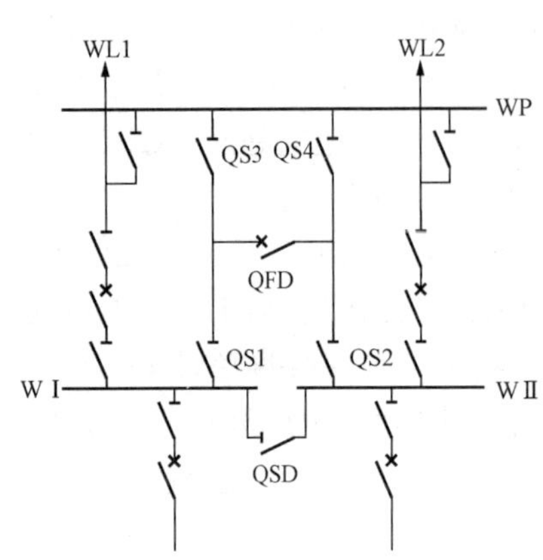

图 4-6　分段断路器兼作旁路断路器的接线

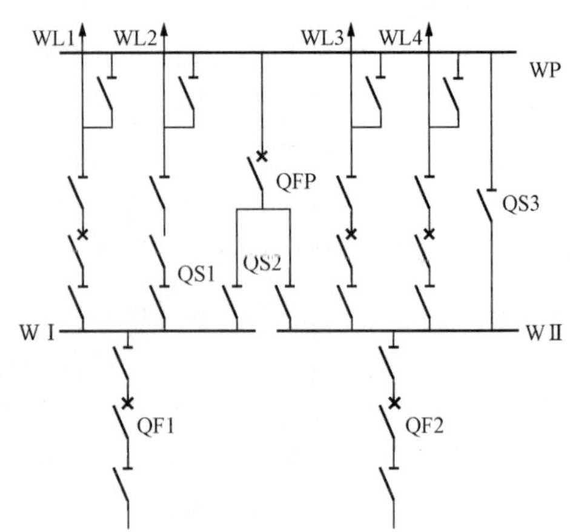

图 4-7　旁路断路器兼作分段断路器的接线

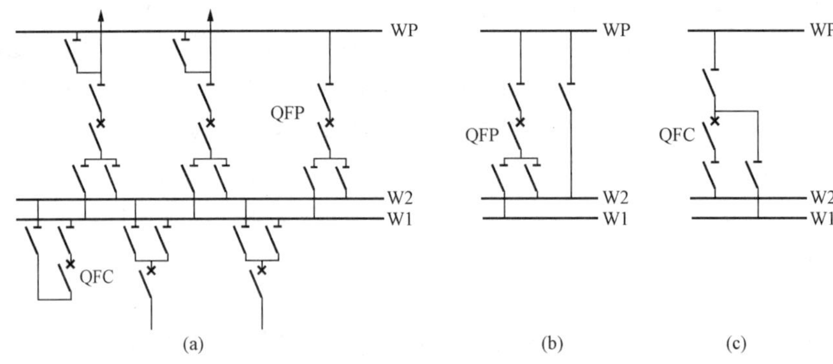

图 4-8　双母线带旁路母线的接线

（a）设专用旁路断路器；（b）旁路断路器兼作母联断路器；（c）母联断路器兼作旁路断路器

带有专用旁路断路器的接线多装了价高的断路器和隔离开关，增加了投资，然而这对于接入旁路母线的线路回数较多，且对供电可靠性有特殊需要的场合是十分必要的。不采用专用旁路断路器的接线，虽然可以节约建设投资，但是检修出线断路器的倒闸操作十分繁杂，而且对于无论是单母线分段接线或双母线接线方式，在检修期间均处于单母线不分段运行状况，极大地降低了可靠性。在出线回数较少的情况下，也可为节省投资，采用母联断路器或分段断路器与旁路断路器之间互相兼用的带旁路母线的接线方式。

下列情况下可不设置旁路设施：

（1）当系统条件允许断路器停电检修时（如双回路供电的负荷）；

（2）当接线允许断路器停电检修时（每条回路有两台断路器供电，如角形、一台半断路器接线等）；

（3）中小型水电站枯水季节允许停电检修出线断路器时；

（4）采用高可靠性的六氟化硫（SF_6）断路器及全封闭组合电器（GIS）时。

对于电源侧断路器是否接入旁路母线的问题，考虑到变电站的主变压器可靠性较高，通常不需检修，但是高压侧断路器有定期检修需要，故应接入；而发电厂升压变压器高压侧断路器的定期检修，可安排在发电机组检修期同步进行，因而不需接入。

对于特殊需要，但又不便于设置旁路母线的情况，可设置临时“跨条”。如图 4-9 中出线回路 WL1 的断路器 QF3 需要检修时，可用母联断路器 QFC 代替其工作，具体操作步骤如下：将原来连接在母线 W2 上的各回路均切换到母线 W1 上，断开母联断路器及两侧隔离开关，母线 W2 停电，然后断开待检修的断路器 QF3 及其隔离开关 QS31 和 QS33，然后将断路器 QF3 两端接线拆开，并用“跨条”接上（如图中 QF3 左侧的虚线所示），再接通该出线回路的隔离开关 QS32 和 QS33，而后接通母联断路器两侧的隔离开关，最后接通母联断路器。这样，电流由母线 W1 经母联断路器，再经母线 W2，送向出线 WL1，如图中箭头所示。此时，出线 WL1 单独在母线 W2 上工作，母联断路器代替出线断路器。整个操作过程中，只有出线 WL1 短时停电，对其他回路没有影响。

35～60kV 配电装置采用单母线分段接线且断路器允许无条件停电检修时，可设置不带专用旁路断路器的旁路母线；当采用双母线接线，不宜设置旁路母线，有条件时可设置旁路隔离开关，如图 4-9 中出线 WL4 的 QSP；当采用 35kV 单母线手车式成套开关柜时，由于断路器可迅速置换，故可不设旁路设施。

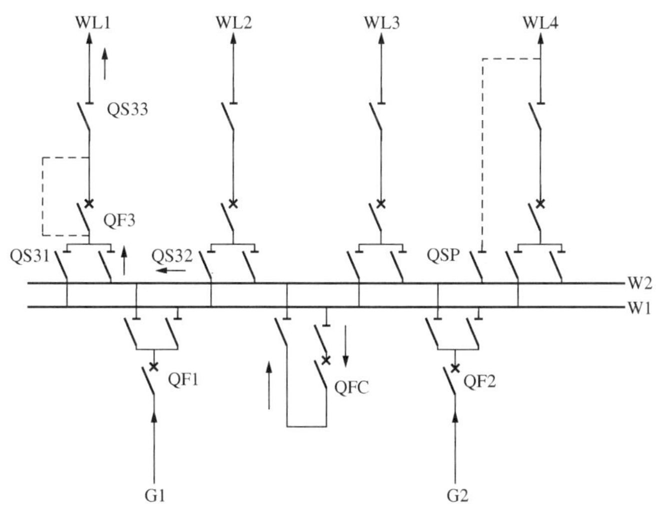

图 4-9　用母联断路器代替出线断路器时电流的途径

6～10kV 配电装置一般不设置旁路母线，特别是当采用手车式成套开关柜时，由于断路器可迅速置换，可以不设旁路设施。而 6～10kV 单母线及单母线分段接线的配电装置，在采用固定式成套开关柜时，由于容易增设旁路母线，故可考虑装设。此外，在其他情况下，也可设置旁路母线。例如：出线回路数很多，断路器停电检修机会多；多数线路系向用户单独供电，用户内缺少互为备用的电源，不允许停电；均为架空线出线，雷雨季节跳闸次数多，增加了断路器检修次数。

需要强调的是，随着高压配电装置广泛采用 SF_6 断路器及国产断路器质量的提高，同时系统备用容量的增加、电网结构趋于合理与联系紧密、保护双重化的完善以及设备检修逐步由计划检修向状态检修过渡，为简化接线，总的趋势将逐步取消旁路设施。

四、一台半断路器及三分之四台断路器接线

1. 一台半断路器接线

通常在330～500kV配电装置中，当进出线为6回及以上，配电装置在系统中具有重要地位，则宜采用一台半断路器接线。

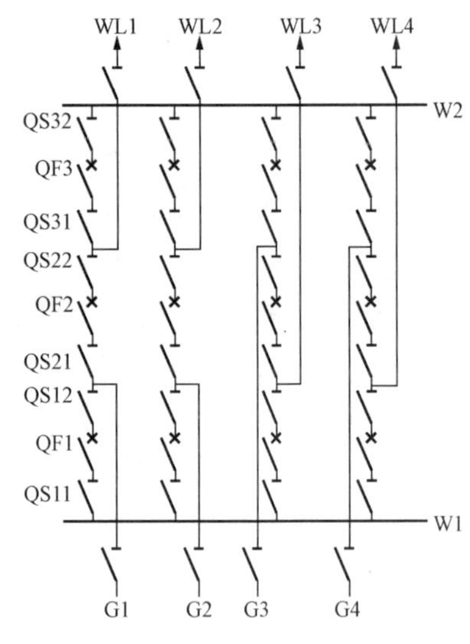

图4-10 一台半断路器接线

如图4-10所示，每两个元件（出线、电源）用3台断路器构成一串接至两组母线，称为一台半断路器接线，又称3/2接线。在一串中，两个元件（进线、出线）各自经一台断路器接至不同母线，而两回路之间的断路器称为联络断路器。

运行时，两组母线和同一串的3个断路器都投入工作，称为完整串运行，形成多环路状供电，具有很高的可靠性。其主要特点是，任一母线故障或检修，均不致停电；任一断路器检修也不引起停电；甚至于两组母线同时故障（或一组母线检修另一组母线故障）的极端情况下，功率仍能继续输送。一串中任何一台断路器退出或检修时，这种运行方式称为不完整串运行，此时仍不影响任何一个元件的运行。这种接线运行方便、操作简单，隔离开关只在检修时作为隔离带电设备使用。

在一台半断路器接线中，通常有两条原则：

（1）电源线宜与负荷线配对成串，即要求采用在同一个“断路器串”上配置一条电源回路和一条出线回路，以避免在联络断路器发生故障时，使两条电源回路或两条负荷回路同时被切除。

（2）配电装置建设初期仅有两串时，同名回路宜分别接入不同侧的母线，进出线应装设隔离开关。当一台半断路器接线达3串及以上时，同名回路可接于同一侧母线，进出线不宜装设隔离开关。

图4-11所示为一台半断路器接线的配置方式。图4-11（a）所示为将两个同名元件（电源或出线）分别布置在不同串上，并且分别靠近不同母线接入，即电源（变压器）和出线相互交叉配置。另一种非交叉接线（或称常规接线）如图4-11（b）所示。它也将同名元件分别布置在不同串上，但所有同名元件都靠近某一母线一侧（进线都靠近一组母线，出线都靠近另一组母线）。

通过分析可知，交叉接线比非交叉接线具有更高的运行可靠性，可减少特殊运行方式下事故扩大。如图4-11所示，一串中的联络断路器（设QF2）在检修或停用，当另一串的联络断路器发生异常跳闸或事故跳闸（出线WL2故障或进线T2回路故障）时，对非交叉接线将造成切除两个电源，相应的两台发电机甩负荷至零，电厂与系统完全解列；而对交叉接线而言，至少还有一个电源（发电机—变压器组）可向系统送电，WL2故障时T2向WL1送电，T2故障时T1向WL2送电，仅是联络断路器QF5异常跳开时，也不破坏两台发电机向系统送电。交叉接线的配电装置的布置比较复杂，需增加一个间隔。

显然，当该接线的串数只有两串时，属于单环形，类同角形接线，串数等于或大于3串时，由于接线本身构成的闭环回路不止一个，一个串中的联络断路器检修或停用时，仍然还

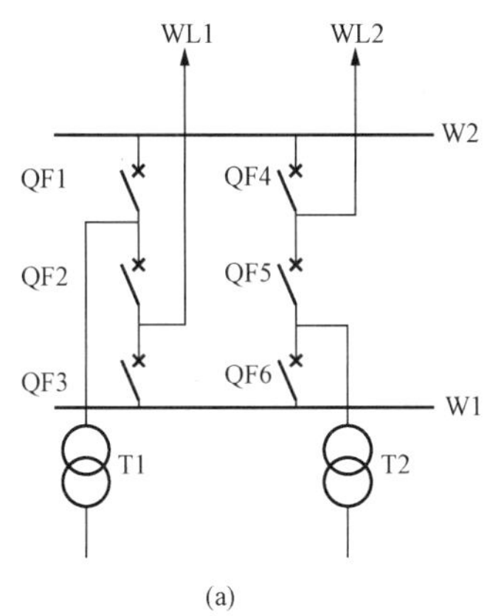

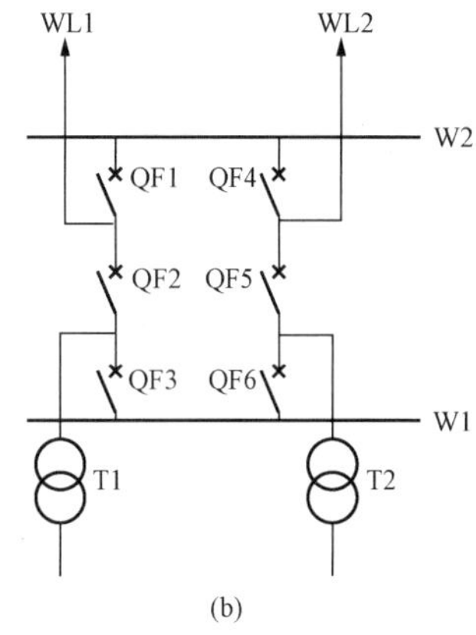

图 4-11　一台半断路器接线的配置方式（图中未画出隔离开关）
（a）交叉接线；（b）非交叉接线

有闭环回路，因此可不考虑上述交叉接线。此外，该接线仅有两串时，为避免线路检修时需将两台断路器断开，而造成系统解环，在进出线上应装置隔离开关；当串数等于或大于 3 串时，进出线可不装设隔离开关。

一台半断路器接线运行的可靠性和灵活性很高，在检修母线或回路断路器时不必用隔离开关进行大量的倒闸操作，并且调度和扩建也方便。所以在超高压电网中得到了广泛应用，在 330～500kV 电压当进出线为 6 回及以上，配电装置在系统中有重要地位时一般宜采用一台半断路器接线。

2. 三分之四台断路器接线

由于高压断路器造价高，为了进一步减少设备投资，把 3 条回路的进出线通过 4 台断路器接到两组母线上，构成三分之四断路器接线方式。这种接线在本节末的图 4-19 中可以看到。这种接线方式通常用于发电机台数（进线）大于线路（出线）数的大型水电厂，以便实现在一个串的 3 个回路中电源与负荷容量相互匹配。

实际运用中，可以根据电源和负荷的数量及扩建要求，采用三分之四台、一台半及两台断路器的多重连接的组合接线，将有利于提高配电装置的可靠性和灵活性。

五、变压器—母线组接线

各出线回路由两台断路器分别接在两组母线上，变压器直接通过隔离开关接到母线上，组成变压器—母线组接线，如图 4-12 所示。这种接线调度灵活，电源和负荷可自由调配，安全可靠，有利于扩建。由于变压器是高可靠性设备，所以直接接入母线，对母线的运行并不产生明显影响。一旦变压器故障时，连接于对应母线上的断路器跳开，但不影响其他回路供电。当出线回路较多时，出线也可采用一台半断路器接线形式。这种接线适用于长距离大容量输电线路、系统稳定性问题突出和要求线路有高度可靠性并要求主变压器的质量可靠、故障率甚低的变电站中。

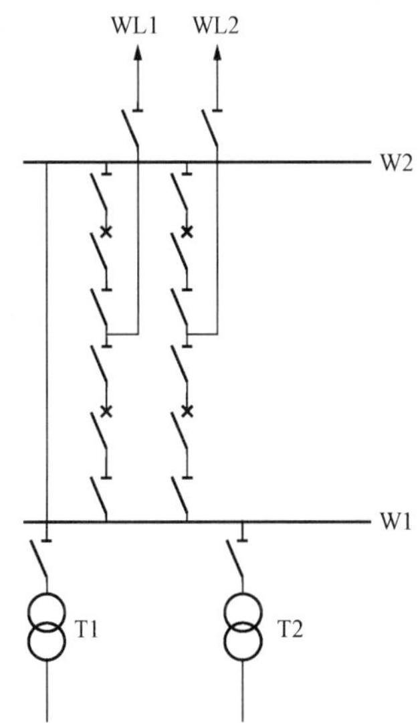

图 4-12　变压器—母线组接线

六、单元接线

单元接线是无母线接线中最简单的形式，也是所有主接线基本形式中最简单的一种。

图 4-13（a）为发电机—双绕组变压器组成的单元接线，是大型机组广为采用的接线形式。这种接线发电机出口不装断路器，为调试发电机方便可装隔离开关；对 200MW 以上机组，发电机出口采用分相封闭母线，为了减少开断点，亦可不装隔离开关，但应留有可拆点，以利于机组调试。这种单元接线，避免了由于额定电流或短路电流过大，使得选择出口断路器时受到制造条件或价格过高等原因造成的困难。

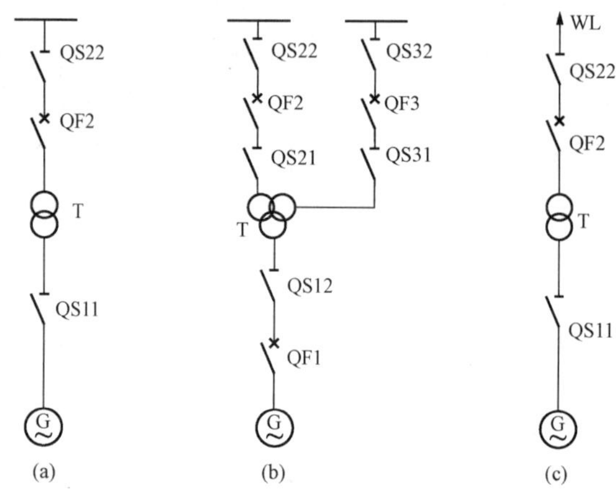

图 4-13 单元接线

（a）发电机—双绕组变压器单元接线；（b）发电机—三绕组变压器单元接线；（c）发电机—变压器—线路单元接线

单元接线简单，开关设备少，操作简便，以及因不设发电机电压级母线，而在发电机和变压器之间采用封闭母线，使得在发电机和变压器低压侧短路的几率和短路电流相对于具有发电机电压级母线时有所减小。

发电机不设出口断路器的发电机—双绕组变压器单元接线方式在大型机组中得到广泛应用，然而它在运行中存在如下技术问题：

首先，当主变压器或厂用高压变压器发生故障时，除了跳主变压器高压侧出口断路器外，还需跳发电机磁场断路器。由于大型发电机励磁回路的时间常数较大，即使磁场断路器跳开后也不可能迅速灭磁，因而一段时间内通过发电机—变压器组或厂用高压变压器的故障电流仍很大；若磁场断路器拒跳，则后果更为严重。此外，当发电机定子绕组本身故障时，若变压器高压侧断路器失灵拒跳，则只能通过失灵保护出口母差保护或发远方跳闸信号使线路对侧断路器跳闸；若因通道原因远方跳闸信号失效，则只能由对侧后备保护来切除故障，这样故障切除时间大大延长，会使发电机、主变压器严重损坏。

其次，发电机故障跳闸时，将失去厂用工作电源，而这种情况下备用电源的快速切换极有可能不成功，因而机组面临厂用电中断的威胁。

显然，大容量发电机装设出口断路器的优越性主要在于：

（1）主变压器或厂用变压器故障时，迅速断开变压器高压侧断路器和发电机出口断路器，有利于发电机和变压器的安全；

（2）发电机故障只需断开发电机出口断路器，不需断开变压器高压侧断路器，不会造成高压系统正常运行下的接线方式改变，特别是对一台半断路器接线串数不多时，不易导致系统开环，有利于电网安全运行；

(3) 发电机组正常启、停或事故停机时，只需操作发电机出口断路器，厂用电可由主变压器从系统倒送，不需切换厂用电的操作，大大提高了厂用电可靠性；

(4) 由于主变压器可兼作厂用的启动与备用电源，容量大、可靠性高，从而可以减少厂用变压器台数和容量，简化厂用电系统接线，具有明显经济效益。

当前，我国在 600～1000MW 核电机组及部分水、火电机组装设了发电机出口断路器或负荷开关。断路器可在 60～80ms 以内快速切除故障，并能切除不平衡负荷和实现失步开断；而负荷开关主要用于正常负荷下的开断，对故障电流需待衰减到正常电流水平时才能开断，因而安全性能不如断路器，但价格略低。由于大容量机组出口断路器价格十分昂贵，装设与否应经过充分的技术与经济效益论证。

图 4-13 (b) 为接入两种电压等级的发电机与三绕组变压器组成的单元接线。为了在发电机停止工作时，还能保持和高、中压电网之间的联系，在变压器的三侧均应装断路器。200MW 及以上机组一般不与三绕组变压器组成单元接线，这是为了避免装设额定电流与断流容量极大的发电机出口断路器。为简化网络结构及电厂主接线，减少电压等级，电厂接入系统的电压等级不应超过两种。

图 4-13 (c) 为发电机—变压器—线路单元接线。该接线方式下，在电厂不设升压配电装置，把电能直接送到附近的枢纽变电站或开关站，使电厂的布置更为紧凑，节省占地面积；由于不设高压配电装置，所以不存在火电厂的烟尘及冷却水塔的水汽对配电装置的污染问题。同时，由于该接线方式的单元性强，可在机组单元控制室集中控制，不设网控室，使运行管理较灵活方便。该接线方式中，变压器高压侧靠电厂端是否需装断路器，取决于线路长度以及短距离线路保护的复杂性、可靠性，当前我国多数装设有断路器。该接线适用于电厂地理位置狭窄或地区内有多个相互之间距离很近的电厂，且靠近电厂中心地区设置有枢纽变电站或开关站，汇集各电厂电能向负荷集中输送的场合，这有利于发变电工程整体合理与节约投资。此外，该接线涉及电网系统规划和布置、电厂布置与投资、电厂启动与备用电源如何抽取等诸多问题，需在具体工程中经慎重比选后决定。

图 4-14 (a) 为发电机—双绕组变压器扩大单元接线。当发电机单机容量不大且系统备用容量允许时，为了减少变压器台数和高压侧断路器数目，并节省配电装置占地面积，将 2 台发电机与 1 台变压器相连接，组成扩大单元接线。图 4-14 (b) 为发电机—分裂绕组变压器扩大单元接线。通常，单机容量仅为系统容量的 1%～2%或更小，而电厂的升高电压等级又较高，如 50MW 机组接入 220kV 系统、100MW 机组接入 330kV 系统、200MW 机组接入 500kV 系统，可采用扩大单元接线。

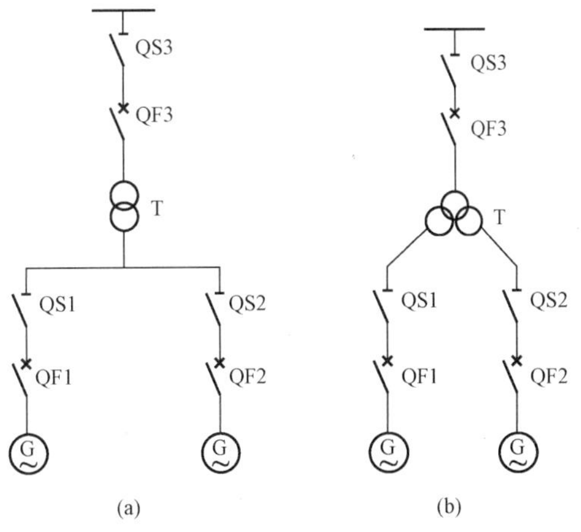

图 4-14　扩大单元接线图
(a) 发电机—双绕组变压器扩大单元接线；
(b) 发电机—分裂绕组变压器扩大单元接线

七、桥形接线

当只有两台变压器和两条线路时，宜采用桥形接线。桥形接线，根据桥断路器 QF3 的安装位置，可分为内桥接线和外桥接线两种，分别如图 4-15（a）、（b）所示。

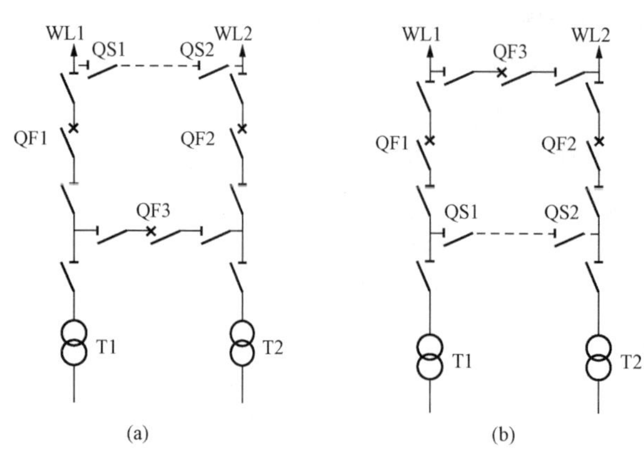

图 4-15　桥形接线
（a）内桥接线；（b）外桥接线

内桥接线在线路故障或切除、投入时，不影响其余回路工作，并且操作简单；而在变压器故障或切除、投入时，要使相应线路短时停电且操作复杂。因而该接线一般适用于线路较长（相对来说线路的故障几率较大）和变压器不需要经常切换（如火电厂）的情况。

外桥接线在运行中的特点与内桥接线相反，适用于线路较短和变压器需要经常切换的情况。当系统中有穿越功率通过主接线为桥形接线的发电厂或变电站高压侧，或者桥形接线的 2 条线路接入环形电网时，通常宜采用外桥接线。如果采用内桥接线，穿越功率将通过 3 台断路器，继电保护配置复杂，并且其中任一台断路器断开时都将使穿越功率无法通过，或使环形电网开环运行。为减少开环及满足一回进线或出线停运时，桥断路器需退出运行，内桥接线或外桥接线均可加“跨条”联络两臂，如图 4-15（b）虚线所示，以提高运行的可靠性和灵活性，装设两台隔离开关构成跨条是为了便于轮流检修任一台隔离开关之用。

桥形接线只用 3 台断路器，比具有 4 条回路的单母线接线节省了一台断路器，并且没有母线，节省投资，但可靠性不高，适用于小容量发电厂或变电站，或作为最终将发展为单母线分段或双母线的工程初期接线方式，也可用于大型发电机组的启动/备用变压器的高压侧接线方式。

八、多角形接线

多角形接线的断路器数等于电源回路和出线回路的总数，断路器接成环形电路，电源回路和出线回路都接在 2 台断路器之间，多角形接线的“角”数等于回路数，也就等于断路器数。图 4-16（a）、（b）分别为四角形接线和三角形接线。

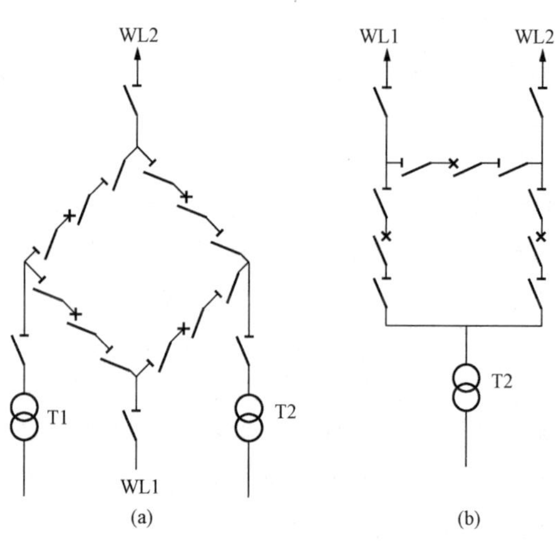

图 4-16　多角形接线
（a）四角形接线；（b）三角形接线

多角形接线的优点：所用的断路器数目比单母线分段接线或双母线接线还少 1 台，却具有双断路器双母线接线的可靠性，任一台断路器检修时，只需断开其两侧的隔离开关，不会引起任何回路停电；没有母线，因而不存在因母线故障所产生的影响；任一回路故障时，只跳开与它相连接的 2 台断路器，不会影响其他回路的正常工作；操作方便，所有隔离开关只用于检修时隔离电源，不作操作之用，不会发生带负荷断开隔离开关的事故。

多角形接线的缺点：检修任何一台断路器时，多角形就开环运行，如果此时出现故障，又有断路器自动跳开，将使供电造成紊乱；由于运行方式变化大，电气设备可能在闭环和开环两种情况下工作，其中所流过的工作电流差别较大，会给电气设备的选择带来困难，并且使继电保护装置复杂化；不便于扩建。

多角形接线最多为六角形接线，而以四角形接线和三角形接线为宜，以减少开环运行所带来的不利影响。这种接线的电源回路应配置在多角形的对角上，使所选电气设备的额定电流不致过大。多角形接线，一般用于回路数较少且能一次建成、不需再扩建的 110kV 及以上的配电装置中。由于多角形接线无母线，配电装置占地面积小，故多用于进出线数不超过 6 回、地形狭窄的中、小型水力发电厂。

多角形接线用于调峰电厂时，需增设发电机出口断路器便于启、停机，以避免多角形接线经常开环运行，但增加了电厂主变压器的空载损耗。

九、典型主接线分析

上面原则上介绍了主接线的几种基本形式，以及分别适用于何种发电厂和变电站。但是，由于发电厂的类型、容量、地理位置和在电力系统中的地位、作用、馈线数目、输电距离以及自动化程度等因素，对不同发电厂或变电站的要求各不相同，所采用的主接线形式也就各异。下面仅对不同类型发电厂及变电站的典型主接线特点作一介绍。

1. 火电厂电气主接线

火电厂可分为地方性火电厂和区域性火电厂两大类。

（1）地方性火电厂，通常建设在城市附近或工业负荷中心。随着我国近年来为提高能源利用率和环境保护的要求，对小火电实行关停的决策，当前在建或运行的地方性火电厂多为热力发电厂，以推行热电联产，在为工业和民用提供蒸汽和热水热能的同时，生产的电能大部分都用发电机电压直接馈送给地方用户，只将剩余的电能以升高电压送往电力系统。这种靠近城市和工业中心的发电厂，由于受供热距离的限制，一般热电厂的单机容量多为中、小型机组。通常，它们的电气主接线包括发电机电压接线形式及 1～2 级升高电压级接线形式，且与系统相连接。

图 4-17 为某中型热电厂电气主接线图。单机容量为 25MW 及以上的发电机 G1 和 G2，且发电机电压出线数量较多，10kV 发电机电压母线采用双母线分段接线，为限制短路电流，该发电机电压母线上连接的发电机组单机容量不宜超过 60MW，而总容量不宜超过 200MW。母线分段断路器上串接有母线电抗器，出线上串接有线路电抗器，分别用于限制发电厂内部故障和出线故障时的短路电流，以便选用轻型的断路器；因为 10kV 用户都在附近，采用电缆馈电，可以避免因雷击线路而直接影响到发电机。

该热电厂三绕组变压器 T1、T2 除担任将 10kV 母线上剩余电能按负荷分配送往 110kV 及 220kV 两级电压系统的任务外，还能在当任一侧故障或检修时，保证其余两级电压系统之间的并列联系，保证可靠供电。

单机容量为 100～300MW 及以上的发电机 G3、G4 采用双绕组变压器分别接成单元接线，直接将电能送入 220kV 系统，便于实现机、炉、电单元集中控制或机、炉集中控制，亦避免了发电机电压级的电能多次变压送入系统，从而减少了损耗。单元接线省去了发电机

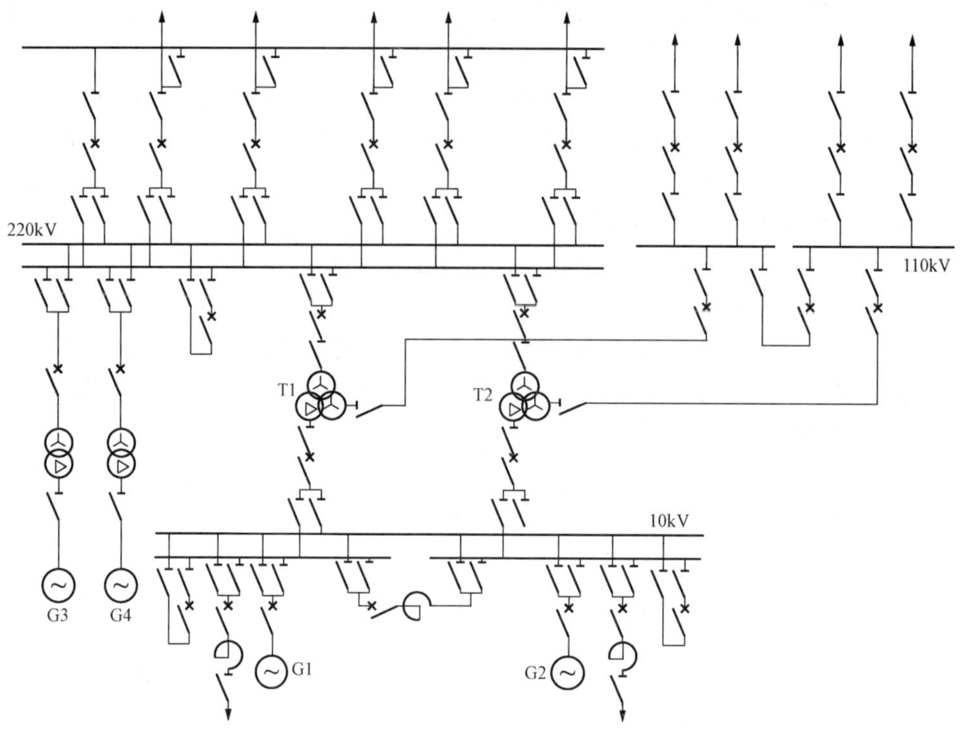

图 4 - 17　某中型热电厂的电气主接线图

出口断路器，提高了供电可靠性。为了检修调试方便，在发电机与变压器之间装设了隔离开关。

220kV 侧母线由于较为重要，出线较多，采用双母线接线，出线侧带有旁路母线，并设有专用旁路断路器，不论母线故障或出线断路器检修，都不会使出线长期停电；但变压器侧不设置旁路母线，因在一般情况下变压器高压侧的断路器检修可在发电机或变压器检修时进行。

110kV 侧母线采用单母线分段接线，平时分开运行，以减少故障时短路电流，如有重要用户可用双回路分别接在不同分段上进行供电。

（2）区域性火电厂，通常建在煤炭生产基地附近，为凝汽式火电厂，一般距负荷中心较远，电能几乎全部用高压或超高压输电线路送至远方，担负着系统的基本负荷，装机容量在 1000MW 以上，单机容量为 200MW 以上，目前在建工程以 600MW 为主力机组，新近相继投入 1000MW 超临界压力蒸汽机组。

图 4 - 18 所示为某区域性火电厂的电气主接线图。该发电厂有 4 台发电机，接成 4 组单元接线，单机容量为 300MW 的 2 个单元接 220kV 母线，单机容量为 600MW 的 2 个单元接 500kV 母线。220kV 母线采用带旁路母线的双母线接线方式，装有专用旁路断路器。考虑到单机容量 300MW 的大型机组出口断路器故障停运对系统影响很大，故在变压器进线回路也接入旁路母线。500kV 母线为一台半断路器的接线方式，电源线与负荷线配对成串，但因串数大于两串，同名回路接于同一侧母线，不交叉布置，以减少配电装置占地。用自耦变压器作为两级升高电压之间的联络变压器，其低压绕组兼作厂用电的备用电源和启动电源。

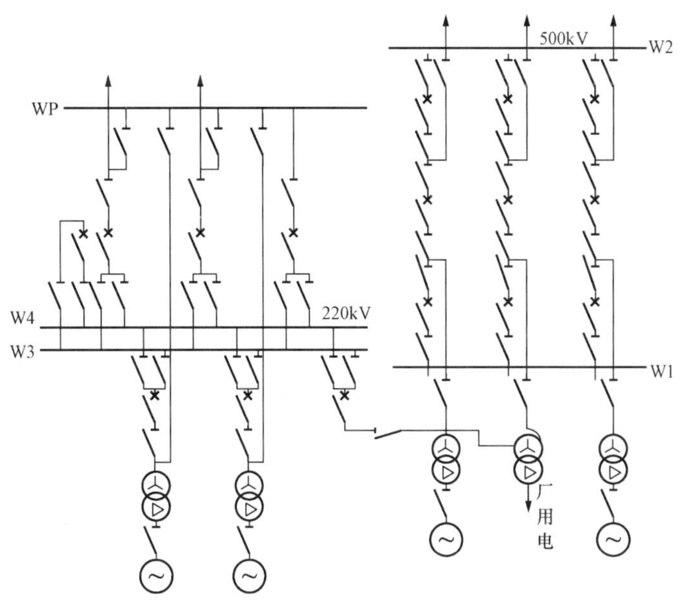

图 4-18　某区域性火电厂的电气主接线图

2. 水电厂电气主接线

水电厂的特点是：一般距负荷中心较远，基本上没有发电机电压负荷，全部电能用升高电压送入系统；水电厂的装机台数和容量，是根据水能利用条件一次确定的，不必考虑发展和扩建；水电厂附近地形复杂，电气主接线应尽可能简单，使配电装置紧凑。

此外，水轮发电机启动迅速、灵活方便，一般正常情况下，从启动到带满负荷只需 4～5min，事故情况下可能还不到 1min（火电厂则因机、炉特性限制，一般需 6～8h）。因此，水电厂常被用作系统事故备用和检修备用。对具有水库调节的水电厂，通常在丰水期承担系统基荷，枯水期多带尖峰负荷。很多水电厂还担负着系统的调频、调相任务。因此，水电厂的负荷曲线变化较大、机组启停频繁，其接线应具有较好的灵活性。

图 4-19 所示某大型水电厂电气主接线图。该水电厂 6 台 550MW 发电机组（U_N=18kV）以发电机—变压器单元接线形式，直接把电能送至 500kV 电力系统，500kV 侧中有两串为一台半断路器接线（其中一串在布置上留有发展为三分之四台断路器接线的余地）和两串为三分之四台断路器接线，实现 6 条电源进线和 4 条出线配对成串。由于升压变压器与 500kV GIS 之间采用交联聚乙烯电缆连接，两串一台半断路器接线中同名元件可以方便地采用交叉布置，这没有带来增加间隔布置的困难，而增加了供电可靠性。为冬季担任系统调峰负荷的需要，在各发电机出口均装设有出口断路器，给运行带来极大的灵活性，避免了机组频繁启停对 500kV 接线运行方式的影响；同时可利用主变压器倒送功率，为机组启动/备用电源提供了方便，而在发电机出口断路器与厂用电引出线之间装设的隔离开关及接地开关，为该运行方式提供了安全保障。受运输条件限制，该水电厂主变压器采用单相式（额定容量为 314MV・A）组成三相变压器，这样的单相变压器全厂共 18 台，另外再设一台单相变压器作备用。

3. 变电站电气主接线

变电站主接线的设计要求基本上与发电厂相同，即根据变电站在电力系统中的地位、负荷性质、出线回路数等条件和具体情况确定。

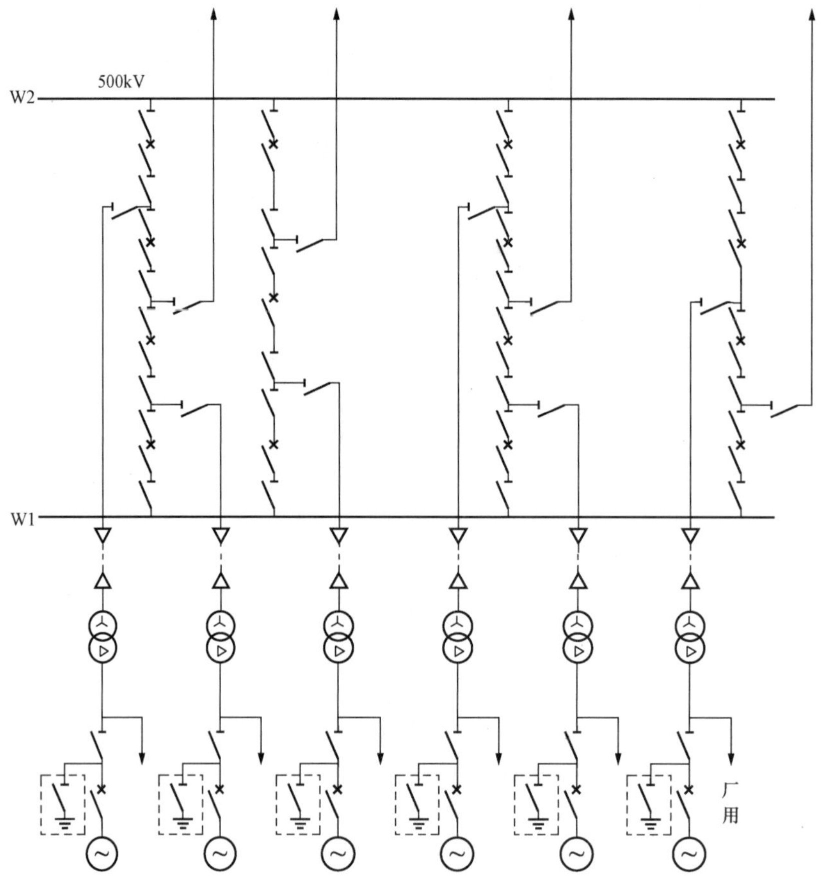

图 4-19 某大型水电厂的电气主接线图

通常变电站主接线的高压侧，应尽可能采用断路器数目较少的接线，以节省投资，随出线数的不同，可采用桥形、单母线、双母线接线及角形接线等。如果变电站电压为超高压等级，又是重要的枢纽变电站，宜采用双母线分段带旁路接线或采用一台半断路器接线。变电站的低压侧常采用单母线分段或双母线接线，以便于扩建。6～10kV 馈线应选轻型断路器，若不能满足开断电流及动稳定和热稳定要求时，应采用限流措施。在变电站中最简单的限制短路电流方法是使变压器低压侧分列运行；若分列运行仍不能满足要求，则可在变压器低压侧装设电抗器或出线电抗器，一般尽可能不装限流效果较小的母线电抗器。

第三节 主变压器的选择

在发电厂和变电站中，用来向电力系统或用户输送功率的变压器，称为主变压器；用于两种电压等级之间交换功率的变压器，称为联络变压器；只供本厂（站）用电的变压器，称为厂（站）用变压器或称自用变压器。

一、变压器容量和台数的确定原则

主变压器的容量、台数直接影响电气主接线的形式和配电装置的结构。它的确定除依据传递容量基本原始资料外，还应根据电力系统 5～10 年发展规划、输送功率大小、馈线回路数、电压等级以及接入系统的紧密程度等因素，进行综合分析和合理选择。如果变压器容量选得过大、台数过多，不仅增加投资、增大占地面积，而且也增加了运行电能损耗，设备未能充分发挥效益；若容量选得过小，将可能“封锁”发电机剩余功率的输出或者满足不了变电站负荷的需要，这在技术上是不合理的，因为每千瓦的发电设备投资远大于每千瓦变电设备的投资。为此，在选择发电厂主变压器时，应遵循以下基本原则。

1. 单元接线的主变压器

单元接线的主变压器容量应按下列条件中的容量较大者选择：

（1）发电机的额定容量扣除本机组的厂用负荷后，留有10%的裕度。

（2）按发电机的最大连续容量（制造厂家提供的数据）扣除一台厂用变压器的计算负荷，以及变压器绕组平均温升在标准环境温度或冷却水温度不超过65℃的条件选择。该65℃是依据我国电力变压器标准，即在正常使用条件下，油浸变压器在连续额定容量稳态下的绕组平均温度。

采用扩大单元接线时应尽可能采用分裂绕组变压器，其容量亦应按单元接线的计算原则算出的两台发电机容量之和来确定。

2. 具有发电机电压母线接线的主变压器

连接在发电机电压母线与系统之间的主变压器的容量应考虑以下因素：

（1）当发电机全部投入运行时，在满足发电机电压供电的日最小负荷，并扣除厂用负荷后，主变压器应能将发电机电压母线上的剩余有功和无功功率送入系统。

（2）当接在发电机电压母线上的最大一台机组检修或者因供热机组热负荷变动而需限制本厂输出功率时，主变压器应能从电力系统倒送功率，保证发电机电压母线上最大负荷的需要。

（3）若发电机电压母线上接有两台及以上的主变压器时，当其中容量最大的一台因故退出运行时，其他主变压器应能输送母线剩余功率的70%以上。

（4）在电力市场环境下，中、小火电机组的高成本电量面临“竞价上网”的约束，特别是在夏季丰水季节处于不利地位，加之“以热定电”的中、小热电厂在夏季热力负荷减少的情况下，可能停用火电厂的部分或全部机组，主变压器应具有从系统倒送功率的能力，以满足发电机电压母线上最大负荷的要求。

具有发电机电压母线的发电厂，在发电机电压母线上通常都接入60MW及以下的中、小型热电机组，按照“以热定电”的方式运行，坚持自发自用原则，严格限制上网电量。为确保对发电机电压上的负荷供电可靠性，接于发电机电压母线上的主变压器不应少于2台，其总容量除满足上述几点要求外，还应当考虑到不少于5年负荷的逐年发展。

对于利用工业生产的余热发电的中、小型电厂，可只装1台主变压器与电力系统构成弱连接。

3. 连接两种升高电压母线的联络变压器

联络变压器的台数一般只设置1台，最多不超过2台，这是考虑到布置和引线的方便。联络变压器的容量选择应考虑以下两点：

（1）联络变压器容量应能满足两种电压网络在各种不同运行方式下有功功率和无功功率交换。

（2）联络变压器容量一般不应小于接在两种电压母线上的最大一台机组容量，以保证最大一台机组故障或检修时，通过联络变压器来满足本侧负荷的要求；同时，也可在线路检修或故障时，通过联络变压器将剩余容量送入另一系统。

4. 变电站主变压器

变电站主变压器容量一般应根据5～10年规划负荷、城市规划、负荷性质、电网结构等综合考虑确定其容量。对重要变电站，需考虑当一台主变压器停运时，其余变压器容量在计及过负荷能力允许时间内，应满足Ⅰ类及Ⅱ类负荷的供电；对一般性变电站，当一台主变压器停运时，其余变压器容量应能满足全部负荷的70%～80%。

当采用自耦变压器在自耦变压器第三绕组接有无功补偿设备时，应根据无功功率潮流校核公共绕组的容量。

对于枢纽变电站在中、低压侧已形成环网的情况下，以设置两台主变压器为宜；对地区性孤立的一次变电站或大型工业专用变电站，可设3台主变压器，以提高供电可靠性。

二、变压器型式和结构的选择原则

1. 相数

容量为300MW及以下机组单元连接的主变压器和330kV及以下电力系统，一般都应选用三相变压器。因为单相变压器组相对投资大、占地多、运行损耗也较大，同时配电装置结构复杂，也增加了维修工作量。但是，由于变压器的制造条件和运输条件的限制，特别是大型变压器需要考察其运输可能性，若受到限制时，则可选用单相变压器组。

容量为600MW机组单元连接的主变压器和500kV电力系统中的主变压器应综合考虑运输和制造条件，经技术经济比较，可采用单相变压器组成三相变压器。采用单相变压器时，由于备用相一次性投资大，利用率不高，故应综合考虑系统要求、设备质量以及按变压器故障率引起的停电损失费用等因素，确定是否装设备用相。若确需装设，可按地区（运输条件允许）或同一电厂3～4组的单相变压器组（容量、变比与阻抗均相同），合设一台备用相考虑。

2. 绕组数与结构

电力变压器按每相的绕组数分为双绕组、三绕组或更多绕组等型式，按电磁结构分为普通双绕组、三绕组、自耦式及低压绕组分裂式等型式。

发电厂以两种升高电压级向用户供电或与系统连接时，可以采用2台双绕组变压器或一台三绕组变压器。

机组容量为125MW及以下的发电厂多采用三绕组变压器，但三绕组变压器的每个绕组的通过容量应达到该变压器额定容量的15%及以上，否则绕组未能充分利用，反而不如选用2台双绕组变压器在经济上更加合理。此外，在一个发电厂或变电站中采用三绕组变压器台数一般不多于3台，以免由于增加了中压侧引线的构架，造成布置的复杂和困难。同时，三绕组变压器比同容量双绕组变压器价格要贵40%～50%，而且台数过多会造成中压侧短路容量过大，故对其使用要加以限制。此外，选用时应注意到功率流向。三绕组变压器根据三个绕组的布置方式不同，分为升压变压器和降压变压器。升压变压器用于功率流向由低压绕组传送到高压电网和中压电网，用于发电厂主变压器；而降压变压器用于功率流向由高压传送至中压和低压，常用于变电站主变压器。

机组容量为200MW以上的发电厂采用发电机—双绕组变压器单元接入系统，而两种升高电压级之间加装联络变压器更为合理。这是由于机组容量大，额定电流及短路电流都很大，发电机出口断路器制造困难，价格昂贵，且对供电可靠性要求较高，所以一般在发电机回路及厂用分支回路均采用分相封闭母线，而封闭母线回路中一般不装置断路器和隔离开关。同时，三绕组变压器由于制造上的原因，中压侧不留分接头，只作死抽头，不利于高、中压侧的调压和负荷分配。此时，联络变压器宜选用三绕组变压器（或自耦变压器），低压绕组可作为厂用备用电源或厂用启动电源，亦可连接无功补偿装置。

扩大单元接线主变压器，应优先选用低压分裂绕组变压器，可以大大限制短路电流。

在 110kV 及以上中性点直接接地系统中，凡需选用三绕组变压器的场所，均可优先选用自耦变压器。它损耗小、价格低，但主要潮流方向应为低压和中压同时向高压送电，或反之，且变化不宜过大，并注意自耦变压器限制短路电流的效果较差。

多绕组（如四绕组）电力变压器，一般用于 600MW 级大型机组启动兼备用变压器。当高压和两级中压（如 10.5kV 与 3kV）绕组均为星形接线时，为提供变压器 3 次谐波电流通路，保证主磁通接近正弦波，改善电动势的波形，常在变压器设有第四个三角形接线的绕组，即为四绕组变压器，该绕组不接负荷。此四绕组变压器联结组号为 YNyn0yn0d11。

3. 绕组联结组号

变压器三相绕组的联结组号必须和系统电压相位一致，否则不能并列运行。电力系统采用的绕组连接方式只有星形“Y”和三角形“d”两种。因此，变压器三相绕组的连接方式应根据具体工程来确定。

在发电厂和变电站中，一般考虑系统或机组的同步并列要求以及限制 3 次谐波对电源的影响等因素，主变压器联结组号一般都选用 YNd11 常规接线。

全星形接线变压器用于中性点不接地系统时，3 次谐波无通路，将引起正弦波电压畸变，并对通信设备发生干扰，同时对继电保护整定的准确度和灵敏度均有影响。在我国，全星形接线变压器均为自耦变压器，电压变比多为 220/110/35kV、330/220/35kV、330/110/35kV、500/220/110kV。由于 500、330、220、110kV 均系中性点直接接地系统，系统的零序阻抗较小，所以自耦变压器设置三角形绕组用以对线路 3 次谐波的分流作用已显得不十分必要。

4. 阻抗和调压方式

变压器阻抗实质是绕组之间的漏抗，当变压器的电压比、型式、结构和材料确定之后，其阻抗大小一般和变压器容量关系不大，各侧阻抗值的选择应从电力系统稳定、潮流方向、无功分配、短路电流、继电保护、系统内的调压手段和并联运行等方面综合考虑，以对具体工程起决定性的因素确定。对于双绕组变压器，一般按标准规定值选择；对于三绕组普通型和自耦型变压器各侧阻抗，按用途即升压型或降压型确定。

为了保证发电厂或变电站的供电质量，电压必须维持在允许范围内。通过变压器的分接头开关切换，改变变压器高压绕组匝数，从而改变其变比，实现电压调整。应当看到，这种调压仅改变电网无功潮流分配，并不会增加整个电网无功容量。因此，当电网无功容量不足造成电压偏低，变压器调压仅是各厂（站）之间无功容量的再分配。切换方式有两种：一种是不带电切换，称为无励磁调压，调整范围通常在 $\pm 2\times 2.5\%$ 以内，应视具体工程情况而定。如图 4-19 所示的大型水电厂中考虑到 500kV 线路分布电容的升压效应，选用单相变压器无载分接头范围为 $550(+0, -4\times 2.5\%)/\sqrt{3}$kV。另一种是带负荷切换，称为有载调压，调整范围可达 30%。其结构较复杂，价格较贵，只在以下情况下才予以选用：

（1）接于输出功率变化大的发电厂的主变压器，特别是潮流方向不固定，且要求变压器二次电压维持在一定水平时。

（2）接于时而为送端、时而为受端，具有可逆工作特点的联络变压器，为保证供电质量，要求母线电压恒定时。

通常，发电厂主变压器中很少采用有载调压，因为可以通过调节发电机励磁来实现调节电压。当大型发电机出口装设有断路器时，主变压器兼作厂用的启动、备用电源。由于大容量机组厂用高压变压器多为△/△接线方式，在△接线方式下调压技术较复杂，可靠性差，因而为确保系统电压变动时，保证厂用电系统电压在允许范围内，在国内外特别是核电厂均有采用主变压器为有载调压的工程实例。

对于220kV及以上的降压变压器，仅在电网电压有较大变化的情况时使用有载调压，一般均采用无励磁调压。110kV及以下变压器应至少有一级电压的变压器采用有载调压。

5. 冷却方式

油浸式电力变压器的冷却方式随其型式和容量不同而异，一般有自然风冷却、强迫风冷却、强迫油循环水冷却、强迫油循环风冷却、强迫油循环导向冷却。

中、小型变压器通常采用依靠装在变压器油箱上的片状或管形辐射式冷却器和电动风扇的自然风冷却及强迫风冷却方式散发热量。

容量在31.5MV·A及以上的大容量变压器一般采用强迫油循环风冷却，在发电厂水源充足的情况下，为压缩占地面积，也可采用强迫油循环水冷却。强迫油循环水冷却方式，散热效率高，节省材料，减小变压器本体尺寸；但要一套水冷却系统和有关附件，在冷却器中，油与水不是直接接触，在设计时和运行中，油压应高于水压（1～1.5）$\times10^5$Pa，以防止万一泄漏时水不至于进入变压器内，严重地影响油的绝缘性能，故对冷却器的密封性能要求较高。

容量在350MV·A及以上的特大变压器一般采用强迫油循环导向冷却。该冷却方式是在采用强迫油循环风冷或水冷的大型变压器中，充分利用油泵加压的有利条件，利用潜油泵将冷油压入线圈之间、线饼之间和铁心的油道中，压力油在高、低压绕组之间有各自的油流路线，绕组中有纵向和横向的油道，使铁心和绕组中的热量直接由具有一定流速的油带走，而变压器上层热油用潜油泵抽出，经过水冷却或风冷却器冷却后，再由潜油泵注入变压器油箱底部，构成变压器的油循环。为了达到导向冷却，保证所有绕组线盘都有低温冷却油流过，使绕组得到有效冷却，而不像一般变压器中油是自然无阻、无向地流动，需要在变压器中设置引导油流向的构件。

此外，SF_6气体变压器冷却方式与油浸式相似；而干式变压器因容量较小，一般为自然风或风扇冷却两种方式。

第四节 限制短路电流的方法

短路是电力系统中较常发生的故障。短路电流直接影响电气设备的安全，危害主接线的运行，特别在大容量发电厂中，在发电机电压母线或发电机出口处短路，短路电流可达几万安至几十万安。为使电气设备能承受短路电流的冲击，往往需选用加大容量的电气设备，这不仅增加投资，甚至会因开断电流不能满足而选不到符合要求的高压电气设备。为了能合理地选择轻型电气设备，在主接线设计时，应考虑采取限制短路电流的措施。

一、装设限流电抗器

加装限流电抗器限制短路电流，常用于发电厂和变电站的 6~10kV 配电装置。电抗器按结构不同分为普通电抗器和分裂电抗器两类。

1. 普通电抗器

普通三相限流电抗器由三个单相的空心线圈构成。采用空心结构是为了避免短路时，由于电抗器饱和而降低对短路电流的限制作用。由于没有铁心，因而伏安特性是线性的，当电流在从额定电流到超过额定值 10～20 倍的短路电流的很大范围变化时，伏安特性都是线性的；同时由于无铁心，而电抗器的导线电阻又很小，因而在运行中的有功能量损耗也是极小的。依据安装地点和作用，普通电抗器可分为母线电抗器和线路电抗器两种。

(1) 母线电抗器。母线电抗器装设在母线分段处，如图 4-20 中电抗器 L1。其目的是让发电机出口断路器、变压器低压侧断路器、母联断路器和分段断路器等都能按各回路额定电流来选择，不因短路电流过大而使容量升级。母线分段处往往是正常工作情况下电流通过最小的地方，在此装设电抗器，所引起的电压损失和功率损耗都比装在其他地方为小。无论厂内（k1 或 k2 点）或厂外（k3 点）短路时，电抗器 L1 均能起到限流作用。为了运行操作方便和减小母线各段间的电压差，母线分段一般不宜超过三段。母线电抗器主要用于限制并列运行发电机所提供的短路电流，其额定电流通常按母线上事故切除最大一台发电机时可能通过电抗器的电流进行选择，一般取发电机额定电流的 50%～80%，电抗百分值取为8%～12%。

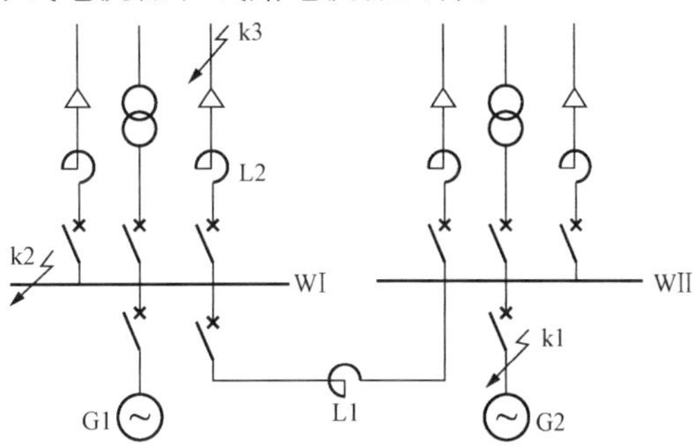

图 4-20 电抗器的接法（图中未画出隔离开关）
L1—母线电抗器；L2—线路电抗器

(2) 线路电抗器。线路电抗器用来限制电缆馈线回路短路电流。由于电缆的电抗值较小且有分布电容，即使在电缆馈线末端发生短路，也和母线短路相差不多。为了出线能选用轻型断路器，同时馈线的电缆也不致因短路发热而需加大截面，常在出线端加装线路电抗器 L2（见图 4-20），它只能如 k3 点短路时才有限制短路电流的作用。由于架空线路本身的感抗值较大，不长一段线路就可以把出线上的短路电流限制到装设轻型断路器的数值，因此通常不在架空线路上装设线路电抗器。

馈线上装线路电抗器，从发电厂和用户整体来看比较合理。因为当线路电抗器后发生短路时（如图 4-20 中的 k3 点），电压降主要产生在电抗器上，这不仅限制了短路电流，而且能在母线上维持较高的剩余电压，一般都大于 65%U_N，这对非故障用户，尤其对电动机极为有利，能提高供电可靠性。但是，在直配线路上安装电抗器时，因馈线回路数多，相应出线电抗器数量亦多，总投资加大，从而使配电装置构造复杂，同时在正常运行时亦将产生较大的电压损失（一般要求不应大于 5%U_N）和较多的功率损耗。所以，一般情况下，当在分段上装设母线电抗器或在发电机、主变压器回路装设分裂电抗器不满足要求时，再考虑在出线上装设线路电抗器。通常线路电抗器的额定电流多为 300～600A，电抗百分值取 3%～6%。

应当注意到，尽管母线电抗器的百分电抗取得较大，但由于其额定电流远大于线路电抗器的额定电流，故母线电抗器对出线上的短路电流（如图 4 - 20 中的 k3）的限制作用不大。

2. 分裂电抗器

分裂电抗器在结构上与普通电抗器相似，只是绕组中心有一个抽头，将电抗器分为两个分支，即两个臂 1 和 2，一般中间抽头用来连接电源，1 和 2 用来连接大致相等的两组负荷，如图 4 - 21 所示。

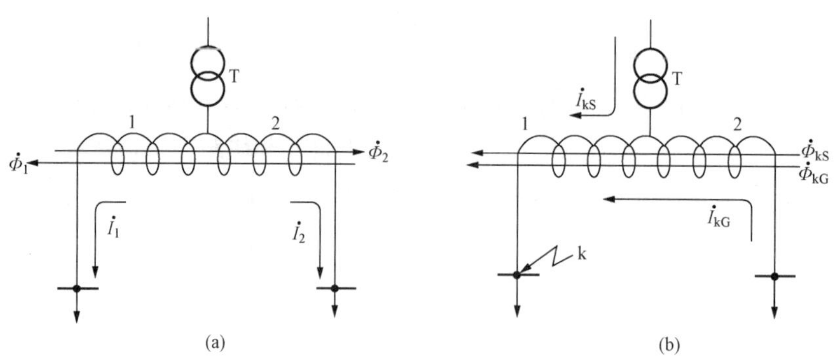

图 4 - 21　分裂电抗器的工作原理

（a）正常工作时；（b）一臂短路

正常工作时，两个分支负荷的电流相等，在两臂中通过大小相等、方向相反的电流，产生方向相反的磁通，如图 4 - 21（a）所示。每臂的磁通在另一臂中产生互感电抗，则每臂的运行电抗（称为穿越电抗）为

$$X = X_L - X_M = X_L - fX_L = (1-f)X_L \tag{4-1}$$

式中：X_L为每臂的自感电抗；X_M为每臂的互感电抗；f 为互感系数，$f = X_M/X_L$。

互感系数 f 与分裂电抗器的结构有关，一般取 $f=0.5$，则在正常工作时，每臂的运行电抗为 $X=(1-0.5)X_L=0.5X_L$，即比单臂自感电抗减少了一半。倘若将两个分支负荷等效为一个总负荷，则分裂电抗器的等值运行电抗仅为每臂自感电抗的 1/4。

当分支 1 出线短路时，若忽略分支 2 的负荷电流，显然分裂电抗器臂 1 对经变压器 T 提供的短路电流呈现的运行电抗值为 X_L（称为单臂型电抗），而对臂 2 可能送来的短路电流 I_{kG}（负荷中的大型电动机在短路瞬间的反馈电流）和系统送来的短路电流 I_{kS}在分裂电抗器中的流向是相同的，磁通方向也相同，如图 4 - 21（b）所示。每一臂由 $I_{kQ}=I_{kS}+I_{kG}$ 产生的磁通在另一臂中产生正的互感电抗，则两臂的总电抗（称为分裂型电抗）为

$$X_{12} = 2(X_L + X_M) = 2X_L(1+f) \tag{4-2}$$

可见，当 $f=0.5$ 时，$X_{12}=3X_L$，分裂电抗器能有效地限制另一臂送来的短路电流。

运行中尚需注意的是，当两个分支负荷不等或者负荷变化过大时，将引起两臂电压产生偏差，造成电压波动，甚至可能出现过电压。

二、采用低压分裂绕组变压器

采用低压分裂绕组变压器组成发电机—变压器扩大单元接线，如图 4 - 22（a）所示，以限制短路电流。分裂绕组变压器有一个高压绕组和两个低压的分裂绕组，两个分裂绕组的额定电压和额定容量相同，匝数相等。由于两个分裂绕组有漏抗，所以两台发电机之间的电路中有电抗，一台发电机端口短路时，另一台发电机送来的短路电流就受到限制。

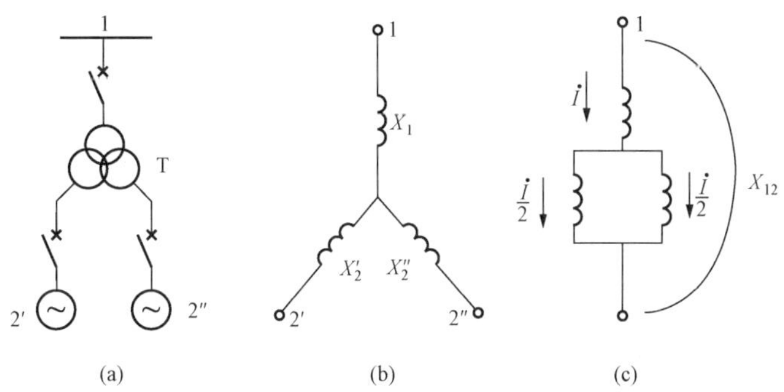

图 4-22　分裂绕组变压器及其等值电路
(a) 分裂绕组变压器扩大单元接线；(b) 分裂绕组变压器等值电路图；
(c) 正常工作时的等值电路图

图 4-22 (b) 所示的等值电路中，X_1 为高压绕组漏抗，X_2' 、X_2'' 分别为高压绕组开路时两个低压分裂绕组的漏抗，通常 $X_2' = X_2'' = X_2$（已归算至高压侧）。

在正常工作时的等值电路如图 4-22 (c) 所示。若通过高压绕组电流为 $\dot{I}$，每个低压绕组流过相同的电流为 $\dot{I}/2$，则高低压绕组正常工作时的等值电抗称为穿越电抗，其值为

$$X_{12} = X_1 + X_2/2 \tag{4-3}$$

当任一低压侧发电机出口处短路，该处与另一低压侧发电机之间的短路电抗称为分裂电抗，其值为

$$X_{2'2''} = X_2' + X_2'' = 2X_2 \tag{4-4}$$

当任一低压侧发电机出口处短路，该处与系统之间的短路电抗称为半穿越电抗，其值为

$$X_{12}' = X_1 + X_2 \tag{4-5}$$

可见，低压分裂绕组正常运行时的穿越电抗值较小。当一个分裂绕组出线端口发生短路时，来自另一分裂绕组端口的短路电流将遇到分裂电抗的限制，来自系统的短路电流则遇到半穿越电抗的限制，这些电抗值都很大，能起到限制短路电流的作用。显然，在采用扩大单元接线方式时，采用低压分裂绕组变压器对发电机出口短路电流具有明显的限制作用。此外，在单机容量为 200MW 及以上大型机组的厂用高压变压器，将两个低压分裂绕组接至厂用电的两个不同的分段上。对任一分段短路时，来自另一分段的大型电动机的反馈电流也有很大的限制作用。

通常，变压器制造厂家仅提供分裂变压器的穿越电抗 X_{12}、半穿越电抗 X_{12}' 和分裂系数 K_f 的数值。分裂系数 K_f 是两个分裂绕组间的分裂电抗与穿越电抗的比值，即

$$K_f = \frac{X_{2'2''}}{X_{12}} = \frac{2X_2}{X_1 + X_2/2} \tag{4-6}$$

根据 X_{12} 和 K_f 的定义，可得到等效电路中高压绕组电抗 X_1 和两个分裂绕组电抗 X_2'和 X_2''，即

$$\left.\begin{aligned} X_1 &= X_{12}\left(1 - \frac{1}{4}K_f\right) \\ X_2' &= X_2'' = \frac{1}{2}K_f X_{12} \end{aligned}\right\} \tag{4-7}$$

分裂线组变压器的绕组在铁心上的布置有两个特点：其一是两个低压分裂绕组之间有较大的短路阻抗；其二是每一分裂绕组与高压绕组之间的短路阻抗较小且相等。运行时的特点是当一个分裂绕组低压侧发生短路时，另一未发生短路的低压侧仍能维持较高的电压，以保证该低压侧上的设备能继续运行，并能保证电动机紧急启动，这是一般结构的三绕组变压器所不及的。

三、采用不同的主接线形式和运行方式

为了减小短路电流，可选用计算阻抗较大的接线和运行方式。例如大容量发电机采用单元接线，尽可能在发电机电压级不采用母线；在降压变电站中可采用变压器低压侧分列运行方式，即所谓“母线硬分段”接线方式；对具有双回路的电路，在负荷允许的条件下可采用单回路运行；对环形供电网络，可在环网中穿越功率最小处开环运行等。这些接线形式和采取的运行方式的目的在于增大系统阻抗，减小短路电流，选用时应综合评估对主接线供电可靠性、运行灵活性、经济性和对电力系统稳定性的影响。

这里需要特别强调的是，电气主接线形式的选择是一个综合性问题。大型发电厂的主接线采用双母线接线、一台半断路器接线有许多优点。但是，从电力系统的角度来看，这种接线方式不能很好地满足形成一个合理而稳定系统结构的基本要求，一个合理的系统结构应当是外接电源适当分散，同时与受端系统的联系应加强，但在事故情况时能对受端系统提供足够的电压支持，避免负荷大量转移至相邻线路后引起的静态稳定破坏或受端电压大幅下降而引起电压崩溃。因此，在远离负荷中心的大型发电厂，推荐采用发电机—变压器—线路单元接线，或双母线双断路器接线。这种将一个厂内的大电源分成几块的直接效果为：当一组出线发生故障，在其后的系统暂态摇摆过程中，电厂只有与该线路相连接的几台发电机组处于送电侧，而其余机组皆自动处于受电侧，成为受电系统的电源，从而加强了对受端网络的支持；另外也使短路电流大大下降。

第五节　电气设备及主接线的可靠性分析

对电气主接线进行可靠性分析计算的目的主要有以下几点：

（1）通过电气设备的可靠性数据来分析计算电气主接线的可靠性，作为设计和评价电气主接线的依据；

（2）对不同主接线方案进行可靠性指标综合比较，提供计算结果，作为选择最优方案的依据；

（3）对已经运行的主接线，寻求可能的供电路径，选择最佳运行方式；

（4）寻找主接线的薄弱环节，以便合理安排检修计划和采取相应对策；

（5）研究可靠性和经济性的最佳搭配等。

一、基本概念

1. 可靠性的含义

可靠性定义为元件、设备和系统在规定的条件下和预定时间内，完成规定功能的概率。对电气主接线来讲，可靠性就是在规定的额定条件下和预定的时间内（如 1 年）完成预期功能状况的概率。其中预定的功能可规定一些判据来衡量。根据具体情况和要求，衡量主接线完成功能和丧失功能的判据，可以是保证某回路或某若干回路供电连续性的概率、保证发电

功率的概率、保证母线电能质量的概率等。判据越多，越接近工程实际情况，但其可靠性计算也越复杂，甚至无法进行。所以，判据的选择应根据电厂容量大小、重要程度、与电力系统连接方式以及经济效益等实际情况权衡而定。目前在设计电气主接线时，多以保证连续供电和发电功率的概率作为可靠性计算的判据。

2. 电气设备的分类

从可靠性观点看，电力系统中使用的电气设备（元件）可分为可修复元件和不可修复元件两类。如果电气设备经过一段时间工作后，发生了故障，经过修理能再次恢复到原来的工作状态，就称这种电气设备为可修复元件，如断路器、变压器等设备。由可修复元件组成的系统称为可修复系统。电力系统中使用的绝大部分电气设备，如发电机、变压器、断路器、母线和输电线路等都属于可修复元件，因此电气主接线亦属于可修复系统。如果电气设备工作一段时间后，发生了故障不能修理，或者虽能修复但不经济，就称这种电气设备为不可修复元件，如电容器、电灯泡等。由不可修复设备组成的系统称为不可修复系统。

3. 电气设备的工作状态

电气设备（元件）的工作状态，基本上可分为运行状态（工作或待命）和停运状态（故障或检修）两种。

运行状态又称为可用状态，即元件处于可执行它的规定功能的状态。停运状态又称为不可用状态，即元件由于故障处于不能执行其规定功能的状态。不可用状态中计划停运状态是事先安排的，强迫停运状态是随机的，为简化分析，可靠性研究中不包括计划停运状态。

二、可靠性的主要指标

1. 不可修复元件的可靠性指标

不可修复元件常用的可靠性指标有可靠度、不可靠度、故障率和平均无故障工作时间等。

（1）可靠度。一个元件在预定时间 t 内和规定条件下执行规定功能的概率，称为可靠度，记作 $R(t)$。相反，不可靠度用 $F(t)$ 表示。它们都是时间的函数。

元件的可靠度是用概率表示的。设总共有 n 个相同元件，运行 t 时间以后，已有 $n_f(t)$ 个元件损坏，还剩 $n_s(t)$ 个元件完好，则有

$$\frac{n_s(t)}{n}+\frac{n_f(t)}{n}=1$$

或

$$R(t)+F(t)=1 \tag{4-8}$$

其中

$$R(t)=\frac{n_s(t)}{n},\quad F(t)=\frac{n_f(t)}{n}$$

由式（4-8）可见，元件的可靠度和不可靠度是对立的事件，两者之和等于1，所以

$$R(t)=1-F(t)$$

当 $t=0$ 时，$R(t)=1$；当 $t=\infty$ 时，$R(t)=0$。这说明元件在开始运行时是完好的，可靠度 $R(0)=1$；但在工作无穷大时间以后，元件必然发生故障（失效），故 $R(\infty)=0$。

（2）不可靠度。不可靠度函数 $F(t)$ 表示元件在小于或等于预定时间 t 发生故障的概率。当 $t=0$ 时，$F(t)=0$；当 $t=\infty$ 时，$F(t)=1$。

对式（4-8）求导，得

$$f(t)=\frac{\mathrm{d}F(t)}{\mathrm{d}t}=-\frac{\mathrm{d}R(t)}{\mathrm{d}t} \tag{4-9}$$

$f(t)$ 是不可靠度 $F(t)$ 对时间 t 的一阶微分，表示单位时间内发生故障的概率，称为故障密度函数，所以

$$F(t)=\int_0^t f(t)\mathrm{d}t \tag{4-10}$$

（3）故障率。故障密度函数 $f(t)$ 与可靠度函数 $R(t)$ 的比，称为故障率函数 $\lambda(t)$。它表示元件已正常工作到时刻 t，在 t 时刻以后的下一个时间间隔 Δt 内发生故障的条件概率，即

$$\lambda(t)=\frac{f(t)}{R(t)}=\frac{f(t)}{1-F(t)}=-\frac{1}{R(t)}\frac{\mathrm{d}R(t)}{\mathrm{d}t} \tag{4-11}$$

式（4-11）表明可靠度、不可靠度和故障率三者的关系。通过对元件的大量观测统计，可以找出 $R(t)$ 或 $F(t)=1-R(t)$，则可按式（4-11）求得 $\lambda(t)$。

根据复合函数微分法，则有

$$\frac{\mathrm{d}}{\mathrm{d}t}\ln R(t)=\frac{1}{R(t)}\frac{\mathrm{d}R(t)}{\mathrm{d}t}$$

由式（4-11）得

$$\lambda(t)=\frac{f(t)}{R(t)}=-\frac{1}{R(t)}\frac{\mathrm{d}R(t)}{\mathrm{d}t}=-\frac{\mathrm{d}}{\mathrm{d}t}\ln R(t) \tag{4-12}$$

$$R(t)=\mathrm{e}^{-\int_0^t \lambda(t)\mathrm{d}t} \tag{4-13}$$

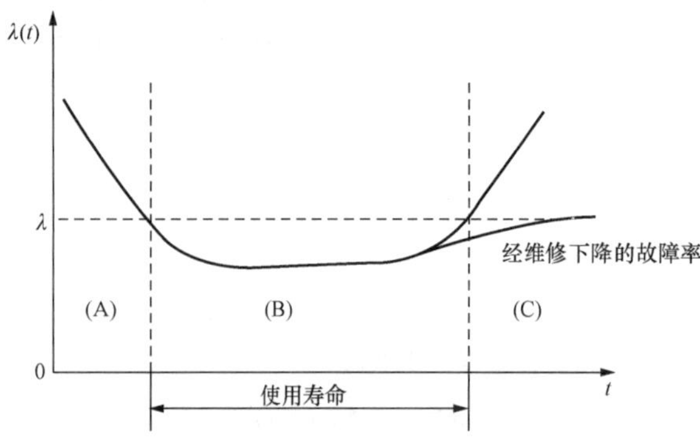

图 4-23　电气设备的典型故障率曲线
(A)—早期故障期；(B)—偶发故障期；
(C)—耗损故障期；λ—规定故障率

由此可见，电气设备可靠度 $R(t)$ 是以故障率 $\lambda(t)$ 对时间积分为指数的指数函数，这个结论非常重要。通过大量的试验与长期观测以及理论分析，由多个零件构成的电气设备，其故障率 $\lambda(t)$ 的典型形态如图 4-23 所示，此曲线形似浴盆，故称浴盆曲线。

根据电气设备的寿命，故障率 $\lambda(t)$ 大致分为三个阶段。电气设备寿命周期内的初期故障阶段，称早期故障期，故障率随时间下降。故障一般是由设计制造和安装调试方面的原因引起的，如电气设备中寿命短的零件，设计上的疏忽和生产工艺的质量问题而引起的。这时期的主要任务是严格进行试运转和验收，并加强管理，找出不可靠的原因，使故障率迅速趋于稳定。早期故障期结束后，进入第二阶段，称为偶发故障期。此时期故障的发生是随机的，偶发故障多是由运行操作上的失误造成的，这就要求严格按规程正确操作。这期间电气设备的故障率较低而且稳定，大致为常数，是设备的最佳状态时期。这个时期的长度，称为电气设备的有效使用寿命。最后，第三阶段称为耗损故障期，发生在电气设备寿命期末，故障率再度上升，引起故障的主要原因是电气设备某些零部件的老化和磨损。如能预知耗损开始时间，而事先进行预防、改善、维修或更换，就可使上升的故障率降低，以延长设备的实际使用寿命。可修复的电气设备或系统，就是采用这种方法以延长电气设备和系统的有效寿命，即通过维修，使它们长期处于偶发故障期状态。但对维护费很大、故障很多的电气设备，可能报废掉更经济些。

电力系统的主要设备（如发电机、变压器、断路器及输电线路等）都是可修复元件，通过定期检修可以使它们长期工作在偶发故障期，其故障率 $\lambda(t)$ 就具有浴盆曲线中的偶发故障期的特点，$\lambda(t)$ 与时间无关，为一常数，即

$$\lambda(t) = \lambda = 常数$$

因此，对电力系统和电气设备而言，可将式（4-13）、式（4-8）、式（4-9）分别改写成

$$R(t) = e^{-\lambda t} \tag{4-14}$$

$$F(t) = 1 - R(t) = 1 - e^{-\lambda t} \tag{4-15}$$

$$f(t) = \lambda e^{-\lambda t} \tag{4-16}$$

由此可见，电力系统和电气设备的可靠度函数、不可靠度函数和故障密度函数都有一个共同特点，即都按时间呈指数分布。

（4）平均无故障工作时间。不可修复元件的平均无故障工作时间（Mean time to failure，MTTF），用符号 T_U 表示，是元件寿命时间 T_U 随机变量的数学期望。若 t 代表一个连续的随机变量，$f(t)$ 是故障密度函数，则 T_U 的定义为

$$T_U = \int_0^{\infty} t f(t) \mathrm{d}t \tag{4-17}$$

当 $f(t) = \lambda e^{-\lambda t}$ 呈指数分布，且故障率 $\lambda(t) = \lambda$ 为常数时，有

$$T_U = \int_0^{\infty} t\lambda e^{-\lambda t} \mathrm{d}t = \frac{1}{\lambda} \tag{4-18}$$

由式（4-18）可见，在上述条件下平均无故障工作时间 T_U 和该电气设备的故障率 λ 互为倒数。当故障率为常数 λ 时，电气设备的平均无故障工作时间 $T_U = 1/\lambda$ 也是一个常数。

2. 可修复元件的可靠性指标

由于元件是可修复的，需要从两个方面考虑其可靠性，既要反映元件故障状态的指标，又要有表示其修复过程的指标。描述可修复元件可靠性的主要指标如下：

（1）可靠度。可靠度 $R(t)$ 是指元件在起始时刻正常运行条件下，在时间区间 $[0, t]$ 不发生故障的概率，对可修复元件主要集中在从起始时刻到首次故障的时间。

（2）不可靠度。不可靠度 $F(t)$ 又称失效度，是指元件在起始时刻完好条件下，在时间区间 $[0, t]$ 发生首次故障的概率。元件在时刻 t 有类同式（4-8）关系。

故障密度 $f(t)$ 是指元件在 $[t, t+\Delta t]$ 期间发生第一次故障的概率，即类同式（4-9）关系。

（3）故障率。故障率 $\lambda(t)$ 是元件从起始时刻直至时刻 t 完好条件下，在时刻 t 以后单位时间里发生故障的次数。

平均故障率 λ 为

$$\lambda = \frac{\sum 故障次数}{n \times 年数} \tag{4-19}$$

式中：λ 为电气设备平均故障率，次/年；n 为运行设备的年平均台数。

（4）修复率。元件由停运状态转向运行状态，主要靠修理，表示修理能力的指标是修复率 $\mu(t)$。修复率表示在现有检修能力和维修组织安排的条件下，平均单位时间内能修复设备的台数。在电气设备正常寿命期内，λ 和 μ 都是常数，可通过对同类型设备长期运行的观察、记录，运用数理统计的方法得到。在可靠性分析计算中，故障率 λ 和修复率 μ 通常为已

知数据。

（5）平均修复时间。平均修复时间（Mean Time To Repair，MTTR），亦称平均停运时间，用符号 T_D表示，为电气设备每次连续检修所用时间的平均值，是元件连续停运时间 T_D随机变量的数学期望。当修复率 μ 为常数，平均修复时间 T_D服从指数分布时，可得

$$T_D = \int_0^{\infty} t\mu e^{-\mu t} dt = \frac{1}{\mu} \tag{4-20}$$

式（4-20）表明，在上述条件下平均修复（停运）时间 T_D和修复率 μ 互为倒数。平均停运时间常以每次故障的平均小时数表示，即

$$平均停运时间 = \frac{\sum 故障停运小时数}{\sum 故障次数}$$

（6）平均运行周期。可修复元件的平均故障间隔时间（Mean time between failure，MTBF），或称为平均运行周期，用符号 T_S表示，则

$$T_S = T_U + T_D$$

（7）可用度。可用度又称可用率、有效度，常用符号 A 表示，是指稳态下元件或系统处于正常运行状态的概率。可用度与可靠度的不同在于，可靠度的定义中要求元件在时间区间［0，t］连续地处于工作状态，而可用度则无此要求。如果一个元件在时刻 t 以前发生过故障但经修复而在时刻 t 处于正常状态，那么对可用度有贡献，而对可靠度没有贡献，因此可用度更能确切地描述可修复元件的有效程度。对于可修复元件，$A(t) \geqslant R(t)$；对于不可修复元件，则 $A(t) = R(t)$。

电气设备在长期运行中，由于其寿命处于“运行”与“停运”两种状态的交叠中，则可用度应为

$$A = \frac{T_U}{T_S} = \frac{T_U}{T_U + T_D} = \frac{\frac{1}{\lambda}}{\frac{1}{\lambda} + \frac{1}{\mu}} = \frac{\mu}{\lambda + \mu} \tag{4-21}$$

（8）不可用度。不可用度又称不可用率、无效度，常用符号 $\overline{A}$ 表示，是可用度的对立事件。它是指稳态下元件或系统失去规定功能而处于停运状态的概率。由 $A + \overline{A} = 1$，可得

$$\overline{A} = 1 - A = \frac{T_D}{T_U + T_D} = \frac{\lambda}{\lambda + \mu} \tag{4-22}$$

元件的不可用度常用一个无量纲的因数来表示，称为强迫停运率（Forced outage rate）用符号 FOR 表示，即

$$FOR = \frac{强迫停运时间}{运行时间 + 强迫停运时间} \times 100\% \tag{4-23}$$

（9）故障频率。故障频率表示设备在长期运行条件下，每年平均故障次数，用符号 f 表示，为平均运行周期 T_S的倒数，即

$$f = \frac{1}{T_S} = \frac{1}{T_U + T_D} = \frac{\lambda\mu}{\lambda + \mu} = \lambda A = \mu\overline{A} \tag{4-24}$$

三、电气主接线的可靠性分析计算

电气主接线是由许多按一定目的连接起来的元件组成，以完成某种特定功能。电气主接线的可靠性取决于元件的可靠性和系统的结构，因此要利用元件的可靠性指标和采用合适的计算方法来进行电气主接线的可靠性分析计算。

电气主接线的可靠性用某种供电方式下的可用度、平均无故障工作时间、每年平均停运时间和故障频率等表示。

目前所采用的可靠性分析计算方法，从原理上大致可分为以求解逻辑图为基础的网络法和建立在求解状态空间模型基础上的状态空间法两大类。网络法是以假定系统每一元件只有两种状态（运行和停运）为前提，根据系统运行方式及各元件的失效模式绘出逻辑图，建立可靠性数学模型，通过数值计算求得可靠性指标。目前主接线的可靠性计算大多采用此法，但复杂系统逻辑图的建立和简化也并非易事，且采用两状态与实际工程也略有差异。状态空间法是建立在马尔科夫模型基础上，在处理复杂系统或网络时具有较大的灵活性，目前广泛应用于计算电力系统的可靠性。

1. 串联系统

如果系统中任何一个元件发生故障，便构成系统故障，这种系统称为串联系统。这里所说的“串联”一词，不能同电路中元件的串联概念混为一谈。例如图 4 - 24（a）所示为电路中两电容器相并联的原理图，但在可靠性计算中，却应画成如图 4 - 24（b）所示串联逻辑图，因为任何一个电容器失效都会引起系统失效。所以，在可靠性计算中，这种系统就称为串联系统。

图 4 - 24（c）、（d）分别表示由 n 个元件组成的串联系统和其等效系统，以 R_1，R_2，…，R_n 和 R_s；λ_1，λ_2，…，λ_n 和 λ_s 分别表示各元件和系统的可靠度和故障率。依概率乘法定律，串联系统的可靠度 R_s 为

$$R_s = R_1 \cdot R_2 \cdot \cdots \cdot R_n = \prod_{i=1}^{n} R_i \tag{4 - 25}$$

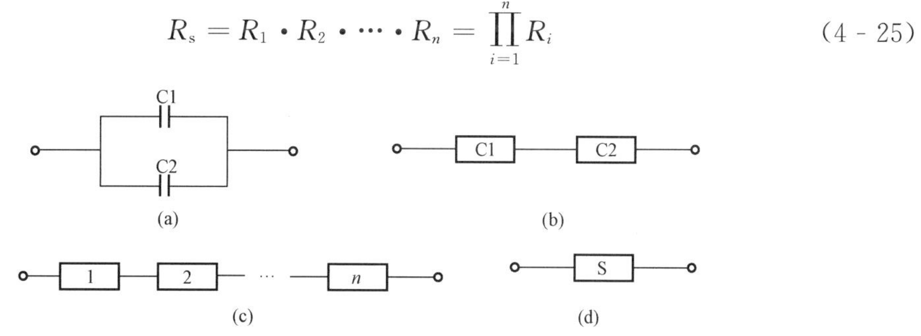

图 4 - 24　电路与串联系统框图

（a）电容器的并联；（b）图（a）的串联逻辑图；（c）串联系统；（d）图（a）的等效系统

当各元件故障率为常数时，则

$$\begin{aligned} R_s &= e^{-\lambda_1 t} \cdot e^{-\lambda_2 t} \cdot \cdots \cdot e^{-\lambda_n t} \\ &= e^{-\sum_{i=1}^{n}\lambda_i t} = e^{-\lambda_s t} \end{aligned} \tag{4 - 26}$$

其中

$$\lambda_s = \lambda_1 + \lambda_2 + \cdots + \lambda_n = \sum_{i=1}^{n} \lambda_i \tag{4 - 27}$$

式（4 - 25）、式（4 - 27）表明，串联系统的可靠度等于各元件可靠度的乘积，而串联系统的故障率等于各元件故障率之和。因为 $R_i < 1$，所以 R_s 必然小于 1，而且串联系统的可靠度比其中任何一元件的可靠度都小，也就是系统的可靠度要低于最弱元件的可靠度。如果要提高串联系统的可靠度，首先要提高系统中可靠度最弱元件的可靠度。如果要得到较高可靠度的系统，则不宜采用多元件的串联系统。

串联系统的平均寿命 T_{Us} 和元件的平均寿命 $T_{Ui}(i=1,2,\cdots,n)$ 有如下的关系

$$T_{Us}=\frac{1}{\sum_{i=1}^{n}\frac{1}{T_{Ui}}} \tag{4-28}$$

串联系统的寿命比最差元件寿命还要短，因此要想延长整个串联系统的寿命，首先要延长最差元件的寿命，从延长系统寿命的观点来看，串联过多元件是不利的。

以上讨论的是由不可修复元件组成的串联系统。对可修复元件组成的串联系统，则要同时考虑故障率 λ 和修复率 μ。电气设备的 λ 和 μ 都可看作是常数。当 λ 和 μ 均为常数时，经推导得出可用度的时间函数 $A(t)$ 为

$$A(t)=\frac{\mu}{\lambda+\mu}+\frac{\lambda}{\lambda+\mu}e^{-(\lambda+\mu)t} \tag{4-29}$$

当 $t=0$ 时，$A(t)=1$；$t=\infty$ 时，有

$$A(t)=\frac{\mu}{\lambda+\mu} \tag{4-30}$$

式（4-30）即稳态时的可用度。应用 $A(t)+\overline{A}(t)=1$ 的关系，求得 $\overline{A}(t)$ 的表达式为

$$\overline{A}(t)=\frac{\lambda}{\lambda+\mu}$$

对可修复元件组成的串联系统，在稳定状态下系统可靠度和故障率仍可按式（4-25）、式（4-27）计算，串联系统的可用度 A_s 为

$$A_s=\prod_{i=1}^{n}A_i=\prod_{i=1}^{n}\frac{\mu_i}{\lambda_i+\mu_i} \tag{4-31}$$

2. 并联系统

凡在一个系统中，若所有元件都发生故障时才构成系统故障，这种系统称为并联系统。由 n 个元件组成的并联系统如图 4-25 所示。

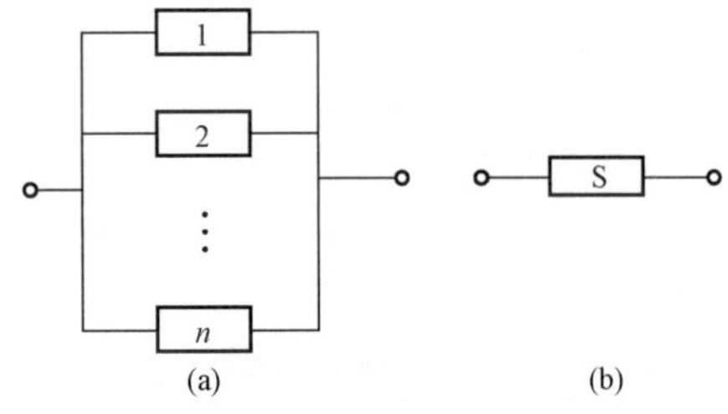

图 4-25 并联系统框图

(a) 并联系统；(b) 等效系统

若各元件的可靠度为 $R_i(i=1,2,\cdots,n)$，则各元件的不可靠度 $F_i=1-R_i$，由于所有元件都发生故障时并联系统才发生故障，则系统的不可靠度为

$$F_s=F_1\cdot F_2\cdot\cdots\cdot F_n=\prod_{i=1}^{n}F_i$$

因为 $R_s+F_s=1$，所以并联系统的可靠度为

$$R_s=1-\prod_{i=1}^{n}(1-R_i) \tag{4-32}$$

并联系统的平均寿命为

$$T_{Us}=\int_0^{\infty}R_s(t)dt=\int_0^{\infty}[1-\prod_{i=1}^{n}\{1-R(t)\}]dt$$

当各元件故障率相等，即 $\lambda_1=\lambda_2=\cdots=\lambda_n=\lambda$ 并等于常数时，经数学运算得

$$\begin{aligned}T_{Us}&=\frac{1}{\lambda}\left(1+\frac{1}{2}+\frac{1}{3}+\cdots+\frac{1}{n}\right)\\&=T_U\left(1+\frac{1}{2}+\frac{1}{3}+\cdots+\frac{1}{n}\right)\end{aligned} \tag{4-33}$$

式（4-33）表明，并联系统的寿命比单个元件的寿命长，增加并联元件的个数能增加系统的寿命，但随着并联元件个数的增加，并联系统寿命增加的程度变小。

对于可修复元件组成的并联系统，其系统的不可用度为各并联元件不可用度的乘积，即

$$\overline{A}_s = \prod_{i=1}^{n} \frac{\lambda_i}{\lambda_i + \mu_i} = \frac{\lambda_s}{\lambda_s + \mu_s} \tag{4-34}$$

并联系统未修复的概率为各元件未修复概率的乘积，即

$$e^{-\mu_s t} = \prod_{i=1}^{n} e^{-\mu_i t} = e^{-\sum_{i=1}^{n}\mu_i t}$$

其中

$$\mu_s = \mu_1 + \mu_2 + \cdots + \mu_n = \sum_{i=1}^{n} \mu_i \tag{4-35}$$

可见，并联系统的修复率为各并联元件修复率之和。

【例 4-1】 某变电站有 2 台完全相同的变压器并联运行，据统计变压器的故障率 $\lambda_i=0.05$ 次/年，平均修复时间 $T_{Di}=250\text{h}$，$i=1$，2。试求 2 台变压器同时发生故障的概率 λ_s 和平均无故障工作时间 T_{Us}。

解 本系统是可修复系统，按可修复系统进行计算

$$T_{Di} = \frac{250}{8760} = 0.028\,54(\text{年}), \quad i = 1,2$$

$$\mu_i = \frac{1}{T_{Di}} = \frac{1}{0.028\,54} = 35.04(\text{次/年}), \quad i = 1,2$$

$$\mu_s = 2\mu = 2 \times 35.04 = 70.08(\text{次/年})$$

$$\overline{A}_s = \prod_{i=1}^{2} \frac{\lambda_i}{\lambda_i + \mu_i} = \left(\frac{\lambda_i}{\lambda_i + \mu_i}\right)^2 = \frac{\lambda_s}{\lambda_s + \mu_s}$$

将 λ_i、μ_i、μ_s 的值代入上式，有

$$\left(\frac{0.05}{0.05 + 35.04}\right)^2 = \frac{\lambda_s}{\lambda_s + 70.08}$$

则得系统故障率为

$$\lambda_s = 0.1423 \times 10^{-3}(\text{次 / 年})$$

平均无故障工作时间为

$$T_{Us} = \frac{1}{\lambda_s} = 7027.4(\text{年})$$

可见，2 台变压器并联运行时，在上述条件下，其并联系统故障率只有原来 1 台变压器的 1/351($\lambda_i/\lambda_s = 351.37, i = 1,2$)，其平均无故障工作时间长达 7027 年才发生全站停电 1 次。

3. 串—并联系统

前述的串联系统和并联系统是分析串—并联混合系统的基础。串—并联混合系统是由串联系统和并联系统综合组成的系统。其系统可靠度计算方法，是将系统分解成若干个串、并联的子系统，然后按照先后顺序分别计算各子系统的可靠度，最后计算系统的可靠度。

【例 4-2】 某发电厂的电气主接线如图 4-26 所示。发电侧为不分段单母线接线，线路侧为分段单母线。发电机可用度 $A_G=0.99$，变压器可用度 $A_T=0.9968$，断路器可用度 $A_{QF}=0.9926$，隔离开关可用度 $A_{QS}=0.9981$，母线可用度 $A_W=0.9991$。试计算该系统对线路（WL1）的供电可用度。

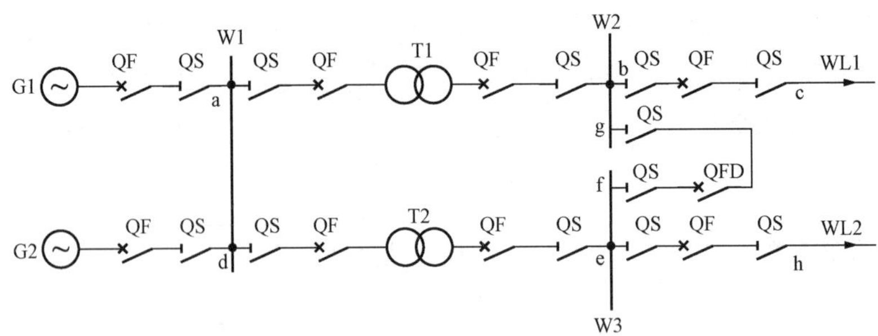

图 4-26 发电厂电气主接线

解 计算系统对线路 WL1 的供电可用度。

（1）计算各支路的可用度。发电机支路 G1a 和 G2d 的可用度为

$$A_{G1a}=A_{G2d}=A_{G}A_{QF}A_{QS}=0.99\times0.9926\times0.9981=0.98081$$

变压器支路 ab 和 de 的可用度为

$$A_{ab}=A_{de}=A_{QS}A_{QF}A_{T}A_{QF}A_{QS}=0.9981^2\times0.9926^2\times0.9968=0.97837$$

出线支路 bc 和分段断路器支路 fg 的可用度为

$$A_{bc}=A_{fg}=A_{QS}A_{QF}A_{QS}=0.9981^2\times0.9926=0.98883$$

（2）计算系统对线路 WL1 的供电可用度。该电气主接线可能有四种运行方式，发电机 G1 和 G2 同时运行或单独运行，分段断路器有接通或断开的运行方式。先按分段断路器接通的方式进行计算。这时，变压器 T2 通过分段断路器向线路 WL1 供电，为此先计算支路 defg 的可用度为

$$A_{defg}=A_{de}A_{W3}A_{fg}=0.97837\times0.9991\times0.98883=0.96657$$

1）2 台发电机运行、分段断路器接通时，对线路 WL1 的供电可用度 A_{WL1} 为

$$\begin{aligned}A_{WL1}&=(A_{G1a}/\!/A_{G2d})A_{W1}(A_{ab}/\!/A_{defg})A_{W2}A_{bc}\\&=(A_{G1a}+A_{G2d}-A_{G1a}A_{G2d})A_{W}^{2}(A_{ab}+A_{defg}-A_{ab}A_{defg})A_{bc}\\&=0.99963\times0.9991^2\times0.98883\times(0.97837+0.96657-0.97837\times0.96657)\\&=0.98597\end{aligned}$$

2）2 台发电机运行、分段断路器断开时，对线路 WL1 的供电可用度 A_{WL1} 为

$$\begin{aligned}A_{WL1}&=(A_{G1a}/\!/A_{G2d})A_{W1}A_{ab}A_{W2}A_{bc}\\&=(A_{G1a}+A_{G2d}-A_{G1a}A_{G2d})A_{W}^{2}A_{ab}A_{bc}\\&=0.99963\times0.9991^2\times0.97837\times0.98883=0.96534\end{aligned}$$

3）1 台发电机运行、分段断路器接通时，对线路 WL1 的供电可用度 A_{WL1} 为

$$\begin{aligned}A_{WL1}&=A_{G1a}A_{W1}(A_{ab}/\!/A_{defg})A_{W2}A_{bc}\\&=A_{G1a}A_{W}^{2}(A_{ab}+A_{defg}-A_{ab}A_{defg})A_{bc}\\&=0.99\times0.9991^2\times0.98883\times(0.97837+0.96657-0.97837\times0.96657)\\&=0.96741\end{aligned}$$

4）1 台发电机运行、分段断路器断开时，对线路 WL1 的供电可用度 A_{WL1} 为

$$\begin{aligned}A_{WL1}&=A_{G1a}A_{W1}A_{ab}A_{W2}A_{bc}\\&=A_{G1a}A_{W}^{2}A_{ab}A_{bc}\\&=0.99\times0.9991^2\times0.97837\times0.98883=0.94716\end{aligned}$$

（3）计算系统对线路 WL1 的停电时间。按可用度的数值，还可计算出 1 年内的停电时间。如在 2 台发电机运行、分段断路器接通的运行方式下，1 年内对线路 WL1 的停电时间为

$$8760\times(1-0.98597)=122.90(\text{h})$$

对其他运行方式下，1 年内对线路 WL1 的停电时间见表 4-1。

表 4-1　对线路 WL1 的供电可用度和停电时间

分段断路器运行方式	2 台发电机运行		1 台发电机运行	
	可用度	停电时间（h）	可用度	停电时间（h）
接通	0.985 97	122.90	0.967 41	258.49
断开	0.965 34	303.62	0.947 16	462.88

由表 4-1 可以看出，无论是 2 台发电机运行，还是 1 台发电机运行，分段断路器接通时对线路的供电可用度，比分段断路器断开时的高一些。还可看出，1 年内在 2 台发电机运行、分段断路器断开的运行方式下，要比分段断路器接通的运行方式下多停电 303.62－122.90＝180.72（h）；在 1 台发电机运行下多停电 462.88－258.49＝204.39（h）。由此可见，采用分段断路器接通运行方式，可提高供电可靠性，并减少对用户停电时间。

同样，可求得系统对线路 WL2 的供电可用度和停电时间。

4. 复杂结构

如图 4-27 所示的桥形网络，是典型的非串—并联系统，简称复杂结构。这种网络在很多工程问题中经常出现，常用来说明复杂系统的计算方法。

由图 4-27 可见，图中没有简单的串一并联系统。对这类网络有多种有效的分析方法，如条件概率法，割集法和树图法等。现以割集法为例，对该网络进行分析。

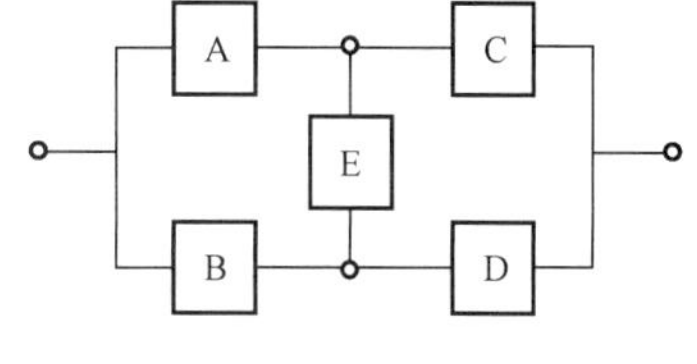

图 4-27　桥形网络

导致系统失效的元件集合的最小子集称为最小割集。它定义为：最小割集是指只要集合中的任何一个元件没有失效，就不会造成系统失效的一种割集。这个定义表明，最小割集中的所有元件都必须处于失效状态才能造成系统失效。利用这一定义即可得到图 4-27中桥形网络的最小割集，见表 4-2。

表 4-2　桥形网络的最小割集

最小割集编号	割集中的元件	最小割集编号	割集中的元件
1	AB	3	AED
2	CD	4	BEC

为了计算系统的可靠度（或不可靠度），要对桥形网络的最小割集进行组合。由最小割集的定义可知，必须最小割集中的所有元件失效，系统才会失效，所以每一最小割集中的元件以并联形式连接；而任一最小割集失效时，系统就会发生失效，所以割集与割集之间是串联形式连接。

据此，可将表 4-2 中的最小割集组合构成图 4-28 所示的等效可靠性框图。在这里，由于同一元件出线在多个最小割集中，不能直接应用串联系统的概率计算公式，而需应用

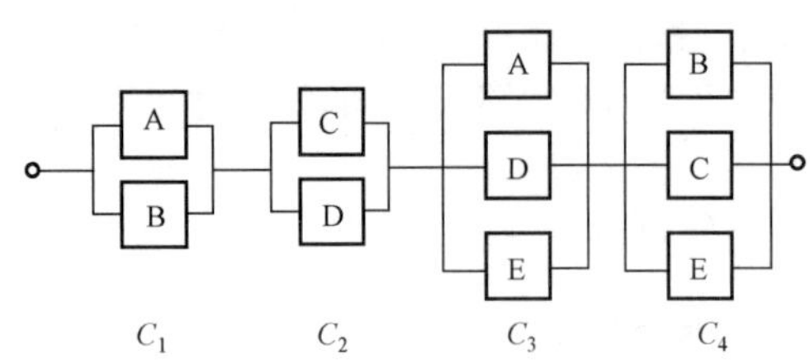

图 4 - 28 桥形网络的最小割集等效可靠性框图

“并”集的原理处理。设第 i 个最小割集用 C_i 表示，它发生的概率用 $P(C_i)$ 表示，则系统不可靠度 $\overline{A}_s$ 为

$$\overline{A}_s = P(C_1 \cup C_2 \cup C_3 \cdots \cup C_i \cup \cdots \cup C_n) \tag{4-36}$$

【例 4 - 3】 设图 4 - 27 桥形网络中每一个元件的可用度为 0.99，并且元件的失效均为独立事件，试计算该系统的可用度。

解 由式（4 - 36）和图 4 - 28 所示的可靠性框图，可得系统的不可用度 $\overline{A}_s$ 为

$$\begin{aligned}\overline{A}_s &= P(C_1 \cup C_2 \cup C_3 \cup C_4) \\ &= P(C_1) + P(C_2) + P(C_3) + P(C_4) - P(C_1 \cap C_2) - P(C_1 \cap C_3) \\ &\quad - P(C_1 \cap C_4) - P(C_2 \cap C_3) - P(C_2 \cap C_4) - P(C_3 \cap C_4) \\ &\quad + P(C_1 \cap C_2 \cap C_3) + P(C_1 \cap C_2 \cap C_4) + P(C_1 \cap C_3 \cap C_4) \\ &\quad + P(C_2 \cap C_3 \cap C_4) - P(C_1 \cap C_2 \cap C_3 \cap C_4)\end{aligned}$$

由表 4 - 2 桥形网络的最小割集中，每个割集包含的元件，根据事件独立性的假设，按照集合和概率的基本计算规则，将上式进行相应处理，可得

$$\begin{aligned}\overline{A}_s =& \overline{A}_A \overline{A}_B + \overline{A}_C \overline{A}_D + \overline{A}_A \overline{A}_D \overline{A}_E + \overline{A}_B \overline{A}_C \overline{A}_E - \overline{A}_A \overline{A}_B \overline{A}_C \overline{A}_D - \overline{A}_A \overline{A}_B \overline{A}_D \overline{A}_E \\ &- \overline{A}_A \overline{A}_B \overline{A}_C \overline{A}_E - \overline{A}_A \overline{A}_C \overline{A}_D \overline{A}_E - \overline{A}_B \overline{A}_C \overline{A}_D \overline{A}_E + 2\overline{A}_A \overline{A}_B \overline{A}_C \overline{A}_D \overline{A}_E\end{aligned}$$

如果 $\overline{A}_A = \overline{A}_B = \overline{A}_C = \overline{A}_D = \overline{A}_E = \overline{A}$，则上式可简化为

$$\overline{A}_s = 2\overline{A}^2 + 2\overline{A}^3 - 5\overline{A}^4 + 2\overline{A}^5$$

因为 $A=0.99$，$\overline{A}=1-A=1-0.99=0.01$，代入上式可得

$$\overline{A}_s = 0.000\ 201\ 95$$

而系统的可用度为

$$A_s = 1 - \overline{A}_s = 1 - 0.000\ 201\ 95 = 0.999\ 798\ 05$$

由于割集直接与系统失效模式相联系，从而可以直观地识别系统各种不同的失效方式，实用性强，因此割集法常用于计算电气主接线的可靠性指标。

第六节 技 术 经 济 分 析

发电厂和变电站电气主接线设计需要按照工程的初步可行性研究、可行性研究、初步设计、施工图设计等四个阶段逐一进行。通常在充分研究各类资料的基础上，拟定出技术上可行的若干方案，经过论证筛选后，对技术上满足要求其具有可比性的有限几个待选方案经过经济分析，最后确定采用的最终方案。

经济分析内容包括财务评价、国民经济评价、不确定性分析和方案比较四个方面。

财务评价和国民经济评价都是以国家规定的效益指标为基础作比较，二者的主要区别有下面四点：

（1）分析问题的角度不同。财务评价是从企业角度考察货币收支和盈利状况及借款偿还能力，以确定投资行为的财务可行性；国民经济评价是从国家整体的角度考察项目需要国家付出的代价和对国家的贡献。

（2）效益与费用的含义和计算范围不同。财务评价是根据项目的实际收支确定项目的效益和费用，税金、利息等均计为费用。国民经济评价着眼于项目为社会提供的有用产品和服务及项目所耗费的全社会有用资源，考察项目的效益和费用，税金、国内借款利息和补贴不计入项目的效益和费用。财务评价只计项目的直接效益和费用，国民经济评价要计入间接费用和效益。

（3）使用价格不同。财务评价采用现行市场价格，国民经济评价采用影子价格。

（4）主要参数不同。财务评价采用按部门或行业制定的基准收益率作为折现率，国民经济评价采用统一的影子汇率和社会折现率。

不确定性分析是分析可变因素以测定工程项目或设计方案可承担风险的能力。

方案比较主要用于多方案筛选，排列出不同方案经济上的优劣次序。方案比较常用的方法有最小费用法、净现值法、内部收益率法、抵偿年限法等。在电气主接线设计中，大多采用最小费用法（费用现值法和年费用比较法）和抵偿年限法。

一、常用的经济分析方法

1. 最小费用法

最小费用法是主接线设计经济分析应用较普遍的方法，适用于比较效益相同的方案或效益基本相同但难以具体估算的方案。最小费用法有如下不同表达方式：

（1）费用现值法。

1）计算期相同。该方法是将各方案基本建设期和生产运行期的全部支出费用均折算至计算期的第 1 年，现值低的方案是可取的方案。费用现值表达式为

$$P_w = \sum_{t=1}^{n}(I + C' - S_v - W)_t(1+i)^{-t} \tag{4-37}$$

式中：P_w 为费用现值；I 为全部投资，包括固定资产投资和流动资金；C' 为年经营总成本；S_v 为计算期末回收固定资产余值；W 为计算期末回收流动资金；i 为电力工业基准收益率或折现率；n 为计算期；t 为时间；$(1+i)^{-t}$ 为折现系数。

在实际工作中，式（4-37）演化为费用终值或工程建成年计算费用进行比较的。费用终值法只需将式（4-37）中的折现系数改为终值系数即可（折现系数与终值系数互为倒数）。工程建成年计算费用是将建设期的投资及运营费等按费用终值法折算到建成年，生产运行期的支出费用和计算期末回收的固定资产余值与流动资金按折现法折算到建成年，求其代数和便得之。费用终值法计算出的数据庞大，工程建成年费用计算较为麻烦，费用现值法比较简单。

2）计算期不同。主接线设计中，如参加比较的各方案计算期不同（如水、火电源方案比较），则不能简单地按式（4-37）计算不同方案的现值费用。一般可按各方案中计算期最短的计算，其表达式为

$$P_{w1} = \sum_{t=1}^{n_1}(I_1 + C'_1 - S_{v1} - W_1)_t(1+i)^{-t} \tag{4-38}$$

$$P_{w2} = \left[\sum_{t=1}^{n_2}(I_2 + C'_2 - S_{v2} - W_2)_t(1+i)^{-t}\right]\left[\frac{i(1+i)^{n_2}}{(1+i)^{n_2}-1}\right]\left[\frac{(1+i)^{n_1}-1}{i(1+i)^{n_1}}\right] \tag{4-39}$$

式中：I_1、I_2 分别为第一、二方案的投资；C'_1、C'_2 分别为第一、二方案的年运营总成本；S_{v1}、S_{v2} 分别为第一、二方案回收的固定资产余值；W_1、W_2 分别为第一、二方案回收的流动资金；n_1、n_2 分别为第一、二方案的计算期（$n_2 > n_1$）；$\frac{i(1+i)^{n_2}}{(1+i)^{n_2}-1}$ 为第二方案的资金回收系数；$\frac{(1+i)^{n_1}-1}{i(1+i)^{n_1}}$ 为第一方案的年金现值系数。

（2）年费用比较法。年费用比较法是将参加比较的诸方案在计算期内全部支出费用折算成等额年费用后进行比较，年费用低的方案为经济上优越方案。计算期不同的方案宜采用年费用比较法。计算方法只是将式（4 - 37）的费用现值再乘以资金回收系数，通用的年费用表达式为

$$AC = \sum_{t=1}^{n}(I + C' - S_v - W)_t(1+i)^{-t}\left[\frac{i(1+i)^n}{(1+i)^n - 1}\right] \tag{4-40}$$

式（4 - 40）为国家计委颁布。原电力工业部颁布的年费用计算式为（为了便于对比，含义相同的代表符号均采用国家计委颁布的统一符号）

$$AC_m = I_m\left[\frac{i(1+i)^n}{(1+i)^n - 1}\right] + C'_m \tag{4-41}$$

式中：AC_m 为折算到工程建成年的年费用；I_m 为折算到工程建成年的总投资；C'_m 为折算到工程建成年的运营成本。

将式（4 - 41）展开后的计算式为

$$AC_m = \left\{\sum_{t=1}^{m} I_t(1+i)^{m-t} + \left[\sum_{t=t'}^{m} C'_t(1+i)^{m-t} + \sum_{t=m+1}^{m+n} C'_t \frac{1}{(1+i)^{t-m}}\right]\right\} \times \frac{i(1+i)^n}{(1+i)^n - 1} \tag{4-42}$$

式中：I_t 为施工期逐年投资；C'_t 为逐年运营费；m 为施工期；n 为生产运行期；t' 为开始投产年；其余符号含义如图 4 - 29 所示。

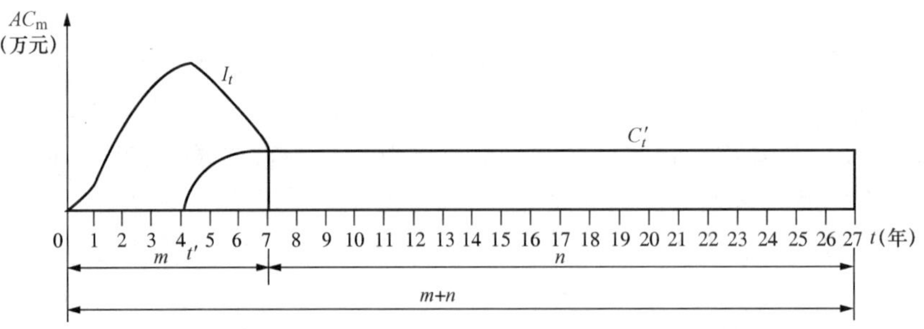

图 4 - 29 投资及运营费流程图

对比式（4 - 40）和式（4 - 42）可知，式（4 - 40）是将全部支出费用折算至现值后再折算为年费用，而且考虑了固定资产余值和流动资金的回收；式（4 - 42）是将全部支出费用折算至工程建成年后再折算为年费用，未表达出固定资产余值和流动资金两项费用的处理。

【例 4 - 4】 某火力发电厂电气主接线设计中初步选出两个较佳方案：第一方案折算到施工年限的总投资 $I_1 = 520$ 万元，折算年运行费 $C'_1 = 70.5$ 万元；第二方案 $I_2 = 486$ 万元，$C'_2 = 78.9$ 万元。假设该火电厂的经济使用年限 $n = 25$ 年，若按投资回收率 $i = 0.1$ 计算，试用年最小费用法选择方案。

解　根据年费用比较法 $AC_{\mathrm{m}}=I_{\mathrm{m}}\left[\frac{i(1+i)^{n}}{(1+i)^{n}-1}\right]+C'_{\mathrm{m}}$ 进行计算。

第一方案：$AC_{1}=520\times\left[\frac{0.1\times(1+0.1)^{25}}{(1+0.1)^{25}-1}\right]+70.5=127.788$(万元)

第二方案：$AC_{2}=486\times\left[\frac{0.1\times(1+0.1)^{25}}{(1+0.1)^{25}-1}\right]+78.9=132.442$(万元)

由于 $AC_{1}<AC_{2}$，故应选第一方案。

2. 净现值法

采用净现值法，如果诸方案投资相同，净现值大的方案为经济占优势方案；若诸方案投资不同，需进一步用净现值率来衡量。净现值是用折现率将项目计算期内各年的净效益折算到工程建设初期的现值之和。净现值率是反映该工程项目的单位投资取得的效益的相对指标，它是净效益现值与投资现值之比。净现值法要求计算比较项目的投入与产出效益的全部费用，因而比较项目都需具备较准确的经济评价用原始参数。它适用于项目决策的最后评估，其计算表达式为

$$ENPV=\sum_{t=1}^{n}(CI-CO)_{t}(1+i)^{-t} \tag{4-43}$$

$$ENPVR=ENPV/I_{\mathrm{p}} \tag{4-44}$$

式中：$ENPV$ 为净现值；$ENPVR$ 为净现值率；CI 为现金流入量；CO 为现金流出量；$(CI-CO)_{t}$ 为第 t 年的净现金流量；I_{p} 为投资净现值。

3. 内部收益率法

内部收益率是反映项目对国民经济贡献的相对指标，是使项目计算期内的经济或财务净现值累计等于零的折现率。方案比较时可用内部收益率法，也可用差额投资内部收益率法。

(1) 内部收益率法。内部收益率法，要先计算各比较方案的内部收益率，然后再比较，内部收益率大的方案为经济上占优势方案。但各比较方案的内部收益率均应大于电力工业投资基准收益率，因为低于电力工业投资基准收益率的方案，本身就是经济上不能成立的方案。内部收益率法的表达式为

$$\sum_{t=1}^{n}(CI-CO)_{t}(1+i)^{-t}=0 \tag{4-45}$$

内部收益率一般采用迭代法求得。

(2) 差额投资内部收益率法。差额投资内部收益率法是由式 (4-45) 演化得来，其表达式为

$$\sum_{t=1}^{n}\left[(CI-CO)_{2}-(CI-CO)_{1}\right]_{t}(1+\Delta IRR)^{-t}=0 \tag{4-46}$$

式中：$(CI-CO)_{2}$ 为投资大的方案净现金流量；$(CI-CO)_{1}$ 为投资小的方案净现金流量；ΔIRR 为差额投资内部收益率。

差额投资内部收益率用试差法求得，当大于或等于电力工业投资基准收益率或社会折现率时，投资大的方案较优；小于电力工业投资基准收益率或社会折现率时，投资小的方案较优。

4. 抵偿年限法

抵偿年限法，即静态差额投资回收期法，该方法的优点是计算简单，资料要求少。其缺

点是未考虑时间因素，无法计算推迟投资效果，投资发生于施工期，运行费发生于投资后，在时间上未统一起来；仅计算回收年限，未考虑投资比例多少，未考虑固定资产残值；多方案比较一次无法算出。由于电气主接线不同方案所涉及的高压配电装置的安装周期相对都较短，且投运时间相近，故抵偿年限法一般可适用于主接线方案的经济分析，特别是用于建设周期短，且最终容量一次性投入的火电厂。

抵偿年限法的计算表达式为

$$T_a = \frac{I_2 - I_1}{C_1' - C_2'} \tag{4-47}$$

式中：T_a为静态差额投资回收期（抵偿年限）；I_1、I_2分别为方案1、2的投资；C_1'、C_2'分别为方案1、2的运行费。

如果比较方案的产量不同，可按式（4-47）用产品单位投资和单位成本进行比较。式（4-47）亦可演化成下式用于计算。

该计算表达式称为静态差额投资收益率（R_a）法。

$$R_a = \frac{C_1' - C_2'}{I_2 - I_1} \tag{4-48}$$

式（4-47）计算的抵偿年限低于电力工业基准回收年限和式（4-48）计算的差额投资收益率大于电力工业基准收益率的方案为经济上优越方案。

二、方案的经济比较项目

经济比较主要是对各主接线方案的综合总投资和年运行费进行综合效益比较，确定出最佳方案。

1. 综合总投资

综合总投资I主要包括变压器综合投资，开关设备、配电装置综合投资以及不可预见的附加投资等。进行方案比较时，一般不必计算全部费用，只算出方案不同部分的投资。其计算式为

$$I = I_0\left(1 + \frac{a}{100}\right) \quad (元) \tag{4-49}$$

式中：I_0为主体设备的综合投资，包括变压器、开关设备、母线、配电装置及明显的增修桥梁、公路和拆迁等费用；a为不明显的附加费用比例系数，如基础加工、电缆沟道开挖费用等，220kV取70，110kV取90。

2. 运行期的年运行费用

年运行费用C'主要包括一年中变压器的损耗电能费及检修、维护、折旧费等，按投资百分率计算，计算式为

$$C' = \alpha\Delta A + \alpha_1 I + \alpha_2 I \quad (元) \tag{4-50}$$

式中：α_1为检修维护费率，取为0.022～0.042；α_2为折旧费率，取为0.005～0.058；α为损耗电能的电价，元/(kW·h)；ΔA为变压器年损耗电能，kW·h。

年损耗电能ΔA随变压器类型不同而异，分别叙述如下：

（1）双绕组变压器。n台同类型、同容量双绕组变压器并联运行时，其年损耗电能计算式为

$$\Delta A = n(\Delta P_0 + K\Delta Q_0)T + \frac{1}{n}(\Delta P_k + K\Delta Q_k)\left(\frac{S}{S_N}\right)^2 \tau_{max} \quad (kW \cdot h) \tag{4-51}$$

式中：n 为同容量、同类型变压器台数；S_N 为每台变压器额定容量，kV·A；S 为 n 台变压器担负的总负荷，kV·A；T 为变压器年运行小时数 h；τ_{max} 为最大负荷损耗小时数，h；ΔP_0、ΔQ_0 分别为每台变压器的空载有功损耗，kW 和无功损耗，kvar；ΔP_k 为每台变压器的短路有功损耗，kW；ΔQ_k 为每台变压器的短路无功损耗，kvar；K 为单位无功损耗引起的有功损耗系数，发电机母线上的变压器取 0.02，系统中的变压器取 0.1～0.15。

（2）三绕组变压器。n 台同容量、同类型三绕组变压器并联运行时，其年损耗电能计算式为

$$\Delta A = n(\Delta P_0 + K\Delta Q_0)T + \frac{1}{n}[(\Delta P_{1k} + K\Delta Q_{1k})\tau_{1max} + (\Delta P_{2k} + K\Delta Q_{2k})\tau_{2max} + (\Delta P_{3k} + K\Delta Q_{3k})\tau_{3max}] \quad (kW \cdot h) \tag{4-52}$$

式中：ΔP_0、ΔQ_0 分别为三绕组变压器的空载有功损耗，kW 和空载无功损耗，kvar；T 为三绕组变压器的年运行小时数，h；ΔP_{1k}、ΔP_{2k}、ΔP_{3k} 分别为三绕组变压器一、二、三侧绕组的短路有功损耗，kW；ΔQ_{1k}、ΔQ_{2k}、ΔQ_{3k} 分别为三绕组变压器一、二、三侧绕组的短路无功损耗，kvar；$\Delta\tau_{1max}$、$\Delta\tau_{2max}$、$\Delta\tau_{3max}$ 分别为三绕组变压器一、二、三侧绕组最大负荷损耗小时数，h。

需要强调的是，由于最大负荷损耗小时数 τ_{max} 是根据电力系统典型负荷曲线的最大负荷利用小时数及平均功率因数确定的，其值通常是近似的。用 τ_{max} 计算电能损耗准确度不高，且不可能对此引起的误差做出有根据的修正。因此，这种计算方法只适用于规划设计，对于已经运行电厂的实际电能损耗计算，此方法不能使用。此外，由于变压器年电能损耗 ΔA 在电厂年运行费用中占有举足轻重的地位，因此，在大型电厂主接线设计时，在有较确定的典型冬季及夏季日负荷曲线的情况下，应按通过变压器各侧的实际负荷曲线逐时段计算。

第七节　电气主接线设计举例

一、发电厂电气主接线设计举例

某火力发电厂原始资料如下：装机 4 台，分别为供热式机组 2×50MW(U_N = 10.5kV)，凝汽式机组 2×300MW(U_N = 15.75kV)，厂用电率 6%，机组年利用小时数 T_{max} = 6500h。

系统规划部门提供的电力负荷及与电力系统连接情况资料如下：

（1）10.5kV 电压级最大负荷 20MW，最小负荷 15MW，$\cos\varphi$=0.8，电缆馈线 10 回；

（2）220kV 电压级最大负荷 250MW，最小负荷 200MW，$\cos\varphi$=0.85，T_{max} =4500h，架空线 5 回；

（3）500kV 电压级与容量为 3500MW 的电力系统连接，系统归算到本电厂 500kV 母线上的电抗标幺值 x_{s*}=0.021（基准容量为 100MV·A），500kV 架空线 4 回，备用线 1 回。

此外，尚有相应的地理环境、气候条件及其他相应资料。

1. 对原始资料的分析

设计电厂为大、中型火电厂，其容量为 2×50+2×300=700（MW），占电力系统总容量 700/(3500+700)×100%=16.7%，超过了电力系统的检修备用容量 8%～15%和事故备用容量 10%的限额，说明该厂在未来电力系统中的作用和地位至关重要，且年利用小时数为 6500h，远远大于电力系统发电机组的平均最大负荷利用小时数（如 2006 年我国电力系

统发电机组年最大负荷利用小时数为 5221h）。该厂为火电厂，在电力系统中将主要承担基荷，从而该厂主接线设计务必着重考虑其可靠性。

从负荷特点及电压等级可知，10.5kV 电压上的地方负荷容量不大，共有 10 回电缆馈线，与 50MW 发电机的机端电压相等，采用直馈线为宜。300MW 发电机的机端电压为 15.75kV，拟采用单元接线形式，不设发电机出口断路器，有利于节省投资及简化配电装置布置。220kV 电压级出线回路数为 5 回，为保证检修出线断路器不致对该回路停电，拟采取带旁路母线接线形式为宜；500kV 与系统有 4 回馈线，呈强联系形式并送出本厂最大可能的电力为 700－15－200－700×6%＝443（MW）。可见，该厂 500kV 接线对可靠性要求应当很高。

2. 主接线方案的拟定

根据对原始资料的分析，现将各电压级可能采用的较佳方案列出，进而以优化组合方式组成最佳可比方案。

（1）10kV 电压级。鉴于出线回路多，且发电机单机容量为 50MW，远大于有关设计规程对选用单母线分段接线每段上接入容量不宜超过 12MW 的规定，应确定为双母线分段接线形式，2 台 50MW 机组分别接在两段母线上，剩余功率通过主变压器送往高一级电压 220kV。由于 2 台 50MW 机组均接于 10kV 母线上，有较大短路电流，为选择轻型电器，应在分段处加装母线电抗器，各条电缆馈线上装设出线电抗器。考虑到 50MW 机组为供热式机组，通常“以热定电”，机组年最大负荷小时数较低，同时由于 10kV 电压最大负荷 20MW，远小于 2×50MW 发电机组装机容量，即使在发电机检修或升压变压器检修的情况下，也可保证该电压等级负荷要求，因而 10kV 电压与 220kV 电压之间按弱联系考虑，只设 1 台主变压器。

（2）220kV 电压级。出线回路数大于 4 回，为使其出线断路器检修时不停电，应采用单母线分段带旁路接线或双母线带旁路接线，以保证其供电的可靠性和灵活性。其进线仅从 10kV 送来剩余容量 $2\times50-[(100\times6\%)+20]=74(\text{MW})$，不能满足 220kV 最大负荷 250MW 的要求。为此，拟以 1 台 300MW 机组按发电机—变压器单元接线形式接至 220kV 母线上，其剩余容量或机组检修时不足容量由联络变压器与 500kV 接线相连，相互交换功率。

（3）500kV 电压级。500kV 负荷容量大，其主接线是本厂向系统输送功率的主要接线方式，为保证可靠性，可能有多种接线形式。经定性分析筛选后，可选用的方案为双母线带旁路接线和一台半断路器接线，通过联络变压器与 220kV 线路连接，并通过 1 台三绕组变压器联系 220kV 及 10kV 电压，以提高可靠性；1 台 300MW 机组与变压器组成单元接线，直接将功率送往 500kV 电力系统。

根据以上分析、筛选、组合，可保留两种可能接线方案：方案Ⅰ如图 4-30 所示；方案Ⅱ为 500kV 侧采用双母线带旁路母线接线，220kV 侧采用单母线分段带旁路母线接线，示意图略。

3. 方案的经济比较

采用最小费用法对拟定的两方案进行经济比较，两方案中的相同部分不参与比较计算，只对相异部分进行计算，计算内容包括一次投资、年运行费。

若图 4-30 所示方案Ⅰ参与比较部分的设备折算到施工年限的总投资为 6954.7 万元，年运行费用为 1016.29 万元，火电厂使用年限按 $n=25$ 年，电力行业预期投资回报率

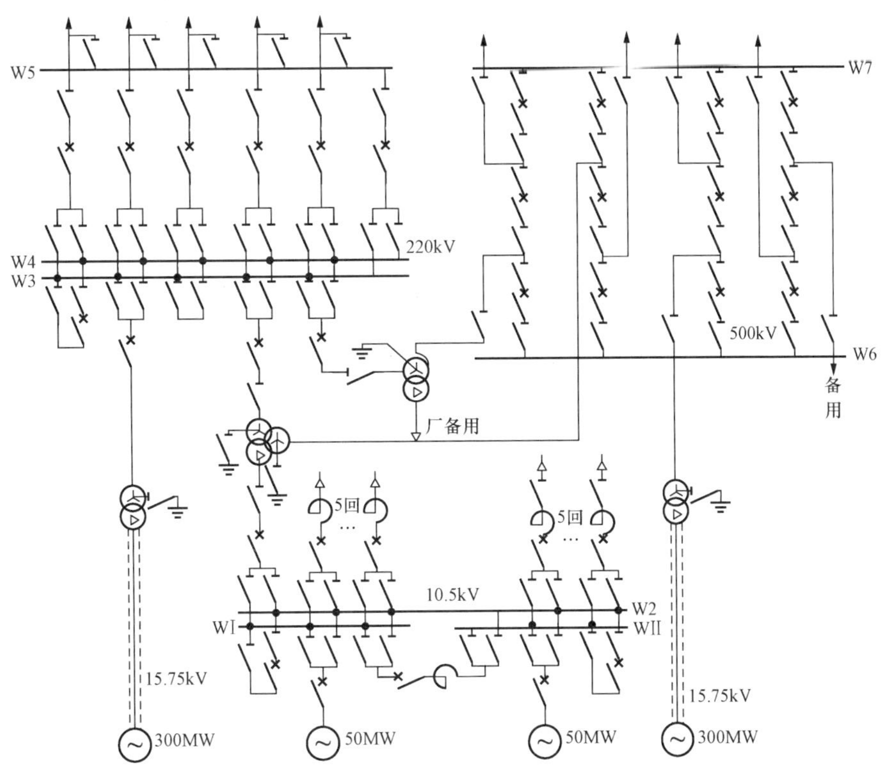

图 4-30　拟设计的火电厂主接线方案Ⅰ示意图

$i=0.1$，则方案Ⅰ的年费用为

$$AC_{\mathrm{I}} = I_{\mathrm{m}}\left[\frac{i(1+i)^n}{(1+i)^n-1}\right]+C'_{\mathrm{m}} = 6954.7\times\left[\frac{0.1\times(1+0.1)^{25}}{(1+0.1)^{25}-1}\right]+1016.29 = 1781.3(\text{万元})$$

同理，在计算出第Ⅱ方案的折算年总投资及年运行费用之后，可得到方案Ⅱ的年费用。

4. 主接线最终方案的确定

通常，经过经济比较计算，求得年费用 AC 最小方案者，即为经济上最优方案；然而，主接线最终方案的确定还必须从可靠性、灵活性等多方面综合评估，包括大型电厂、变电站对主接线可靠性若干指标的定量计算，最后确定最终方案。

通过定性分析和可靠性及经济计算，在技术上（可靠性、灵活性）第Ⅰ方案明显占优势，这主要是由于 500kV 电压级采用一台半断路器接线方式的高可靠性指标，但在经济上则不如方案Ⅱ。鉴于大、中型发电厂大机组应以可靠性和灵活性为主，所以经综合分析，决定选图 4-30 所示的第Ⅰ方案为设计最终方案。

值得注意的是，如果方案Ⅱ选用 SF_6 全封闭组合电器而不设旁路母线，在进出线数 8 回及以下时，采用双母线双分段接线与一台半断路器接线相比，经济上也无优势，且占地面积大。

二、变电站电气主接线设计举例

拟设计的 330/110kV 降压变电站与系统的连接方式如图 4-31（a）所示，有关原始数据如下：具有 2 台 160MV・A 自耦变压器；110kV 侧负荷为 200MW；330kV 进线 2 回，其中一回与系统中的火电厂相连接、长度为 250km，另一回与系统中枢纽变电站相连接、长度为 200km。在本降压变电站的 330kV 侧有穿越功率 100MW。此外，引用的可靠性数据：

330kV 线路：事故率 $\lambda_L=1$ 次/(年·100km)，故障停运时间 $T_{Lf}=8h$。

330kV 断路器：事故率 $\lambda_Q=0.1$ 次/年，故障停运时间 $T_{Qf}=10h$，年计划检修周期 $M_{Qr}=1$ 次/年，计划检修时间 $T_{Qr}=168h$。

变电站值班人员事故倒闸、处理事故、恢复供电等时间 $T_0=0.5h$。

1. 电气主接线的拟定

该变电站进出线数目为 4 回，110kV 负荷 200MW，而自耦变压器为 2 台 160MV·A，即已考虑到负荷远期发展，330kV 高压侧无扩建要求，故宜选用无母线的简单接线方案。图 4-31（b）所示为桥形接线，投资较省，考虑到 330kV 线路公里数较长，而又要求尽量减少穿越功率丢失，故采用内桥加跨条接线；图 4-31（c）所示为角形接线方式，有较高可靠性。

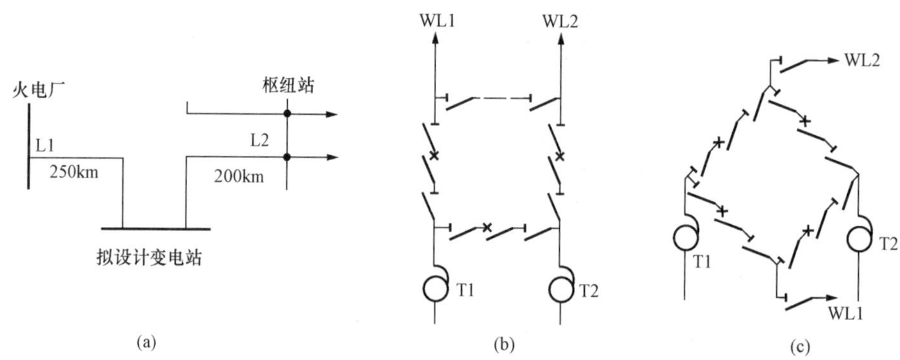

图 4-31 330/110kV 变电站主接线方案

（a）拟设计变电站与系统的连接方式；（b）桥形接线方案；（c）角形接线方案

2. 方案的经济计算

通常，变电站建设周期很短，且主接线的差异对主体设备的投入无影响，因而可不考虑投资时间对经济效果的影响，故在方案比较中可采用静态比较法。由于二者方案的可靠性存在一定差别，可应用产值损失偿还年限进行评估。

现对初步拟定的桥形接线及四角形接线方案进行计算比较。

［方案Ⅰ］桥形接线方案。

（1）桥断路器出现拒动故障。在值班人员执行退出桥断路器、拉开桥断路器两侧隔离开关并合上线路侧跨条上两个隔离开关的 T_0（=0.5h）时间内，变电站对用户少送电量为

$$\Delta A_1 = P\lambda_Q T_0 K = 200\,000 \times 0.1 \times 0.5 \times 2 = 20\,000(\text{kW}\cdot\text{h})$$

式中：K 为变电站少送电系数，一般取值为 2，这是考虑到用户在恢复供电时的生产组织所需增长的时间。

（2）检修任一台出线断路器时另一台出线断路器故障。由于有穿越功率，故任一台出线断路器检修时，都必须合上跨条的两个隔离开关，此时若另一台出线断路器故障将导致 2 台自耦变压器停电（$T_{Qf}=10h$），此时少送电量为

$$\Delta A_2 = P\lambda_Q K_{Qr} N T_{Qf} K = 200\,000 \times 0.1 \times 0.02 \times 2 \times 10 \times 2 = 16\,000(\text{kW}\cdot\text{h})$$

式中：N 为线路断路器台数；K_{Qr} 为断路器计划检修停运系数。

断路器计划检修停运系数 K_{Qr} 的值为

$$K_{Qr}=\frac{M_{Qr}T_{Qr}}{8760}=\frac{1\times 168}{8760}=0.02$$

（3）在检修任一台出线断路器时线路故障跳闸。此时，由于双回路通过跨条并联运行，将导致 2 台自耦变压器停电（$T_0=0.5$h），待值班人员切除故障线路（用隔离开关）后，方才恢复供电。停电时，少送电量为

$$\Delta A_3=PNK_{Qr}\lambda_L T_0 K\frac{L}{100}=200\ 000\times 2\times 0.02\times 1\times 0.5\times 2\times\frac{450}{100}=36\ 000(\text{kW}\cdot\text{h})$$

式中：L 为线路 L1、L2 总长度，即 250＋200＝450（km）。

（4）变电站对用户少送电总和为

$$\sum A=20\ 000+16\ 000+36\ 000=72\ 000(\text{kW}\cdot\text{h})$$

故障停电损失是实时电价的数十倍及以上，若以损失 15 元/(kW·h) 计算，则故障停电损失为

$$u=15\times 72\ 000=108(\text{万元})$$

（5）中断穿越功率的损失。在产生（1）～（3）故障情况下，由火电厂经本变电站送至系统的穿越功率 100MW 将中断，系统被迫启动备用容量，其持续时间等于桥断路器或跨条隔离开关的开断时间。在上述三种故障情况下，开断穿越功率的时间为

$$\sum\Delta t=0.1\times 0.5+0.1\times 0.02\times 2\times 0.5+2\times 0.02\times\frac{450}{100}\times 0.5=0.142(\text{h/年})$$

在开断穿越功率期间受端枢纽变电站将可能启用区域系统备用，或在电力市场环境下，通过电网企业开设的电力辅助服务市场购买电力，从而增加购电成本。但是从上述计算可见，此部分的年交易量很小，由此产生的损失可略去不计。

［方案Ⅱ］四角形接线方案。

在检修任一台断路器时，“对面的”断路器出现拒动故障，在用隔离开关切除故障断路器的时间内，造成两变压器均停电 0.5h，对用户停电量为

$$\Delta A=PN\lambda_Q K_{Qr}T_0 K=200\ 000\times 4\times 0.1\times 0.02\times 0.5\times 2=1600(\text{kW}\cdot\text{h})$$

此外，在断路器检修期间，当对面断路器拒动时，一台自耦变压器负荷将由火电厂供给，而另一台自耦变压器负荷则靠电力系统枢纽变电站倒送 100MW，同时电力系统枢纽变电站还失去了原来由本变电站转供的穿越功率 100MW。此时（在断路器事故检修期间 10h 内）系统将启用备用容量 200MW。年启用 200MW 备用容量的时间为

$$\Delta t=N\lambda_Q K_{Qr}T_{Qf}=4\times 0.1\times 0.02\times 10=0.08(\text{h/年})$$

可见，四角形接线方式下，对用户的停电损失远小于桥形接线，而在电力辅助服务市场中参与交易的备用容量与桥形接线大致相同。

3. 主接线最终方案的确定

在经济计算的基础上，综合评估不同方案的可靠性、灵活性、可扩建性，再确定最终方案。

以上计算可见，在此拟定的变电站主接线中，桥形接线的故障停电损失远大于四角形接线。而四角形接线多一台 330kV 断路器间隔，若由此增加的一次投资为 150 万元；四角形接线所增加的投资与桥形接线相比，可以通过减少停电损失费在很短的时间内得到抵偿。此外，四角形接线有较高的灵活性，如不需再扩建变电站，宜采用四角形接线。

当变电站在330kV侧有扩建要求，则可以考虑桥形接线，布置上考虑到今后扩建为单母线分段或双母线接线。

最后，需要说明的是，停电对于非工业生产部门带来的损失，尽管无法用货币形式表达，但其影响也是十分严重的，过度频繁的停电将对人民生活、社会安定产生不良影响。这点在设计电气主接线时务必注意。

小　结

发电厂、变电站的电气主接线应满足供电可靠、调度灵活、运行检修方便且具有经济性和扩建的可能性等基本要求。

设计电气主接线时，须因地制宜地综合分析各厂（站）的容量、装机台数、负荷性质以及在系统中的地位等条件，依据国家有关政策及技术规范，正确确定主接线形式，合理选择变压器的容量和结构型式。在设计过程中，应对原始资料进行详尽分析，关注电力市场化改革的进程，对草拟的主接线方案进行比较时，始终围绕着可靠性与经济性之间的协调，使主接线最终方案保证供电可靠、技术先进，同时又尽可能满足经济性的原则。

分析计算电气主接线的可靠性时，一般假设某一电源点为起点，以某二次母线（低压母线）为终点，依据电气设备的可靠性数据，应用可靠性理论和方法，建立数学模型，通过数值计算来论证主接线的可靠性。电气主接线的可靠性指标用某种供电方式下的可用度，平均无故障工作时间、年平均停运时间和故障频率等表示。

经济分析内容包括财务评价、国民经济评价、不确定性分析和方案比较四个方面。

方案比较常用的方法有最小费用法、净现值法、内部收益率法和抵偿年限法等。

电气主接线的形式可概括分为两大类：其一，是有母线式接线，如单母线接线、双母线接线、一台半断路器接线，三分之四台断路器接线以及变压器—母线组接线等；其二，是无母线式接线，如桥形接线、多角形接线、单元接线等。

为了提高供电可靠性、灵活性及限制短路电流，应根据具体工程的实际状况，采用相应措施。例如：将母线分段提高其供电可靠性；加设旁路母线，使其在不停电状态下检修出线断路器；在20kV及以下电压等级接线中，加装母线电抗器、线路电抗器、分裂电抗器等，亦可选用低压分裂绕组变压器取代普通变压器限制短路电流，以便合理地选用电气设备等。通常，大型发电厂多采用单元接线，高压侧为双母线并加设旁路母线或一台半断路器接线方式；而中、小型发电厂（特别是热电厂）发电机电压级多为母线分段接线，以满足近区电力负荷，在升高电压级多为单母线或无母线的简易接线。

发电厂和变电站使用的电力变压器有主变压器、联络变压器及厂（站）用变压器之分。各自的容量、型式及台数的选择和连接点的确定，直接影响着主接线的可靠性、灵活性和经济性，务必根据接线形式和特点合理选择变压器容量和型式。

思考题和习题

4-1　设计主接线时主要应收集、分析的原始资料有哪些？

4-2　隔离开关与断路器的主要区别何在？在运行中，对它们的操作程序应遵循哪些重要原则？

4-3　主母线和旁路母线各起什么作用？设置专用旁路断路器和以母联断路器或分段断路器兼作旁路断路器，各有什么特点？检修出线断路器时，如何操作？

4-4　发电机—变压器单元接线中，在发电机和双绕组变压器之间通常不装设断路器，有何利弊？

4-5　一台半断路器接线与双母线带旁路接线相比较，各有何特点？一台半断路器接线中的交叉布置有何意义？

4-6　选择主变压器时应考虑哪些因素？其容量、台数、型式等应根据哪些原则来选择？

4-7　为什么在特大型发电厂主接线设计时，可靠性很高的一台半断路器接线和双母线接线形式受到置疑？

4-8　电气主接线中通常采用哪些方法限制短路电流？

4-9　为什么分裂电抗器具有正常运行时电压降小，而一臂出现短路时电抗大，能取得限流作用强的效果？

4-10　某 220kV 系统的重要变电站设置 2 台 120MV·A 的主变压器，220kV 侧有 4 回进线，110kV 侧有 10 回出线且均为Ⅰ、Ⅱ类负荷，不允许停电检修出线断路器，应采用何种接线方式？画出接线图并简要说明。

4-11　某新建地方热电厂有 2×25MW$+2\times50$MW 共 4 台发电机，$\cos\varphi=0.8$，$U_N=6.3$kV，发电机电压级有 10 条电缆馈线，其最大综合负荷为 30MW，最小为 20MW，厂用电率为 10%，高压侧为 110kV，有 4 回线路与电力系统相连，试初步设计该厂主接线图，并选择主变压器台数和容量。主接线图上应画出各主要电气设备及馈线，可不标注型号和参数。

4-12　可靠性的定义是什么？电气设备常用的可靠性指标有哪些？

4-13　什么是故障率与不可靠度？可靠度 $R(t)$ 与可用度 A 有何区别？

4-14　电气主接线的可靠性指标有哪些？

4-15　电气主接线基本结构可靠性分析计算方法有哪些？

4-16　财务评价与国民经济评价的主要区别是什么？

第五章 厂用电接线及设计

本章叙述厂用电率、厂用负荷分类以及对厂用电接线的基本要求和厂用电接线设计原则，介绍不同类型发电厂的厂用电接线及特点，对厂用变压器和厂用电动机的选择和自启动校验作了较详细的论证，最后考虑厂用母线失电的影响，对厂用电源的切换也做了介绍。

第一节 概 述

一、厂用电

发电厂在启动、运转、停役、检修过程中，有大量以电动机拖动的机械设备，用以保证机组的主要设备（如锅炉、汽轮机或水轮机、发电机等）和输煤、碎煤、除灰、除尘及水处理的正常运行。这些电动机以及全厂的运行、操作、试验、检修、照明等用电设备都属于厂用负荷，这些负荷的总耗电量，称为厂用电。

厂用电的可靠性，对电力系统的安全运行非常重要。随着超超临界、超临界参数大容量机组，双水内冷发电机冷却方式，计算机实时控制的采用以及核电厂的出现，对厂用电的可靠性提出了更高的要求。提高厂用电可靠性的目的是使电厂长期无故障运行，不致因厂用电局部故障而被迫停机。为此必须认真考虑合理厂用供电电源的取得方式，工作电源和接线方式；此外，还应配备完善的继电保护与自动装置，合理配置厂用机械，并正确选择电动机类型、容量和台数；在运行中需对厂用机械进行正确维护和科学管理。

发电厂在生产电能的过程中，一方面面向系统输送电能，另一方面发电厂本身也在消耗电能。厂用电的电量大都由发电厂本身供给，且为重要负荷。其耗电量的高低与电厂类型、机械化和自动化程度、燃料种类及其燃烧方式、蒸汽参数等因素有关。厂用电耗电量占同一时期内全厂总发电量的百分数，称为厂用电率。厂用电率的表达式为

$$K_p = \frac{A_p}{A} \times 100\%$$

式中：K_p为某一时期的厂用电率，%；A_p为厂用电耗电量，kW·h；A为同一时期（如一天、一月或一年等）内全厂总发电量，kW·h。

厂用电率是发电厂的主要运行经济指标之一。一般凝汽式火电厂的厂用电率为5%～8%，热电厂为8%～10%，水电厂为0.5%～1.0%。目前，1000MW超超临界发电机组的厂用电率为4.45%。降低厂用电率不仅能降低电能生成成本，同时可相应地增加对电力系统的供电量。

二、厂用负荷分类

厂用负荷，根据用电设备在生产中的作用和突然中断供电所造成的危害程度，可分为四类。

(1) Ⅰ类厂用负荷。凡是属于短时（手动切换恢复供电所需要的时间）停电会造成主辅

设备损坏、危及人身安全、主机停运及输出功率下降的厂用负荷，都属于Ⅰ类厂用负荷。例如火电厂的给水泵、凝结水泵、循环水泵、引风机、送风机、给粉机等，以及水电厂的调速器、压油泵、润滑油泵等。通常它们都设有两套设备互为备用，分别接到两个独立电源的母线上，当一个电源断电后，另一个电源就立即自动投入。

（2）Ⅱ类厂用负荷。允许短时停电（几秒至几分钟），不致造成生产紊乱，但较长时间停电有可能损坏设备或影响机组正常运转的厂用负荷，均属于Ⅱ类厂用负荷。例如火电厂的工业水泵、疏水泵、灰浆泵、输煤设备和化学水处理设备等，以及水电厂中大部分厂用电动机。一般这类负荷均应由两段母线供电，并采用手动切换。

（3）Ⅲ类厂用负荷。较长时间停电，不会直接影响生产，仅造成生产上不方便的厂用负荷，都属于Ⅲ类厂用负荷。例如试验室、修配厂、油处理室的负荷等。通常这类负荷由一个电源供电，但在大型发电厂也常采用两路电源供电。

（4）0Ⅰ类负荷（不停电负荷）。随着发电机组容量的增大及自动化水平的不断提高，有些负荷对电源可靠性的要求越来越高，如机组的计算机控制系统就要求电源的停电时间不得超过5ms，否则就会造成数据遗失或生产设备失控，酿成严重后果。这类负荷过去称为“不停电负荷”，现由国家有关部门规定，统一称为0Ⅰ类负荷。这类负荷由一般的电源自动切换系统已无法满足要求，所以专门采用由不停电电源（UPS）供电。

（5）0Ⅱ类负荷（直流保安负荷）。发电厂的继电保护和自动装置、信号设备、控制设备以及汽轮机和给水泵的直流润滑油泵、发电机的直流氢密封油泵等，是由直流系统供电的直流负荷，称为直流保安负荷，或称为0Ⅱ类负荷。这类负荷要求由独立的、稳定的、可靠的蓄电池组或整流装置供电。

（6）0Ⅲ类负荷（交流保安负荷）。在200MW及以上机组的大容量电厂中，自动化程度较高，要求在停机过程中及停机后的一段时间内仍必须保证供电，否则可能引起主要设备损坏、自动控制失灵或危及人身安全等严重事故的厂用负荷，称为交流保安负荷，或称为0Ⅲ类负荷。例如盘车电动机、交流润滑油泵、交流氢密封油泵、消防水泵等。为满足交流保安负荷的供电要求，对大容量机组应设置交流保安电源。平时由交流厂用电供电，一旦失去厂用工作电源和备用电源时，交流保安电源应自动投入。通常，由柴油发电机组、燃汽轮机组或具有可靠的外部独立电源等作为交流保安电源。

随着科学技术的发展和设备制造水平的提高，对厂用负荷的供电原则也发生了较大的变化。尤其是采用了PC（动力中心）、MCC（电动机控制中心）的接线方式后，它以更可靠的设备和清晰的接线，代替了原来的低参数设备和复杂的接线。例如Ⅰ类厂用负荷也被允许接在低一级的母线（MCC）上，并在电源的切换上也采用了手动切换。

第二节　厂用电接线的设计原则和接线形式

一、对厂用电接线的要求

厂用电接线的设计应按照运行、检修和施工的要求，考虑全厂发展规划，积极慎重地采用成熟的新技术和新设备，使设计达到经济合理、技术先进，保证机组安全、经济地运行。

厂用电接线应满足下述要求：

（1）供电可靠，运行灵活。厂用负荷的供电除了正常情况下有可靠的工作电源外，还应保证异常或事故情况下有可靠的备用电源，并可实现自动切换。另外，由于厂用电系统负荷种类复杂、供电回路多，电压变化频繁，波动大，运行方式的变化多样，要求无论在正常、事故、检修以及机组启停情况下均能灵活地调整运行方式，可靠、不间断地实现厂用负荷的供电。

(2) 各机组的厂用电系统应是独立的，特别是200MW及以上机组应做到这一点。在任何运行方式下，一台机组故障停运或其辅机的电气故障，不应影响另一台机组的运行，并要求受厂用电故障影响而停运的机组应能在短期内恢复运行。

(3) 全厂性公用负荷应分散接入不同机组的厂用母线或公用负荷母线。在厂用电系统接线中，不应存在可能导致切断多于一个单元机组的故障点，更不应存在导致全厂停电的可能性，应尽量缩小故障影响范围。

(4) 充分考虑发电厂正常、事故、检修、启停等运行方式下的供电要求，一般均应配备可靠的启动/备用电源，尽可能地使切换操作简便，启动/备用电源能在短时内投入。

(5) 供电电源应尽量与电力系统保持紧密的联系。当机组无法取得正常的工作电源时，应尽量从电力系统取得备用电源，这样可以保证其与电气主接线形成一个整体，一旦机组故障时以便从系统倒送厂用电。

(6) 充分考虑电厂分期建设和连续施工过程中厂用电系统的运行方式，特别要注意对公用负荷供电的影响，要便于过渡，尽量减少改变接线和更换设置。

二、厂用电接线的设计原则

厂用电接线的设计原则与主接线的设计原则基本相同，主要有：①厂用电接线应保证对厂用负荷可靠和连续供电，使发电厂主机安全运转；②接线应能灵活地适应正常、事故、检修等各种运行方式的要求；③厂用电源的对应供电性，即本机、炉的厂用负荷由本机组供电，这样，当厂用电系统发生故障时只会影响一台发电机组的运行，缩小了故障范围，接线也简单；④设计时还应适当注意其经济性和发展的可能性，并积极慎重地采用新技术、新设备，使厂用电接线具有可行性和先进性；⑤在设计厂用电系统接线时，还应对厂用电的电压等级、中性点接地方式、厂用电源及其引接和厂用电接线形式等问题进行分析和论证。

三、厂用电的电压等级

厂用电的电压等级是考虑发电机额定电压、厂用电动机的电压和厂用电供电网络等因素，相互配合，经过技术经济综合比较后确定的。

为了简化厂用电接线，使运行维护方便，厂用电电压等级不宜过多。在发电厂中，低压厂用电压常采用380V，高压厂用电压有3、6、10kV等，在满足技术要求的前提下，优先采用较低的电压，以获得较高的经济效益，但大容量的电动机采用较低电压时往往并不经济。为了正确选择高压厂用电的电压等级，需进行技术经济论证。

1. 按发电机容量、电压确定高压厂用电压等级

(1) 发电机组容量在60MW及以下，发电机电压为10.5kV，可采用3kV作为高压厂用电压；发电机电压为6.3kV，可采用6kV作为高压厂用电压。

(2) 当容量在100～300MW时，宜选用6kV作为高压厂用电压。

(3) 当容量在600MW以上时，经技术经济比较可采用6kV一级电压，也可采用3kV和10kV两级电压作为高压厂用电压。

2. 按厂用电动机容量、厂用电供电网络确定高压厂用电压等级

发电厂中拖动各种厂用机械设备的电动机容量相差悬殊，从数千瓦到数千千瓦，而且

电动机的电压和容量有关。在满足技术要求的前提下，优先采用电压较低的电动机以获得较高的经济效益。这是因为高压电动机制造容量大、绝缘等级高、磁路较长、尺寸较大、价格高、空载和负载损耗均较大、效率较低。但是，结合厂用电供电网络综合考虑，电压等级较高时可选择截面较小的电缆或导线，不仅节省有色金属，还能降低供电网络的投资。

火电厂采用 3、6kV 和 10kV 作为高压厂用电压，其特点分述如下：

（1）3kV 电压：①3kV 电动机效率比 6kV 电动机高 1%～15%，价格约低 20%；②将 100kW 及以上的电动机接到 3kV 电压母线上，100kW 以下的电动机一般采用 380V，可使低压厂用变压器容量和台数减少；③由于减少了 380V 电动机数量，使较大截面的电缆数量减少，从而减少了有色金属消耗量。

（2）6kV 电压：①6kV 电动机的功率可制造得较大，200kW 以上的电动机采用 6kV 电压供电，以满足大容量负荷要求；②6kV 厂用电系统与 3kV 厂用电系统相比，不仅节省有色金属及费用，而且短路电流亦较小；③发电机电压若为 6kV 时，可以省去高压厂用变压器，直接由发电机电压母线经电抗器供厂用电，以防止厂用电系统故障直接威胁主系统并限制其短路电流。

（3）10kV 电压：①10kV 电动机的功率可制造得更大一些，以满足大容量负荷，如 2000kW 以上大容量电动机的要求；②1000kW 以上的电动机采用 10kV 电压供电比较经济合理；③适用于 300MW 以上大容量发电机组，但不能为单一的高压厂用电压，因为它不能满足全厂所有高压电动机的要求。

3. 厂用电压等级的应用

（1）300MW 汽轮发电机组的厂用电压分为两级，高压为 6kV，低压为 380V。

（2）600MW 汽轮发电机组的厂用电压，根据国内若干电厂的设置情况有如下两种方案。

方案 1：厂用电采用 6kV 和 380V 两个电压等级，200kW 及以上的电动机采用 6kV 电压供电，200kW 以下的电动机采用 380V 电压供电。

方案 2：厂用电采用 10、3kV 和 380V 三个电压等级，1800kW 以上的电动机采用 10kV 电压供电，200～1800kW 的电动机由 3kV 电压供电，200kW 以下的电动机采用 380V 电压供电。

上述方案 1 采用一个 6kV 等级的厂用高压，而方案 2 采用 10kV 和 3kV 两个等级的厂用高压。原则上前者可使厂用电系统简化，设备较少，但许多 2000kW 以上大容量电动机接在 6kV 母线上，也会带来设备选择和运行方面的问题。600MW 机组厂用电压等级应采用上述两种方案中的哪一种，在设计时应经过诸多因素综合比较后确定。

（3）1000MW 汽轮发电机组的高压厂用电压等级。目前在建和已建的 1000MW 机组中，高压厂用电压有采用 10kV 和 3kV 两级电压的，如上海外高桥电厂；有采用 10kV 一级电压的，如山东邹县发电厂；有采用 6kV 一级电压的，如华能玉环发电厂。针对 3、6、10kV 3 种高压厂用电压等级，可归纳出以下四种方案：方案 1 为 6kV 一级电压；方案 2 为 10kV 和 6kV 两级电压；方案 3 为 10kV 和 3kV 两级电压；方案 4 为 10kV 一级电压。在上述 4 种方案中，低压厂用电压均采用 380V。而 1000MW 机组高压厂用电压等级应采用上述 4 种方案中的哪一种，在设计时应经过短路电流计算、电动机启动电压校验、变压器阻抗选择以及经济比较后确定。

(4) 水电厂的厂用电压等级。对水电厂，由于水轮发电机组辅助设备使用的电动机容量均不大，通常只设380V一种厂用电压等级，由动力和照明公用的三相四线制系统供电。大型水电厂中，在坝区和水利枢纽装设有大型机械，如船闸或升船机、闸门启闭装置等，这些设备距主厂房较远，需在那里设专用变压器，采用6kV或10kV供电。

四、厂用电系统中性点接地方式

1. 高压厂用电系统中性点接地方式

高压（3、6、10kV）厂用电系统中性点接地方式的选择，与接地电容电流的大小有关。当接地电容电流小于10A时，可采用不接地方式，也可采用经高电阻接地方式；当接地电容电流大于10A时，可采用经消弧线圈或消弧线圈并联高电阻的接地方式。一般发电厂的高压厂用电系统多采用中性点经高电阻接地方式。上述中性点接地方式的特点和适用范围叙述如下：

(1) 中性点不接地方式。当高压厂用电系统发生单相接地故障时，流过短路点的电流为电容性电流，且三相线电压基本平衡。若厂用电系统单相接地电容电流小于10A时，允许继续运行2h，为处理故障争取了时间；若单相接地电容电流大于10A时，接地处的电弧不能自动熄灭，将产生较高的电弧接地过电压（可达额定相电压的3.5～5倍）并易发展成为多相短路，故接地保护应动作于跳闸，中断对厂用设备的供电。这种中性点不接地方式曾广泛应用于火力发电机组的高压厂用电系统，今后仍会在接地电容电流小于10A的高压厂用电系统中采用。

(2) 中性点经高电阻接地方式。高压厂用电系统的中性点经过适当的电阻接地，可以抑制单相接地故障时健全相的过电压倍数不超过额定相电压的2.6倍，避免故障扩大。高压厂用电系统常采用二次侧接电阻的配电变压器接地方式，无需设置大电阻器就可达到预期的目的。当发生单相接地故障时，短路点流过固定的电阻性电流，有利于馈线的零序保护动作。中性点经高电阻接地方式适用于高压厂用电系统接地电容电流小于10A，且为了降低间歇性弧光接地过电压水平和便于寻找接地故障点的情况。

(3) 中性点经消弧线圈接地方式。在这种接地方式下，厂用电系统发生单相接地故障时，中性点的位移电压产生感性电流流过接地点，补偿电容电流，将接地点的综合电流限制到10A以下，以达到自动熄弧、继续供电的目的。为了提高接地保护的灵敏度和选择性，通常在消弧线圈二次侧并联电阻。当机组的负荷变化时，需改变消弧线圈的分接头以适应厂用电系统电容电流的变化，但消弧线圈变比的变化又改变了接地点的电流值。为了保持接地故障电流不变，必须相应地调节二次侧的电阻，所以二次侧电阻应有与消弧线圈分接头相匹配的调节分接头。这一接地方式运行比较复杂，要增加接地设备投资，而且接地保护也比较复杂，适用于大机组高压厂用电系统接地电容电流大于10A的情况。

2. 低压厂用电系统中性点接地方式

低压厂用电系统中性点接地方式主要有中性点不接地或中性点经高电阻接地，以及中性点直接接地两种接地方式。

(1) 中性点不接地或中性点经高电阻接地方式。该接地方式接地电阻值大小以满足所选用的接地指示装置动作为原则，但不应超过电动机带单相接地运行的允许电流值（一般按10A考虑）；在低压厂用电系统中，发生单相接地故障时能继续运行一段时间，可以避免开关立即跳闸和电动机停运，也防止了由于熔断器一相熔断所造成的电动机两相运转，提高了低压厂用电系统的运行可靠性。但是，采用中性点不接地方式后，使用电压为220V的设备必须另设380/220V、中性点接地的隔离变压器，增加了损耗和电压波动的几率。

（2）中性点直接接地方式。在低压厂用电系统中，采用此接地方式发生单相接地故障时，中性点不发生位移，防止了相电压出现不对称和超过250V，保护装置立即动作于跳闸；低压厂用网络比较简单，动力和照明、检修网络可以共用，但照明、检修回路的故障往往危及动力回路的正常运行，降低了厂用电系统的可靠性；同时，100kW以上的低压电动机启动时，会使灯光变暗，高压荧光灯可能由于电压降低而熄灭（重燃需历时6～10min），影响工作；对于采用熔断器保护的电动机，由于一相熔丝熔断，电动机会因两相运行而烧坏。

五、厂用电源及其引接

发电厂的厂用电源必须供电可靠，且能满足各种工作状态的要求，除应具有正常的工作电源外，还应设置备用电源、启动电源和事故保安电源。一般发电厂中都以启动电源兼作备用电源。

1. 工作电源

发电厂的厂用工作电源是保证正常运行的基本电源。通常，工作电源应不少于两个。现代发电厂一般都投入系统并联运行。若从发电机电压回路通过高压厂用变压器（或电抗器）取得高压厂用工作电源，即使发电机组全部停止运行，仍可从电力系统倒送电能供给厂用电源。这种引接方式，供电可靠、操作简单、调度方便、投资和运行费都比较省，常被广泛采用。

高压厂用工作电源从发电机回路的引接方式与主接线形式有密切联系。当主接线具有发电机电压母线时，则高压厂用工作电源（厂用变压器或厂用电抗器）一般直接从母线上引接，如图5-1（a）所示；当发电机和主变压器为单元接线时，则厂用工作电源从主变压器的低压侧引接，如图5-1（b）所示。

厂用分支上一般都应装设高压断路器。该断路器应按发电机端短路进行选择，其开断电流可能比发电机出口处断路器的还要大，对大容量机组可能选不到合适的断路器，可加装电抗器或选低压分裂绕组变压器以限制短路电流。如仍选不出时，对125MW及以下机组一般可在厂用分支上按额定电流装设断路器、隔离开关或连接片，此时若发生故障应立刻停机；对于200MW及以上的机组，厂用分支都采用分相封闭母线，故障率较小，可不装断路器和隔离开关，但应有可拆连接点，以供检修和调试用，这时在变压器低压侧务必装设断路器。

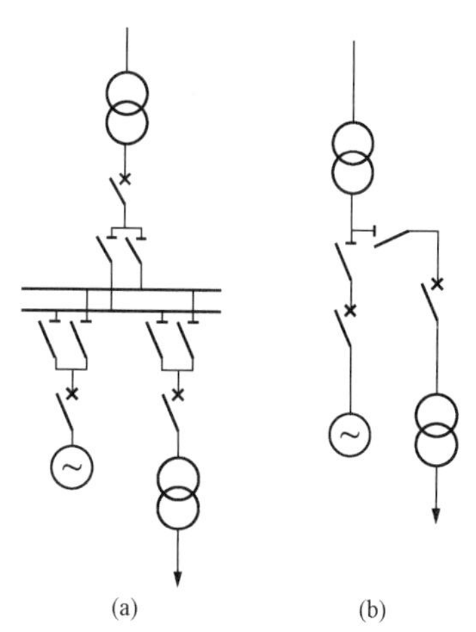

图5-1　高压厂用工作电源的引接方式
（a）从发电机电压母线上引接；
（b）从主变压器低压侧引接

低压厂用工作电源由高压厂用母线通过低压厂用变压器引接。若高压厂用电设有10kV和3kV两个电压等级，则低压厂用工作电源一般从10kV厂用母线引接。

2. 备用电源和启动电源

厂用备用电源用于工作电源因事故或检修而失电时替代工作电源，起后备作用。备用电源应具有独立性和足够的供电容量，最好能与电力系统紧密联系，在全厂停电情况下仍能从系统取得厂用电源。

启动电源一般是指机组在启动或停运过程中，工作电源不可能供电的工况下为该机组的厂用负荷提供电源。因此，启动电源实质上也是一个备用电源。为了确保机组安全和厂用电的可靠，我国目前对200MW以上大型发电机组才设置厂用启动电源，且以启动电源兼作事故备用电源，统称启动/备用电源。

启动/备用电源的引接应保证其独立性，并且具有足够的供电容量，以下是最常用的引接方式：

（1）从发电机电压母线的不同分段上通过厂用备用变压器（或电抗器）引接；

（2）从发电厂联络变压器的低压绕组引接，但应保证在机组全停情况下能够获得足够的电源容量；

（3）从与电力系统联系紧密、供电最可靠的一级电压母线引接。这样，有可能因采用变比较大的启动/备用变压器，增大高压配电装置的投资而致经济性较差，但可靠性较高；

（4）当技术经济合理时可由外部电力系统引接专用线路，经过变压器取得独立的备用电源或启动电源。

备用电源有明备用和暗备用两种方式。明备用方式，正如前面所述设置专用的备用变压器（或线路），它经常处于备用状态（停运），当工作电源因故断开时，由备用电源自动投入装置进行切换接通，代替工作电源，承担全部厂用负荷。暗备用方式，不设专用的备用变压器（或线路），而将每台工作变压器容量增大，相互备用，当其中任一台厂用工作变压器退出运行时，该台工作变压器所承担负荷由另一台厂用工作变压器供电。这种备用方式，正常工作时每台变压器只在半载下运行，投资较大，运行费用高。

在大中型发电厂特别是大型火电厂中，由于每台机组机炉的厂用负荷很大，为了不使每台厂用变压器的容量过大，一般均采取明备用方式；中小型水电厂和降压变电站多采用暗备用方式。

3. 事故保安电源

当厂用工作电源和备用电源都消失时，为确保在严重事故状态下能安全停机，事故消除后又能及时恢复供电，对200MW及以上的大容量机组应设置事故保安电源，以保证事故保安负荷，如润滑油泵、密封油泵、热工仪表及自动装置、盘车装置、顶轴油泵、事故照明和计算机等设施的连续供电。

事故保安电源必须是一种独立而又十分可靠的电源，通常采用快速自动程序启动的柴油发电机组、蓄电池组以及逆变器将直流变为交流作为交流事故保安电源。对200MW及以上机组还应由附近110kV及以上的变电站或发电厂引入独立可靠专用线路，作为事故备用保安电源。

图5-2所示为某发电厂200MW发电机组的事故保安电源接线示意图。事故保安电源通常采用380/220V电压，每台机组设置一段事故保安母线，采用单母线接线。每两台发电机组设置一台柴油发电机组作为事故保安电源。热工仪表及自动装置等要求连续供电

的负荷，则由直流逆变器所连接的不停电母线（每台机组设置一段）供电，其电压为220V。

对于1000MW发电机组，每台机组设置一台快速启动的柴油发电机组，作为本机的事故保安电源。每台机组设置两段380V事故保安母线，正常运行时分别由低压工作电源供电，事故时由柴油发电机组供电。柴油发电机组的规范为：额定功率1820kW，额定电压400V，额定电流3798A，额定频率50Hz，额定转速1500r/min，功率因数0.8（滞后），定子的额定温升130K，转子的额定温升130K。

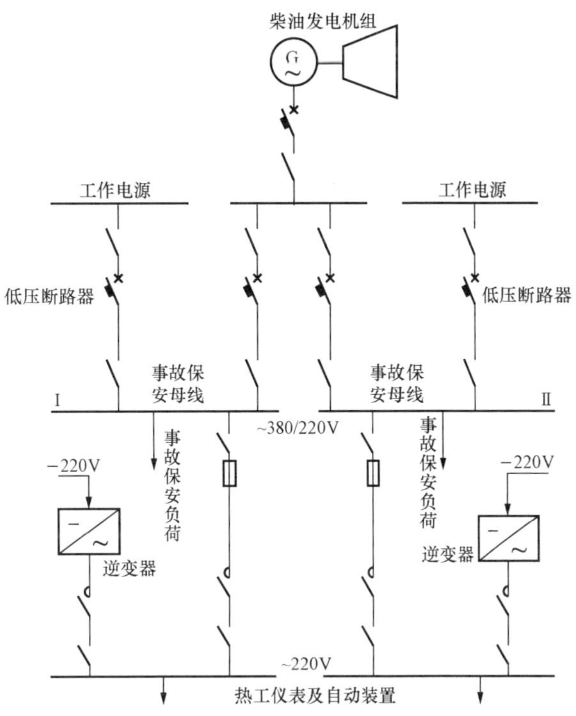

图5-2　某发电厂200MW发电机组的事故保安电源接线示意图

六、厂用电接线形式

发电厂厂用电系统接线通常都采用单母线分段接线形式，并多以成套配电装置接受和分配电能。

火电厂的厂用电负荷容量较大，分布面较广，尤以锅炉的辅助机械设备耗电量大，如吸风机、送风机、排粉机、磨煤机、给粉机、电动给水泵等大型设备，其用电量占厂用电量的60%以上。在采用母线管理制的中、小型发电厂中，往往机、炉的数量是不对应的，为了保证厂用电系统的供电可靠性和经济性，高压厂用母线均采取“按锅炉分段”的原则，即将高压厂用母线按锅炉台数分成若干独立段，凡属同一台锅炉的厂用负荷均接在同一段母线上，与锅炉同组的汽轮机的厂用负荷一般也接在该段母线上，而该段母线由其对应的发电机组供电。每台锅炉的一些重要辅助机械设备（如引风机、送风机）各装设两台，在锅炉满负荷时，必须同时投入运行，所以可将它们接在同一段母线上。但每台汽轮机均装设两台循环水泵和凝结水泵，其中一台纯属备用，故允许分别接在不同母线段上。全厂公用负荷应根据负荷功率及可靠性的要求分别接到各段母线上，各段母线上的负荷应尽可能均匀分配。当公用负荷大时，可设公用母线段。对于400t/h及以上的大型锅炉，每台锅炉设两段高压厂用母线。

低压厂用母线一般也按锅炉分段，电源则由相应的高压厂用母线供电。

厂用电各级电压母线均采用按锅炉分段接线方式，具有下列特点：①若某一段母线发生故障，只影响其对应的一台锅炉的运行，使事故影响范围局限在一机一炉；②厂用电系统发生短路时，短路电流较小，有利于电气设备的选择；③将同一机炉的厂用电负荷接在同一段母线上，便于运行管理和安排检修。

随着发电机组容量的不断增大，汽轮机辅机的容量也越来越大，如射水泵、凝结水泵等设备都进入了高压厂用负荷的范畴。加之大容量机组都实行机、炉单元集中控制，所以“按锅炉分段”的原则，实际已是“按机组分段”了。

第三节　不同类型发电厂的厂用电接线

随着火电厂、水电厂及变电站类型和容量的不同，厂用电接线差异也很大。下面以几个典型示例，分别说明其特点。

一、火电厂厂用电接线

厂用电接线方式合理与否，对机、炉、电的辅机以及整个发电厂的运行可靠性有很大影响。厂用电接线应保证厂用负荷供电的连续性，使发电厂能安全满发，并满足运行安全可靠、灵活方便等要求。

1. 300MW 汽轮发电机组高压厂用电接线

300MW 汽轮发电机组高压厂用电系统常用的有两种接线方案，如图 5 - 3 所示。图 5 - 3（a）所示方案 1，不设 6kV 公用负荷母线段，将全厂公用负荷（如输煤、除灰、化水设备等）分别接在各机组 A、B 段母线上；图 5 - 3（b）所示方案 2，单独设置两段公用负荷母线，集中供全厂公用负荷用电，该公用负荷母线段正常由启动/备用变压器供电。方案 2 的优点是公用负荷集中，无过渡问题，各单元机组独立性强，便于各机组厂用母线清扫；缺点是由于公用负荷集中，并因启动备用变压器要用工作变压器作备用（若无第二台启动/备用变压器作备用时），故厂用高压变压器也要考虑在启动备用变压器检修或故障时带公用负荷母线段运行。因此，启动/备用变压器和厂用高压变压器均较方案 1 变压器分支的容量大，配电装置也增多，投资较大。方案 1 的优点是公用负荷分接于不同机组的厂用高压变压器上，供电可靠性高、投资省，但也由于公用负荷分接于各机组工作母线上，机组工作母线清扫时，将影响公用负荷的备用。另外，由于公用负荷分接于两台机组的工作母线上，因此，在机组 G1 发电时，必须也安装好机组 G2 的 6kV 厂用配电装置，并由启动/备用变压器供电。这两种方案各有优、缺点，应经过技术经济比较后选定。

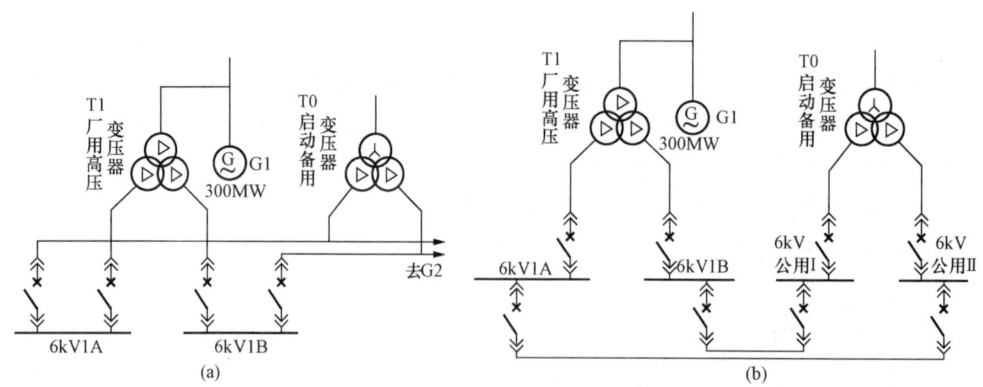

图 5 - 3　高压厂用电系统供电方案

（a）方案 1：不设公用负荷母线；（b）方案 2：设置公用负荷母线

300MW 汽轮发电机组厂用电接线举例如图 5 - 4 所示。该厂厂用电压共分两级，高压为 6kV，低压为 380/220V，高压厂用电系统不设全厂 6kV 公用厂用母线。

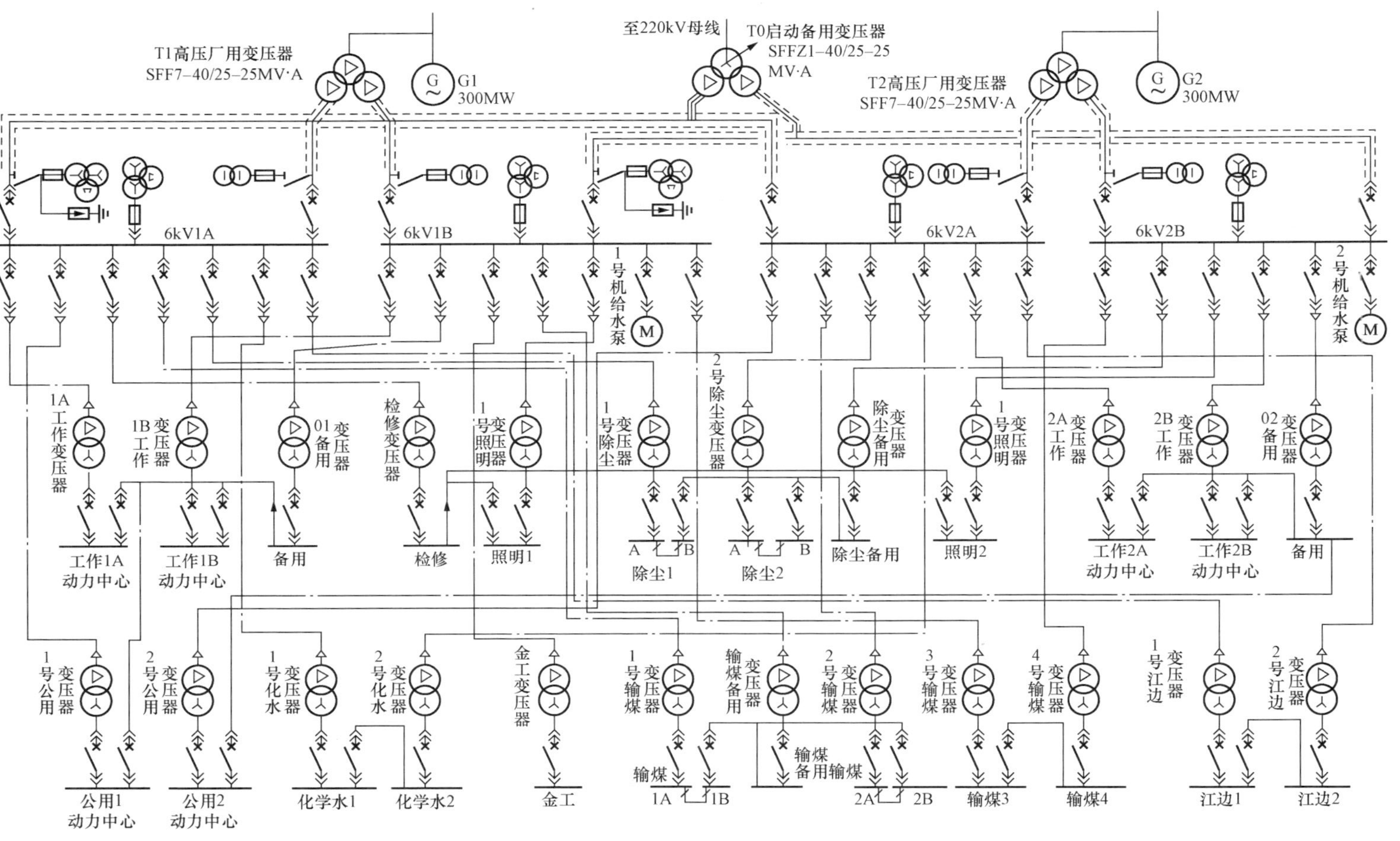

图5-4　300MW汽轮发电机组厂用电系统接线图

由图 5-4 可看出，每台 300MW 汽轮发电机从各单元机组的变压器低压侧接引一台高压厂用工作变压器作为 6kV 厂用电系统的工作电源。为了限制厂用电系统的短路电流，以便使 6kV 系统能采用轻型断路器，并能保证电动机自启动时母线电压水平和满足厂用电缆截面不大于 $150mm^2$ 等技术经济指标要求，高压厂用工作变压器选用容量为 40/25-25MV·A，短路电压百分比 $U_k\%=15$ 的分裂绕组变压器。其低压分裂绕组分别供 6kV 两个分段厂用母线，即发电机组 G1 高压厂用工作变压器供 6kV 的 1A 段和 1B 段，发电机组 G2 高压厂用工作变压器供 6kV 的 2A 段和 2B 段。为满足机组启动时厂用供电和作为高压工作变压器的备用，每两台机组配备一台容量为 40/25-25MV·A，$U_k\%=18$ 的启动/备用变压器。启动/备用变压器电源引自升高电压母线，采用明备用方式。当发电厂有两级升高电压并在两级升高电压间设有联络变压器时，启动/备用变压器可接在联络变压器第三绕组上。考虑到升高电压母线电压变化大，启动/备用变压器采用带负荷调压变压器，以保证厂用电安全经济地运行。

由于高压厂用工作变压器支接在发电机出口，厂用分支接线上短路电流很大，且因采用封闭母线结构，故高压工作变压器高压侧不设断路器和隔离开关。若高压厂用工作变压器发生故障，将由发电机—变压器组高压侧断路器切除。为满足检修与试验需要在厂用分支母线上设置连接片，供必需时拆接。为提高厂用电系统工作的可靠性，高压厂用工作变压器和启动/备用变压器的 6kV 低压分支母线均采用共箱式封闭母线，厂用 6kV 配电装置采用全封闭手车式成套开关柜。

2. 600MW 汽轮发电机组高压厂用电接线

600MW 机组单元高压厂用电的接线，与采用的电压等级数、厂用工作变压器的型式和台数、启动/备用变压器的型式和台数、启动/备用变压器平时是否带公用负荷等因素有关。

600MW 机组通常都为一机一炉单元设置，采用机、炉、电为一单元的控制方式，因此，厂用电系统也必须按单元设置，各台机组单元（包括机、炉、电）的厂用电系统必须是独立的，而且采用单母线多分段（两段或四段）接线。

600MW 机组高压厂用电系统有两种接线形式。

（1）方案 1：高压厂用电采用 6kV 一个电压等级。如图 5-5 所示，高压厂用电压采用 6kV，设置一台高压厂用三相三绕组（或分裂绕组）工作变压器 T1AB、两台三相双绕组启动/备用变压器 Tfa1、Tfa2，启动/备用变压器平时带公用负荷。这种厂用电接线的主要特点有以下三方面。

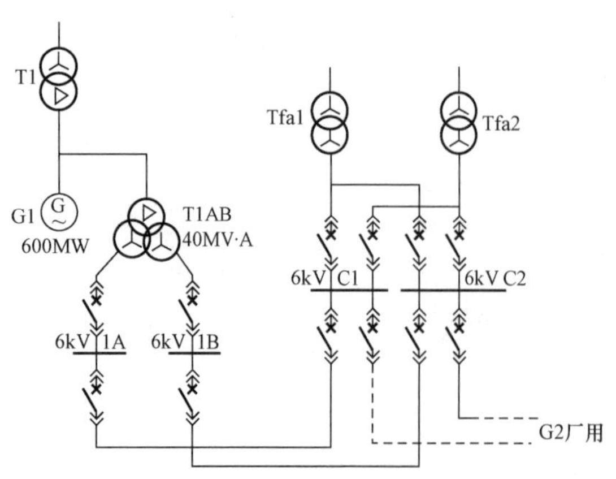

图 5-5 600MW 机组高压厂用电 6kV 系统接线

1）机组单元（机、炉、电）厂用负荷由两段高压厂用母线（1A 和 1B）分担。正常运行时由高压厂用工作变压器供电，将双套或更多套设备均匀地分接在两段母线上，以提高供电可靠性。高压厂用工作变压器不带公用负荷，故其容量较小。

2）公用负荷由两段厂用公用母线（C1 和 C2）分担。正常运行时，两台启动/备用变压器各带一段公用母线（亦称公用段），两段公用母线分开运行。由于启动/备用变压器常带公用负荷，故又称其为公用备用变压器。

3）当一台启动/备用变压器停役或由于其他设备有异常使一台启动/备用变压器不能运行时，可由另一台启动/备用变压器带两段公用母线。因此，对公用负荷而言，两台启动/备用变压器是互为备用的电源。

在这种接线方式中，高压厂用三相三绕组（或分裂绕组）工作变压器也可用两台三相双绕组变压器代替，但需作技术经济比较。

（2）方案 2：高压厂用电采用 10kV 和 3kV 两个电压等级。如图 5-6 所示，每个机组单元设置两台三相三绕组工作变压器（高压厂用变压器）T1A、T1B，每两台机组设公用的两台三绕组变压器作启动/备用变压器 T12A、T12B。这种接线的特点是：工作电源经两台三绕组变压器，分接至四段高压厂用母线，既带机组单元负荷又带公用负荷。启动/备用变压器平时不带负荷。

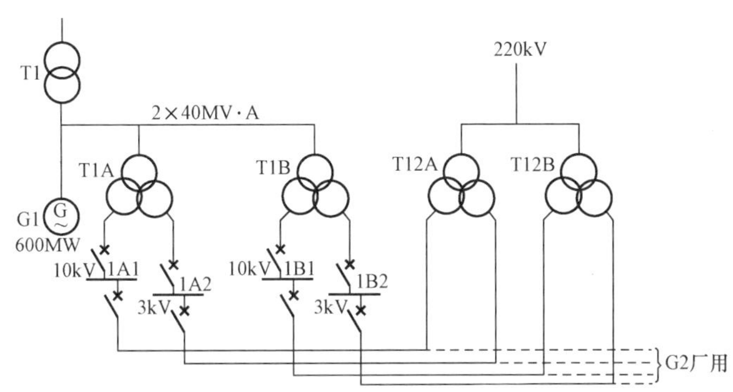

图 5-6　600MW 机组高压厂用电 10kV 和 3kV 系统接线

这种高压厂用电接线形式，既可用于 10kV 和 3kV 两个电压等级的高压厂用电系统接线，也可用于仅采用 6kV 一个电压等级的高压厂用电系统接线。

3. 1000MW 汽轮发电机组高压厂用电接线

某厂 1000MW 汽轮发电机组高压厂用电系统接线，如图 5-7 所示。由图可以看出，高压厂用电压采用 10kV，高压厂用电系统采用单母线接线，每台机组设置 10kV 高压厂用工作母线 A、B、C、D 四段，分别由两台分裂低压绕组的高压厂用工作变压器供电，每台高压厂用工作变压器的额定容量为 68/34-34MV·A，电压为 27±2×2.5%/10.5-10.5kV。变压器的高压侧电源由本机组发电机引出线上引接，其中 A、B 段 10kV 母线由第一台高压厂用工作变压器的两个低压分裂绕组经共箱母线引接，C、D 段 10kV 母线由第二台高压厂用工作变压器的两个低压分裂绕组经共箱母线引接。互为备用及成对出现的高压厂用电动机及低压厂用变压器分别由不同的 10kV 母线段上引接。每两台机组设置一组（2 台）启动/备用变压器，启动/备用变压器的额定容量为 68/34-34MV·A，电压为 230±8×1.25%/10.5-10.5kV。启动/备用变压器 10kV 侧通过共箱母线连接到每台机组的四段 10kV 工作母线上作为备用电源，A、B 段 10kV 母线由第一台启动/备用变压器的两个低压分裂绕组经共箱母线引接；C、D 段 10kV 母线由第二台启动/备用变压器的两个低压分裂绕组经共箱母线引接。厂用高压变压器、启动/备用变压器低压中性点采用低电阻接地方式，接地电阻为 60Ω。两台启动/备用变压器分别由 220kV 升压站各引接一回电源，确保在一台启动/备用电源检修或其他情况下，可保证有一台启动/备用变压器投入工作。高压厂用工作变压器与启动/备用变压器装有备用电源快速切换装置。

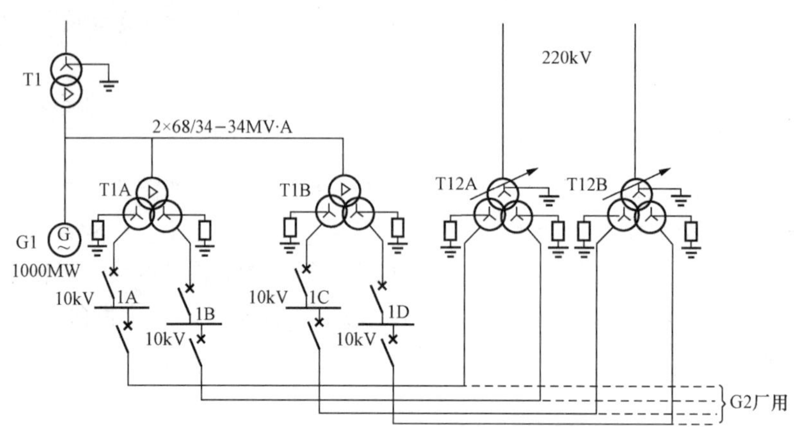

图 5-7　1000MW 机组高压厂用电 10kV 系统接线

这种高压厂用电系统接线的特点是：高压厂用母线设四段，互为备用的负荷接入两台厂用变压器的两个低压分裂绕组上；可与启动/备用变压器组成一对一的接线方式，任何一台厂用变压器停运，只要投入相应的启动/备用变压器即可供电，可靠性极高，调度也非常灵活。

二、水电厂厂用电接线

对水电厂来说，厂用电负荷属最重要负荷之一。水电厂厂用机械的数量、容量及重要程度等与机组容量有关，并受水头、流量和水轮机型式以及运行方式等条件影响。当水头不同时，技术供水、闸门启闭、综合利用装置等的用电要求就有所不同；当机组承担系统调相、调频任务时，其辅助设备相对也要增加。由于各厂运行特点不同，所采用的水力机械设备和辅助机械设备亦不完全相同，从而供电容量和方式皆有差异。一般水电厂最基本的厂用负荷是水轮机调速系统和润滑系统油泵、压缩空气系统的空气压缩机、发电机冷却系统和润滑系统的水泵、全厂辅助机械系统的电动机、闸门启闭设备、照明及水利枢纽等设施用电。

水电厂厂用电接线采用单母线分段接线形式。对中、小型水电厂通常厂用母线只分为两段，由两台厂用变压器以暗备用方式给两段厂用母线供电；对大容量水电厂，厂用母线则按机组台数分段，每段由单独厂用变压器供电，并设置专用备用变压器。为了供给厂外坝区闸门及水利枢纽防洪、灌溉取水、船闸或升船机、筏道、鱼梯设施等用电，可设专用坝区变压器，按其距主厂房远近、负荷大小以及发电机电压等条件可采用 6kV 或 10kV 电压供电，其余厂用电负荷均以 380/220V 供电。

图 5-8 所示为大型水电厂的厂用电接线。该厂装有 4 台发电机组，具有 6kV 大容量电动机拖动的坝区机械设备，且距厂房较远，同时水库还兼有防洪、航运等任务，因此厂用电采用 6kV 及 380V 两级电压。为保证厂用供电可靠，采取机组自用电负荷与公用厂用电负荷分开供电方式，既节省电缆，减小公用负荷变压器容量，又能保证机组安全可靠运行。每台机组的厂用电负荷采用了 380/220V 电压，分别由厂用变压器 T5～T8 供电，从各自的发电机出口处引接。各段的厂用备用电源（明备用方式）由公用母线段引接。6kV 公用系统为

单母线分段接线，由高压厂用变压器 T9 和 T10 供电，备用方式为暗备用方式。此外，还在 2 台发电机组的出口处装设了断路器 QF1 和 QF2，这样，即使在全厂停运时仍可以从电力系统取得厂用电源，即厂用电由变压器 T1 或 T4 低压侧取得电源。

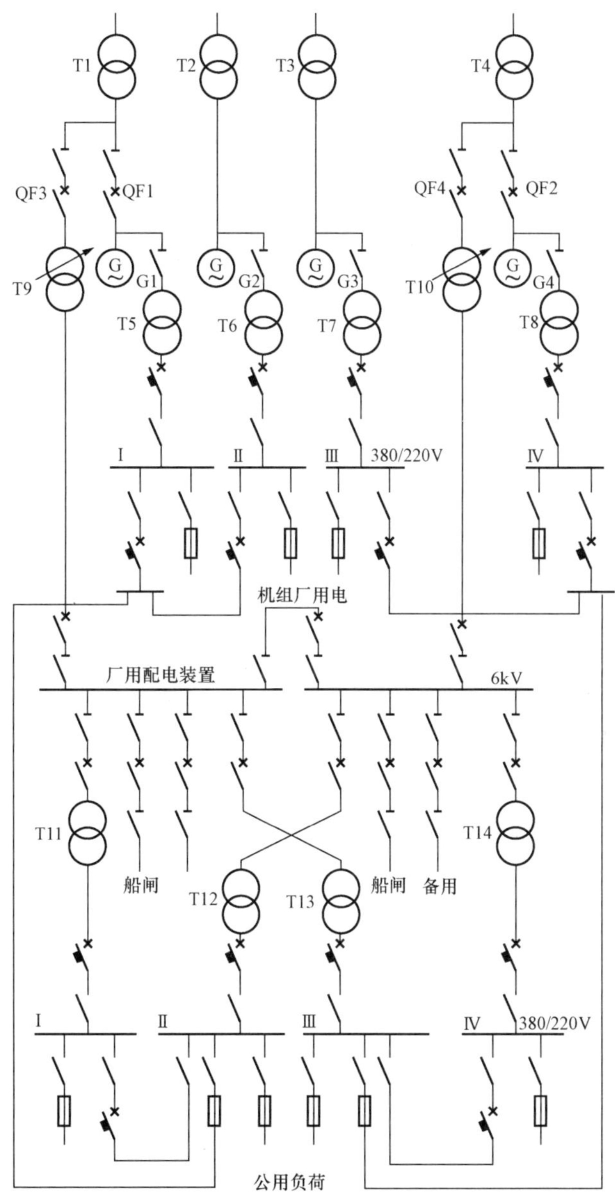

图 5-8　大型水电厂的厂用电接线

三、变电站站用电接线

变电站的主要站用电负荷是变压器冷却装置，直流系统中的充放电装置和晶闸管整流设备，照明、检修及供水和消防系统。对 500kV 变电站，站用电负荷还包括高压断路器和隔离开关的操动机构电源。尽管这些负荷的容量并不太大，但由于 500kV 变电站在电力系统中的枢纽地位，出于运行安全的考虑，其站用电系统必须具有高度的可靠性。

小型变电站，大多只装一台站用变压器，从变电站低压母线上引接，站用变压器二次侧为380/220V中性点直接接地的三相四线制系统。对于中型变电站或装有调相机的变电站，通常都装设2台站用变压器，分别接在变电站低压母线的不同分段上，380V站用电母线采用低压断路器（即自动空气开关）进行分段，并以低压成套配电装置供电。

500kV变电站必须装设2台或2台以上的站用工作变压器。当有可靠的外接电源时，一般设置1台与站用工作变压器容量相同的备用变压器作为备用电源；当无可靠的外接电源时，可设1台自启动的柴油发电机组作为备用电源，其容量应至少满足主变压器的冷却装置负荷和断路器及隔离开关的操动机构电源的需要。当变电站设置站用备用变压器时，一般均装设备用电源自动投入装置，以保证工作变压器因故退出运行时备用变压器能自动投入运行。

500kV变电站的站用电源引接方式有三种：

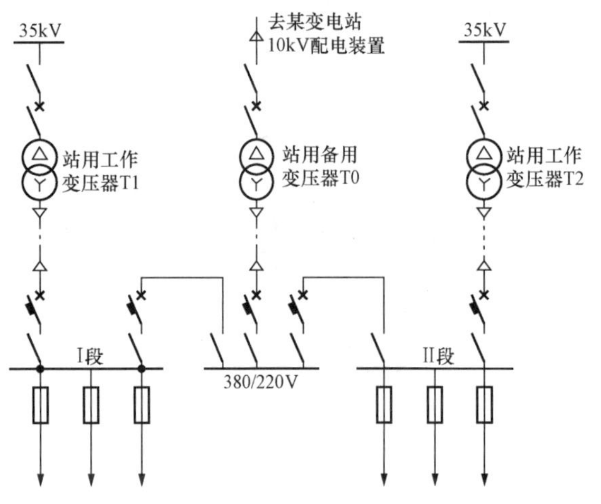

图5-9　500kV变电站的站用电接线

（1）由变电站内主变压器第三绕组引接，站用变压器高压侧要选用较大断流容量的开关设备，否则要加限流电抗器；

（2）当站内有较低电压母线时，一般由这类电压母线上引接2个站用电源，这种站用电源引接方式具有经济性好和可靠性高的特点；

（3）500kV变电站的外接站用电源多由附近的发电厂或变电站的低压母线引接。

图5-9所示为某500kV变电站的站用电接线。

第四节　厂用变压器的选择

厂用变压器的选择主要考虑高压厂用工作变压器和启动备用变压器的选择，其选择内容包括变压器的台数、型式、额定电压、容量和阻抗。为了正确选择厂用变压器容量，首先应对厂用主要用电设备的容量、数量及其运行方式有所了解，并予以分类和统计，最后确定厂用变压器容量。

一、火电厂主要厂用电负荷

火电厂的厂用电负荷包括全厂机、炉、电、燃运等的用电设备，涉及范围广、数量大，且随各厂机炉类型、容量、燃料种类、供水条件等而差异较大。例如：高温高压火电厂比同容量的中温中压火电厂的给水泵容量大；大容量机组的辅助设备比中、小型机组要多且功率大；开式循环冷却方式比闭式冷却方式的耗电量要小；各种燃料的发热量不同，需要的风量不同，风机容量也不同，同时除灰设备也不尽一样；若电厂采用汽动给水泵则可大大减小厂用变压器容量等。一般厂用变压器连接在厂用母线段上，而用电设备由母线引接。

为了正确选择厂用变压器容量，不但要统计变压器连接的分段母线上实际所接电动机的台数和容量，还要考虑它们是经常工作的还是备用的，是连续运行的还是断续运行的。为了计及这些不同的情况，选出既能满足负荷要求又不致容量过大的变压器，所以应按使用时间对负荷运行方式进行分类：

经常——每天都要使用的负荷（电动机）；

不经常——只在检修、事故或机炉启停期间使用的负荷（电动机）；

连续——每次连续运转 2h 以上的负荷；

短时——每次仅运转 10～120min 的负荷；

断续——每次使用从带负荷到空载或停止，反复周期性地工作，其每一周期不超过 10min 的负荷。

上述“经常”和“不经常”主要用来表征该类设备电动机的使用机会，而“连续”、“短时”和“断续”则用来区分该类设备每次使用时间的长短。

表 5-1 列出火电厂主要厂用电负荷及其类别，供参考。

表 5-1　火电厂主要厂用电负荷及其类别

分类	名称	负荷类别	运行方式	备注
锅炉负荷	引风机	Ⅰ	经常、连续	
	送风机	Ⅰ		
	排粉机	Ⅰ或Ⅱ		用于送粉时为Ⅰ
	磨煤机	Ⅰ或Ⅱ		无煤粉仓时为Ⅰ
	给煤机	Ⅰ或Ⅱ		无煤粉仓时为Ⅰ
	给粉机	Ⅰ		
汽轮机负荷	射水泵	Ⅰ	经常、连续	用汽动给水泵就无给水泵项
	凝结水泵	Ⅰ		
	循环水泵	Ⅰ		
	给水泵	Ⅰ		
	备用给水泵	Ⅰ	不经常、连续	
电气及公共负荷	充电机	Ⅱ	不经常、连续	
	浮充电装置	Ⅱ或保安	经常、连续	
	空压机	Ⅱ	经常、短时	
	变压器冷却风机	Ⅱ	经常、连续	
	通信电源	Ⅰ	经常、连续	
事故保安负荷	盘车电动机	保安	不经常、连续	
	顶轴油泵	保安	不经常、短时	
	交流润滑油泵	保安	不经常、连续	
	浮充电装置	保安	经常、连续	
	机炉自控电源	保安	经常、连续	
输煤负荷	输煤皮带	Ⅱ	经常、连续	
	碎煤机	Ⅱ		
	筛煤机	Ⅱ		

续表

分　类	名　称	负荷类别	运行方式	备　注
出灰负荷	灰浆泵	Ⅱ	经常、连续	
	碎渣机	Ⅱ		
	电气除尘器	Ⅱ		
厂外水工负荷	中央循环水泵	Ⅰ	经常、连续	与工业水泵合用时生活水泵负荷类别为Ⅱ
	消防水泵	Ⅰ	不经常、短时	
	生活水泵	Ⅱ或Ⅲ	经常、短时	
	冷却塔通风机	Ⅱ	经常、连续	
辅助车间负荷	化学水处理室	Ⅰ或Ⅱ	经常（或短时）、连续	大于300MW机组时，化学水处理室负荷类别为Ⅰ
	中央修配间	Ⅲ	经常、连续	
	电气试验室	Ⅲ	不经常、短时	
	起重机械	Ⅲ	不经常、断续	

注　Ⅰ表示Ⅰ类厂用负荷，Ⅱ表示Ⅱ类厂用负荷，Ⅲ表示Ⅲ类厂用负荷，保安表示保安厂用负荷。

二、厂用电负荷的计算

为了合理正确地选择厂用变压器容量，需对每段母线上引接的电动机台数和容量进行统计和计算。

（一）厂用电负荷的计算原则

（1）经常连续运行的负荷应全部计入，如引风机、送风机、给水泵、排粉机、循环水泵、凝结水泵、真空泵等用的电动机。

（2）连续而不经常运行的负荷亦应计入，如充电机、备用励磁机、事故备用油泵、备用电动给水泵等用的电动机。

（3）经常而断续运行的负荷亦应计入，如疏水泵、空气压缩机等用的电动机。

（4）短时断续而又不经常运行的负荷一般不予计算，如行车、电焊机等。但在选择变压器时，变压器容量应留有适当裕度。

（5）由同一台变压器供电的互为备用的设备，只计算同时运行的台数。

（6）对于分裂绕组变压器，其高压绕组、低压绕组的负荷应分别计算。

（二）厂用电负荷的计算方法

1. 换算系数法

厂用电负荷的计算方法常采用换算系数法，计算式为

$$S=\sum(KP) \tag{5-1}$$

$$K=\frac{K_{m}K_{L}}{\eta\cos\varphi} \tag{5-2}$$

式中：S 为厂用母线上的计算负荷，kV・A；P 为电动机的计算功率，kW；K 为换算系数，可取表 5-2 所列的数值；K_m为同时系数；K_L 为负荷率；η 为效率；$\cos\varphi$ 为功率因数。

电动机的计算功率 P，应根据负荷的运行方式及特点确定。

（1）对经常、连续运行的设备和连续而不经常运行的设备，即连续运行的电动机，均全部计入，即

$$P = P_N \tag{5-3}$$

式中：P_N为电动机额定功率，kW。

表 5-2　换算系数

机组容量（MW）	≤125	≥200
给水泵及循环水泵电动机	1.0	1.0
凝结水泵电动机	0.8	1.0
其他高压电动机及低压厂用变压器（kV·A）	0.8	0.85
其他低压电动机	0.8	0.7

（2）对经常短时及经常断续运行的电动机，计算式为

$$P = 0.5P_N \tag{5-4}$$

（3）对不经常短时及不经常断续运行的设备一般可不予计算，有

$$P = 0 \tag{5-5}$$

这类负荷包括行车、电焊机等。在选择变压器容量时由于留有裕度，同时亦考虑到变压器具有较大的过载能力，所以该类负荷可以不予计入。但是，若经电抗器供电时，因电抗器一般为空气自然冷却，过载能力很小，这些设备的负荷应全部计算在内。

（4）对修配厂的用电负荷，通常计算式为

$$P = 0.14P_{\Sigma} + 0.4P_{\Sigma 5} \tag{5-6}$$

式中：P_{Σ}为全部电动机额定功率总和，kW；$P_{\Sigma 5}$为其中最大 5 台电动机的额定功率之和，kW。

（5）煤场机械负荷中，对大型机械应根据机械工作情况具体分析确定。对中、小型机械，则计算式为

$$P = 0.35P_{\Sigma} + 0.6P_{\Sigma 3} \tag{5-7}$$

对翻斗机

$$P = 0.22P_{\Sigma} + 0.5P_{\Sigma 5} \tag{5-8}$$

对轮斗机

$$P = 0.13P_{\Sigma} + 0.3P_{\Sigma 5} \tag{5-9}$$

式中：$P_{\Sigma 3}$为其中最大 3 台电动机的额定功率之和，kW。

（6）对照明负荷，计算式为

$$P = K_d P_A \tag{5-10}$$

式中：K_d为需要系数，一般取 0.8～1.0；P_A为安装容量，kW。

2. 轴功率法

厂用电负荷用轴功率法进行计算，计算式为

$$S = K_m \sum \frac{P_{max}}{\eta \cos\varphi} + \sum S_L \tag{5-11}$$

式中：K_m为同时率，新建电厂取 0.9，扩建电厂取 0.95；P_{max}为最大运行轴功率，kW；η为对应于轴功率的电动机效率；$\cos\varphi$为对应于轴功率的电动机功率因数；$\sum S_L$为低压厂用计算负荷之和，kV·A。

三、厂用变压器的选择

（一）额定电压

厂用变压器的额定电压应根据厂用电系统的电压等级和电源引接处的电压确定，变压器一、二次侧额定电压必须与引接电源电压和厂用网络电压相一致。

（二）工作变压器的台数和型式

工作变压器的台数和型式主要与高压厂用母线的段数有关，而母线的段数又与高压厂用母线的电压等级有关。当只有 6kV 或 10kV 一种电压等级时，一般分两段；对于 200MW 以上机组可分四段；当 10kV 与 3kV 电压等级同时存在时，则分四段（10kV 两段和 3kV 两段）。当只有 6kV 或 10kV 一种电压等级时，高压厂用工作变压器可选用 1 台全容量的低压分裂绕组变压器，两个分裂支路分别供两段母线；或选用 2 台 50%容量的双绕组变压器，分别供两段母线。对于 200MW 以上机组，高压厂用工作变压器可选用 2 台低压分裂绕组变压器，分别供四段母线；当出现 10kV 和 3kV 两种电压等级时，高压厂用工作变压器可选用 2 台 50%容量的三绕组变压器，分别供四段母线。

（三）厂用变压器的容量

厂用变压器的容量必须满足厂用电机械从电源获得足够的功率。因此，对高压厂用工作变压器的容量应按高压厂用计算负荷的 110%与低压厂用计算负荷之和进行选择，而低压厂用工作变压器的容量应留有 10%左右的裕度。

（1）高压厂用工作变压器容量。当为双绕组变压器时，按下式选择容量

$$S_T \geqslant 1.1S_H + S_L \tag{5-12}$$

式中：S_H为高压厂用计算负荷之和；S_L为低压厂用计算负荷之和。

当选用分裂绕组变压器时，其高压绕组容量应满足

$$S_{1N} \geqslant \sum S_C - S_r \tag{5-13}$$

分裂绕组容量应满足

$$S_{2N} \geqslant S_C \tag{5-14}$$

$$S_C = 1.1S_H + S_L$$

式中：S_{1N}为厂用变压器高压绕组额定容量，kV·A；S_{2N}为厂用变压器分裂绕组额定容量，kV·A；S_C为厂用变压器分裂绕组计算负荷，kV·A；S_r为分裂绕组两分支重复计算负荷，kV·A。

（2）高压厂用备用变压器容量。高压厂用备用变压器或启动变压器应与最大一台高压厂用工作变压器的容量相同；低压厂用备用变压器的容量应与最大一台低压厂用工作变压器容量相同。

（3）低压厂用工作变压器容量，可按下式选择

$$K_\theta S \geqslant S_L \tag{5-15}$$

式中：S 为低压厂用工作变压器容量，kV·A；K_θ 为变压器温度修正系数，一般对装于屋外或由屋外进风小间内的变压器，可取 $K_\theta=1$，但宜将小间进出风温差控制在 10℃以内，对由主厂房进风小间内的变压器，当温度变化较大时，随地区而异，应当考虑温度进行修正。

厂用变压器容量的选择，除了考虑所接负荷的因素外还应考虑：①电动机自启动时的电压降；②变压器低压侧短路容量；③留有一定的备用裕度。

（四）厂用变压器的阻抗

变压器的阻抗是厂用工作变压器的一个重要指标。厂用工作变压器的阻抗要求比一般电力变压器的阻抗大，这时因为要限制变压器低压侧的短路容量，否则将影响到开关设备的选择，一般要求阻抗应大于10%；但是，阻抗过大又将影响厂用电动机的自启动。厂用工作变压器如果选用分裂绕组变压器，则能在一定程度上缓解上述矛盾，因为分裂绕组变压器在正常工作时具有较小阻抗，而分裂绕组出口短路时则具有较大的阻抗。

【例5-1】 某发电厂有2台300MW汽轮发电机组，每台机组厂用电从各自单元机组的变压器低压侧引接一台高压厂用工作变压器，试选择该高压厂用工作变压器。

解 该厂用变压器选用双绕组低压分裂绕组变压器，电压比为18/6-6kV，短路电压百分比为$U_k\%=15$，容量为40/20-20MV·A。有关6kV各分段母线厂用负荷计算及高压厂用变压器容量的选择，见表5-3。

表5-3　　6kV厂用负荷计算及高压厂用变压器容量选择

设备名称	额定容量（kW）	T1高压厂用变压器					T2高压厂用变压器				
		1A段		1B段		重复	2A段		2B段		重复
		台数	容量（kW）	台数	容量（kW）	容量（kW）	台数	容量（kW）	台数	容量（kW）	容量（kW）
电动给水泵	5500	1	5500				1	5500			
循环水泵	1250	1	1250	2	2500		1	1250	2	2500	
凝结水泵	315		315	1	315	315	1	315	1	315	315
ΣP_1			7065		2815	315		7065		2815	315
引风机	2240	1	2240	1	2240		1	2240	1	2240	
送风机	1000	1	1000	1	1000		1	1000	1	1000	
一次风机	300	1	300	1	300		1	300	1	300	
排粉机	680	2	1360	2	1360		2	1360	2	1360	
磨煤机	1000	2	2000	2	2000		2	2000	2	2000	
凝结水升压泵	630	1	630	1	630	630	1	630	1	630	630
主汽机调速油泵	350	1									
碎煤机	320			1	320				1	320	
喷射水泵	260	1	260						1	260	
1号皮带机	300	1	300						1	300	
4号皮带机	300	1	300						1	300	
ΣP_2			8390		7850	630		7530		8710	630
$S_H=\Sigma P_1+0.85\Sigma P_2$（kV·A）			14 196.5		9487.5	850.5		13 465.5		10 218.5	850.5
机炉变压器（kV·A）	1600	1	1600	1	1600	1600	1	1600	1	1600	1600
电除尘变压器（kV·A）	1250	1	1250	1	1250	1250	1	1250	1	1250	1250
化水变压器（kV·A）	1000			1	1000				1	1000	
公用变压器（kV·A）	1000	1	1000	1	1000		1	1000			
输煤变压器（kV·A）	1000	1	1000	1	1000				1	1000	

续表

设备名称	额定容量（kW）	T1高压厂用变压器					T2高压厂用变压器				
		1A段		1B段		重复	2A段		2B段		重复
		台数	容量（kW）	台数	容量（kW）	容量（kW）	台数	容量（kW）	台数	容量（kW）	容量（kW）
灰浆泵变压器（kV·A）	1000			1	1000						
负压风机房变压器（kV·A）	1000								1	1000	
污水变压器（kV·A）	315			1	315				1	315	
修配变压器（kV·A）	800			1	800						
水源地电源（kV·A）	1000			1	1000				1	1000	
照明变压器（kV·A）	315			1	315				1	315	
$\sum S$			4850		9280	2850		3850		7480	2850
$S_L=0.85\sum S$(kV·A)			4122.5		7888	2422.5		3272.5		6358	2422.5
分裂绕组负荷 $S_C=1.1S_H+S_L$(kV·A)			19 738.6		18 324	3358		18 084.5		17 598	3358
高压绕组负荷 $\sum S_C-S_r$(kV·A)			19 738.6+18 324−3358=34 704.6				18 084.5+17 598−3358=32 324.5				
选择分裂绕组变压器（kV·A）			40 000/20 000−20 000				40 000/20 000−20 000				

第五节 厂用电动机的选择和自启动校验

厂用机械设备所使用的拖动电动机，简称厂用电动机。在发电厂中有大量的厂用机械设备及相应的厂用电动机，是厂用电的主要负荷。

一、厂用机械负载转矩特性和电力拖动运动方程

发电厂中厂用机械设备的负载转矩特性可归纳为两种类型。其一，恒转矩负载特性，即它的负载转矩（又称阻转矩）M_m 与转速 n 无关，M_m 是个常数，$M_m=f(n)[M_{*m}=f(n_*)]$ 特性为一水平直线，如图 5-10 中曲线 1 所示。当转速变化时，负载转矩 M_m 保持常数，火电厂中的磨煤机、碎煤机、输煤皮带、绞车、起重机等属于这类机械。其二，具有非线性负载转矩特性，它们的负载转矩与转速的二次方或高次方成比例，如图 5-10 中曲线 2 所示。例如火电厂中的引风机、送风机、油泵以及工作时没有静压头的离心式水泵等均属于这类机械。非线性负载转矩可表示为

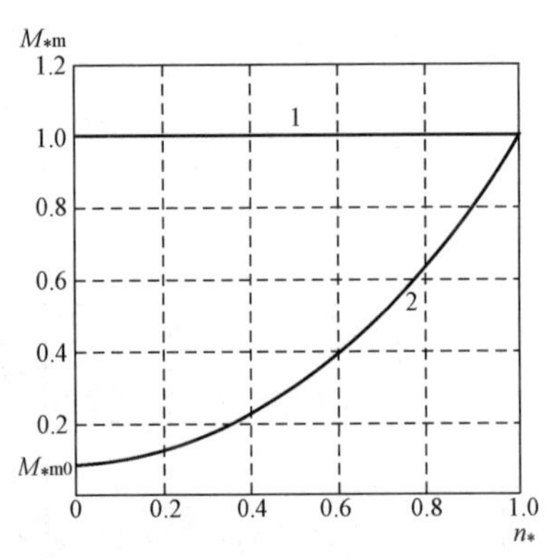

图 5-10 厂用机械负载转矩特性

M_{*m}—以机械设备在额定转速时的负载转矩为基准值的标幺值；n_*—转速的标幺值

$$M_{*m}=M_{*m0}+(1-M_{*m0})n_*^2 \quad (5-16)$$

式中：M_{*m0} 为与转速无关的摩擦起始负载转矩标幺值，一般取 $M_{*m0}=0.15$。

由电动机和厂用机械设备组成的电力拖动系统是一个机械运动系统，其中有能量、功率和转矩的传递。代表运动特征的量是转速 n、转矩 M、角速度 Ω 以及时间 t 等。电动机产生

的电磁拖动转矩 M_e，用以克服机械负荷的负载转矩 M_m后的剩余转矩，就会使机械传动系统产生加速运动。其旋转运动的方程式为

$$M_e - M_m = J\frac{d\Omega}{dt} \tag{5-17}$$

式中：M_e为电动机产生的电磁拖动转矩，N·m；M_m为负载转矩，或称阻转矩，N·m；$J\frac{d\Omega}{dt}$为惯性转矩，或称加速转矩，N·m；J 为包括电动机在内的整个机组的转动惯量，kg·m²；Ω 为机组旋转角速度，$\Omega=\frac{2\pi n}{60}$，rad/s。

机组的转动惯量 J 是机组旋转部分惯性的量度，在电力拖动计算中常采用飞轮惯量 GD^2，二者关系式为

$$J = \frac{1}{4g}GD^2(\text{kg}\cdot\text{m}^2) \tag{5-18}$$

式中：g 为重力加速度，$g=9.81\text{m/s}^2$；GD^2 为飞轮惯量，可由产品目录中查得，N·m²。

将式（5-18）及$\Omega=\frac{2\pi n}{60}$关系代入式（5-17）中，即得实用计算电力拖动运动方程式为

$$M_e - M_m = \frac{GD^2}{375}\frac{dn}{dt} \tag{5-19}$$

由式（5-19）可分析电动机的工作状态：

（1）当 $M_e=M_m$时，$\frac{dn}{dt}=0$，则 $n=0$ 或 $n=$常数，即电动机静止或等速旋转，拖动系统处于稳定运行状态；

（2）当 $M_e>M_m$时，$\frac{dn}{dt}>0$，拖动系统处于加速状态；

（3）当 $M_e<M_m$时，$\frac{dn}{dt}<0$，拖动系统处于减速状态。

加速或减速过程统称为动态运动状态。

二、厂用电动机的类型及其特点

发电厂中各种厂用机械设备所使用的厂用电动机有异步电动机、同步电动机和直流电动机三类。其中使用最多的是异步电动机，特别是笼型异步电动机。

1. 异步电动机

异步电动机结构简单，运行可靠，操作维护方便，过载能力强，且价格便宜，但启动电流大，调速困难。

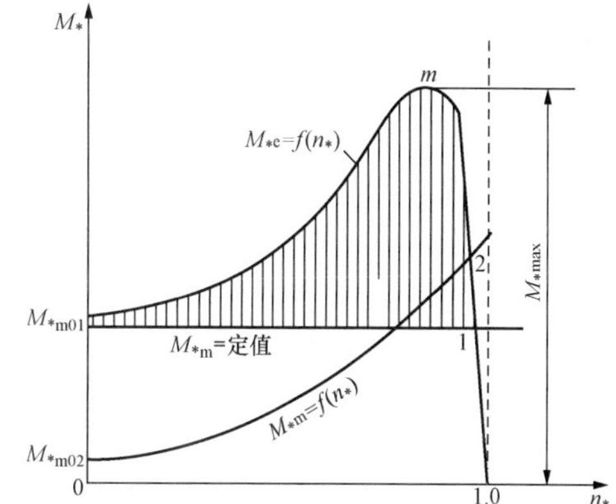

图 5-11 异步电动机和机械设备的机械特性曲线

异步电动机的机械特性是指电动机的电磁转矩 M_e与转速 n 的关系，即 $M_{*e}=f(n_*)$，如图 5-11 所示（以标幺值示出）。若将异步电动机的特性曲线 $M_{*e}=f(n_*)$ 与被拖动的机械设备的负载转矩特性曲线 $M_{*m}=f(n_*)$ 绘于一张图上，如图 5-11 所示。由图可见，

该拖动系统初始时电动机转动的启动转矩 M_{*e0} 必须大于被拖动机械在 $n_*=0$ 时的起始负荷转矩 M_{*m0}，并且在启动过程中，任一转速下都应有 $M_{*e}>M_{*m}$，使剩余转矩为正，方能顺利地把机械设备拖动到稳定运行状态。图 5-10 中以竖线条示出电动机对于 M_{*m}=定值的设备剩余转矩。只有当电动机 $M_{*e}=f(n_*)$ 与厂用负荷 $M_{*m}=f(n_*)$ 相等，即工作在两条曲线的交点上（2 或 1）时，拖动系统才能稳定运行。

异步电动机的启动，一般不需要特殊设备，而采用直接启动方式，启动时的转矩为额定启动转矩，启动时间短，但是启动电流可达额定电流的 4～7 倍。这不仅使电源电压在启动时发生显著下降，而且更会引起电动机发热，特别在机组转动惯量较大，剩余转矩较小，启动缓慢的情况下更为严重。因此，对启动困难的厂用机械设备如引风机、磨煤机、排粉机等相配套的电动机，必要时需进行启动校验。

在发电厂中广泛使用的笼型异步电动机有三种结构形式，即单笼型、深槽式和双笼型。后两种具有启动转矩大、启动电流较小等较好的启动性能。

绕线式异步电动机最大特点是可以均匀地无级调速，如采用转子电路内引入感应电动势的串级调速；也可以在转子电路串接电阻进行调整，即借助调节电阻使其在一定范围内改变转速、启动转矩和启动电流。

2. 同步电动机

同步电动机具有以下特点：

（1）同步电动机采用直流励磁，可以工作在“超前”或“滞后”的不同运行状态。当工作在“超前”运行状态时，它可以提高厂用电系统的功率因数，同时减小厂用电系统的损耗和电压损失。

（2）同步电动机结构比较复杂，并需附加一套励磁系统。

（3）同步电动机对电压波动不十分敏感，因其转矩与电压成正比；而异步电动机的转矩与电压的平方成正比，并且装有自动励磁调节装置且能强行励磁，从而在电压降低时，仍能维持其运行稳定性。

同步电动机启动、控制均较麻烦，启动转矩不大，在厂用电系统中只在大功率低转速的机械上有时采用，如循环水泵等设备。

3. 直流电动机

直流电动机具有以下特点：

（1）直流电动机借助调节磁场电流，可在大范围内均匀而平滑地调速，且调速电阻器消耗较省；

（2）直流电动机启动转矩较大；

（3）直流电动机不依赖厂用交流电源。

直流电动机适用于对调速性能和启动性能要求较高的厂用机械，如给粉机就采用并励直流电动机拖动。此外，直流电动机还用于事故保安负荷中的汽轮机直流备用润滑油泵等。但直流电动机制造工艺复杂、成本高、维护量大、工作可靠性也较差。

三、厂用电动机选择

厂用电系统中所使用的电动机有异步电动机、同步电动机和直流电动机三大类。

（1）型式选择。厂用电动机一般都采用交流电动机；只有要求在很大范围内调节转速及当厂用交流电源消失后仍要求工作的设备才选择直流电动机；只有对反复、重载启动或需要小范围内调速的机械，如吊车、抓斗机等才选用线绕式电动机或同步电动机；对200MW以上机组的大容量辅机，为了提高运行的经济性可采用双速电动机。

厂用电动机的防护型式应与周围环境条件相适应，根据发电厂厂用设备安置地点可分别选用开启式、防护式、封闭式及防爆式等型式。

（2）容量选择。选择拖动厂用机械的电动机时，其电压应与供电网络电压相一致，电机的转速应符合被拖动设备的要求，电动机容量 P_N 必须满足在额定电压和额定转速下大于满载工作的机械设备轴功率 P_S，并留有适当的储备，即

$$P_N > P_S \tag{5-20}$$

式中：P_N 为电动机额定容量，kW；P_S 为被拖动机械设备轴功率，kW。

四、电动机的自启动校验

厂用电系统中运行的电动机，当突然断开电源或厂用电压降低时，电动机转速就会下降，甚至会停止运行，这一转速下降的过程称为惰行。若电动机失去电压以后，不与电源断开，在很短时间（一般在0.5～1.5s）内，厂用电压又恢复或通过自动切换装置将备用电源投入，此时，电动机惰行尚未结束，又自动启动恢复到稳定状态运行，这一过程称为电动机的自启动。若参加自启动的电动机数量多、容量大时，启动电流过大，可能会使厂用母线及厂用电网络电压下降，甚至引起电动机过热，将危及电动机的安全以及厂用电网络的稳定运行，因此必须进行电动机自启动校验。若经校验，电动机不能自启动时，应采取相应的措施。

根据运行状态，自启动可分为三类。

（1）失压自启动：运行中突然出现事故，厂用电压降低，当事故消除、电压恢复时形成的自启动。

（2）空载自启动：备用电源处于空载状态时，自动投入失去电源的工作母线段时形成的自启动。

（3）带负荷自启动：备用电源已带一部分负荷，又自动投入失去电源的工作母线段时形成的自启动。

厂用工作电源一般仅考虑失压自启动，而厂用备用电源或启动电源则需考虑失压自启动、空载自启动及带负荷自启动三种方式。

（一）电动机自启动时厂用母线电压最低限值

为了叙述的方便，将参数均归算到基准值的标幺值，则异步电动机的转矩、额定转矩和最大转矩分别用 M_{*e}、M_{*eN} 和 M_{*emax} 表示，电压、额定电压和临界电压分别用 U_*、U_{*N} 和 U_{*cr} 表示，机械负载转矩用 M_{*m} 表示。

异步电动机的转矩 M_{*e} 与电压 U_* 平方成正比。一般电动机在额定电压 U_{*N} 下运行时，其最大转矩 M_{*emax} 约为额定转矩 M_{*eN} 的2倍，如图5-12所示。随着电压下降，电动机转矩急剧下降。当电压下降到某一数值时，如下降到70%U_{*N}，它的最大转矩 M_{*emax} 相应变为 $0.7^2\times2<1$。若电动机已带有额定负载转矩，则此时剩余转矩变为负值，电动机受到制动而开始惰行，最终可能停止运转。出现惰行时的电压称为临界电压 U_{*cr}，这时电动机的最大转矩 M_{*emax} 恰好等于负载转矩 M_{*m}，根据 $M_{*e}\propto U_*^2$ 关系可得

$$U_{*cr}^2 M_{*emax} = 1$$

于是

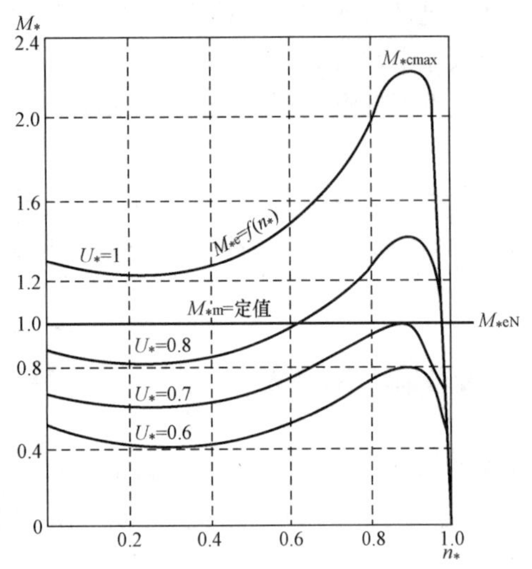

图 5-12　异步电动机转矩与电压、转速的关系

$$U_{*cr}=\frac{1}{\sqrt{M_{*emax}}} \tag{5-21}$$

式中：M_{*emax}为电动机在额定电压（$U_*=1$）下的最大转矩标幺值；U_{*cr}为临界电压标幺值。

由于异步电动机的最大转矩 M_{*emax} 为 1.8～2.4，所以临界电压 U_{*cr} 为 0.64～0.75，即电压降低到额定值的 64%～75%，电动机就开始惰行。为了厂用电系统能稳定运行，规定电动机正常启动时，厂用母线电压的最低允许值为额定电压的 80%，电动机端电压最低值为额定电压的 70%。但是，自启动时有成组电动机启动，被拖动设备飞轮转矩 GD^2 很大，具有惯性。当电压降低后，电磁转矩立即下降，而机械转速由于惯性造成的时延，在短时内几乎无大变化。为了保证厂用Ⅰ类负荷自启动且考虑到机械的因素，规定厂用母线电压在电动机自启动时，应不低于表 5-4 所列的数值。

表 5-4　　电动机自启动要求的厂用母线最低电压

名　　称	类　　型	自启动电压为额定电压的百分值（%）
高压厂用母线	高温高压电厂	65～70①
	中压电厂	60～65①
低压厂用母线	由低压母线单独供电电动机自启动	60
	由低压母线与高压母线串接供电电动机自启动	55

①　对于高压厂用母线，失压或空载自启动电压取上限值，带负荷自启动电压取下限值。

（二）电动机自启动校验

电动机自启动校验可分为电压校验和容量校验，而电压校验又分为两种情况：一是单台电动机自启动或成组电动机自启动母线电压校验；二是电动机经高压厂用变压器和低压变压器串联自启动母线电压校验。

1. 电压校验

（1）单台电动机自启动或成组电动机自启动母线电压校验。图 5-13 所示为一组电动机经高压厂用变压器自启动接线及等值电路。假设成组电动机在电压消失或下降后全部处于制动状态，当恢复供电后同时开始启动。如果忽略外电路所有元件的电阻，由于电动机此时的转差率为 1，其等值电阻也可忽略，

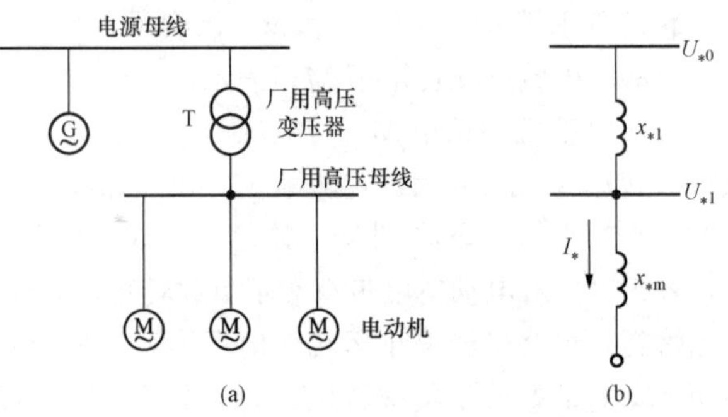

图 5-13　厂用电动机自启动接线及等值电路
（a）接线图；（b）等值电路图

向高压厂用变压器供电的电源视为无穷大电源，即电源母线电压 $U_{*0}=1$。以该变压器容量为基准值，各元件参数均用标幺值表示，由图 5-13（b）可得电压关系，则

$$U_{*0}=I_{*}(x_{*t}+x_{*m}) \tag{5-22}$$

由此可得

$$I_{*}=\frac{U_{*0}}{x_{*t}+x_{*m}} \tag{5-23}$$

式中：I_{*} 为参加自启动电动机的启动电流标幺值总和；U_{*0} 为电源母线电压标幺值，一般采用经电抗器供厂用电时取 1，采用无励磁调压变压器供厂用电时取 1.05，采用有载调压变压器供厂用电时取 1.1；x_{*t} 为厂用变压器或电抗器的电抗标幺值；x_{*m} 为参加自启动电动机的等值电抗标幺值。

电动机自启动开始瞬间，高压厂用母线 U_{*1} 上的电压为

$$U_{*1}=I_{*}x_{*m} \tag{5-24}$$

将式（5-23）代入式（5-24）得

$$U_{*1}=\frac{U_{*0}x_{*m}}{x_{*t}+x_{*m}} \tag{5-25}$$

对于一台静止的电动机，在启动瞬间的电抗有 $x_{*m}=\frac{1}{K}$ 关系，其中 K 为该电动机的启动电流倍数。如果所有自启动的电动机取一平均的启动电流倍数 K_{av}，则全部电动机经折算后的等值电抗标幺值可写为

$$x_{*m}=\frac{1}{K_{av}}\frac{S_{t}}{S_{m\Sigma}} \tag{5-26}$$

式中：S_{t} 为厂用变压器的额定容量，kV·A；$S_{m\Sigma}$ 为全部电动机总容量，kV·A；K_{av} 为电动机自启动电流平均倍数，对备用电源一般当快速切换时可取 2.5，慢速切换时取 5（备用电源自动切换的总时间大于 0.8s 为慢速切换，小于 0.8s 为快速切换）。

将式（5-26）代入式（5-25），即得厂用电动机在启动开始瞬间高压厂用母线电压为

$$U_{*1}=\frac{U_{*0}x_{*m}}{x_{*t}+x_{*m}}=\frac{U_{*0}}{1+x_{*t}K_{av}\dfrac{S_{m\Sigma}}{S_{t}}}=\frac{U_{*0}}{1+x_{*t}K_{av}\dfrac{1}{S_{t}}\dfrac{P_{m\Sigma}}{\eta\cos\varphi}}=\frac{U_{*0}}{1+x_{*t}S_{*m\Sigma}} \tag{5-27}$$

$$S_{*m\Sigma}=\frac{K_{av}P_{m\Sigma}}{\eta S_{t}\cos\varphi}$$

式中：$S_{*m\Sigma}$ 为自启动电动机的容量标幺值；$P_{m\Sigma}$ 为参加自启动的电动机功率，kW；$\eta\cos\varphi$ 为电动机的效率和功率因数的乘积，一般取 0.8。

由式（5-27）计算出厂用母线的电压值（标幺值）不应低于自启动要求的厂用母线最低电压值，方能保证电动机顺利启动。

（2）电动机经高压厂用变压器和低压变压器串联自启动母线电压校验。图 5-14 表示厂用高、低压变压器串联，高、低压电动机同时自启动的等值电路。假设高压母线已带有负荷 S_{0}，自启动过程中 S_{0} 继续运行。在这种情况下，应对高压厂用母线电压 U_{*1} 和低压厂用母线电压 U_{*2} 分别进行校验。

1）高压厂用母线电压 U_{*1} 校验。由图 5-14 可知电压关系，得

$$U_{*0}-U_{*1}=I_{*t1}x_{*t1} \tag{5-28}$$

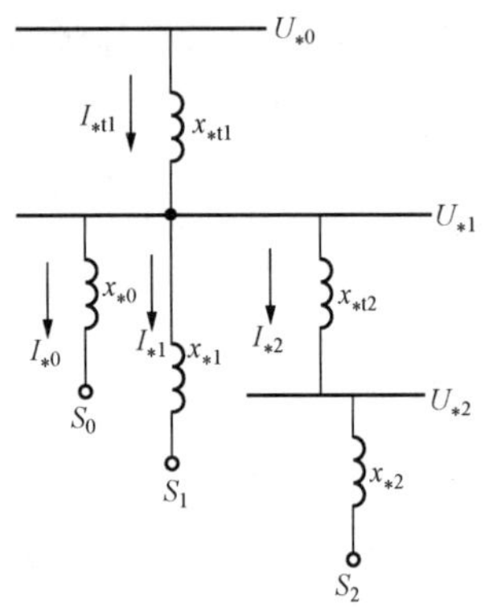

图 5-14　厂用高、低压电动机同时自启动的等值电路

式中：U_{*0}为高压厂用变压器电源侧母线电压的标幺值；U_{*1}为高压厂用母线电压标幺值；I_{*t1}为自启动时通过高压厂用变压器的电流以高压厂用变压器容量为基准值的标幺值；x_{*t1}为高压厂用变压器电抗标幺值。

电动机自启动时，通过高压厂用变压器的电流I_{*t1}为

$$I_{*t1} = I_{*0} + I_{*1} + I_{*2} \tag{5-29}$$

其中

$$I_{*1} = \frac{U_{*1}}{x_{*1}} = \frac{U_{*1}}{x'_{*1}\dfrac{S_{t1}}{S_1}} = \frac{1}{x'_{*1}}\frac{U_{*1}S_1}{S_{t1}} = K_1 U_{*1}\frac{S_1}{S_{t1}}$$

$$I_{*2} = K_2 U_{*2}\frac{S_2}{S_{t1}}$$

$$I_{*0} = K_0 U_{*1}\frac{S_0}{S_{t1}}$$

式中：K_0、K_1、K_2分别为负荷支路 0、1、2 的电动机启动电流倍数。

故通过高压厂用变压器的电流I_{*t1}为

$$I_{*t1} = K_0 U_{*1}\frac{S_0}{S_{t1}} + K_1 U_{*1}\frac{S_1}{S_{t1}} + K_2 U_{*2}\frac{S_2}{S_{t1}}$$

因为$K_2 U_{*2}\dfrac{S_2}{S_{t1}}$项所占比重很小，可以略去，且$K_0=1$，将$I_{*t1}$代入电压关系式（5-28）中，即得

$$U_{*0} - U_{*1} = (K_1 S_1 + S_0)x_{*t1}U_{*1}/S_{t1}$$

而

$$S_1 = \frac{P_1}{\eta\cos\varphi}$$

故有

$$U_{*1} = \frac{U_{*0}}{1 + \dfrac{\left(K_1\dfrac{P_1}{\eta\cos\varphi} + S_0\right)x_{*t1}}{S_{t1}}} = \frac{U_{*0}}{1 + x_{*t1}S_{*H}} \tag{5-30}$$

式中：S_{*H}为高压厂用母线的合成负荷标幺值。

当高压厂用变压器采用分裂绕组变压器时，高压绕组额定容量为S_{1N}，分裂绕组额定容量为S_{2N}，即

$$S_{*H} = \frac{K_1\dfrac{P_1}{\eta\cos\varphi} + S_0}{S_{2N}} = \frac{K_1 P_1}{\eta S_{2N}\cos\varphi} + \frac{S_0}{S_{2N}} \tag{5-31}$$

$$x_{*t1} = 1.1\frac{U_k\%}{100}\frac{S_{2N}}{S_{1N}}$$

式中：x_{*t1}为当高压厂用变压器采用分裂绕组变压器时，高压厂用变压器电抗标幺值。

2）低压厂用母线电压U_{*2}校验。同理，假设低压母线带有负荷S_2，低压厂用变压器容量为S_{t2}，由电压关系可得

$$U_{*1} - U_{*2} = I_{*t2}x_{*t2} \tag{5-32}$$

又因

$$I_{*t2}=K_2\frac{S_2}{S_{t2}}U_{*2}$$

$$S_2=\frac{P_2}{\eta\cos\varphi}$$

代入电压关系式（5-32），可得

$$U_{*2}=\frac{U_{*1}}{1+\frac{K_2\frac{P_2}{\eta\cos\varphi}x_{*t2}}{S_{t2}}}=\frac{U_{*1}}{1+x_{*t2}S_{*L}} \tag{5-33}$$

$$S_{*L}=\frac{K_2P_2/(\eta\cos\varphi)}{S_{t2}}=\frac{K_2P_2}{\eta S_{t2}\cos\varphi} \tag{5-34}$$

$$x_{*t2}=1.1\frac{U_k\%}{100}$$

式中：S_{*L}为低压厂用母线的合成负荷标幺值；x_{*t2}为低压厂用变压器电抗标幺值；U_{*1}为高压厂用母线电压标幺值；U_{*2}为低压厂用母线电压标幺值。

对已求得的厂用母线电压U_{*1}及U_{*2}，应分别不低于电动机自启动要求的厂用母线电压最低值。

【例 5-2】 某发电厂厂用电系统为 6kV 和 0.38kV 两级电压。高压厂用备用变压器为分裂绕组变压器，其高压绕组额定容量为 50 000kV·A、低压绕组额定容量为 25 000kV·A，以高压绕组电抗为基准的半穿越电抗百分值为 19%，高压厂用变压器电源侧母线电压$U_{*0}=1.1$（有载调压）。低压厂用变压器额定容量为 1000kV·A，阻抗电压为 10%。高压厂用备用变压器已带负荷 6200kW，参加自启动电动机总容量为 13 363kW。低压厂用母线上参加自启动电动机容量为 500kW。试计算高压厂用备用变压器自投高、低压母线串接启动时，能否实现自启动。

解 （1）高压厂用母线电压校验。高压厂用母线的合成负荷标幺值由式（5-31）可求得

$$S_{*H}=\frac{\frac{K_1P_1}{\eta\cos\varphi}+S_0}{S_{2N}}=\frac{\frac{5\times 13\ 363}{0.8}+6200}{25\ 000}=3.59$$

高压厂用变压器电抗标幺值为

$$x_{*t1}=1.1\frac{U_k\%}{100}\frac{S_{2N}}{S_{1N}}=1.1\times\frac{19\times 25\ 000}{100\times 50\ 000}=0.104$$

高压母线电压标幺值由式（5-30）得

$$U_{*1}=\frac{U_{*0}}{1+x_{*t1}S_{*H}}=\frac{1.1}{1+0.104\times 3.59}=0.8>(0.65\sim 0.70)$$

满足要求。

（2）低压厂用母线电压校验。低压厂用母线的合成负荷标幺值由式（5-34）可得

$$S_{*L}=\frac{K_2P_2/(\eta\cos\varphi)}{S_{t2}}=\frac{5\times 500/0.8}{1000}=3.125$$

低压厂用变压器电抗标幺值为

$$x_{*t2}=1.1\times\frac{U_k\%}{100}=1.1\times\frac{10}{100}=0.11$$

低压母线电压标幺值由式（5-33）得

$$U_{*2}=\frac{U_{*1}}{1+x_{*t2}S_{*L}}=\frac{0.8}{1+0.11\times3.125}=0.595>0.55$$

满足要求。

高压厂用母线电压校验和低压厂用母线电压校验，均满足电动机自启动要求的厂用母线电压最低值，可见该高压厂用备用变压器可以顺利实现自投高、低母线串接自启动。

2. 容量校验

由前面电压校验可知，厂用电动机自启动时厂用母线上的电压不仅与变压器的电抗和容量有关，而且与电动机启动电流倍数和参加自启动的电动机容量有关。若把电动机自启动要求的高压厂用母线最低电压当作已知值，则由式（5-27）可计算出自启动电动机最大允许总容量标幺值为

$$S_{*m\Sigma}=\frac{U_{*0}-U_{*1}}{U_{*1}x_{*t}} \tag{5-35}$$

或者

$$P_{m\Sigma}=\frac{(U_{*0}-U_{*1})\eta\cos\varphi}{U_{*1}x_{*t}K_{av}}S_t \tag{5-36}$$

由式（5-36）可以得到两点重要结论：①当电动机额定启动电流倍数大，变压器短路电压高，机端残压要求高时，允许自启动的功率就小；②发电机母线电压高，厂用变压器容量大，电动机效率和功率因数均高时，允许参加自启动的功率就大。因此，为保证重要厂用机械的电动机能自启动，通常可采取以下措施：

（1）限制参加自启动的电动机数量。对不重要设备的电动机加装低电压保护装置，延时0.5s断开，不参加自启动。

（2）负载转矩为定值的重要设备的电动机，因它只能在接近额定电压下启动，也不应参加自启动，可采用低电压保护和自动重合闸装置，即当厂用母线电压低于临界值时，把该设备从母线上断开，而在母线电压恢复后又自动投入。这样，不仅保证该部分电动机的逐级自启动，而且改善了其他未曾断开的重要电动机的自启动条件。

（3）对重要的厂用机械设备，应选用具有较高启动转矩和允许过载倍数较大的电动机与其配套。

（4）在不得已的情况下，或增大厂用变压器的容量，或结合限制短路电流问题一起考虑时适当减小厂用变压器的阻抗值。

【例5-3】 已知高压厂用变压器电源侧母线电压$U_{*0}=1.05$（采用带负荷调压的高压厂用变压器时），高压厂用母线最低电压$U_{*1}=0.65$，$\eta=0.92$，$\cos\varphi=0.86$，备用电源为慢速切换。试求高压厂用变压器的电抗标幺值分别为0.08，0.10和0.15时，自启动电动机最大允许总容量和厂用变压器容量的比值。

解 由于备用电源采用慢速切换，取$K_{av}=5$。由式（5-36）可得

$$P_{m\Sigma}=\frac{(U_{*0}-U_{*1})\eta\cos\varphi}{U_{*1}x_{*t}K_{av}}S_t=\frac{(1.05-0.65)\times0.92\times0.86S_t}{0.65x_{*t}\times5}=\frac{0.1S_t}{x_{*t}}$$

或

$$\frac{P_{m\Sigma}}{S_t}=\frac{0.1}{x_{*t}}$$

将不同的x_{*t}值代入，计算结果见表5-5。

表5-5 [例5-3] 计算结果

变压器电抗标幺值	0.08	0.10	0.15
$P_{m\Sigma}/S_t$	1.25	1.00	0.67

[例5-3] 说明，厂用变压器的电抗越大，允许自启动电动机总容量就越小。当同时自启动电动机总容量超过允许值时，电动机自启动便不能顺利进行。因此应采取适当措施来保证重要厂用机械电动机的自启动。

*第六节 厂用电源的切换

发电厂厂用电母线设有两个电源，即厂用工作电源和备用电源。在正常运行时，厂用负荷由厂用工作电源供电，而备用电源处于断开状态。

对于200MW及以上大容量机组，由于采用发电机—变压器组单元接线，机组单元厂用工作电源从发电机出口引接，而发电机出口一般不装设断路器，为了发电机组的启动尚需设置启动电源，且启动电源兼作备用电源。在此情况下，机组启动时，其厂用负荷由启动/备用电源供电，待机组启动完成后，再切换至由厂用工作电源（接至发电机出口的工作变压器）供电；而在机组正常停机（计划停机）时，停机前又要将厂用负荷从厂用工作电源切换至启动/备用电源供电，以保证安全停机。此外，在厂用工作电源发生事故（包括高压厂用工作变压器、发电机、主变压器、汽轮机等的事故）而被切除时，要求备用电源尽快自动投入。因此，厂用电源的切换在发电厂中是经常发生的。

对600MW机组的厂用备用电源的可靠性要求更高，一般将其接在220kV或500kV电网上。如果厂内没有装设500kV与220kV之间的联络变压器，则厂用工作电源与备用电源之间可能有较大的电压差ΔU和相角差$\Delta\delta$。电压差可以通过备用变压器的有载分接开关来调节，而相角差$\Delta\delta$则决定于电力网的潮流，是无法控制的。按照实践经验，当相角差$\Delta\delta<15°$时，厂用工作电源切换造成电磁环网中的冲击电流，厂用变压器还能承受，否则就只能改变运行方式或者采用快速自动切换。

一、厂用母线失电影响和分析

如图5-15所示的厂用电系统接线，厂用母线的工作电源由发电机端经厂用高压工作变压器T1引入，备用电源由系统经启动/备用变压器T0引入。正常运行时，QF3、QF4闭合厂用母线W由工作电源供电，一旦当工作电源侧发生故障时，必须先跳开工作电源断路器QF1，后合上QF2。

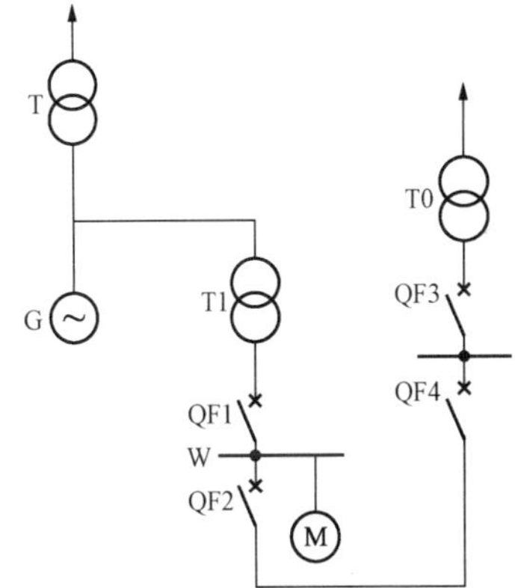

图5-15 厂用电系统接线简图

若厂用母线的工作电源由于某种故障而被切除，即母线的进线断路器QF1跳闸后，电动机将惰行。因为厂用负荷多为异步电动机，对单台电动机而言，工作电源切断后电动机定子电流变为零，转子电流逐渐衰减，由于机械惯性，转子转速将从额定值逐渐减速，转子电流磁场将在定子绕组中反向感应电动势，形成反馈电压。多台异步电动机连接在同一母线时，由于各电动机容量、负荷大小等情况不一样，在惰行过程中一部分异步电动机将呈现异步发电机特征，而另一部分将呈现异步电动机特征。母线电压即为众多电动机的合成变频反馈电压，俗称残压。厂用母线上残压的频率和幅值都随着时间逐渐衰减。通常，电动机总容量越大，残压的频率和幅值衰减的速度越慢。

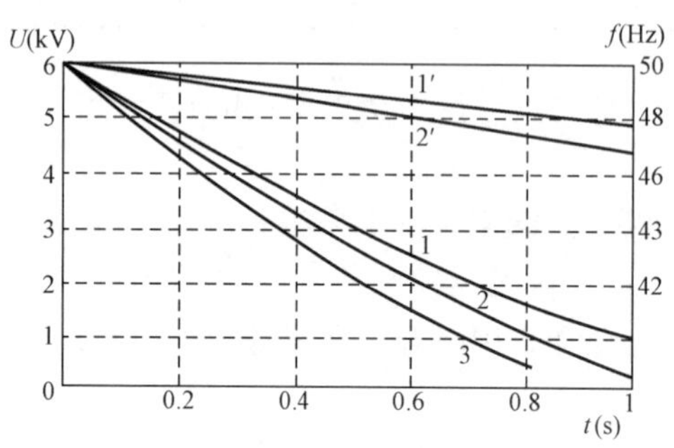

图 5-16　300MW 机组厂用母线工作电源被切除后母线电压和频率变化曲线

图 5-16 所示为 300MW 机组高压厂用 6kV 母线切除工作电源时，实测的电压和频率变化曲线。其中曲线 1、2、3 为厂用母线电压变化情况，曲线 1′、2′为频率变化情况，曲线 1 和 1′对应负荷电流为 600A，曲线 2 和 2′对应负荷电流为 800A，曲线 3 对应负荷电流 1000A。由图 5-16 可以看出，厂用母线上电压、频率的衰减速度与该段母线所带负荷密切相关，切除电源前负荷越大，则电压衰减越快，频率下降也越快；电压衰减呈非线性趋势，而频率与机组转速成正比，衰减较慢，近似呈线性变化。

由于厂用母线残压幅值和频率不断下降，则母线残压与备用电源电压之间的相角差也不断变化。假定备用电源与工作电源紧密联系，有相同的相位，通过对图 5-16 中的曲线 1 和 1′进行仿真计算，可得出厂用母线残压与备用电源电压间的差拍电压和相角差变化规律，如图 5-17 所示。图中相角差取值 0°～360°，360°以后再从 0°开始。

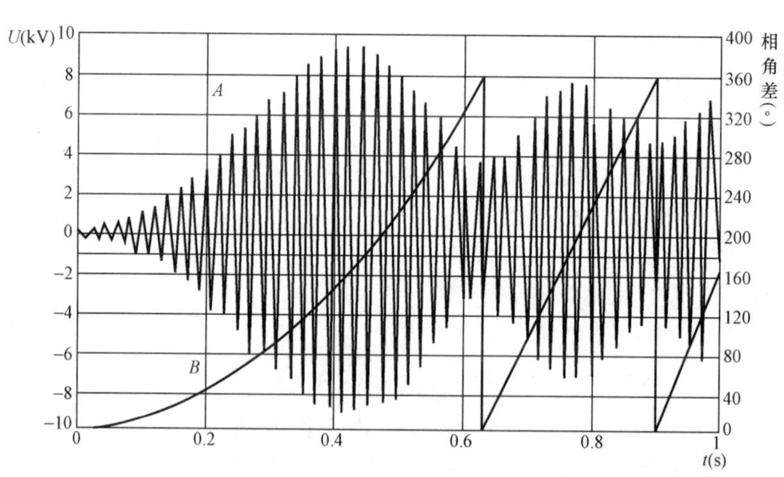

图 5-17　母线残压与备用电源电压间的差拍电压及相角差曲线

A—差拍电压曲线；B—相角差曲线

由图 5-17 可看出，备用电源电压与母线残压之间的相角差和电压幅值差都迅速增大，当相角差第一次达到 180°时，电压差达到最大值。相角差变化曲线 B 中，当频率衰减速度为 2.5Hz/s 时，第一次反相时间为 0.44s，第二次反相时间为 0.77s。

某发电厂对 300MW 机组 6kV 厂用母线进行的实测结果为：母线残压与备用电源电压之间出现第一次反相约为 0.4s，第二次反相约为 0.8s。该机组厂用工作变压器容量为

25MV·A 满载时断电，厂用 6kV 母线残压以极坐标形式绘出的相量变化轨迹如图 5-18 所示。图中以备用电源电压 $\dot{U}_S$ 为基准，厂用母线残压 $\dot{U}_D$ 相对于 $\dot{U}_S$ 的旋转方向为顺时针。厂用母线相应于图中 A 点失电（$\dot{U}_D=\dot{U}_S$），残压 $\dot{U}_D$ 沿着向内收缩的螺旋线变化。当经过一段时间，$\dot{U}_D$ 到达 B 点，设此时合上备用电源开关，则电源电压 $\dot{U}_s$ 与母线残压 $\dot{U}_D$ 的合成电压为 ΔU。厂用工作电源切除后，约经 0.4s，$\dot{U}_D$ 与 $\dot{U}_s$ 的相角差为 180°时，ΔU 达到最大，若此时合上备用电源，将产生最大的合闸冲击电流，对电动机的冲击也最严重。因此，必须避免 $\dot{U}_D$ 与 $\dot{U}_s$ 接近反相时进行厂用电源的切换。一般厂用电源的快速切换，要求厂用工作电源切除后，在厂用母线残压与备用电源电压之间的相角差远未达到第一次反相之前合上备用电源，可保证备用电源合上时电动机的转速下降尚少，且冲击电流亦小。

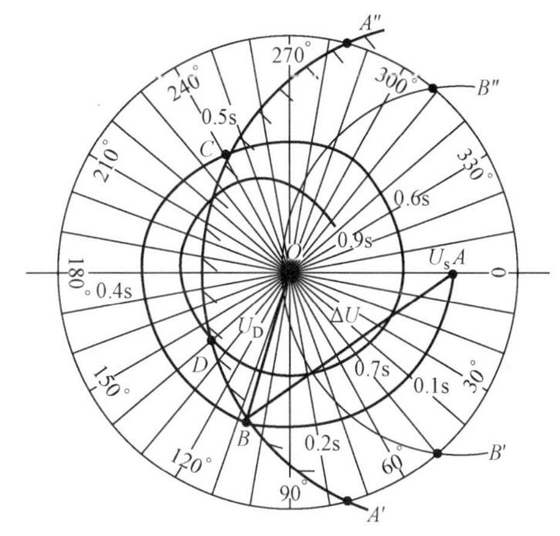

图 5-18 厂用 6kV 母线残压特性的极坐标图

二、厂用电源的切换

厂用电源的切换，可按启动原因、断路器的动作顺序、厂用电源切换的速度等进行分类。

1. 按启动原因分类

按启动原因分，厂用电源的切换方式分为正常切换、事故切换和不正常切换。

（1）正常切换，指系统正常运行时，由于运行的需要（如机组开机、停机等），由运行人员手动操作启动，将厂用母线从一个电源切换到另一个电源。正常切换对切换速度没有特殊要求。

（2）事故切换，指由于发生事故（包括单元接线中的厂用工作变压器、发电机、主变压器、汽轮机、锅炉事故等），由保护装置触点启动，厂用母线的工作电源被切除时，要求备用电源自动投入，以实现尽快安全切换。

（3）不正常切换，指由于厂用母线非正常电压下降或失压，以及人为误操作导致工作电源被切除。当母线电压低于整定电压值达到整定延时后，装置自行启动，进行备用电源代替厂用工作电源的切换操作；当工作电源断路器被误切除时，由该断路器辅助触点启动装置，在切换条件满足时合上备用电源。

2. 按断路器的动作顺序分类

按断路器的动作顺序，厂用电源的切换方式分为并联切换、串联切换和同时切换三种。

（1）并联切换，又称"先合后分"切换，亦即合环操作，指先合上厂用备用电源同时确认备用电源已合上，使厂用备用电源与厂用工作电源在厂用电高压母线上有短时并列，然后切除厂用工作电源，从而保证厂用负荷的正常运行。它的优点是保证厂用电连续供给；缺点是并联运行期间短路容量增大，要增加断路器的断流容量。由于并联运行时间很短（一般在几秒内），发生事故的几率低，所以在正常切换中被广泛采用，但应注意观测厂用工作电源与备用电源之间的差拍电压（电压差）和相角差。

（2）串联切换，指一个电源被切除后，同期条件满足时，投入另一个电源，一般是利用被切除电源断路器的辅助触点去接通备用电源断路器的合闸回路。在厂用电源的切换过程中厂用母线发生失电，失电时间的长短与断路器的合闸速度有关。其优缺点与并联切换刚好相反。

（3）同时切换，指合备用电源命令是在跳工作电源命令发出之后发出，即工作电源断路器可能尚未断开，合备用电源命令已经发出。也就是说，跳工作电源命令与合备用电源命令基本上是同时发出的。由于断路器分闸时间和合闸时间的长短不同以及本身动作时间的分散性，在切换期间，可能有几个周波的失电时间，也可能出现 1～2 周波两个电源并联运行情况。所以当厂用母线故障及由厂用母线供电的馈线回路故障时应闭锁厂用电源的切换装置，否则因投入故障供电网络致使系统短路容量增大而有可能造成断路器爆炸。

3. 按厂用电源切换的速度分类

按厂用电源的切换速度分，厂用电源的切换方式分为快速切换、同期捕捉切换和残压切换。

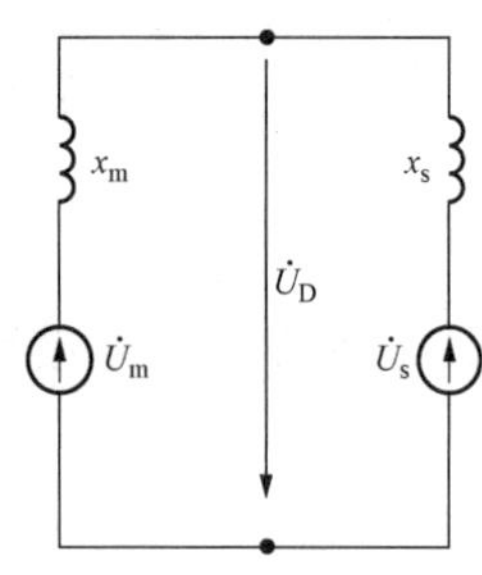

图 5-19　单台电动机切换分析模型

（1）快速切换。备用电源电压 U_s 与母线残压 U_D 间的电压差 ΔU，如图 5-18 所示。为了分析的方便，取一个电源系统与单台电动机为例，将备用电源系统和电动机的等值电路按暂态分析模型作充分简化，忽略绕组电阻、励磁阻抗等，以等值电动势 $\dot{U}_s$ 和等值电抗 x_s 表示备用电源系统，以等值电动势 U_m 和等值电抗 x_m 表示电动机，$\dot{U}_D$ 为母线残压，单台电动机切换分析模型如图 5-19 所示。

由于单台电动机在断电后定子电路开路，其电动势 U_m 大小就等于机端电压，在备用电源合上前 $U_m=U_D$。备用电源合上后，电动机绕组承受的电压为

$$U_m = (U_s - U_m)/(x_s + x_m)x_m \tag{5-37}$$

因为 $U_m=U_D$，则 $U_s-U_m=U_s-U_D=\Delta U$，所以式（5-37）可变为

$$U_m = \Delta U/(x_s + x_m)x_m \tag{5-38}$$

令 $K = x_m/(x_s + x_m)$，则得

$$U_m = K\Delta U \tag{5-39}$$

为保证电动机的安全，U_m 应小于电动机的允许启动电压，取为 1.1 倍的额定电压 U_{mN}，则有 $K\Delta U<1.1U_{mN}$，由此可得

$$\Delta U_* < 1.1/K \tag{5-40}$$

式中：ΔU_* 为以电动机额定电压 U_{mN} 为基准值的标幺值。

假设 $x_s:x_m=1:2$，$K=0.67$，则 $\Delta U_*<1.64$。在图 5-18 中，以 A 为圆心、1.64 为半径，绘画出弧线 $A'A''$，则弧线 $A'A''$ 的右侧为备用电源允许合闸的安全区域，其左侧为不安全区域。若取 $K=0.95$，则 $\Delta U_*<1.15$，图 5-18 中弧线 $B'B''$ 的右侧均为安全区域，理论上 $K=0\sim1$，可见 K 值越大，安全区域越小。

假设正常运行时工作电源与备用电源同相，其电压相量端点为 A，则母线失压后残压相量端点将沿残压曲线由 A 向 B 方向移动，如能在弧线 AB 段内合上备用电源，则既能保证电动机安全，又不使电动机转速下降太多，这就是所谓的快速切换。实现快速切换时，厂用

母线的电压降落、电动机转速下降都很小，备用分支自启动电流也不大。

从理论上讲，根据上述计算公式，在装置启动后可以通过实时计算动态确定 B 点的位置，结合当时的其他条件（如频率差和相角差等）来判断是否能实现快速切换。但实际应用时不可行，B 点通常还是由相角来界定。

（2）同期捕捉切换。在图 5-18 中，过 B 点后弧线 BC 段为不安全区域，不允许切换。过 C 点后，在弧线 CD 段内实现的切换，以前常称为延时切换或短延时切换。前面已说过，用固定延时的方法并不可靠。最好的办法是实时跟踪残压的频率差和相角差的变化，尽量做到在母线残压（反馈电压）与备用电源电压相量第一次相位重合时合闸，这就是所谓的同期捕捉切换。以图 5-18 为例，同期捕捉切换时间约为 0.6s，对于残压衰减较快的情况，该时间要短得多。若能实现同期捕捉切换，特别是同相点合闸，对电动机的自启动也很有利，因此时厂用母线电压衰减到 65%～70%，电动机转速不至于下降很大，且备用电源合上时冲击最小。

值得指出的是，同期捕捉切换之同期与发电机同期并网之同期有些不同。同期捕捉切换时，电动机相当于异步发电机，其定子绕组磁场已由同步磁场转为异步磁场，而转子不存在外加原动力和外加励磁电流。因此，备用电源合上时，若相角差不大，即使存在一些相角差和电压差，定子磁场也将很快恢复同步，电动机也很快恢复正常异步运行。所以，此处同期指在相角差为零点附近一定范围内合闸。

（3）残压切换。当母线残压衰减到 20%～40%的额定电压后实现的切换，通常称为残压切换。残压切换虽能保证电动机的安全，但由于停电时间过长，电动机自启动成功与否、自启动时间等都将受到较大限制。

4. 切换方式的应用

并联切换多用于正常方式的切换，如开机、停机等。串联切换多用于事故方式的切换。同时切换既可用于正常方式的切换，也可用于事故方式的切换。

当厂用工作电源与备用电源属于同一电网，且两者电压差和相角差均满足合环闭锁条件时，应采用并联切换方式；相角差不满足合环闭锁条件时，只能采用串联切换或同时切换方式。国内 99%以上的电厂厂用工作电源与备用电源都来自同一电网，二者频率相同。按照相关规程规定，相角差超过 20°时不允许直接合环。根据调查，前述 99%的电厂中相角差超过 20°的电厂只占 2%～3%。因此，从总量上看，超过 96%以上的电厂具备直接合环条件。因此，目前几乎 100%（上海吴泾电厂例外）的电厂，均采用并联切换。

对于厂用工作电源与备用电源引自不同的电网，电压差和相角差均满足合环闭锁条件时，应捕捉两者相角差接近 0°时进行并联切换操作；如果相角差不满足时，应捕捉厂用工作电源电压超前备用电源电压一定角度时机进行同时切换。同时切换和串联切换适用于两侧电源不同频率、且相角差超过限制或同频率但相位差超过允许值、不能进行直接合环的切换操作。如果失败，再采用快速切换、同期捕捉切换以及残压切换等方式。

小 结

发电厂厂用电是指发电厂本身的用电，厂用负荷是非常重要的负荷，其电能主要取自电厂本身发出的能量。厂用电率反映了厂用电系统的耗电量多少，是发电厂重要经济指标。

为了保证发电机组在启停、正常运行和发生故障等工况下能对厂用机械设备可靠地供电，厂用电源及其引接必须可靠，要求除有厂用工作电源外，还应设有备用电源。对装有200MW及以上机组的火电厂，还应增设启动电源和事故保安电源。根据具体情况和要求，可以把备用电源、启动电源和事故保安电源等予以综合考虑，相互兼顾、合理地引接与配置。

火电厂的厂用电系统大都采取单母线分段接线形式，并按锅炉分段，以高压6kV及低压380V两级电压供电。对于600MW机组的高压厂用电压等级，既可选用6kV或10kV一级电压，也可选用10、3kV或10、6kV两级电压，须经论证后确定。通常，每段母线上接一台高压厂用变压器。启动/备用电源应尽可能地从可靠性较高的独立电源处引接，例如从另一分段母线或220kV及500kV电力系统中引接等。

水电厂的厂用电和变电站的站用电，通称自用电，因厂（站）用机械设备容量不大，耗电量较小，一般均采用380V电压供电，多采用单母线或单母线分段接线。对大、中型水电厂和枢纽变电站，可按机组台数或厂用变压器台数进行分段；对坝区水利枢纽用电，可视其距厂房远近、负荷大小，另设6～10kV坝区专用变压器供电。

厂用负荷按重要性可分为Ⅰ类、Ⅱ类、Ⅲ类、0Ⅰ类（不停电负荷）、0Ⅱ类（直流保安负荷）、0Ⅲ类（交流保安负荷）六大类。正确统计和分析接在厂用母线各段上的电动机类型和运行方式，对合理选择厂用变压器具有决定性作用。厂用负荷可用换算系数法和轴功率法来确定。

厂用电动机的选择取决于所拖动的机械设备和使用场所，依据厂用机械容量、转矩特性及轴功率等条件，合理地选择电动机的型式和容量。在运行中，当厂用电动机成组自启动时，将引起电压、频率下降和电动机发热，威胁厂用电系统的稳定运行，故应进行电动机自启动电压校验和容量校验，以保证自启动时厂用母线电压不小于最低允许值。

厂用电源的切换，可按启动原因、断路器的动作顺序、厂用电源切换的速度等进行分类。按启动原因，厂用电源的切换方式分为正常切换、事故切换和不正常切换。按断路器的动作顺序，厂用电源的切换方式分并联切换、串联切换和同时切换。按厂用电源的切换速度，厂用电源的切换方式分为快速切换、同期捕捉切换和残压切换。在大容量机组的厂用电源的切换中，厂用电源的正常切换，大都采用并联切换，但应注意观察厂用工作电源与备用电源之间的差拍电压和相角差。串联切换多用于事故方式的切换。同时切换既可用于正常方式的切换，也可用于事故方式的切换。如果切换不成功，还可采用快速切换、同期捕捉切换及残压切换等方式。

5-1　什么叫厂用电和厂用电率?

5-2　厂用电的作用和意义是什么?

5-3　厂用电负荷分为哪几类？为什么要进行分类?

5-4　对厂用电接线有哪些基本要求?

5-5　厂用电接线的设计原则是什么？对厂用电压等级的确定和厂用电源引接的依据是什么?

5-6　在大容量发电厂中，要设启动电源和事故保安电源，如何实现？

5-7　火电厂厂用电接线为什么要按锅炉分段？为提高厂用电系统供电可靠性，通常都采用哪些措施？

5-8　发电厂和变电站的自用电在接线上有何区别？

5-9　什么是厂用电动机的自启动？为什么要进行电动机自启动校验？如果厂用变压器的容量小于自启动电动机总容量时，应如何解决？

5-10　已知某火电厂厂用 6kV 备用变压器容量为 12.5MV·A，$U_k\%=8$，要求同时自启动电动机容量为 11 400kW，电动机启动平均电流倍数为 5，$\cos\varphi=0.8$，$\eta=0.90$。试校验该备用变压器容量能否满足自启动要求。

5-11　试简述厂用母线失电的影响和应采取的措施。

*5-12　试简述厂用电源各种切换方式的优、缺点及其应用。

第六章　导体和电气设备的原理与选择

导体和电气设备选择是电气设计的主要内容之一。本章首先概括介绍导体和电气设备的一般选择条件和校验条件，然后介绍载流导体和主要电气设备的原理及选择条件和方法。

第一节　电气设备选择的一般条件

尽管电力系统中各种电气设备的作用和工作条件并不一样，具体选择方法也不完全相同，但对它们的基本要求却是一致的。电气设备要能可靠地工作，必须按正常工作条件进行选择，并按短路状态来校验热稳定和动稳定。

一、按正常工作条件选择电气设备

1. 额定电压

电气设备所在电网的运行电压因调压或负荷的变化，有时会高于电网的额定电压，故所选电气设备允许的最高工作电压不得低于所接电网的最高运行电压。通常，规定一般电气设备允许的最高工作电压为设备额定电压的 1.1～1.15 倍，而电网运行电压的波动范围，一般不超过电网额定电压的 1.15 倍。因此，在选择电气设备时，一般可按照电气设备的额定电压 U_N 不低于装置地点电网额定电压 U_{SN} 的条件选择，即

$$U_N \geqslant U_{SN} \tag{6-1}$$

2. 额定电流

电气设备的额定电流 I_N 是指，在额定环境温度 θ_0 下，电气设备的长期允许电流。I_N 应不小于该回路在各种合理运行方式下的最大持续工作电流 I_{max}，即

$$I_N \geqslant I_{max} \tag{6-2}$$

由于发电机、调相机和变压器在电压降低 5%时，输出功率可保持不变，故其相应回路的 I_{max} 应为发电机、调相机或变压器的额定电流的 1.05 倍；若变压器有过负荷运行可能时，I_{max} 应按过负荷确定（1.3～2 倍变压器额定电流）；母联断路器回路一般可取母线上最大一台发电机或变压器的 I_{max}；母线分段电抗器的 I_{max} 应为母线上最大一台发电机跳闸时，保证该段母线负荷所需的电流，或最大一台发电机额定电流的 50%～80%；出线回路的 I_{max} 除考虑正常负荷电流外，还应考虑事故时由其他回路转移过来的负荷。

3. 环境条件对设备选择的影响

当电气设备安装地点的环境（尤其注意小环境）条件（如温度、风速、污秽等级、海拔高度、地震烈度和覆冰厚度等）超过一般电气设备使用条件时，应采取相应措施。

通常非高原型的电气设备使用环境的海拔高度不超过 1000m，当地区海拔超过制造厂家的规定值时，由于大气压力、空气密度和湿度相应减少，使空气间隙和外绝缘的放电特性下降。一般当海拔在 1000～3500m 范围内，若海拔比厂家规定值每升高 100m，则电气设备允

许最高工作电压要下降1%。当最高工作电压不能满足要求时，应采用高原型电气设备，或采用外绝缘高一电压等级的产品。对于110kV及以下电气设备，由于外绝缘裕度较大，可在海拔2000m以下使用。

电气设备的额定电流是指在基准环境温度下，能允许长期通过的最大工作电流。此时电气设备的长期发热温升不超过其允许温度。而在实际运行中，周围环境温度直接影响电气设备的发热温度，所以电气设备的额定电流必须经过温度修正。我国生产的电气设备一般使用的额定环境温度 $\theta_0=40℃$，如周围环境温度高于40℃但不大于60℃时，其允许电流一般可按每增高1℃，额定电流减少1.8%进行修正；当环境温度低于+40℃时，环境温度每降低1℃，额定电流可增加0.5%，但其最大电流不得超过额定电流的20%。

在工程设计时正确选择环境最高温度，对电气设备运行的安全性和经济性至关重要。选择导体及电气设备的环境最高温度宜采用表6-1所列数据。

表6-1　选择导体和电气设备的环境最高温度

裸导体	屋外安装	最热月平均最高温度（最热月每日最高温度的月平均值；取多年平均值）
	屋内安装	该处通风设计温度。当无资料时，取最热月平均最高温度加5℃
电气设备	屋外安装	年最高温度（一年中所测量的最高温度的多年平均值）
	屋内电抗器	该处通风设计最高排风温度
	屋内其他	该处通风设计温度。当无资料时，取最热月平均最高温度加5℃

此外，还应按电气设备的装置地点、使用条件、检修、运行和环境保护（电磁干扰、噪声）等要求，对电气设备进行种类（屋内或屋外）和型式（防污、防爆、湿热等）的选择。

二、按短路状态校验

1. 短路热稳定校验

短路电流通过电气设备时，电气设备各部件温度（或发热效应）应不超过允许值。满足热稳定的条件为

$$I_t^2 t \geqslant Q_k \tag{6-3}$$

式中：Q_k为短路电流产生的热效应；I_t、t分别为电气设备允许通过的热稳定电流和时间。

2. 电动力稳定校验

电动力稳定是电气设备承受短路电流机械效应的能力，亦称动稳定。满足动稳定的条件为

$$i_{es} \geqslant i_{sh} \text{ 或 } I_{es} \geqslant I_{sh} \tag{6-4}$$

式中：i_{sh}、I_{sh}分别为短路冲击电流幅值及其有效值；i_{es}、I_{es}分别为电气设备允许通过的动稳定电流的幅值及其有效值。

同时，应按电气设备在特定的工程安装使用条件，对电气设备的机械负荷能力进行校验，即电气设备的端子允许荷载应大于设备引线在短路时的最大电动力。

下列几种情况可不校验热稳定或动稳定：

（1）用熔断器保护的电气设备，其热稳定由熔断时间保证，故可不验算热稳定；

（2）采用有限流电阻的熔断器保护的设备可不校验动稳定；

（3）装设在电压互感器回路中的裸导体和电气设备可不验算动、热稳定。

3. 短路电流计算条件

为使所选电气设备具有足够的可靠性、经济性和合理性，并在一定时期内适应电力系统发展的需要，作验算用的短路电流应按下列条件确定。

（1）容量和接线。按工程设计最终容量计算，并考虑电力系统远景发展规划（一般为工程建成后 5～10 年）；其接线应采用可能发生最大短路电流的正常接线方式，但不考虑在切换过程中可能短时并列的接线方式（如切换厂用变压器时的并列）。

（2）短路种类。一般按三相短路验算，若其他种类短路较三相短路严重时，则应按最严重的情况验算。

（3）计算短路点。在计算电路图中，同电位的各短路点的短路电流值均相等，但通过各支路的短路电流将随着短路点的不同位置而不同。在校验电气设备和载流导体时，必须确定出电气设备和载流导体处于最严重情况的短路点，使通过的短路电流校验值为最大。例如：

1）两侧均有电源的断路器，如发电厂与系统相联系的出线断路器和发电机、变压器回路的断路器，应比较断路器前后短路时通过断路器的电流值，择其大者为短路计算点。

2）母联断路器应考虑当采用母联断路器向备用母线充电时，备用母线故障，流过该备用母线的全部短路电流。

3）带电抗器的出线回路由于干式电抗器工作可靠性较高，且断路器与电抗器间的连线很短，故障几率小，一般可选电抗器后为计算短路点，这样出线可选用轻型断路器，以节约投资。

4. 短路计算时间

（1）热稳定短路计算时间 t_k。该时间用于检验电气设备在短路状态下的热稳定，其值为继电保护动作时间 t_{pr} 和相应断路器的全开断时间 t_{br} 之和，即

$$t_k = t_{pr} + t_{br} \tag{6-5}$$

继电保护动作时间 t_{pr} 按我国电气设计有关规定：验算电气设备时宜采用后备保护动作时间；验算裸导体宜采用主保护动作时间，如主保护有死区时，则采用能对该死区起作用的后备保护动作时间，并采用相应处的短路电流值；验算电缆时，对电动机等直馈线应取主保护动作时间，其余宜按后备保护动作时间。

断路器全开断时间 t_{br} 是指给断路器的分闸脉冲传送到断路器操动机构的跳闸线圈时起，到各相触头分离后电弧完全熄灭为止的时间段。显然，t_{br} 包括两个部分，即

$$t_{br} = t_{in} + t_a \tag{6-6}$$

式中：t_{in} 为断路器固有分闸时间，它是由断路器接到分闸命令（分闸电路接通）起，到灭弧触头刚分离的一段时间，此值可在相应手册中查出；t_a 为断路器开断时电弧持续时间，它是指由第一个灭弧触头分离瞬间起，到最后一极电弧熄灭为止的一段时间，少油断路器为 0.04～0.06s，SF_6 和压缩空气断路器约为 0.02～0.04s，真空断路器约为 0.015s。

通常，用断路器全开断时间 t_{br} 来衡量高压断路器分闸速度的快慢，分为高、中、低速三类。在采用无延时保护时，热稳定短路计算时间 t_k 可取表 6-2 所示的数据。表中 t_k 已经计入了继保装置启动及执行机构动作时间。若继电保护装置有延时整定时，则按表中数据加上相应的继电保护整定时间。

表 6-2　无延时保护时校验热稳定的短路计算时间

断路器开断速度	断路器全开断时间 t_{br}(s)	短路计算时间 t_k(s)
高速断路器	<0.08	0.1
中速断路器	0.08～0.12	0.15
低速断路器	>0.12	0.2

（2）短路开断计算时间 t'_k。断路器不仅在电路中作为操作开关，而且在短路时要作为保护电器，能迅速可靠地切断短路电流。为此，断路器应能在动静触头刚分离时刻，可靠开断短路电流，该短路开断计算时间 t'_k 应为主保护时间 t_{pr1} 和断路器固有分闸时间 t_{in} 之和，即

$$t'_k = t_{pr1} + t_{in} \tag{6-7}$$

对于无延时保护，t_{pr1} 为保护启动和执行机构时间之和，传统的电磁式保护装置一般为 0.05～0.06s，微机保护装置一般为 0.016～0.03s。

第二节　高压断路器和隔离开关的选择

高压断路器和隔离开关是发电厂与变电站中主系统的重要开关电器。高压断路器主要功能是：正常运行时倒换运行方式，把设备或线路接入电路或退出运行，起控制作用；当设备或线路发生故障时，能快速切除故障回路、保证无故障部分正常运行，起保护作用。高压断路器最大特点是能断开电气设备中负荷电流和短路电流。而高压隔离开关的主要功能是保证高压电气设备及装置在检修工作时的安全，不能用于切断、投入负荷电流或开断短路电流，仅可允许用于不产生强大电弧的某些切换操作。

一、高压断路器选择

1. 断路器种类和型式的选择

（1）SF_6 断路器。采用不可燃和有优良绝缘与灭弧性能的 SF_6 气体作灭弧介质，具有优良的开断性能。SF_6 断路器运行可靠性高，维护工作量少，故适用于各电压等级，特别在高压、超高压及特高压配电装置中得到最广泛的运用。但是，SF_6 断路器在 35kV 及以下屋内配电装置中使用较少，这是因为 SF_6 气体虽无毒，但分解物有毒性，而且 SF_6 比重较空气大 5.1 倍，所以将 SF_6 断路器布置在屋内，需良好的通风、排风和可靠的检漏与检测设备，以防人员（特别是电缆沟内工作人员）中毒及窒息。

需要注意的是，SF_6 气体是一种很强的温室效应气体，其温室效应作用数万倍于 CO_2 气体，1997 年联合国气候变暖框架公约缔约国会议已将 SF_6 列入六种必须加以限制排放的温室效应气体之一，而全世界 SF_6 气体产量的一半均用于高压断路器，因此对断路器的 SF_6 气体防漏、检测及回收显得十分重要。

（2）真空断路器。利用真空的高介质强度灭弧，具有灭弧时间快、低噪声、高寿命及可频繁操作的优点，已在 35kV 及以下配电装置中获得最广泛的采用。真空断路器切断短路电流及分合电动机负荷时，会产生截流过电压，需采用氧化锌避雷器等过电压保护措施。

选择断路器型式时，应依据各类断路器的特点及使用环境、条件决定。特别是当前社会经济对电力需求具有高度依赖性，近年来由自然灾害引发的电力灾害已受到社会的高度重视，在选择高压断路器的型式时，要十分重视不同的气候、温度、湿度及地质条件等安装运行环境下的要求。在地震较活跃地区，一般首先选用设备重心低、顶部质量轻的断路器，如按支柱式布置选用 I 型单柱布置的 SF_6 断路器比 T 型和 Y 型布置的抗震性更好，或选用有更好抗震能力的罐式（落地式）SF_6 断路器。

2. 额定电压和电流选择

高压断路器的额定电压和电流选择需满足

$$U_N \geqslant U_{SN}, I_N \geqslant I_{max}$$

式中：U_N、U_{SN}分别为断路器和电网的额定电压，kV；I_N、I_{max}分别为断路器的额定电流和电网的最大负荷电流，A。

3. 开断电流选择

高压断路器的额定开断电流 I_{Nbr}是指在额定电压下能保证正常开断的最大短路电流，它是表征高压断路器开断能力的重要参数。高压断路器在低于额定电压下，开断电流可以提高，但由于灭弧装置机械强度的限制，故开断电流仍有一极限值，该极限值称为极限开断电流，即高压断路器开断电流不能超过极限开断电流。

额定开断电流应包括短路电流周期分量和非周期分量，而高压断路器的 I_{Nbr}是以周期分量有效值表示，并计入了 20%的非周期分量。

一般中小型发电厂和变电站采用中、慢速断路器，开断时间较长（≥0.1s），短路电流非周期分量衰减较多，可不计非周期分量影响，采用起始次暂态电流 I''校验，即

$$I_{Nbr} \geqslant I'' \tag{6-8}$$

在中大型发电厂（125MW 及以上机组）和枢纽变电站使用快速保护和高速断路器，其开断时间小于 0.1s，当在电源附近短路时，短路电流的非周期分量可能超过周期分量的 20%，需要用短路开断计算时间 t'_k［参见式（6-7）］对应的短路全电流 I'_k进行校验，即

$$\left.\begin{aligned} I_{Nbr} &\geqslant I'_k \\ I'_k &= \sqrt{I_{pt}^2 + (\sqrt{2}I''e^{-\frac{\omega t'_k}{T_a}})^2} \end{aligned}\right\} \tag{6-9}$$

式中：I_{pt}为开断瞬间短路电流周期分量有效值，当开断时间小于 0.1s 时，$I_{pt} \approx I''$；T_a 为非周期分量衰减时间常数，$T_a = x_\Sigma / r_\Sigma$(rad)，其中的 x_Σ、r_Σ分别为电源至短路点的等效总电抗和总电阻。

当非周期分量所占实际比值大于 20%时，超过了断路器型式试验的条件，因此还应向制造部门要求补充试验数据。

4. 短路关合电流的选择

在断路器合闸之前，若线路上已存在短路故障，则在断路器合闸过程中，动、静触头间在未接触时即有巨大的短路电流通过（预击穿），更容易发生触头熔焊和遭受电动力的损坏；且断路器在关合短路电流时，不可避免地在接通后又自动跳闸，此时还要求能够切断短路电流，因此，额定关合电流是断路器的重要参数之一。为了保证断路器在关合短路时的安全，断路器的额定短路关合电流 i_{Ncl}不应小于短路电流最大冲击值 i_{sh}，即

$$i_{Ncl} \geqslant i_{sh}$$

5. 短路热稳定和动稳定校验

短路热稳定和动稳定的校验式为

$$I_t^2 t \geqslant Q_k, i_{es} \geqslant i_{sh}$$

6. 发电机断路器的特殊要求

发电机断路器与一般的输配电高压断路器相比，由于在电网中处的特殊位置及开断保护的对象的特殊性，因而在许多方面有着特殊要求。对发电机断路器的要求可概括为三个方面。

（1）额定值方面的要求。发电机断路器要求承载的额定电流特别高，而且开断的短路电流特别大，这都远超出相同电压等级的输配电断路器。

(2) 开断性能方面的要求。发电机断路器应具有开断非对称短路电流的能力，其直流分量衰减时间可达 133ms，还应具有关合额定短路电流的能力，该电流峰值为额定短路开断电流有效值的 2.74 倍，以及要具有开断失步电流等能力。

(3) 固有恢复电压方面的要求。因为发电机的瞬态恢复电压是由发电机和升压变压器参数决定的，而不是由系统决定的，所以其瞬态恢复电压上升率取决于发电机和变压器的容量等级。等级越高，瞬态恢复电压上升得越快。

由此可见，发电机断路器与相同电压等级的输配电断路器相比应满足许多高的要求，有的甚至是“苛刻”的要求。因此，对发电机断路器除了应满足现有的开关设备制造标准，还制定了发电机断路器的通用技术标准。在选用发电机断路器时，特别是大型机组应对上述特殊要求给予充分重视，选用专用的发电机断路器；对小型机组可采用真空断路器；对于 125MW 及以上的中大型机组主要采用 SF_6 断路器。

当前，特大容量发电机 SF_6 断路器的额定参数已达到相当高的水平，其 $U_N/I_N/I_{Nbr}$ 已作到 25～30kV/24 000～38 000A/160～200kA。

二、隔离开关的选择

隔离开关也是发电厂和变电站中常用的开关电气设备，一般配有电动及手动操动机构，单相或三相操作，它需与断路器配套使用。但隔离开关无灭弧装置，不能用来接通和切断负荷电流和短路电流。

隔离开关的工作特点是在有电压、无负荷电流情况下分、合线路。其主要功能为以下三点。

(1) 隔离电压。在检修电气设备时，用隔离开关将被检修的设备与电源电压隔离，以确保检修的安全。

(2) 倒闸操作。投入备用母线或旁路母线以及改变运行方式时，常用隔离开关配合断路器，协同操作完成。

(3) 分、合小电流。因隔离开关具有一定的分、合小电感电流和电容电流的能力，故一般可用来进行以下操作：分、合避雷器、电压互感器和空载母线；分、合励磁电流不超过 2A 的空载变压器；关合电容电流不超过 5A 的空载线路。

隔离开关与断路器相比，在额定电压、电流的选择及短路动、热稳定校验的项目相同。但由于隔离开关不用来接通和切除短路电流，故无需进行开断电流和短路关合电流的校验。

隔离开关的型式较多，按安装地点不同可分为屋内式和屋外式，按绝缘支柱数目又可分为单柱式、双柱式和三柱式，此外还有 V 形隔离开关。它对配电装置的布置和占地面积有很大影响，选型时应根据配电装置特点和使用要求以及技术经济条件来确定。

【例 6-1】 试选择容量为 25MW、$U_N=10.5$kV、$\cos\varphi=0.8$ 的发电机出口断路器及回路的隔离开关。已知发电机出口短路电流值为 $I''=26.4$kA、$I_{2.01}=29.3$kA、$I_{4.02}=29.5$kA，主保护时间 $t_{pr1}=0.05$s，后备保护时间 $t_{pr2}=3.9$s，配电装置内最高室温为 43℃。

解　发电机最大持续工作电流为

$$I_{max}=\frac{1.05P_N}{\sqrt{3}U_N\cos\varphi}=\frac{1.05\times25\times10^3}{\sqrt{3}\times10.5\times0.8}=1804(\text{A})$$

根据发电机回路的 U_{NS}、I_{max} 及断路器安装在屋内的要求，查国产断路器产品样本，可选 ZN28-12/3150-40 型真空断路器，固有分闸时间 t_{in} 为 0.06s，燃弧时间 t_a 为 0.015s。短路热稳定计算时间为

$$t_k = t_{pr2} + t_{in} + t_a = 3.9 + 0.06 + 0.015 = 3.975(s)$$

由于 $t_k > 1s$，不计非周期热效应。短路电流的热效应 Q_k 等于周期分量热效应 Q_P，即

$$Q_k = \frac{I''^2 + 10I_{tk/2}^2 + I_{tk}^2}{12} t_k = \frac{26.4^2 + 10 \times 29.3^2 + 29.5^2}{12} \times 4.02 = 3401[(kA)^2 \cdot s]$$

短路开断计算时间为 $t'_k = t_{pr1} + t_{in} = 0.05 + 0.06 = 0.11s > 0.1s$，故用 I'' 校验 I_{Nbr}。

冲击电流为

$$i_{sh} = 1.9\sqrt{2}I'' = 2.69 \times 26.4 = 71.0 \quad (kA)$$

表 6 - 3 列出断路器、隔离开关的有关参数，并与计算数据进行比较。由表 6 - 3 可见，所选 ZN28-12/3150-40 型真空断路器、GN2-10/2000 型隔离开关合格。

表 6 - 3　　[例 6 - 1] 断路器、隔离开关选择结果表

计算数据		ZN28-12/3150-40 型断路器		GN2-10/2000 型隔离开关	
U_{NS}	10kV	U_N	12kA	U_N	10kA
I_{max}	1804A	I_N	3150A*	I_N	2000A*
I''	26.4kA	I_{Nbr}	40kA	—	
i_{sh}	71.0kA	I_{Ncl}	100kA	—	
Q_k	3401(kA)^2·s	$I_t^2 \cdot t$	$40^2 \times 4 = 6400$(kA)^2·s	$I_t^2 \cdot t$	$51^2 \times 5 = 13\,005$(kA)^2·s
i_{sh}	71.0kA	i_{es}	100kA	i_{es}	85kA

* 按最高室温 43℃修正后的长期发热允许电流 $I_{al43℃} = (1 - 3 \times 0.018) \times 3150 = 2979.9(A) > 1804(A)$。

第三节　互感器的原理及选择

互感器是电力系统中测量仪表、继电保护等二次设备获取电气一次回路信息的传感器。互感器将高电压、大电流按比例变成低电压（100、$100/\sqrt{3}$V）和小电流（5、1A），其一次侧接在一次系统，二次侧接测量仪表与继电保护装置等。

为了确保工作人员在接触测量仪表和继电保护装置时的安全，互感器的每一个二次绕组必须有一可靠的接地，以防绕组间绝缘损坏而使二次部分长期存在高电压。

互感器包括电流互感器和电压互感器两大类，结构上主要是电磁式的。此外，电容式电压互感器在超高压系统中被广泛应用。非电磁式的新型互感器（如电子式互感器、光电式互感器）尚未进入广泛的工业实用阶段。

一、电磁式电流互感器

电磁式电流互感器（以下简称电流互感器）在电力系统中被广泛采用，工作原理与变压器相似。其特点有以下两点。

（1）电流互感器一次绕组串联在电路中，并且匝数很少，故一次绕组中的电流完全取决于被测电路的负荷电流，而与二次侧电流大小无关。

（2）电流互感器二次绕组所接仪表的电流线圈阻抗很小，所以正常情况下电流互感器在近于短路状态下运行。

电流互感器的额定电流比 K_i 为

$$K_i = \frac{I_{1N}}{I_{2N}} \approx \frac{N_2}{N_1} \tag{6-10}$$

式中：I_{1N}、I_{2N}分别为一、二次绕组的额定电流；N_1、N_2分别为一、二次绕组的匝数。

1. 电流互感器的误差

电流互感器的等值电路及相量图如图 6 - 1 所示。图中二次绕组阻抗 $Z_2(x_2'、r_2')$、负荷阻抗 $Z_{2L}(x_{2L}'、r_{2L}')$ 和二次侧电动势 $\dot{E}_2'$、电压 $\dot{U}_2'$、电流 $\dot{I}_2'$ 的数值均是归算到一次侧的值。等值电路的一次侧电流 $\dot{I}_1$ 和二次侧电流 $\dot{I}_2'$ 的方向标志方法为减极性标志法，工程上通常采用这种标志法。此时，经电流互感器流入表计的电流方向将与仪表等效于直接接入一次电路中的方向相同。其铁心中合成磁动势 $\dot{I}_0N_1 = \dot{I}_1N_1 - \dot{I}_2N_2 = \dot{I}_1N_1 - \dot{I}_2'N_1$，可得

$$\dot{I}_1 = \dot{I}_0 + \dot{I}_2' \tag{6-11}$$

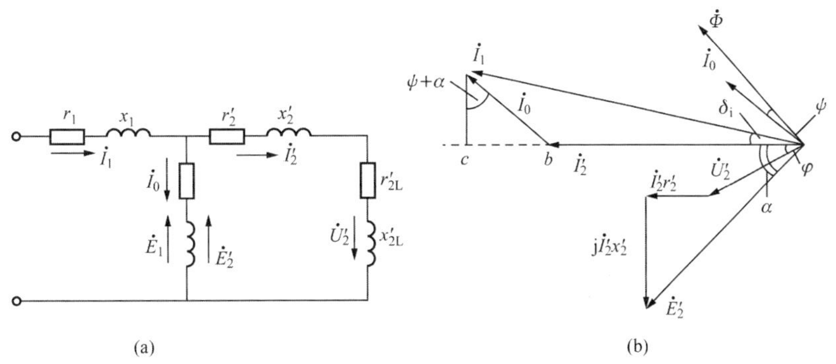

图 6 - 1　电流互感器

(a) 等值电路；(b) 相量图

相量图以二次侧电流 $\dot{I}_2'$ 为基准，二次侧电压 $\dot{U}_2'$ 较 $\dot{I}_2'$ 超前 φ 角（二次侧负荷功率因数角）；已知 $\dot{E}_2' = \dot{U}_2' + \dot{I}_2'(r_2' + jx_2')$，即 $\dot{E}_2'$ 超前 $\dot{I}_2'$ 为 α 角（二次侧总阻抗角），而铁心磁通 $\dot{\Phi}$ 滞后 $\dot{E}_2'90°$，励磁电流 $\dot{I}_0$ 较 $\dot{\Phi}$超前 ψ 角（铁心损耗角），电流 $\dot{I}_0$ 与 $\dot{I}_2'$ 之和，即为一次侧电流 $\dot{I}_1$ 相量。

由式（6 - 11）和相量图可见，由于互感器存在励磁损耗，使一次侧电流 $\dot{I}_1$ 与二次侧电流 $\dot{I}_2'(K_i\dot{I}_2)$ 在数值上和相位上均有差异。这种误差通常用电流误差 f_i 和相位差 δ_i 表示。

电流误差 f_i 的定义为

$$f_i = \frac{K_iI_2 - I_1}{I_1} \times 100(\%) \tag{6-12}$$

从相量图可知，$K_i\dot{I}_2 - \dot{I}_1 \approx -\overline{bc}$，而相位差 δ_i 通常很小，则可得

$$\left.\begin{aligned} f_i &= -\frac{I_0N_1}{I_1N_1}\sin(\psi+\alpha) \times 100(\%) \\ \delta_i &\approx \sin\delta_i = \frac{I_0N_1}{I_1N_1}\cos(\psi+\alpha) \times 3440(') \end{aligned}\right\} \tag{6-13}$$

可见，电流互感器的误差可用励磁磁动势 I_0N_1 来表示。当相量图中的 $\dot{I}_0N_1$ 用 $\dot{I}_0N_1/I_1N_1$ 表示时，则 $\dot{I}_0N_1/I_1N_1$ 在横轴上的投影就是电流误差，在纵轴上的投影就是相位差。

根据电磁感应定律 $E_2=4.44BSfN_2$、磁动势方程 $I_0N_1=L_{av}B/\mu$ 和二次回路方程$E_2=I_2(Z_2+Z_{2L})$，代入式（6－13）可得

$$\left.\begin{aligned}f_i&=-\frac{(Z_2+Z_{2L})L_{av}}{222N_2^2S\mu}\sin(\psi+\alpha)\times100(\%)\\\delta_i&\approx\frac{(Z_2+Z_{2L})L_{av}}{222N_2^2S\mu}\cos(\psi+\alpha)\times3440(')\end{aligned}\right\}\tag{6-14}$$

式中：S 为铁心截面积，m^2；L_{av}为铁心磁路平均长度，m；μ 为铁心磁导率，H/m。

由式（6－14）可见，电流互感器的电流误差 f_i 及相位差 δ_i决定于互感器铁心及二次绕组的结构，同时又与互感器的运行状态（二次侧负荷 Z_{2L}及运行中铁心的 μ 值）有关。由于磁化曲线的非线性，为了减小误差，通常电流互感器按制造厂家设计的额定参数运行时，铁心的磁感应强度不大，即在额定二次侧负荷下，一次侧电流为额定值时 μ 接近最大值。可见，在工程设计与电网运行时，应尽量使电流互感器在额定一次侧电流附近工作，以减小误差。

需要强调的是电流互感器在运行时，二次绕组严禁开路。二次绕组开路时，电流互感器由正常短路工作状态变为开路工作状态，$I_2=0$，励磁磁动势由为数甚小的 I_0N_1 骤增为 I_1N_1，铁心中的磁通波形呈现严重饱和的平顶波，因此二次绕组将在磁通过零时感应产生很高的尖顶波电动势，其值可达数千甚至上万伏（与 K_i 及 I_1 大小有关），危及工作人员的安全和仪表、继电器的绝缘。由于磁感应强度骤增，还会引起铁心和绕组过热。此外，在铁心中会产生剩磁，使互感器准确级下降。

2. 电流互感器的准确度等级

（1）测量用电流互感器的准确度等级。测量用电流互感器有一般用途和特殊用途（S类）两类。对于工作电流变化范围较大的线路及高压、超高压电网中，推荐采用带有S类测量级二次绕组的电流互感器。表6－4所示为测量用电流互感器在规定的二次侧负荷变化范围为（0.25～1）S_{2N}时的准确度等级和误差限值。

表6－4　测量用电流互感器准确度等级和误差

准确度等级 \ 额定电流（%）	电流误差（±%）				相位差（±′）			
	1	5	20	100～120	1	5	20	100～120
0.2S	0.75	0.35	0.2	0.2	30	15	10	10
0.5S	1.5	0.75	0.5	0.5	90	45	30	30
0.1		0.4	0.2	0.1		15	8	5
0.2		0.75	0.35	0.2		30	15	10
0.5		1.5	0.75	0.5		90	45	30
1		3.0	1.5	1.0		180	90	60
3	在50%～120%额定电流时，电流误差为±3%，相位差不作规定							
5	在50%～120%额定电流时，电流误差为±5%，相位差不作规定							

（2）保护用电流互感器的准确度等级。保护用电流互感器按用途可分为稳态保护用（P）和暂态保护用（TP）两类。

1）P类电流互感器。通常220kV及以下系统，一般保护宜选用不考虑瞬态误差而只保证稳态误差的稳态保护用电流互感器（P类）。它的误差有两条要求：一是额定一次侧电流和额定二次侧负荷下的电流误差和相位差不超过规定值；二是在额定准确限值一次侧电流下的复合误差不超过规定限值。复合误差 ε 定义为二次侧电流瞬时值 $K_i i_2$（已归算到一次侧）与一次侧电流瞬时值 i_1 之差的有效值，通常以一次侧电流有效值 I_1 的百分数表示，即

$$\varepsilon\% = \frac{100}{I_1}\sqrt{\frac{1}{T}\int_0^T (K_i i_2 - i_1)^2 \mathrm{d}t}$$

式中：T 为一个周波的时间，s。

稳态用的P类常用的包括P、PR类。其中PR类是一种限制剩磁系数的“低剩磁保护级”电流互感器，常用于220kV变压器差动保护和100～200MW发电机变压器组及大容量电动机差动保护用的电流互感器。电流互感器的准确度等级常用的有5P、10P和5PR、10PR。

额定准确限值一次侧电流和准确限值系数，是表征保护用电流互感器反应电网短路电流能力的重要参数，且希望足够大。电流互感器随着短路电流的增长，误差逐渐增大，当流过互感器的短路电流达到某一数值时，复合误差达到对应准确限值，短路电流再增加误差将超过限值，将难以保证保护装置可靠动作。国家标准规定，复合误差等于准确限值的一次侧短路电流称为额定准确限值一次侧电流。而额定准确限值一次侧电流与额定一次侧电流的比值，称为额定准确限值系数，该系数标准值为5、10、15、20、30等。如某电流互感器的保护准确级表示为5P或10P，而在误差限值之后可紧接着标出额定准确限值系数，如5P15与10P20中的15和20。P类稳态保护电流互感器的误差限值见表6-5。

表6-5　　P类稳态保护电流互感器的误差限值

准确度等级	在额定一次侧电流下		在额定准确限值一次侧电流下复合误差（%）
	电流误差（±%）	相位差（±′）	
5P、5PR	1.0	60	5.0
10P、10PR	3.0	—	10.0

2）TP类电流互感器。330～500kV系统线路负荷大，为确保系统稳定，需要快速切除故障，并配有综合重合闸，要求互感器在暂态过程有足够的准确度等级（误差不大于1%），并能不受短路电流直流分量的影响。此外，高压侧为330～500kV的变压器差动保护和300MW及以上发电机变压器组差动保护用的电流互感器，由于一次系统时间常数较大（100ms以上），互感器暂态饱和较严重，易导致保护误动和拒动，因此，应适用TP类电流互感器。暂态保护用TP类电流互感器的准确度等级常用的有TPX、TPY、TPZ三个级别，且TP类电流互感器的铁心比P类的铁心截面大许多倍，才能保证在瞬态过程中有一定的准确度。

TPX级暂态保护型电流互感器在其环形铁心中不带气隙，由于是闭合铁心，静态剩磁较大，在短路暂态过程中，特别是在重合闸后的重复励磁下铁心容易饱和，致使二次侧电流

畸变，暂态误差显著增大，故超高压系统主保护一般不采用 TPX 级，但因其价廉，还可用于某些后备保护。

TPY 级互感器的铁心带有小气隙，气隙长度约为磁路平均长度的 0.05%，由于气隙使铁心不易饱和，有利于直流分量的快速衰减，与 TPX 级电流互感受器相比，稳态误差略高，采用相应措施可达到同时满足稳态与暂态误差要求。因而，它在 330～500kV 线路保护、高压侧为 330～500kV 的降压变压器差动保护和 300MW 及以上发电机变压器组差动保护等回路中得到了最广泛的应用。

TPZ 级互感器的铁心有较大气隙，气隙长度约为磁路平均长度的 0.1%，由于铁心气隙较大，一般不易饱和，可显著改善互感器暂态特性，因此特别适合于有快速重合闸（无电流时间间隙不大于 0.3s）的线路上使用。TPZ 级互感器通常适用于仅反应交流分量的保护，由于不保证低频分量误差及励磁阻抗低，一般不宜用于主设备保护和断路器失灵保护。

TP 类暂态保护电流互感器误差限值见表 6 - 6。

表 6 - 6　TP 类暂态保护电流互感器误差限值

准确度等级	在额定一次侧电流下		在准确限值条件下最大峰值瞬时误差（%）
	电流误差（%）	相位差（′）	
TPX	±0.5	±30	10
TPY	±1	±60	10
TPZ	±1	180±18	10*

* TPZ 级的 ε 定义为峰值交流误差，对直流分量误差限值不作要求。

3. 电流互感器的选择

（1）种类和型式的选择。选择互感器时，应根据安装地点（如屋内、屋外）和安装方式（如穿墙式、支持式、装入式等）选择其型式。3～20kV 屋内配电装置的电流互感器，应采用瓷绝缘或树脂浇注绝缘结构；35kV 及以上配电装置宜采用油浸瓷箱式绝缘结构的独立式电流互感器；有条件安装于断路器或变压器瓷套管内，且准确度等级满足要求时，应采用价廉、动热稳定性好的套管式电流互感器。

当一次侧电流较小（在 400A 及以下）时宜优先采用一次绕组多匝式，以提高准确度；220kV 及以上电压等级或采用微机监控系统时，二次侧额定电流宜采用 1A。而强电系统均采用 5A。

（2）一次侧额定电压和电流的选择。一次侧额定电压 U_N 和电流 I_{1N} 应满足

$$U_N \geqslant U_{SN}, I_{1N} \geqslant I_{max}$$

测量用电流互感器的一次侧额定电流不应低于回路正常最大负荷电流，且应尽可能比电路中的正常工作电流大 1/3 左右，以保证测量仪表在正常运行时，指示在刻度标尺的 3/4 最佳位置，并且过负荷时能有适当指示。

（3）准确度等级和额定容量的选择。为了保证测量仪表的准确度等，互感器的准确度等级不得低于所供测量仪表的准确度等级。对测量准确度要求较高的大容量发电机和变压器、系统干线、发电企业上网电量、电网或供电企业之间的电量交换的关口计量点，宜用 0.2 级；装于重要回路（如中小型发电机和变压器、调相机、厂用馈线、有收费电能计量的出线等）中的互感器，准确度等级应采用 0.2～0.5 级；对供运行监视、100MW 及以下发电机

组的厂用电、较小用电负荷以及供电企业内部考核经济指标分析的电能表和控制盘上仪表，其电流互感器应为 0.5～1 级。

当所供仪表要求不同准确度等级时，应按相应最高级别来确定电流互感器的准确度等级。表 6-7 所示仪表与配套的电流互感器的准确度等级。

表 6-7　仪表与配套的电流互感器的准确度等级

指示仪表		计量仪表		
仪表准确度等级	电流互感器准确度等级	仪表准确度等级		电流互感器准确度等级
		有功功率表	无功功率表	
0.5	0.5	0.2	1.0	0.1
1.0	0.5	0.5	2.0	0.2 或 0.2S
1.5	1.0	1.0	2.0	0.5 或 0.5S
2.5	1.0	2.0	3.0	0.5 或 0.5S

电流互感器的额定容量 S_{2N} 是指电流互感器在额定二次侧电流 I_{2N} 和额定二次侧阻抗 Z_{2N} 下运行时，二次绕组输出的容量 $S_{2N}=I_{2N}^2Z_{2N}$。由于电流互感器的额定二次侧电流为标准值，为了便于计算，厂家常提供电流互感器的 Z_{2N} 值。

因电流互感器的误差和二次侧负荷有关，故同一台电流互感器使用在不同准确度等级时，会有不同的额定容量。例如，LMZ1-10-3000/5 型电流互感器的 $I_{2N}=5$A，在 0.5 级下工作时 $Z_{2N}=1.6\Omega$(40V·A)；在 1 级时 $Z_{2N}=2.4\Omega$(60V·A)。

互感器按选定准确度等级所规定的额定容量 S_{2N} 应大于或等于二次侧所接负荷 $I_{2N}^2Z_{2L}$，即

$$\left.\begin{aligned} S_{2N} &\geqslant I_{2N}^2 Z_{2L} \\ Z_{2L} &= r_a + r_{re} + r_L + r_c \end{aligned}\right\} \tag{6-15}$$

式中：r_a、r_{re} 分别为二次侧回路中所接仪表和继电器的电流线圈电阻（忽略电抗）；r_c 为接触电阻，一般可取 0.1Ω；r_L 为连接导线电阻。

代入 $S=\rho L_c/r_L$，得到在满足电流互感器准确度等级额定容量要求下的二次导线的允许最小截面为

$$S \geqslant \frac{I_{2N}^2\rho L_c}{S_{2N}-I_{2N}^2(r_a+r_{re}+r_c)} = \frac{\rho L_c}{Z_{2N}-(r_a+r_{re}+r_c)} \tag{6-16}$$

式中：S 为连接导线截面，mm^2；L_c 为计算长度，m；ρ 为导线的电阻率，铜 $\rho=1.75\times10^{-2}\Omega\cdot mm^2/m$。

式（6-16）中 L_c 与仪表到互感器的实际距离 L 及电流互感器的接线方式有关。图 6-2为电流互感器与测量仪表常用接线方式。图 6-2（a）用于对称三相负荷时，测量一相电流，$L_c=2L$；图 6-2（b）为星形接线，可不计中性线电流，$L_c=L$，由于导线计算长度小，测量误差小，常用于 110kV 及以上线路和发电机、变压器等重要回路；图 6-2（c）为不完全星形接线，常用于 35kV 及以下电压等级的不重要出线，按回路的电压降方程可得 $L_c=\sqrt{3}L$。

发电厂和变电站应采用铜芯控制电缆，由式（6-16）求出的铜导线截面若小于 1.5mm^2，应选 1.5mm^2，以满足机械强度要求。在接入表计中，有供收费用的电能表时，

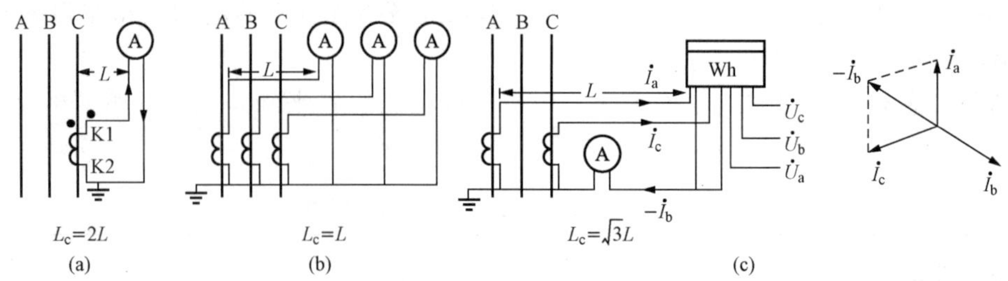

图 6 - 2 电流互感器与测量仪表常用接线方式

(a) 单相接线；(b) 星形接线；(c) 不完全星形接线

最小截面不应小于 2.5mm^2。

工程上，二次连接导体均采用多芯电缆。按相关规定，芯线截面为 1.5～2.5mm^2 者，每根电缆芯数不宜超过 24 芯，4.0～6.0mm^2 者，每根电缆芯数不宜超过 10 芯，即芯线截面越大，必增加电缆根数，给安装运行带来不便。当为减少电缆根数需要减少芯线截面而又不增加电流互感器的误差时，可采用下述措施：

1）将同一电流互感器的两个二次绕组同名端顺向串联；

2）将电流互感器二次侧接线方式由不完全星形改为完全星形，差电流接线改为不完全星形接线；

3）采用额定二次侧负荷较大的电流互感器或低功耗的仪表与保护设备等；

4）选用具有多个二次绕组的电流互感器，转移部分二次侧负荷。

(4) 热稳定和动稳定校验。

1）只对本身带有一次回路导体的电流互感器进行热稳定校验。电流互感器热稳定能力常以 1s 允许通过的热稳定电流 I_t 或一次侧额定电流 I_{1N}的倍数 K_t 来表示，热稳定校验式为

$$I_t^2 \geqslant Q_k \text{ 或} (K_t I_{1N})^2 \geqslant Q_k \tag{6-17}$$

2）动稳定校验包括由同一相的电流相互作用产生的内部电动力校验，以及不同相的电流相互作用产生的外部电动力校验。显然，多匝式一次绕组主要经受内部电动力；单匝式一次绕组不存在内部电动力，则电动力稳定性为外部电动力决定。

内部动稳定校验式为

$$i_{es} \geqslant i_{sh} \text{ 或} \sqrt{2} I_{1N} K_{es} \geqslant i_{sh} \tag{6-18}$$

式中：i_{es}、K_{es}分别为电流互感器的动稳定电流及动稳定电流倍数，由制造厂提供。

外部动稳定校验式为

$$F_{al} \geqslant 0.5 \times 1.73 \times 10^{-7} i_{sh}^2 \frac{L}{a} \tag{6-19}$$

式中：F_{al}为作用于电流互感器瓷帽端部的允许力，由制造厂提供，N；L 为电流互感器出线端至最近一个母线支柱绝缘子之间的跨距；a 为相间距离；0.5 为系数，表示互感器瓷套端部承受该跨上电动力的一半。

此外，选用母线型电流互感器时，应注意校核窗口尺寸。

【例 6 - 2】 选择图 6 - 3 中 10kV 馈线上的电流互感器。已知电抗器后短路时，i_{sh}=22.6kA，Q_k=78.7(kA)^2·s，出线上 I_{max}=350A，二次回路的仪表及接线如图 6 - 3 所示，电流互感器与测量仪表相距 40m。

解　(1) 电流互感器的负荷统计见表 6-8，其最大负荷为 1.45V·A。

表 6-8　电流互感器负荷（V·A）

仪表电流线圈名称	A 相	C 相
电流表（46L1-A）	0.35	—
功率表（46D1-W）	0.6	0.6
电能表（DS1）	0.5	0.5
总　计	1.45	1.1

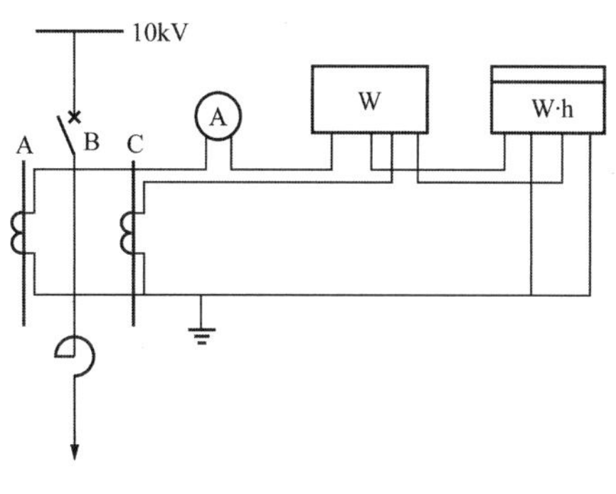

图 6-3　电流互感器回路接线

(2) 选择电流互感器。根据电流互感器安装处的电网电压、最大工作电流和安装地点的要求，查附表 8 电流互感器技术参数，选 LFZJ1-10 屋内型电流互感器，变比为 400/5，由于供给计费电能表用，故应选 0.5 级，其二次侧负荷额定阻抗为 0.8Ω，动稳定倍数 $K_{es}=130$，热稳定倍数 $K_t=75$。

(3) 选择互感器连接导线截面。已知：0.5 级准确度等级的允许最大负荷 $Z_{2N}=0.8\Omega$，最大相负荷阻抗 $r_a=P_{max}/I_{2N}^2=1.45/25=0.058$（Ω），计入接触电阻 0.1Ω，则连接导线电阻不得超过 $0.8-(0.058+0.1)=0.642(\Omega)$。倘若按机械强度要求的最小截面，初选标准截面为 1.5mm² 的铜线，其接线电阻为

$$r_L=\frac{\rho L_c}{S}=\frac{1.75\times10^{-2}\times\sqrt{3}\times40}{1.5}=0.808(\Omega)$$

显然，用 1.5mm² 铜线，电流互感器负荷已超过额定值，不满足要求。

满足准确级额定容量要求的连接线允许最小截面积为

$$S\geqslant\frac{\rho L_c}{Z_{2N}-r_a-r_c}=\frac{1.75\times10^{-2}\times\sqrt{3}\times40}{0.8-0.058-0.1}=1.89(\text{mm}^2)$$

则选用标准截面为 2.5mm² 的铜线。其接线电阻为

$$r_L=\frac{1.75\times10^{-2}\times\sqrt{3}\times40}{2.5}=0.485(\Omega)$$

此时，二次侧负荷 $Z_{2L}=0.058+0.1+0.485=0.643\Omega$，满足 0.5 级的允许最大负荷 0.8Ω 的要求。

(4) 校验互感器的热稳定和动稳定。该互感器为多匝、浇注式绝缘，只校验内部动稳定。

$$(K_tI_{1N})^2=(75\times0.4)^2=900[(\text{kA})^2\cdot\text{s}]>78.7[(\text{kA})^2\cdot\text{s}]$$

$$\sqrt{2}I_{1N}K_{es}=\sqrt{2}\times0.4\times130=73.5(\text{kA})>22.6(\text{kA})$$

动热稳定均符合要求。

二、电压互感器

目前，电力系统广泛应用的电压互感器，主要有电磁式和电容分压式两种。

1. 电磁式电压互感器

电磁式电压互感器的工作原理和变压器相同，其特点是：

(1) 容量很小，类似一台小容量变压器，但结构上要求有较高的安全系数；

（2）二次侧仪表和继电器的电压线圈阻抗大，电压互感器在近于空载状态下运行。

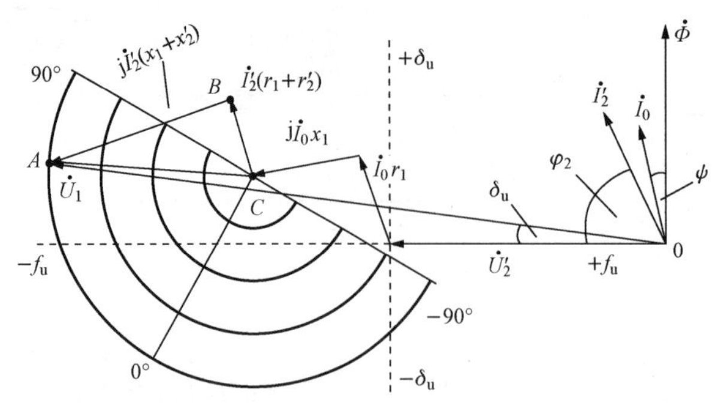

图 6 - 4 电压互感器相量图

电磁式电压互感器的等值电路与图 6 - 1（a）的电流互感器类似，其相量图如图 6 - 4 所示。相量图以二次侧电压 $\dot{U}_2'$ 为基准，二次侧电流 $\dot{I}_2'$ 滞后 $\dot{U}_2'$ 于 φ_2 角，由于 $\dot{I}_2'$ 很小，$\dot{U}_2' \approx \dot{E}_2'$（电动势相量），则磁通 $\dot{\Phi}$ 滞后 $\dot{U}_2'$ 于 90°，空载电流 $\dot{I}_0$ 超前 $\dot{\Phi}$ 于 ψ 角，空载电流在一次绕组上的电压损耗为 $\dot{I}_0(r_1 + \mathrm{j}x_1)$，三角形 $\triangle ABC$ 是额定二次侧负荷电流 $\dot{I}_2'$ 在电压互感器一次和二次绕组阻抗上的电压损耗，$\overline{0A}$ 则为电压互感器带有额定二次侧负荷时的一次侧电压 $\dot{U}_1$。当 $\cos\varphi_2$ 不变时，额定二次侧负载电压降落三角形 $\triangle ABC$ 的各边随 $\dot{I}_2'$ 减少而成比例地缩小，而 $\dot{U}_1$ 的末端将沿着边 AC 向下方移动，从而电压误差减小，相位差也相应改变，如果互感器二次侧为空载，则一次侧电压 $\dot{U}_1$ 相量的终点就在 C 点上；当 φ_2 由 90°～－90°变化时，$\triangle ABC$ 以 C 为圆点旋转，电压误差与相位误差均发生变化。

电压误差 f_u 定义为

$$f_\mathrm{u} = \frac{K_\mathrm{u}U_2 - U_1}{U_1} \times 100(\%) \tag{6 - 20}$$

其中，额定电压比 $K_\mathrm{u} = U_{1\mathrm{N}}/U_{2\mathrm{N}}$。

相位差 δ_u 定义为 $\dot{U}_2'$ 超前于 $\dot{U}_1$ 时取正值。通常 δ_u 很小，f_u 和 δ_u 可用电压降 $\dot{I}_0(r_1+\mathrm{j}x_1)+\dot{I}_2'[(r_1+r_2')+\mathrm{j}(x_1+x_2')]$ 分别在图 6 - 4 中所示的坐标水平轴和垂直轴上的投影与 U_1 的比值表示，即

$$f_\mathrm{u} = -\left[\frac{I_0 r_1 \sin\psi + I_0 x_1 \cos\psi}{U_1} + \frac{I_2'(r_1 + r_2')\cos\varphi_2 + I_2'(x_1 + x_2')\sin\varphi_2}{U_1}\right] \times 100(\%) \tag{6 - 21}$$

$$\delta_\mathrm{u} = \left[\frac{I_0 r_1 \cos\psi - I_0 x_1 \sin\psi}{U_1} + \frac{I_2'(r_1 + r_2')\sin\varphi_2 - I_2'(x_1 + x_2')\cos\varphi_2}{U_1}\right] \times 3440(') \tag{6 - 22}$$

我国电压互感器准确度等级和误差限值标准见表 6 - 9。

电磁式电压互感器分类：按安装地点分为屋内和屋外式；按相数分为单相和三相式，只有 20kV 以下才有三相式；按绝缘分为浇注式、油浸式和 SF_6 气体绝缘式，浇注式用于 3～35kV，油浸式主要用于 110kV 及以上。油浸式电压互感器按其结构可分为普通式和串级式：3～35kV 均制成普通式，需经隔离开关和熔断器接入高压电网；110kV 及以上的制成串级结构，其特点是绕组和铁心采用分级绝缘，同时绕组和铁心放在瓷套中，运行可靠性高，电压互感器只经隔离开关接入高压电网。SF_6 气体绝缘电压互感器一般为 110kV 及以上与 GIS 配套使用。

表 6-9 电压互感器的准确度等级和误差限值

用途	准确度等级	误差限值		适用运行条件		
		电压误差（±%）	相位差（±′）	一次侧电压变化范围	频率变化范围	功率因数及二次侧负荷范围
测量	0.1	0.1	5	$(0.8\sim1.2)U_{1N}$	$(0.99\sim1.01)f_N$	$\cos\varphi_2=0.8$ $(0.25\sim1)S_{2N}$
	0.2	0.2	10			
	0.5	0.5	20			
	1	1.0	40			
	3	3.0	不规定			
保护	3P	3.0	120	$(0.05\sim1)U_{1N}$	$(0.96\sim1.02)f_N$	
	6P	6.0	240			
剩余绕组	6P	6.0	240			

电磁式电压互感器的励磁特性为非线性特性，在 35kV 及以下的电力系统中性点偏移、瞬间电弧接地或进行倒闸操作的激发下，都可能与电力系统分布电容形成铁磁谐振。为此，应采取必要的消谐措施，如在电压互感器零序电压线圈的端口接入电阻或专用电子消谐装置等。

2. 电容式电压互感器

随着电力系统输电电压的增高，电磁式电压互感器的体积越来越大，成本随之增高，因此研制了电容式电压互感器。目前我国 500kV 电压互感器均为电容式。

电容式电压互感器的结构原理如图 6-5 所示。电容式电压互感器实质上是一个电容分压器，在被测装置的相和地之间接有电容器 C1 和 C2，在电容器 C2 上的电压为

$$U_{C2}=\frac{U_1C_1}{C_1+C_2}=KU_1 \tag{6-23}$$

式中：C_1、C_2 分别为电容器 C1 和 C2 的电容量；K 为分压比，且 $K=C_1/(C_1+C_2)$。

可见，通过 U_{C2} 可测出一次高压侧相对地电压 U_1。当 C2 两端与负荷接通，由于 C1、C2 有内阻抗压降，使 U_{C2} 小于电容分压值，负荷越大，误差越大。为获得理想电压源以减少负荷误差，串入非线性补偿电感线圈 L($X_L=j\omega L$)。同时，为抗干扰，减少互感器开口三角形绕组的不平衡电压，提高零序保护装置的灵敏度，增设高频阻断线圈 L′，则工频内阻抗为

$$Z_i=j\omega L-j\frac{1}{\omega(C_1+C_2)} \tag{6-24}$$

当 $\omega L=1/[\omega(C_1+C_2)]$ 时，输出电压 U_{C2} 与负荷无关。实际上由于电容器损耗，电抗器也有电阻，因此负荷变化时还会有误差产生，为了进一步减少负荷电流的影响，将测量仪表经中间变压器 TV 升压后与电容分压器相连。

当电容式电压互感器二次侧发生短路时，由于回路中电阻 r 和剩余电抗 X_L-X_C 均很小，短路电流可达额定电流的几十倍，此电流将产生很高的共振过电压，为此在 L′、L 上并联放电间隙 F′、F 以资保护。此外，由于电容式电压互感器系由电容（C1、C2）和非线性电抗所构成，当受到二次侧短路或断开等冲击时，由于非线性电抗的饱和可能激发产生某

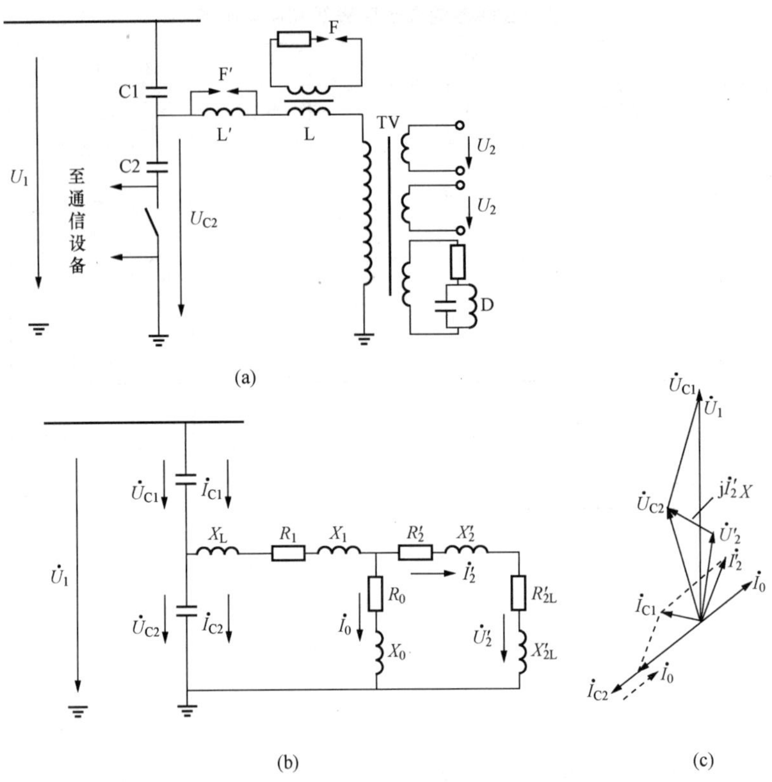

图 6 - 5　电容式电压互感器的结构原理

（a）原理图；（b）等效电路图；（c）相量图

次谐波铁磁谐振过电压。为了抑制谐振的产生常在电容式电压互感器二次侧接入阻尼器 D，阻尼器 D 具有一个电感和一个电容并联，一只阻尼电阻被安插在这个偶极振子中。阻尼电阻有经常接入和谐振时自动接入两种方式。

电容式电压互感器的等效电路及相量图如图 6 - 5（b）、（c）所示。为简化分析，不计 R_1、R_2' 和 $\dot{I}_0$，则

$$\dot{U}_{C2}=\dot{U}_2'+\mathrm{j}\dot{I}_2'(X_L+X_1+X_2')$$

由于 $\dot{I}_0\approx-\mathrm{j}\dot{U}_{C2}/X_0$，$\dot{I}_{C2}=\mathrm{j}\omega C_2\dot{U}_{C2}$，即 $\dot{I}_0$ 滞后 $\dot{U}_{C2}90°$，而 $\dot{I}_{C2}$ 超前 $\dot{U}_{C2}90°$，则

$$\dot{I}_{C1}=\dot{I}_{C2}+\dot{I}_0+\dot{I}_2'$$

电压 $\dot{U}_{C1}$ 滞后 $\dot{I}_{C1}90°$，即 $\dot{U}_{C1}=\dfrac{-\mathrm{j}\dot{I}_{C1}}{\omega C_1}$，则

$$\dot{U}_1=\dot{U}_{C1}+\dot{U}_{C2}$$

由图 6 - 5（c）可见，$\dot{U}_1$ 与 $\dot{U}_2'$ 存在电压幅值及相位误差。通常电压误差在±(3%～5%)，角误差约为±5°。

电容式电压互感器的误差除受 U_1、Z_{2L} 和 $\cos\varphi_2$ 的影响外，还与电源频率有关，当系统频率变化超出 50Hz±0.5Hz 范围时，会产生附加误差。此外，由于电容器对温度变化较为敏感，温度变化也将带来电压误差。因而，与电磁式电压互感器相比，其输出容量较小。但

是，电容式电压互感器结构简单，分压电容还可兼作工作频率范围为30～500kHz的载波通信的耦合电容，因此成本低、且电压越高经济性越显著。同时，由于110～500kV电压系统广泛采用微机监控大大减轻了二次负荷，为电容式电压互感器的广泛采用创造了极为有利的条件。

3. 电压互感器选择

（1）电压互感器的种类和型式。电压互感器应根据装设地点和使用条件进行选择。

1）在6～35kV屋内配电装置中，一般采用油浸式或浇注式电压互感器；110～220kV配电装置当容量和准确度等级满足要求时，宜采用电容式电压互感器，也可采用油浸式；500kV均为电容式。

2）三相式电压互感器投资省，但仅20kV以下才有三相式产品。三相五柱式电压互感器广泛用于3～15kV系统，而三相三柱式电压互感器，为避免电网单相接地时，因零序磁通的磁阻过大，致使过大的零序电流烧坏电压互感器，则电压互感器的一次侧三相中性点不允许接地，不能测量相对地电压，故很少采用。

3）用于接入精确度要求较高的计费电能表时，可采用三个单相电压互感器组或两个单相电压互感器接成不完全三角形（也称V-V接线），而不宜采用三相式电压互感器。因为，三相式电压互感器当二次侧负荷不对称时，特别是在单相接地时三相磁路不对称，将增大误差。

（2）一次额定电压和二次额定电压的选择。电压互感器一次绕组额定电压U_{1N}，应根据互感器的高压侧接线方式来确定其相电压或相间电压。

电压互感器二次绕组电压通常是供额定电压为100V的仪表和继电器的电压绕组使用。显然，单相式电压互感器单独使用或接成V-V接线时，二次绕组电压为100V，而接线方式为三相式的电压互感器，其二次绕组电压为$100/\sqrt{3}$V，并可获得相间电压100V；当用于35kV及以下中性点不接地系统时电压互感器剩余电压绕组的电压为100/3V，110kV及以上中性点接地系统时剩余电压绕组电压为100V。

（3）接线方式选择。电压互感器的接线方式有以下几种。

1）一台单相电压互感器用于110kV及以上中性点接地系统时，测量相对地电压；用于35kV及以下中性点不接地系统时，只能测量相间电压，不能测量相对地电压。

2）三相式电压互感器（应用于3～15kV电压等级）及三台单相三绕组电压互感器构成YNynd11接线，或YNyd11接线（应用于各个电压等级），其二次侧星形绕组用于测量相间电压或相对地电压，需抽取同期并列电压时b相接地（y接线），否则为中性点接地（yn接线）；而剩余绕组三相首尾串联接成开口三角形，在中性点不接地的电力系统中，供交流电网绝缘监视仪表与信号装置使用，在中性点直接接地的电力系统中，供接地保护使用。

3）两台单相电压互感器分别跨接于电网的U_{AB}及U_{BC}的线间电压上，接成不完全三角形，广泛应用在20kV以下中性点不接地的电网中，用来测量三个相间电压，节省一台电压互感器（仍不能测量相对地电压）。

这种不完全三角形接线，用于测量两个线电压U_{AB}与U_{BC}，当电压互感器的主要二次负荷是电能表和功率表时，这种接线方式最为恰当。当接入的表计仅有电能表和功率表时，则两台电压互感器的负荷是相等的，电流I_A与I_C互差120°，没有必要再安装第三台电压互感器。这种接线也可获得另一个线电压 $U_{CA}=-(U_{AB}+U_{BC})$，但是，当在二次侧 c、a 之间接入仪表时，两个电压互感器的电流与电压间的相角差将不同，从而增加了误差，因而应避免在 c、a 端上接入仪表。用于这种接线方式的电压互感器，一次侧额定电压应当是电网线电压，且一次绕组的两个引出端应当是全绝缘型，而二次侧电压为 100V。

（4）容量和准确度等级选择。根据仪表和继电器接线要求选择电压互感器的接线方式，并尽可能将负荷均匀分布在各相上，然后计算各相负荷大小，按照所接仪表的准确度等级和容量选择电压互感器的准确度等级和额定容量。电压互感器与仪表准确度等级的配合，可参考表 6 - 7 中电流互感器与仪表准确度等级的配合原则决定。

电压互感器误差与二次负荷有关，所以同一台电压互感器对应于不同的准确度等级便有不同的额定二次容量。此外，考虑到电压互感器有时可能作电源使用，故按照在最高工作电压下的长期容许发热条件还规定了最大容量，此时可能超过误差限值，但温升不能超过限值。

电压互感器的额定二次容量应大于电压互感器的二次侧负荷，即 $S_{2N}\geqslant S_{2L}$，而二次侧负荷

$$S_{2L}=\sqrt{(\sum S_0\cos\varphi)^2+(\sum S_0\sin\varphi)^2}=\sqrt{(\sum P_0)^2+(\sum Q_0)^2} \tag{6-25}$$

式中：S_0、P_0、Q_0、$\cos\varphi$ 分别为各仪表的视在功率、有功功率、无功功率、功率因数。

电压互感器三相负荷常不相等，为满足准确度等级要求通常以最大相负荷进行比较。

计算电压互感器各相的负荷时，必须注意电压互感器和负荷的接线方式。表 6 - 10 列出电压互感器和负荷接线方式不一致时每相负荷的计算公式。

表 6 - 10　　电压互感器二次绕组负荷计算公式

负荷接线方式	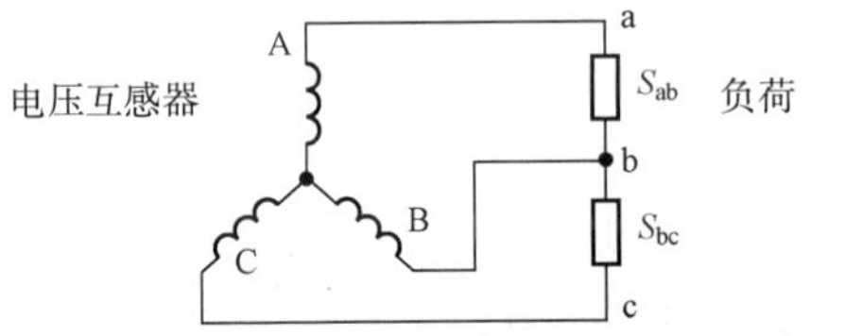 电压互感器（A、B、C）　负荷（a、b、c；S_{ab}、S_{bc}）	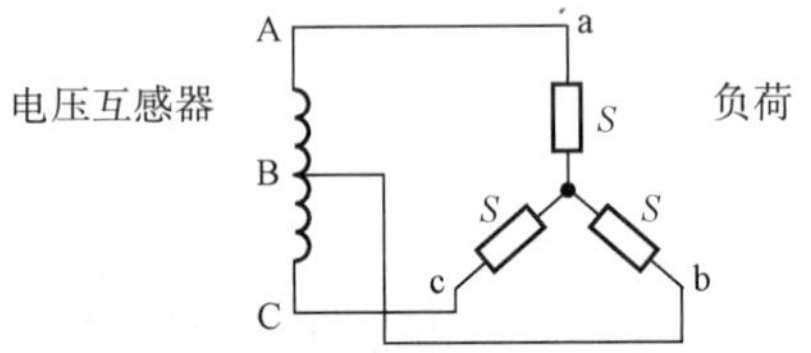 电压互感器（A、B、C）　负荷（a、b、c；S）	
A	$P_A=[S_{ab}\cos(\varphi_{ab}-30°)]/\sqrt{3}$ $Q_A=[S_{ab}\sin(\varphi_{ab}-30°)]/\sqrt{3}$	AB	$P_{AB}=\sqrt{3}S\cos(\varphi+30°)$ $Q_{AB}=\sqrt{3}S\sin(\varphi+30°)$
B	$P_B=[S_{ab}\cos(\varphi_{ab}+30°)+S_{bc}\cos(\varphi_{bc}-30°)]/\sqrt{3}$ $Q_B=[S_{ab}\sin(\varphi_{bc}+30°)+S_{bc}\sin(\varphi_{bc}-30°)]/\sqrt{3}$	BC	$P_{BC}=\sqrt{3}S\cos(\varphi-30°)$ $Q_{BC}=\sqrt{3}S\sin(\varphi-30°)$
C	$P_C=[S_{bc}\cos(\varphi_{bc}+30°)]/\sqrt{3}$ $Q_C=[S_{bc}\sin(\varphi_{bc}+30°)]/\sqrt{3}$	—	

【例 6 - 3】 选择发电机 10.5kV 母线测量用电压互感器。已知双母线上接有馈线 7 回、厂用变压器 2 台、主变压器 1 台，总共设置电能表 10 只、有功功率表 3 只、无功功率表 1 只、母线电压表及频率表各 1 只、绝缘监视电压表 3 只，电压互感器及仪表接线和负荷分配如图 6 - 6 和表 6 - 11 所示。

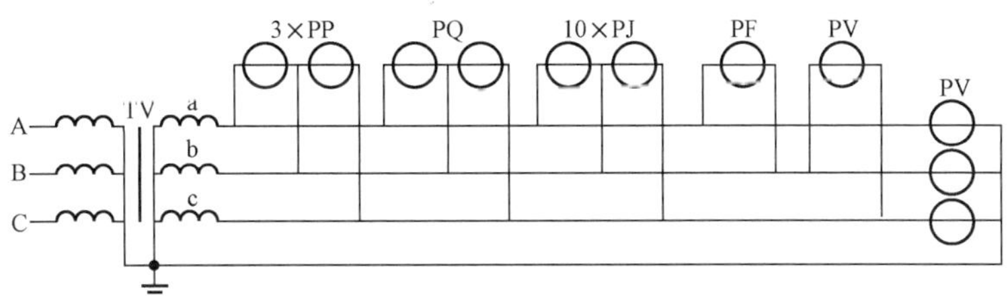

图 6-6　测量仪表与电压互感器连接图

表 6-11　电压互感器各相负荷分配（不完全星形负荷部分）

仪表名称及型号	每线圈消耗功率（V·A）	仪表电压线圈		仪表数目	AB 相		BC 相	
		$\cos\varphi$	$\sin\varphi$		P_{ab}	Q_{ab}	P_{bc}	Q_{bc}
有功功率表 46D1-W	0.6	1		3	1.8		1.8	
无功功率表 46D1-var	0.5	1		1	0.5		0.5	
有功电能表 DS1	1.5	0.38	0.925	10	5.7	13.9	5.7	13.9
频率表 46L1-Hz	1.2	1		1	1.2			
电压表 46L1-V	0.3	1		1			0.3	
总　计					9.2	13.9	8.3	13.9

解　10kV 母线上电压互感器除供测量仪表外，还用来作交流电网绝缘监视。查附表 9 选 JSJW-10 型三相五柱式电压互感器（也可选用 3 只单相 JDZJ-10 型浇注绝缘型，但不能用二次侧无剩余绕组的 JDJ 或 JDZ 型接成星形）。由于回路中接有计费用电能表，故选用 0.5 准确度等级，三相总的额定容量为 120V·A，接线为 YNynd11。

根据表 6-11 可求出不完全星形部分负荷为

$$S_{ab} = \sqrt{P_{ab}^2 + Q_{ab}^2} = \sqrt{9.2^2 + 13.9^2} = 16.7(\text{V} \cdot \text{A})$$

$$S_{bc} = \sqrt{P_{bc}^2 + Q_{bc}^2} = \sqrt{8.3^2 + 13.9^2} = 16.2(\text{V} \cdot \text{A})$$

$$\cos\varphi_{ab} = P_{ab}/S_{ab} = 9.2/16.7 = 0.55, \varphi_{ab} = 56.6(°)$$

$$\cos\varphi_{bc} = P_{bc}/S_{bc} = 8.3/16.2 = 0.51, \varphi_{bc} = 59.2(°)$$

由于每相上尚接有绝缘监视电压表 PV($P' = 0.3\text{W}, Q' = 0$)，故 A 相负荷可由表 6-10 所列公式计算

$$P_A = \frac{1}{\sqrt{3}} S_{ab} \cos(\varphi_{ab} - 30°) + P' = \frac{1}{\sqrt{3}} \times 16.7 \times \cos(56.6° - 30°) + 0.3 = 8.62(\text{W})$$

$$Q_A = \frac{1}{\sqrt{3}} S_{ab} \sin(\varphi_{ab} - 30°) = \frac{1}{\sqrt{3}} \times 16.7 \times \sin(56.6° - 30°) = 4.3(\text{var})$$

同理，可求出 B 相负荷为 $P_B = 9.04\text{W}$，$Q_B = 14.2\text{var}$。显而易见，B 相负荷较大，故应按 B 相总负荷进行校验

$$S_B = \sqrt{P_B^2 + Q_B^2} = \sqrt{9.04^2 + 14.2^2} = 16.8(\text{V} \cdot \text{A}) < \frac{120}{3}(\text{V} \cdot \text{A})$$

故所选 JSJW-10 型电压互感器满足要求。

三、互感器在主接线中配置原则

互感器在主接线中的配置与测量仪表、同步点的选择、保护和自动装置的要求以及主接线的形式有关。

1. 电压互感器配置

（1）母线。除旁路母线外，一般工作及备用母线都装有一组电压互感器，用于同期、测量仪表和保护装置。旁路母线上装设电压互感器的必要性，要根据出线同期方式而定。当需用旁路断路器代替出线断路器实现同期操作时，则应在旁路母线装设一台单相电压互感器供同期使用，否则不必装设。

（2）线路。35kV及以上输电线路上，当对端有电源时，为了监视线路有无电压、进行同期和设置重合闸应装一台单相电压互感器。

（3）发电机。发电机一般装2～3组电压互感器：一组（三只单相、双绕组）供自动调节励磁装置，另一组供测量仪表、同期和保护装置使用。该电压互感器采用三相五柱式或三只单相接地专用互感器，其开口三角形供发电机在未并列之前检查是否有接地故障之用。当电压互感器负荷太大时，可增设第三组不完全星形连接的电压互感器，专供测量仪表使用。大、中型发电机中性点常接有单相电压互感器，用于100%定子接地保护。

（4）变压器。变压器低压侧有时为了满足同期或继电保护的要求设有一组电压互感器。

2. 电流互感器的配置

（1）为了满足测量和保护装置的需要，在发电机、变压器、出线、母线分段及母联断路器、旁路断路器等回路中均设有电流互感器。对于中性点直接接地系统，一般按三相配置；对于中性点非直接接地系统，依据保护、测量与电能计量要求按两相或三相配置。

（2）保护用电流互感器的装设地点应按尽量消除主保护装置的死区来设置。如有两组电流互感器，应尽可能设在断路器两侧，使断路器处于交叉保护范围之中。

（3）为了防止电流互感器套管闪络造成母线故障，电流互感器通常布置在断路器的出线侧或变压器侧，尽可能不在紧靠母线侧装设电流互感器。

（4）为了减轻内部故障对发电机的损伤，用于自动调节励磁装置的电流互感器应布置在发电机定子绕组的出线侧。为了便于分析和在发电机并入系统前发现内部故障，用于测量仪表的电流互感器宜装在发电机中性点侧。

在500kV电压级配电装置广泛采用的一台半断路器接线中，上述互感器配置的原则仍然适用。然而，为使保护和二次回路独立避免复杂的切换，同时要求保护双重化，互感器的配置要求更复杂。例如，变压器高压引出线（或两台断路器之间的短线）需装一组电压互感器，电流互感器的配置采用每串要装设三组六个二次绕组的独立式电流互感器，当六个二次绕组尚不能满足要求时，可增加中间辅助电流互感器。

四、新型高压互感器

随着输电电压的提高，传统的互感器的结构日益复杂，其成本也相应增高，并在测量直流分量或高频分量时误差加大，从而推动了新型互感器的研制。

新型互感器大致可分电子式互感器和光电式互感器两类。

电子式互感器的传感原理与传统互感器相同，即应用变压器原理、分压器原理，有的也用霍尔效应。与传统互感器的区别只是它的传感部分不传送功率而只送信号，再由电子放大器放大后送到负荷，它依靠光导纤维传递光信号，并作为互感器高低压侧之间的绝缘。

光电式电流互感器的原理是：利用材料的磁光效应或电光效应，将电流的变化转换成激光或光波，经过光通道传送到低压侧，再转变成电信号经放大后供仪表和继电器使用。光电式电压互感器是利用材料的泡克耳斯效应，材料在电场作用下，出现双折射作用，两种折射率之差 Δh 与电场强度 E 成正比，通过 1/4 波长板和检光板变成强光信号输出。这种电流互感器具有抗电磁干扰、不饱和，测量范围大，体积小，便于数字传输等优点，已开始在新型开关柜或 GIS 中投入商业试运行。

目前，继电保护、测量和计量装置已普遍采用微机，其消耗功率很小，一般不超过 1～2V・A，但要求很高的抗干扰能力和便于数字变换与传输，因而大大促进了这类互感器的发展。

第四节　限流电抗器的选择

常用的限流电抗器有普通电抗器和分裂电抗器两种，其选择方法基本相同。

一、额定电压和额定电流的选择

限流电抗器的额定电压和额定电流需满足

$$U_N \geqslant U_{SN}, I_N \geqslant I_{max}$$

当分裂电抗器用于发电厂的发电机或主变压器回路时，I_{max}一般按发电机或主变压器额定电流的 70%选择；而用于变电站主变压器回路时，I_{max}取两臂中负荷电流较大者，当无负荷资料时，一般也按主变压器额定容量的 70%选择。

二、电抗百分值的选择

1. 普通电抗器电抗百分值的选择

（1）按将短路电流限制到要求值来选择。设要求将经电抗器后的短路电流限制到 I''，则电源至电抗器后的短路点的总电抗标幺值 $x_{*\Sigma}=I_d/I''$（基准电流 I_d、基准电压 U_d）。设电源至电抗器前的系统电抗标幺值是 $x'_{*\Sigma}$，则所需电抗器的电抗标幺值 $x_{*L}=x_{*\Sigma}-x'_{*\Sigma}$。以电抗器额定参数（$U_N$、$I_N$）下的百分值电抗表示，则应选择电抗器的电抗百分值为

$$x_L\% = \left(\frac{I_d}{I''} - x'_{*\Sigma}\right)\frac{I_N U_d}{I_d U_N} \times 100(\%) \tag{6-26}$$

（2）电压损失校验。正常运行时电抗器的电压损失 $\Delta U\%$不得大于额定电压的 5%，考虑到电抗器电阻很小，且 $\Delta U\%$主要是由电流的无功分量 $I_{max}\sin\varphi$ 产生，则

$$\Delta U\% \approx \frac{x_L\%}{100}\frac{I_{max}}{I_N}\sin\varphi \times 100(\%) \leqslant 5\% \tag{6-27}$$

（3）短路时母线残压校验。若出线电抗器回路未设置速断保护，为减轻短路对其他用户的影响，当线路电抗器后短路时，母线残压 $\Delta U_{re}\%$应不低于电网电压额定值的 60%～70%，即

$$\Delta U_{re}\% = \frac{x_L\%}{100}\frac{I''}{I_N} \times 100(\%) \geqslant 60\% \sim 70\% \tag{6-28}$$

如不满足，可加设快速保护或在线路正常运行电压降允许范围内加大电抗百分值。

2. 分裂电抗器电抗百分值的选择

（1）按将短路电流限制到要求值来选择。采用分裂电抗器限制短路电流所需的电抗器电抗百分值 $x_L\%$可按式（6-26）计算，但因分裂电抗器产品是按单臂自感电抗 $x_{L1}\%$标称的电

抗值，所以应按设计中可能的运行方式进行换算，以求出待选定电抗器的 $x_L\%$值。$x_{L1}\%$与 $x_L\%$的关系决定于电源连接方式和限制某一侧短路电流，如图 6-7（a）所示。

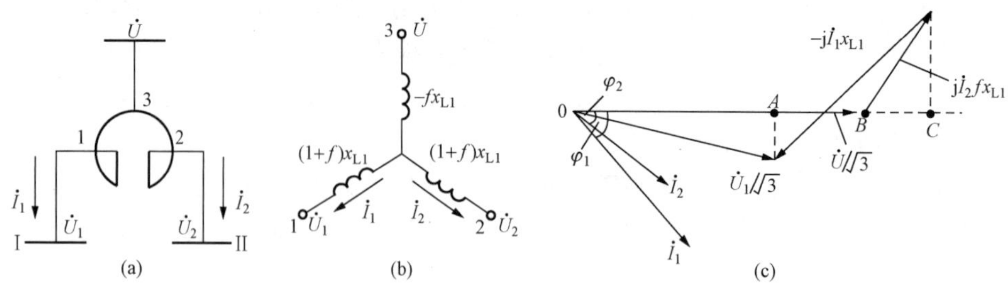

图 6-7 分裂电抗器

（a）接线图；（b）等效电路图；（c）相量图

仅当 3 侧有电源，1（或 2）侧短路时，有

$$x_{L1}\% = x_L\% \tag{6-29}$$

当 1、2 侧均有电源，3 侧短路时，有

$$x_{L1}\% = \frac{2}{1-f}x_L\% \tag{6-30}$$

式中：f 为分裂电抗器的互感系数，如无厂家资料，取 $f=0.5$。

（2）电压波动检验。在正常运行情况下，分裂电抗器的电压损失很小，且两臂母线上的电压差值也很小。但两臂负荷变化较大时，可引起较大的电压波动。分裂电抗器的等效电路如图 6-7（b）所示，由此可得到Ⅰ段母线的相电压 $\dot{U}_1/\sqrt{3}$ 为

$$\dot{U}_1/\sqrt{3} = \dot{U}/\sqrt{3} - (\dot{I}_1 + \dot{I}_2)(-\mathrm{j}fx_{L1}) - \mathrm{j}\dot{I}_1(1+f)x_{L1} = \dot{U}/\sqrt{3} - \mathrm{j}\dot{I}_1x_{L1} + \mathrm{j}\dot{I}_2fx_{L1}$$

由相量图 6-7（c）可见，$\dot{U}_1/\sqrt{3} \approx \overline{0A}$ 线段，而 $\overline{0A} = \overline{0B} - \overline{AC} + \overline{BC}$，即母线Ⅰ段的电压为

$$U_1 = U - \sqrt{3}x_{L1}I_1\sin\varphi_1 + \sqrt{3}x_{L1}fI_2\sin\varphi_2 \tag{6-31}$$

因为

$$x_{L1} = \frac{x_{L1}\%}{100} \times \frac{U_N}{\sqrt{3}I_N} \tag{6-32}$$

将式（6-32）代入式（6-31）并除以电抗器额定电压 U_N，可得Ⅰ段母线电压的百分值

$$U_1\% = \left[U\% - \frac{x_{L1}\%}{100}\left(\frac{I_1}{I_N}\sin\varphi_1 - f\frac{I_2}{I_N}\sin\varphi_2\right) \times 100\right] \quad (\%) \tag{6-33}$$

式中：$U\%$为分裂电抗器中心抽头 3 连接的电源侧电压；I_N 为电抗器额定电流；I_1、I_2、φ_1、φ_2 分别为Ⅰ、Ⅱ段母线上负荷电流及功率因数角，如无负荷资料，可取 $I_1=0.3I_N$，$I_2=0.7I_N$，$\cos\varphi_1=\cos\varphi_2=0.8$。

同理，Ⅱ段母线电压的百分值为

$$U_2\% = \left[U\% - \frac{x_{L1}\%}{100}\left(\frac{I_2}{I_N}\sin\varphi_2 - f\frac{I_1}{I_N}\sin\varphi_1\right) \times 100\right] \quad (\%) \tag{6-34}$$

正常运行时，要求两臂母线的电压波动不大于母线额定电压的 5%。

（3）短路时残压及电压偏移校验。设Ⅰ段母线故障，短路电流为 I_k，则分裂电抗器电

源侧的残压百分值$U\%$及非故障母线Ⅱ段上的电压百分值$U_2\%$可计算为

$$\left.\begin{aligned} U\% &= \frac{x_{L1}\%}{100}\left(\frac{I_k}{I_N} - f\frac{I_2}{I_N}\sin\varphi_2\right)\times 100(\%) \\ U_2\% &= \frac{x_{L1}\%}{100}(1+f)\left(\frac{I_k}{I_N} - \frac{I_2}{I_N}\sin\varphi_2\right)\times 100(\%) \end{aligned}\right\} \tag{6-35}$$

同理，Ⅱ段母线故障时的$U\%$及$U_1\%$与式（6-35）类似。

设分裂电抗器的$X_{L1}\%=10$，$f=0.5$，短路电流I_k为电抗器额定电流I_N的9倍，而$I_2/I_N=1\sim0$之间，$\cos\varphi_2=0.8$。在不计入非故障母线Ⅱ段电压升高后所接电动机无功负荷加大的影响，则分裂电抗器电源侧的残压百分数为$U\%=87\sim90$，满足不低于$60\%\sim70\%$电网电压额定值的要求，而Ⅱ段母线电压百分数为$U_2\%=126\sim135$，出现过电压。然而，在短路时这种电压的升高持续时间很短（通常短路切除时间仅0.3～1s），一般不会对配电装置及电动机等电气设备的绝缘强度造成危险，也不会对设备的正常运行带来过多影响。为避免电动机因无功电流突增使继电保护装置误动作，可将感应电动机的继保装置整定值躲过此电流增量。

三、热稳定和动稳定校验

普通电抗器和分裂电抗器的动、热稳定校验相同，即均应满足

$$I_t^2 t \geqslant Q_k, i_{es} \geqslant i_{sh}$$

应当注意到，分裂电抗器动稳定性与短路类型有关。当短路电流仅通过分裂电抗器一个臂的线圈，即单臂型负荷方式时，其动稳定性与具有相同参数的普通电抗器一致；当短路电流以分裂型负荷方式通过两线圈时，相对于同名端而言电流方向相同，虽然分裂电抗器两臂线圈紧密相邻，电动力很大，但此时电动力是相互吸引的，线圈的骨架承受挤压力，这对电抗器的动稳定是安全的；当分裂电抗器以穿越型负荷方式工作时，电流方向相反，两线圈电动力相互排斥，正常长期负荷电流不会对电抗器产生危险，但是当短路电流以穿越型方式通过时，电抗器可能遭受破坏。因此，分裂电抗器除分别按单臂流过短路电流校验外，还应按两臂同时流过反向短路电流进行动稳定校验。

在选择分裂电抗器时，还应注意电抗器布置方式和进出线端子角度的选择。

【例6-4】 如图6-8所示接线，已知10.5kV出线采用ZN5-10/630型真空断路器，其$I_{Nbr}=20$kA，全分闸时间$t_{br}=t_{in}+t_a=0.05+0.015=0.065$（s），出线保护时间$t_{pr}=1$s，线路最大工作电流$I_{max}=360$A。系统容量100MV·A，归算到电抗器前的总电抗$x'_{*\Sigma}=0.128$（基准：$S_d=100$MV·A，$U_d=10.5$kV，$I_d=5.5$kA），试选择出线电抗器L。

解 （1）初选型号。查附表11，按正常工作电压和最大工作电流初选NKL-10-400型电抗器，$U_N=10$kV，$I_N=400$A。

（2）选择电抗值。令$I''=I_{Nbr}=20$kA，根据式（6-26）得

$$x_L\% = \left(\frac{I_d}{I_{Nbr}} - x'_{*\Sigma}\right)\frac{I_N U_d}{I_d U_N}\times 100(\%)$$

$$= \left(\frac{5.5}{20} - 0.128\right)\frac{400\times 10\,500}{5500\times 10\,000}\times 100(\%)$$

$$= 1.12(\%)$$

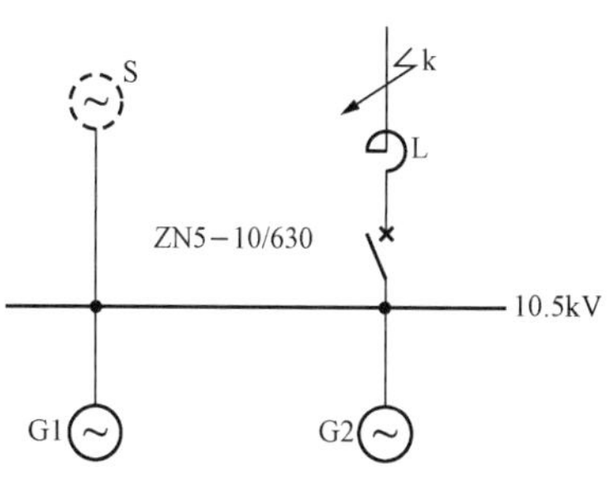

图6-8 选择电抗器接线图

曾选用3%的电抗，计算结果表明不满足动稳定要求，故改选 NKL-10-400-4 型，其 $x_L\%=4$，$i_{es}=25.5\text{kA}$，$I_t^2t=22.2^2(\text{kA})^2\cdot\text{s}$。

（3）电压损失校验，则有

$$\Delta U\%\approx\frac{x_L\%}{100}\frac{I_{max}}{I_N}\sin\varphi\times100(\%)=0.04\times\frac{360}{400}\times0.6=2.16(\%)<5(\%)$$

（4）短路时残压及动、热稳定校验。为计算电抗器后的短路电流，先计算电抗标幺值为

$$x_{*L}=\frac{x_L\%}{100}\frac{I_dU_N}{I_NU_d}=0.04\times\frac{5500\times10\,000}{400\times10\,500}=0.524$$

$$x_{*\Sigma}=x'_{*\Sigma}+x_{*L}=0.128+0.524=0.652$$

因 $t_{br}=0.065\text{s}<0.08\text{s}$，短路计算时间 t_k 参见表 6-2，可取为 $t_k=1+0.1=1.1(\text{s})$，查短路电流计算曲线后并换算成短路电流有名值，$I''=8.86\text{kA}$，$I_{0.55}=8.44\text{kA}$，$I_{1.1}=8.2\text{kA}$。

短路时残压为

$$\Delta U_{re}\%=\frac{x_L\%}{100}\frac{I''}{I_N}\times100(\%)=0.04\frac{8.86}{0.4}=88.6(\%)>60\%\sim70\%$$

热稳定校验：因 $t_k>1\text{s}$ 故不计短路电流非周期分量热效应 Q_{np}，有

$$Q_k=\frac{I''+10I_{t_k/2}^2+I_{t_k}^2}{12}t_k=\frac{8.86^2+10\times8.44^2+8.2^2}{12}\times1.1$$

$$=78.7[(\text{kA})^2\cdot\text{s}]<22.2^2[(\text{kA})^2\cdot\text{s}]$$

动稳定校验为

$$i_{sh}=K_{sh}\sqrt{2}I''=2.55\times8.86=22.6(\text{kA})<25.5(\text{kA})$$

可见，电压损失、短路残压、动热稳定均满足要求。

第五节 高压熔断器的选择

熔断器是最简单的保护电器，它用来保护电气设备免受过载和短路电流的损害。

高压熔断器与高压接触器（真空或 SF_6 接触器）配合，被广泛用于 200～600MW 大型火电机组的厂用 6kV 高压系统，称为 F-C 回路。F-C 回路用限流式高压熔断器作保护元件，关合或开断短路电流，而接触器作操作元件，接通或断开负荷电流。由于大型机组高压厂用电系统中，三相短路电流已达 40～50kA，若按该系统最严重故障选用断路器，经济上代价较大。用限流熔断器加接触器来代替断路器，从本质上说就是将断路器身兼的两种功能分开，使大量使用的操作功能由接触器完成，而极少应用的保护功能由熔断器完成。由于熔断器和接触器的制造成本比大容量断路器低得多，且熔断器具有很强的限流特性，在大电流下开断时间很短（小于 0.01s），使电缆截面大为减小，加上 F-C 回路体积小，约为真空断路器的一半，可上、下层或并排布置，节省占地面积，所以 F-C 回路在经济上效益显而易见。F-C 回路的适用容量可达到 1200～2000kW 的电动机和 1600～2000kV·A 的变压器回路。架空线和变压器架空线路的回路中，因架空线故障率高不宜采用 F-C 回路。

一、型式选择

按安装条件及用途选择不同类型高压熔断器，如屋外跌开式、屋内式。对用于 F-C 回

路及保护电压互感器的高压熔断器应选专用系列。

二、额定电压和额定电流选择

1. 额定电压选择

对于一般的高压熔断器，其额定电压 U_N 必须大于或等于电网的额定电压 U_{SN}。但是对于充填石英砂有限流作用的熔断器，则不宜使用在低于熔断器额定电压的电网中。这是因为限流式熔断器灭弧能力很强，熔体熔断时因截流而产生过电压，一般在 $U_N = U_{SN}$ 的电网中，过电压倍数为 2～2.5 倍，不会超过电网中电气设备的绝缘水平；但如在 $U_{SN} < U_N$ 的电网中，因熔体较长，过电压值可达 3.5～4 倍相电压，可能损害电网中的电气设备。

2. 额定电流选择

熔断器的额定电流选择，包括熔断器熔管的额定电流和熔体的额定电流的选择。

（1）熔管额定电流的选择。为了保证熔断器壳不致损坏，高压熔断器的熔管额定电流 I_{FTN} 应大于或等于熔体的额定电流 I_{FSN}，则有

$$I_{FTN} \geqslant I_{FSN} \tag{6-36}$$

（2）熔体额定电流选择。为了防止熔体在通过变压器励磁涌流和保护范围以外的短路及电动机自启动等冲击电流时误动作，保护 35kV 及以下电力变压器的高压熔断器，其熔体的额定电流应根据电力变压器回路最大工作电流 I_{max} 按下式选择

$$I_{FSN} = KI_{max} \tag{6-37}$$

式中：K 为可靠系数，不计电动机自启动时 $K = 1.1 \sim 1.3$，考虑电动机自启动 $K = 1.5 \sim 2.0$。

当系统电压升高或波形畸变引起回路电流涌流时，保护电力电容器的高压熔断器的熔体不应熔断，其熔体的额定电流应根据电容器的回路的额定电流 I_{CN} 按下式选择

$$I_{FSN} = KI_{CN} \tag{6-38}$$

式中：K 为可靠系数，对限流式高压熔断器当一台电力电容器时 $K = 1.5 \sim 2.0$，当一组电力电容器时 $K = 1.3 \sim 1.8$。

三、开断电流和选择性校验

1. 开断电流校验

开断电流校验式为

$$I_{Nbr} \geqslant I_{sh}(\text{或 } I'') \tag{6-39}$$

对于没有限流作用的熔断器，用冲击电流的有效值 I_{sh} 进行校验，且某些系列产品如屋外跌落式高压熔断器，尚需分别对开断电流的上、下限进行校验，以确保最小运行方式下的三相短路的有效开断；对于有限流作用的熔断器，在电流达最大值之前已截断，故可不计非周期分量影响，而采用 I'' 进行校验。

2. 选择性校验

为了保证前后两级熔断器之间或熔断器与电源（或负荷）保护装置之间动作的选择性，应进行熔体选择性校验。各种型号熔断器的熔体熔断时间可在制造厂提供的安秒特性曲线上查出。保护电压互感器用的高压熔断器只需按额定电压及断流容量两项来选择。当短路容量较大时，可考虑在熔断器前串联限流电阻。

四、F-C 回路中高压熔断器特性曲线的配合

用于 F-C 回路专用的限流式高压熔断器除应满足上述熔断器选择与校验的基本条件外，

还必须依据 F-C 回路的大电流、极高的限流特性和快速切除的要求，通过对回路负荷的启动电流曲线与熔断器特性曲线的合理配合而选定高压熔断器。

图 6-9 是采用双对数坐标系绘制的 F-C 回路启动电流持续时间与熔断器额定电流选择配合曲线。在 F-C 回路中，由于串联的接触器本身加装了过载及过电流等保护，为躲过回路较大的启动电流，熔断器的时间电流动作特性曲线较陡，如图 6-9 中的曲线 4 所示。曲线 4 上 A 点为熔断器的最小开断电流，当电流上升到 A 点对应值以上时，熔断器应当可靠地熔断。在曲线 4 的直线段中，熔件的散热系数基本为一常数。当电流进入此线后，若回路启动电流迅速下降返回，熔件将不会熔断，但熔件会软化变形，从而影响动作的准确性。因此，对于启动频繁的回路应考虑将熔断器降容使用，以留出适当的裕度；同时，当 F-C 回路中有一根熔断器因动作值变化而熔断，也应更换三相熔断器。曲线 4 尾部平坦，十分有利于熔断器实现速断保护功能，因为该段曲线对应的电流值大多为回路的短路电流。

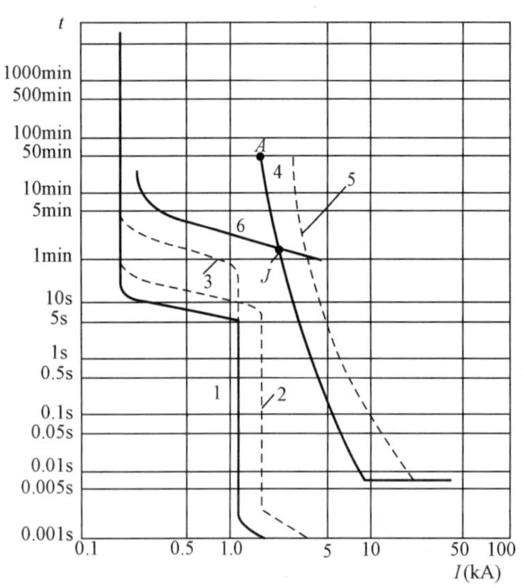

图 6-9　F-C 回路的启动电流持续时间与熔断器额定电流选择配合曲线

1、2、3—电动机的 3 种启动电流时间特性曲线；
4、5—熔断器的 2 种时间电流特性曲线；
6—接触器的综合保护反时限特性曲线

曲线 6 与曲线 4 的交点 J，即为保护交接点。此点对应的时间应按躲过回路电动机的启动电流、或变压器励磁涌流、或变压器低压侧电动机成组自启动电流确定。对于特定的 F-C 馈线回路，当回路故障电流大于此点电流值时，应由熔断器 4 动作，小于此值应由接触器动作开断故障电流。

电动机启动电流随着启动时转速升高而逐渐降至额定电流，为安全考虑，设计时认为电动机启动电流在启动持续时间内基本保持不变，如图 6-9 中曲线 1 所示。电动机启动电流（一般可取额定电流的 6 倍）越大，所配的熔断器额定电流越大，当启动电流为曲线 1 时，应选用熔断器 4，如启动电流增至曲线 2 时，则相配合的熔断器应选为 5。此外启动电流持续时间越长，要求被选择的熔断器也越大，当启动电流持续时间从图 6-9 中曲线 1 上升到曲线 3 时，与其配合的熔断器也应由 4 改选为 5。通常，熔断器额定电流不得小于电动机额定电流的 1.3 倍。

第六节　裸导体的选择

一、导体选型

导体通常由铜、铝、铝合金制成。载流导体一般使用铝或铝合金材料。纯铝的成型导体一般为矩形、槽形和管形。铝合金导体有铝锰合金和铝镁合金两种，形状均为管形。铝锰合金载流量大，但强度较差；而铝镁合金载流量小，但机械强度大，其缺点是焊接困难，因此使用受到限制。铜导体只用在持续工作电流大，且出线位置特别狭窄或污秽，对铝有严重腐蚀的场所。

硬导体截面常用的有矩形、槽形和管形。矩形单条截面积最大不超过 1250mm²，以减小集肤效应，大电流使用时可将 2～4 条矩形导体并列使用；矩形导体一般只用于 35kV 及以下、电流在 4000A 及以下的配电装置中。槽形导体机械强度好，载流量大，集肤效应系数较小，一般用于 4000～8000A 的配电装置中。管形导体集肤效应系数小、机械强度高，用于 8000A 以上的大电流母线或要求电晕放电电压高的 110kV 及以上的配电装置中。

矩形导体的散热和机械强度与导体布置方式有关。三相系统平行布置时，若矩形导体的长边垂直布置（竖放）方式，散热较好，载流量大，但机械强度较低；若矩形导体的长边呈水平布置（平放），与前者则相反。因此，导体的布置方式应根据载流量的大小、短路电流水平和配电装置的具体情况而定。

软导线常用的有钢芯铝绞线、组合导线、分裂导线和扩径导线，后者多用于 330kV 及以上配电装置。

二、导体截面积选择

导体截面积可按长期发热允许电流或经济电流密度选择。

对年负荷利用小时数大（通常指 $T_{max}>5000h$），传输容量大，长度在 20m 以上的导体，如发电机、变压器的连接导体其截面积一般按经济电流密度选择。而配电装置的汇流母线通常在正常运行方式下，传输容量不大，故可按长期允许电流来选择。

1. 按导体长期发热允许电流选择

按导体长期发热允许电流选择，则计算式为

$$I_{max} \leqslant KI_{al} \tag{6-40}$$

式中：I_{max}为导体所在回路中最大持续工作电流，A；I_{al}为在额定环境温度 $\theta_0=25℃$时导体允许电流，A；K 为与实际环境温度和海拔有关的综合修正系数，见附表 3。

综合修正系数 K 还可计算为

$$K=\sqrt{\frac{\theta_{al}-\theta}{\theta_{al}-\theta_0}} \tag{6-41}$$

式中：θ、θ_0 分别为导体安装处的实际环境温度和导体额定载流量的基准温度；θ_{al}为导体长期发热允许最高温度。

2. 按经济电流密度选择

按经济电流密度选择导体截面积可使年计算费用最低。不同种类的导体和不同的最大负荷利用小时数 T_{max}将有一个年计算费用最低的电流密度，称为经济电流密度 J。各种铝导体的经济电流密度如图 6-10 所示。导体的经济截面积 S_J 为

$$S_J=\frac{I_{max}}{J}\quad(mm^2) \tag{6-42}$$

应尽量选择接近式（6-42）计算的标准截面积，为节约投资允许选择小于经济截面积的导体。按经济电流密度选择的导体截面积的允许电流还必须满足式（6-40）的要求。

三、电晕电压校验

110kV 及以上裸导体需要按晴天不发生全面电晕条件校验，即裸导体的临界电压 U_{cr} 应大于最高工作电压 U_{max}。不进行电晕校验的最小导体型号及外径，可从相关资料中获得。

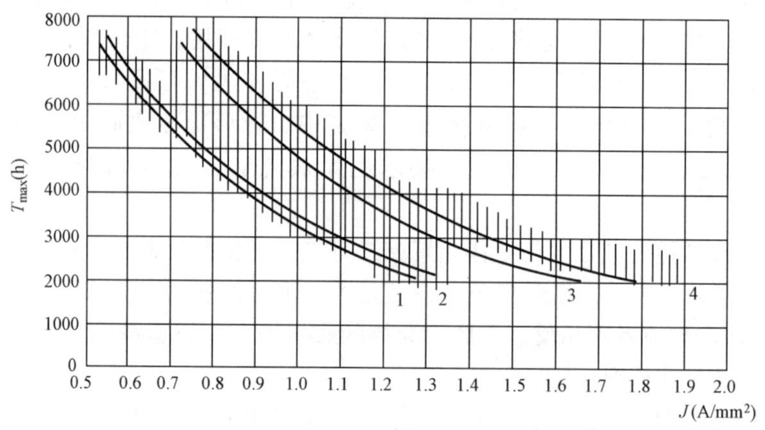

图 6-10 铝导体的经济电流密度

1—变电站站用、工矿用及电缆线路的铝线纸绝缘铅包、铝包、塑料护套及各种铠装电缆；2—铝矩形、槽型母线及组合导线；3—火电厂厂用铝芯纸绝缘铅包、铝包、塑料护套及各种铠装电缆；4—35～220kV 线路的 LGJ、LGJQ 型钢芯铝绞线

四、热稳定校验

在校验导体热稳定时，若计及集肤效应系数 K_f 的影响，由短路时发热的计算公式可得到短路热稳定决定的导体最小截面积 S_{min} 为

$$S_{min}=\sqrt{\frac{Q_kK_f}{A_h-A_w}}=\frac{1}{C}\sqrt{Q_kK_f}\quad(mm^2)\tag{6-43}$$

$$C=\sqrt{A_h-A_w}$$

式中：C 为热稳定系数，其值见表 6-12；Q_k为短路电流热效应，$A^2\cdot s$。

表 6-12 不同工作温度下裸导体的 C 值

工作温度（℃）	40	45	50	55	60	65	70	75	80	85	90
硬铝及铝锰合金	99	97	95	93	91	89	87	85	83	82	81
硬铜	186	183	181	179	176	174	171	169	166	164	161

五、硬导体的动稳定校验

各种形状的硬导体通常都安装在支柱绝缘子上，短路冲击电流产生的电动力将使导体发生弯曲，因此导体应按弯曲情况进行应力计算。而软导体不必进行动稳定校验。

1. 矩形导体应力计算

（1）单条矩形导体构成母线的应力计算。导体最大相间计算应力 σ_{ph} 为

$$\sigma_{ph}=\frac{M}{W}=\frac{f_{ph}L^2}{10W}\quad(Pa)\tag{6-44}$$

式中：f_{ph}为单位长度导体上所受相间电动力，N/m；L 为导体支柱绝缘子间的跨距，m；M 为导体所受的最大弯矩，N·m，通常为多跨距、匀载荷梁，取 $M=f_{ph}L^2/10$，当跨距数等于 2 时 $M=f_{ph}L^2/8$；W 为导体对垂直于作用力方向轴的截面系数，m^3，在三相系统平行布置时，对于长边为 h、短边为 b 的矩形导体，当长边呈水平布置，每相为单条时，$W=bh^2/6$

（两条时为 $bh^2/3$，三条时为 $bh^2/2$）；当长边呈垂直布置，每相为单条时，$W=b^2h/6$（两条时为 $1.44b^2h$，三条时为 $3.3b^2h$）。

导体最大相间应力 σ_{ph} 应小于导体材料允许应力 σ_{al}（硬铝 70×10^6Pa、硬铜 140×10^6Pa），即

$$\sigma_{ph}\leqslant\sigma_{al} \tag{6-45}$$

根据材料最大允许应力确定的满足动稳定要求的绝缘子间最大允许跨距 L_{max} 为

$$L_{max}=\sqrt{\frac{10\sigma_{al}W}{f_{ph}}}\quad(\mathrm{m}) \tag{6-46}$$

当矩形导体平放时，为避免导体因自重而过分弯曲，所选跨距一般不超过 1.5～2m。三相水平布置的汇流母线常取绝缘子跨距等于配电装置间隔宽度，以便于绝缘子安装。

（2）多条矩形导体构成的母线应力计算。同相母线由多条矩形导体组成时，母线中最大机械应力由相间应力 σ_{ph} 和同相条间应力 σ_b 叠加而成，则母线满足动稳定的条件为

$$\sigma_{ph}+\sigma_b\leqslant\sigma_{al} \tag{6-47}$$

式中，相间应力 σ_{ph} 计算与单条导体的计算式（6-44）相同，仅相间作用力的母线截面系数应采用多条组合导体的截面系数，而条间应力 σ_b 为

$$\sigma_b=\frac{M_b}{W}=\frac{f_bL_b^2}{12W}=\frac{f_bL_b^2}{2b^2h}\quad(\mathrm{Pa}) \tag{6-48}$$

式中：M_b 为边条导体所受弯矩，按两端固定的匀载荷梁计算 $M_b=f_bL_b^2/12$，N·m；W 为导体对垂直于条间作用力的截面系数，与导体放置方式无关，$W=b^2h/6$，m^3；L_b 为条间衬垫跨距，m，参见图 6-11；f_b 为单位长度导体上所受条间作用力，N/m。

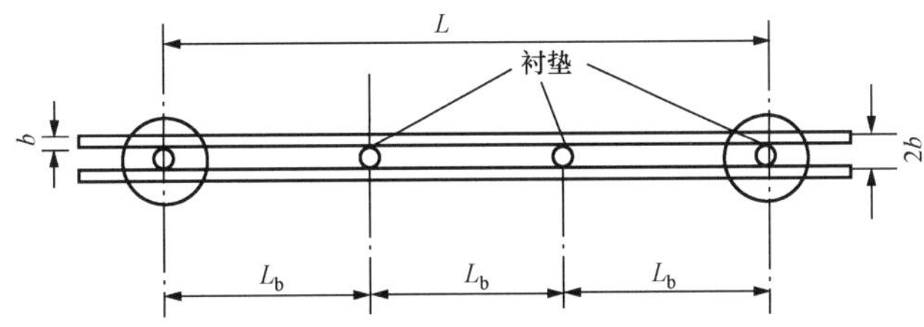

图 6-11　双条矩形导体（竖放）俯视图

不同情况下，条间作用力 f_b 可分别按以下公式计算。

同相由双条导体组成时，认为相电流在两条中平均分配，条间作用力为

$$f_b=2K_{12}(0.5i_{sh})^2\frac{1}{2b}\times10^{-7}=2.5K_{12}i_{sh}^2\frac{1}{b}\times10^{-8}\quad(\mathrm{N/m}) \tag{6-49}$$

式中：K_{12} 为条 1、2 之间的截面形状系数。

同相由三条导体组成时，认为中间条通过 20%相电流，两侧条各通过 40%，当条间中心距离为 $2b$ 时，受力最大的边条作用力为

$$f_b=f_{b1-2}+f_{b1-3}=8(K_{12}+K_{13})i_{sh}^2\frac{1}{b}\times10^{-9}\quad(\mathrm{N/m}) \tag{6-50}$$

式中：K_{13} 为条 1、3 之间的截面形状系数。

根据条间允许应力 $\sigma_b\leqslant\sigma_{al}-\sigma_{ph}$，则导体满足动稳定要求的最大允许衬垫跨距 L_{bmax} 为

$$L_{bmax} = \sqrt{\frac{12(\sigma_{al} - \sigma_{ph})W}{f_b}} = b\sqrt{\frac{2h(\sigma_{al} - \sigma_{ph})}{f_b}} \quad (m) \tag{6-51}$$

条间装设衬垫（螺栓）是为了减小 σ_b，由于同相条间距离很近，条间作用力大，为了防止同相各条矩形导体在条间作用力下产生弯曲而互相接触，衬垫间允许的最大跨距（即临界跨距 L_{cr}）可由下式决定

$$L_{cr} = \lambda b \sqrt[4]{\frac{h}{f_b}} \quad (m) \tag{6-52}$$

式中：λ 为系数，若为铜，双条为 1774，三条为 1355，若为铝，双条为 1003，三条为 1197。

所选衬垫跨距 L_b 应满足 $L_b < L_{cr}$ 及 $L_b \leqslant L_{bmax}$，但过多增加衬垫的数量会使导体散热条件变坏，一般每隔 30～50cm 设一衬垫。

2. 槽形导体应力计算

槽形导体应力的计算方法与矩形导体相同。槽形导体按图 6-12（a）垂直布置，导体的截面系数 $W = 2W_X$，按图 6-12（b）水平布置，$W = 2W_Y$（W_X、W_Y 分别为单槽导体对 X 和 Y 轴的截面系数）。当采用焊片将双槽导体焊成整体时，图 6-12（b）的 $W = W_{Y0}$，槽形导体的截面系数可查附表 2（槽形铝导体长期允许载流量及计算数据）。

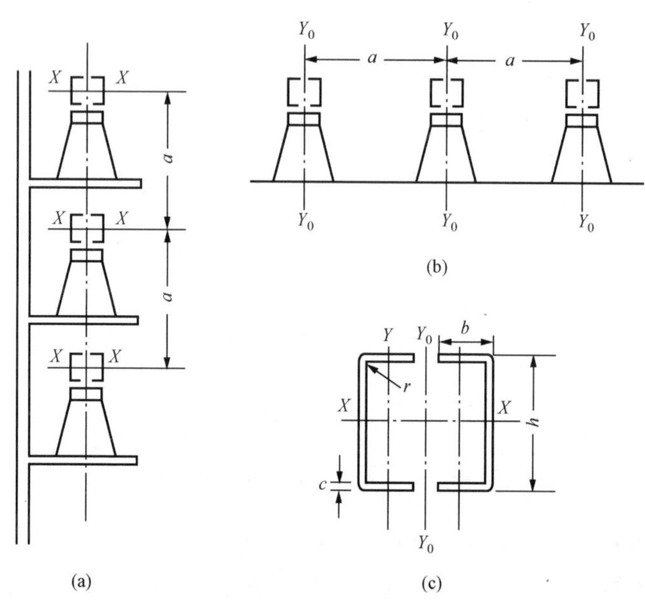

图 6-12 双槽形导体的布置方式

（a）垂直布置；（b）水平布置；（c）导体截面

当双槽导体条间距离为 $2b = h$ 时，$K_{12} \approx 1$，根据式（6-49）双槽导体间作用力可写成

$$f_b = 2(0.5 i_{sh})^2 \times 10^{-7} \frac{1}{h} = 5 \times 10^{-8} i_{sh}^2 \frac{1}{h} \quad (N/m) \tag{6-53}$$

由于双槽形导体间抗弯曲的截面系数 $W = W_Y$，故条间应力由式（6-48）可得

$$\sigma_b = \frac{f_b L_b^2}{12 W_Y} = 4.16 \frac{i_{sh}^2 L_b^2}{h W_Y} \times 10^{-9} \quad (Pa) \tag{6-54}$$

双槽导体焊成整体时，如图 6-13 所示，式（6-54）中的 L_b 改为 L_{b1}，$L_{b1} = L_b - L_{b0}$。

六、硬导体共振校验

对于重要回路（如发电机、变压器及汇流母线等）的导体应进行共振校验。按第三章所述方法，当已知导体材料、形状、布置方式和应避开的自振频率（一般为 30～160Hz）时，导体不发生共振的最大绝缘子跨距 L_{max} 为

$$L_{max} = \sqrt{\frac{N_f}{f_1}\sqrt{\frac{EJ}{m}}} \quad (m) \qquad (6-55)$$

封闭母线的选择方法：凡属定型产品，制造厂将提供有关的额定电压、电流和动热稳定等参数，因此可按电气设备选择一般条件中所述方法来进行选择和校验；同时应根据具体工程情况，向制造厂提供有关资料，供制造厂进行布置和连接部分设计。当选用非定型封闭母线时，应进行导体和外壳发热、应力及绝缘子抗弯的计算，并进行共振校验。

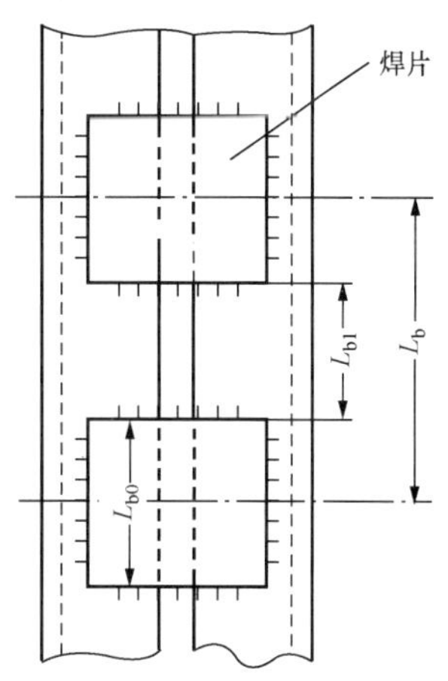

图 6-13　双槽形导体焊接片示意图

【例 6-5】 选择某电厂 10kV 屋内配电装置汇流母线。已知母线 I_{max}=3464A，三相导体长边垂直布置，相间距离 a=0.75m，绝缘子跨距 1.2m。母线短路电流 I''=51kA，短路热效应 Q_k=1003kA^2·s，环境温度 35℃，铝导体弹性模量 $E=7\times10^{10}$ Pa。母线频率系数 N_f=3.56。

解　(1) 按长期发热允许电流选择截面。查附表 1（矩形铝导体长期允许载流量和集肤效应系数 K_f），选用 3 条 125mm×10mm 矩形铝导体，竖放允许电流为 4243A，K_f=1.8。当环境温度为 35℃时，查附表 3 或按式 (6-41) 计算出温度修正系数 K=0.88，则

$$I_{a135℃} = 0.88\times4243 = 3734(A) > 3464(A)$$

(2) 热稳定校验。正常运行时导体温度

$$\theta = \theta_0 + (\theta_{a1}-\theta_0)\frac{I_{max}^2}{I_{a1}^2} = 35+(70-35)\times\frac{3464^2}{3734^2} = 65(℃)$$

查表 6-12，C=89 满足短路时发热的最小导体截面为

$$S_{min} = \sqrt{Q_kK_f}/C = \sqrt{1003\times10^6\times1.8}/89 = 477.4(mm^2) < 3750(mm)^2$$

满足热稳定要求。

(3) 动稳定校验。导体自振频率由以下求得

$$m = h\times b\times\rho_m = 0.125\times0.01\times2700 = 3.375(kg/m)$$

$$J = bh^3/12 = 0.01\times0.125^3/12 = 1.63\times10^{-6}(m^4)$$

$$f_1 = \frac{N_f}{L^2}\sqrt{\frac{EJ}{m}} = \frac{3.56}{1.2^2}\times\sqrt{\frac{7\times10^{10}\times1.63\times10^{-6}}{3.375}} = 454.5(Hz) > 155(Hz)$$

可见，对该母线可不计共振影响。取发电机出口短路时，冲击系数 K=1.9，则

$$i_{sh} = 1.9\sqrt{2}I'' = 2.69\times51 = 137.19(kA)$$

母线相间应力为

$$f_{ph} = 1.73\times10^{-7}\times i_{sh}^2/a = 1.73\times10^{-7}\times137\,190^2/0.75 = 4341(N/m)$$

按所采用的放置母线的方式，抗弯矩为

$$W = 3.3b^2h = 3.3\times0.01^2\times0.125 = 41.25\times10^{-6}(m^3)$$

$$\sigma_{ph}=\frac{f_{ph}L^2}{10W}=\frac{4341\times1.2^2}{10\times41.25\times10^{-6}}=15.154\times10^6(\mathrm{Pa})$$

母线同相条间作用应力计算

$$\frac{b}{h}=\frac{10}{125}=0.08,\quad \frac{2b-b}{b+h}=\frac{10}{10+125}=0.074,\quad \frac{4b-b}{b+h}=\frac{30}{135}=0.222$$

由导体形状系数曲线查得 $K_{12}=0.37$，$K_{13}=0.57$，则有

$$\begin{aligned}f_b&=8(K_{12}+K_{13})\times10^{-9}\times i_{sh}^2/b\\&=8\times(0.37+0.57)\times10^{-9}\times137\ 190^2/0.01=14\ 153(\mathrm{Pa})\end{aligned}$$

临界跨距（每相三条铝导体 $\lambda=1197$）及条间衬垫最大跨距分别为

$$L_{cr}=\lambda b\sqrt[4]{h/f_b}=1197\times0.01\times\sqrt[4]{0.125/14\ 153}=0.65(\mathrm{m})$$

$$\begin{aligned}L_{bmax}&=b\sqrt{2h(\sigma_{al}-\sigma_{ph})/f_b}\\&=0.01\times\sqrt{2\times0.125\times(70-15.154)\times10^6/14\ 153}=0.31(\mathrm{m})\end{aligned}$$

所选衬垫跨距 L_b 应小于 L_{cr} 及 $L_{b,max}$，为了便于安装，每跨绝缘子中设三个衬垫，$L_b=1.2/4=0.3(\mathrm{m})$，则可满足要求。

第七节　电力电缆、绝缘子和套管的选择

一、电力电缆选择

1. 电缆芯线材料及型号选择

电缆芯线有铜芯和铝芯。电缆的型号很多，按绝缘方式和结构不同，可分为以下类型：

（1）油浸纸绝缘电缆。其又可分为黏性和不滴流纸绝缘两类；按不同结构可分为带绝缘电缆、屏蔽型和分铅型电缆。油浸纸绝缘电缆性能非常稳定，但不适宜用于高差大的场合。

（2）挤压绝缘电缆。用聚合材料挤压在导体上作电缆绝缘，可分为聚氯乙烯、聚乙烯、交联聚乙烯和乙丙橡胶电缆等，它制造工艺简单、敷设接头方便，故在某些运用场合中逐步取代油浸纸绝缘电缆。

（3）压力电缆。主要用 63kV 及以上，按填充或压缩气隙的措施不同，可分为自容式充油、充气、钢管电缆和压气（SF_6）绝缘电缆等。

此外，为适应不同场合需求，电力电缆尚有若干附加运用技术条件，如用于高温条件的阻燃和耐火电缆等。阻燃电缆是在电缆护层火焰燃烧时，仅延燃有限距离而能自熄的电力电缆，耐火电缆是指在火焰高温作用下，在一定时间内仍能维持送电能力的电缆。

电力电缆应根据其用途、敷设方式和使用条件进行选择。例如，厂用高压电缆一般选用纸绝缘铅包电缆；除 110kV 及以上采用单相充油电缆或交联聚乙烯等干式电缆外，一般采用三相电缆；高温场所（如主厂房）宜用阻燃电缆；重要直流回路、消防和保安电源电缆宜选用耐火型电缆；直埋地下一般选用钢带铠装电缆；潮湿或腐蚀地区应选用塑料护套电缆；敷设在高差大的地点，则应采用挤压绝缘电缆。

2. 电压选择

（1）电缆缆芯的相间额定电压 U_N 应大于等于所在电网的额定电压 U_{SN}，即 $U_N\geqslant U_{SN}$。

（2）电缆缆芯与绝缘屏蔽或金属套之间的额定电压选择原则。中性点直接接地（或经低阻抗接地）的系统中，当接地保护切除故障时间很短（不超过 1min）时，选择使用回路的

工作相电压作为额定电压，否则不宜低于133%相电压；中性点不接地系统中，额定电压一般不宜低于133%相电压，对于单相接地故障可能持续保持时间在8h以上或对发电机等安全性要求较高的回路电缆，额定电压宜采用该回路的线电压。

3. 截面选择

电力电缆截面选择方法与裸导体基本相同，值得注意的是式（6-40）用于电缆选择时，其修正系数K与敷设方式和环境温度有关，即

$$K = K_t K_1 K_2 \text{ 或 } K = K_t K_3 K_4$$

式中：K_t为温度修正系数，可由式（6-41）计算，但电缆芯线长期发热最高允许温度θ_{al}与电压等级、绝缘材料和结构有关；K_1、K_2为空气中多根电缆并列和穿管敷设时的修正系数，当电压在10kV及以下、截面积为95mm²及以下则K_2取0.9，截面积为120～185mm²K_2取0.85；K_3为直埋电缆因土壤热阻不同的修正系数；K_4为土壤中多根并列修正系数。

K_t、K_1、K_3、K_4及θ_{al}值可分别查附表16～附表19。

工程实际中，应尽量将三芯电缆的截面积限制在185mm²及以下，以便于敷设和制作电缆接头。

4. 允许电压降校验

对于供电距离较远、容量较大的电缆线路，应校验其电压损失$\Delta U\%$，一般应满足$\Delta U\% \leqslant 5\%$。对于长度为L，单位长度的电阻为r、电抗为x的三相交流电缆，其电压损失$\Delta U\%$的计算式为

$$\Delta U\% = \frac{173}{U} I_{max} L (r\cos\varphi + x\sin\varphi) \quad (\%) \tag{6-56}$$

式中：U、$\cos\varphi$为分别为线路工作电压（线电压）、功率因数。

5. 热稳定校验

电缆芯线一般系多股绞线构成，$K_f \approx 1$，满足短路热稳定$Q_K[(kA)^2 \cdot s]$的最小截面积S_{min}为

$$S_{min} \approx \frac{\sqrt{Q_k}}{C} \times 10^3 \quad (mm^2) \tag{6-57}$$

电缆的热稳定系数C可计算为

$$C = \frac{1}{\eta}\sqrt{\frac{4.2Q}{K_f \rho_{20} \alpha} \ln \frac{1+\alpha(\theta_h - 20)}{1+\alpha(\theta_w - 20)}} \times 10^{-2} \tag{6-58}$$

式中：η为计及电缆芯线充填物热容量随温度变化及绝缘散热影响的校正系数，通常10kV及以上回路可取1.0，最大负荷利用小时数较高的3～6kV厂用回路，可取0.93；Q为电缆芯单位体积的热容量，铝芯取0.59J/(cm³·℃)，铜芯取0.81J/(cm³·℃)；α为电缆芯在20℃时的电阻温度系数，铝芯4.03×10^{-3}/℃，铜芯3.93×10^{-3}/℃；K_f为20℃时电缆芯线的集肤效应系数，$S<150$mm²的三芯电缆$K_f = 1$，$S = 150 \sim 240$mm²的三芯电缆$K_f = 1.01 \sim 1.035$；ρ_{20}为电缆芯在20℃时的电阻系数，铝芯$3.1 \times 10^{-6}\Omega \cdot cm^2/m$，铜芯$1.84 \times 10^{-6}\Omega \cdot cm^2/m$；$\theta_w$为短路前电缆的工作温度，℃；$\theta_h$为电缆在短路时的最高允许温度，对10kV及以下的油浸纸绝缘及交联聚乙烯绝缘电缆为250℃；对发电厂、变电站等重要回路铝芯电缆为200℃；35kV油浸纸绝缘电缆为175℃；聚氯乙烯电缆、容

式充油电缆和有中间接头（锡焊）的电缆均为160℃。

【例6-6】 选择如图6-14所示电厂出线电缆。距电厂2km的变电站A的两段母线上，各接有1台3150kV·A变压器，正常时母线分段运行，当一条线路故障时，要求另一条线路能供2台变压器满负荷运行。$\cos\varphi=0.8$，$T_{max}=5500h$，电缆有中间接头，该接头处短路时，短路电流的热效应$Q_k=165(kA)^2\cdot s$，电缆直埋地下，土壤温度$\theta_0=20$℃，热阻系数$g=80$℃·cm/W。

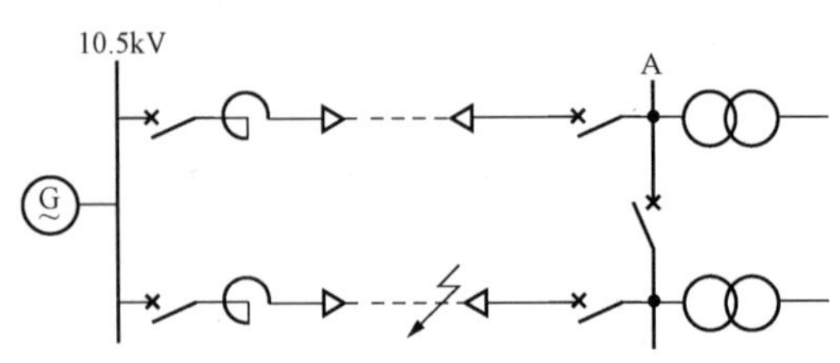

图6-14 电厂出线电缆接线图

解 （1）按经济电流密度选择截面。正常时每回线供1台变压器，有

$$I_{max}=\frac{1.05S_N}{\sqrt{3}U_N}=\frac{1.05\times 3150}{\sqrt{3}\times 10.5}=182(A)$$

查图6-10曲线1，铝芯电缆$T_{max}=5500h$，$J=0.7A/mm^2$，则

$$S_J=I_{max}/J=182/0.7=260(mm^2)$$

选用两根10kV ZLQ2三芯油浸纸绝缘铝芯铅包钢带铠装防腐电缆，每根电缆$S=120mm^2$，$I_{al25℃}=215A$，正常允许最高温度为60℃，$x=0.076\Omega/km$，$r=0.274\Omega/km$。

（2）按长期发热允许电流校验。考虑一回路故障时负荷的转移，$I'_{max}=2\times 182=364(A)$，当实际土壤温度为20℃时，由附表16或按式（6-41）可求得电缆载流量的修正系数K_t为1.07；当电缆间距取200mm时，由附表19可查得两根并排修正系数K_4为0.9，由附表18查得$K_3=1$，则两根直埋电缆允许载流量为

$$I_{al20℃}=K_tK_3K_4I_{al25℃}=1.07\times 10.9\times 215\times 2=414(A)>364(A)$$

（3）热稳定校验。对于电缆线路中间有连接头者，应按接头处短路校验热稳定。短路前电缆的工作温度

$$\theta_W=\theta_0+(\theta_{al}-\theta_0)\left(\frac{I'_{max}}{I_{al}}\right)^2=20+(60-20)\times\left(\frac{364}{414}\right)^2\approx 51(℃)$$

由式（6-58）求得$C=69.5$，热稳定所需最小截面积为

$$S_{min}=\sqrt{Q_k}\times 10^3/C=\sqrt{165}\times 10^3/69.5=184.8(mm^2)<2\times 120(mm)^2$$

（4）电压降校验。由下式求得

$$\Delta U\%=\frac{173}{U}I_{max}L(r\cos\varphi+x\sin\varphi)(\%)$$
$$=\frac{173}{10\times 10^3}\times 364\times 2\times(0.274\times 0.8+0.076\times 0.6)(\%)$$
$$=3.3(\%)<5(\%)$$

电缆的动稳定由厂家保证，不需校验。可见选用两根ZLQ2-3×120型电缆能满足要求。

二、支柱绝缘子和穿墙套管的选择

1. 型式选择

根据装置地点、环境选择屋内、屋外或防污式及满足使用要求的产品型式。支柱绝缘子一般屋内采用联合胶装多棱式，屋外采用棒式，需要倒装时采用悬挂式。穿墙套管一般采用铝导体，对铝有明显腐蚀的地区可用铜导体。

2. 额定电压选择

无论支柱绝缘子或套管均应符合产品额定电压大于或等于所在电网电压的要求。3～20kV屋外支柱绝缘子和套管宜选用高一电压等级的产品；对于3～6kV者，必要时也可采用提高两等级电压的产品，以提高运行过电压的安全性，而对其价格的影响甚微。

3. 穿墙套管的额定电流选择与窗口尺寸配合

具有导体的穿墙套管额定电流 I_N 应大于或等于回路中最大持续工作电流 I_{max}，当环境温度 θ=40～60℃，导体的 θ_{al} 取 85℃，I_N 应按式（6-41）修正，即

$$\sqrt{\frac{85-\theta}{45}}I_N \geqslant I_{max} \tag{6-59}$$

母线型穿墙套管无需按持续工作电流选择，只需保证套管的型式与穿过母线的窗口尺寸配合。

4. 动热稳定校验

（1）穿墙套管的热稳定校验。具有导体的套管应对导体校验热稳定，其套管的热稳定能力 $I_t^2 t$，应大于或等于短路电流通过套管所产生的热效应 Q_k，即 $I_t^2 t \geqslant Q_k$。

母线型穿墙套管无需热稳定校验。

（2）动稳定校验。无论是支柱绝缘子或套管均要进行动稳定校验。布置在同一平面内的三相导体如图6-15所示，在发生短路时，支柱绝缘子（或套管）所受的力为该绝缘子相邻跨导体上电动力的平均值。

支柱绝缘子所受电动力 F_{max} 为

$$F_{max} = \frac{F_1 + F_2}{2} = 1.73 i_{sh}^2 \frac{L_C}{a} \times 10^{-7} \quad (\text{N}) \tag{6-60}$$

式中：L_C 为计算跨距，m。

如图6-15所示的支柱绝缘子1取 $L_C = (L_1 + L_2)/2$，其余支柱绝缘子 $L_C = L_2$。

校验支柱绝缘子机械强度时，应将作用在母线截面重心上的短路电动力换算到绝缘子顶部，即支柱绝缘子的抗弯破坏强度 F_{de} 是按作用在绝缘子高度 H 处给定的（如图6-16所示）。而电动力 F_{max} 是作用在导体截面中心线 H_1 上，换算系数为 H_1/H，则应满足

$$\frac{H_1}{H}F_{max} \leqslant 0.6F_{de} \tag{6-61}$$

$$H_1 = H + b + h/2$$

式中：0.6为裕度系数，是计及绝缘材料性能的分散性；H_1 为绝缘子底部至导体水平中心线的高度，mm；b 为导体支持器下片厚度，一般竖放矩形导体 b=18mm，平放矩形导体及槽形导体 b=12mm。

穿墙套管的 F_{max} 计算式与式（6-60）相同，其中取 $L_C = (L_1 + L_{ca})/2$，L_{ca} 为套管长度，校验式为 $F_{max} \leqslant 0.6F_{de}$。

此外，屋内35kV及以上水平安装的支柱绝缘子应考虑导体和绝缘子的自重，屋外支柱绝缘子应计及风和冰雪的附加作用。

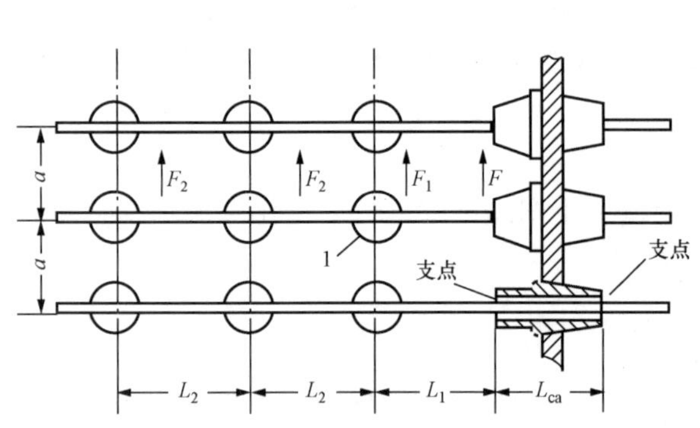

图 6-15 绝缘子和穿墙套管所受的电动力

1—绝缘子

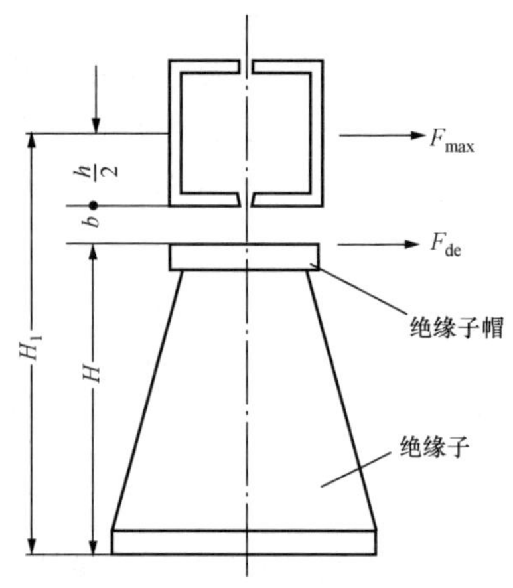

图 6-16 绝缘子受力示意图

小结

电气设备的选择条件包括两大部分：一是电气设备所必须满足的基本条件，即按正常工作条件（最高工作电压和最大持续工作电流）选择，并按短路状态校验动、热稳定；二是根据不同电气设备的特点而提出的选择和校验项目。

高压断路器在中压（12～40.5kV）等级，真空系列的选用占绝对优势，而在更高电压等级均采用 SF_6 系列，在型号的选用上应依据使用环境条件等决定。由于需要开断和关合短路电流，因此应校验断路器的额定开断电流和额定关合电流能力。

电流互感器和电压互感器由于存在励磁电流和内阻抗，使一、二次侧电流（或电压）间存在幅值和相位差。分析影响误差的主要因素，根据仪表和继电保护等的要求，确定互感器的配置以及准确级和额定容量。选择电流互感器，应同时选择二次侧导线截面以满足对互感器额定容量的要求。

选择电抗器，需计算用以将短路电流限制到某一给定值的电抗值，并根据用户对电压质量的要求，校验正常工作时的电压损失及短路残压。

高压熔断器作为保护电器，应进行开断电流的校验，并应考虑熔断器动作时限与继电保护动作时限的配合等。

导体的选择除按一般条件外，110kV 及以上裸导体还应进行电晕电压校验。裸导体常用的材料为铝及铝合金。矩形与槽形硬导体用于 35kV 及以下配电装置。圆管形硬导体用于 110kV 及以上配电装置。电缆应根据使用条件选择型号和敷设方式，选择截面时应注意修正允许载流量。电缆不进行动稳定校验，但应进行电压降校验。除汇流母线一般按发热允许电流选择外，当导体最大持续工作电流大、年最大负荷利用小时数高、且长度超过 20m 时，应按经济电流密度选择。全连式分相封闭母线用于 200MW 及以上的发电机—变压器单元接线，选用时应与制造厂交换相关技术及安装资料。

思考题和习题

6-1　什么是验算热稳定的短路计算时间 t_k 及电气设备的开断计算时间 t'_k？

6-2　断路器与隔离开关在选择与校验上有什么异同？

6-3　发电机断路器有何特殊要求？

6-4　电流互感器常用的二次接线方式中，为什么不将三角形接线用于测量表计？

6-5　为提高电流互感器容量，能否采用同型号的两个电流互感器在二次侧串联或并联使用？

6-6　电压互感器一次绕组及二次绕组的接地各有什么作用？

6-7　选择某 10kV 配电装置的出线断路器及出线电抗器。设系统容量为 150MV·A，归算至 10kV 母线上的电源短路总电抗 $X'_{*\Sigma}=0.14$（基准：$S_d=100$MV·A)，出线最大负荷为 560A，出线保护动作时间 $t_{pr}=1$s。

6-8　某分裂电抗器额定电流 $I_N=2000$A，$X_{L1}\%=10$，$f=0.5$。在Ⅱ臂母线发生短路故障，其短路电流 $I_k=16$kA，试计算当Ⅰ臂母线负荷电流 $I_1=800$A、$\cos\varphi_1=0.85$ 时，母线电压百分值 $U_1\%$为多少？

6-9　按经济电流密度选择的导体，为何还必须按长期发热允许电流进行校验？配电装置的汇流母线，为何不按经济电流密度选择导体截面？

6-10　设发电机容量为 25MW，$I_N=1718$A，最大负荷利用小时 $T_{max}=6000$h，三相导体水平布置，相间距离 $a=0.35$m，发电机出线上短路持续时间 $t_k=0.2$s，短路电流 $I''=27.2$kA，$I_{tk/2}=21.9$kA，$I_{tk}=19.2$kA，周围环境温度 40℃。试选择发电机引出导体。

6-11　选择 100MW 发电机和变压器组之间母线桥的导体。已知发电机回路最大持续工作电流 $I_{max}=6791$A，$T_{max}=5200$h，连接母线三相水平布置，相间距离 $a=0.7$m，最高温度 35℃，母线短路电流 $I''=36$kA，短路热效应 $Q_k=421.1(\text{kA})^2\cdot\text{s}$。

第七章　配　电　装　置

配电装置是发电厂和变电站的重要组成部分，在电力系统中起着接受和分配电能的作用。本章主要介绍对配电装置的基本要求，屋内、外配电装置的最小安全净距，配电装置的设计原则以及屋内配电装置、屋外配电装置、成套配电装置和封闭母线的结构和特点。最后，介绍了发电厂和变电站电气设施的平面布置。

第一节　概　　述

一、对配电装置的基本要求

配电装置是根据电气主接线的连接方式，由开关电器、保护和测量电器、母线和必要的辅助设备组建而成的总体装置。其作用是在正常运行情况下接受和分配电能，而在系统发生故障时迅速切断故障部分，维持系统正常运行。为此，配电装置应满足下述基本要求。

1. 运行可靠

配电装置中引起事故的主要原因是绝缘子因污秽而闪络，隔离开关因误操作而发生弧光短路，断路器因开断能力不足而发生爆炸等。因此，要按照系统和自然条件以及有关规程要求合理选择设备，使选用设备具有正确的技术参数，保证具有足够的安全净距。

2. 便于操作、巡视和检修

配电装置的结构应使操作集中，尽可能避免运行人员在操作一个回路时需要走几层楼或几条走廊。

3. 保证工作人员的安全

为了保证工作人员的安全，应采取一系列措施，例如用隔墙把相邻电路的设备隔开，以保证电气设备检修时的安全；设置遮栏，留出安全距离，以防触及带电部分；设置适当的安全出口；设备外壳和底座都采用保护接地等。

4. 力求提高经济性

在满足上述要求的前提下，电气设备的布置应紧凑，节省占地面积，节约钢材、水泥和有色金属等原材料，并降低造价。

5. 具有扩建的可能

要根据发电厂和变电站的具体情况，分析是否有发展和扩建的可能。

二、配电装置的最小安全净距

为了满足配电装置运行和检修的需要，各带电设备之间应相隔一定的距离。配电装置的整个结构尺寸，是综合考虑设备外形尺寸、检修、维护和运输的安全电气距离等因素而决定的。对于敞露在空气中的配电装置，在各种间隔距离中，最基本的是带电部分对接地部分之间和不同相的带电部分之间的空间最小安全净距，即所谓的 A_1 和 A_2 值。

最小安全净距是指在这一距离下，无论在正常最高工作电压或出现内、外部过电压时，都不致使空气间隙被击穿。A 值与电极的形状、冲击电压波形、过电压及其保护水平、环境条件以及绝缘配合等因素有关。一般地说，220kV 及以下的配电装置大气过电压起主要作用；330kV 及以上内过电压起主要作用。当采用残压较低的避雷器（如氧化锌避雷器）时，A_1 和 A_2 值还可减小。当海拔超过 1000m 时，按每升高 100m，绝缘强度增加 1%来增加 A 值。

对于敞露在空气中的屋内、外配电装置中各有关部分之间的最小安全净距分为 A、B、C、D、E 五类，如图 7-1 和图 7-2 所示。

图 7-1 为屋内配电装置安全净距校验图，图中有关尺寸说明如下。

（1）配电装置中，电气设备的栅状遮栏高度不应低于 1200mm，栅状遮栏至地面的净距以及栅条间的净距应不大于 200mm。

（2）配电装置中，电气设备的网状遮栏高度不应低于 1700mm，网状遮栏网孔不应大于 40mm×40mm。

（3）位于地面（或楼面）上面的裸导体导电部分，如其尺寸受空间限制不能保证 C 值时，应采用网状遮栏隔离。网状遮栏下通行部分的高度不应小于 1900mm。

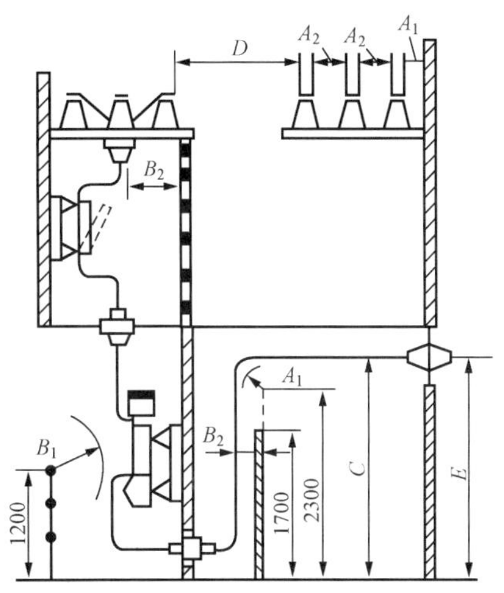

图 7-1 屋内配电装置安全净距校验图

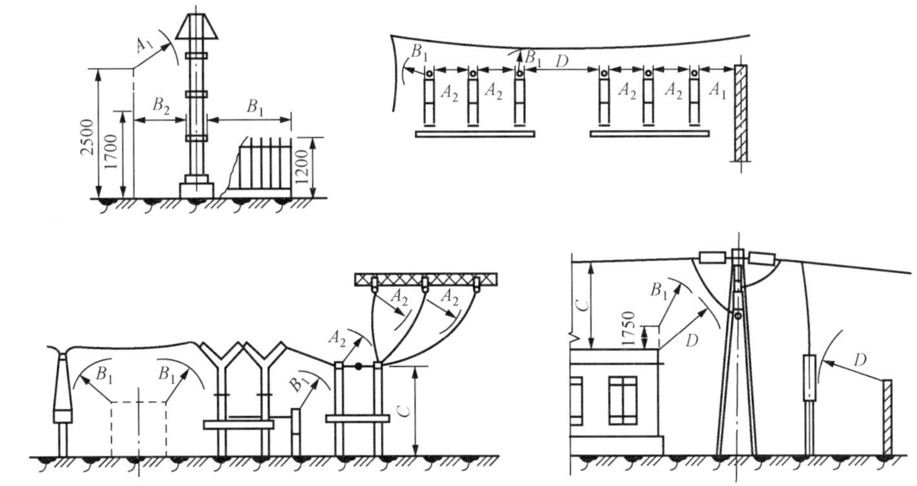

图 7-2 屋外配电装置安全净距校验图

最小安全净距 A 类分为 A_1 和 A_2。A_1 和 A_2 值是根据过电压与绝缘配合计算，并根据间隙放电试验曲线来确定的，而 B、C、D、E 等类安全净距是在 A 值的基础上再考虑运行维护、设备移动、检修工具活动范围、施工误差等具体情况而确定的。它们的含义分别叙述如下。

1）A 值。A 值分为 A_1 和 A_2 两项。A_1 为带电部分至接地部分之间的最小电气净距；A_2 为不同相的带电导体之间的最小电气净距。

2）B 值。B 值分为 B_1 和 B_2 两项。B_1 为带电部分至栅状遮栏间的距离和可移动设备的外廓在移动中至带电裸导体间的距离，即

$$B_1 = A_1 + 750 \quad (\text{mm}) \tag{7-1}$$

式中：750 为考虑运行人员手臂误入栅栏时手臂的长度（mm），设备移动时的摆动也在 750mm 范围内，当导线垂直交叉且又要求不同时停电检修的情况下，检修人员在导线上下活动范围也不超过 750mm。

B_2 为带电部分至网状遮栏间的电气净距，即

$$B_2 = A_1 + 30 + 70 \quad (\text{mm}) \tag{7-2}$$

式中：30 为考虑在水平方向的施工误差（mm）；70 为指运行人员手指误入网状遮栏时，手指长度不大于此值（mm）。

3）C 值。C 值为无遮栏裸导体至地面的垂直净距。保证人举手后，手与带电裸体间的距离不小于 A_1 值，即

$$C = A_1 + 2300 + 200 \quad (\text{mm}) \tag{7-3}$$

式中：2300 为运行人员举手后的总高度，mm；200 为屋外配电装置在垂直方向上的施工误差，在积雪严重地区还应考虑积雪的影响，此距离还应适当加大，mm。

对屋内配电装置，可不考虑施工误差，即

$$C = A_1 + 2300 \quad (\text{mm}) \tag{7-4}$$

4）D 值。D 值为不同时停电检修的平行无遮栏裸导体之间的水平净距，即

$$D = A_1 + 1800 + 200 \quad (\text{mm}) \tag{7-5}$$

式中：1800 为考虑检修人员和工具的允许活动范围，mm；200 为考虑屋外条件较差而取的裕度，mm。

对屋内配电装置不考虑此裕度，即

$$D = A_1 + 1800 \quad (\text{mm}) \tag{7-6}$$

5）E 值。E 值为屋内配电装置通向屋外的出线套管中心线至屋外通道路面的距离。35kV 及以下取 $E=4000$mm；60kV 及以上，$E=(A_1+3500)$ mm，并取整数值，其中 3500 为人站在载重汽车车厢中举手的高度，单位为 mm。

图 7 - 1 和图 7 - 2 分别为安全净距 A、B、C、D、E 各值的含义示意图。表 7 - 1 和表 7 - 2分别给出了各参数的具体值。当海拔超过 1000m 时，表中所列 A 值应按每升高 100m 增大 1%进行修正，B、C、D、E 值应分别增加 A_1 值的修正值。

设计配电装置中带电导体之间和导体对接地构架的距离时，还应考虑软绞线在短路电动力、风摆、温度和覆冰等作用下使相间及对地距离的减小，隔离开关开断允许电流时不致发生相间和接地故障，降低大电流导体附近铁磁物质的发热，减小 110kV 及以上带电导体的电晕损失和带电检修等因素。工程上采用相间距离和相对地的距离通常大于表 7 - 1 和表 7 - 2所列的数值。

表 7-1　　屋内配电装置的安全净距（mm）

符号	适用范围	额定电压（kV）									
		3	6	10	15	20	35	63	110J①	110	220J①
$A_1$④	（1）带电部分至接地部分之间； （2）网状和板状遮栏向上延伸线距地 2.3m 处，与遮栏上方带电部分之间	75	100	125	150	180	300	550	850	950	1800
A_2	（1）不同相的带电部分之间； （2）断路器和隔离开关的断口两侧带电部分之间	75	100	125	150	180	300	550	900	1000	2000
B_1	（1）栅状遮栏至带电部分之间； （2）交叉的不同时停电检修的无遮栏带电部分之间	825	850	875	900	930	1050	1300	1600	1700	2550
B_2	网状遮栏至带电部分之间②	175	200	225	250	280	400	650	950	1050	1900
C	无遮栏裸导体至地（楼）面之间	2375	2400	2425	2450	2480	2600	2850	3150	3250	4100
D	平行的不同时停电检修的无遮栏裸导体之间	1875	1900	1925	1950	1980	2100	2350	2650	2750	3600
E	通向屋外的出线套管至屋外通道的路面③	4000	4000	4000	4000	4000	4000	4500	5000	5000	5500

① 110J、220J 系指中性点直接接地电网。

② 当为板状遮栏时，其 B_2 值可取（A_1+30）mm。

③ 当出线套管外侧为屋外配电装置时，其至屋外地面的距离，不应小于表 7-2 中所列屋外部分之 C 值。

④ 海拔超过 1000m 时，A 值应按要求进行修正。

表 7-2　　屋外配电装置的安全净距（mm）

符号	适用范围	额定电压（kV）										
		3～10	15～20	35	63	110J	110	220J	330J	500J	750J	1000J
A_1	（1）带电部分至接地部分之间 （2）网状遮栏向上延伸线距地 2.5m 处，与遮栏上方带电部分之间	200	300	400	650	900	1000	1800	2500	3800	5500	7500
A_2	（1）不同相的带电部分之间 （2）断路器和隔离开关的断口两侧引线带电部分之间	200	300	400	650	1000	1100	2000	2800	4300	7200	11 300
B_1	（1）设备运输时，其外廓至无遮栏带电部分之间 （2）交叉的不同时停电检修的无遮栏带电部分之间 （3）栅状遮栏至绝缘体和带电部分之间① （4）带电作业时的带电部分至接地部分之间	950	1050	1150	1400	1650②	1750②	2550②	3250②	4550②	6250	8250

续表

符号	适用范围	额定电压（kV）										
		3～10	15～20	35	63	110J	110	220J	330J	500J	750J	1000J
B_2	网状遮栏至带电部分之间	300	400	500	750	1000	1100	1900	2600	3900	5600	7600
C	（1）无遮栏裸导体至地面之间 （2）无遮栏裸导体至建筑物、构筑物顶部之间	2700	2800	2900	3100	3400	3500	4300	5000	7500	12 000	19 500
D	（1）平行的不同时停电检修的无遮栏带电部分之间 （2）带电部分与建筑物、构筑物的边沿部分之间	2200	2300	2400	2600	2900	3000	3800	4500	5800	7500	9500

注 1. 110J、220J、330J、500J、750J、1000J 系指中性点直接接地电网。

2. 500kV 的 A_1 值，双分裂软导线至接地部分之间可取 3500mm。

3. 海拔超过 1000m 时，A 值应按要求进行修正。

4. 本表所列各值不适用于制造厂生产的成套配电装置。

① 对于 220kV 及以上电压，可按绝缘体电位的实际分布，采用相应的 B_1 值进行校验。此时，允许栅状遮栏与绝缘体的距离小于 B_1 值。当无给定的分布电位时，可按线性分布计算。校验 500kV 相间通道的安全净距，也可用此原则。

② 110kV 及以上电压等级带电作业时，不同相或交叉的不同回路带电部分之间，其 B_1 值可取（A_2＋750）mm。

三、配电装置的类型及应用

1. 配电装置的类型

配电装置按电器装设地点不同，可分为屋内配电装置和屋外配电装置；按其组装方式，又可分为装配式和成套式。在现场将电器组装而成的称为装配配电装置；在制造厂按要求预先将开关电器、互感器等组成各种电路成套后运至现场安装使用的称为成套配电装置。

（1）屋内配电装置的特点：①由于允许安全净距小和可以分层布置而使占地面积较小；②维修、巡视和操作在室内进行，可减轻维护工作量，不受气候影响；③外界污秽空气对电器影响较小，可以减少维护工作量；④房屋建筑投资较大，建设周期长，但可采用价格较低的户内型设备。

（2）屋外配电装置的特点：①土建工作量和费用较小，建设周期短；②与屋内配电装置相比，扩建比较方便；③相邻设备之间距离较大，便于带电作业；④与屋内配电装置相比，占地面积大；⑤受外界环境影响，设备运行条件较差，须加强绝缘；⑥不良气候对设备维修和操作有影响。

（3）成套配电装置的特点：①电器布置在封闭或半封闭的金属（外壳或金属框架）中，相间和对地距离可以缩小，结构紧凑，占地面积小；②所有电器元件已在工厂组装成一体，如 SF_6 全封闭组合电器、开关柜等，大大减少现场安装工作量，有利于缩短建设周期，也便于扩建和搬迁；③运行可靠性高，维护方便；④耗用钢材较多，造价较高。

2. 配电装置的应用

在发电厂和变电站中，配电装置型式的选择，应根据设备选型及进出线方式，结合工程实际情况，因地制宜，并与发电厂或变电站以及相应水利水电工程总体布置协调，通过技术经济比较确定。技术经济合理时应优先采用占地少的配电装置型式。一般情况下，110kV

及以上电压等级的配电装置宜采用屋外配电装置。3～35kV 电压等级的配电装置宜采用成套式高压开关柜配置型式。Ⅳ级污秽地区、大城市中心地区、土石方开挖工程量大的山区的 110kV 和 220kV 配电装置，宜采用屋内配电装置；当技术经济合理时，可采用气体绝缘金属封闭开关设备（GIS）配电装置。Ⅳ级污秽地区、海拔高度大于 2000m 地区的 330kV 以上电压等级的配电装置，当技术经济合理时，可采用气体绝缘金属开关设备（GIS）配电装置或部分气体绝缘金属开关设备（HGIS）配电装置。地震烈度为 9 度及以上地区的 110kV 及以上电压等级的配电装置宜采用气体绝缘金属封闭开关设备（GIS）配电装置。

四、高压配电装置的设计原则及步骤

1. 高压配电装置的设计原则

（1）高压配电装置的设计应贯彻国家法律、法规。执行国家的建设方针和技术经济政策，符合安全可靠、运行维护方便、经济合理、环境保护的要求。

（2）高压配电装置的设计，应根据电力负荷性质、容量、环境条件、运行维护等要求，合理地选用设备和制定布置方案。在技术经济合理时应选用效率高、能耗小的电气设备和材料。

（3）高压配电装置的设计应根据工程特点、规模和发展规划，做到远、近期结合，以近期为主。

（4）高压配电装置的设计必须坚持节约用地的原则。

（5）高压配电装置的设计，应符合现行的有关国家标准和行业标准的规定。

2. 配电装置的设计要求

（1）满足安全净距的要求。屋内配电装置的安全净距不应小于表 7 - 1 所列数值，并按图 7 - 1 进行校验。屋内配电装置带电部分的上面，不应有明敷的照明或动力线路跨越。屋内电气设备外绝缘体最低部位距地小于 2.3m 时，应装设固定遮栏。

屋外配电装置的安全净距不应小于表 7 - 2 所列数值，并按图 7 - 2 进行校验。屋外配电装置带电部分的上面或下面，不应有照明、通信和信号线路架空跨越或穿过。屋外电气设备外绝缘体最低部位距地小于 2.5m 时，应装设固定遮栏。屋外配电装置使用软导线时，带电部分至接地部分和不同相的带电部分之间的最小电气距离，应根据外过电压和风偏，内过电压和风偏，最大工作电压、短路摇摆和风偏三种条件进行校验，并采用其中最大数值。

配电装置中相邻带电部分的额定电压不同时，应按较高的额定电压确定其安全净距。

（2）施工、运行和检修的要求。

1）施工要求。配电装置的结构在满足安全运行的前提下应尽量予以简化，采用标准化的构件，减少架构的类型，缩短建设工期，设计时要考虑安装检修时设备搬运及起吊的便利；还应考虑土建施工误差，保证电气安全净距要求，一般不宜选用规程规定的最小值，而应留有适当的裕度（50mm 左右），这在屋内配电装置的设计中更要引起重视。

2）运行要求。各级电压配电装置之间，以及它们和各种建（构）筑物之间的距离和相对位置，应按最终规模统筹规划，充分考虑运行的安全和便利。

3）检修要求。为保证检修人员在检修电器及母线时的安全，屋内配电装置间隔内硬导体及接地线上，应留有接触面和连接端子，以便于安装携带式接地线。电压为 60kV 及以上的配电装置，对断路器两侧的隔离开关和线路隔离开关的线路侧，宜配置接地开关；每段母线上宜装设接地开关或接地器。电压为 110kV 及以上的屋外配电装置，应视其在系统中的地位、接线方式、配电装置型式以及该地区的检修经验等情况，考虑带电作业的要求。

（3）噪声的允许标准及限制措施。噪声对人的影响主要体现在对交谈的影响、对听力的影响和对睡眠的影响。

研究表明，人们通常谈话的声音约为60dB，当噪声达到65dB以上时会干扰人们的正常谈话；如噪声达到90dB，一般声音难以听清楚。人长期在噪声超过80dB的环境下工作且不采取防护措施时，可能有产生噪声性耳聋的危险。当人所在位置的噪声在40dB以下时，可以保持正常睡眠；超过50dB时，约有15%的人正常睡眠受到影响。

配电装置中的噪声源主要是变压器、电抗器及电晕放电。我国规定有人值班的生产建筑最高允许连续噪声的最大值为90dB（A），控制室为65dB（A）。我国GB 3096—2008《城市环境噪声标准》中规定：受噪声影响人的居住或工作建筑物外1m处的噪声级，白天不大于65dB（A），晚上不大于55dB（A）。因此，配电装置布置要尽量远离职工宿舍或居民区，保持足够的间距，以满足职工宿舍或居民区对噪声的要求。

对500kV电气设备，距外壳2m处的噪声水平要求不超过下述数值：

电抗器：80dB（A）。

断路器：连续性噪声水平85dB（A）；非连续性噪声水平，屋内为90dB（A），屋外空气断路器为110dB（A），屋外SF_6断路器为85dB（A）。

变压器等其他设备：85dB（A）。

限制噪声的措施有：①优先选用低噪声或符合标准的电气设备。②注意主（网）控室、通信楼、办公室等与主变压器的距离和相对位置，尽量避免平行相对布置。

（4）静电感应的场强水平和限制措施。在设计330～750kV超高压和1000kV特高压配电装置时，除了要满足绝缘配合的要求外，还应作静电感应的测定及考虑防护措施。

在高压输电线路或配电装置的母线下和电气设备附近有对地绝缘的导电物体时，由于电容耦合感应而产生电压。当上述被感应物体接地时就产生感应电流，这种感应通称为静电感应。鉴于感应电压和感应电流与空间场强的密切关系，故实用中常以空间场强来衡量某处的静电感应水平。所谓空间场强，是指离地面1.5m处的空间电场强度。对于220kV变电站，实测结果为其空间场强一般不超过5kV/m；对于330～500kV变电站，实测结果是大部分测点的空间场强在10kV/m以内，各电气设备周围的最大空间场强大致为3.4～13kV/m。

当人触及被感应物体时就有感应电流流过，如感应电流较大人就有麻木感觉。为了运行和维护人员的安全，我国规定电压为330kV及以上的配电装置内，其设备遮栏外的静电感应空间场强水平（离地1.5m空间场强）不宜超过10kV/m，围墙外静电感应场强水平（离地1.5m空间场强）不宜大于5kV/m。

关于静电感应的限制措施，设计时应注意：①尽量不要在电气设备上方设置带电导线；②对平行跨导线的相序排列要避免或减少同相布置，尽量减少同相母线交叉及同相转角布置，以免场强直接叠加；③当技术经济合理时，可适当提高电气设备及引线安装高度，这样既降低了电场强度，又满足检修机械与带电设备的安全净距；④控制箱和操作设备尽量布置在场强较低区，必要时可增设屏蔽线或设备屏蔽环等。

（5）电晕无线电干扰和控制。在超高压配电装置内的设备、母线和设备间连接导线，由于电晕产生的电晕电流具有高次谐波分量，形成向空间辐射的高频电磁波，从而对无线电通信、广播和电视产生干扰。根据实测，当电磁波频率为1MHz时产生的无线电干扰最大。

对上海地区8个220kV和110kV变电站进行实测，测得220kV变电站的无线电干扰最大值为41dB（A），110kV变电站为44dB（A）。

我国目前在超高压配电装置设计中，无线电干扰水平的允许标准暂定为在晴天配电装置围墙外（距出线边相导线投影的横向距离20m外）20m处，对1MHz的无线电干扰值不大于50dB（A）。为增加载流量及限制无线电干扰，超高压配电装置的导线采用扩径空芯导线、多分裂导线、大直径铝管或组合铝管等。对于330kV及以上的超高压电气设备，规定在1.1倍最高工作相电压下，屋外晴天夜间电气设备上应无可见电晕，1MHz时无线电干扰电压不应大于2500μV。

3. 配电装置设计的基本步骤

（1）选择配电装置的型式。选择时应考虑配电装置的电压等级、电气设备的型式、出线多少和方式、有无电抗器、地形、环境条件等因素。

（2）配电装置的型式确定后，接着拟定配电装置的配置图。

（3）按照所选电气设备的外形尺寸、运输方法、检修及巡视的安全和方便等要求，遵照配电装置设计有关技术规程的规定，并参考各种配电装置的典型设计和手册，设计绘制配电装置平面图和断面图。

第二节 屋内配电装置

一、屋内配电装置概述

1. 分类及有关术语

屋内配电装置的结构型式除与电气主接线形式、电压等级、母线容量、断路器型式、出线回路数、出线方式及有无电抗器等有密切关系外，还与施工、检修条件和运行经验有关。随着新设备和新技术的采用，运行和检修经验的不断丰富，配电装置的结构和型式将会不断地发展。

发电厂和变电站的屋内配电装置，按其布置型式一般可以分为三层式、二层式和单层式。三层式是将所有电器依其轻重分别布置在三层中，它具有安全性、可靠性高，占地面积少等特点，但其结构复杂，施工时间长，造价较高，检修和运行维护不大方便，目前已较少采用。二层式是将断路器和电抗器布置在第一层，将母线、母线隔离开关等较轻设备布置在第二层。与三层式相比，二层式的造价较低，运行维护和检修较方便，但占地面积有所增加。三层式和二层式均用于出线有电抗器的情况。单层式占地面积较大，通常采用成套开关柜，以减少占地面积。35～220kV的屋内配电装置，只有二层式和单层式。

在屋内配电装置中，通常将同一回路的电器和导体布置在一个间隔内。所谓间隔是指为了将电气设备故障的影响限制在最小的范围内，以免波及相邻的电气回路，以及在检修电器时，避免检修人员与邻近回路的电器接触，而用砖或用石棉板等做成的墙体。按照回路的用途，可分为发电机、变压器、线路、母线（或分段）断路器、电压互感器和避雷器等间隔。各间隔依次排列起来形成所谓的列，按形成的列数可分为单列布置和双列布置。

2. 屋内配电装置图

电气工程中常用配电装置配置图（也称布置图）、平面图和断面图来描述配电装置的结构、设备布置和安装情况。

配置图是一种示意图，按选定的主接线方式来表示进线（如发电机、变压器）、出线（如线路）、断路器、互感器、避雷器等合理分配于各层、各间隔中的情况，并表示出导线和电气设备在各间隔的轮廓外形，但不要求按比例尺寸绘出。通过配置图可以了解和分析配电装置的总体布置方案，统计所用的主要电气设备。

平面图是在平面上按比例画出房屋及其间隔、通道和出口等处的平面布置轮廓，平面上的间隔只是为了确定间隔数及排列，故可不表示所装电气设备。

断面图是用来表明所取断面的间隔中各种设备的具体空间位置、安装和相互连接的结构图，断面图也应按比例绘制。

二、屋内配电装置的布置原则

110kV 及以下电压等级的配电装置普遍采用屋内式，其布置要求归纳起来有以下几点。

1. 配电装置的间隔布置

配电装置的间隔布置应根据变压器进线和线路的顺序排列，尽量不交叉。相邻间隔均为架空出线时，必须考虑当一回路带电、另一回路检修时的安全措施，如将出线悬挂点偏移，两回出线间加隔板等。

2. 母线的布置

母线可为矩形母线或管形母线。

（1）矩形母线的布线应尽量减少母线的弯曲，尤其是多片母线的立弯，具体措施包括：①同一回路内相间距离的变化尽量减少；②同一回路内设备、绝缘子的中心线错开次数尽量减少；③当前后两中心线错开很多，中间又必须加一个绝缘子时，则中间绝缘子设在两个立弯的直线段上，此时其固定金具与母线呈一个夹角；④母线穿过母线式套管或电流互感器时，在其前后应只有一个大弯曲，如在布置中不能避免出现两个大弯曲时，则应采取措施（如母线用螺栓连接），以免母线配好后穿不进套管；⑤矩形母线弯曲处至最近绝缘子的母线固定金具边缘的距离应不小于 50mm，但至最近的绝缘子中心线的距离应不大于该档线跨距的 1/4。

（2）当汇流母线采用管形母线时，其至设备的引下线宜采用软线。

（3）母线与母线、引下线或设备端子连接时，一般按通过电流及所连接的金属材料的电流密度计算所需的接触面积，以免接头过热。导体无镀层接头接触面的电流密度，不应超过表 7-3 所列数值。矩形导体接头的搭接长度不应小于导体的宽度。当设备端子的接触面积不够时，可加设过渡端子。当母线与螺杆端子连接时，应用特殊加大的螺帽。

表 7-3　无渡层接头接触面的电流密度（A/mm²）

接触面材料	工作电流 I(A)		
	＜200	200～2000	＞2000
铜—铜 J_{Cu}	0.31	$0.31-1.05(I-200)\times10^{-4}$	0.12
铝—铝 J_{Al}	$J_{Al}=0.78J_{Cu}$		

(4) 在有可能发生不同沉陷和振动的场所，硬母线与电器连接处应装设母线伸缩节或采取防振措施。由于温度变化引起的硬母线伸缩，将产生危险应力。为此，在母线较长时，应加装母线伸缩节。伸缩节的总截面应尽量不小于所接母线截面的 1.25 倍，伸缩节的数量按母线长度确定，见表 7-4。

表 7-4　　母线伸缩节数量及母线长度

母线材料	一个伸缩节	两个伸缩节	三个伸缩节
	母线长度（m）		
铝	20～30	30～50	50～75
铜	30～50	50～80	80～100

(5) 当母线为铜铝连接时，为保持所需的接触压力，连接处的螺栓数量与容许电流应符合表 7-5 的要求。

表 7-5　　铜铝连接处螺栓数量与容许电流

螺栓数量	容许电流（A）	
	M10	M12
1	300	400
2	500	800
4	1000	2000

(6) 当母线工作电流大于 1500A 时，母线的支持钢构件及母线固定金具的零件（如套管板、双头螺栓、连接片、垫板等）应不使其成为包围一相母线的闭合磁路。对于钢制套管板，一般采用相间开槽的办法；对混凝土预制套管板，其板内钢筋交叉处应予绝缘，以免形成闭合磁路。

(7) 对于工作电流大于 4000A 的大电流母线，要采取防止附近钢构件发热的措施，如加大钢构与母线的间距、设置短路环等。

(8) 对于母线型电流互感器及穿墙套管，应校核其母线夹板允许穿过的母线尺寸，如所选母线无法穿过时，可局部改用铜母线或在订货时向制造厂要求提供所需尺寸的母线夹板。

(9) 屋外穿墙套管的上部是否设置雨篷，可按当地运行习惯结合地震、降雨等情况予以确定。

3. 断路器的布置

一般选用屋内式断路器，如果无合适的屋内式设备时，也可选用屋外式断路器。断路器可用 SF_6 断路器、真空断路器、少油断路器和空气断路器等，以往也有多油断路器。断路器的布置应满足以下要求：

(1) 断路器与操动机构的联管要直接水平相连，尽量不转弯或有拐角装置转接，与隔离开关、电流互感器等连接方便。

(2) 要有“五防”措施，要有接地的设施。

(3) 对于间隔内带油位和气体压力指示器的电气设备，在布置时要考虑观察的便利，如设置窥视窗。当设备正反面均带指示器时，尽可能在其两侧分别设置巡视通道；若无条件时，可装设反光镜或采取其他措施。

(4) 充油套管的储油器（或称油封）应装设在便于监视油位和运行中加油的地方（一般安装在楼层通道内）。

(5) 充油套管应有取油样的设施，取样阀门一般装在底层离地 1.2m 处，并应防止漏油。

4. 隔离开关

(1) 隔离开关操动机构的安装高度，摇式一般为 0.9m，上下板式一般为 1.05m。

(2) 隔离开关传动系统的设计，必须防止出现操作死点。同时，设计中应留有裕度，以适应施工误差所引起的变化。

(3) 6～35kV 两层配电装置中，为便于运行人员在底层操作时能观察到楼层母线隔离开关的开合情况，以往的工程设计和典型设计中考虑在隔离开关小间内的楼板上开设孔洞。此孔洞应尽量缩小，孔洞位置偏移，洞口加设护网、护沿，考虑搭跳板的便利，加宽底层的操作走廊等。此外，有时还考虑采用就地操作从而取消上述孔洞的，但此时必须采取措施以防万一发生误操作时危及操作人员生命。

(4) 双母线系统的隔离开关操动机构在间隔正面的布置一般按“左工”（工作母线）、“右备”（备用母线）的原则考虑。

5. 电抗器的布置

(1) 三相电抗器采用垂直布置时，电抗器基础的动荷载，除应考虑电抗器本身质量外，尚应计算 5000N 的电动作用力。

(2) 电抗器垂直布置时，B 相必须放在中间；品字形（即两相垂直一相水平）布置时，不得将 A、C 相叠在一起。

(3) 电抗器垂直布置时，应考虑吊装高度。若高度不够时，其上方应设吊装孔。

电抗器基础上固定绝缘子的铁件及其接地线，不构成闭合的环路。

6. 油浸式电压互感器的布置

安装带放油阀的油浸式电压互感器的基础，要求高出地面不小于 0.1m，以便于放油取样。

7. 配电装置的辅助设施

(1) 配电装置内照明灯具的装设位置，除需保证间隔及通道内的规定照度外，还应考虑换灯泡等维护工作的安全、方便。

(2) 配电装置内各层应设有调度电话分机，以便在操作过程中及检修、试验时与控制室进行联系。当配电装置较长时，每层可设两台共线电话分机。

(3) 配电装置内各层每隔 1～2 个间隔须设置一个临时接地端子。

(4) 配电装置内应考虑每隔 2～3 个间隔设置一个试验检修用的交流电源插座。

三、屋内配电装置实例

图 7-3～图 7-6 分别为 110kV 变电站的屋内配电装置一层电气平面布置图、二层电气平面布置图和 110kV 配电装置进线间隔及桥间隔断面图。该变电站为典型的 110kV 屋内无人值班变电站，110kV 为 2 回出线，采用室内 GIS 内桥接线，10kV 选用金属铠装移开式开关柜。

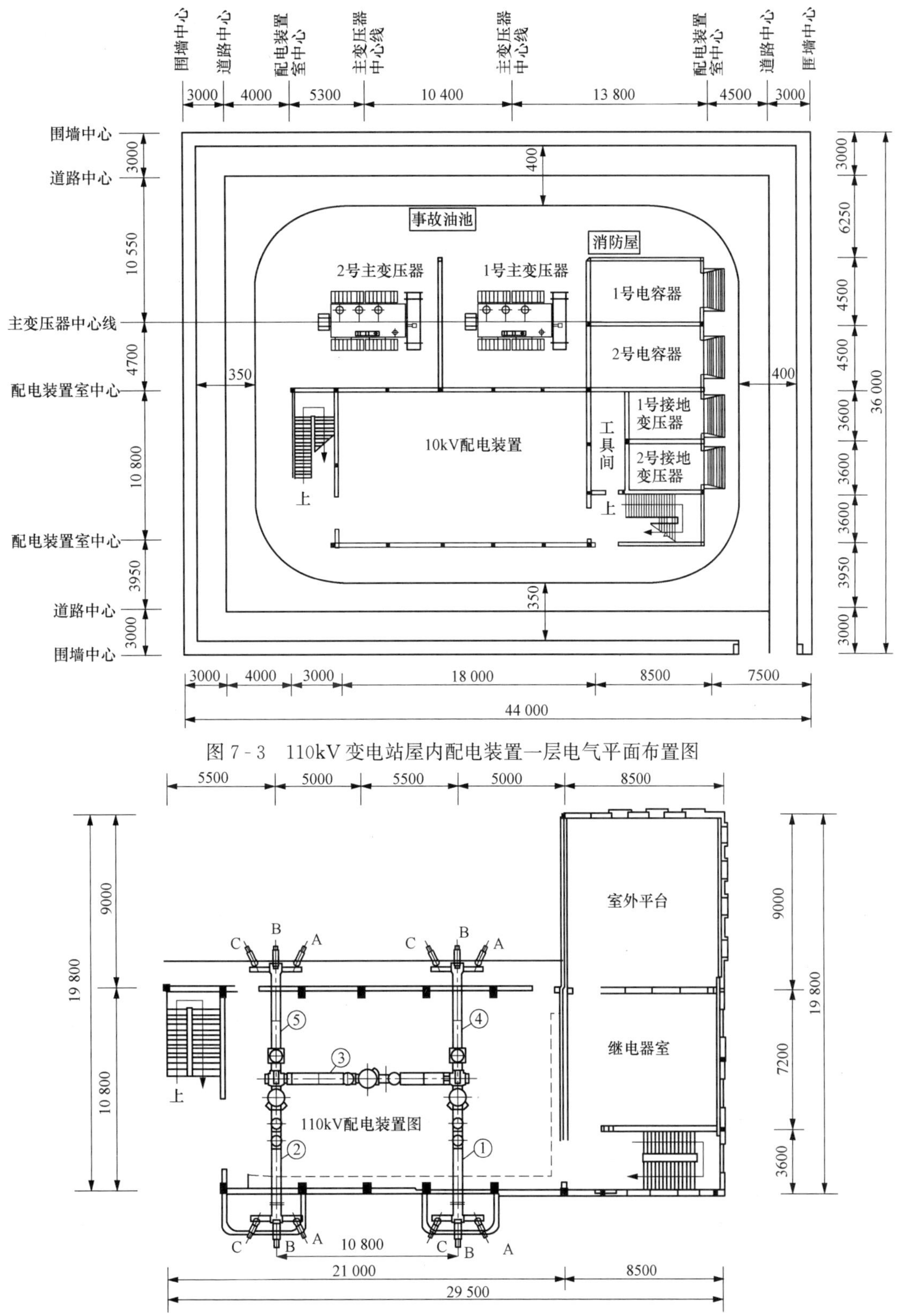

图 7-3 110kV 变电站屋内配电装置一层电气平面布置图

图 7-4 110kV 变电站屋内配电装置二层电气平面布置图

①、②—110kV 进线间隔；③—110kV 内桥间隔；④、⑤—主变压器进线间隔

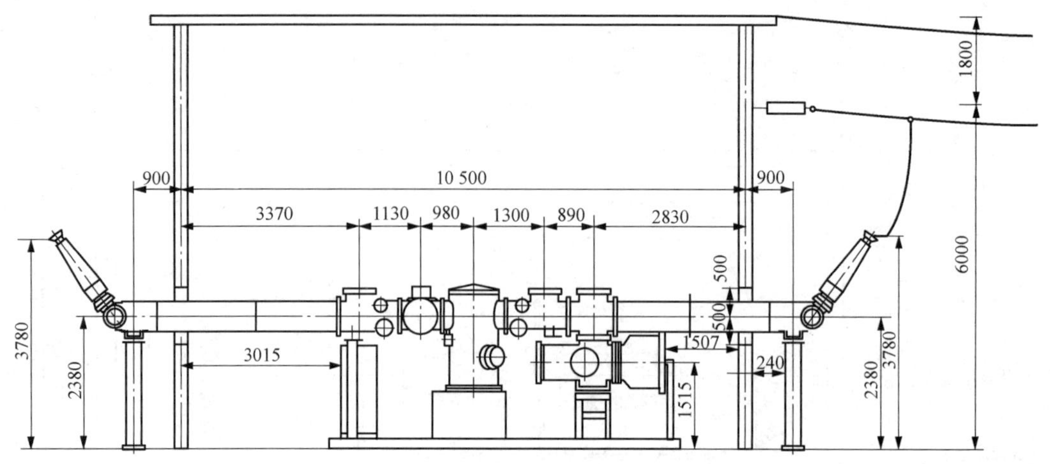

图 7-5　110kV 配电装置进线间隔断面图

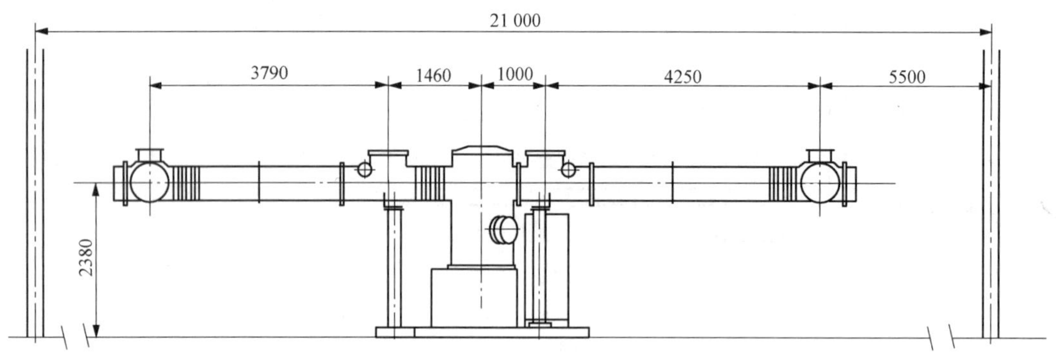

图 7-6　110kV 配电装置桥间隔断面图

第三节　屋外配电装置

一、屋外配电装置概述

屋外配电装置将所有电气设备和母线都装设在露天的基础、支架或构架上。屋外配电装置的结构形式，除与电气主接线、电压等级和电气设备类型有密切关系外，还与地形地势有关。

根据电气设备和母线布置的高度，屋外配电装置可分为中型配电装置、高型配电装置和半高型配电装置。

（1）中型配电装置。中型配电装置是将所有电气设备都安装在同一水平面内，并装在一定高度的基础上，使带电部分对地保持必要的高度，以便工作人员能在地面上安全活动。中型配电装置母线所在的水平面稍高于电气设备所在的水平面，母线和电气设备均不能上、下重叠布置。中型配电装置布置比较清晰，不易误操作，运行可靠，施工和维护方便，造价较省，并有多年的运行经验；其缺点是占地面积过大。

中型配电装置按照隔离开关的布置方式，可分为普通中型配电装置和分相中型配电装置。所谓分相中型配电装置系指隔离开关是分相直接布置在母线的正下方，其余的均与普通中型配电装置相同。

（2）高型配电装置。高型配电装置是将一组母线及隔离开关与另一组母线及隔离开关上下重叠布置的配电装置，可以节省占地面积50%左右。但由于耗用钢材较多，造价较高，操作、维护和抗震能力较差，这种配电装置形式已逐渐被弃用。

（3）半高型配电装置。半高型配电装置是将母线置于高一层的水平面上，与断路器、电流互感器、隔离开关上下重叠布置，其占地面积比普通中型减少30%。半高型配电装置介于高型和中型之间，具有两者的优点。除母线隔离开关外，其余部分与中型布置基本相同，运行维护仍较方便。

二、屋外配电装置的选型

屋外配电装置的型式除与主接线有关外，还与场地位置、面积、地质、地形条件及总体布置有关，并受到设备材料的供应、施工、运行和检修要求等因素的影响和限制，故应通过技术经济比较来选择最佳方案。

（1）中型配电装置。普通中型配电装置的优点是施工、检修和运行都比较方便，抗震能力较好，造价比较低；缺点是占地面积较大。此种型式一般用在非高产农田地区及不占良田和土石方工程量不大的地方，并宜在地震烈度较高的地区采用。

分相中型配电装置采用硬管母线配合剪刀式（或伸缩式）隔离开关方案，布置清晰、美观，可省去大量构架，较普通中型配电装置方案节约用地1/3左右；但支柱式绝缘子防污、抗震能力较差，在污秽严重或地震烈度较高的地区不宜采用。

中型配电装置广泛用于110～1000kV电压等级。

（2）高型配电装置。高型配电装置的最大优点是占地面积少，但由于高型配电装置在抗震能力、运行维护、扩建改造等方面存在诸多不足之处，目前已逐步淘汰。取而代之的GIS设备在各电压等级配电装置的应用日趋广泛。

（3）半高型配电装置。半高型配电装置节约占地面积不如高型显著，但运行、施工条件稍有改善，所用钢材比高型少。半高型适宜用于110、220kV配电装置。

三、屋外配电装置的布置原则

1. 母线及构架

屋外配电装置的母线有软母线和硬母线两种。软母线为钢芯铝绞线、软管母线和分裂导线，三相呈水平布置，用悬式绝缘子悬挂在母线构架上。软母线可选用较大的档距，但一般不超过三个间隔宽度，档距越大，导线弧垂越大，因而导线相间及对地距离就要增加，母线及跨越线构架的宽度和高度均需要加大。硬母线常用的有矩形和管形。矩形用于35kV及以下配电装置中，管形则用于110kV及以上的配电装置中。管形硬母线一般安装在柱式绝缘子上，母线不会摇摆，相间距离可缩小，与剪刀式隔离开关配合可以节省占地面积；管形母线直径大，表面光滑，可提高电晕起始电压。但管形母线易产生微风共振和存在端部效应，对基础不均匀下沉比较敏感，支柱绝缘子抗震能力较差。

屋外配电装置的构架可用型钢或钢筋混凝土制成。钢构架机械强度大，可以按任何负荷和尺寸制造，便于固定设备，抗震能力强，运输方便。钢筋混凝土构架可以节约大量钢材，也可满足各种强度和尺寸的要求，经久耐用，维护简单。钢筋混凝土环形杆可以在工厂成批生产，并可分段制造，运输和安装尚比较方便，但不便于固定设备。以钢筋混凝土环形杆和镀锌钢梁组成的构架兼有二者的优点，已在我国 220kV 及以下的各种配电装置中广泛采用。

2. 电力变压器

电力变压器外壳不带电，故采用落地布置，安装在变压器基础上。

变压器基础一般做成双梁形并铺以铁轨，轨距等于变压器的滚轮中心距。为了防止变压器发生事故时，燃油流失使事故扩大，单个油箱油量超过 1000kg 以上的变压器，按照防火要求，在设备下面需设置储油或挡油墙，其尺寸应比设备外廓大 1m，储油池内一般铺设厚度不小于 0.25m 的卵石层。

主变压器与建筑物的距离不应小于 1.25m，且距变压器 5m 以内的建筑物在变压器总高度以下及外廓两侧各 3m 的范围内不应有门窗和通风孔。当变压器油量超过 2500kg 以上时，两台变压器之间的防火净距不应小于 5～10m，如布置有困难应设置防火墙。

3. 高压断路器

按照断路器在配电装置中所占据的位置，可分为单列、双列和三列布置。断路器的排列方式，必须根据主接线、场地地形条件、总体布置和出线方向等多种因素合理选择。

断路器有低式和高式两种布置。低式布置的断路器安装在 0.5～1m 的混凝土基础上，其优点是检修比较方便，抗震性能好，但低式布置必须设置围栏，因而影响通道的畅通。在中型配电装置中，断路器和互感器多采用高式布置，即把断路器安装在约高 2m 的混凝土基础上，基础高度应满足：①电器支柱绝缘子最低裙边的对地距离为 2.5m；②电器间的连线对地面距离应符合 C 值要求。

4. 避雷器

避雷器也有高式和低式两种布置。110kV 及以上的阀型避雷器由于器身细长，多落地安装在 0.4m 的基础上。磁吹避雷器及 35kV 阀型避雷器形体矮小，稳定度较好，一般采用高式布置。

5. 隔离开关和互感器

隔离开关和互感器均采用高式布置，其要求与断路器相同。隔离开关的手动操动机构装在其靠边一相基础上。

6. 电缆沟

屋外配电装置中电缆沟的布置应使电缆所走的路径最短。

7. 道路

为了运输设备和消防的需要，应在主要设备近旁铺设行车道路。大、中型变电站内一般均应铺设宽 3m 的环形道。屋外配电装置内应设置 0.8～1m 的巡视小道，以便运行人员巡视电气设备，电缆沟盖板可作为部分巡视小道。

四、屋外配电装置布置实例

屋外配电装置的结构型式与主接线、电压等级、容量、重要性以及母线、构架、断路器和隔离开关的类型有密切关系，与屋内配电装置相同，必须注意合理布置，并保证电气安全净距，同时还应考虑带电检修的可能性。

1. 普通中型配电装置

图 7-7 所示为 110kV 单母分段接线、断路器双列布置的配电装置进出线断面图。采用双柱水平断口隔离开关和 SF_6 断路器，所有电气设备均布置在 2～2.5m 的基础上。

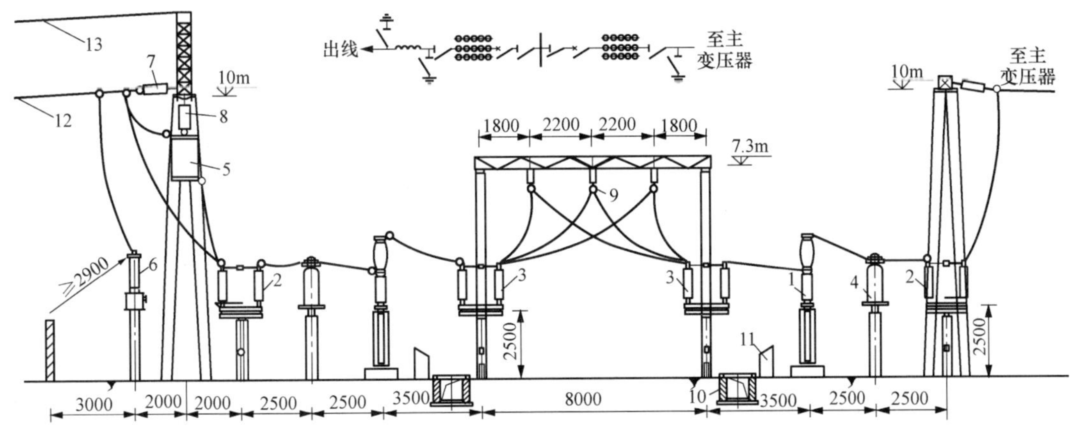

图 7-7 110kV 单母分段接线、断路器双列布置的配电装置进出线断面图（单位：mm）

1—SF_6 断路器；2、3—隔离开关；4—电流互感器；5—阻波器；6—耦合电容器；
7、8—悬式绝缘子串；9—母线；10—电缆沟；11—端子箱；12—出线；13—架空地线

普通中型配电装置布置的特点是布置比较清晰，不易误操作，运行可靠，施工和维修都比较方便，构架高度较低，抗震性能较好，所用钢材较少，造价较低；缺点是占地面积较大。

2. 分相中型配电装置

所谓分相布置系指隔离开关是分相直接布置在母线的正下方。图 7-8 所示为 500kV 一台半断路器接线、断路器三列布置的配电装置进出断面图。采用圆管母线及伸缩式隔离开关，可减小母线相间距离，降低构架高度，节约占地面积。由于进出线侧伸缩式隔离开关的静触头垂直悬挂在构架上，故比采用剪刀式和三柱式隔离开关混合布置可进一步节省占地面积。分相中型配电装置具有接线简单、清晰、占地面积小的特点。

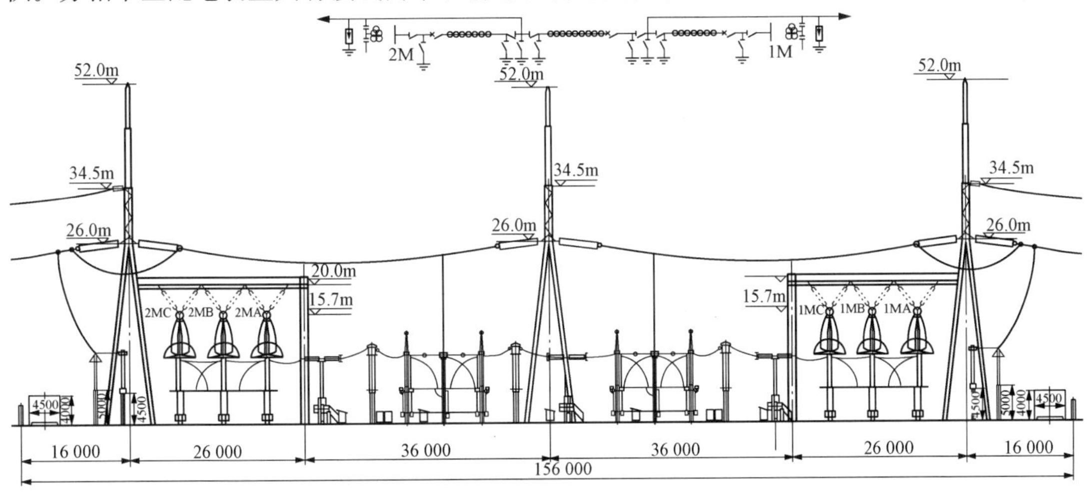

图 7-8 500kV 一台半断路器接线、断路器三列布置的配电装置进出线断面图（单位：mm）

3. 高型配电装置

图 7-9 所示为 35kV 变电站全户外高型布置的断面图，上层母线为 35kV，下层母线为 10kV。这种布置方式将两个电压等级的母线重叠布置在中间的高型框架内，35kV 母线通过隔离开关和跌落式熔断器连接变压器，变压器出线再通过隔离开关、电流互感器、断路器、隔离

开关连接10kV母线。该布置方式特别紧凑，纵向尺寸显著减少，占地面积比普通中型显著减少。但随着GIS的发展，因检修困难，高型配电装置已逐渐被弃用，并被GIS取代。

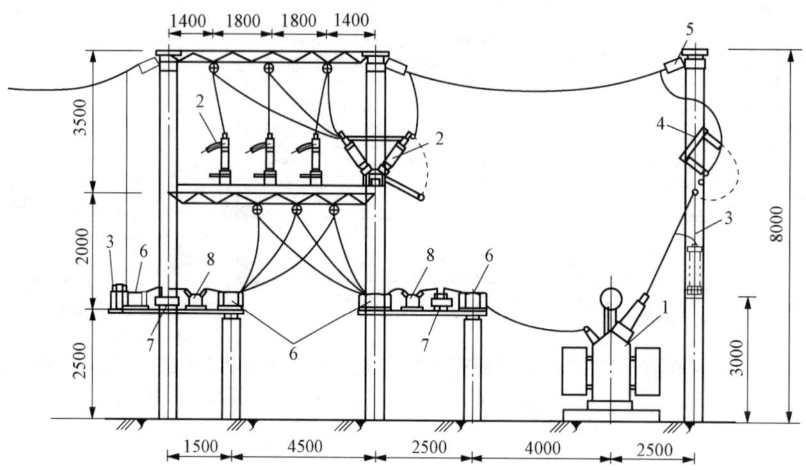

图7-9　35kV变电站全户外高型布置的断面图（单位：mm）
1—电力变压器；2—高压隔离开关；3—避雷器；4—熔断器；5—棒型悬式绝缘子；
6—隔离开关；7—电流互感器；8—真空断路器

4. 半高型配电装置

图7-10所示为110kV单母线分段接线、半高型布置的配电装置进出线间隔断面图。半高型配电装置是将母线与出线断路器、电流互感器重叠布置。其优点是占地面积约比中型布置减少30%。

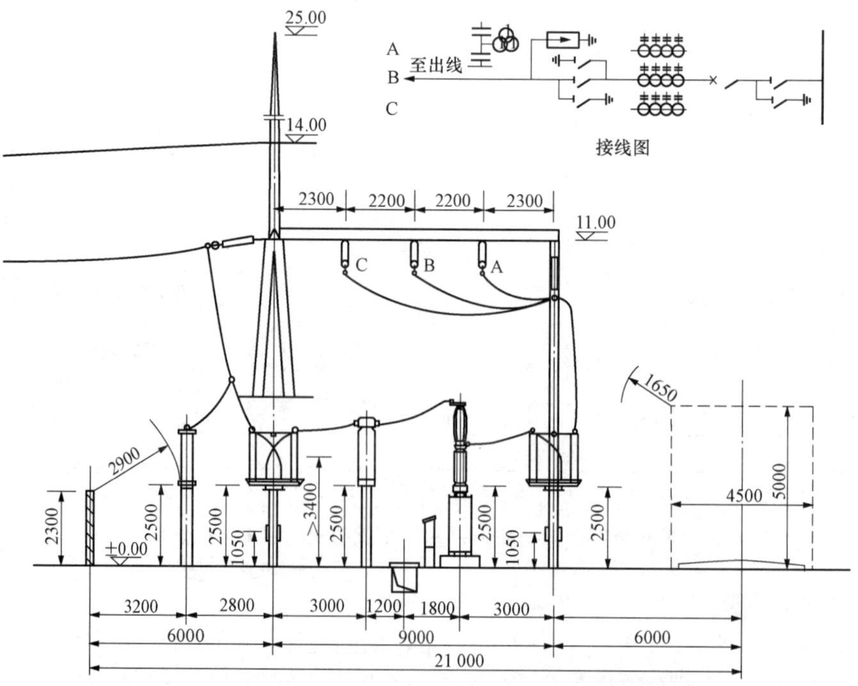

图7-10　110kV单母线分段接线、半高型布置的配电装置出线间隔断面图（单位：mm）

第四节 成套配电装置

一、成套配电装置概述

按照电气主接线的标准配置或用户的具体要求，将同一功能回路的开关电器、测量仪表、保护电器和辅助设备都组装在全封闭或半封闭的金属壳（柜）体内，形成标准模块，由制造厂按主接线成套供应，各模块在现场装配而成的配电装置称为成套配电装置。

成套配电装置分为低压配电屏（或开关柜）、高压开关柜和 SF_6 全封闭组合电器三类。按安装地点不同，又分为屋内和屋外型。低压配电屏只做成屋内型；高压开关柜有屋内和屋外两种，由于屋外有防水、锈蚀问题，故目前大量使用的是屋内型；SF_6 全封闭组合电器也因屋外气候条件较差，大多布置在屋内。

二、低压配电屏

低压配电屏分为固定式和手车式（又称抽屉式）低压开关柜两大类。

图 7-11 所示为 MNS 型低压手车式开关柜，广泛用于发电厂的低压配电装置。它可分为动力配电中心柜（PC）和电动机控制中心柜（MCC）两种类型。

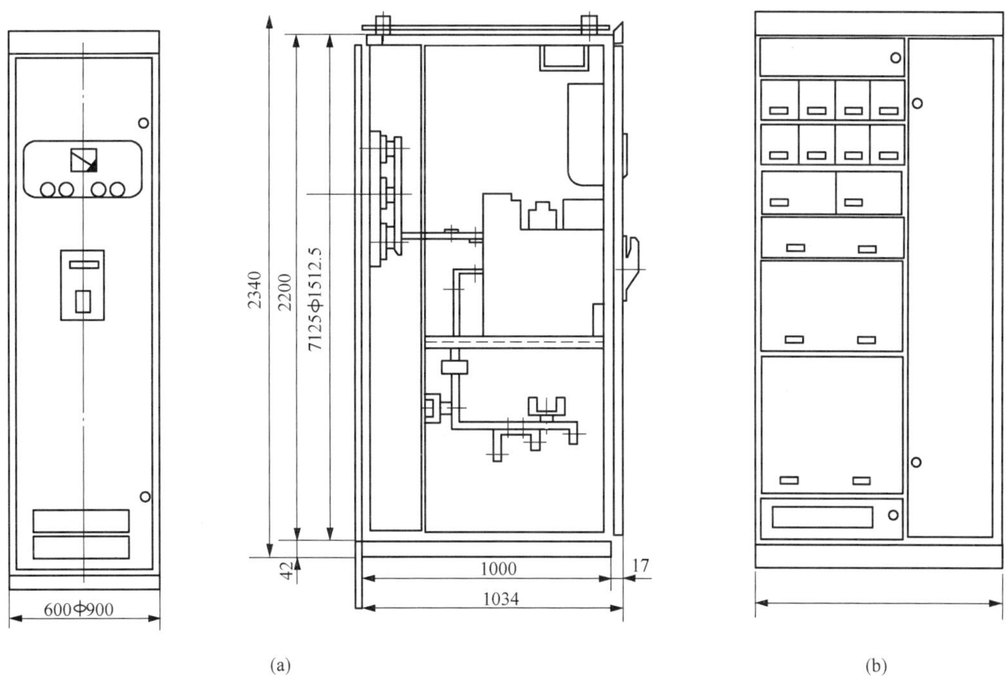

图 7-11 MNS 型低压手车式开关柜结构示意图

(a) PC 柜；(b) 抽出式 MCC 柜

动力配电中心柜（PC）采用 ME、F、M、AH 等系列断路器，柜内划分成四个隔室。水平母线隔室在柜的后部；功能单元隔室在柜前上部或柜前左边；电缆隔室在柜前下部或柜前右边；控制回路隔室在柜前上部。水平母线隔室与功能单元隔室、电缆隔室之间用三聚氰胺酚醛夹心板或钢板分隔；控制回路隔室与功能单元隔室之间用阻燃型聚胺酯发泡塑料模制罩壳分隔；左侧的功能单元隔室与右侧的电缆隔室之间用钢板分隔。

电动机控制中心柜（MCC）由大小抽屉组装而成，各回路主开关采用高分断塑壳断路器或旋转式带熔断器的负荷开关。柜内分成三个隔离室，即柜后部的水平母线隔室，柜前部左边的功能单元隔室，柜前部右边的电缆隔室。水平母线隔室与功能单元隔室之间用阻燃发泡塑料制成的功能臂分隔，电缆隔室与水平母线隔室、功能单元隔室之间用钢板分隔。

三、高压开关柜

高压开关柜按结构形式可分为固定式和手车式两种。其中手车式开关柜又可分为铠装型和间隔型，而铠装型按手车的位置可分为落地式和中置式。

（1）固定式高压开关柜。断路器安装位置固定，各功能区相通而且敞开，结构简单。断路器室体积小，断路器维修不便，采用母线和线路的隔离开关作为断路器检修的隔离措施。

（2）手车式高压开关柜。高压断路器安装于可移动手车上，断路器两侧使用一次插头与固定的母线侧、线路侧静插头构成导电回路；检修时采用插头式的触头隔离，断路器手车可移出柜外检修。同类型断路器手车具有通用性，可使用备用断路器手车代替检修的断路器手车，以减少停电时间。手车式高压开关柜的各个功能区是采用金属封闭或者采用绝缘板的方式封闭，有一定的限制故障扩大的能力。

高压开关柜的“五防”功能，即：①防止误分、误合断路器；②防止带负荷分、合隔离开关或带负荷推入、拉出金属封闭式开关柜的手车隔离插头；③防止带电挂接地线或合接地开关；④防止带接地线或接地开关合闸；⑤防止误入带电间隔，以保证可靠的运行和操作人员的安全。

1. 手车式高压开关柜

图 7 - 12 所示为 KYN1-12 型铠装开关柜，是全封闭型结构，由继电器室、手车室、母线室和电缆室四部分组成。各部分用钢板分隔，螺栓连接，具有架空进出线、电缆进出线及左右联络的功能。

手车是由角钢和钢板焊接而成，分为断路器手车、电压互感器避雷器手车、电容器避雷器手车、所用变压器手车、隔离手车及接地手车等。断路器根据需要可配少油或真空断路器。相间采用绝缘隔板，电磁操动机构采用 CD10，弹簧操动机构采用 CT8。手车上的面板就是柜门，门上部有观察窗及照明灯，能清楚地观看断路器的油位指示。门正中的模拟接线旁有手车位置指示旋钮，同时具有把手车锁定在工作位置、试验位置及断开位置的功能。旁边有按钮及分合闸位置指示孔，能清楚反映断路器的工作状态。手车底部装有接地触头及 5 个轮子，其中 4 个滚轮能沿手车柜内的导轨进出，当抽出柜后，另一附加转向小轮能使手车灵活转动。手车在试验位置可使用推进装置使手车均匀插入或抽出。该产品还具有手车可互换及防止不同类型“手车”误入其他柜内的措施。

仪表继电室底部用 4 组减震器与柜体连成一体，前门可装设仪表、信号灯、信号继电器、操作开关等。小门装电能表或继电器，室内活动板上装有继电器，布置合理、维修方便，二次电缆沿手车室左侧壁自底部引至仪表继电器室。

2. 固定式高压开关柜

图 7 - 13 所示为 XGN2-10 型固定式开关柜，屏体由钢板和角铁焊成，由断路器室、母线室、电缆室和仪表室等部分构成。断路器室在柜体的下部，并由拉杆与操动机构连接。断路器下引接与电流互感器相连，电流互感器和隔离开关连接。母线室在柜体后上部，母线呈“品”字形排列。电缆室在柜体下部的后方，电缆固定在支架上。仪表室在柜体前上部，便于运行人员观察。断路器操动机构装在面板左边位置，其上方为隔离开关的操动及联锁机构。

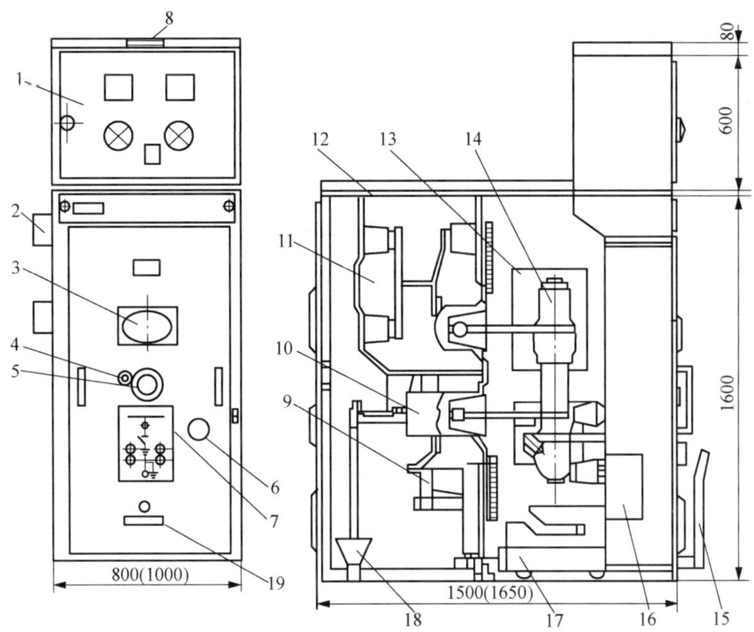

图 7-12 KYN1-12 型高压开关柜结构及外形（单位：mm）

1—仪表继电室；2—次套管；3—观察窗；4—推进机构；5—手车位置指示及锁定旋钮；6—紧急分闸旋钮；7—模拟母线牌；8—标牌；9—接地开关；10—电流互感器；11—母线室；12—排气窗；13—绝缘隔板；14—断路器；15—接地开关手柄；16—电磁式弹簧机构；17—手车；18—电缆头；19—厂标牌

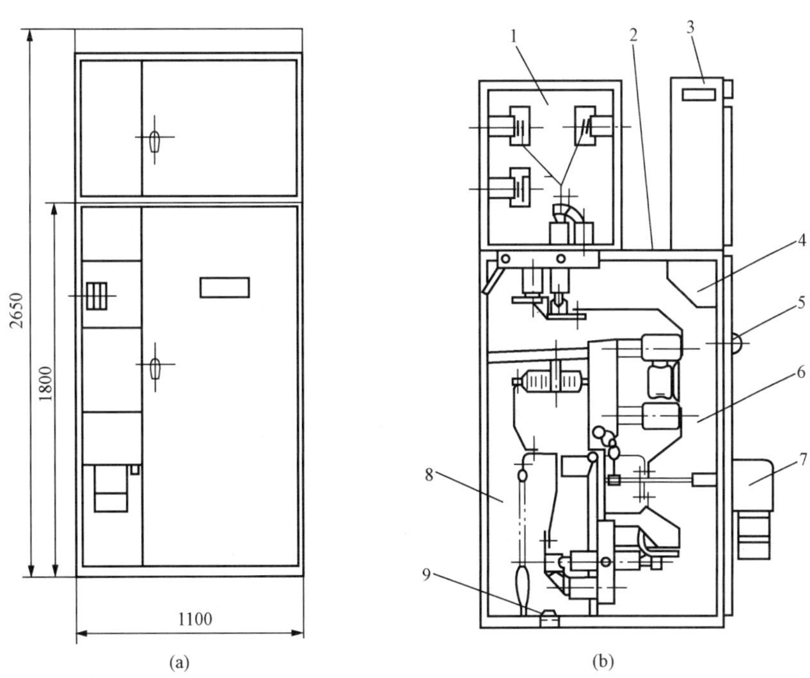

图 7-13 XGN2-10 型高压开关柜（单位：mm）

(a) 外形图；(b) 结构示意图

1—母线室；2—压力释放通道；3—仪表室；4—组合开关室；5—手动操作及连锁机构；6—断路器室；7—电磁式弹簧机构；8—电缆室；9—接地母线

四、箱式变电站

1. 箱式变电站的提出

在配电系统中，由于以变电站为中心的供电线路半径过大，线路损耗随着用电负荷的增大而大大增加，同时供电质量也大大降低。要减少线路损耗，保证供电质量，就得提高供电电压，这是众所周知的事实。为此，国家在城乡供电网络建设中，要求高压直接进入负荷中心。有资料显示，将供电电压从400V提高到10kV，可以减少线路损耗60%，减少总投资和用铜量52%，其经济效益相当可观。要实现高压深入负荷中心，箱式变电站是最经济、方便、有效的配电设备。

箱式变电站是一种将高压开关设备、变压器和低压配电装置按一定接线方式组成一体，在制造厂预制的紧凑型中压配电装置，即将高压受电、变压器降压和低压配电等功能有机组合在一起。箱式变电站具有成套性强、体积小、占地少、能深入负荷中心、提高供电质量、减少线路损耗、缩短送电周期、选址灵活、对环境适应性强、安装方便、运行安全可靠及投资少、见效快等一系列优点，因此在电力系统中获得广泛应用。

2. 箱式变电站的分类

箱式变电站有多种分类方法，如按产品结构可分为组合式变电站和预装式变电站，按安装场所分为户内和户外，按高压接线方式分为终端接线、双电源接线和环网接线，按箱体结构分为整体和分体等。

组合式变电站是将高压开关设备为一室称为高压室，变压器为一室称为变压器室，低压配电装置为一室称为低压室。这三个室组成的变电站可有两种布置，即“目”字形布置和“品”字形布置，直接装于箱内，使之成为一个整体。

预装式变电站是将变压器的器身、高压负荷开关、熔断器及高低压连线置于一个共同的封闭油箱内，用变压器油作为带电部分相间及对地的绝缘介质。

3. 箱式变电站的接线和特点

箱式变电站按产品结构分为组合式变电站和预装式变电站，如ZBW型为组合式变电站，YB27型为预装式变电站。下面以ZBW型组合式变电站为例，说明箱式变电站的接线和结构。

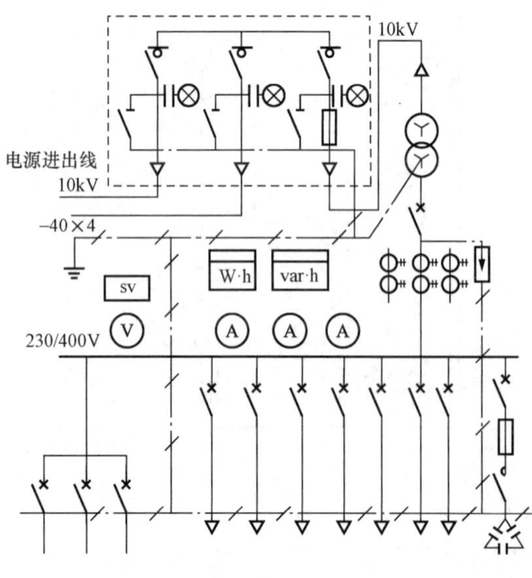

图7-14 ZBW型组合式变电站的电气一次接线

图7-14所示为ZBW型组合式变电站的电气一次接线。由图可见，高压侧有两路10kV进线，低压侧有7回400V电缆出线，1回无功补偿，1回站用电及计量仪表等。箱式变电站的变压器可采用Dyn11或Yyn11联结组号，采用Dyn11联结能较好控制谐波分量增大的影响，电压质量可得到保证。

图7-15为ZBW型组合式变电站的结构示意图。由图可见，高压室1、变压器室2和低压室3为“目”字型布置，箱体顶盖有隔热层4，四面有门；变压器室装有排气

扇 5，以强化空气循环，变压器设有温度监测、超温报警与跳闸，并设有机械和电气连锁，满足五防要求。各室均装有应急照明，操作维修方便。

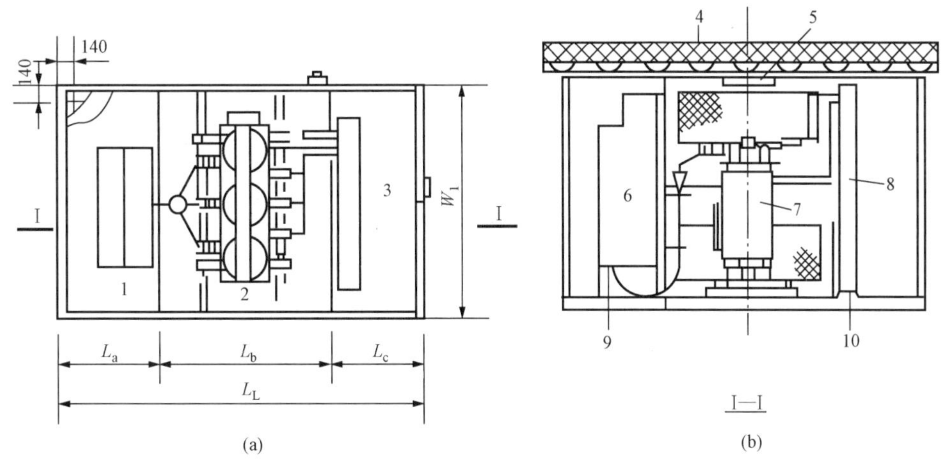

图 7 - 15 ZBW 型组合式变电站的结构示意图

(a) 平面布置图；(b) 断面图

1—高压室；2—变压器室；3—低压室；4—隔热层；5—排气扇；6—高压设备；7—变压器；8—低压设备；9—高压电缆；10—低压电缆

概括起来，箱式变电站具有以下特点：

(1) 组合式变电站箱体材料采用非金属玻纤增强特种水泥制成，它具有易成形、隔热效果好、机械强度高、阻燃特性好以及外形美观、易与周围建筑群体形成一体化的环境。

(2) 箱体内部用金属钢板分为高压开关室、变压器室和低压开关室，各室间严格隔离。

(3) 高压室采用完善可靠的紧凑型设计，具有全面的防误操作连锁功能，性能可靠，操作方便，检修灵活。

(4) 变压器可选用 SC 系列干式变压器和 S7、S9 型油浸式变压器以及其他低损耗变压器。特别是新 S9 型变压器，其能耗比 S7 型变压器的空载损耗 P_0 降低约 10%，负载损耗 P_k 降低约 25%。新 S9 型变压器的容量范围可为 30～1600kV · A。

变压器的器身为三相三柱或三相五柱结构。三相五柱式 Dyn11 联结变压器的特点是带三相不对称负荷能力强，不会因三相负荷不对称造成中性点电压偏移，同时较好控制谐波分量增大的影响，电压质量可得到保证，此外这种变压器还具有很好的耐雷特性。

(5) 低压室有配电柜、计量柜和无功补偿柜，满足不同用户的需求，方便变电站和变压器的正常运行。

(6) 箱式变电站适用于环网供电系统，也适用于终端供电和双线供电等供电方式，并且这三种供电方式的互换性极好。

(7) 高压侧进线方式推荐采用电缆进线，在特殊情况下与厂方协商可采用架空进线。

(8) 10kV 侧采用真空断路器替代传统的负荷断路器加熔断器，易于设置保护和快速消除故障，可迅速恢复供电，从而可减少由于更换熔断器的熔丝而造成的停电损失。

五、气体全封闭组合电器

气体全封闭组合电器 (Gas Insulted Switchgear，GIS)。它是由断路器、隔离开关、快速或慢速接地开关、电流互感器、电压互感器、避雷器、母线和出线套管等元件，按电气主接线的要求依次连接组合成一个整体，并且全部封闭于接地的金属外壳中，壳体内充一定压力 SF_6 气体，作为绝缘和灭弧介质。目前，其通称为 SF_6 全封闭组合电器。

SF_6 全封闭组合电器按绝缘介质，可以分为全 SF_6 气体绝缘型封闭式组合电器（FGIS，常简写为 GIS）和部分 SF_6 气体绝缘型封闭式组合电器（HGIS）两类。前者是全封闭的，而后者则有两种情况：一种是除母线、避雷器和电压互感器外，其他元件均采用 SF_6 气体绝缘，并构成以断路器为主体的复合电器（HGIS）；另一种则相反，只有母线、避雷器和电压互感器采用 SF_6 气体绝缘的封闭母线，其他元件均为常规的空气绝缘的敞开式电器（AIS）。

SF_6 全封闭组合电器按主接线方式分为单母线、双母线、一个半断路器接线、桥形和角形等接线方式。

图 7-16 所示为 220kV 双母线 SF_6 全封闭组合电器的断面图。为了便于支撑和检修，母线Ⅰ、Ⅱ布置在下部，断路器 4（双断口）水平布置在上部，出线用电缆，整个回路按照电路顺序成Π型布置，使装置结构紧凑；母线Ⅰ、Ⅱ采用三相共箱式（即三相母线封闭在公共外壳内），其余元件均采用分箱式结构。盆式绝缘子 11 用于支撑带电导体和将装置分隔成若干不漏气的隔离室。隔离室具有便于监视、易于发现故障点、限制故障范围以及检修或扩建时减少停电范围的作用；在两组母线Ⅰ、Ⅱ汇合处设有伸缩节 10，以减少因温度变化和安装误差、振动及基础不同程度的沉降引起的附加应力。此外，装置外壳上还设有检查孔、窥视孔和防爆盘等设备。

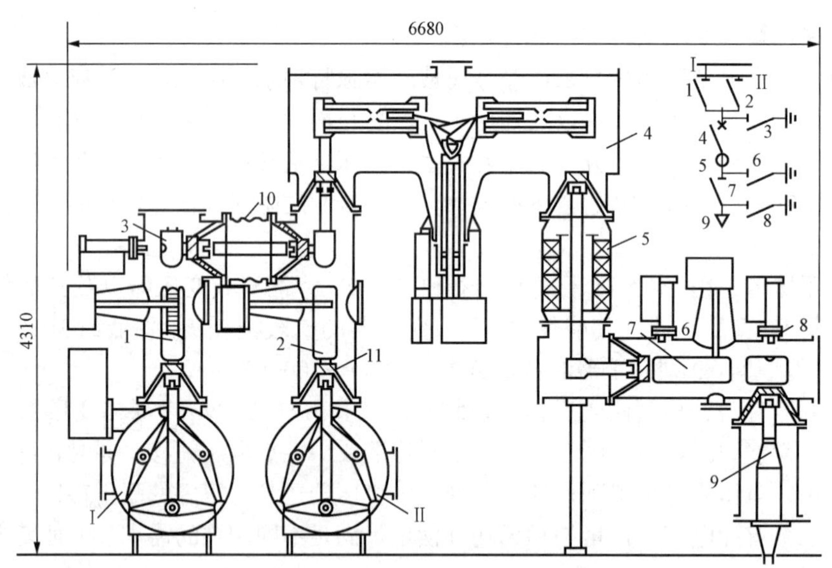

图 7-16　220kV 双母线 SF_6 全封闭组合电器断面图（单位：mm）

Ⅰ、Ⅱ—主母线；1、2、7—隔离开关；3、6、8—接地开关；4—断路器；
5—电流互感器；9—电缆头；10—伸缩节；11—盆式绝缘子

概括起来 GIS 的布置要求及特点如下：

（1）占地面积和占用空间小，特别适合用于大中城市地方狭窄的地区。

（2）运行可靠性高，暴露的外绝缘少，因而外绝缘串较少；内部结构简单，机械故障几率减少，外壳接地，无触电危险。

（3）运行维护工作量小，安装调试容易，运行检修周期长，在施工现场进行整体安装，安装和调试方便。

（4）无静电感应和电晕干扰，噪声水平低，有利于保护环境。

（5）因设备重心低，脆性元件少，所以抗震性能好；此外由于采用全封闭设计，受外界环境影响很小，故适用于污秽地区和高海拔地区。

GIS 根据结构可为屋外式或屋内式。对 110kV 及以下电压等级，因 GIS 体积小，通常布置在屋内，厂房高度及跨距小，土建投资少，而运行维护管理条件较好。对 500kV 及以上电压等级，因体积较大，布置在屋外较好。图 7-17 所示为屋外式 220kV GIS 配电装置布置断面图。

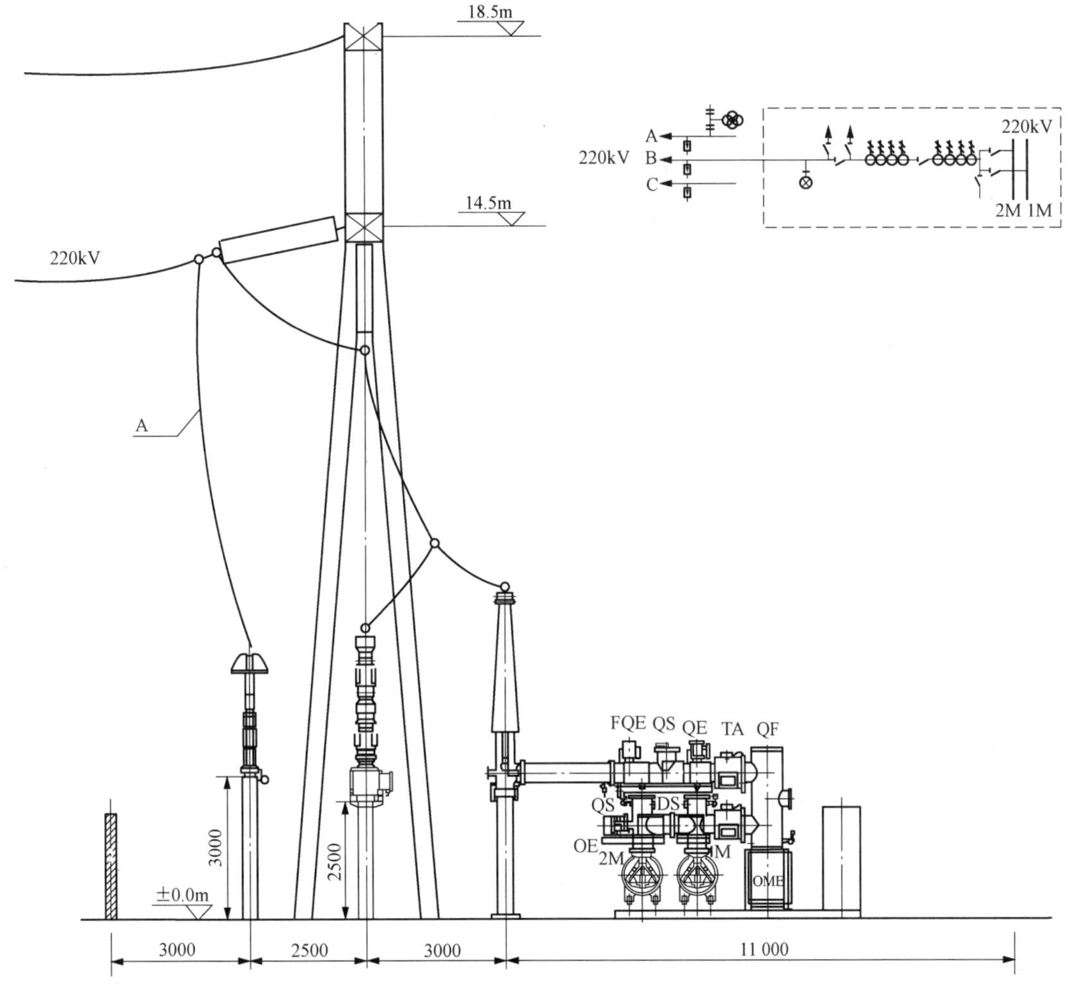

图 7-17 屋外式 220kV GIS 配电装置布置断面图（单位：mm）

*第五节 封 闭 母 线

一、封闭母线的优点

发电机引出线装置是指发电机引出线端子至主变压器低压侧与配电装置等之间所连接的

电气设备及其相互之间的连接所用的导体。发电机至变压器低压侧与配电装置之间的连接导体可以用电缆、母线桥、组合导线及封闭母线等方式。它们有的布置在屋内（如发电机出线小室和屋内母线桥等），有的布置在屋外（如屋外母线桥或组合导线等），是配电装置的一种特殊型式。因此，对于屋内、屋外配电装置的有关规程和规定以及一般设计原则和基本要求，也适用于发电机引出线装置。

发电机出线小室是指直接与发电机电压配电装置连接的出线小室。由于没有厂用分支回路和发电机回路的断路器等设备，因此这种出线小室内的设备比较少，布置比较简单，一般只需要在发电机端设置一个单层或两层的小室即可满足要求。为了保证运行安全可靠，发电机出线小室一般设计成封闭式的。采用这种接线方式的发电机容量一般不超过 60MW，额定电流不大，发热不严重。

组合导线是由多根软绞线固定在套环上组合而成的，每隔 0.5～1m 设置一支套环，套环用来使各绞线之间保持均匀的距离，便于散热。在环的左右两侧采用两根钢芯铝绞线作为悬挂线，用来承受组合导线的拉力，其余绞线采用铝绞线，用于载流。组合导线用悬式绝缘子悬挂在厂房、配电装置室的墙上或独立的门型架上。在中小容量发电机引出线装置中，屋外部分从汽机房至主配电装置之间，或者从汽机房至布置在升压站的主变压器之间的连接导线，一般采用组合导线。组合导线可用作 6～125MW 机组的连接母线。

母线桥是指将连接导体（又称母线导体）固定在支柱绝缘子上，支持连接导体的支柱绝缘子安装在由钢筋混凝土支柱和型钢构成的支架上，以便使连接导体跨越过设备、过道和马路，故称为母线桥。母线桥分为屋内母线桥和屋外母线桥两种型式，用于中小容量发电机的引出线装置中。

封闭母线是指用外壳加以封闭保护的母线导体。200MW 及以上大容量发电机引出线装置均采用封闭母线。

随着发电机组容量的加大，通过导体的电流也相应增大。大电流导体周围出现强大的交变电磁场，使其附近钢构件中产生很大的磁滞和涡流损耗，钢构件因此而发热。如果钢构件是闭合回路，其中有环流存在，会使发热更加严重。当导体电流大于 3000A 时，附近钢构件的发热不容忽视。钢构件温度升高后，可能使材料产生热应力而引起变形，或使接触连接损坏。混凝土中的钢筋受热膨胀，可能使混凝土发生裂缝。根据相关规定钢构件发热的最高允许温度：①人可触及的钢构件为 70℃；②人不可触及的钢构件为 100℃；③混凝土中的钢筋为 80℃。

在现代发电厂中，为了减少钢构件损耗和发热，常采用下面一些措施：

（1）加大钢构件和导体之间的距离，使磁场强度减弱，因而可降低涡流和磁滞损耗。

（2）断开钢构件回路，并加上绝缘垫，消除环流。

（3）采用电磁屏蔽。在磁场强度 H 最大的部位套上短路环（铝环或铜环），利用短路环中感应电流的去磁作用以降低导体的磁场，如图 7-18 所示；或在导体与钢构件之间安置屏蔽栅，栅中的电流亦可使磁场削弱。

（4）采用全连离相封闭母线，可减少附近钢构件损耗并使发热得到改善。全连离相封闭母线的外壳中，除母线导体电流在外壳上感应出大小与母线导体电流几乎相等、方向相反的轴向环流外，还有邻相的剩余磁场在外壳上感应出的涡流，外壳上的环流和涡流能起双重屏蔽作用，使壳内和壳外磁场均大大降低，从而使附近钢构件发热得到较好改善。

采用封闭母线的发电机引出线装置与中小型发电机采用敞露母线的引出线装置相比，具有下述优点：

(1) 供电可靠，因为封闭母线有效地防止了绝缘遭受灰尘、潮气等污秽和外物造成的短路故障；

(2) 运行安全，由于母线及其配套设备均封闭在金属外壳中，且外壳接地，使工作人员不会触及带电导体；

(3) 由于金属外壳的屏蔽作用，母线电动力大大减少，而且基本消除了母线周围钢构件的发热；

(4) 运行维护工作量小。

下面介绍封闭母线的作用和分类、封闭母线的热平衡计算和电动力计算。

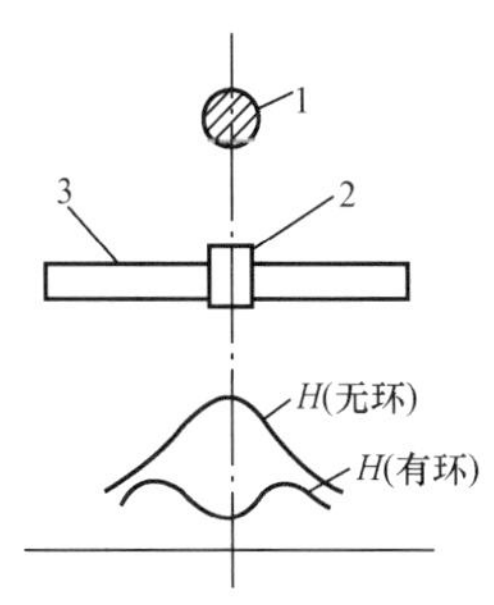

图 7-18　短路环屏蔽图
1—导体；2—短路环；3—钢构件

二、封闭母线的作用和分类

1. 封闭母线的作用

随着电力工业的发展，发电机的单机容量在不断地增大，由最初的几百千瓦到目前的百万千瓦以上，相应地，发电机额定电流由几百安增大到几万安。例如，单机容量为1300MW时，额定电压为27kV，$\cos\varphi=0.9$，发电机额定电流为36 000A。

当单机容量在12MW以下时，发电机额定电压为6.3kV，$\cos\varphi=0.8$，发电机额定电流在1500A以下，发电机母线只用一条矩形铝母线即可。当单机容量为25～50MW时，发电机额定电压为10.5kV，$\cos\varphi=0.8$，发电机额定电流由1720A增加到3440A，要选用2～4条矩形铝母线作为发电机母线。当单机容量为100MW时，发电机额定电压为10.5kV，$\cos\varphi=0.85$，发电机额定电流为6470A，再选用矩形母线在技术上和结构上便很难满足母线发热和电动力要求，因而要选用槽形铝母线或菱形母线。当单机容量为200MW时，发电机额定电压为15.75kV，$\cos\varphi=0.85$，额定电流为8625A，即使是槽形母线或菱形母线，也难以满足母线周围钢构件发热以及故障时母线间的巨大短路电动力的要求，因而要选用圆管形母线或封闭母线。

当单机容量为200MW以上时，由于发电机额定电流、短路电流以及电机容量在系统中所占的比重都增大，因此对大容量发电机不仅有母线本身电动力问题、发热问题，还有母线支柱、悬吊钢构架以及母线附近混凝土柱、楼板、基础内的钢筋在交变强磁场中感应涡流引起的发热问题。一旦母线短路，不仅一般敞露母线和绝缘子的机械强度很难满足要求，而且发电机本身也会遭受损伤，并因此影响系统安全供电以及系统的稳定运行。

实践证明，采用封闭母线是解决上述问题的有效办法。封闭母线的作用，概括起来主要有以下几点：

(1) 减少接地故障，避免相间短路。大容量发电机出口短路电流很大，发电机承受不住出口短路电流的冲击。封闭母线因为具有金属外壳保护，所以基本上可消除外界潮气、灰尘和外界异物引起的接地故障。因此，采用封闭母线基本避免了相间短路故障，提高了发电机运行的可靠性。

(2) 减少母线周围钢构件发热。在全连离相封闭母线中，每相母线导体分别用连续的铝质外壳包住，除每相外壳各段在电气上相互连接外，还在三相外壳两端通过短路板相互连接并接地。全连离相封闭母线的外壳中，除母线导体电流在外壳上感应出大小与母线导体电流几乎相等、方向相反的轴向环流外，还有邻相的剩余磁场在外壳上感应出的涡流，外壳上的环流和涡流能起双重屏蔽磁作用，使壳外磁场均大大降低，从而使附近钢构件发热得到较好改善。由于外壳不是超导体，壳外尚有剩余磁场，不过其强度只有敞露母线的百分之几。该剩余磁场在周围钢构件上感应出的涡流和功率损耗很小，可以忽略不计。

（3）减少相间电动力。由于金属外壳的屏蔽作用，使短路电流产生的磁通大大减弱，降低了相间短路时电动力，为无外壳时的 20%～30%。

（4）母线封闭后通常采用微正压充气方式运行，可以防止绝缘子结露，提高了运行可靠性，并且为母线导体采用强迫通风冷却创造了条件。

（5）运行可靠性高。因为母线置于外壳中能防止相间短路故障，而且外壳多点接地可保障人体接触时的安全。

2. 封闭母线的分类

用外壳加以封闭保护的母线导体，称为封闭母线。按外壳结构、所用材料以及冷却方式的不同，封闭母线分成如下几类。

（1）共箱封闭母线和离相封闭母线。按封闭母线外壳结构，分为共箱封闭母线和离相封闭母线（又称分相封闭母线），如图 7 - 19 所示。

共箱封闭母线是指三相母线导体共用一个金属外壳，相间没有用金属板隔开的，或相间有金属隔板的封闭母线。

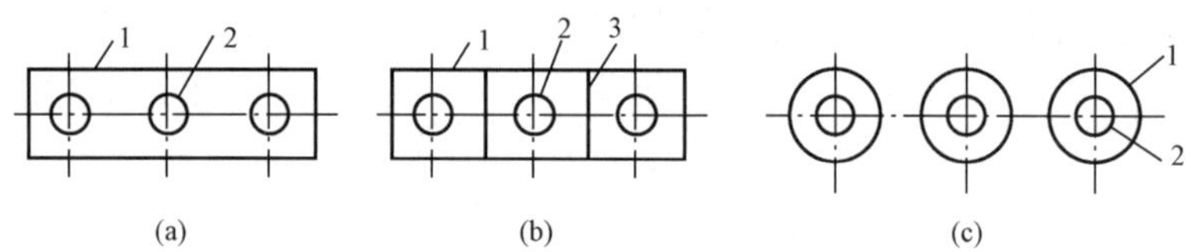

图 7 - 19 共箱封闭母线和离相封闭母线示意图

（a）共箱封闭母线；（b）有金属隔板的共箱封闭母线；（c）离相封闭母线

1—外壳；2—母线；3—金属隔板

离相封闭母线是指每相母线导体都有一个金属外壳的封闭母线。离相封闭母线可分为不全连离相封闭母线、分段全连离相封闭母线和全连离相封闭母线。其中，全连离相封闭母线如图 7 - 20 所示。由图可见，除每相外壳各段在电气上以套筒相互焊接起来外，还在三相外壳两端通过短路板相互焊接起来并接地。

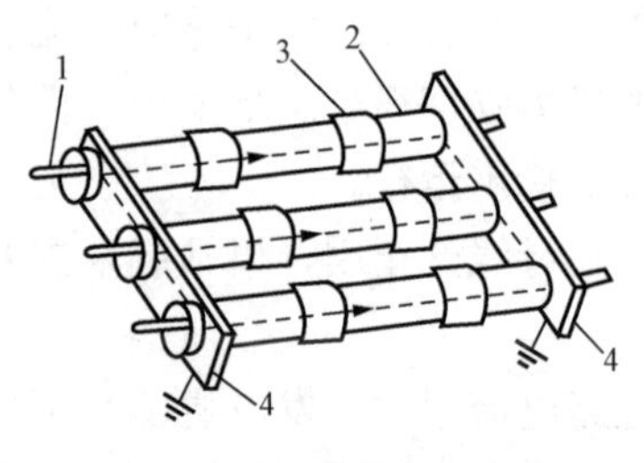

图 7 - 20 全连离相封闭母线

1—母线；2—外壳；3—套筒；4—短路板

（2）塑料外壳和金属外壳封闭母线。封闭母线外壳所用材料分为塑料外壳和金属外壳。塑料外壳对电磁场不起屏蔽作用，故从电磁性能上来说相当于普通的敞露母线，只能防止人身触及带电母线及防止金属物落到母线上产生相间短路，故塑料外壳不适于大容量机组。大容量机组的封闭母线均采用金属铝外壳。

（3）自然冷却和人工冷却封闭母线。封闭母线冷却方式分为自然冷却和人工冷却两种方式。人工冷却又可分为通风冷却和通水冷却两种。

三、封闭母线的电气主接线

封闭母线的电气主接线，如图 7 - 21 所示。由图可见，发电机至主变压器低压侧、厂用变压器高压侧以及电压互感器分支，均采用全连离相封闭母线。厂用高压变压器低压侧到高压开关柜之间的连接线，启动变压器低压侧到高压开关柜之间的连接线，以及交流主励磁机出线端子（交流）至整流柜的交流母线和励磁开关柜（直流）至发电机转子滑环的直流母线之间的连接线，均采用共箱母线。

图 7-22 所示为 QFS-300-2 型（300MW，18kV）双水内冷汽轮发电机封闭母线（又称引出线装置）。发电机组为纵向布置，厂房柱距为12m。引出线装置处运转层分为三层：第一层布置主变压器和厂用变压器；第二层为封闭式小室，布置电压互感器柜、避雷器柜、励磁灭磁屏和整流屏等设备；第三层布置主回路离相封闭母线等。离相封闭母线在厂房内部分采用悬吊固定方式，屋外部分采用支柱固定式。主回路离相封闭母线导体为 ϕ500×12mm 圆管形铝母线，金属外壳为 ϕ1000×8mm 的铝管。高压厂用分支封闭母线导体为 ϕ150×10mm 圆管形铝母线，金属外壳为 ϕ650×5mm 的铝管。由于发电机出线套管间尺寸过小，因此在风室内采用敞露式母线。为了防止钢构件发热，设置了屏蔽环和屏蔽棚。励磁母线为共箱封闭母线。

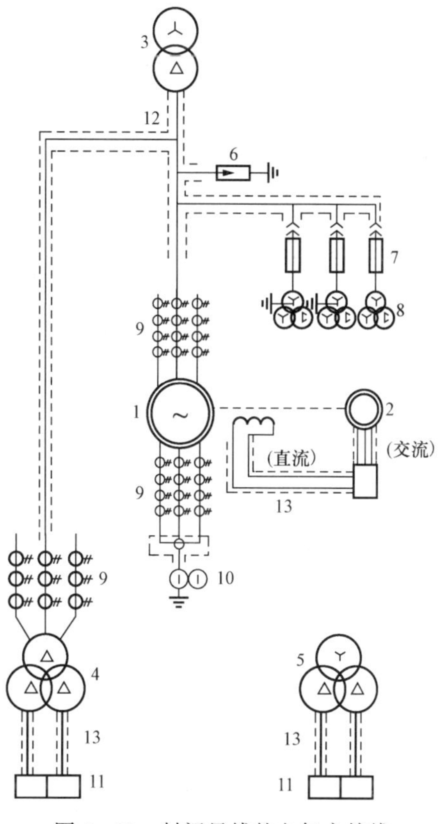

图 7-21 封闭母线的电气主接线

1—发电机；2—励磁机；3—主变压器；4—高压厂用变压器；5—启动/备用变压器；6—避雷器；7—高压熔断器；8—电压互感器；9—电流互感器；10—中性点电压互感器；11—高压开关柜；12—离相封闭母线；13—共箱封闭母线

目前，我国 200～1000MW 发电机组的母线已广泛采用全连离相封闭母线。母线导体由铝管做成，每相导体被封装在单独的铝外壳内，三相外壳两端用短路板相互连接并直接接地，使其形成连续的电气回路。这样当母线导体通过电流时，外壳感应出与导体电流几乎大小相等、方向相反的环流，屏蔽了壳外磁场，从而解决了附近钢结构感应损耗发热问题，导体所受的短路电动力也大大减少，因此，全连离相封闭母线是目前采用最广泛的一种母线结构。共箱封闭母线主要用于单机容量 200MW 及以上的发电厂厂用电回路，即用于厂用高压变压器低压侧到厂用高压配电装置之间的连接线，也用于交流主励磁机出线端子至整流柜的交流母线和励磁开关柜至发电机转子滑环的直流母线之间的连接线。

封闭母线导体与外壳之间、外壳的散热一般均以空气为介质，在热平衡计算中需使用的空气参数，如附表 23 干空气的热物理性质所示。

四、封闭母线的热平衡计算

封闭母线的发热由母线导体发热和外壳发热两部分组成。散热是以辐射和对流形式将热量从母线导体传至外壳（介质），再从外壳（介质）传到周围空气中去。

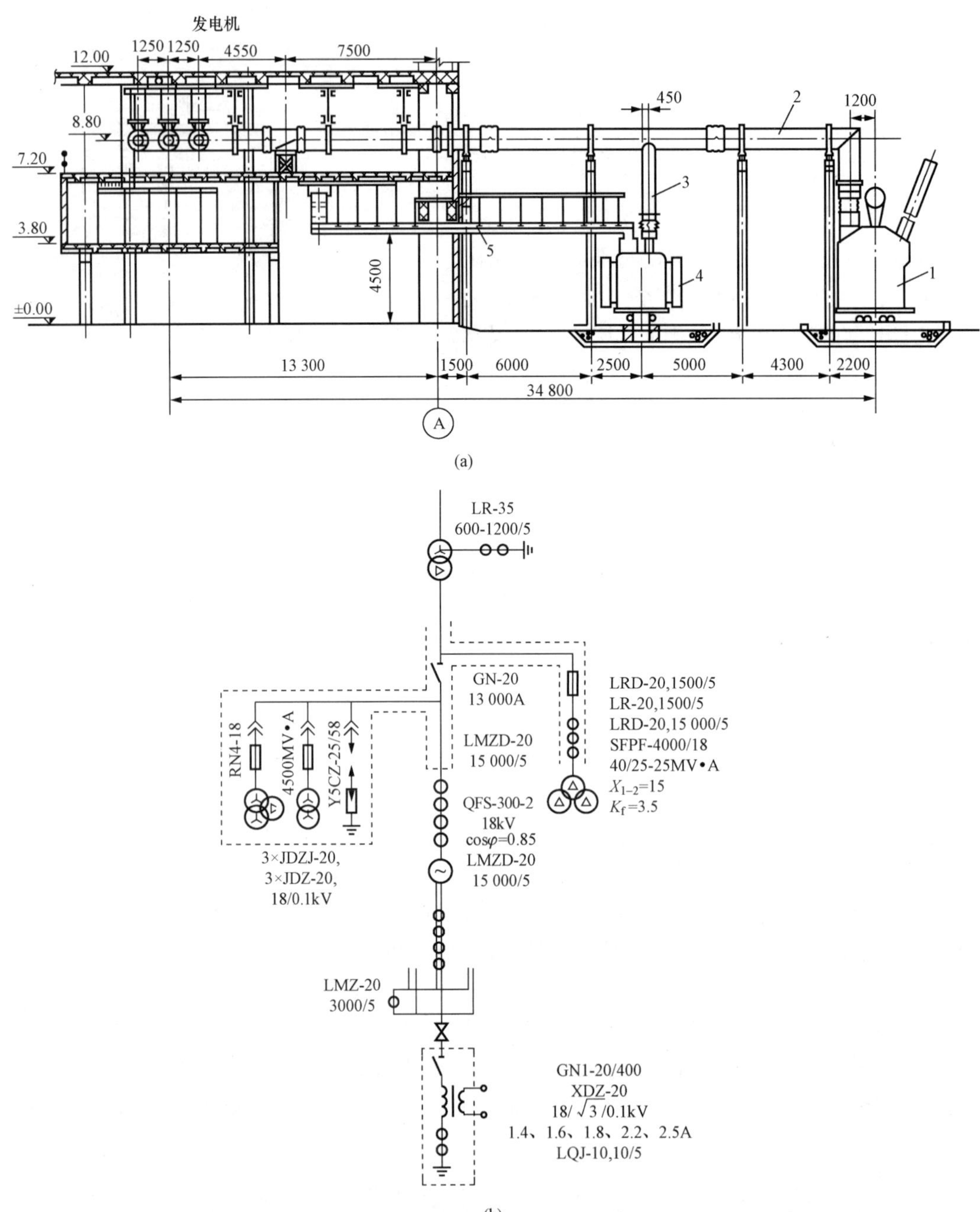

图 7-22 QFS-300-2 型（300MW，18kV）双水内冷汽轮发电机封闭母线

（a）发电机封闭母线断面图（单位：mm）；（b）电气接线图

1—主变压器；2—发电机主回路离相封闭母线；

3—厂用分支封闭母线；4—厂用变压器；5—6kV 共箱封闭母线

(一) 导体的发热、散热与热平衡

1. 导体的发热

封闭母线一般都采用圆管形导体，当通过电流 I_w 时，封闭母线导体发热损耗量 Q_{wR} 为

$$Q_{wR}=I_w^2R_w \quad (W/m) \tag{7-7}$$

$$R_w=K_{wf}\frac{\rho_{20}[1+0.004(\theta_w-20)]}{\pi(D_w-\delta_w)\delta_w} \tag{7-8}$$

$$K_{wf}=1+0.03\left\{\frac{[1-0.0016(\theta_w-75)\delta_w]}{10}\right\}^{3.75}\times\left\{\frac{[1-0.0016(\theta_w-75)\delta_w]}{D_w}\right\} \tag{7-9}$$

式中：R_w为母线导体的电阻，Ω/m；K_{wf}为导体集肤效应系数；θ_w为导体最高运行温度,℃，一般取 90℃；D_w为圆管导体外径，mm；δ_w为圆管导体壁厚，mm；ρ_{20}为导体电阻系数，铝 $\rho_{20}=0.0295\Omega\cdot mm^2/m$。

2. 导体的散热

导体散热是以辐射和对流形式将热量从母线导体传至外壳（介质）。导体的散热包括向外壳辐射散热和对流散热。

(1) 导体辐射散热量 Q_{wf}。导体向外壳的辐射散热。导体与外壳相当于两个同心圆柱体，其辐射散热量 Q_{wf} 为

$$Q_{wf}=5.7\varepsilon_n\left[\left(\frac{273+\theta_w}{100}\right)^4-\left(\frac{273+\theta_s}{100}\right)^4\right]F_w \tag{7-10}$$

$$F_w=\pi D_w \tag{7-11}$$

$$\varepsilon_n=\frac{1}{\frac{1}{\varepsilon_w}+\frac{D_w}{d_s}\left(\frac{1}{\varepsilon_{s1}}-1\right)} \tag{7-12}$$

式中：F_w 为导体单位长度的表面积，m^2/m；θ_w为导体运行温度,℃；θ_s为外壳温度,℃，一般取 70℃；D_w 为导体外径，m；ε_n 为系统黑度系数；ε_w为导体外表面黑度系数；ε_{s1} 为外壳内表面黑度系数；d_s为外壳内径。

(2) 导体对流散热量 Q_{wl}。对流散热须用相似准则定量确定。母线被封闭在圆筒形外壳内，它的对流散热是在有限空间内进行的，可利用单层圆筒壁的导热公式，求得导体对外壳的对流散热量 Q_{wl}为

$$Q_{wl}=\frac{\theta_w-\theta_s}{\frac{1}{2\pi\lambda_N}\ln\frac{d_s}{D_w}} \tag{7-13}$$

$$H=\frac{1}{2}[(D_s-2\delta_s)-D_w] \tag{7-14}$$

$$t=\frac{1}{2}(t_w+t_s) \tag{7-15}$$

$$G_r=\frac{g\beta(t_w-t_s)H^3}{\nu^2} \tag{7-16}$$

$$N_u=\lambda_N/\lambda=0.4(G_rP_r)^{0.2} \tag{7-17}$$

式中：H 为定形尺寸（又称夹层厚度），m；t 为定性温度,℃；G_r为格拉晓夫准则数；P_r为普朗特尔常数，见附表 23；λ 为空气导热系数 W/(m・℃)；ν 为空气运动黏度，m^2/s；β 为

空气容积膨胀系数；N_u为努谢尔特准则数；λ_N为当量导热系数 W/(m·℃)。

3. 导体的热平衡

导体的发热量Q_{wR}不小于导体的散热量（$Q_{wf}+Q_{wl}$），则导体的发热与散热相平衡。

（二）外壳的发热、散热与热平衡

1. 外壳的发热

封闭母线外壳由铝板卷制成圆筒形，全连离相封闭母线外壳经短路板连成一闭合回路，这相当于1∶1的空心变压器，外壳轴向环流I_s近似等于母线导体电流I_w，故外壳电流I_s产生的封闭母线外壳发热损耗量Q_{sR}为

$$Q_{sR}=I_s^2R_s=I_w^2R_s\quad (\mathrm{W/m}) \tag{7-18}$$

$$R_s=K_{sf}\frac{\rho_{20}[1+0.004(\theta_s-20)]}{\pi(D_s-\delta_s)\delta_s} \tag{7-19}$$

$$K_{sf}=1+0.03\left\{\frac{[1-0.0016(\theta_s-75)]\delta_s}{10}\right\}^{3.75}\left\{1-\frac{[1-0.0016(\theta_s-75)]\delta_s}{D_s}\right\}^{1.5} \tag{7-20}$$

式中：R_s为外壳电阻，Ω/m；K_{sf}为外壳集肤效应系数；θ_s为外壳运行温度，℃，取70℃；D_s为外壳外径，mm；δ_s为外壳壁厚，mm；ρ_{20}为电阻系数，铝$\rho_{20}=0.029\ \Omega\cdot \mathrm{mm^2/m}$。

2. 外壳的散热

外壳的散热，包括对周围空气的辐射散射和自然对流散热。散热是以辐射和对流形式将热量从外壳传到周围空气中去。

（1）外壳辐射散热量Q_{sf}。外壳对周围空气的辐射散热，相当于三个（三相）圆柱体同时存在辐射散热。考虑B相在中间，其外壳的辐射散热量Q_{sf}为

$$Q_{sf}=5.7\varepsilon_n\left[\left(\frac{273+\theta_s}{100}\right)^4-\left(\frac{273+\theta_0}{100}\right)^4\right]F_s(1-\phi) \tag{7-21}$$

$$F_s=\pi D_s \tag{7-22}$$

$$\varphi_{BA}=\frac{\sin^{-1}\dfrac{D_s}{2a}}{\pi} \tag{7-23}$$

式中：ε_n为系统黑度系数，取0.85；F_s为外壳单位长度的表面积，$\mathrm{m^2/m}$；ϕ为平均辐射角系数（又称遮挡系数）；θ_0为环境温度，℃，取40℃；D_s为外壳直径，m；φ_{BA}为遮挡系数；a为相间距离，m。

封闭母线三相水平排列，中间相（B相）向外散热，A相和C相均予以遮蔽，故遮挡系数取$\phi=2\varphi_{BA}$。

（2）外壳对流散热量Q_{sl}。考虑到外壳暴露在大气中，外壳对周围空气的自然对流散热量，可按水平圆柱在无限大空间内自由散热现象计算。外壳对流散热量Q_{sl}为

$$Q_{sl}=\alpha_{sl}\pi D_s(\theta_s-\theta_0)=N_u\lambda\pi(\theta_s-\theta_0) \tag{7-24}$$

$$a_{sl}=N_u\lambda/D_s \tag{7-25}$$

$$G_r=\frac{g\beta(\theta_s-\theta_0)D_s^3}{\nu^2} \tag{7-26}$$

$$N_u=0.36+0.384(G_rP_r)^{1/6}+0.102(G_rP_r)^{1/3} \tag{7-27}$$

式中：a_{sl}为对流散热系数；G_r为格拉晓夫准则数；P_r为普朗特尔常数，见附表23；λ为空气

导热系数，W/(m·℃)；ν 为空气运动黏度，m^2/s；β 为空气容积膨胀系数；N_u 为努谢尔特准则数。

3. 外壳的热平衡

外壳的发热量 Q_{sR} 不小于外壳的散热量（$Q_{sf}+Q_{sl}$），则外壳体的发热与散热相平衡。

（三）封闭母线的发热、散热与热平衡

封闭母线的总发热量为

$$Q_{wz}=Q_{wR}+Q_{sR}$$

封闭母线的总散热量为

$$Q_{sz}=Q_{sf}+Q_{sl}$$

封闭母线的热平衡：当封闭母线的总发热量小于封闭母线的总散热量，即 $Q_{wz}<Q_{sz}$ 时，则封闭母线的发热与散热符合要求。

【例 7-1】 某 300MW 发电机组采用全连式离相封闭母线。发电机额定功率 300MW，额定电压 20kV，$\cos\varphi=0.85$，额定电流 10 190A。全连式离相封闭母线尺寸为导体外径 $D_w=\phi500$mm，导体厚度 $\delta_w=12$mm，外壳外径 $D_s=\phi1050$mm，外壳内径 $d_s=\phi1034$mm，外壳厚度 $\delta_s=8$mm，相间距离 $a=1.4$m。封闭母线铝导体最热点温度 $\theta_w=90$℃，铝外壳最热点温度 $\theta_s=70$℃，周围环境温度 $\theta_0=40$℃。当封闭母线额定电流取 12 000A，试计算该封闭母线的发热量和散热量，并做热平衡校验。

解 （一）导体的发热、散热与热平衡

1. 导体的发热

（1）计算封闭母线导体的集肤效应系数。导体的集肤效应系数 K_{wf} 为

$$K_{wf}=1+0.03\times\left\{\frac{[1-0.0016\times(\theta_w-75)\delta_w]}{10}\right\}^{3.75}\times\left\{\frac{[1-0.0016\times(\theta_w-75)\delta_w]}{D_w}\right\}$$

$$=1+0.03\times\left\{\frac{[1-0.0016\times(90-75)\times12]}{10}\right\}^{3.75}\times\left\{\frac{[1-0.0016\times(90-75)\times12]}{500}\right\}$$

$$=1.05$$

（2）计算封闭母线导体的电阻。90℃时单位长度（1m）导体的电阻 R_w 为

$$R_w=K_{wf}\frac{\rho_{20}[1+0.004\times(\theta_w-20)]}{\pi(D_w-\delta_w)\delta_w}$$

$$=1.05\times\frac{0.0295\times[1+0.004\times(90-20)]}{\pi(500-12)\times12}$$

$$=2.15\times10^{-6}\quad(\Omega/\text{m})$$

（3）计算导体发热损耗。当通过电流 $I_w=12\ 000$A 时，导体发热损耗量 Q_{wR} 为

$$Q_{wR}=I_w^2R_w=12\ 000^2\times2.15\times10^{-6}=310(\text{W/m})$$

2. 导体的散热

导体的散热，包括向外壳辐射散热和对流散热。

（1）计算导体辐射散热量 Q_{wf}。系统黑度系数 ε_n 为

$$\varepsilon_n=\frac{1}{\frac{1}{\varepsilon_w}+\frac{D_w}{d_s}\left(\frac{1}{\varepsilon_{s1}}-1\right)}=\frac{1}{\frac{1}{0.85}+\frac{500}{1034}\times\left(\frac{1}{0.85}-1\right)}=0.793$$

导体对外壳辐射散热量 Q_{wf} 为

$$Q_{wf}=5.7\varepsilon_n\left[\left(\frac{273+\theta_w}{100}\right)^4-\left(\frac{273+\theta_s}{100}\right)^4\right]F_w$$

$$=5.7\times0.793\times\left[\left(\frac{273+90}{100}\right)^4-\left(\frac{273+70}{100}\right)^4\right]\times500\pi$$

$$=249.5(\mathrm{W/m})$$

（2）计算导体对流散热量 Q_{wl}。

1）定形尺寸 H 为

$$H=\frac{1}{2}\times[(D_s-2\delta_s)-D_w]=\frac{1}{2}\times[(1050-2\times8)-500]=0.267(\mathrm{m})$$

2）定性温度 θ 为

$$\theta=\frac{1}{2}(\theta_w+\theta_s)=\frac{1}{2}\times(90+70)=80(℃)$$

3）物理参数。对应 $t=80℃$，查附表 23 得，空气导热系数 $\lambda=3.05\times10^{-2}\mathrm{W/(m\cdot℃)}$，空气运动黏度 $\nu=21.09\times10^{-6}\mathrm{m^2/s}$，普朗特尔常数 $P_r=0.692$。计算空气容积膨胀系数

$$\beta=1/(273+\theta)=1/(273+80)=2.833\times10^{-3}(℃^{-1})$$

4）计算格拉晓夫准则数。格拉晓夫准则数 G_r 为

$$G_r=\frac{g\beta(\theta_w-\theta_s)H^3}{\nu^2}=\frac{9.81\times2.8333\times10^{-3}\times(90-70)\times0.267}{21.09\times10^{-6}}=2.379\times10^7$$

5）计算努谢尔特准则数。努谢尔特准则数 N_u 为

$$N_u=\lambda_N/\lambda=0.4\times(G_rP_r)^{0.2}=0.4\times(2.379\times10^7\times0.692)^{0.2}=11.1$$

6）计算当量导热系数。当量导热系数 λ_N 为

$$\lambda_N=N_u\lambda=11.1\times3.05\times10^{-2}=33.855\times10^{-2}[\mathrm{W/(m\cdot K)}]$$

7）计算导体对流散热。单位长度导体每相对流散热量 Q_{wl} 为

$$Q_{wl}=\frac{\theta_w-\theta_s}{\dfrac{1}{2\pi\lambda_N}\ln\dfrac{d_s}{D_w}}=\frac{90-70}{\dfrac{1}{2\pi\times33.855\times10^{-2}}\ln\dfrac{1034}{500}}=58.6(\mathrm{W/m})$$

3. 导体的发热与散热的平衡

导体的发热量 $Q_{wR}=310(\mathrm{W/m})$ 与导体的散热量 $Q_{wf}+Q_{wl}=249.5+58.6=308.1(\mathrm{W/m})$ 相比，近似相等，则导体的发热与散热相平衡。

（二）外壳的发热、散热与热平衡

1. 外壳的发热

（1）计算封闭母线外壳的集肤效应系数。外壳的集肤效应系数 K_{sf} 为

$$K_{sf}=1+0.03\times\left\{\frac{[1-0.0016(\theta_s-75)]\delta_s}{10}\right\}^{3.75}\left\{1-\frac{[1-0.0016(\theta_s-75)]\delta_s}{D_s}\right\}^{1.5}$$

$$=1+0.03\times\left\{\frac{[1-0.0016(70-75)]\times8}{10}\right\}^{3.75}\times\left\{1-\frac{[1-0.0016(70-75)]\times8}{1050}\right\}^{1.5}$$

$$=1.012$$

（2）计算封闭母线外壳的电阻。外壳的电阻 R_s 为

$$R_s = K_{sf}\frac{\rho_{20}[1+0.004(\theta_s-20)]}{\pi(D_s-\delta_s)\delta_s}$$
$$=1.012\times\frac{0.0295\times[1+0.004\times(70-20)]}{\pi(1050-8)\times 8}$$
$$=1.37\times10^{-6}(\Omega/\text{m})$$

(3) 计算外壳发热损耗。当通过电流 I_s=12 000A 时，70℃时外壳体发热损耗 Q_{sR} 为

$$Q_{sR}=I_s^2R_s=I_w^2R_s=12\,000^2\times1.37\times10^{-6}=197(\text{W/m})$$

2. 外壳的散热

(1) 计算外壳辐射散热。考虑中间相（B 相）辐射散热，A 相和 C 相在两侧。

1) 计算系统黑度系数。取外壳外表面黑度 $\varepsilon_A=\varepsilon_B=\varepsilon_C=\varepsilon_{s2}^2=0.92$，则黑度系数 ε_n 为

$$\varepsilon_n=\varepsilon_B\varepsilon_A=\varepsilon_B\varepsilon_C=\varepsilon_{s2}^2=0.92^2=0.85$$

2) 计算遮挡系数。遮挡系数 φ_{BA} 为

$$\varphi_{BA}=\frac{\sin^{-1}\dfrac{D_s}{2a}}{\pi}=\frac{\sin^{-1}\dfrac{1050}{2\times1400}}{180}=0.1224$$

考虑封闭母线三相水平排列，中间相（B 相）向外散热，A 和 C 相均予以遮挡，故遮挡系数取 $\phi=2\varphi_{BA}=0.2448$。

3) 计算外壳的辐射散热量。中间相（B 相）外壳的辐射散热量 Q_{sf} 为

$$Q_{sf}=5.7\varepsilon_n\left[\left(\frac{273+\theta_s}{100}\right)^4-\left(\frac{273+\theta_0}{100}\right)^4\right]F_s(1-\phi)$$
$$=5.7\times0.85\times\left[\left(\frac{273+70}{100}\right)^4-\left(\frac{273+40}{100}\right)^4\right]\times1.05\times(1-0.2448)$$
$$=512.2(\text{W/m})$$

(2) 计算外壳对流散热。

1) 定形尺寸 $H=D_s$=1050mm。

2) 定性温度 t 为

$$t=\frac{1}{2}\times(t_s+t_0)=\frac{1}{2}\times(70+40)=55(℃)$$

3) 物理参数。对应 t=55℃，查附表 23 得，空气导热系数 $\lambda=2.865\times10^{-2}$W/(m·℃)，空气运动黏度 $\nu=18.46\times10^{-6}\text{m}^2/\text{s}$，普朗特尔常数 $P_r=0.697$。计算空气容积膨胀系数

$$\beta=1/(273+t)=1/(273+55)=3.049\times10^{-3}(℃^{-1})$$

4) 计算格拉晓夫准则数。格拉晓夫准则数 G_r 为

$$G_r=\frac{g\beta(\theta_s-\theta_0)D_s^3}{\nu^2}=\frac{9.81\times3.049\times10^{-3}\times(70-40)\times1.05^3}{(18.46\times10^{-6})^2}=3.048\times10^9$$

5) 计算努谢尔特准则数。努谢尔特准则数 N_u 为

$$N_u=0.36+0.384(G_rP_r)^{1/6}+0.102(G_rP_r)^{1/3}$$
$$=0.36+0.384\times(3.048\times10^9\times0.697)^{1/6}+0.102\times(3.048\times10^9\times0.697)^{1/3}$$
$$=145.26$$

6) 计算对流散热系数。对流散热系数 a_{sl} 为

$$a_{sl}=N_u\lambda/D_s=\frac{145.26\times2.865\times10^{-2}}{1.05}=3.964$$

7）计算对流散热量。单位长度外壳对流散热量 Q_{sl} 为

$$Q_{sl}=N_u\lambda\pi(\theta_s-\theta_0)=145.26\times2.865\times10^{-2}\pi\times(70-40)=392.23(\text{W/m})$$

3. 外壳的热平衡

外壳的发热量 $Q_{sR}=197$（W/m）小于外壳的散热量 $Q_{sf}+Q_{sl}=512.2+392.23=904.43$（W/m），符合要求。

（三）封闭母线的发热、散热与热平衡

封闭母线的总发热量为

$$\begin{aligned}Q_{wz}&=Q_{wR}+Q_{sR}\\&=310+197=507(\text{W/m})\end{aligned}$$

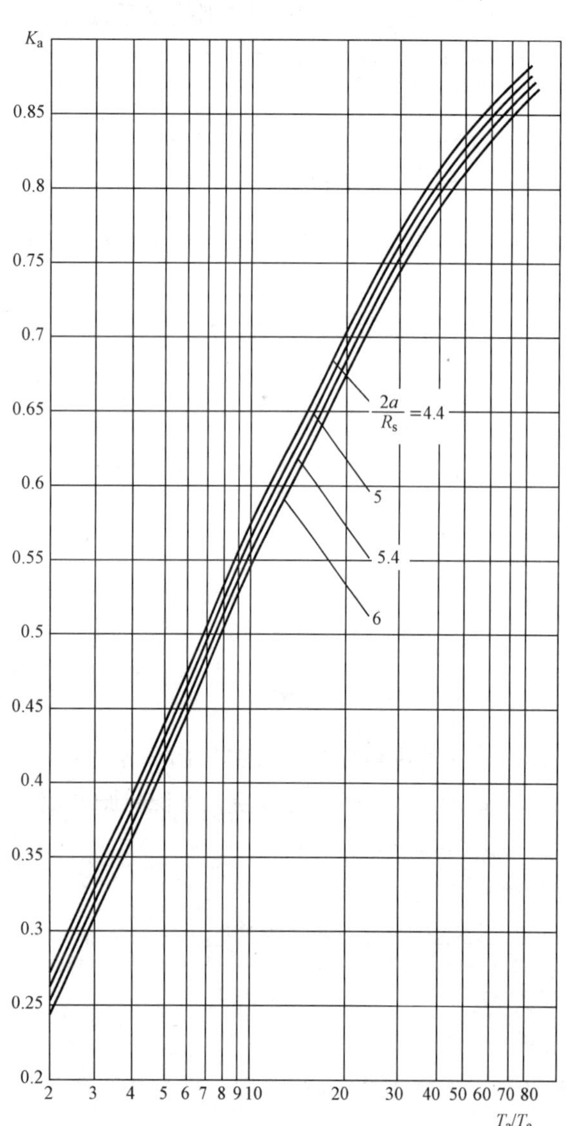

图 7-23　三相短路时 K_a 与 T_a/T_e 的关系曲线

封闭母线的总散热量为

$$\begin{aligned}Q_{sz}&=Q_{sf}+Q_{sl}\\&=512.2+392.23\\&=904.43(\text{W/m})\end{aligned}$$

封闭母线的热平衡有

$Q_{sz}/Q_{wz}=904.43/507=1.78>1$，则封闭母线的发热与散热符合要求。

五、封闭母线电动力计算

采用离相封闭母线后，邻相母线导体所产生的磁通穿入本相外壳时，因受到外壳的电磁屏蔽作用而大大减弱。母线通过短路电流时，受到壳内磁场的作用，经推导得出三相短路时的电动力为

$$F_w=\frac{\sqrt{3}\times10^{-7}}{a}I_{sh}^2K_a\left(1+\frac{\sqrt{3}}{2}e^{-t_m/T_a}\right)\quad(\text{N/m})\tag{7-28}$$

$$T_e=\frac{\mu_0D_s\delta_s}{4\rho_s}\tag{7-29}$$

式中：I_{sh} 为三相短路冲击电流有效值，A；T_a 为三相短路电流直流衰减时间常数，s，对 300MW 发电机取 $T_a=0.24$s，600MW 发电机取 $T_a=0.30$s；T_e 为外壳涡流感应时间常数 s；K_a 为三相短路时外壳内磁场的直流屏蔽系数，由图 7-23 三相短路时 K_a 与 T_a/T_e 的关系曲线查出；t_m 为三相短路时直流磁场峰值出现时间，s，由图 7-24 三相短路时 t_m/T_e 与 T_a/T_e 的关系曲线查出；D_s 为外壳直径，m；δ_s 为外壳厚度，m；μ_0 为导磁系数，对空气 $\mu_0=4\pi\times10^{-7}$，H/m；ρ_s 为外壳电阻系数，$(\Omega\cdot\text{mm}^2)$/m。

母线导体的应力按力学中静力梁计算，可求得最大应力 σ_{max} 为

$$\sigma_{max} = \frac{KF_{w}L^{2}}{W} \quad (kg/cm^{2}) \tag{7-30}$$

$$W = \frac{\pi}{32}\frac{D_{w}^{4} - d_{w}^{4}}{D_{w}} \quad (cm^{3}) \tag{7-31}$$

式中：K 为系数，对于单跨和二跨 $K=1/8$，三跨及以上取 $K=1/10$；F_{w}为母线导体所受电动力，N/m 或 kg/m；L 为绝缘子之间的跨距，m；W 为圆管母线的截面系数，cm^{3}；D_{w}为圆管母线的外径，cm；d_{w}为圆管母线的内径，cm。

母线导体的计算最大应力 σ_{max}，应小于母线导体所用材料的最大允许应力 σ_{al}，例如硬铝最大允许应力为 6860N/cm^{2}，硬铜最大允许应力为 13 720N/cm^{2}，则符合要求。

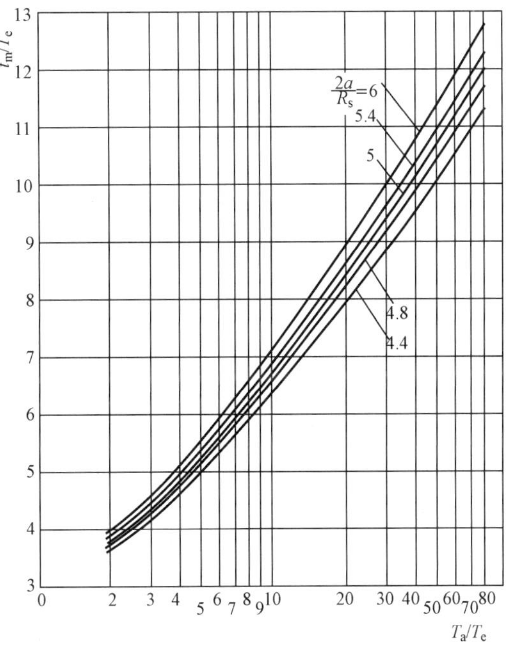

图 7-24　三相短路时 t_{m}/T_{e} 与 T_{a}/T_{e} 的关系曲线

【例 7-2】 某 300MW 发电机组采用全连式离相封闭母线，有关数据与［例 7-1］相同。如系统三相短路冲击电流有效值 I_{sh}为 400kA，全连式离相封闭母线绝缘子之间的跨距 L 为 3.5m，试计算该封闭母线的电动力，并做动稳定校验。

解　(1) 计算外壳 70℃电阻系数。外壳电阻系数 ρ_{s}为

$$\rho_{s} = 0.000\,295 \times [1 + 0.004 \times (70 - 20)] = 3.54 \times 10^{-4} [(\Omega \cdot cm^{2})/m]$$

(2) 计算外壳涡流感应时间常数。外壳涡流感应时间常数 T_{e} 为

$$T_{e} = \frac{\mu_{0} D_{s} \delta_{s}}{4\rho_{s}} = \frac{4\pi \times 10^{-7} \times 105 \times 0.8}{4 \times 3.54 \times 10^{-4}} = 0.074\,5$$

(3) 计算三相短路时的电动力，则有

$$T_{a}/T_{e} = 0.24/0.074\,5 = 3.22$$

$$2a/R_{s} = 2 \times 1.4/(1.05/2) = 5.33$$

由 $T_a/T_e=3.22$ 和 $2a/R_s=5.33$ 查图 7-24 三相短路时 t_m/T_e 与 T_a/T_e 的关系曲线，得 $t_m/T_e=4.52$，可求得 $t_m=0.337s$，查图 7-23 三相短路时 K_a 与 T_a/T_e 的关系曲线得 $K_a=0.345$，由此得出三相短路时的电动力 F_w 为

$$
\begin{aligned}
F_w &= \frac{\sqrt{3}\times 10^{-7}}{a} I_{sh}^2 K_a \left(1+\frac{\sqrt{3}}{2}e^{-t_m/T_a}\right) \\
&= \frac{\sqrt{3}\times 10^{-7}}{1.4}\times(400\times 10^3)^2\times 0.345\times\left(1+\frac{\sqrt{3}}{2}e^{-0.337/0.24}\right) \\
&= 8263.4(\text{N/m})
\end{aligned}
$$

（4）计算圆管母线的截面系数。圆管母线的截面系数 W 为

$$
\begin{aligned}
W &= \frac{\pi}{32}\frac{D_w^4-d_w^4}{D_w} \\
&= \frac{\pi}{32}\times\frac{[50^4-(50-2\times 1.2)^4]}{50} = 2190.8(\text{cm}^3)
\end{aligned}
$$

（5）计算母线导体的最大应力。母线导体的计算最大应力 σ_{max} 为

$$
\sigma_{max} = \frac{KF_wL^2}{W} = \frac{\frac{1}{8}\times 8263.4\times 35^2}{2190.8} = 577.57(\text{N/cm}^2)
$$

由此可见，$\sigma_{max}=577.57\text{N/cm}^2<\sigma_{Al}=6860\text{N/cm}^2$，即母线导体的计算最大应力小于母线导体所用材料铝的最大允许应力，则全连封闭母线的动稳定符合要求。

*第六节　发电厂和变电站的电气设施平面布置

一、发电厂电气设施的平面布置

发电厂的电气设施总平面布置是一项综合性技术，其政策性、科学性强，涉及专业面广，需要考虑的因素很多。一般地说，总平面布置应满足安全生产、方便管理的要求，工艺流程合理，符合外部条件（城市规划、水源、铁路和灰场等），满足防火和环境保护的要求，并且因地制宜，布置力求紧凑，节约用地且留有发展余地，进行综合性技术经济比较后选择其最佳方案。

发电厂的电气设施包括高压配电装置、主控制室（或网络控制室）、主变压器、高压厂用变压器和厂用配电装置等。电气设施的布置是总平面布置中的重要组成部分，其分布是否合理，对全厂的投资费用和安全运行有重要影响。

1. 火力发电厂

我国大多数火力发电厂的高压配电装置均布置在主厂房前，向主厂房前方出线，主厂房方位的选择要考虑高压输电线出线的方便。

变压器（包括厂用高压变压器）紧靠汽机房 A 排柱布置时，可以缩短发电机至主变压器和厂用高压变压器至厂用配电装置的距离。200MW 及以上大容量机组的电流大，应用结构复杂、造价高的分相封闭母线，将主变压器紧靠 A 排柱布置，以缩短封闭母线长度。

控制楼的布置方式按照发电厂单机容量的大小而不同。单机容量为 200MW 以及以上的大型电厂采用机炉电单元控制室（单机容量为 100～125MW 机视具体情况，也可采用

机炉电单元控制室）布置在主厂房内。当主接线比较简单，出线回路数少时，出线部分的控制一般设在第一单元控制室内；当主接线比较复杂，出线回路数多时，另设网络控制室，专门控制高压配电装置的出线。一般将网络控制室布置在高压配电装置场地内，位于两个高压配电装置之间，当 220kV 配电装置为高型布置时，与网络控制室之间可设天桥连接。

为节约大型电厂循环水管路，在技术经济比较合理时，可以将汽机房紧靠江、河、湖、海或冷却塔布置，而将高压配电装置自主厂房前移至主厂房后，避免高压出线面向江、河。图 7-25 所示为 4×300MW+2×600MW 火力发电厂的电气设施平面布置图。图中，汽机房面向长江，主变压器高压侧用高压电缆埋设穿过汽机房接至主厂房后的 200kV 配电装置。

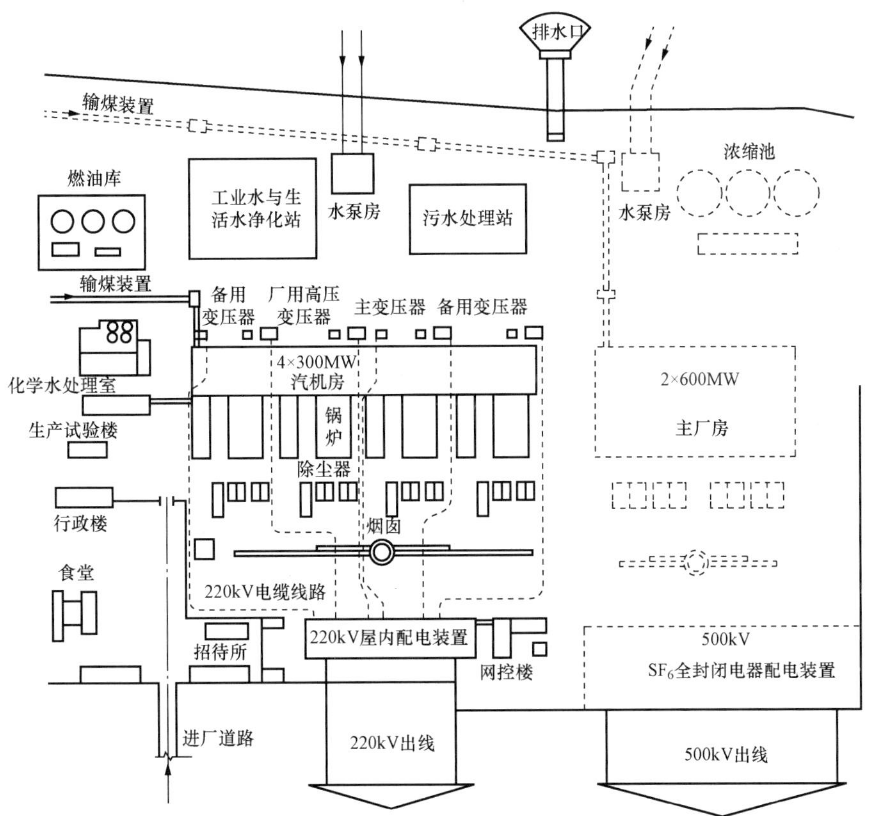

图 7-25 4×300MW+2×600MW 火力发电厂的电气设施平面布置图

2. 水力发电厂

在大、中型水力发电厂中，发电机电压配电装置的位置通常直接靠近机组，升压变压器安装在主厂房的上游或下游（尾水）侧的墙边与主机房同高程的位置，这样可使变压器与发电机的连接导线最短，并便于与高压配电装置联系。当高压配电装置比较简单（或使用 SF_6 封闭电器）时，可连同主变压器布置在主厂房与大坝之间；若高压配电装置占地面积较大时，通常将其设在下游岸边，用架空线与设在尾水平台上的升压变压器连接，如图 7-26 所示。此时，高压配电装置中还设有网络控制室。

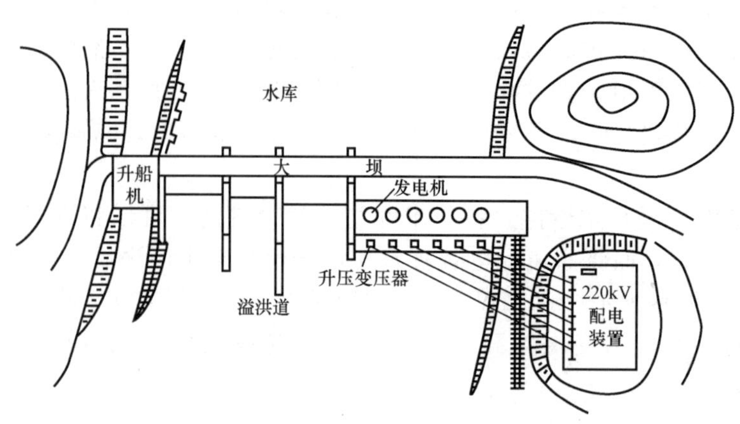

图 7-26 坝后式水力发电厂的电气设施平面布置图

二、变电站电气设施的平面布置

变电站主要由屋内配电装置、屋外配电装置、主变压器、主控制室及辅助设施等组成。在 220kV 变电站中，常设有无功补偿装置；在 330～500kV 变电站中，还设有并联电抗器和补偿装置。变电站的总体布置应根据外界条件（城市规划、交通和水源），依据配电装置的电压等级和型式、出线方向和方式、出线走廊的条件、地形情况等因素，并满足防火及环境保护要求，因地制宜地进行设计。

110kV 变电站一般为小型终端或分支变电站，没有补偿装置，也不需要分区，布置简单。

220kV 变电站一般为中型地区变电站，当设有无功补偿装置时，在节约用地的原则下可适当分区，设置站前区。

330～500kV 变电站为系统枢纽变电站或地区重要变电站，占地面积大（常设有静止补偿装置、并联电抗器、串联补偿装置等），运行管理人员较多，分区宜明确，以有利生产和管理。

图 7-27 所示为 500kV 变电站的电气主接线图和电气设施平面布置图。该变电站安装有 2×750MV·A 主变压器及 2×120Mvar 静止补偿装置，并预留 500kV 并联电抗器的位置。主变压器和静止补偿装置集中布置在高压配电装置中间，高、中、低压侧引线连接方便。控制及通信楼兼顾生产区和站前区，不采取布置在配电装置的中心位置而远离站前区的布置。虽然控制电缆增加，但有利于安全生产和运行管理，外来人员经传达室到控制及通信楼与值班人员联系后才能进入带电的生产区。形成以控制及通信楼为中心，与其他附属建筑及绿化地带构成统一协调的站前区，生产区和站前区用空花围栏分隔。这种变电站布置合理、整齐美观、有利生产、方便管理、为运行人员创造了良好的工作和生活环境。

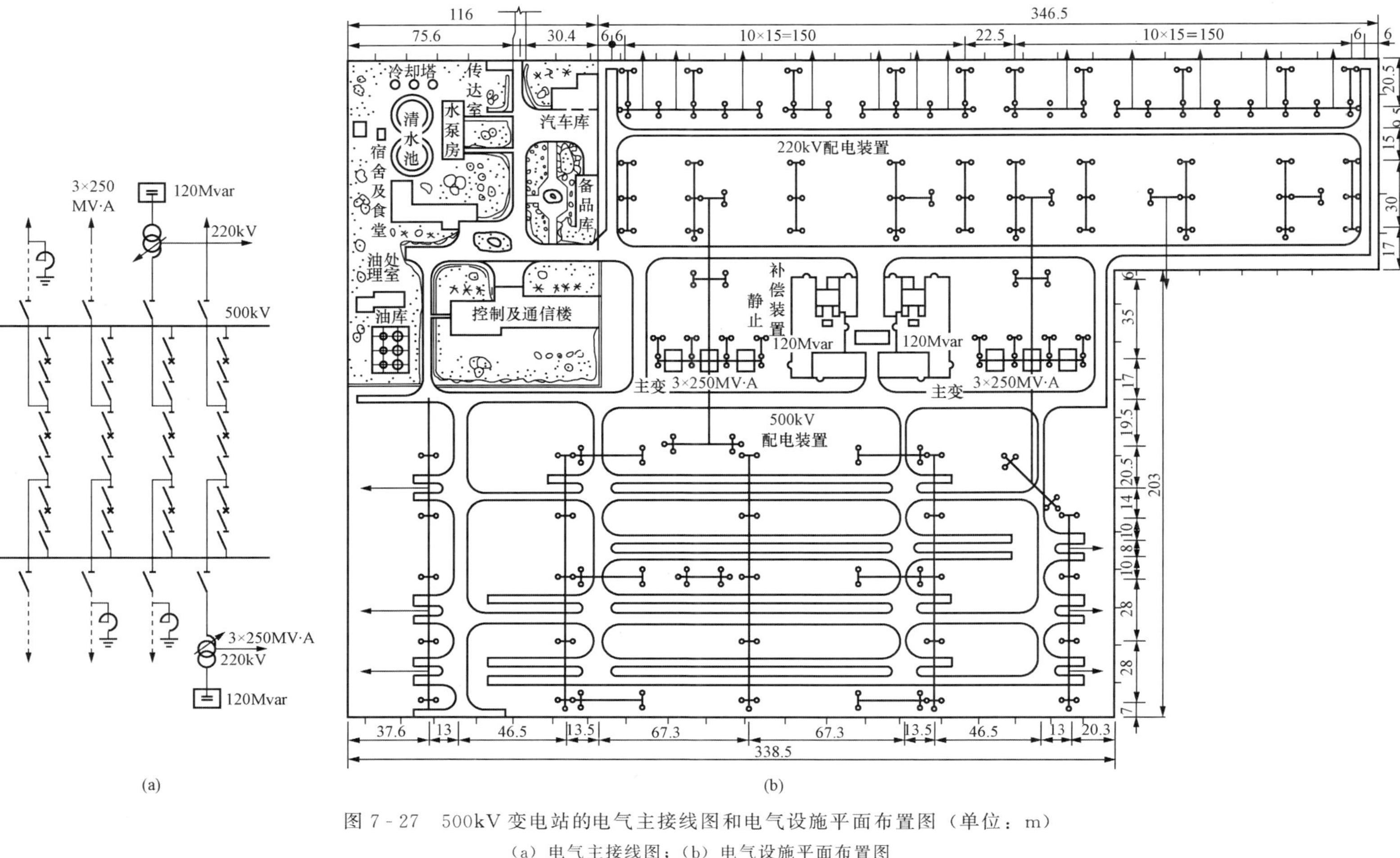

图 7-27 500kV 变电站的电气主接线图和电气设施平面布置图（单位：m）
（a）电气主接线图；（b）电气设施平面布置图

小 结

配电装置是发电厂和变电站的重要组成部分，是根据电气主接线的连接方式，由开关电器、保护和测量电器、母线和必要的辅助设备组建而成的，用来接受和分配电能的装置。

本章主要介绍了配电装置中的安全净距、配电装置的类型及设计原则，详细介绍了屋内、外配电装置的分类、配电装置图、布置原则及应用实例，给出了成套配电装置的分类、适用范围。目前随着征地的困难、对配电装置高可靠性及环保要求，气体全封闭组合电器在各个电压等级获得了广泛的应用。

此外，本章对发电机至变压器低压侧与配电装置之间的连接方式进行了介绍。目前我国的汽轮发电机多为大容量高参数的超超临界机组，发电机组的母线广泛采用全连离相封闭母线。本章还对封闭母线的发热及电动力计算方法进行了介绍。

最后介绍了不同类型发电厂及变电站各种电气设施的平面布置要求，并给出了应用实例。

思考题和习题

7-1 对配电装置的基本要求是什么？

7-2 试述最小安全净距的定义及其分类。

7-3 试简述配电装置的类型及其特点。

7-4 试简述配电装置的设计原则和设计要求。

7-5 什么是配电装置的配置图、平面图和断面图？

7-6 如何区别屋外中型、高型和半高型配电装置？它们的特点和应用范围？

7-7 为什么箱式变电站能在配电系统中获得广泛应用？

7-8 气体全封闭组合电器是由哪些元件组成？与其他类型配电装置相比，有何特点？

7-9 试简述发电机引出线装置的分类及其应用范围？

*7-10 封闭母线具有哪些特点和作用？

*7-11 某600MW发电机组采用全连式离相封闭母线。发电机额定功率600MW，额定电压20kV，$\cos\varphi=0.90$，额定电流19 245A。全连式离相封闭母线尺寸为导体外径$D_w=\phi900$mm，导体厚度$\delta_w=16$mm，外壳外径$D_s=\phi1400$mm，外壳内径$d_s=\phi1384$mm，外壳厚度$\delta_s=8$mm，相间距离$a=1.8$m。封闭母线铝导体最热点温度$t_w=90$℃，铝外壳最热点温度$t_s=70$℃，周围环境温度$t_0=40$℃。当封闭母线额定电流取22 000A时，试计算该封闭母线的发热量和散热量，并做热平衡校验。

*7-12 某600MW发电机组采用全连式离相封闭母线，有关数据与习题7-11相同。如系统三相短路冲击电流有效值I_{sh}为560kA，全连式离相封闭母线绝缘子之间的跨距L为3.5m，试计算该封闭母线的电动力，并做动稳定校验。

*7-13 发电厂中各种电气设施的布置有哪些基本要求？

第八章　发电厂和变电站的控制与信号

本章主要讲述发电厂与变电站的控制方式、断路器的控制与信号回路、传统中央信号系统的电路构成和原理，并介绍已在新建变电站中成为主流的变电站综合自动化系统及其断路器控制的基本二次回路。发电厂与变电站的控制与信号电路属于电气二次接线的范围。为此，本章还叙述电气工程中广泛使用的二次接线原理图、展开图和安装图的基本知识。

第一节　发电厂和变电站的控制方式

一、火力发电厂的控制方式

就宏观而言，火力发电厂的控制方式分为主控制室方式和机炉电（汽机、锅炉和电气）集中控制方式。就微观而言，发电厂设备的控制又分为模拟信号测控方式和数字信号测控方式。目前，上述各种方式并存于我国电力系统，但发展方向是集中控制和数字化监控。

1. 主控制室控制方式

早期火力发电厂的单机容量小，常常采用多炉对多机（如四炉对三机）的母管制供汽方式，机炉电相关设备的控制采用分离控制，即设电气主控制室、锅炉分控制室和汽机分控制室。主控制室为全厂控制中心，负责启停机和事故处理方面的协调和指挥，因此要求监视方便，操作灵活，能与全厂进行联系。

图 8-1 为典型火电厂主控制室的平面布置图。凡需要经常监视和操作的设备，如发电机和主变压器的控制元件、中央信号装置等须位于主环正中的屏台上，而线路和厂用变压器的控制元件、直流屏及远动屏等均布置在主环的两侧。凡不需要经常监视的屏，如继电保护屏、自动装置屏及电能表屏便布置在主环的后面。开关场的主变压器与 35kV 及以上的断路器的控制与监视均在主控制室进行；主控制室常与 6～10kV 配电装置室相连，并与主厂房通过天桥连通。

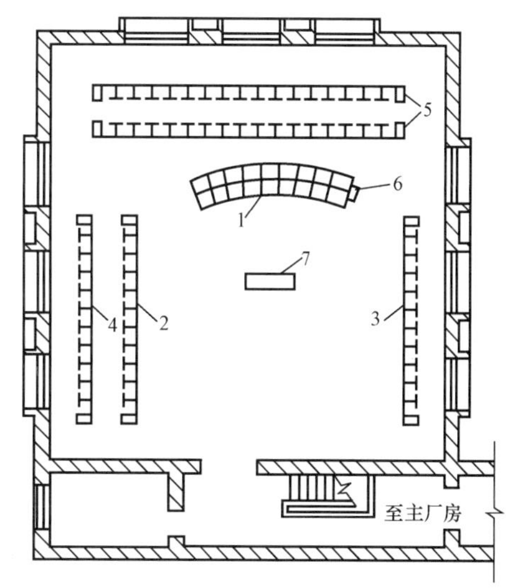

图 8-1　典型火电厂主控制室的平面布置图
1—发电机、变压器、中央信号控制屏台；2—线路控制屏；3—厂用变压器控制屏；4—直流屏、远动屏；5—继电保护及自动装置屏；6—同步小屏；7—值班台

2. 机炉电集中控制方式

对于单机容量为 200MW 及以上的大中型火力机组，一般应将它的机、炉、电设备集中在一个单元控制室控制。现代大型火电厂为了提高热效率，趋向采用亚临界或超临界高压、高温的机组，锅炉与汽机之间采用一台锅炉对一台汽机构成独

立单元系统的供汽方式，不同单元系统之间没有横向的蒸汽管道联系，这样管道最短，投资较少；且运行中，锅炉能配合机组进行调节，便于机组启停及事故处理。

机炉电集中控制的范围，包括主厂房内的汽轮机、发电机、锅炉、厂用电以及与它们有密切联系的制粉、除氧、给水系统等，以便运行人员注意主要的生产过程。至于主厂房以外的除灰系统、化学水处理等，均采用就地控制。

在集中控制方式下，常设有独立的高压电力网络控制室，实际就是一个升压变电站控制室，主变压器及接于高压母线的各断路器的控制与信号均设于网络控制室。以往网络控制室一般要设值班员，但发展方向是无人值班，其操作与监视则由全厂的某一集控室代管。另外，电厂的高压出线较少时一般不再设网控室，主变压器和高压出线的信号与控制均设在某一集控室。

图 8-2 某大型火力机组的机炉电集中控制室场景

图 8-2 为某大型火力机组的机炉电集中控制室的场景照片，其中前排为值长台，中排和后排为机炉电控制与信号屏台。该照片中只照出了单台发电机的机炉电控制屏台。

二、水力发电厂的控制方式

由于水电机组的辅机设备远少于火电机组的辅机设备，所以水电厂的所有机组及其重要的辅助设备、重要的配电装置的监控都在中央控制室进行。在采用传统屏台控制时其布置方式类似于火电厂的主控制室布置。然而，目前新建水电厂都采用以计算机监控为基础的全厂集中监控方式，监控对象包括：水轮发电机组、主变压器、35～500kV 配电装置、6kV 及以上厂用变压器、外来备用电源和全厂水位等。不重要的设备的监控采用就地监控方式。

三、变电站的控制方式

变电站的控制方式按有无值班员分为值班员控制方式、调度中心或综合自动化站控制中心远方遥控方式。即使对于值班员控制方式，还可按断路器的控制手段分为控制开关控制和计算机键盘控制；控制开关控制方式还可分为在主控制室内的集中控制和在设备附近的就地控制。目前，各电压等级的变电站通常采用无人值班的远方遥控方式，其控制中心一般选在 220kV 及以上的变电站或电网调度控制中心。

另外，按控制电源电压的高低还可分为强电控制和弱电控制，前者的工作电压一般为直流±110V；后者的工作电压为一般为直流 24V（个别为 48V），且一般只用于录波回路或通信回路，而合跳闸回路仍采用强电。目前，按照变电站继电保护反措要求，24V 直流一般只在保护室内应用。

第二节　二次回路接线图

对一次设备进行测量、保护、监视、控制和调节的设备被称为二次设备，包括测量仪表、继电保护、控制和信号装置等。二次设备通过电压互感器和电流互感器与一次设备相互关联。

二次回路是由二次设备组成的回路，它包括交流电压回路、交流电流回路、断路器控制和信号直流回路、继电保护回路以及自动装置直流回路等。二次接线图是用二次设备特定的图形符号和文字符号来表示二次设备相互连接情况的电气接线图。

二次接线图的表示法有三种：①归总式原理接线图；②展开接线图；③安装接线图。它们的功用各不相同。

一、归总式原理接线图

在归总式原理接线图（简称原理图）中，有关的一次设备及回路同二次回路一起画出，所有的电气元件都以整体形式表示，且画有它们之间的连接回路。这种连接图的优点是能够使看图者对二次回路的原理有一个整体概念。

无论是原理图，还是后面要讲的展开接线图和安装接线图，其上的图形符号和文字符号都是按国家标准规定画（列）出的。二次接线图常用图形符号新旧对照表见表 8-1，常用文字符号对照表见表 8-2。需要注意的是，在实际工程设计中，新旧标准处于共存状态。

表 8-1　　二次接线常用新旧图形符号对照表

序号	名　称	图形符号	
		新	旧
1	继电器		
2	过流继电器	$I>$	I
3	欠压继电器	$U<$	V
4	气体继电器		
5	电铃		
6	电喇叭		
7	按钮开关（动合）	E	
8	按钮开关（动断）	E	
9	动合触点		
10	动断触点		
11	延时闭合的动合触点		
12	延时闭合的动断触点		
13	延时断开的动断触点		
14	延时断开的动合触点		
15	接通的连接片 断开的连接片		
16	熔断器		
17	接触器动合触点		
	接触器动断触点		
18	位置开关动合触点		
	动断触点		
19	非电量触点动合触点		
	动断触点		
20	切换片		
21	指示灯		
22	蜂鸣器		

注　元件不带电（或断路器未合闸）时的状态为“常态”。

表 8-2　　二次接线图中常见文字符号新旧对照表

序号	元件名称	新符号	旧符号	序号	元件名称	新符号	旧符号
1	电流继电器	KA	LJ	26	按钮	SB	AN
2	电压继电器	KV	YJ	27	复归按钮	SB	FA
3	时间继电器	KT	SJ	28	音响信号解除按钮	SB	YJA
4	控制继电器	KC	ZJ	29	试验按钮	SB	YA
5	信号继电器	KS	XJ	30	连接片	XB	LP
6	温度继电器	KT	WJ	31	切换片	XB	QP
7	气体继电器	KG	WSJ	32	熔断器	FU	RD
8	继电保护出口继电器	KCO	BCJ	33	断路器及其辅助触点	QF	DL
9	自动重合闸继电器	KRC	ZCJ	34	隔离开关及其辅助触点	QS	G
10	合闸位置继电器	KCC	HWJ	35	电流互感器	TA	LH
11	跳闸位置继电器	KCT	TWJ	36	电压互感器	TV	YH
12	闭锁继电器	KCB	BSJ	37	直流控制回路电源小母线	+	+KM
13	监视继电器	KVS	JJ			−	−KM
14	脉冲继电器	KM	XMJ	38	直流信号回路电源小母线	+700	+XM
15	合闸线圈	Yon	HQ			−700	−XM
16	合闸接触器	KM	HC	39	直流合闸电源小母线	+	+HM
17	跳闸线圈	Yoff	TQ			−	−HM
18	控制开关	SA	KK	40	预告信号小母线（瞬时）	M709	1YBM
19	转换开关	SM	ZK			M710	2YBM
20	一般信号灯	HL	XD	41	事故音响信号小母线（不发遥信）	M708	SYM
21	红灯	HR	HD				
22	绿灯	HG	LD	42	辅助小母线	M703	FM
23	光字牌	HL	GP	43	“掉牌未复归”光字牌小母线	M716	PM
24	蜂鸣器	HAV	FM				
25	电铃	HAB	DL	44	闪光母线	M100（+）	（+）SM

图 8-3 为某 10kV 线路的过电流保护原理接线图。该图蕴含的原理是：当线路发生短路或过负荷时，至少流经 A 相和 C 相电流互感器之一的二次侧电流显著增大，当超过电流继电器 KA1 或 KA2 的定值时，KA1 或 KA2（有时二者同时）动作，致使其动合触点闭合，从而导致 KT 时间继电器线圈通电。在经历 KT 所整定的延时动作时间后，KT 的延时闭合动合触点合上，又因断路器现处合闸位置，故其动合辅助触点在合位，这样 KS 和 Yoff 动作，从而引起 QF 跳闸，并由 KS 发跳闸信号，以便于值班员确认保护已动作。

从图 8-3 中可以看出，一次设备和二次设备都以完整的图形符号表示出来，能使我们对整套保护装置的工作原理有一个整体概念。但是这种图存在许多缺点：①只能表示继电保护装置的主要元件，而对细节之处无法表示；②不能表明继电器之间接线的实际位置，不便于维护和调试；③没有表示出各元件内部的接线情况，如端子编号、回路编号等；④标出的直流“+”、“−”极符号多而散，不易看图；⑤对于较复杂的继电保护装置很难表示，即使画出了图也很难让人看清楚。

图 8-3 只是一个简化图，实际 10kV 线路可能还配有电流速断保护和重合闸，不难想象仅用原理图表示所有二次设备之间的连接关系会显得繁乱。其实，原理接线图主要用于体现二次装置的整体工作原理及其组成，无法说明各元件之间的具体连接情况（接线端子和回路）。这样，原理图的用途是有限的，而展开接线图和安装接线图被广泛地用于发电厂、变电站的电气设计与施工。

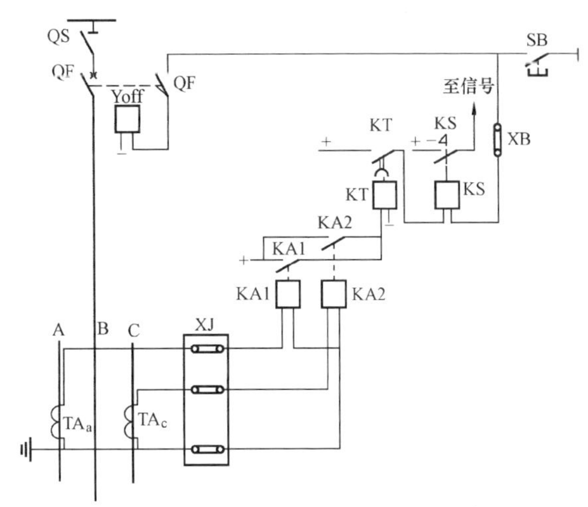

图 8-3　10kV 线路过电流保护原理接线图

KA1、KA2—接于交流 A 相（第一相）和 C 相（第三相）的交流电流继电器；KT—时间继电器；KS—信号继电器；Yoff—断路器 QF 的跳闸线圈；XJ—测试插孔；XB—连接片；SB—断路器跳闸试验按钮

二、展开接线图

展开接线图简称展开图，是另一种方式的接线图，其二次电路按交流和直流分开画，即分为交流回路和直流回路，且电路的每个元件在回路中又被分解成若干部分，如一个继电器被分为带启动线圈的继电器主体和若干个继电器触点。图 8-3 中的 10kV 线路过电流保护可用展开图表示为图 8-4。

由图 8-4 可见，元件的线圈、触点分散在交流回路和直流回路中，故分别称为交流回路展开图（包括交流电流回路展开图和交流电压回路展开图）及直流回路展开图。

在展开图中，无论元件、线圈和触点等都应按规定的文字符号加以注明，以免发生理解错误。将回路中的电源、按钮、触点、线圈等元件的图形符号依电流通过的方向，由左至右、由上到下顺序排列起来，最后便构成完整的展开图。在图的右侧附有文字说明回路的作用。通过图 8-4 同样能说明当 10kV 线路短路或过负荷时，过电流保护动作跳闸的过程。由于展开图条理清晰，能一条一条地检查和分析，因此实际中用得最多。

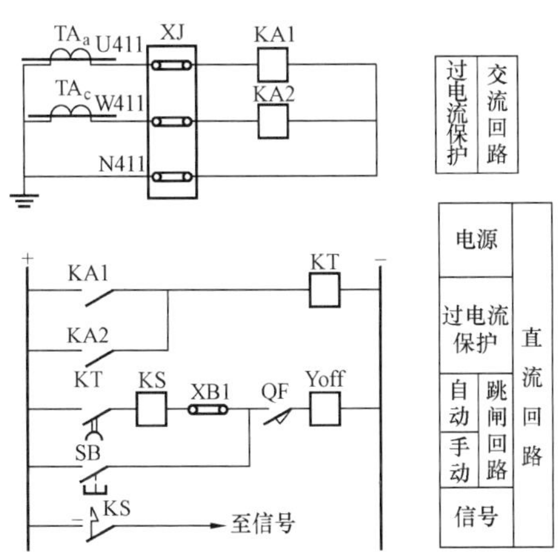

图 8-4　10kV 线路过电流保护展开图

展开图具有如下优点：①容易跟踪回路的动作顺序；②在同一个图中可清楚地表示某一次设备的多套保护和自动装置的二次接线回路，这是原理图所难以做得到的；③易于阅读，容易发现施工中的接线错误。

在本章中的断路器控制和发电厂中央信号装置的原理说明中将使用展开图。

三、安装接线图

为了施工、运行和维护方便，在展开图的基础上还应进一步绘制安装接线图。安装接线图包括屏面布置图、屏后接线图、端子排图和电缆联系图。

1. 屏面布置图

屏面布置图是展示在控制屏（台）、继电保护屏和其他监控屏台上二次设备布置情况的图纸，是制造商加工屏台、安装二次设备的依据。

屏面布置应满足下列一些要求：①凡须经常监视的仪表和继电器都不要布置得太高；②操作元件（如控制开关、调节手轮、按钮等）的高度要适中，使得操作、调节方便，它们之间应留有一定的距离，操作时不致影响相邻的设备；③检查和试验较多的设备应布置在屏的中部，而且同一类型的设备应布置在一起，这样检查和试验都比较方便。此外，屏面布置应力求紧凑和美观。

图 8-5 所示为 110kV 线路控制屏的屏面布置图，屏面左半部为一回出线的二次设备布置，右半部为另一回出线的二次设备布置。

图 8-6 所示为传统的继电保护屏布置图，屏面自上而下布置有电流继电器、时间继电器、信号继电器、保护出口继电器和连接片等。需要指出的是微机式继电保护已经广泛地取代了基于电磁式继电器的保护装置，其屏面布置同该图已大不相同：大量继电器被微处理器、外围集成电路和软件所替代，屏面元件的数量已大为减少。

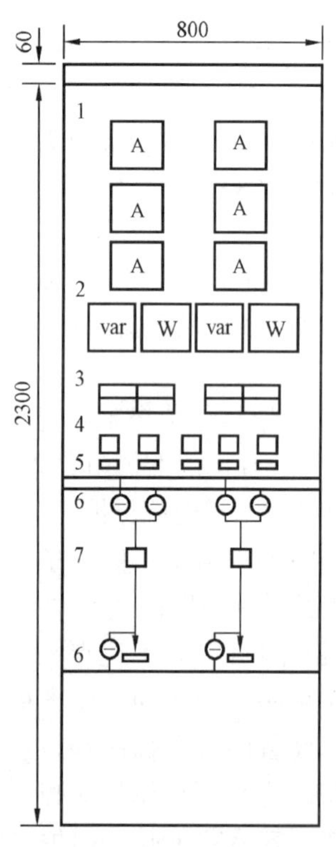

图 8-5　110kV 线路控制屏屏面布置图

1—电流表；2—有功功率表和无功功率表；3—光字牌；4—转换开关和同期开关；5—模拟母线；6—隔离开关位置指示器；7—控制开关

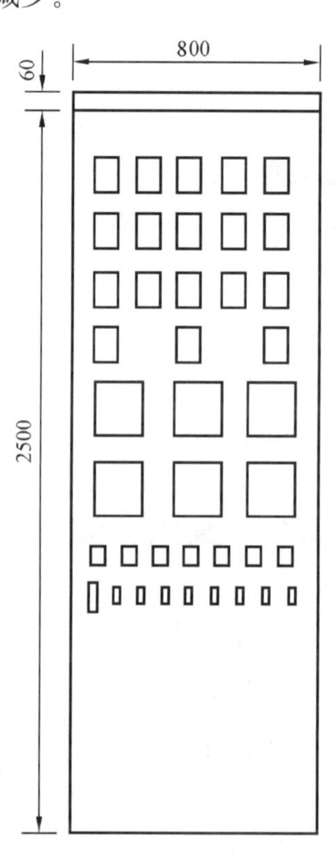

图 8-6　继电保护屏屏面布置图

2. 屏后接线图

屏后接线图是以屏面布置图为基础、以原理接线图为依据而绘制的接线图，表明了屏内各二次设备引出端子之间的连接情况，以及设备与端子排的连接情况，它既可被制造厂用于指导屏上配线和接线，也可被施工单位用于现场二次设备的安装。

屏后接线图是站在屏后所看到的接线图。从屏后向屏体看去，一般有两列垂直布置的端子排处于屏的两侧，处于屏顶的各种小母线、熔断器和小隔离开关等，众多的二次设备的背面及其接线端子。

端子排是由若干节接线端子组成，每节接线端子由绝缘座和导电片组成，导电片的两端各有一个固定导线用的螺丝，可使两端的导线接通。端子排的作用是：①屏内设备相隔较远时的连接；②屏内设备与屏外设备（如电流互感器）之间的连接；③不同屏的设备之间的连接，端子排每行两侧均有相连通的端子，每个端子一般只接一根导线，必要时可接两根。端子排中的端子一般自上而下排列，分别有：①交流电流回路；②交流电压回路；③直流信号回路；④直流控制回路；⑤其他回路（如自动励磁电流和电压回路）；⑥转接回路（用于过渡连接，先排本安装单位的转接，再排其他安装单位的转接，最后排小母线兜接用的转接）。

发电厂和变电站的二次接线设计是以“安装单位”为单元进行的。电气一次主接线中，凡是能独立运行的一次设备可化为一个“安装单位”。一般说来，一个“安装单位”与一次主接线的配电装置的一个“间隔”（进/出线断路器及其附属的隔离开关和电流互感器统称一个间隔；母线的电压互感器和避雷器被视为一个间隔）相一致。每个安装单位的二次接线图均应包括原理图、布置图、安装图和必要的解释性图。一个二次设备安装屏可以布置一个或多个安装单位的二次设备，屏内不同的安装单位须用Ⅰ、Ⅱ、Ⅲ、Ⅳ来区分。

每个安装单位所属二次设备都有自己的端子排。如图8-5中控制屏上的二次设备涉及两条线路：第一条线路的所有二次设备可称为第Ⅰ安装单位；第二条线路的所有二次设备可称为第Ⅱ安装单位。新型变电站的断路器控制、继电保护、测量和通信设备常放在同一个屏上，由于设备和端子都较多，其相应的二次设备有时可在屏上对应设立三个端子排。

为了便于安装接线，屏后接线图采用的是相对编号。例如要连接甲、乙两个设备，可在甲设备接线柱上标出乙设备接线柱的编号，而在乙设备接线柱上标出甲设备接线柱的编号。简单说来，就是“甲编乙的号，乙编甲的号”。这样，在接线和维修时就可以根据图纸很容易地找到每个设备的各个端子所连接的对象。

现以图8-3所示10kV线路过电流保护原理图为例，具体说明屏后接线图的表示方法和“相对编号法”的应用。为简化此例，略去了原图中的试验按钮、测试插孔和连接片等环节，形成展开图8-7（a）、屏后接线图8-7（b）、（c）。其中图8-7（b）为保护屏左侧端子排图，它为屏后接线图的一个组成部分。

端子排图中表格的首行说明安装单位的编号和名称；其余各行要在中间位置说明端子的序号，在序号的一侧标明该侧端子应接其他设备（多为屏外设备）的编号，或所接回路编号，在另一侧注明该侧端子应接的屏内设备编号。图8-7（b）表明该端子排的左列端子与屏顶的小母线、屏外的电流互感器和该线路的控制屏相连，右列端子与屏内设备相连，在该保护屏中有关该线路的所有二次设备构成安装单位“Ⅰ”（或理解为属于线路“Ⅰ”）。

图8-7（b）中的第1、2、3号端子带有竖线标志，代表试验端子。它们与普通接线端子的区别是导电片被分为两段，其间增加了一螺丝杆，当该螺丝杆被旋紧时两段导电片通过螺丝杆形成回路；当螺丝杆被旋下来时，端子两侧电气上断开，此时可在外侧（相对于屏内而言）接其他试验设备，但须事先将本端子的外侧接头与N411端子的外侧接头短接，以防

止电流互感器回路开路，在外接设备接入后再拆除短接片；第 5、6 和第 7、8 号端子为连接端子，它们能上下互连接起来形成通路，这几个端子的左侧与控制屏的断路器控制电源正负极相连；第 9 号端子的左侧与控制屏的断路器辅助触点 QF 相连；第 11、12 号端子接屏顶的辅助小母线 M703 和“掉牌未复归”光字牌母线 M716。

为了避免混淆，屏上的所有设备均被编号［参阅图 8 - 7（c）中各二次设备顶部圆圈中的内容］，其构成为：①所属安装单位，本例均属于Ⅰ；②设备序号，即在一个安装单位的范围内，从屏背面自上而下，自右而左依次编号，本例中有四个设备安装于保护屏，它们都属于安装单位Ⅰ，序列号分别为 1、2、3、4；③设备的文字符号（参阅表 8 - 2），多个同型设备用序号区分，如图中 KA1 和 KA2 分别表示同一个安装单位的两个继电器。

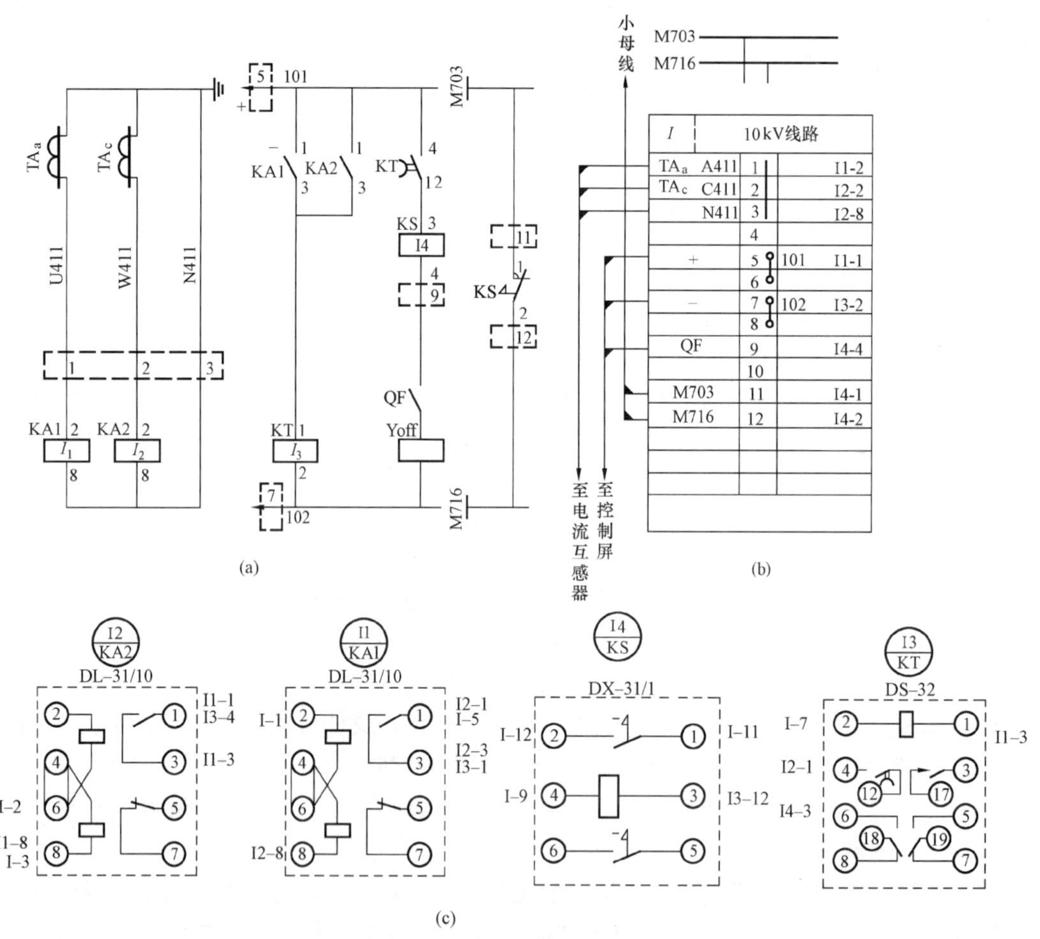

图 8 - 7　相对编号法在 10kV 线路过流保护接线图中的应用实例

（a）展开图；（b）、（c）屏后接线图

在图 8 - 7（c）中，各设备的端子号旁均标有应连接设备的编号及所接端子号，如电流继电器 KA1 的驱动线圈的 2 号端子旁标有Ⅰ - 1，表示它与端子排（Ⅰ）的 1 号端子相连；8 号端子旁标有Ⅰ2 - 8，表示它与 KA2（Ⅰ2）的 8 号端子相连；KA2 的 8 号端子旁标有Ⅰ1 - 8 和Ⅰ - 3，表示它既与 KA2（Ⅰ1）的 8 号端子相连，又与端子排（Ⅰ）的 3 号端子相接，从而实现了Ⅰ - 3 与Ⅰ1 - 8 的连接。同时，端子排（Ⅰ）的第 3 号端子的内侧标有

Ⅰ2-8，表示它与 KA2（Ⅰ2）相连。这就体现出了“相对编号”的原理。另外，KA1 的第 5、7 号端子旁无标记，说明该触点未使用。

应当指出，单独看屏后接线图是不易看懂的，应结合展开图来看，以了解各设备之间的连接关系。展开图中一般并无图 8-7（a）虚框中所标出的端子序号（必要时可以标出），但交流回路一般标有回路号［如图 8-7（a）中的 U411、W411、N411］。交流电流回路数字范围为 400～599，交流电压回路为 600～799，其中个位表示不同回路，十位表示互感器组号，如本图中的 W411 表示 C 相交流电流二次回路、第一组互感器、第一回路。另外，微机保护控制屏中的二次设备大为减少，且制造厂商一般为整屏供货，故通常只提供端子排接线图，而不向用户提供其他屏后接线图。

3. 电缆联系图

电缆联系图用于表明控制室内的各二次屏台及配电装置端子箱之间电缆编号、长度和规格，各屏台或配电装置用方框表示，框内注明其名称。这种图纸较简单，不再赘述。

4. 二次回路编号

为便于二次设备的安装和维护，应在二次回路中进行回路编号。回路编号应尽量简单、易记和清晰，一些常用的回路编号已由国家标准规定。回路编号的原则是：

（1）编号由 2～4 位数字组成，交流回路为区分一次系统的 A、B、C 三相，可在编号前增注 U、V、W（旧标准中用 A、B、C）；

（2）回路中的等电位段用同一个编号，而当经过继电器触点或各种小开关时两端应分别编号；

（3）不需要对展开图中的每一个节点都进行编号，而仅对引至端子排上的回路进行编号。

交流回路编号的其他规定还有：按照一次系统中电流互感器和电压互感器的编号对其所接二次回路进行编号。假设线路 1 装有两组电流互感器 TA1-1 和 TA1-2，一组供继电保护用，一组供测量表计用，则对应 TA1-1 的 A 相二次回路编号从 U111 编起，可到 U119；对应 TA1-2 的 A 相二次回路编号从 U121 编起，可到 U129。同样，对于线路 2 若装有两组电流互感器 TA2-1 和 TA2-2，则对应 TA2-1 的 A 相二次回路编号从 U211 编起，可到 U219；对应 TA2-2 的 A 相二次回路编号从 U221 编起，可到 U229。

直流回路编号其他规定还有：

（1）对于一些重要的常用回路在国标中已规定了固定编号。例如，直流正电源回路编号为 101，负电源回路为 102；信号回路电源正极是 701，负极是 702。

（2）从正电源出发，用奇数顺序编号，有压降的原件的两端的编号应不同。若最后一个有压降的元件后面是通过连接片、小开关或继电器触点连在负极上，则下一步则从负极以偶数 2 开始顺序编号，直至已有编号的节点。

（3）变压器有多端，每端的断路器都有自己的控制回路，可在编号的首位用端口号加以区分，如第 2 个端口的断路器的控制回路的电源正极用 201、负极用 202 编号。

小母线的编号规定：在二次直流回路展开图中，控制与信号回路的电源小母线用粗实线表示，并标注文字符号。例如，“＋”和“－”表示控制回路的正、负电源小母线，“＋700”和“－700”表示信号回路的正、负电源；M100（＋）表示闪光信号的正电源（共用控制回路的负电源母线）；M708、M808 分别表示不发遥信和发遥信时的事故音响小母线；M709

和 M710 表示两段不同的瞬时预告音响信号小母线；M703 和 M716 表示“掉牌未复归”光字牌小母线（参阅图 8-7）。

还有很多种二次回路和小母线已被规定了编号或表示符号，遇到时可查阅相关书籍。

第三节　断路器的传统控制方式

断路器是电力系统中最重要的开关电器，它既可以在正常情况下接通或切断一次系统中的负荷电流，又可在系统故障的情况下切断故障电流。为了保证断路器在上述工况下迅速、可靠、正确地动作，人们设计了多种断路器控制方式，以实现对断路器合分操作或自动跳闸、重合闸的控制与监视。

断路器控制回路的接线方式较多，按监视方式可分为灯光监视的控制回路与音响监视的控制回路。前者应用的较为普及，而后者一般只用于在电气主接线的进出线很多的场合，以减少控制屏所用的空间。

一、对控制回路的一般要求

断路器的控制回路必须完整、可靠，因此应满足下面一些要求：

（1）断路器的合闸和跳闸回路是按短时通电来设计的。操作完成后，应迅速自动断开合闸或跳闸回路以免烧坏线圈。为此，在合、跳闸回路中，接入断路器的辅助触点，既可将回路切断，同时还为下一步操作做好准备。

（2）断路器既能在远方由控制开关进行手动合闸和跳闸，又能在自动装置和继电保护作用下自动合闸或跳闸。

（3）控制回路应具有反映断路器位置状态的信号。例如：手动合闸或手动跳闸时，可用红、绿灯发平光分别表示断路器为合闸、跳闸状态；而红、绿灯发闪光分别表示自动合闸、自动跳闸。

（4）具有防止断路器多次合、跳闸的“防跳”装置。断路器合闸时，如遇永久性故障，继电保护使其跳闸，此时，如果控制开关未复归或自动装置触点被卡住，将引起断路器再次合闸继又跳闸，即出现“跳跃”现象，容易损坏断路器。因此，断路器应装设“电气防跳”或“机械防跳”装置。

（5）对控制回路及其电源是否完好，应能进行监视。控制回路使用的电压，有较高的直流电压（220V 或 110V），也有较低的直流电压（48V 或 24V）。使用前一种电压进行控制，称为强电控制；使用后一种电压进行控制，称为弱电控制。一般常采用强电控制。

（6）对于采用气压、液压和弹簧操作的断路器，应有对压力是否正常、弹簧是否拉紧到位的监视回路和动作闭锁回路。

二、灯光监视的控制回路和信号回路

1. 断路器控制元件、中间放大元件以及操动机构

在介绍断路器控制回路之前，先介绍其中的控制元件、中间放大元件和操动机构三大部件。

（1）断路器控制元件。断路器的合、跳闸命令是由运行人员按下按钮或转动控制开关等控制元件而发出的。按钮虽然简单，但触点数量太少，不能满足控制与信号回路的需要，故多采用带有转动手柄的控制开关。

目前，控制开关的种类较多，但作用是类似的，即在开关手柄转至不同位置时不同的触点接通，因而制造商都会提供产品的触点图表。传统的灯光监视控制回路常采用 LW2-Z 型控制开关，而音响监视控制回路采用 LW2-YZ 型控制开关。这两种开关的结构差异不大，其中后者的操作手柄内装有信号灯。另外，还有触点盒数较少的 LW2-W 型控制开关，可应用于小水电站内灯光监视的断路器控制回路，使其接线大大简化。

图 8-8 是发电厂和变电站普遍使用的 LW2-Z 型控制开关的结构图。其正面是一个操作手柄，装于屏前；与手柄固定连接的方轴上装有 5～8 节触点盒，用连接杆相连装于屏后。在每节方形触点盒的四角均匀固定着 4 个静触点，其外端与外电路相连，内端与固定于方轴上的动触点簧片相配合。由于簧片的形状及安装位置的不同，组成各种型号的触点盒。表 8-3 为 LW2-Z-1a、4、6a、40、20/F8 型控制开关在手柄转至不同位置时 6 节触点盒的触点连通情况。

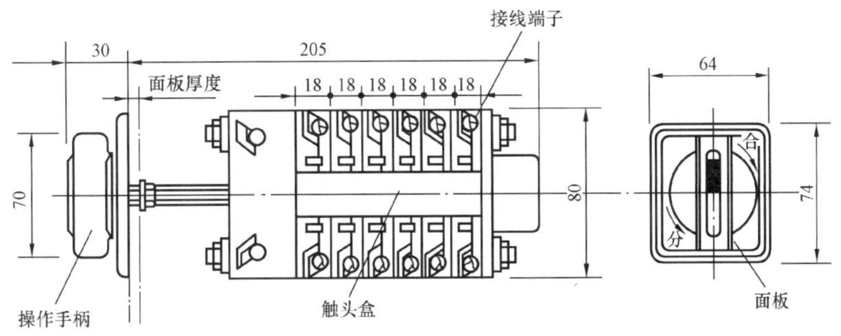

图 8-8　LW2-Z 型控制开关结构图

表 8-3　LW2-Z-1a、4、6a、40、20、20/F8 型控制开关触点图表（背视图）

有“跳闸”后位置的手柄（正面）的样式和触点盒（背面）接线图	合 跳															
手柄和触点盒型式	F8	1a		4		6a			40			20		20		
位置＼触点号	—	1—3	2—4	5—8	6—7	9—10	9—12	10—11	13—14	14—15	13—16	17—19	18—20	21—23	21—22	22—24
跳闸后		—	×	—	—	—	—	×	—	×	—	—	×	—	—	×
预备合闸		×	—	—	—	×	—	—	×	—	—	—	—	—	×	—
合　闸		—	—	×	—	—	×	—	—	—	×	×	—	×	—	—
合闸后		×	—	—	—	×	—	—	—	—	×	×	—	×	—	—
预备跳闸		—	×	—	—	—	—	×	×	—	—	—	—	—	×	—
跳　闸		—	—	—	×	—	—	×	—	×	—	—	×	—	—	×

注　×表示触点接通；—表示触点断开。

LW2-Z 型控制开关的手柄有两个固定位置和两个操作（旋转至最大角度）位置。其固定位置有：①垂直位是预备合闸和合闸后；②水平位是预备跳闸和跳闸后。其操作位置有：①合闸操作，由预备合闸（垂直位）右转 30°至合闸位，瞬间发出合闸脉冲，手放开后靠弹簧作用使手柄复位于垂直位（合闸后）；②跳闸操作，由预备跳闸（水平位）左转 30°至跳闸位，瞬时发出跳闸脉冲，手放开后靠弹簧作用使手柄复位于水平位（跳闸后）。

（2）中间放大元件。因断路器的合闸电流甚大，如电磁式操动机构，其合闸电流可达几十安到几百安，而控制元件和控制回路所能通过的电流往往只有几安，因而须在合闸回路中安装中间放大元件去驱动操动机构，如用 CZ0-40C 型直流接触器去接通合闸回路。由于断路器的跳闸位置是自然状态，在合闸过程中断路器的分闸弹簧已积聚了能量，所以由合闸位置转跳闸位置时所需力矩较小且短促，不需中间放大元件。

（3）操动机构。断路器的操动机构有电磁式、弹簧式和液压式等，它们的控制回路都带有合闸和跳闸线圈。当线圈通电后，引起连杆动作，进行合闸或跳闸。

2. 控制回路和信号回路

图 8 - 9 所示为灯光监视的电磁操动机构断路器的控制回路和信号回路展开图。控制回路和信号回路的工作过程如下。

（1）手动合闸。合闸前断路器处于跳闸状态，其动断辅助触点 QF1-2 在合位；同时，控制开关处于“跳闸后”位置，由表 8 - 3 知，触点 SA11-10 现处于接通状态。这样，正电源经 SA11-10→绿灯 HG→QF1-2→合闸接触器 KM 至负电源形成通路，绿灯 HG 发平光，因 HG 及其右侧电阻的限流作用，回路电流不足以使 KM 动作。绿灯发平光既可表示断路器正处于跳闸位置、控制开关手柄位置与断路器实际位置相对应，还表明控制电源与合闸回路均属完好。

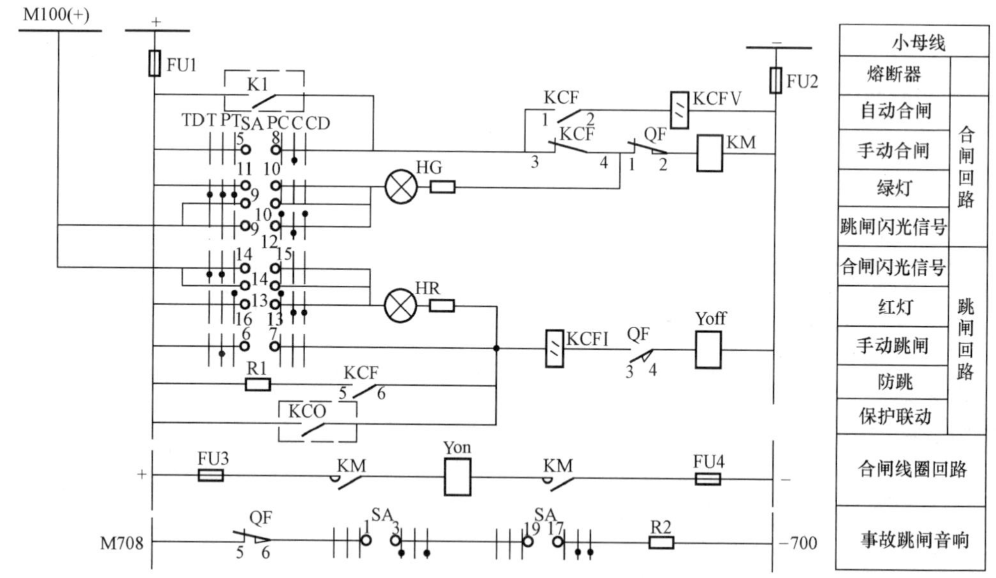

图 8 - 9 灯光监视的电磁操动机构断路器控制回路和信号回路展开图

SA—控制开关；KCFV、KCFI—防跳继电器 KCF 的电压线圈和电流线圈；KCF1～6—防跳继电器 KCF 的触点；R1、R2—限流电阻；KM—合闸接触器；Yon—合闸线圈；Yoff—跳闸线圈；KCO—保护出口继电器（动合触点）；QF1～6—断路器 QF 的辅助触点；K1—自动合闸装置的动合触点；M100（＋）—闪光电源母线；C—合闸；T—跳闸；PC—预备合闸；PT—预备跳闸；CD—合闸后；TD—跳闸后此时，将控制开关手柄顺时针方向转 90°，即进入“预备合闸”位置，使触点 SA9-10、SA14-13 接通，而 SA11-10 断开，让绿灯回路改接到闪光母线 M100（+）上，使绿灯发闪光，提醒操作人员核对是否选择了正确的操作对象。此时，因断路器仍在开位，故其动合辅助触点 QF3-4 处于断开位置，这样红灯回路处于断开状态。

接下来可将控制开关再顺时针转 45°至“合闸”位置。此时，触点 SA5-8 接通，且断路器动断辅助触点 QF1-2 仍在合位、动合辅助触点 QF3-4 仍在开位，故跳闸回路是断开的，防跳继电器电流线圈 KCFI 中无电流通过；控制开关 SA 在转至“合闸”位置之前跳闸回路是断开的，SA5-8 处在未连通状态，且防跳继电器触点 KCF1-2 是断开的，故防跳继电器的电压线圈 KCFV 上无电压。这样，当控制开关 SA 转至“合闸”位置时，防跳继电器触点 KCF3-4 在合位，KCF1-2 和 KCF5-6 在开位，正电源经 SA5-8→KCF3-4→断路器动断辅助触点 QF1-2→合闸接触器 KM 至负电源，KM 动作，使图中下方合闸线圈回路的两个 KM 动合触点闭合，断路器合闸线圈 Yon 通电，致使断路器电磁式操动机构动作合闸。合闸完毕后，图中断路器的辅助触点 QF1-2 和 QF3-4 的状态也相继发生变化，合闸回路中辅助触点 QF1-2 断开，跳闸回路中辅助触点 QF3-4 接通，同时事故跳闸音响中辅助触点 QF5-6 断开。

最后操作人员放开操作手柄，手柄会在内部弹簧的作用下返回到垂直位置，即“合闸后”位置。于是，触点 SA16-13 闭合，红灯回路接通，红灯 HR 发平光，表示断路器已处于合闸状态。

（2）手动跳闸。操作前，断路器处于合闸状态，故其处于跳闸回路的 QF3-4 在合位；将控制开关 SA 由“合闸后”的垂直位置逆时针转至“预备跳闸”的水平位置，致使 SA13-14 接通，红灯 HR 接至具有正极的闪光电源，并经跳闸回路的 KCFI、QF3-4、Yoff 同控制电源的负极接通，红灯闪光，提醒操作人员核对操作对象。再将控制开关 SA 进一步逆时针转 45°至“跳闸”位置，触点 SA6-7 接通；因断路器仍在合闸状态，故此时跳闸回路的动合 QF3-4 仍在合位。这样跳闸回路接通，跳闸线圈 Yoff 通过较大的电流，致使 Yoff 动作断路器跳闸，断路器的辅助触点状态发生变化，合闸回路的 QF1-2 闭合，跳闸回路的 QF3-4 断开。与此同时，SA 自动弹回“跳闸后”的水平位置，SA11-10 接通。这样，绿灯 HG 发平光。

（3）自动合闸。许多线路配有自动重合闸装置，它们在断路器跳闸切断临时故障后自动触发重合闸。另外，一些发电机配有自动准同步并列装置或自同步并列装置。这些装置动作合闸时都属于自动合闸。

完整的断路器控制和信号回路展开图应包括继电保护和重合闸回路，但为了便于读者入门，图中用 KCO 代表保护装置出口继电器的触点，K1 代表自动合闸装置的触点，装置动作时对应的触点会闭合。

自动合闸装置动作时，K1 闭合，接下来同手动合闸过程类似，断路器进入合闸状态，此时控制开关 SA 仍处于跳闸后位置，故 SA14-15 连通；因断路器已处合闸状态，故跳闸回路的 QF3-4 变为合位。这样，红灯接于闪光电源，并经 KCFI、QF3-4 和 Yoff 与负电源构成电气通路，使红灯闪光，但因回路中电阻的限流作用，断路器跳闸线圈 Yoff 不会动作。红灯闪光表明控制开关 SA 位置与当前断路器的实际状态不对应，提醒运行人员去调整控制开关 SA 手柄的位置，从“跳闸后”的水平位置转至“合闸后”的垂直位置。

（4）自动跳闸。如果线路或其他一次设备出现故障时，继电保护装置就会动作，从而引起保护出口继电器动作，其动合触点 KCO 闭合。由于触点 KCO 与 SA6-7 并联，所以接下来的断路器跳闸过程与手动跳闸过程类似，只是断路器跳闸后，控制开关仍停留在“合闸后”位置，与断路器跳闸位置不对应，使得绿灯 HG 经 M100（+）→SA9-10→HG→动断 QF1-2→KM 与控制电源的负极接通，绿灯发闪光，告知运行人员已发生跳闸。将 SA 逆时针转动，最后停至“跳闸后”位置。

自动跳闸表明事故发生，除闪光外，控制与信号回路还应发生音响。断路器跳闸后，事故音响回路的动断触点 QF5-6 闭合；控制开关仍处于“合闸后”位置，SA1-3 和 SA19-17 均处于接通状态，使事故音响信号小母线 M708 与信号回路电源负极（−700）接通，从而可启动事故信号装置发出音响，其原理在后面的中央事故信号中叙述。

（5）“防跳”措施。35kV 及以上的断路器常采用“电气防跳”。在图 8-9 中，KCF 为专设的防跳继电器，是 DZB-115 型。这种继电器具有两个线圈：一个是供启动用的电流线圈 KCFI，接在跳闸回路中；另一个是自保持用的电压线圈 KCFV，通过本身的动合触点 KCF1-2 接入合闸回路。

在合闸过程中，如正遇永久性故障，因而保护出口继电器触点 KCO 闭合，断路器跳闸，并启动防跳继电器的电流线圈 KCFI，使触点 KCF1-2 闭合。若控制开关 SA 手柄未复归或其触点被卡住，以及自动投入装置的触点 K1 被卡住时，由于防跳继电器的触点 KCF1-2已经闭合，致使防跳继电器的电压线圈 KCFV 带电，从而触点 KCF3-4 断开，能避免合闸接触器 KM 再次被触发，也就防止了断路器发生“跳跃”。在上述合闸并遇到永久性故障的过程中，因保护跳闸使触点 KCF1-2 闭合，只要控制开关手柄未复归（或其他合闸命令未解除），电压线圈 KCFV 就一直带电，这样防跳继电器就起到了自保持的作用，从而保证 KM 不再被触发。

触点 KCF5-6 的作用是为了防止保护出口继电器 KCO 的触点被烧坏。因为自动跳闸时，KCO 的触点可能较跳闸回路的辅助触点 QF3-4 先断开，以致可能被电弧烧坏。在自动跳闸过程中，防跳继电器 KCFI 通过电流较大，足以动作，致使 KCF5-6 闭合，由于 KCF5-6 与 KCO 并联，所以 KCO 触点返回动合位置时 KCF5-6 尚在合位，这样 KCO 触点得到了保护。

此外，尚有一种较简单的“机械防跳”，即操动机构本身就具有防跳性能，如 5～10kV 断路器的 CD2 型操动机构便是如此。但因调整费时，许多断路器已不再采用“机械防跳”。

图 8-9 所示的灯光监视的电磁操动机构断路器控制与信号回路，常用于 60kV 及以下的配电系统的断路器，这些断路器的三相合闸、跳闸使用同一套操动机构。

220kV 及以上的断路器一般是按照三相分设单独的操动机构和控制回路，操作机构多为弹簧式或液压式。弹簧操动机构的断路器控制回路与图 8-9 类似，其差别是：①图 8-9 中的合闸线圈回路换成了电动机启动回路，当合闸弹簧未拉紧时电动机回路接通，直至拉紧；②合闸回路 KCF3-4 与 QF1-2 之间串入一个表示弹簧拉紧状况的动合触点，只有弹簧拉紧后该触点闭合，才允许合闸，以保证合闸前弹簧有足够的能量。

三、其他类型的断路器控制回路和信号回路

1. 音响监视的断路器控制回路和信号回路

音响监视的断路器控制回路和信号回路采用 LW2-YZ 型控制开关，且跳合闸回路共用控制开关手柄中的信号灯。其工作原理与灯光监视的断路器控制回路相似，区别是用合闸位置继电器代替了红灯，用跳闸位置继电器代替了绿灯。这两个继电器所在回路之一接通时，其动合触点将闭合信号灯所在的回路；当控制回路与回路断线时，位置继电器会因失电而通过其动断触点接通中央信号回路（灯光监视的控制回路是借助红绿灯均熄灭来判断控制回路断线的）。这种控制方式的优点是信号灯的数量减半，适用于进出线较多的发电厂和变电站；缺点是不如双灯直观，只有借助灯光和控制开关所在位置来共同判定断路器所处的状态，因而在实际工程中使用较少。

2. 分相操作的断路器控制回路

在 220kV 及以上的中性点直接接地的系统中，线路发生单相接地时只跳单相，然后单相重合；其他故障跳三相后重合三相，若不成功再跳三相，也即综合重合闸方式。因此，在 220kV 以上的输电系统中一般都装设分相操作的断路器。这就要求相应的控制回路应既能实现手动的三相操作，又能实现自动单相或三相跳闸和合闸。为了减少控制屏的体积，三相控制应共用一套控制开关和红绿信号灯。

110kV 及以上断路器的操动机构多为液压式，其中 220kV 及以上的断路常采用 CY3 型液压分相灯光监视的控制与信号回路。这种回路的特点是：①控制开关一般采用与图 8 - 8 相同的 LW2-Z 型，回路中增加了三相合闸继电器和三相跳闸继电器，利用这两个继电器将三相合跳闸命令部分与单相合跳闸回路部分分开，且每相均设单独的合闸跳闸回路；②每相设一个电流启动、电压保持的“防跳”继电器；③由于三相共用一套红绿灯，为不失去对合闸和跳闸回路完好性的监视功能，在每相的合闸回路中增加了一个合闸位置继电器，在跳闸回路中增加了一个跳闸位置继电器；④操动机构中的油压是有工作范围的，降到一定值时既不允许合闸也不允许跳闸，所以在三相合闸和跳闸回路中串入了压力监察继电器的触点，以便在油压过低时闭锁合跳闸；⑤为保持油压正常，配有油泵电动机启动回路。

3. 传统的弱电控制回路

我国绝大多数发电厂和变电站的断路器的控制和信号回路沿用强电控制，即控制与信号电源直流电压为 220V 或 110V，交流二次回路额定电压为 100V，额定电流为 5A。但从 1958 年起，我国就开始在少数厂站尝试用弱电参数进行断路器的控制与监视，即二次回路的控制与信号的电源电压为直流 48、24V 或 12V，交流二次回路额定电压仍为 100V，额定电流一般为 0.5A 或 1A。传统的弱电控制分为弱电一对一控制、弱电有触点选择控制、弱电无触点选择控制和弱电编码选择控制等。实际上，目前在新建厂站中广泛应用的计算机监控系统也是一种弱电控制，它使用的参数更低，其原理将在本章的后续部分介绍。

传统的几种弱电控制方式的共同特点是：①因弱电对绝缘距离、缆线的截面积都要求较小，控制屏（台）上单位面积可布置的控制回路增多，可缩小控制室的面积，电缆投资也小；②制造工艺要求较高，且运行中需要定期清扫，否则会因二次设备及接线之间的距离小而引发短路，这正是弱电控制使用较少的原因。

除了上述共同特点外，不同的弱电控制方式还有各自的特点。

（1）弱电一对一控制。它与强电一对一控制相类似，每一个断路器有一套独立的控制回路，但控制开关、信号灯、同步回路、手动跳合闸继电器的工作线圈等（跳合闸发令部分）均为弱电，而手动跳合闸继电器的触头、跳合闸执行回路均处于强电部分。这种方式在电气一次进出线多的 500kV 变电站使用较多，使得整个变电站的控制屏（台）面能够缩至值班员的视野之内。

图 8 - 10 为一简易的弱电一对一控制二次回路展开图。图中无同步回路和“防跳”继电器。

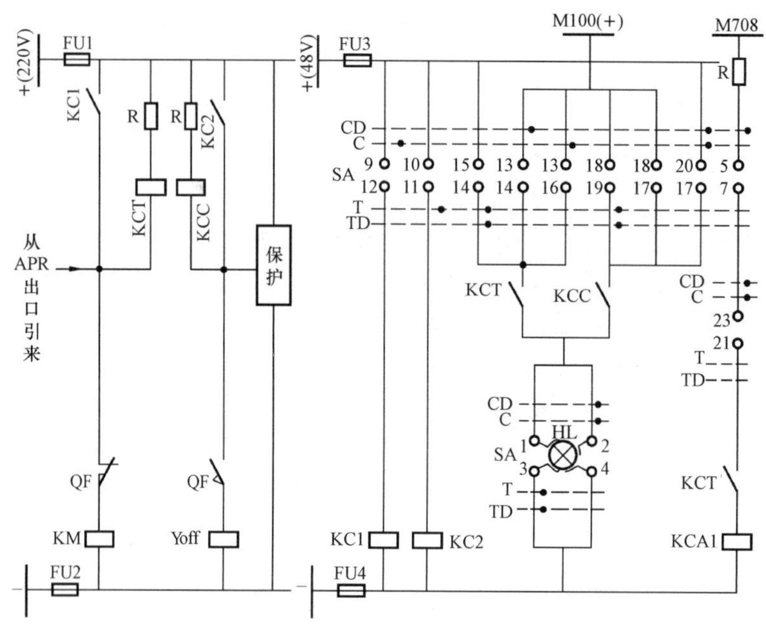

图 8 - 10 简易弱电一对一控制电路图

SA—RLW 型弱电控制小开关；KC1—合闸继电器；KC2—跳闸继电器；KCC—合闸位置继电器；KCT—跳闸位置继电器；KM—合闸接触器；Yoff—跳闸线圈；KCA1—事故信号继电器；APR—重合闸装置；HL—信号灯

弱电控制小开关 SA 有 4 个位置，即合闸 C（按下手柄右转 45°），合闸后 CD、跳闸 T（按下手柄左转 45°）和跳闸后 TD。图 8 - 10 中标有在 SA 处于不同位置时触点的接通情况，如 SA9-12 在与 C 对齐的横线上标有黑点，表示 SA 在转至“合闸”位置时接通。弱电控制开关的手柄内有小型信号灯，可表示断路器的位置。

图 8 - 10 电路的动作原理如下：

1）手动操作过程：当断路器处于跳闸位置时，跳闸位置继电器 KCT 线圈（在 220V 回路中）带电，其动合触点闭合，弱电控制小开关 SA 手柄内的信号灯经 SA1-3、SA14-15 接通弱电电源而发平光。手动合闸时，SA 置于“合闸”位置，其触点 SA9-12 接通，合闸继电器 KC1 线圈带电，其动合触点（在 220V 回路中）闭合，启动合闸接触器 KM，使断路器合闸。合闸后，跳闸位置继电器 KCT 线圈失电，合闸位置继电器 KCC 线圈带电，其动合触点闭合，SA 手柄内的信号灯经触点 SA2-4、KCC 动合触点及 SA 触点 SA20-17 接通而发平光。手动跳闸过程与手动合闸过程相似。

2）自动跳合闸过程：当断路器在合闸位置时，控制开关在“合闸后”位置，若因故障继电保护动作，使断路器自动跳闸，则跳闸位置继电器 KCT 经断路器辅助动断触点启动。此时，SA 手柄内信号灯经 SA 的触点 SA13-14、KCT 动合触点、SA2-4 触点接通闪光电源 M100（+），使信号灯 HL 闪光；同时由 SA 的触点 SA5-7、SA23-21 接通事故跳闸音响信号回路，发音响信号。而自动合闸时发闪光信号，不发音响信号。

（2）弱电有触点选控和弱电无触点选控。二者都采用选线控制，区别是前者主要把带有触点的继电器作为逻辑电路的实现元件，而后者的弱电回路主要使用无触点的半导体元件。

所谓选线，是指每个断路器的操作都要通过选择来完成。每一条线路用一个简易的选择按钮（或选择开关）来代替常用的控制开关，仅在全厂（或一组母线的所有进出线）中，设置一个公用的控制开关。进行选控时，先操作选择按钮（或选择开关），使被控对象的控制回路接通，再转动公用的控制开关，即可发出“分”、“合”闸命令。选择按钮（或选择开关）可布置在控制屏台上的主接线模拟图上。这样的控制方式，只用一个控制开关或若干个小按钮去控制若干个对象，可达到缩小控制屏台的目的。

常用的控制屏台的结构有控制台与返回屏分开的结构和屏台合一的结构。对主接线甚复杂、被控对象较多时常采用前一种结构，是在控制台后面设有独立的返回屏，上面布置模拟母线、断路器和隔离开关的位置信号、记录型表计及同步装置等，让值班人员可清楚了解和掌握运行情况。然而，主接线比较简单的厂站具有较少的被控对象，常采用屏台合一结构。

（3）编码选控。所谓编码选控是对每台断路器事先编号，选线时只需在 0～9 号数字按键上依次输入选控对象的编号（如 36 号应先按 3 号再按 6 号按键），即可选中控制对象，然后再转动各路公用的控制开关，进行合闸或跳闸操作。这种选控方式也是弱电无触点，其最大优点是不再为每个控制对象设单独的选择按钮，在控制对象多时可使控制屏台所占空间进一步缩小。

*第四节　传统的中央信号系统

在发电厂和变电站中，为了掌握电气设备的工作状态，须用信号及时显示当时的情况。发生事故时，应发出各种灯光及音响信号，提示运行人员迅速判明事故的性质、范围和地点，以便做出正确的处理。所以，信号装置具有十分重要的作用。信号装置按用途来分有下列几种。

（1）事故信号：如断路器发生事故跳闸时，立即用蜂鸣器发出较强的音响，通知运行人员进行处理。同时，断路器的位置指示灯发出闪光。

（2）预告信号：当运行设备出现危及安全运行的异常情况时，例如发电机过负荷、变压器过负荷、二次回路断线等，便发出另一种有别于事故信号的音响——铃响。此外，标有故障内容的光字牌也变亮。

（3）位置信号：包括断路器位置信号和隔离开关位置信号。前者用灯光来表示其合、跳闸位置，而后者则用一种专门的位置指示器来表示其位置状况。

（4）其他信号：如指挥信号、联系信号和全厂信号等。这些信号是全厂公用的，可根据实际需要装设。

以上各种信号中，事故信号和预告信号都需在主控制室或集中控制室中反映出来，它们是电气设备各种信号的中央部分，通常称为中央信号。传统的做法是将这些信号集中装设在中央信号屏上。中央信号既有采用以冲击继电器为核心的电磁式集中信号系统，也有采用触发器等数字集成电路的模块式信号系统，而发展方向是用计算机软件实现信号的报警，并采用大屏幕代替信号屏。

一、事故信号

事故信号的作用是当因电力系统事故，断路器发生跳闸后，启动蜂鸣器发出音响。实现音响的方式较多，有交流、直流，有直接动作、间接动作；音响解除的方式有个别解除和中央解除；动作连续性又有能重复动作和不能重复动作之分。

1. 事故音响信号的启动

传统的集中式事故音响信号系统都有一个启动回路（如图8-11所示），在被监视的几个断路器之一因事故跳闸后相应的动断辅助触点变为合位，由于此时它的控制开关仍处于合闸后（CD）位置，故使事故音响信号母线（M708）与信号电源母线负极（－700）接通，致使在脉冲变流器U的一次侧将出现一个阶跃性的直流电流，在U的二次侧感应出一个与之相对应的尖峰脉冲电流，此电流使执行元件K动作后，再启动后续回路发出音响信号。当脉冲变流器U的一次侧电流达稳定值后，二次侧感应电动势即消失，K可能返回，也可能不返回，视所用的冲击继电器的类型而定。不论K返回与否，音响信号将靠自保持回路的作用继续发出，直到出现音响解除命令为止，音响停止，K返回，自保持解除。音响启动回路的复归，是将相应的断路器的控制开关扳至“跳闸后”位置完成的。

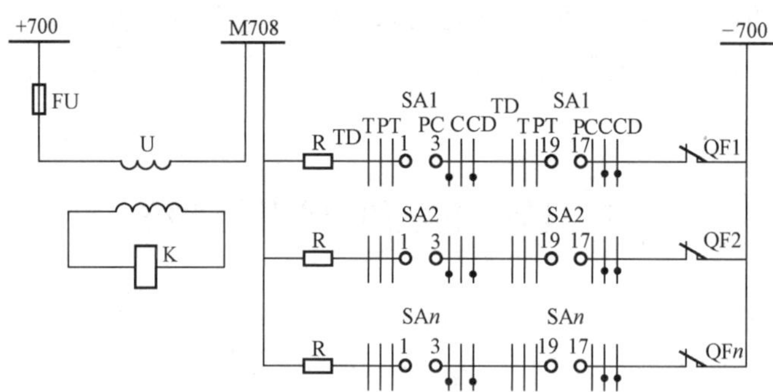

图8-11 中央事故音响信号的启动电路

当前次发出的音响信号被解除，而相应的启动电路尚未复归时，若第二台断路器QF2又自动跳闸，第二条不对应回路接通，在M708与－700之间又并联一支启动回路，从而使脉冲变流器U一次侧电流又增大（因为每一支并联回路中均串有电阻R），二次侧感应出尖峰脉冲电流，使K再次动作。可见，脉冲变流器不仅接收了事故脉冲并将其变成执行元件动作的尖脉冲，而且把启动回路与音响信号回路分开，以保证音响信号一经启动，即与启动它的回路无关，从而达到了音响信号重复动作的目的。

图8-11中的脉冲变流器U与出口中间继电器K（执行元件）构成传统事故音响信号装置不可缺少的机构，称为冲击继电器。国内常用的冲击继电器有：①利用极化继电器做执行元件的CJ系列；②利用干簧管继电器做执行元件的ZC系列；③利用半导体器件做执行元件的BC系列。因极化继电器制造和调试复杂，且灵敏度差，故CJ系列冲击继电器已遭淘汰。由于篇幅所限，且中央信号装置正在逐渐被计算机监控系统所取代，本书只介绍使用ZC-23型冲击继电器作为启动元件所构成的事故音响信号和预告信号系统。

2. 由ZC-23型冲击继电器构成的中央事故音响信号装置

由ZC-23型冲击继电器构成的中央事故音响信号装置电路如图8-12所示。

该图的工作原理：冲击继电器K1中脉冲变流器U的一次侧并联有电容器C和二极管

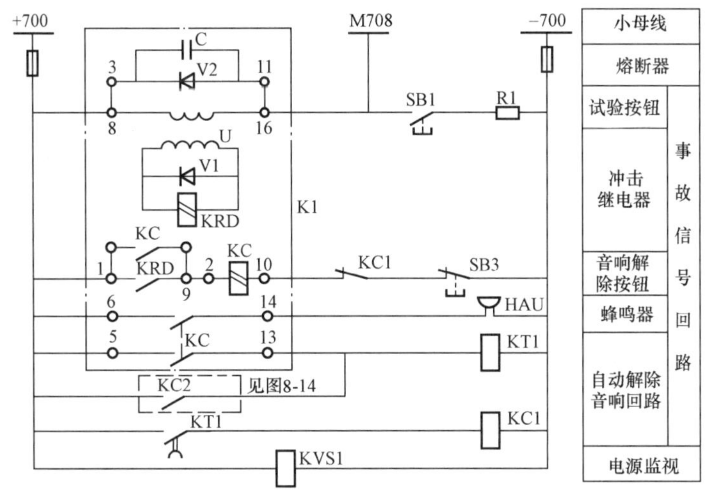

图 8 - 12　由 ZC-23 型冲击继电器构成的中央事故音响信号装置电路

KRD—干簧管继电器；KC—冲击继电器中的出口中间继电器；KC1—事故音响信号装置的中间继电器；KVS1—电源监视继电器；SB1—试验按钮；SB3—音响解除按钮；KT1—时间继电器

V2，目的是保护 U。因为在因事故引发断路器自动跳闸时，M708 与负信号电源母线突然接通，在 U 的一次侧会感应较高的电压；当 U 中的一次侧电流突然减小时（图 8 - 11 中的控制开关转至“跳闸后”位置时），此时 U 的二次侧感应的电压与事故跳闸发生时所感应的正好反向，为防止此电压引起 KRD 动作，并入了 V1。事故跳闸发生时，U 的二次侧感应的电压能使 KRD 动作，其动合触点闭合后使 KC 动作，KC 动作后又使它的三个动合触点闭合，其中最上面的触点使继电器 KC 自保持带电，另外两对触点分别启动蜂鸣器 HAU 和时间继电器 KT1。KT1 的动合触点延时闭合后启动继电器 KC1，这样 KC1 的动断触点断开，致使继电器 KC 失电，其三对动合触点全部返回，音响信号停止，实现了事故音响信号装置的自动复归，准备下一个事故跳闸信号到来时再次动作。此外，按下音响解除按钮 SB3，可实现装置的手动复归。

二、预告信号

预告信号是在电气设备运行发生异常时，一面发出铃响，一面使相应的光字牌变亮，通知运行人员进行处理。

电气设备不正常运行情况有发电机过负荷，发电机轴承油温过高，发电机转子回路绝缘监视动作，发电机强行励磁动作，变压器过负荷，变压器油温过高，变压器瓦斯动作，自动装置动作，事故照明切换动作，交流电源绝缘监视动作，直流回路绝缘监视动作，交流回路电压互感器的熔断器熔断，直流回路熔断器熔断，直流电压过高或过低，断路器操动机构的液压或气压异常。

1. 中央预告信号的启动电路

图 8 - 13 为由 ZC-23 型冲击继电器构成的中央预告信号的启动电路。转换开关 SM 在工作位置（I）时，SM13-14、SM15-16 触点接通。如果电气设备发生不正常状况（如变压器过负荷），则图中的 K 触点闭合，这时信号电源＋700→K→H→M709 和 M710→SM→冲击继电器 K1 的脉冲变流器→— 700，形成通路，启动冲击继电器 K1，经延时启动警铃，发出预告信号。

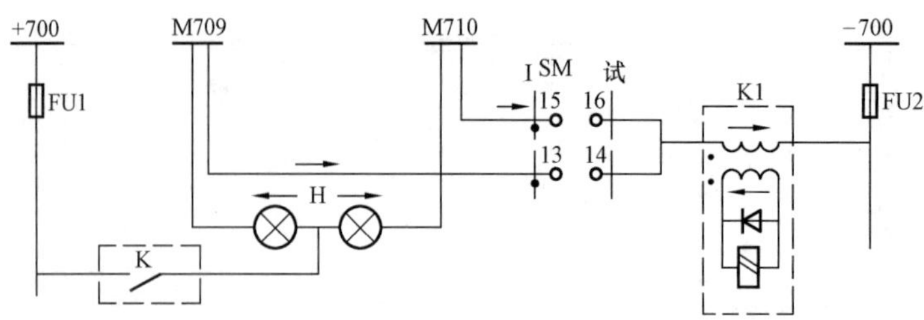

图 8-13　中央预告信号的启动电路

K1—冲击继电器；SM—转换开关；H—光字牌

由于全厂、站的小母线是公用的，所有的光字牌都并联在 M709、M710 预告信号小母线上，任何设备发生异常都使各自的光字牌发光。即使一个异常尚未结束另一个异常又到来时，因在信号电源（+700）和（−700）之间又并入了新的光字牌，故仍能启动冲击继电器 K1 再一次延时发出预告信号——警铃。

2. 由 ZC-23 型冲击继电器构成的中央预告信号装置

由 ZC-23 型冲击继电器构成的中央预告信号装置的电路如图 8-14 所示。装置的主要工作原理如下。

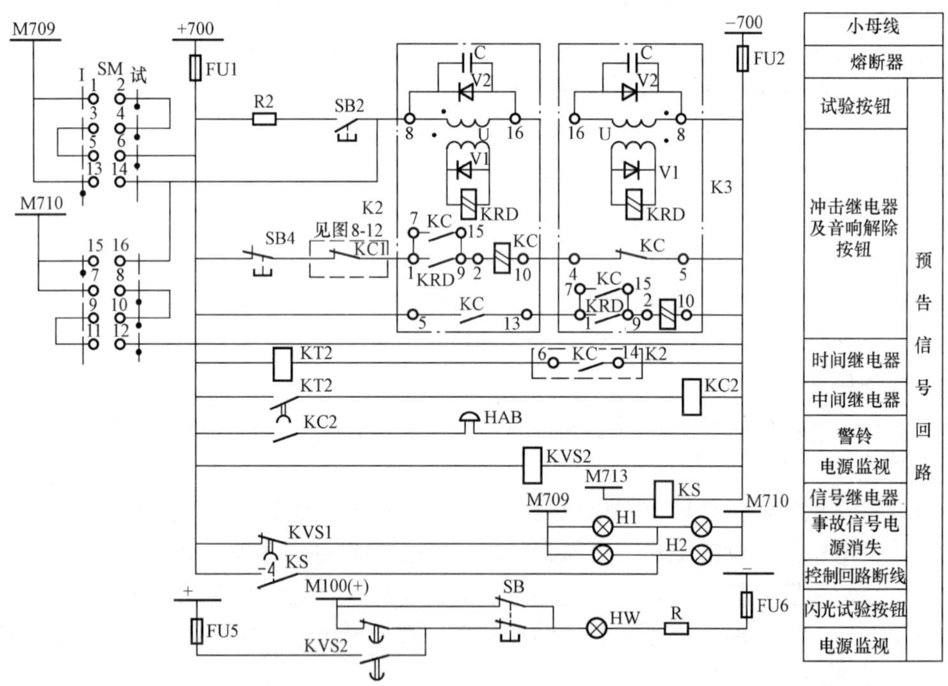

图 8-14　由 ZC-23 型冲击继电器构成的中央预告信号电路

HAB—警铃；K2、K3—ZC-23 型冲击继电器；SB、SB2—试验按钮；SB4—音响解除按钮；SM—转换开关（测试光字牌、检测预告信号之间的转换）；KC2—中间继电器；KT2—时间继电器；KS—监视控制回路断线的信号继电器；KVS1—中央事故信号电路的电源监视继电器；KVS2—中央预告信号电路的电源监视继电器；H1、H2—光字牌；HW—预告信号电路电源监视灯

（1）预告信号的启动。将转换开关 SM 置于“工作”位置（I），SM13-14 和 SM15-16 触点接通，如果此时发生异常，使＋700 经光字牌与 M709 和 M710 接通，又经 M709→SM13-14（或 M710→SM15-16）→K2→K3→FU2→－700 形成通路，电流迅速增大，在两个冲击继电器脉冲变流器的二次侧均感应出电动势，其中 K3 二次侧产生的电动势使其 V1 导通。因此，只有 K2 的干簧继电器 KRD 动作，其动合触点闭合，启动中间继电器 KC，KC 的一对动合触点实现自保持，另一对动合触点闭合，使 K2 的端子 6 和 14 接通，启动 KT2，KT2 经 0.2～0.3s 的短延时后触点闭合，又去启动 KC2，KC2 动合触点闭合接通 HAB 回路，发出音响信号；同时相应的光字牌（参考图 8-13）也会亮，指出异常的性质。

（2）预告信号的复归。如果 KT2 的延时触点尚未闭合，而异常消失，则由于 K2 和 K3 的脉冲变流器 K2-U、K3-U 的一次电流突然减少或消失，在相应的二次侧将感应出负的脉冲电势。此时 K2-U 二次侧的脉冲电动势使其二极管 K2-V1 导通，而干簧继电器 K3-KRD 动作，启动 K3-KC，K3-KC 的一对动合触点闭合自保持；其动断触点断开（即 K3 的端子 4 和 5 断开），切断 K2-KC 的自保持回路，使 K2-KC 复归，KT2 也随之复归，预告信号即不能发出，实现了自动复归。

（3）音响信号的复归。音响信号发出后需延时自动复归，其过程是：预告信号经 KT2 延时后 KC2 动作，使 KC2 的另一对动合触点闭合（在图 8-12 的中央事故信号回路中）启动事故信号回路中 KT1（此时时间继电器为事故信号和预告信号公用），经延时后又启动 KC1，KC1 在事故信号装置和预告信号装置的动断触点均断开，复归两个回路中的所有继电器，并解除音响信号，实现了音响信号的延时自动复归。按下 SB4，可实现音响信号的手动复归。

（4）预告信号的重复动作。预告信号的重复动作通过突然并入启动回路一电阻，使流过冲击继电器中变流器一次侧电流发生突变来实现的。光字牌中的灯泡作为此电阻。

（5）光字牌检查。将转换开关 SM 置于“试验”位置时，SM1-2、SM3-4、SM5-6 接通，致使 M709 与＋700 接通；同时 SM7-8、SM9-10、SM11-12 接通，致使 M710 与－700 接通；又 M709 与 M710 之间串有光字牌的两个灯泡（参阅图 8-13），故经＋700→M709→光字牌→M710→－700 的回路接通。此时，如果灯泡和回路完好，则光字牌将发光（比发预告信号时暗一些，因为此时两个灯泡串联）；若其中一个灯泡损坏则光字牌不亮。

（6）预告信号电路的监视。预告信号回路的电源用 KVS2 监视，正常时 KVS2 带电，其延时断开的动合触点闭合，HW 亮。如果熔断器熔断、接触不良或回路断线，其动断触点将闭合，HW 变为闪光。

*第五节　变电站自动化系统

变电站自动化也称变电站综合自动化（substation integration and automation），是伴随着计算机及大规模集成电路技术的发展而出现的，国际上在 20 世纪 70 年代末就研制出了实验系统。到了 20 世纪 90 年代，计算机的性能已十分强大、稳定，价格持续下降，并随着计算机通信总线和网络技术的发展，变电站自动化系统的性能已能满足电力系统运行的要求。建设和运行经验表明，变电站自动化系统可带来节省电缆、缩小控制室面积、提高监控水平、积累设备运行数据和节省人力等方面的显著效益，现已成为新建变电站首选的监控模式。

一、传统变电站的控制与信号系统存在的问题

变电站是电力系统的一个非常重要的环节，其监控性能和投资与电力系统的安全运行和投资效益密不可分。传统变电站的控制与信号系统存在着以下几个不利于电力系统安全运行和影响投资效益的因素。

(1) 常规的继电保护、自动和远动装置采用大量的电磁式继电器或晶体管分离元件来实现装置的动作逻辑，一个元件故障常造成整个装置的故障，且查找故障元件困难、定期检验的工作量大。

(2) 远动装置能够向上传送的参数少，且因装置和信道的可靠性差，无法担当遥控、遥调的重任。在电网紧急的情况下，调度员仍必须通过电话向变电站值班员发出事故处理命令，常常会错过事故处理的最佳时机。

(3) 无运行参数记录功能，只能靠人工每天 24 小时定期抄表，这对于值班员来说是一种负担（尤其是在夜间），致使运行参数日志中难免有一些人工推测的数据，不利于对于设备健康状况的评估和管理部门的合理决策。

(4) 各个断路器的控制与信号回路、各事故信号和预告信号均采用独自的信息传输通路，且这些通路一般都是从被监控的一次设备到主控制室。这种信号的传输距离长，使电压互感器和电流互感器的测量准确度变低，且电缆用量巨大。

(5) 无自动电压调节功能。对母线电压都是通过值班员监视控制屏上的电压表读数来判定是否人工投切电容器或调整主变压器分接头，无法保证母线电压的长期持续合格。

(6) 无法即时记录电力系统故障时的保护和断路器的动作时间、各一次设备在故障期间的运行参数，不利于厂站和电力系统的事故分析。

二、变电站自动化系统的产生和变迁

1971 年推出了微处理器，随后微处理器的性能价格比不断提升，在 20 世纪 70 年代和 80 年代初，基于单板机和单片机的工业自动装置大批涌现。在这种形势下，基于微处理器的继电保护装置、故障录波器、故障定位装置、小电流接地选线装置、变压器分接头调整和电容器投切自动装置、事件顺序记录仪和远动通信用 RTU（Remote Terminal Unit）等相继出现并广泛应用。这些装置所要采集的数据对象是类同的，重复采集既增加了互感器的负载，又使变电站的二次接线变得混乱、拥挤。于是人们开始考虑将上述微机型保护与监控装置（也称智能电子设备 IED）的功能集成（Integration）在一起，相互交换信息，避免重复数据采集，这就形成了变电站综合自动化系统。随着计算机和通信技术的发展，变电站自动化系统在结构和性能上经历了若干阶段的变迁。

1. 集中式结构

在我国，变电站自动化系统的研究开始于 20 世纪 80 年代中期，当时的计算机软件和计算机通信技术尚不发达，微型机的价格高，致使当时的自动化系统采用的是集中式结构，如图 8 - 15 所示。这种结构的核心是一台位于主控制室的微型机，它配有微机接口电路，用于采集一次设备的状态参数。这种自动化系统的目标是在已有的变电站常规控制与信号系统的基础上增加自动抄表、事故记录以及集中监测的功能，但并没有起到将各种基于微处理器的保护与监控装置功能的集成作用，测量单元重复较多，加重了电流互感器和电压互感器的负载。系统的模块性差，一次设备增加时系统改造的工作量大。另外，核心计算机故障将使整

个系统瘫痪，且应用于不同类型的厂站时需重新设计。因此，这种集中式结构的变电站自动化系统未能得到推广。

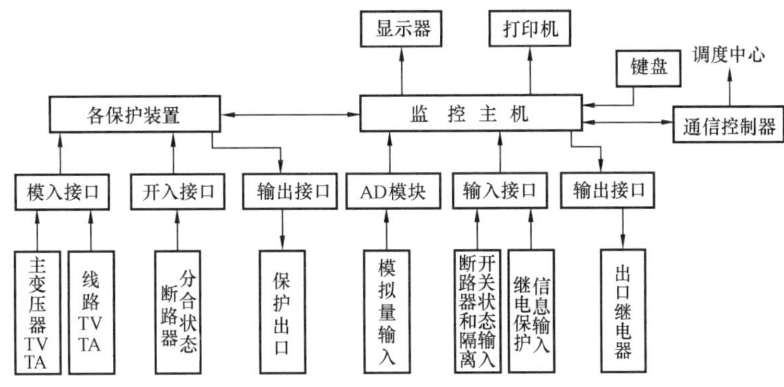

图 8-15　集中式结构的变电站自动化系统示意图

2. 分层分布式结构

20 世纪 80 年代末，基于差分电路的 RS-422/485 总线技术传入我国，为变电站综合自动化提供了重要的数据通信技术。当时的微机型保护装置已在我国电业部门得到广泛应用，以 PC 机为代表的微型计算机的性能价格比已经很高，随后出现的 Windows NT 和 Windows 95 操作系统可以处理多任务、多线程的工作。在这种形势下，传统的基于继电器的保护屏已被微机保护屏所替代，断路器控制与表计屏也被微机型测量控制屏所替代，中央信号屏被监控主机所替代。自 20 世纪末以来，分层分布式变电站自动化系统（见图 8-16）逐渐成为变电站监控的主流。这种系统是这样布置的：除监控主机放在主控制室外，各保护屏和测量控制屏可以放在开关现场附近的配电装置室或分控制室内，各屏之间通过串行总线与监控主机之间进行通信。分层是指微机按所处的层面分为变电层（处于主控制室）、单元层（处于分控制室，一次主接线的某一个间隔的微机保护或控制屏构成一个单元）、设备层（微机式测量单元布置在一次设备附近，如微机型电流测量装置可以与电流互感器做在一起）。目前，由于室外开关场的自然条件恶劣，室外一次设备一般无微机式测量单元，其测量、控制和保护单元都集中在主控制室或分控制室；而室内配电装置的测量、控制与保护单元正趋于分散到设备。

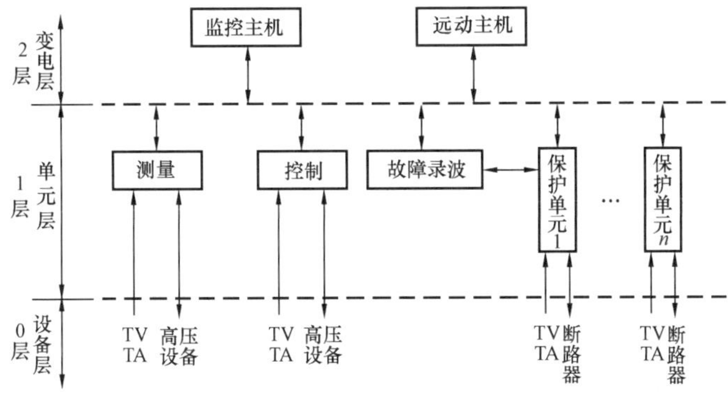

图 8-16　分层分布式变电站自动化系统的分层示意图

目前的多数变电站自动化系统只有前两层：变电站层多采用交换式以太网，单元层多为现场总线。一次设备的测量都是通过电缆送至分控制室，然后再按功能分别组屏，即一个或两个电气一次间隔设置一个保护屏和一个测量控制屏。

应当指出，分布式系统被视为一种高级系统，并非所有用计算机网络或总线连接的多微机系统都视为分布式系统。分布式系统要求系统中的各计算机是透明的、对等的，它们既自治又合作，相互之间可以自由地交互信息；而一般的用于工业监控的计算机互连系统被称为集中分散系统，简称集散系统。集散系统同分布式系统在结构上是相同的，它们都可以起到地域分散、功能分散和危险分散的作用。由于新型集散系统更多地采用网络技术和数字技术，所用的系统软件的技术性能也在逐渐提升，它与分布式系统越来越接近。

另外，在这里还需要说明与变电站综合自动化相关的三个概念。

智能电子设备（IED），指含有一个或多个微处理器，并具有向外界发送或接收控制命令或数据的装置，如微机型保护装置。

变电站综合（substation integration），指把变电站的保护、控制与数据采集等功能集成在尽量少的屏（台）中，以减少造价和运行费用、缩小控制室面积并消除重复设置的数据采集设备和数据库，将其称为变电站集成更确切些。

变电站自动化（substation automation），采用数据采集与监控（SCADA）、警报处理与电压/无功综合控制等自动化手段，以便减少人工干预，提高运行和维护的生产效率，实现变电站的安全、经济和优质运行。

三、集中组屏的分层分布式系统举例

所谓集中组屏就是把有关全站或某个电压等级一次设备的测量、控制和保护屏都集中安放在主控制室或分控制室内，以使二次装置有较好的工作环境。图 8 - 17 为 NS2000 变电站自动化系统典型结构配置方案之一。系统主网（变电站层）采用 10/100M 以太交换机构成以太网；间隔层采用 CAN 总线连接各间隔的保护和测量控制屏；RS-485/422 串口用于连接其他公司生产的 IED 设备；GPS 用于统一整个电力系统中各测量数据的时戳和各监控装置的时钟；调度中心通过企业内部网 Intranet 和路由器可以浏览变电站的文档（报表、保护定值和事件记录等），该通道主要用于管理工作；变电站与调度自动化系统的实时数据交换则通过 MODEM（调制解调器）进行，该通道用于实时监控。

图 8 - 17 中各装置的作用有以下四点。

（1）NSC200 系列（通信控制器）。它可把采用不同通信规约、不同通信介质的各保护和测控装置、后台监控主机以及调度自动化系统用 CAN 总线、标准串口或以太网连接起来，并进行通信，它具有网络规约转换器的作用。该装置由若干个模件组成，可自由组合，其中 MDM2A 组件用于与 MODEM 连接。

（2）测控装置。NSD100 系列（可分散安装的单线路测控装置）可直接安装于开关柜中（6～10kV 电气一次间隔设备常做成开关柜），实现开关量、脉冲电度量、电压和电流（需要变送器）的测量；断路器的控制主要是通过控制分、合闸继电器来发出控制命令，断路器的合、跳闸回路处于保护装置中。

NSD200 系列（通用测控装置）同 NSD100 相比，它既可以测量经变送器转换后的模拟量，也可以直接对二次交流电压和交流电流进行采样；既可以分散安装，也可以集中组屏，还具有检同步合闸的功能。因而它的适用面更广一些。

（3）保护装置。NSR200 系列（线路保护装置）适用于中性点直接接地、采用三相一次重合闸的高压输电系统。

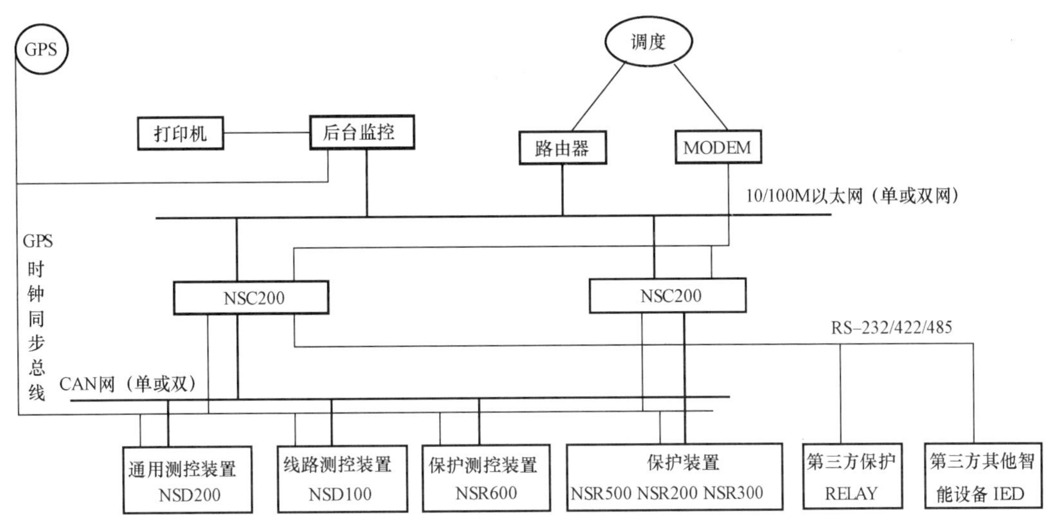

图 8-17　NS2000 变电站自动化系统典型结构之一

NSR300 系列（线路保护装置）适用于中性点不接地，采用三相一次重合闸的配电系统。

NSR500 系列（变电站成套保护装置）包括 110kV 及以下变电站的各种保护功能，与后台微机监控系统相结合，可实现远方修改定值和控制。

NSR600 系列（保护与测控装置）适用于 35kV 及以下的中性点不接地或经消弧线圈接地的系统，集保护、测量、控制和监视报警功能于一身。

上述各装置既具有 CAN 总线接口，也具有 RS-485/422 接口，从而可实现与 NSC200（通信控制器）的通信。

目前，由于光缆和具有光接口的以太网交换机已经很便宜，所以通常直接使用光缆以太网将各保护和测控屏同后台监控主机联在一起。因此，国内已推出具有光以太网接口的 NSD500 测控装置，同一间隔的其他装置均可通过串口 RS-232、RS-422/485 或 CAN 总线与其相连。

（4）后台监控机采用 Windows 2000/XP 专业及服务器版本的操作系统，以实现实时环境下的多任务管理。后台监控计算机通过 10Mbps/100Mbps 自适应交换式以太网与通信控制器（NSC200）相联，在通信可靠性要求很高的重要变电站可采用双以太网。后台监控计算机的主要作用是变电站的监督控制与数据收集（SCADA），其具体功能如下：

1）数据采集。循环采集网络中各测控装置测得的模拟量、状态量（开关量）和脉冲量（电能表），以及保护屏的日常采集运行数据（测量值、装置自检信息等）。

2）控制和调节。变电站值班员或远方调度中心可通过此后台监控机发出断路器的分闸或合闸、变压器分接头的调整和电容器的投切操作。在无人为干预的情况下，母线电压的维护一般设一台专门的工控机进行自动调节控制。

3）事件记录。变电站的各种运行事件被分别登录到相应的状态变化、遥测越限和 SOE（事件顺序记录仪）登录表中。

4）报警。报警分计算机图形报警（推出厂站图并在告警点闪动变色）、文字报警（指出告警点和告警类型）和语音告警（发鸣叫声并产生语音呼叫）；报警类型分为事故告警（有故障跳闸）、变位告警（正常操作）、越限告警（预告信号）。

5）当前运行数据和历史数据的浏览与查询。

6）事故追忆。将事故前若干分钟和事故后若干分钟的重要运行数据自动存入历史数据库。

7）自动生成各种报表。

四、变电站自动化发展的新趋势——数字化变电站

在变电站领域中，随着智能化开关、光电式互感器等机电一体化设备的出现，变电站即将进入数字化新阶段。数字化变电站是一个不断发展的概念，目前它是由电子式互感器、智能化一次设备、网络化二次设备在 IEC 61850 通信规约基础上分层构建，能够实现智能设备间信息共享和互操作的现代化变电站。

1. 电子式互感器的使用

电子式互感器的出现，克服了传统互感器绝缘复杂，质量大、体积大，电流互感器（TA）动态范围小、易饱和，电磁式电压互感器（TV）易产生铁磁谐振，TA 二次输出不能开路等诸多缺点。目前研究开发中的电子式 TA、TV 可分成两类：①基于 ROGOWSKI 线圈的 TA（电磁感应原理，但无铁心）和电容分压式 TV，先将大电流、高电压变换成小电压信号，就近经 A/D 变换成数字信号后通过光缆送出给接收端，高压端电子设备需要供电，称为有源型电子式互感器；②利用光学材料的电光效应、磁光效应将电压电流信号转变成光信号，经光缆送到低压区，解调成电信号或数字信号，用光纤送给二次设备，因高压区不需电源，称为无源型电子式互感器。

2. 智能化的一次设备

根据 IEC 62063：1999 对智能开关设备的定义，它不但具有开关设备的基本功能，还具有在线监视、智能控制、数字化接口和开关的电子操作等一系列的高智能化功能。一次设备被检测的信号回路和被控制的操作驱动回路将采用微处理器和光电技术设计，简化常规机电式继电器及控制回路的结构，数字程控器及数字公共信号网络要取代传统的导线连接。变电站二次回路中常规的继电器及其逻辑回路被可编程序代替，常规的强电模拟信号和控制电缆被光电数字和光纤代替。这样，可以采用把传统开关端子箱通过加装智能单元的形式，改造为智能开关下放到开关柜，这样不但大大节省了信号电缆，而且还减小了互感器二次测负载（引线缩短），更重要的是简化了断路器的控制回路。

3. 网络化的二次设备

二次设备的网络化，是适应电子式互感器的应用和智能化一次设备的需要，其突出的优点是变电站的信号电缆数量大大减少，减少了投资，并给变电站的建设、维护带来了方便。另外，它也适应了正在国内外日受推崇的变电站内数据通信规约 IEC 61850 的设计条件。

变电站内常规的二次设备，如继电保护装置、防误闭锁装置、测量控制装置、故障录波装置、电压无功控制装置、同步操作装置以及正在发展中的在线状态检测装置等全部基于标准化、模块化的微处理机设计制造，设备之间的连接全部采用高速的网络通信，二次设备不再出现常规功能装置重复的 I/O 现场接口，通过网络真正实现数据共享、资源共享，常规的功能装置在这里变成了逻辑的功能模块。

4. IEC 61850 通信协议的应用

IEC 61850 基于网络通信平台，不但规范了保护测控装置的模型和通信接口，而且还定义了数字式 TA、TV、智能化开关等一次设备的模型和通信接口。随着 IEC 61850 在变电站和发电厂的广泛应用，不久的将来它还会成为从调度中心到变电站以及配电自动化系统内的国际通信标准的基础，以实现数据通信的无缝链接。

数字化变电站自动化系统的结构在物理上可分为两类，即智能化的一次设备和网络化的二次设备；而在逻辑结构上可分为三个层次，根据 IEC 61850 通信协议定义，这三个层次分别称为过程层、间隔层、站控层。

IEC 61850 中，每个物理装置由服务器和客户组成，服务器（server）分为逻辑设备（logical device）—逻辑节点（logical-node）—数据对象（data object）—数据属性（data attributes）；从应用方面来看，包含通信网络和 I/O。从通信的角度来看，服务器通过子网和站网相连，每 1 个 IED（智能电子设备）既可扮演服务器角色也可扮演客户的角色。

IEC 61850 的另一个特点就是采用了抽象通信服务接口（ACSI），它独立于具体的网络应用层协议（如目前的制造报文规范 MMS）和采用的网络（如 IP 网络）。ACSI 有服务器模型、逻辑装置模型、逻辑节点模型、数据模型和数据集模型。抽象通信服务接口使得不同厂家的同类 IED 可以使用共同的接口模块与自动化系统相联，厂家或系统集成的开发商只需针对特定的 IED 编写特殊通信服务映射（SCSM）模块，用于数据对象和服务向网络层的映射。

由于原来的 SCADA 和其他的控制系统都是一个独立系统，是厂家的专有产品，它们的安全性来自于它们的硬件平台和逻辑结构与外界不同。开放式变电站综合自动化系统是基于开放的、标准的网络技术之上，所有的供应商都可以开发基于因特网的应用程序来监测、控制或远方诊断，带来的问题是可能导致计算机控制系统的安全性降低。因此，对于开放式变电站综合自动化系统的具体设计和实施而言安全问题十分重要，可采用的技术措施分为加密技术与防火墙两类。前者是对网络中传输的数据进行加密处理，到达目的地址后再解密还原为原始数据，从而防止非法用户对信息的截取和盗用。后者是通过对网络的隔离和限制访问等方法来控制网络的访问权限，从而保证变电站综合自动化系统的网络安全。由于防火墙只能够对跨越网络边界的信息进行监测、控制，而对网络内部人员的攻击不具备防范能力，因此单纯依靠防火墙来保护网络的安全性是不够的，还必须与其他安全措施（如加密技术等）综合使用。

第六节　变电站自动化数据通信技术

一、RS-485 串行接口和串行总线

如图 8-18 所示，每个 RS-485 串口由 SN75176 收发器制成，各个收发器可用一双绞线并联起来。当任意两个 RS-485 串口相互通信时，两根信号线上的电流和电压均反向，且大小基本相等，而噪声电压在两根信号线上的大小和方向基本相同，使得两根信号线上的电压差 U_A-U_B 基本不含噪声电压，这就是平衡差分电路的原理。按照 RS-485 规定，$U_A-U_B<0.2V$ 时是逻辑 1；$U_A-U_B>0.2V$ 时是逻辑 0。

RS-485 串行总线采用半双工通信方式，即总线上的信息流的方向是可改变的，但在某一个时间间隔只限于朝一个方向传递信息。总线的两端都并有一个终端电阻，其大小应等于信号线的特征阻抗，使得在信号传至总线末端时不再反射回去。RS-485 的信息传输性能远

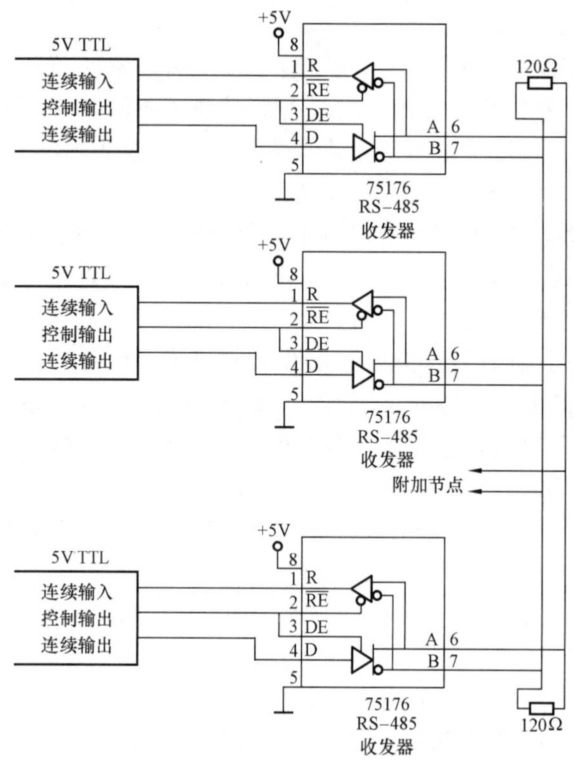

图 8-18　RS-485 半双工串行总线

高于 RS-232，它在信号传输速率为 1Mbps 时可传送 120m；在 100kbps 时可传送 1200m。一组 RS-485 串行总线最多可带 32 个计算机节点。

从计算机网络的角度来看，RS-485 串行接口和串行总线属于网络七层协议的最低层。要想使其按网络方式工作，至少应构造第 2 层数据链路层——通信协议，需要做较多的开发工作。正是基于这种原因，现场总线应运而生，如 PROFIBUS 和 IEEE-1118 的物理层均可使用 RS-485 接口规范。IEEE-1118 采用通用的主从协议，网络中的一个节点被指定为主节点，其他节点为从节点，主节点通常对从节点依次轮循；从节点只有在得到主节点许可的条件下才可能向总线发送报文，报文的目的节点即可收到有关的信息。

二、CAN 现场总线

CAN（Controller Area Network）是在 1986 年为解决汽车中众多测量控制部件之间的数据交换问题而开发的一种串行通信总线；1991 年，发布了 CAN2.0 技术规范。CAN 现已成为国际标准 ISO 11898，并推广至工业自动化的许多领域，成为工业数据通信的主流技术之一。

CAN 总线的主要特点有以下几方面：

（1）一般采用双绞线作为通信总线，总线两端也接有终端电阻以减少波反射，总线具有两种逻辑状态：隐性和显性。显性代表逻辑 0，此时总线的信号线 CANH 处于高电平，CANL 处于低电平，两个电压差大于最小阈值的差分电压；隐性代表逻辑 1，此时两根信号线正处于悬浮状态，它们的电压差近似为 0。

（2）通信距离在信号传输速率为 5kbps 时可达 10km，在 1Mbps 时达 40m；总线上的允许节点数取决于总线驱动电路，目前可达 110 个。

（3）网络上的任一节点均可在任意时刻主动向其他节点发起通信，网上节点无主次之分，且可实现点对点、一点对多点及全局广播等方式的通信。

（4）数据链路层的功能较齐全，包括逻辑链路控制子层 LLC 和介质访问控制子层 MAC。LLC 子层为数据传送和远程数据请求提供服务，负责数据链路的建立、维持和释放。MAC 子层主要规定传输规则，包括定义帧结构、错误检测、出错标定和故障定界等。其中错误检测采用的是循环冗余校验 CRC（Cyclic Redundancy Check），这是当前网络通信中一种常用的错误检测技术，它既可软件实现又可用大规模集成电路芯片来完成。有了数据链路层，就意味着系统开发人员不必再设计这些功能，可把精力放在功能的应用上。

三、Lon Works 现场总线

Lon Works（Local Operating Networks）是于 1991 年推出的一种现场总线，现已进入第 3 代产品，能将各控制局域网互联成跨地域的广域网。Lon Works 的技术性能在各总线中占优，但价格较高，目前在变电站自动化中适用于 220kV 及以上的大型变电站。

Lon Works 总线的特点有以下几方面：

（1）支持多种通信介质（双绞线、电力线、无线电、红外等）。这要归功于该总线的核心 Neuron 芯片，它有 5 个通信管脚，再加上电流限制和保护电路，可直接驱动双绞线总线，也可通过专用的收发器，如 RS-485 收发器、FTT-10A 收发器、电力线收发器、无线收发器和光纤收发器等，与各种介质的通信总线相连，组成总线型网络。直接驱动时的最高通信速率为 1.25Mbps，该速率下能接入 64 个节点，总线长度为 30m；FTT-10A 既可支持总线型网络，在通信速率 78kbps 下可带 64 个节点，总线长度可达 2700m，又可支持星形网络结构，在 78kbps 下可带 64 个节点，但网络接线的长度降为 500m；光纤收发器在 1.25Mpbs 下的通信距离可达 3.5km。

（2）Neuron 芯片拥有 MAC CPU、网络 CPU 和应用 CPU 3 个微处理器。MAC CPU 完成介质访问控制，也就是网络 7 层协议的第 1 层和第 2 层，其中包括碰撞回避算法；网络 CPU 完成第 3～6 层协议，它处理网络变量、地址、网络管理和路由等进程；应用 CPU 负责用户程序的运行，其中包括对操作系统的服务调用。网络 CPU 通过使用缓冲器与另外两个 CPU 通信。

（3）有专用路由器用于两种不同介质或通信速率的 Lon Works 网络的互联。Lon Works 的通信协议是 Lon Talk，它的七层协议被嵌于 Neuron 芯片中，允许网络中的各节点对等通信。

四、以太网技术

长期以来，以太网一直是使用最为广泛的局域网，于 1972 年开始到 20 世纪 80 年代，已生产出了 10Mbps 的以太网产品，后又在 90 年代相继出现了 100Mbps 和 1000Mbps 的产品。千兆位以太网主要用于通信骨干网，而另外两种产品则面向普通桌面用户。三种产品在帧结构和申请网络占用方面都很相似，且可以分级互联成树状网络。

早期的以太网为总线型（共享型）以太网，一般使用同轴电缆作为总线，电缆两端各配有终端电阻，电缆中间串有若干个 T 型接头（10Base2 以太网）或收发器（10Base5 以太网），每个 T 型接头或收发器再经过很短的专用电缆与网络的一个节点计算机的网卡相连。这两种 10Mbps 的总线型以太网的优点是使用电缆较省，且 10Base2 使用的同轴电缆的线径

为 10Base5 的一半，但是因其串有分接头和连接器，总线的可靠性大为降低，发生断线后很难查找故障点。

进入 20 世纪 90 年代后，10BaseT（T 指双绞线）以太网逐渐取代了上述两种网络，成为局域网的首选方案，10BaseT 使用 3、4 类或 5 类不屏蔽双绞线电缆（UTP，内含 4 对绞线）作为通信介质，所有节点的计算机通过 UTP 与同一个集线器（HUB）相连。集线器的作用是从一个端口接收信息，再把信息转发至集线器的所有其他端口，只有与信息中心目的地址相符合的节点计算机接收所监听到的信息。这种类型的以太网同前两种在工作原理上是类似的，但可靠性增加了，电缆断线或接头出了问题只影响一台计算机，便于查找故障。三种局域网的连接方法对照如图 8 - 19 所示。

10Base—T 集线器在早期为共享型的，在工作原理上与 10 Base5 和 10Base2 是相同的。一个分支线上的计算机发送信息，其他分支线上的计算机需监听等待，直至总线处于空闲状态；若两个分支线上的计算机都监听到总线空闲，便会几乎同时向总线发送信息，这就会发生碰撞，两个计算机会检测到碰撞，并停止发送，再经过随机时延后重发信息，这就是以太网的载波监听多路访问与冲突检测（CSMA/CD）。这样，图 8 - 19 中一个分支线上的计算机发送信息时，其他计算机必须等待，由于整个以太网的信息传输容量为 10Mbps，所以每个分支线上计算机的平均信号发送容量为 10/N Mbps。为了提高网络中各计算机之间的信息交换速率，人们发明了允许多对分支线并行交换信息的交换式集线器，也称交换机（Switch）。使用交换机后 10BaseT 网络中每个分支线的交换容量可达 10Mbps。

共享型集线器实际上起了一个中继器的作用，把从一个端口接收过来的已经衰减的信号进行放大和整形，重新转发给其他各端口。这样，它属于工作在七层协议中第 1 层（物理层）。交换机工作在七层协议中第 2 层（数据链路层），其作用是：①网络分段，减小各站点主机发送信息相互碰撞的几率；②可把目的地址不在本段的数据帧转发至交换机的合适端口，而将目的地址在本网段的帧滤掉，不再转发；③生成树功能，也即当网络中的各个交换机连成环路时，为避免帧的循环转发，交换机配有生成树算法，使得系统中帧的转发在逻辑上不是闭合。存储转发式交换机还可以去除由于信号碰撞而形成的碎片，并可用 CRC 算法对帧内容进行校验等。

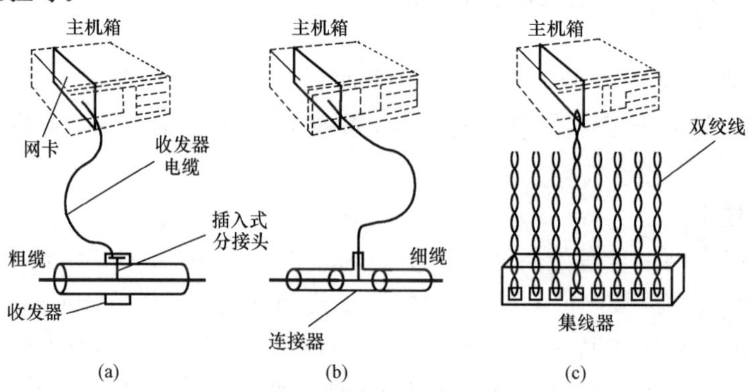

图 8 - 19　三种常用以太网的连接方法对照

(a) 10Base5；(b) 10Base2；(c) 10BaseT

使用交换机的以太网被称为交换式以太网。交换机的每个端口可以直接通过线缆与一台计算机相连，也可以再接一个以太网段（网段上连接若干计算机）；与交换机相连的线缆可以为非屏蔽双绞线（UTP），也可以为光缆，这要看选择的交换机型号。UTP便于连接，但传输距离不超过100m（100BaseTX要求使用第5类UTP）；光缆连接不太方便，但传输距离长（10BaseFL不超过2km，100BaseFX不超过412m）。

当要把一个原有的10BaseT网络升级到100BaseTX网络，或把若干个新、旧混杂的IED设备和计算机用以太网连接在一起时，由于各设备的网卡有的支持10BaseT，有的支持100BaseTX，为了保护用户原来的投资，所以应选择具有10Mbps或100Mbps自适应的交换机。这种交换机以及100Mbps的网卡均可在上电后自动发快速链路脉冲FLP信号，而10Mbps发正常链路脉冲信号NLP，交换机可自动识别这两种信号，并自动确定与快速网卡相连的链路使用100Mbps速率，与慢速网卡相连的链路使用10Mbps的工作模式。

第七节　综合自动化变电站的基本二次回路

随着微电子技术、计算机技术和网络通信技术的发展，近年来综合自动化变电站（简称综自站）覆盖率已接近100%。综自站以微型计算机为基础，对变电站传统的继电保护、控制方式、测量手段、通信、远动和管理模式进行了全面改造。

综自站分为有人值班和无人值班两种方式。

目前，我国500kV变电站几乎全部采用有人值班方式。在正常情况下断路器和隔离开关的控制在主控室的计算机监控系统上进行，通过在计算机屏幕上对主接线图操作鼠标完成。在检修和调试等情况下，可在一次设备附近进行就地控制。高电压等级的配电装置附近还设有继电保护小室，室内放置控制屏，通过控制屏上的开关可实现断路器和隔离开关的控制。

无人值班变电站的断路器和隔离开关的控制是在远方的电网调度控制中心或变电站集控中心的自动化监控系统的屏幕上完成的，属于远方遥控。目前，我国220kV及以下变电站大多数实现了这种无人值班的遥控工作方式，少数220kV变电站采用有人值班方式，并作为所带低电压等级（110kV）变电站的监控中心。

本节着重介绍综合自动化变电站最基本的断路器控制和信号二次回路。

一、微机综合自动化变电站中断路器控制的组成与特征

微机化综自站的断路器的控制是由计算机监控系统的站控层子系统、测控装置、操作箱和操动机构四部分构成。图8-20所示为微机化断路器控制组成框图。

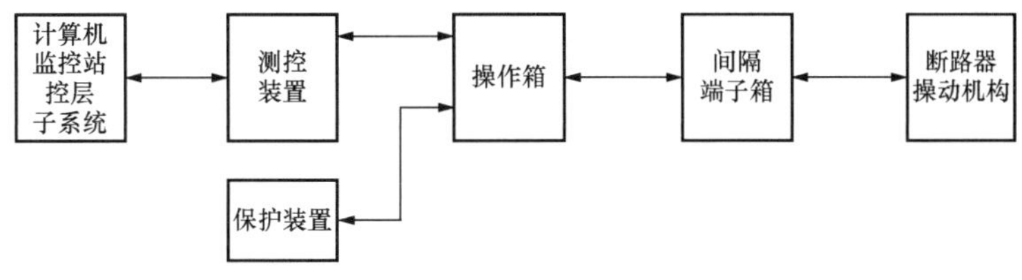

图8-20　微机化断路器控制组成框图

站控层子系统的构成参见图8-17上部的以太网络及其所接计算机系统和网络设备。

测控装置的作用：①接收网络或现场总线的控制命令，并通过控制相应的继电器实现对断路器和隔离开关的控制；②负责断路器所在一次回路的遥测和遥信。

操作箱用于存放断路器操作控制和信号回路的电路。

断路器操动机构箱主要用于放置断路器合分闸操作的控制和监测电路。

在综自站设计中，对于35kV及以下的一次设备，将其保护、测量和控制回路集合成一体，断路器的控制装置纳入了继电保护和测控部分的回路。对于110kV及以上一次设备，测控部分的二次回路按照一次设备分单元单独设置，但多个单元可一起组屏，110kV的控制回路用一个插件放入微机继电保护装置中；220kV及以上的控制回路和微机继电保护回路分开设计，属于各自的装置。

微机继电保护装置的用途是根据电流互感器和电压互感器二次侧采样所得电流和电压值判别是否发生了一次设备故障。若发生故障（一般是短路）则通过控制断路器跳闸回路将断路器跳开，将故障点同带电的一次系统隔离开来，并发出跳闸信号。

综自站二次系统的典型布置方式是：计算机监控系统的站控层设备布置在主控室，监控终端布置在控制台上；测控装置布置在测控屏内；继电保护装置和操作箱布置在保护屏内；断路器操动机构布置在断路器本体旁。各屏之间通过数据线（以太网或现场总线）和控制电缆连接。

220kV及以上的断路器都是分相操作且断路器有两个跳闸线圈，操作回路较为复杂，再加上要求双重化继电保护配置（各自独立的装置）的高可靠性要求，这就要求操作断路器所需的辅助继电器和逻辑模块单独组成操作箱体，与保护装置分开，但保护装置可与断路器操作箱一起组屏。

综自站的断路器控制回路与传统的有以下区别：

（1）红绿信号灯的启动回路不同。常规回路的红绿灯直接由断路器的辅助触点启动，而微机化的保护控制回路中的红绿灯是由合闸位置继电器和跳闸位置继电器启动。

（2）不论自动操作（保护跳闸或自动重合闸）还是人工操作，微机化的断路器跳闸和合闸回路均具有自保持功能；而在常规三相操作回路中，仅有自动操作经过自保持回路，人工操作不经过自保持回路。

（3）微机化的断路器控制回路增加了远方和就地控制切换操作开关电器、遥控合闸和遥控跳闸回路。

为便于掌握基本原理，下面以最简单的10kV线路保护测控装置为例进行介绍。

二、10kV线路保护测控装置的电流、电压回路

10kV线路电流互感器一般配置三组，分别供保护、测量和计量用。图8-21中，供保护用的电流互感器为1TA，可选用准确级为5P10的产品，其中的“P”表示保护用，整体含义是当一次侧流过10倍额定电流时，该电流互感器的复合误差≤±5%，若一次侧电流较大就要选用5P20。供测量用电流互感器为图中的2TA，其准确级为0.5。供计量用电流互感器为图中的3TA，其准确级为0.2S。10kV线路保护和测控一般为一体化装置。

在图8-21中，继电保护回路的三相电流互感器采用星形接线，测量电流回路的三相电流互感器采用两相不完全星形接线（B相电流互感器二次绕组2TAb电流回路未使用）。10kV线路保护为测量和保护一体化装置，其保护和测量用的交流电压共用一组电压小母线L1、L2、L3、N，它们来自该线路所接母线的电压互感器二次侧，其二次回路首先接到端子排1D14～1D17，然后经交流真空断路器1ZKKA、1ZKKB、1ZKKC后接入到保护装置的小电压互感器101～104。

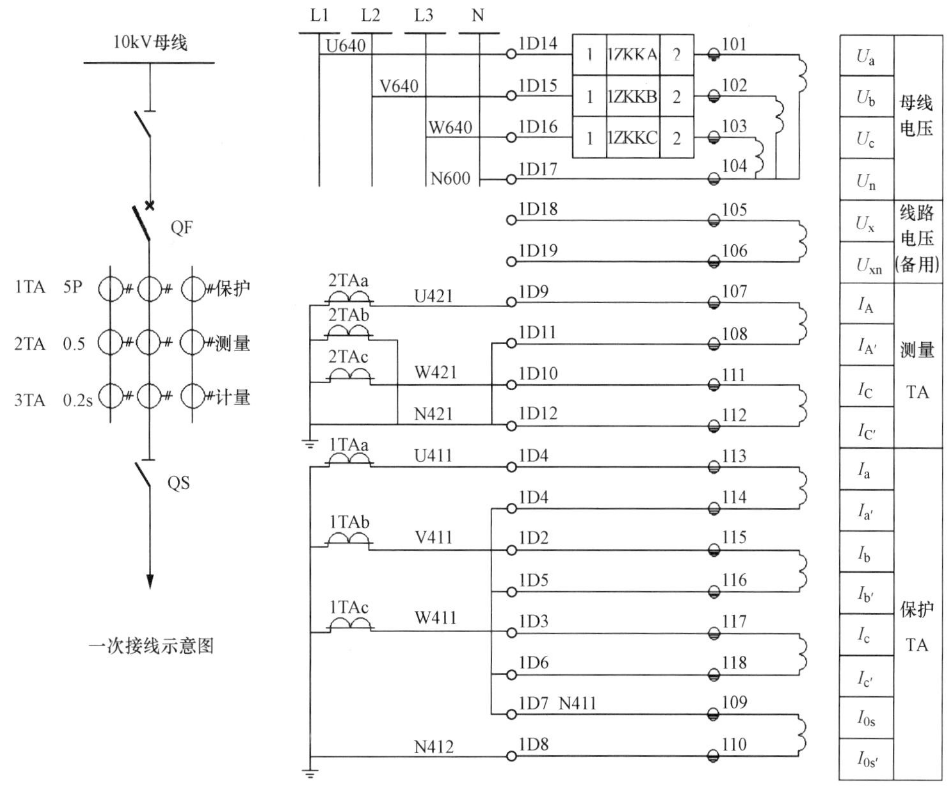

图 8-21　10kV 线路保护测控装置的电流和电压二次回路

1D1～1D12—保护和测量电流回路的端子排编号；107～118—RCS9612 保护装置内部小电流互感器的一次绕组编号；
U411、V411、W411、N411—保护电流二次回路编号；U421、W421、N421—测量电流二次回路编号；
L1、L2、L3、N—电压互感器的二次侧电压小母线；1ZKKA、1ZKKB、1ZKKC—交流空气开关；
1D14～1D19—保护和测量电压回路的端子排编号；101～104—保护装置内部小电压互感器的一次绕组编号

在图 8-22 中，计量用的三相电流互感器采用星形接线。计量用的交流电压所用的小母线为 L1′、L2′、L3′，它们来自该线路所接母线的电压互感器二次侧，其二次回路首先接到端子排 21D10、21D12、21D14，然后经 21SH（此处不经交流空气开关）后接入到三相三线制多功能电能表 21n。

三、10kV 线路保护测控装置的控制和信号回路

控制回路的对象为一次系统中的断路器。若一次系统发生故障，保护装置可通过图 8-21 中的 U411、V411、W411、N411 电流回路和 U640、V640、W640 电压回路采集到的电流和电压数字量，经保护程序计算后发出跳闸指令，驱动保护装置内跳闸继电器动作，从而接通断路器跳闸回路进行跳闸，同时相应的继电器触点闭合发出跳闸信号。若手动操作断路器，分就地控制和远方控制两种。就地控制是指在保护屏上或开关柜上通过控制开关对断路器进行控制；远方控制是指通过监控主机在变电站主控室、集控中心或调度中心对断路器进行控制。目前，前者一般仅用电导线直接传递控制信号到断路器控制回路；后者要通过数字光纤网络较长距离地传送控制命令，控制命令经解析后再用电导线直接传递控制信号到断路器控制回路。

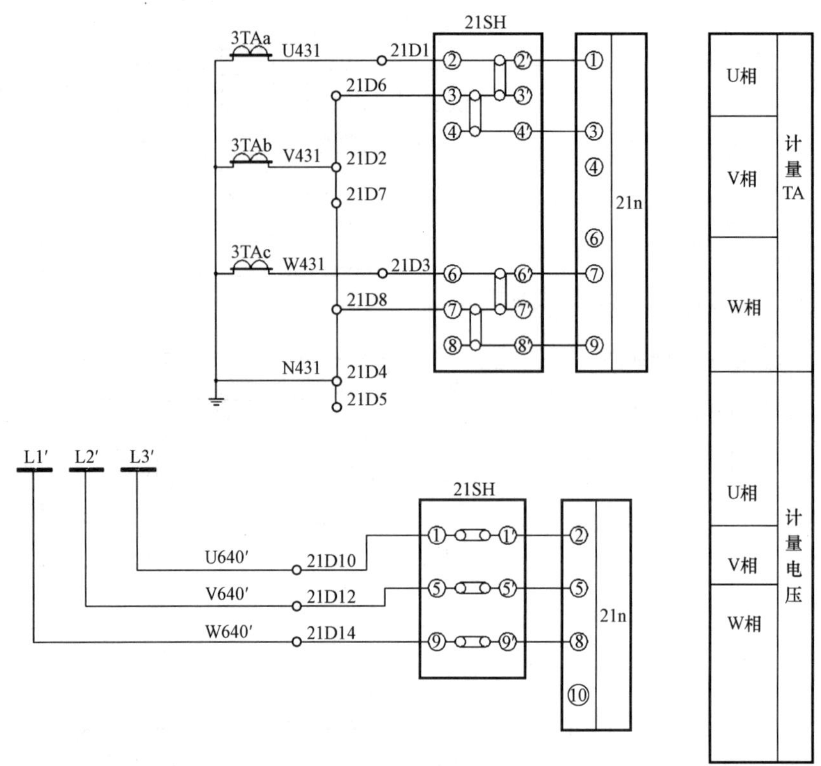

图 8-22　10kV 线路的计量用电流和电压二次回路

L1′、L2′、L3′—计量用的交流电压所用的小母线；U640′、V640′、W640′—电压互感器计量二次回路编号；21n—三相三线制多功能电能表；21SH—三相三线电能表试验接线盒；21D1～21D8—计量电流回路的端子排编号；U431、V431、W431、N431—计量电流二次回路编号

综自变电站远方对断路器进行操作的基本原理是：若通过变电站主控室监控主机进行操作（参考图 8-17），则跳合闸命令由监控主机发出，经变电站以太网络到 10kV 一次配电设备处的 CAN 网络（或其他现场总线），配电设备的保护测控装置接收到 CAN 网上的命令后驱动内部继电器动作，接通断路器回路跳合闸。若通过调度中心或集控中心进行操作（同样可参考图 8-17），跳合闸命令由中心的监控主机发出，经光纤通信到变电站远动主机，再依次到变电站以太网、10kV 配电设备处的 CAN 网络，驱动保护测控装置内部继电器动作，接通断路器回路跳合闸。

（一）控制回路

图 8-23 为综合自动化变电站中具有遥控功能的 10kV 断路器及保护装置的控制回路图。图中，101、102 分别为直流电源＋110V、－110V 的回路号，分别接到装置 1D24、1D38 端子上。

断路器的远方和就地控制切换操作通过 1QK 实现；断路器的就地分闸和合闸通过控制开关 1SA 实现。表 8-4 为 1SA 和 1QK 的触点通断位置图表，“×”表示触点接通，“—”表示触点断开。

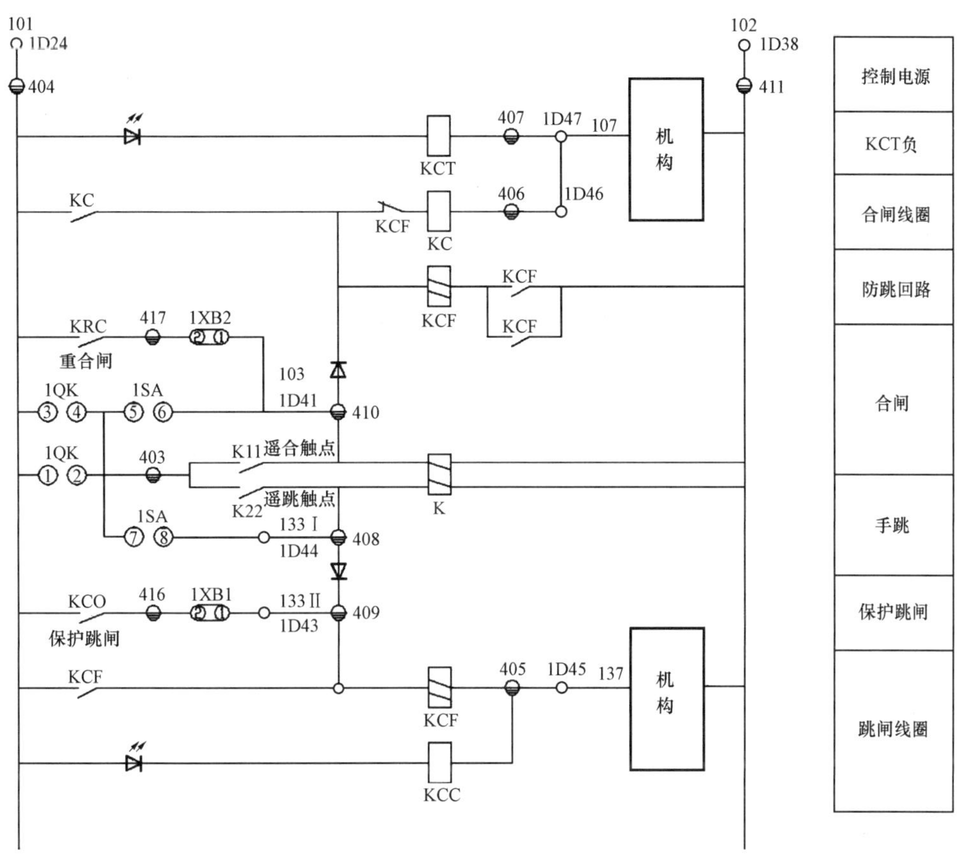

图 8-23　具有遥控功能的 10kV 断路器的控制回路

KRC—保护重合闸继电器触点；KCO—保护跳闸继电器触点；KC—合闸保持继电器；KCC—合闸位置继电器；SA—控制开关；K—合后位置继电器；XB—连接片；QK—切换开关；KCF—跳闸保持继电器；KCT—跳闸位置继电器；K11—遥合继电器触点；K22—遥跳继电器接点

表 8-4　控制开关 LW21-16D/49.4665.3 和切换开关 LW21-16/9.6277.4 触点通断位置图表

1SA 触点位置表（LW21-16D/49.4665.3）

运行方式＼触点		1-2	3-4	5-6	7-8	9-10
预合	↑	×	—	—	—	—
合闸	↗	—	—	×	—	×
合闸后	↑	×	—	—	—	—
预跳	←	—	×	—	—	—
跳闸	↙	—	—	—	×	—
跳闸后	←	—	×	—	—	—

1QK 触点位置表（LW21-16/9.6277.4）

运行方式＼触点		1-2，5-6，9-10，13-14	3-4，7-8，11-12，15-16
就地	↖	—	×
远方	↗	×	—

1QK 操作手柄有就地和远方两个位置。手柄位于左 45°位置为就地，触点 3-4、7-8、11-12、15-16 闭合，触点 1-2、5-6、9-10、13-14 断开。此时，图 8-23 中 1SA 的 5 和 7 连接好＋110V 电源，从而为就地分、合闸操作接通正电源，而遥合触点和遥跳触点前的 403 不带电，从而对远方控制进行闭锁。然后操作 1SA 就可进行手动跳合闸。

1QK 操作手柄位于右 45°位置为远方，触点开断情况相反，图 8-23 中 1SA 的 5 和 7 不带电对就地控制进行闭锁，遥合触点和遥跳触点前的 403 带＋110V 为远方分、合闸操作接通正电源，此时地处远方的变电站监控中心可通过数字光纤网络和变电站监控主机对断路器进行跳合闸。

图 8-24 所示为 10kV 开关柜中用于控制断路器机构分合动作的回路图，它对应图 8-23 中的“机构”方框。图中的长虚线用于表示多组触点附属于断路器的同一辅助开关，仅使用动合触点 S（a2）作为断路器辅助开关触点输出（用于发出信号），其他为备用触点，底盘车辅助开关触点输出仅使用 S8（1）和 S9（1）用于合闸回路，其他为备用触点。图中小圆圈中的 A、B、C、D 表示航空插头接线。10kV 断路器多采用弹簧储能机构，利用弹簧预先储备的能量作为断路器合闸的动力。断路器合闸时合闸线圈励磁，铁心运动使合闸弹簧释放能量，断路器合闸后弹簧要马上储能。断路器分闸无需弹簧释放能量。图中储能回路中的电动机 M 和弹簧储能灯均由交流电源供电。当断路器合闸瞬间弹簧能量释放完毕，S10 动断触点接通，由回路 711 发出弹簧未储能信号，S4～S7 微动开关（均为动断触点）处于接通状态，电动机 M 启动拉伸弹簧进行储能，储能完毕后 S10 动合触点接通，弹簧储能灯 HL 点亮表示弹簧已储能，S4～S7 断开，切断电动机回路。分合闸回路采用整流桥 V1、V2 后，控制电源不管是交流还是直流，断路器均可以正常工作，直流供电时，整流器只起导通二极管的作用。

下面结合图 8-17、图 8-23 和图 8-24，介绍如何通过综自变电站的监控主机实现远方跳合闸操作的。

当进行远方合闸操作时，1QK 需先在右 45°位置，图 8-23 中 1QK 的触点 1-2 闭合；图 8-17的监控主机 NSC200 通过以太网、CAN 网（或其他现场总线）将合闸命令传入 10kV 线路的保护测控装置，驱动保护装置中的遥控合闸继电器 K11 动作；图 8-23 中动合触点 K11 闭合，正电源经装置的 403 到 410、防跳继电器动断触点 KCF，经合闸保持继电器 KC 的电流启动线圈，经装置的 406 到端子排 1D46、1D47 后接通到断路器机构内；经图 8-24中 S8（1）（若底盘车为工作位置，则经 S9（1）、S6、S1、S（b1）启动断路器的合闸电磁铁 YC。同时图 8-23 中的 KC 动作，其动合触点 KC 闭合使合闸脉冲自保持，直至完成断路器完成合闸过程。图 8-24 中机构内合闸电磁铁 YC 前面的 S（b1）断开切断合闸脉冲，图 8-23 中 KC 失电返回，完成合闸过程。

遥控合闸同时会启动合后位置继电器 K，它是一个带磁保持的继电器，启动励磁线圈时其动合触点闭合，即使失电仍保持闭合位置，只有在进行遥控跳闸或就地手动跳闸操作同时启动复归线圈，继电器返回，动合触点断开。它的动合触点与跳闸位置继电器的动合触点串联构成保护测控装置的不对应启动重合闸开入。

当对断路器进行远方跳闸操作时，同样 1QK 需先在右 45°位置，图 8-23 中 1QK 触点 1-2 闭合，监控主机通过以太网、CAN 网（或其他现场总线）将合闸命令传入 10kV 线路测控装置，驱动保护装置中的遥控跳闸继电器 K22 动作；图 8-23 中动合触点 K22 闭合，正

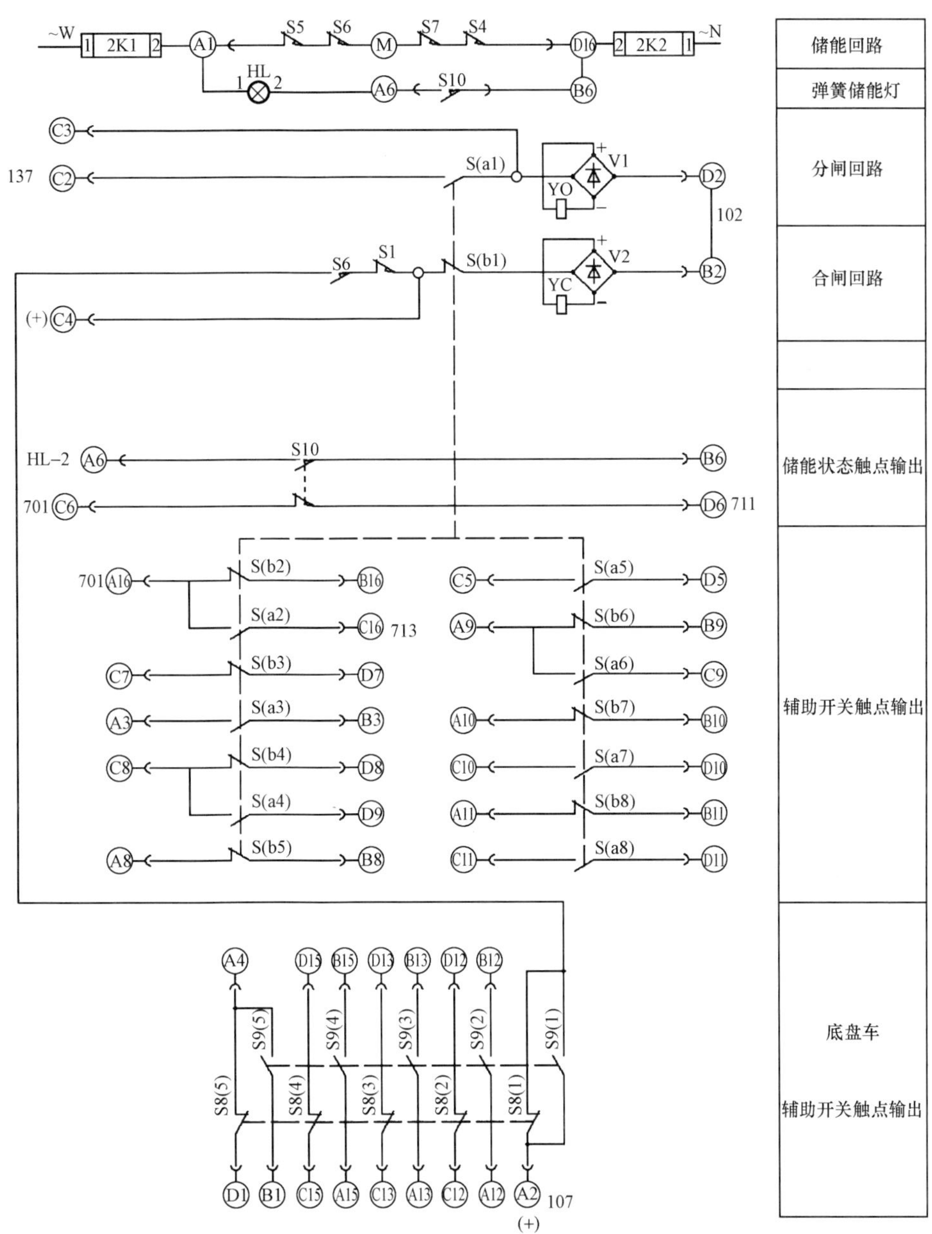

图 8-24　10kV 开关柜中断路器机构的控制回路

W、N—交流电源的相线和中性线；K1、K2—交流真空断路器；HL—弹簧储能灯；M—储能电机；
S（a1）～S（a8）—断路器辅助开关动合触点；S（b1）～S（b8）—断路器辅助开关动断触点；
YD—分闸电磁铁；YC—合闸电磁铁；V1、V2—整流桥；S1—解锁时动作的微动开关；
S2—分闸时动作的微动开关；S3—手动分闸时动作的微动开关；S4、S5—断路器合闸后延时动作的微动开关；
S6、S7、S10—弹簧已储能状态下延时动作的微动开关；S9—底盘车工作位置辅助开关，包括 S9（1）～S9（5）；
S8—底盘车试验位置辅助开关，包括 S8（1）～S8（5）

电源经 403 到 408 和 409、防跳继电器电流启动线圈，经 405 到端子排 1D45 后接通到断路器机构内；经图 8-24 中 S（a1）启动断路器的跳闸电磁铁 YD。同时保护装置中跳闸保持继电器 KCF 动合触点闭合使跳闸脉冲自保持，直至断路器完成跳闸过程，图 8 - 24 中机构内跳闸电磁铁 YD 前面的 S（a1）断开切断跳闸脉冲，图 8 - 23 中 KCF 失电返回，完成跳闸过程。

同样的道理，当线路的保护测控装置通过对交流回路接入的电流、电压进行计算判断发生了故障应该跳闸时，装置逻辑插件上的跳闸继电器 KCO 触点闭合，＋110V 直流电源经跳闸出口连接片 1XB1 到 1D43，再经装置的 409 将断路器跳开；当装置判断满足重合闸逻辑时，装置插件上的合闸继电器 BHJ 触点闭合，＋110V 直流电源经重合闸出口连接片 1XB2 到 1D41，再经装置的 410 将断路器重合。

此外，为防止断路器在合闸过程中发生连续跳闸、合闸的跳跃现象，导致断路器遮断能力严重下降甚至损坏，均要求设置电气防跳回路，装置的操作回路和断路器操动机构都设置有防跳回路，可任选其一投入，禁止二者均投入。此处只介绍图 8 - 23 中装置的防跳回路。防跳回路依靠防跳继电器实现。防跳继电器是具有双线圈的中间继电器，电流线圈作为启动线圈串在跳闸回路中，电压线圈作为保持线圈并在合闸回路中。当手动合闸到故障线路时，跳闸脉冲启动防跳继电器的电流线圈，KCF 的一对动合触点（串在跳闸回路中）闭合使继电器 KCF 自保持，另一对动合触点（并在合闸回路中）闭合启动防跳继电器 KCF 的电压线圈 KCF 并使电压线圈自保持，串在合闸回路中的动断触点 KCF 断开，切断合闸脉冲，从而防止断路器跳跃。

（二）信号回路

1. 信号输入回路

在图 8 - 25 中，各开关量（对应输入端子 1D27～1D35）是通过“保护电源＋”（端子 1D21）、“保护电源－”（端子 1D37）和光电隔离回路采集的。例如，图中弹簧未储能状态是通过 711 回路和对应的输入端子 1D28 接入其状态采集回路；断路器状态是通过 713 回路号和第一个开入量对应的输入端子 1D29 接入。通过抗电磁干扰的光电隔离模块再转换为数字量，然后经变电站内网络送到监控主机或远动主机，监控人员就可以看到发出的信号。图 8 - 26中的装置报警、保护动作、控制回路断线可以接到图 8 - 25 中左侧的开入 2～4 对应的端子 1D30～1D32 上。

变电站中电磁干扰较严重，采集信号必须采取抗干扰措施，最简单有效的办法是采用光电隔离或继电器隔离。目前常采用的是光电隔离（见图 8 - 25 中最右侧的图形符号）。光电隔离模块主要由发光二极管和光敏三极管组成，信息传递介质为光，输入和输出为电信号，信息的传递在不透光的密闭环境下进行，不受电磁信号和外界光的干扰。

需要指出的是，110kV 及以上电压等级的测控装置与保护装置是分开的，所有的触点信号均接到测控装置的开入上，测控装置再传到以太网上。远方跳合闸命令也由测控装置执行。

2. 信号输出回路

由图 8 - 23 可知，当断路器处于合闸位置时，跳闸回路接通，合闸位置继电器 KCC 启动，其动合触点闭合，图 8 - 26 中的 418 和 420 接通，线路的保护测控装置面板上的红灯 1HR 点亮（图 8 - 23 下端的发光二极管），表示断路器在合闸位置。当断路器处于分闸位置时，跳闸位置继电器 KCT 启动，其动合触点闭合，图 8 - 26 中的 418 和 419 接通，装置面板上的绿灯 1HG 点亮（图 8 - 23 上端的发光二极管），表示断路器在分闸位置。

同样道理，装置可发出装置报警、保护动作、控制回路断线等信号。

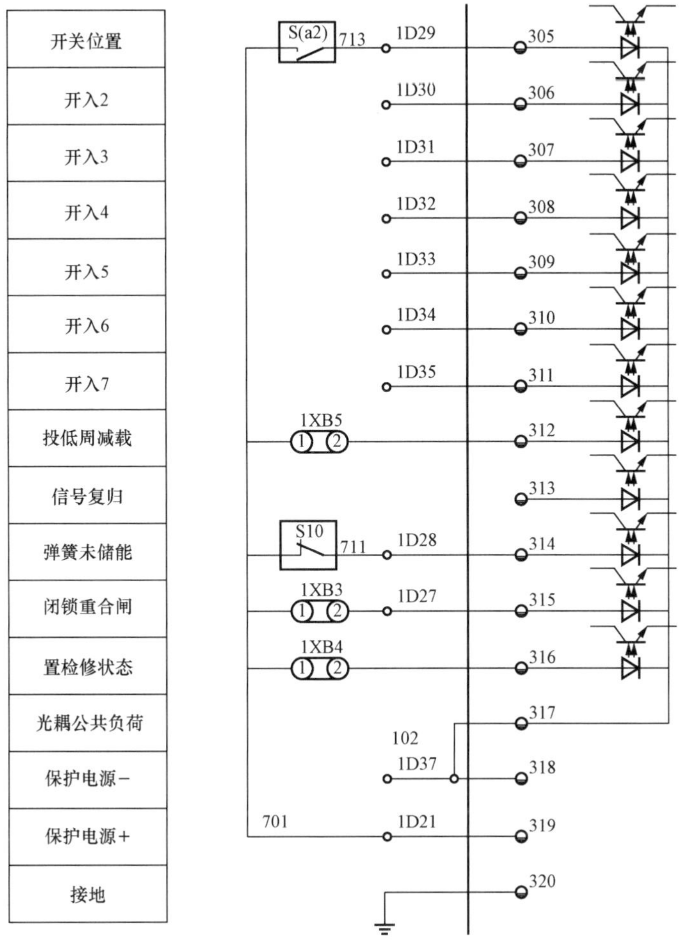

图 8-25　信号输入回路

1D21～1D37—保护装置端子排编号；305～320—保护内部开入编号；

S（a2）—断路器辅助开关触点；1XB3～1XB5—连接片；S10—弹簧储能状态微动开关（未储能下的动断触点）

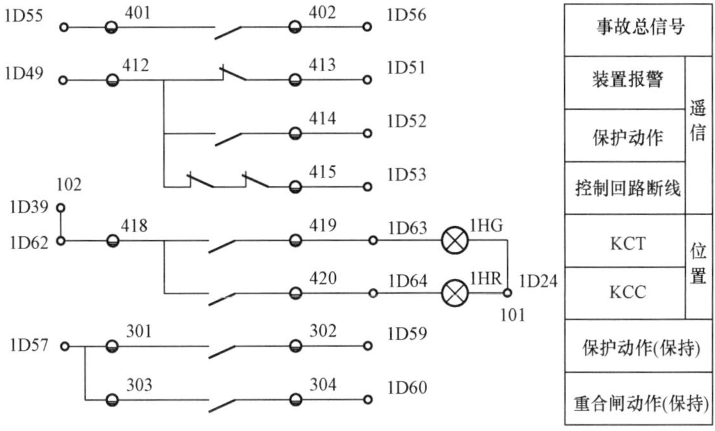

图 8-26　信号输出回路

1D49～1D64—保护装置端子排编号；301～304、401～402、

412～415、418～420—保护装置内部编号；1HG—绿灯；1HR—红灯

小　结

监视、测量、控制、继电保护和自动装置均属于二次设备和二次接线的范畴，本章侧重讲述了二次接线的基本原理、控制与信号部分，给出了二次接线中常见的新旧图形符号和文字符号对照表。二次接线图分成归总式原理图、展开接线图和安装接线图，其中后两者在设计和工程中使用较多。看安装图的要点是领会“相对编号法”。本书的二次接线图均采用新的国家标准，但实际上原国家标准仍在许多实际工程中使用。

在电力系统中断路器的控制广泛使用的是强电控制方式，且以灯光监视的断路器控制回路为主流。在某些厂站采用弱电控制方式，有利于缩小控制设备体积和提高自动化水平。然而，传统的弱电控制方式因存在可靠性问题而一直未得到广泛应用。基于现场总线和工业以太网络的计算机监控系统正在逐渐代替传统的中央信号系统。这种新系统具有电缆用量少、使用元器件少、可靠性高、所用房间面积小、功能实现灵活等优点。目前，变电站监控正在向数字化方向发展，其特点是在设备层就使用电子式互感器、智能化的一次设备和网络化的二次设备，并使用基于面向对象对监测数据统一建模的 IEC 61850 协议进行数据通信。

微机化综合自动化变电站的断路器控制信号回路与传统控制信号回路，在信号灯启动、跳闸与合闸回路的自保持方面有着明显的区别，并增加了控制方式切换操作开关、遥控合闸和遥控跳闸回路。

思 考 题

8-1　二次设备和二次接线的作用是什么？二次接线图分哪几种，各有何用途？

8-2　什么是动合触点和动断触点？试画出它们的图形。什么是安装单位？试用图例说明屏后接线图中的相对编号法。

8-3　断路器控制回路应满足哪些基本要求？试以灯光监视的控制回路为例，分析它是如何满足这些要求的。

8-4　什么叫断路器的“跳跃”？在控制回路中，防止“跳跃”的措施是什么？

8-5　发电厂中有哪些信号装置？各有什么作用？

*8-6　中央信号在发电厂和变电站中担负什么任务？是否所有厂、站都设有中央信号？如何实现中央复归重复动作？

*8-7　在什么情况下应发出事故信号？在什么情况下应发预告信号？

8-8　采用弱电选线有何意义？断路器的“一对一”弱电选控方式与普通强电控制方式有何区别？

*8-9　试比较变电站的传统控制和信号系统与综合自动化系统的特点和各自的优缺点。

*8-10　试说明“分层分布式变电站自动化系统”这一术语中“分层”和“分布式”的含义。

*8-11　试简述“集中式系统”与“分布式系统”两个概念的联系与区别。

8-12　试比较 RS-485 串行总线、CAN 现场总线、Lon Works 和交换式以太网通信特点和性能。

8-13　“10M/100M 自适应以太网”的目的何在？如何工作？

8-14　变电站自动化系统在哪一方面可显著减少变电站建设的投资？

8-15　微机化综合自动化变电站的 10kV 断路器控制回路对于哪些断路器操作具有防跳功能，如何实现的？

8-16　欲对无人值守变电站的断路器进行远方操作，断路器操作的切换开关应打到何位置？试述远方合闸时合闸命令是如何传送到变电站并控制断路器的执行。

第九章　同步发电机的运行

本章介绍汽轮发电机和水轮发电机参数的特点，参数对系统运行的影响；根据发热限度，通过 P-Q 图和相量图，分析发电机在不同情况下的允许负荷；结合大系统、大机组的特点，分析发电机正常运行、非正常运行、特殊运行方式（包括进相运行、过励磁等）的性能；同时，介绍了汽轮发电机轴系扭振和次同步谐振的概念以及发电机故障诊断技术。

第一节　同步发电机的参数及其额定值

一、同步发电机的主要参数

目前，我国电力系统规模日趋扩大，截至 2014 年底全国发电装机容量已达十三亿六千多万千瓦，随着联合电力系统以及超高压输电线路的发展，发电机单机容量仍有增大趋势。由于电力系统和机组向大型化方向发展，机组的结构、参数、运行特性以及发电厂的设计都将发生深刻变化，对电力系统运行和协调也将产生很多影响。近年来，我国电力系统中发电机单机容量不断增长，600、1000MW 的单机已成为系统中的主力机组，1800MW 的单机也逐步进入一些大的电力系统。图 9-1 为 QFSN-600-2 型汽轮发电机的总体布置图。下面以主力汽轮发电机为例介绍发电机结构及参数。

600MW 汽轮发电机组采取卧式轴，就主发电机本体而言，其最基本的组成部件是定子和转子。定子结构主要由机座、定子铁心、端盖、定子绕组及氢气冷却器等构成。转子主要由转子铁心、转子绕组、护环、滑环及风扇等组成。由于在正常运行状态，尤其是故障短路状态下，定子承受有很大的力矩，故必须用机座将其固定。在机座壁与铁心段之间有隔振结构，以减少倍频振动。

在发电机本体醒目的地方设有铭牌。铭牌上标有发电机的额定参数，这些参数是发电机正常运行的依据。参数一般有额定的功率、电压、电流、功率因数、转速、氢压、励磁电压、励磁电流、连接方式、效率等。国产 600MW 以上汽轮发电机主要铭牌参数见表 9-1。

同步发电机根据其设计和制造所规定的条件长期连续工作，称为额定情况。表明额定情况的数据有电压、电流、容量、功率因数、转子电流和长期允许温度、冷却介质温度等，均由制造厂家标记在铭牌上，称为发电机的额定参数。也就是说，额定参数是制造厂家保证发电机能长期连续运行的一些技术数据。例如，同步发电机的额定容量相当于在一定的冷却介质（空气、氢或水）的温度下，在定子和转子绕组以及铁心长期允许发热温度的范围内，发电机的连续运行允许输出功率。实际运行时，工作条件经常与额定条件不同，因此发电机的允许输出功率也与铭牌输出功率不同，应作相应的修正。

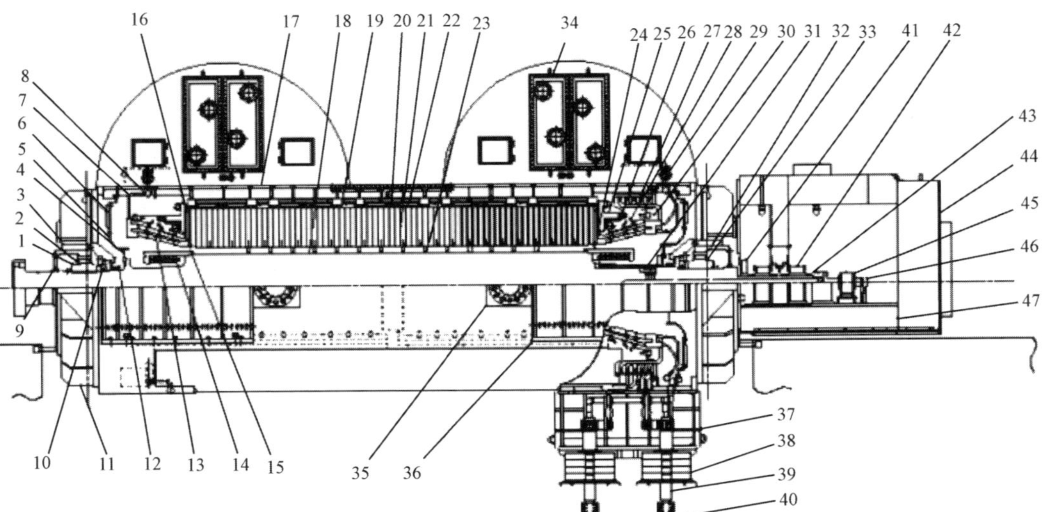

图 9-1 QFSN-600-2 型汽轮发电机总体布置图

1—轴瓦；2—轴承环；3—轴承盖；4—转子风叶；5—导风环；6—内端盖；7—绝缘引水管；8—汇流管；9—外油挡；10—内油挡；11—外端盖；12—内油挡；13—定子线圈；14—转子线圈；15—护环；16—齿压片；17—定子机座；18—转轴；19—定位筋；20—弹簧板；21—定子铁心；22—通风隔板；23—风区隔板；24—气隙挡板；25—压圈；26—铜屏蔽；27—并联环；28—绑环；29—绑环支架；30—支架环；31—转子引线；32—外轴承环；33—内轴承环；34—氢气冷却器；35—底脚板；36—吊环；37—出线盒；38—电流互感器；39—出线套管；40—出线端子；41—轴电压监测器；42—刷盒；43—集电环；44—隔音罩；45—稳定支撑；46—转速测量装置；47—刷架底座

表 9-1 国产 600MW 以上汽轮发电机主要铭牌参数

型 号	TA 1800-83S 型	TA 1100-78 型	GEC ALSTOM T-G4 型	QFSN-600-2YHG 型	QFSN-600-2-22B 型
生产厂	东方电机厂	东方电机厂	上海电机厂	哈尔滨电机厂	东方电机厂
额定功率（MW）	1800	1150	900	600	600
额定电压（kV）	27	24	26	20	22
额定电流（A）	42 767	30 739	23 512	19 245	17 495
额定功率因数	0.9	0.9	0.85	0.9	0.9
额定转速（r/min）	1500	1500	3000	3000	3000
额定氢压（MPa）	0.6	0.3	0.5	0.4	0.414
额定励磁电流/电压（A/V）	7291/670	5865/454	5340/541	4128/421.8	4387/400
绝缘等级	F	F	F	F	F
励磁系统	三机同轴交流，静止 SCR	三机同轴交流，静止 SCR	三机同轴交流，旋转 SCR	三机同轴交流，静止 SCR	三机同轴交流，静止 SCR
效率（%）	>98.8	99.04	98.8	98.90	>98.95
短路比	0.556	>0.5	>0.5	0.52	>0.58
冷却方式	水氢氢	水氢氢	水氢氢	水氢氢	水氢氢

二、运行参数不同于额定参数时发电机的运行

在发电机运行规程中，规定了运行时发电机的端电压、频率、冷却介质温度的允许变化范围，同时也规定了各个运行参数不同于额定值时，发电机的允许输出功率或允许电流。其规定的原则是在运行中不要发生电气损坏、机械故障和使电气设备缩短寿命，即定子绕组、转子绕组、铁心温度都不超过允许值，各部分产生的应力都不超过允许限度等。

1. 冷却介质温度不同于额定值时对额定容量的影响

运行中的发电机当冷却介质温度不同于额定值时，其允许负荷可随冷却介质温度变化而增减。在此情形下，决定允许负荷的原则是定子绕组和转子绕组温度都不超过允许值。

发电机定子绕组的温度 θ_s 由冷却介质的温度 θ_0、由于通风摩擦损耗而引起的温升 τ_f、铁损耗引起的温升 τ_{Fe}、铜损耗引起的温升 τ_{Cu} 几部分组成。假定转子转速恒定，可认为通风损耗保持不变，铁损耗与电压平方成正比，铜损耗与电流平方成正比。用下角标“N”表示额定状态时的相应温升，则定子绕组的温度 θ_s，即

$$\theta_s = \theta_0 + \tau_{Nf} + \tau_{NFe}\left(\frac{U}{U_N}\right)^2 + \tau_{NCu}\left(\frac{I}{I_N}\right)^2 \tag{9-1}$$

在额定状态（即额定电压、额定电流、额定转速、额定冷却介质温度）时，定子绕组的温度为 θ_{Ns}，则

$$\theta_{Ns} = \theta_{N0} + \tau_{Nf} + \tau_{NFe} + \tau_{NCu} \tag{9-2}$$

假定冷却介质温度不同于额定值，发电机在额定电压下运行，根据定子绕组温度不超过θ_{Ns}的原则，令式（9-1）中$\theta_s=\theta_{Ns}$、$U=U_N$，由式（9-2）减式（9-1）则得发电机的电流允许倍数为

$$\frac{I}{I_N}=\sqrt{\frac{\tau_{NCu}+\theta_{N0}-\theta_0}{\tau_{NCu}}} \tag{9-3}$$

而转子绕组的温度为

$$\theta_r=\theta_0+\tau_{Nr}(I_r/I_{Nr})^2 \tag{9-4}$$

式中：θ_r 为转子绕组的温度；θ_0 为冷却介质的温度；τ_{Nr} 为转子绕组在额定负荷时的温升；I_r/I_{Nr}为转子电流和转子额定电流之比。

冷却介质温度不同于额定值时，转子绕组的温度也要发生变化。在此情况下，转子绕组温度不超过额定值的转子允许负荷，即

$$\frac{I_r}{I_{Nr}}=\sqrt{\frac{\tau_{Nr}+\theta_{N0}-\theta_0}{\tau_{Nr}}}=\sqrt{\frac{\theta_{Nr}-\theta_0}{\tau_{Nr}}} \tag{9-5}$$

以某一台发电机为例，定子绕组用沥青云母绝缘，$\theta_{Ns}=105$℃，$\theta_{N0}=40$℃，$\tau_{NFe}=25$℃，$\tau_{NCu}=40$℃；转子绕组用B级绝缘，$\theta_{Nr}=130$℃，$\tau_{Nr}=90$℃。将上列数值代入式（9-3）和式（9-5），求得不同冷却介质温度下定子和转子电流允许倍数，列于表9-2。根据表9-2所示的数值画成冷却介质变化时的允许出力曲线，如图9-2所示。

表9-2　不同冷却介质温度时发电机定子和转子电流允许倍数

θ_0（℃）	20	30	40	50	60
I/I_N	1.22	1.22	1.00	0.87	0.71
I_r/I_{Nr}	1.11	1.05	1.00	0.95	0.88

从图9-2中可以看出，当冷却介质温度高于额定值时应降低的定子电流倍数比转子电流为多，所以应按定子电流限制来减小输出功率，转子绕组温度此时不会超过允许值。当冷却介质温度低于额定值时，定子电流可以提高的倍数比转子多，所以应按转子电流允许增大的倍数来提高输出功率，此时定子绕组温度不会超过允许值。虽然各台发电机的温升数据不尽相同，但图9-2所表明的基本特性，即冷却介质温度比额定值每低1℃所能增加的电流倍数，较之冷却介质温度比额定值每高1℃所应降低的电流倍数小。这个原则对一般外冷发电机都适用。发电机运行规程中规定的电流允许变化，便是依据这一原则确定的。不过，规程从普遍安全考虑，规定的数据较严。对于具体某台发电机，可以根据其温升试验曲线计算出在不同冷却介质温度（进口气温）下的允许电流值。

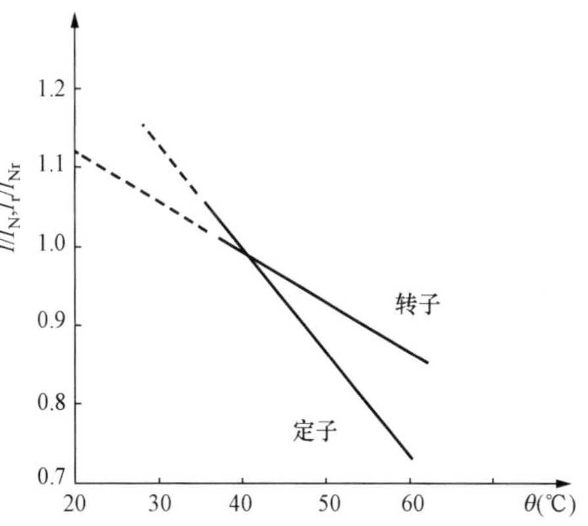

图9-2　冷却介质温度变化时的允许出力

2. 端电压不同于额定值时发电机的运行

发电机正常运行的端电压，允许在额定电压±5%范围内变动，此时发电机可保持额定输出功率不变。当定子电压降低5%时，定子电流可增加5%；当电压升高5%时，电流也就降低5%。在这样的变化范围内，定子绕组和转子绕组的温度不会超过允许值。

当定子电压低于95%以下运行时，定子电流不应超过额定值的5%。此时发电机要降低输出功率，否则，定子绕组的温度要超过允许值。

发电机运行电压的下限可根据稳定要求确定，一般不应低于额定值的90%。

发电机运行电压高于额定值，升高到105%以上时，其输出功率须相应降低。因为电压升高，铁心内磁密度增加，铁损耗增加，引起铁心温度和定子绕组温度增高。除此之外，电压增高，如维持有功输出功率不变就要增加励磁电流，致使转子绕组的温度超过允许限度。

发电机运行的最高允许电压应遵照制造厂的规定，最高值不得超过额定值的110%。因为现代大容量发电机都是按相当高的饱和程度设计的，当运行电压超过5%～10%时就会由于过度饱和，定子旋转磁场的漏磁部分大大增加，使定子本体机架回路感应出很大电流（有时可达几万安），在机架的一些接缝处造成局部发热，甚至引起火花使机器损坏。

3. 运行频率不同于额定值时发电机的运行

按照规程规定，发电机运行频率允许变动范围是±0.5Hz。

运行频率比额定值高时发电机的转速升高，转子承受的离心力增大，可能使转子某些部件损坏，因此频率增高主要是受转子机械强度的限制。同时，频率增高，转速增加，通风摩擦损耗也要增大，虽然在一定电压下磁通可以小些，铁损耗也可能有所降低，但总的来说此时发电机的效率是下降的。

运行频率比额定值低，也有很多不利影响。例如频率降低，转速下降，使两端风扇鼓进的风量降低，其后果使发电机的冷却条件变坏，各部分温度升高；频率降低，为了维持额定电压不变就得增加磁通，如同电压增高时的情况，由于漏磁增加会产生局部过热；频率降低还可能使汽轮机叶片损坏；厂用电动机也可能由于频率下降，使厂用机械输出功率受到严重影响。由于上述原因，不希望发电机频率在偏离额定值的情况下运行。在系统运行频率变化±0.5Hz的允许范围内，由于设计有裕度可不计上述影响，允许保持额定输出功率不变。

4. 功率因数不同于额定值时发电机的运行

发电机允许在不同的功率因数下运行，但受下列条件的限制：

（1）高于额定功率因数时，定子电流不应超过允许值；

（2）低于额定功率因数时，转子电流不应超过允许值；

（3）在进相功率因数运行时，应受到稳定极限的限制。

三、大型同步发电机参数的特点和发展趋势

大型同步发电机的参数与中、小型发电机有很多不同之处，汽轮发电机和水轮发电机也有所不同。由于大型发电机有效材料利用率提高，采用的是直接冷却系统，所以总的趋势是阻抗增大，机械时间常数降低。

从电机理论中可知，同步发电机的 x_d 为

$$x_d = \frac{A\tau}{B_\delta \delta} \tag{9-6}$$

式中：A 为线负荷；τ 为极距；B_δ 为气隙磁密；δ 为气隙长度。

从式（9-6）可以看到，机组的阻抗与线负荷成正比，而与气隙长度成反比，气隙长度越大，磁导和电抗 x_d越小。但是长度如果增大，转子绕组中的磁动势就要增加。换句话说，转子绕组中的电流和匝数要相应增大，这样会促使转子重量和价格增加。所以，从简化发电机结构出发，都希望选取较小的气隙。大型机组的特点是气隙磁密受到饱和限制，不能选择过大，同时线负荷较大，所以大型机组的 x_d值显得较大。对于同容量的汽轮发电机组和水轮发电机组，虽然汽轮发电机的气隙较大，但它的线负荷和极距都较大，所以汽轮发电机的 x_d值为（0.9～2.0），仍较水轮发电机的均值（0.7～1.6）大。

暂态电抗 x'_d和次暂态电抗 x''_d值由转子和定子的漏磁通决定，次暂态电抗还决定于阻尼绕组的漏磁通。大型机组中由于 A 值较大，漏磁通也较大，所以 x'_d和 x''_d值也要增大。同容量的汽轮发电机的漏磁系数和漏磁路径较水轮发电机小，但极距比水轮发电机大，所以汽轮发电机的 x'_d值（0.14～0.34）较水轮发电机的 x'_d值（0.2～0.5）小。

同步发电机定子非周期电流衰减时间常数 T_a 为

$$T_a = \frac{x_2}{\omega r_a} \tag{9-7}$$

$$x_2 = \sqrt{x'_d x''_q}$$

式中：r_a 为定子绕组的有效电阻；x_2 为发电机的负序阻抗；ω 为角频率。

同容量的汽轮发电机的 x'_d、x''_d值较水轮发电机稍小，但它的 r_a 值远较水轮发电机的值小，所以汽轮发电机的 T_a 值（0.02～0.5s）比水轮发电机的 T_a 值（0.03～0.35s）稍大。大型机组的 T_a、T'_d和 T''_d 值与阻抗及电阻有关，虽然阻抗值稍大，但由于加强冷却，采用的电流密度较大，电阻值远较一般机组大，T_a、T'_d和 T''_d的数值显得较小。

机械时间常数 T_m与转动惯量 J 及转速 n 的平方成正比，而与容量成反比。同容量水轮发电机的 J、n 值较汽轮发电机大，所以水轮发电机的 T_m 值（5～10s）较汽轮发电机的 T_m 值（3～4s）大。大型机组的机械时间常数随着单机容量的增大而减小，由于加强了冷却，大型机组的转动惯量几乎没有多大变化。

总之，随着同步发电机容量的增大，其参数也发生变化，主要是阻抗值增大和机械时间常数减小，这对系统稳定带来很不利的影响。

四、阻抗增大和时间常数减小对电力系统运行的影响

大型机组参数的变化对电力系统运行产生深刻影响。阻抗增大将使系统中短路电流减小（虽然绝对值仍很大），这是有利因素。但在没有励磁控制（包括自动电压调节器）的情况下，阻抗增大，机械时间常数减小，将使系统稳定性降低。例如，单机对无穷大容量系统中，发电机的静态稳定极限功率 P_{max}为

$$P_{max} = \frac{E_q U}{x_d + x_s} \tag{9-8}$$

式中：U 为系统母线电压；x_s 为电网阻抗；E_q 为发电机电动势。

由式（9-8）可知，若 x_d值越大，而 x_s 值相对较小（即线路不长）时静态稳定极限功率越小，故阻抗增大，导致静态稳定储备降低。

电力系统的暂态稳定和许多因素有关，其中主要有发电机和系统的阻抗、机械时间常数、励磁上升速度、强励倍数、短路切除时间等。系统中发生对称或非对称短路时，在暂态过程中，发电机的最大电磁转矩几乎和发电机的暂态电抗和次暂态电抗成反比，阻抗增大，

将促使最大电磁转矩降低，因而使暂态稳定性能降低。机械时间常数对暂态稳定也有很大影响，如保持同样的极限角，则机械时间常数几乎和临界切除时间的平方成正比，机械时间常数减小一半，临界切除时间将缩短到原值的 1/4。

曾经采用改善发电机参数的措施（如加大空气隙等）来提高系统稳定极限，但往往导致发电机尺寸、质量增大，成本提高。一般采用励磁控制的方法（包括应用各种类型的自动电压调节器）来改善大型发电机参数所带来的不利影响。经验证明，合理选择和整定励磁控制的各种参数在一定程度上可改善对稳定的不利影响，在经济上显然要比前一种方法有利的多。

第二节　同步发电机的正常运行

同步发电机的正常运行属于允许长期连续运行的工作状态，它的特点是发电机的有功负荷、无功负荷、电压、电流等都在允许范围以内，因而是一种稳定的对称的工作状态，其中最常见的是额定工作状态，即有功负荷、电压、功率因数、频率、冷却介质温度都是额定值。发电机在额定工作状态运行时具有损耗小、效率高、转矩均匀等性能，一般发电机都应尽量在接近额定工作状态下运行。在运行中有时需要调整各种参数，例如要根据调度制定的负荷曲线来调整发电机的有功功率和无功功率，用调速器调整有功功率，用励磁调节器调整无功功率。在调整过程中，要注意各个参量不要超过允许范围。除此之外，还要注意负荷上升速度。汽轮机为了防止过渡的热膨胀，负荷上升速度不能太快，从空载到满负荷，通常要几小时；水轮发电机负荷的上升速度不受限制，只要几分钟便可带满负荷。

本节主要叙述同步发电机的允许运行范围和运行特性。

一、发电机的允许运行范围和 *P*-*Q* 图

在稳态条件下，发电机的允许运行范围决定于下列四个条件。

（1）原动机输出功率极限，即原动机的额定功率一般要稍大于或等于发电机的额定功率。

（2）发电机的额定容量，即由定子发热决定的允许范围。

（3）发电机的磁场和励磁机的最大励磁电流，通常由转子发热决定。

（4）进相运行时的稳定度，当发电机功率因数小于零而转入进相运行时，E_q 和 U 的夹角不断增大，此时发电机有功功率输出受到静态稳定条件的限制。

在电力系统中运行的发电机，必须根据系统情况调节有功、无功输出。在一定定子电压和电流下，当功率因数下降时，发电机有功功率输出减小，无功功率增大；而功率因数上升时则相反。所以运行人员必须掌握功率因数变化时，发电机的允许运行范围。发电机的 *P*-*Q* 曲线，就是表示其在各种功率因数下允许的有功功率输出 P 和允许的无功功率输出 Q 的关系曲线，又称为发电机的安全运行极限。

汽轮发电机的 *P*-*Q* 曲线（可根据其相量图绘制），如图 9-3 所示。

假定 x_d 为常数（即忽略饱和的影响），将电压相量图中各相量除以 x_d，即得到电流相量三角形为 $\triangle OAC$，其中 $\overline{OA}$ 代表 U_N/x_d，即近似等于发电机的短路比 K_c，它正比于空载励磁电流 $\dot{I}_{f0}$；$\overline{AC}$ 代表 $\dot{I}_N x_d/x_d=\dot{I}_N$，即定子额定电流；$\overline{OC}=E_q/x_d$，代表在额定情况下定子的

稳态短路电流，它正比于转子额定电流 $\dot{I}_{fN}$；过 A 点作一条垂直于横坐标轴的线段$\overline{AE}$，表示发电机端电压的方向，电流 $\dot{I}_N$ 和线段$\overline{AE}$间的夹角就是功率因数角 φ。电流垂直分量 $\dot{I}_a$ 表示电流的有功分量，水平分量 $\dot{I}_r$ 表示电流的无功分量。如以恒定电压 U_N乘电流的各分量，所得的值分别表示有功功率$P=I_aU_N$，无功功率 $Q=I_rU_N$。根据相量图，取适当比例尺，不仅可得到定子电流的相应关系，还可通过$\overline{AC}$在以 A 点为原点的坐标轴上的投影来求得 P、Q 值，并通过$\overline{AC}$直线的位置来代表 $\cos\varphi$ 变化时对发电机输出功率的影响和限制。

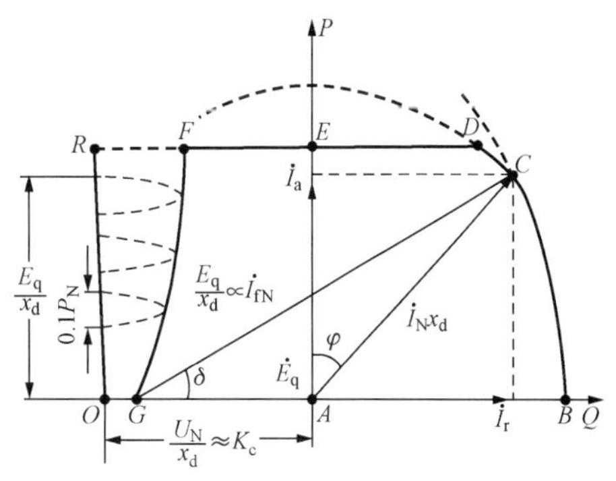

图 9-3　汽轮发电机的安全运行极限

当冷却介质温度一定时，定子和转子绕组的允许电流为一定，即图中$\overline{AC}$和$\overline{OC}$为一定。现以 A 为圆心，$\overline{AC}$长度为半径和以 O 为圆心，$\overline{OC}$长度为半径分别画圆弧。根据上述允许运行范围的条件，在两个圆弧范围以内才允许运行。由图 9-3 可见，在两个圆弧交点运行时，定子和转子电流同时达到允许值。$\cos\varphi$ 值降低（φ 角增大），由于转子电流的限制，相量端点只能在$\overline{CB}$弧线上移动，此时定子电流未得到充分利用；$\cos\varphi$ 值增高（φ 角减小），由于定子允许电流的限制，相量端点只能在$\overline{CD}$弧线上移动，转子绕组未能充分利用。过 D 点后，$\cos\varphi$ 继续增高，由于原动机额定输出功率的限制，运行范围不能超过$\overline{RD}$直线，图中$\overline{AE}$长度代表额定输出功率 P_N。当功率因数 $\cos\varphi<0$，转入进相运行时，$\dot{E}_q$ 和$\dot{U}_N$ 之间的夹角 δ 不断增大，此时，发电机有功功率的输出受到静态稳定的限制，垂直线$\overline{OR}$是理论上静态稳定运行边界，此时 $\delta=90°$。因为发电机有突然过负荷的可能性，必须留有余量，以便在不改变励磁的情况下能承受突然性的过负荷。图中$\overline{GF}$曲线是考虑了能承受 $0.1P_N$过负荷能力的实际静态稳定极限。$\overline{GF}$曲线的作图法为：在理论稳定边界上先取一些点，然后保持E_q/x_d不变，找出实际功率比理论功率降低 $0.1P_N$的一些新点，连接这些新点就构成了$\overline{GF}$曲线。

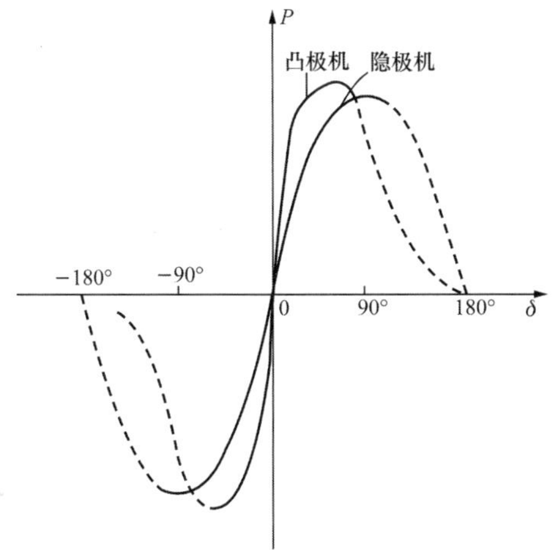

图 9-4　凸极机和隐极机电磁功率与 δ 的关系曲线

根据上述安全运行的四个允许条件，将 B、C、D、E、F、G 点连成曲线，就构成汽轮发电机的安全运行极限。

水轮发电机（凸极发电机）的安全运行极限与汽轮发电机（隐极发电机）相类似。所不同的是凸极发电机的电磁功率包括两项，即

$$P_N=\frac{E_qU}{x_d}\sin\delta+\frac{U^2}{2}\left(\frac{1}{x_q}-\frac{1}{x_d}\right)\sin2\delta \tag{9-9}$$

第一项与不饱和的隐极机一样，称为基本分量；第二项称为附加分量，它是由 $x_d\neq x_q$ 所引起的，所以凸极机在无励磁电流时（$i_f=0$）仍然有电磁功率。图 9-4 表示凸极机和隐极机电磁功率与 δ 的关系。从图上可见凸极机和隐极机相比较，凸

极机的最大电磁功率发生在 $\delta<90°$时，而且其值要比隐极机大。由于凸极机的第二项附加分量电磁功率与励磁无关，所以在无励磁时差不多能发出 25%的额定功率，因此在进相运行时其安全运行极限面积要比隐极机大。

发电机的安全运行极限还与发电机的端电压有关，当端电压比额定值大时如图 9-3 所示，曲线中的$\overline{GF}$部分将向左移，若端电压降低，则$\overline{GF}$部分将向右移。

二、同步发电机的正常运行特性

假定发电机在无穷大容量系统中运行，在正常调整过程中最常见的两种工作状态是：①调整有功功率，维持励磁不变，即 E_q 为常数，P 为变数；②调整励磁，维持有功功率不变，即 P 为常数，E_q 为变数。现分别叙述如下。

1. E_q为常数，P 为变数

增加发电机有功负荷，通常用加大汽轮机的进气门（或水轮机的导水翼）的开度使原动机转矩增大，转子加速，功角 δ 因而增大。当原动机转矩与发电机电磁转矩相互平衡时，δ 角才能稳定；反之，当有功功率减小时，δ 角也相应减小。

假定电动势 E_q是常数，有功功率变化时，其轨迹是一个以 O 为圆心，E_q为半径的圆弧，如图 9-5 所示。由图可以看到，设 A_1 点为 $P=P_1$ 的运行点，电压相量三角形为$\triangle OCA_1$，$\overline{OA_1}=E_{q1}$，电压降 $j\dot{I}_1x_d$ 在横轴的投影$\overline{A_1B_1}$正比于 P_1，纵轴上的投影$\overline{CB_1}$正比于无功功率 Q_1。当有功负荷从 P_1 增至 P_2 时，E_q 的端点由 A_1 移至 A_2，功角由 δ_1 增至 δ_2，无功功率由$\overline{CB_1}$减至$\overline{CB_2}$，相位角由 φ_1减小至 φ_2。

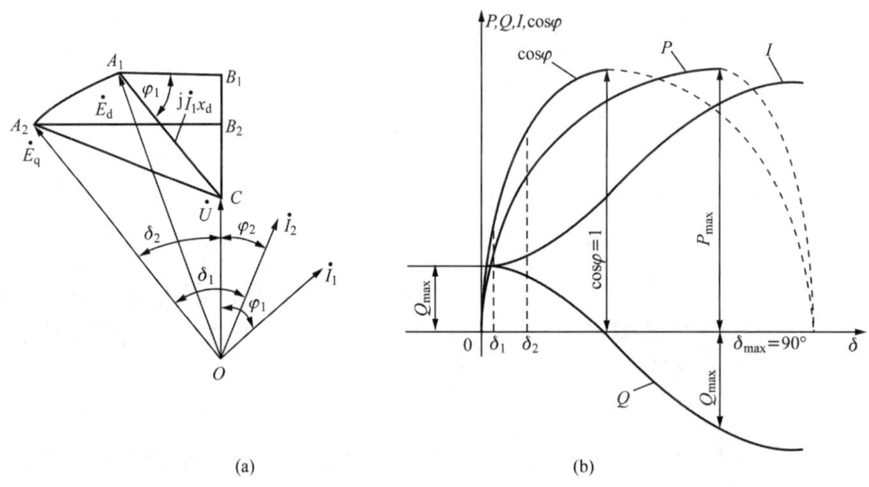

图 9-5 E_q 为常数、P 为变数时，同步发电机的工作状态

（a）相量图；（b）P、Q、I、$\cos\varphi$ 变化曲线

值得指出的是：当 P 增加时，只有当$\frac{dP}{d\delta}>0$ 发电机才具有稳定的工作点。如果在 $\delta>\delta_{max}$情况下运行，有功负荷增加，δ 增加，由于$\frac{dP}{d\delta}<0$，电磁转矩下降，使 δ 角继续增加，最后导致发电机失步。当 E_q为常数时，对应于 δ_{max}的有功功率最大值 P_{max}，通常称为静态稳定极限。当有功负荷 P 比 P_{max}显得越小时，静态稳定储备越大。因此 P_{max}和 E_q成正比，所以

在增加有功负荷时，相应地也要增加励磁电流，即增加 P_{max}，以保持一定的静态稳定储备。除此之外，当功率因数 $\cos\varphi=1$，即 $\varphi=0$，发电机的无功负荷 $Q=0$，从图 9-5 相量图中可以看出，电压三角形$\triangle OCA$ 为直角三角形，此时

$$\cos\delta = U/E_q \tag{9-10}$$

2. P 为常数，E_q为变数

当发电机的励磁电流降低时，电磁转矩随之下降，由于原动机转矩未变，所以发电机加速，如图 9-6 所示。此时，功角 δ 由 δ_1 增至 δ_2，$\overline{OA_1}$相量转至$\overline{OA_2}$的位置。由于 P 为常数，所以相量图中 $A_1B_1=A_2B_2$，E_q 端点 A 的轨迹是一条与电压互相平行的直线。

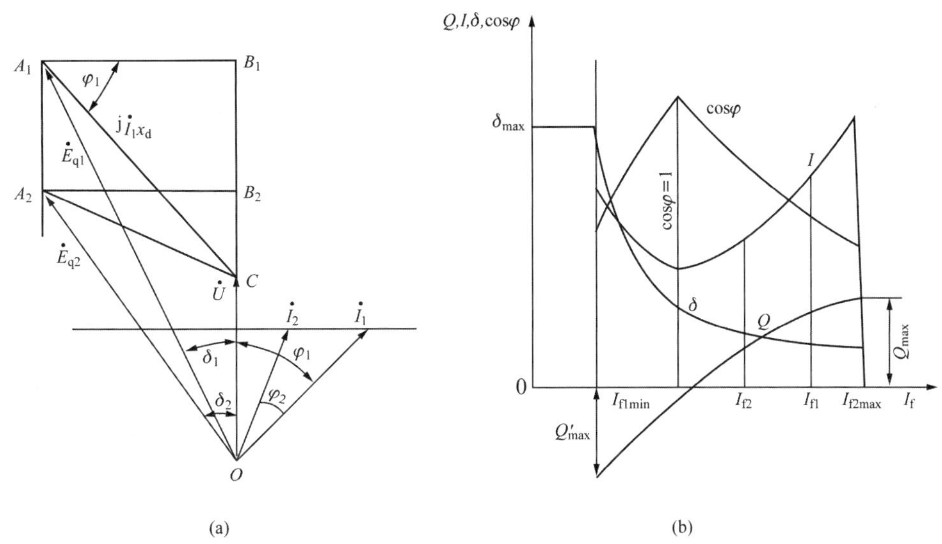

图 9-6　在各种励磁电流情况下发电机的工作状态

(a) 相量图；(b) I、Q、δ、$\cos\varphi$ 变化曲线

由式 (9-10) 可知，当 $I_f = E_q = \dfrac{U}{\cos\delta}$ 时（用标幺值制表示）$Q=0$。当有功负荷 P 增大，功角 δ 增大，因此在 $Q=0$ 时，励磁电流也越小。

$I_f = E_q > \dfrac{U}{\cos\delta}$ 时，发电机处于过励磁状态，向系统输出无功，此时功角 δ 值显得相当小。若励磁电流越大，向系统输送的无功 Q 和定子电流 I 也越大，$\cos\varphi$ 则越小，此时最大励磁电流不应超过转子的额定电流。

$I_f = E_q < \dfrac{U}{\cos\delta}$ 时，发电机欠励磁运行，从系统吸收无功功率。励磁电流 I_f越小，从系统吸收的无功功率 Q 越多，定子电流 I 和功角 δ 也越大，$\cos\varphi$ 则越小。最小励磁电流 I_{fmin}由 $\delta=\delta_{max}\approx 90°$决定，计算式（用标幺值表示）为

$$I_{fmin} = Px_d/U \tag{9-11}$$

有功负荷越小，发电机从系统吸收最大无功功率时所需的励磁电流也越小。没有有功负荷时，最小励磁电流 I_{fmin}等于零。发电机在进相运行时（详见本章第四节），励磁电流应大于最小电流 I_{fmin}。

第三节　同步发电机的非正常运行

同步发电机的非正常运行属于只允许短时运行的工作状态，此时发电机的部分参量可能出现异常。例如，定子或转子电流超过额定值，电压不对称，将产生某种频率的感应电流，引起局部过热等。最常见的非正常工作状态有过负荷、异步运行、不对称运行等。

一、发电机的允许过负荷

前已述及，发电机的定子电流和转子电流均不得超过允许范围（即额定值）。但在系统发生短路故障、发电机失步运行、成组电动机起动以及强行励磁等情况时，发电机定子或转子都可能短时过负荷。电流超过额定值会使发电机绕组温度有超过允许限度的危险，甚至还可能造成机械损坏。过负荷数值越大，持续时间越长，上述危险性越严重。因此，发电机只允许短时过负荷。过负荷数值不仅与持续时间有关，而且还与发电机的冷却方式有关。直接冷却的绕组在发热时容易产生变形，所以采用直接冷却绕组的发电机过负荷允许值比采用间接冷却绕组的要小。发电机定子和转子短时过负荷的允许值和允许时间由制造厂家规定。

发电机不允许经常过负荷，只有在事故情况下，当系统必须切除部分发电机或线路时，为防止系统静态稳定破坏保证连续供电，才允许发电机短时过负荷运行。

二、异步运行

同步发电机进入异步运行状态的原因很多，常见的有励磁系统故障、误切励磁开关而失去励磁、由于短路使发电机失步等。下面仅将失去励磁后的异步过程做简要分析。

发电机失去励磁后，电磁功率减小，在转子上出现转矩不平衡，促使发电机加速，转子被加速至超出同步转速运行，以致最后失步。当发电机超出同步转速运行时，发电机转子和定子旋转磁场之间有了相对运动，于是在转子绕组、阻尼绕组以及转子的齿与槽楔中将分别感应出滑差频率的交流电流，这些电流产生制动的异步转矩，发电机开始向电力系统送出有功功率。转速的增大，一直继续到出现的制动异步转矩与汽轮机的旋转转矩相等为止。

图 9 - 7 所示为发电机的平均异步转矩特性曲线，其中曲线 4 表示原动机的转矩特性。随着转速升高，调速器动作，减小进汽或进水，因此原动机的输入转矩即由 M_{m0}下降，此时与汽轮发电机的转矩特性 1 相交于 A_1 点，与有阻尼绕组的水轮发电机的转矩特性 2 相交于 A_2 点，与无阻尼绕组的水轮发电机的转矩特性 3 交于 A_3 点。A_1、A_2、A_3 即转矩平衡点，这些点决定了稳态异步运行时有功功率的大小和转差率。如图 9 - 7 所示汽轮发电机具有良好的平均异步转矩特性，因而在千分之几的滑差下就能达到稳态运行点 A_1。此时，由于调速器使汽门关闭的幅度很小，因而输出的有功功率仍相当高。在异步运行时，发电机需从系统吸收大量的无功功率，所以发电机的电压以及附近用户处的电压将要下降。所需无功功率的大小与发电机的 x_d以及转差率 s 有关，相关 x_d小、s 越小，所需的无功功率也越小。汽轮发电机的 x_d较大而 s 甚小，所需的无功功率也较小，电力系统电压降低很少。所以，汽轮发电机短时内处在这种情况下（有功功率大，转差率小，电压降低不多）作异步运行是允许的，不会出现转子损耗过大，而使发电机受到损伤。当励磁恢复后，汽轮发电机又可平稳拉

入同步。但是长时间的异步运行也是不允许的，因为会引起发电机定子铁心端部过热，转子绕组也由于感应电流产生相当大的热量，引起发热和损伤，所以汽轮发电机的异步运行受到时间限制。一般规定，汽轮发电机的异步运行时间为15～30min。

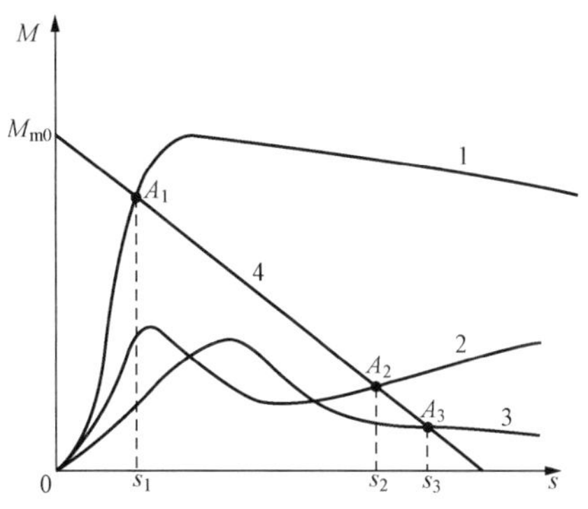

图 9-7 发电机平均异步转矩特性
1—汽轮发电机；2—有阻尼绕组水轮发电机；3—无阻尼绕组水轮发电机；4—原动机转矩特性；M_{m0}—原动机输入转矩

水轮发电机与汽轮发电机不同，异步转矩特性差，当滑差变化很大时平均异步转矩变化不大，最大平均异步转矩也小于失磁前的原动机转矩，因而只能在滑差相当大时才能达到稳定运行点 A_2 和 A_3，如图 9-7 所示。在这样大的滑差下运行转子有过热的危险，所以一般是不允许的。除此之外，水轮发电机的同步电抗较小，异步运行时，定子电流很大，所以也应限制其异步运行。当发电机失去励磁后，特别是无阻尼绕组的水轮发电机，转速迅速增加，负荷差不多可以减小到零，所以必须从电力系统中断开。有阻尼绕组的水轮发电机情况要好一些，但在滑差为 3%～5%时会出现转矩的平衡（图 9-7 中 A_2 点），有阻尼绕组过热的危险，所以只允许运行几秒钟，必须迅速恢复励磁。

总之，异步运行是发电机的一种非正常工作状态，但这种非正常工作状态应受到时间的限制。水轮发电机一般不允许异步运行，汽轮发电机失磁后异步运行的时间和功率受到许多因素的限制，一般要根据发电机型式、参数、转子回路连接方式以及电力系统情况进行具体分析，经过试验才能确定。

三、发电机的不对称运行

发电机的不对称运行属于一种非正常工作状态。不对称的原因可能是负荷不对称（电气机车、电弧炉等），也可能由于输电线路不对称（断线）等。同步发电机在不对称运行时，定子除有正序磁场外还有负序磁场。负序磁场对转子有双倍同步转速的相对运动，因此在转子绕组、阻尼绕组以及转子本体中感应出 2 倍额定频率（100Hz）的电流，引起转子过热和振动。

2 倍频率电流引起转子发热，对汽轮机特别危险。因为汽轮发电机是隐极式的，磁极和轴是一个整体，感应电流频率高（100Hz），集肤效应大，使电流集中在表面很浅的薄层内，增大了电流回路的电阻，加之这些电流不仅流过转子的本体，还流过护环、槽楔与齿，并流经槽楔和齿以及套箍的许多接触面。这些地方电阻大，发热尤为严重，可能产生局部高温，破坏转子部件的机械强度和绕组绝缘。负序电流在汽轮发电机中引起的机械振动较小，因为汽轮发电机转子是个圆柱体，纵轴和横轴的磁导相差不大，引起的附加振动也不大，对机械强度危害性甚小。

对于水轮发电机，转子是凸极式的，冷却条件较好，2 倍频率的感应电流以及所引起的转子附加发热，都较汽轮发电机小；如有阻尼绕组虽可引起阻尼绕组的附加发热，但阻尼绕组可削弱负序磁场的影响，能减轻转子的发热程度。水轮发电机的直径较大，纵轴和横轴磁导相差较大，所引起的振动也较大。

发电机的不对称运行有长时间和短时间两种情况。长时间不对称运行，是指不对称负荷情况；短时不对称，主要指不对称故障时的运行，持续时间极短。所以，不对称运行的允许负荷，也有长时间和短时间之分。

长时间允许负荷，主要决定于下列三个条件。

（1）负荷最重相的定子电流，不应超过发电机的额定电流。

（2）转子最热点的温度，不应超过允许温度。为此，在持续不对称运行时，相电流最大差值对额定电流之比，对汽轮发电机规定不得超过10%，水轮发电机不得超过20%；或者说，负序电流对额定电流之比，对汽轮发电机不得超过6%，水轮发电机不得超过12%。

（3）不对称运行时出现的机械振动不应超过允许范围。机械振动的允许值，应按制造厂家推荐的标准确定。

短时允许负荷主要决定于短路电流中的负序电流，由于时间极短，可以认为，负序电流在转子中引起的损耗全部用于转子表面的温升，不向周围扩散。因此，允许的负序电流和持续时间为

$$\int_0^t i_2^2 \mathrm{d}t = I_2^2 t \leqslant K \tag{9-12}$$

式中：i_2 为负序电流瞬时值对额定电流的比值；I_2 为等值负序电流对额定电流的比值；K 为常数，对于空气或氢气外冷发电机 $K=30$，对于内冷发电机 K 值较小，大容量的内冷发电机 K 值更小。

我国内冷式大型发电机的 K 值在6～10之间，60万kW汽轮发电机 K 的设计值为4。

我国规定的同步发电机不对称运行时的允许电流和持续时间见表9-3。

表9-3　同步发电机不对称运行时允许电流和持续时间

序号	运行情况	允许不平衡电流与持续时间	发电机种类和冷却方式		
			隐极式发电机		凸极式发电机
			空气或氢气表面冷却	导线直接冷却	
1	不对称短路	I_2^2t 不应大于右列值（s）	30	15	40
2	三相负荷不平衡，非全相运行，进行短时间的不平衡短路试验以及系统中设备发生故障的情况	负序电流（p.u.）	持续允许时间（min）		
		0.4～0.6	立即停机	立即停机	3
		0.45	1	立即停机	5
		0.35	2	1	10
		0.28	3	2	
		0.20	5	3	
		0.12	10	5	
3	在额定负荷下连续运行	三相电流之差对额定电流之比，不超过右列值	0.1	0.1	0.2
		或负序电流标幺值不超过右列值	0.06	0.06	0.12

第四节　同步发电机的特殊运行方式

随着电力系统的不断发展，大型发电机组日益增多，同时输电线路的电压等级越来越高，输电距离越来越长，加之许多配电网络使用了电缆线路，从而引起了电力系统电容电流的增加，增大了剩余无功功率。尤其是在节假日、午夜等低负荷情况下，由线路引起的剩余无功功率，就会使电网的电压上升以致超过允许的范围。过去一般是采用并联电抗器或利用调相机来吸收此部分剩余无功功率，但有一定的限度，而且会增加设备投资。近些年我国广泛地开展了进相运行的试验研究。实践表明，进相运行是一项切实可行的办法，不需要额外增加设备投资就可吸收无功功率，进行电压调整。

一、发电机进相运行的分析

进相运行是相对于发电机迟相运行而言的，此时定子电流超前于端电压，发电机处于欠励磁运行状态。发电机直接与无限大容量电网并联运行时，保持其有功功率恒定，调节励磁电流可以实现这两种运行状态的相互转换。

实际上，并入电网的发电机是通过变压器、线路与电网相连的。发电机进相运行的相量关系如图 9-8 所示。此时发电机的功角为 δ_G，发电机电动势与电网电压相量之间的夹角为 δ_s。

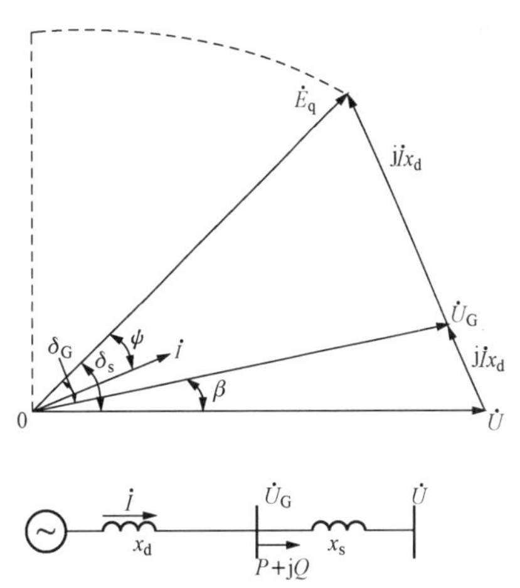

图 9-8　发电机进相运行的相量关系

发电机迟相运行时供给系统有功功率和感性无功功率，其有功功率和无功功率表的指示均为正值；而进相运行时供给系统有功功率和容性无功功率，其有功功率表指示正值，而无功功率表则指示负值，故可以说此时从系统吸收感性无功功率。发电机进相运行时各电磁参数仍然是对称的，并且发电机仍然保持同步转速，因而是属于发电机正常运行方式中功率因数变动时的一种运行工况，只是拓宽了发电机通常的运行范围。同样，在允许的进相运行限额范围内，只要电力系统需要发电机是可以长时间进相运行的。

二、发电机进相运行特点

发电机进相稳定运行是电力系统需要时采用的运行技术，其运行能力主要是由发电机本体的条件确定。相关发电机运行规程指出："发电机是否能进相运行应遵守制造厂的规定。制造厂无规定的应通过试验确定。进相运行的可能性决定于发电机端部结构件的发热和在电网中运行的稳定性。"即发电机进相运行时就其本体而言有两个特点：①发电机端部的漏磁较迟相运行时增大，会造成定子端部铁心和金属结构件的温度增高，甚至超过允许的温度限值；②进相运行的发电机与电网之间并列运行的稳定性较迟相运行时降低，可能在某一进相深度时达到稳定极限而失步。因此，发电机进相运行时，允许承担的电力系统有功功率和相应允许吸收的无功功率值是有限制的。

三、进相运行所导致问题分析

发电机进相运行，从理论上分析是可行的。但由于发电机的类型、结构、冷却方式及容量有很大的差异，发电厂的电气主接线各异，发电厂和系统连接的紧密程度等原因在进相运行时允许发出多少有功功率和吸收多少无功功率，理论上的计算由于不考虑发电机的饱和及励磁方式的影响等其结果是近似的，一般要通过运行、试验来决定。发电机运行和试验应注意的问题分述如下。

1. 静态稳定性的降低

当同步发电机的输入功率受到一些微小的扰动，发生瞬时的增大或减小时，如果不考虑调节器的作用，发电机能在这种瞬时扰动后很快恢复到原来的平衡运动状态，这称为发电机的静态稳定；反之，称为静态不稳定。

以隐极发电机为例，设电动势为 E_q，电抗 $x_d=x_q$，端电压为 U_G，功率角为 δ，发电机电磁功率为 P_M，则发电机的功角关系可表示为

$$P_M=\frac{E_qU_G}{x_d}\sin\delta \tag{9-13}$$

由式（9-13）可看出，在 E_q、U_G、X_d 不变的情况下 P_M的变化会引起功角 δ 的变化，在功角 $\delta=90°$时，P_M达到最大输出功率 $P_{max}=E_qU_G/x_d$。

对式（9-13）求导得

$$\frac{dP_M}{d\delta}=\frac{E_qU_G}{x_d}\cos\delta \tag{9-14}$$

从式（9-14）可以看出：在 $dP_M/d\delta=0$ 时，发电机达到静态稳定极限；在 $dP_M/d\delta>0$ 时，发电机能保持静态稳定；在 $dP_M/d\delta<0$ 时，发电机会失去静态稳定。所以，$dP_M/d\delta$ 可以作为发电机静态稳定的判据。

设在迟相运行时，发电机的功角为 δ_1，进相运行时为 δ_2，在运行方式由迟相逐渐过渡到进相时，由于 I_f下降，引起 E_q 下降（U_G也相应下降一些），而 x_d 基本保持不变，则功角 δ 必然要增加，即从 δ_1 增到 δ_2。此时最大功率点 P_{max}会下移。在 $\delta=90°$时，$P_M=P_{max}$达到静态稳定极限。此时若再减少励磁电流，则会失去稳定。

上述的功角特性是指发电机励磁系统不带自动电压调节器而言。如果发电机在运行时带上调节器，则功角特性会有一些不同，最大电磁输出功率 P_{max}会向右移动，使得 P_{max}所对应的功角 $\delta>90°$。这主要是由于带自动电压调节器后，在一定的励磁电流 I_f下，不是保持 E_q 不变而是保持暂态电动势 E_q'不变所致，此时 P_M的表达式为

$$P_M=\frac{E_q'U_G}{x_d'}\sin\delta+\frac{U_G^2}{2}\times\frac{x_d'-x_q}{x_d'x_q}\sin2\delta \tag{9-15}$$

式中：x_d'为暂态电抗；E_q' 为暂态电动势。

分析式（9-15），由于 $x_d'<x_q$，所以功角特性曲线相当于一个与 $\sin\delta$ 成比例的部分和一个与 $\sin2\delta$ 成比例的部分的合成。

以上的分析是基于发电机直接接在无限大电网上的，即认为外部阻抗 $x_s=0$ 的情况。下面将分析外部阻抗 $x_s\neq0$ 时的情况。

从图 9-8 中的相量图可以导出

$$P=UI\cos\varphi=UI\cos(\psi-\delta) \tag{9-16}$$

$$Q=UI\sin\varphi=UI\sin(\psi-\delta) \tag{9-17}$$

当进相运行时，在输出有功功率一定的条件下，随着励磁电流的减少，δ 角就要增大，从而使静态稳定性降低。式（9-15）是发电机直接接在无限大容量母线上而得出的。实际

系统中，发电机经变压器、线路接到系统，所以需要计及这些元件的电抗（统称为外部电抗 x_s）。此时静态稳定性将进一步降低。图 9-9 表示隐极发电机的可能输出功率曲线。图中，a 的部分受定子绕组温升限制；b 的部分受转子绕组温升的限制；c 的部分受定子端部温升的限制，通常是由运行试验确定；d 的部分表示外部电抗为零时，进相运行的静态稳定极限；e 的部分表示外部电抗不为零时，进相运行的静态稳定极限。

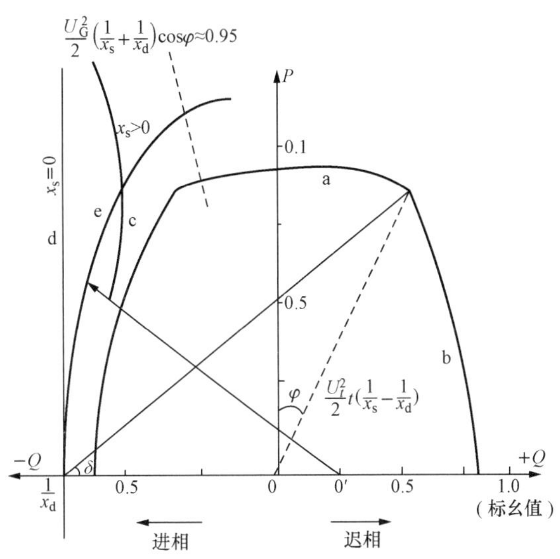

图 9-9　隐极发电机的可能输出功率曲线

当发电机接有外部电抗 x_s 时，由图9-8 的相量图可得出进相运行时的有功功率和无功功率表达式分别为

$$P=U_G I\cos\varphi=U_G I\cos(\psi-\delta_G)=U_G I(\cos\psi\cos\delta_G+\sin\psi\sin\delta_G) \tag{9-18}$$

$$Q=U_G I\sin\varphi=U_G I\sin(\psi-\delta_G)=U_G I(\sin\psi\cos\delta_G-\cos\psi\sin\delta_G) \tag{9-19}$$

由相量图知

$$I\sin\psi=I_d=\frac{U_G\cos\delta_G-U\cos\delta_s}{x_s}$$

$$I\cos\psi=I_q=\frac{U_G\sin\delta_G}{x_d}$$

代入式（9-18）和式（9-19）经运算整理得

$$P=\frac{U_G^2}{2}\left(\frac{1}{x_s}+\frac{1}{x_d}\right)\sin2\delta_G-\frac{U_G U}{x_s}\cos\delta_s\sin\delta_G \tag{9-20}$$

$$Q=\frac{U_G^2}{2}\left(\frac{1}{x_s}-\frac{1}{x_d}\right)+\frac{U_G^2}{2}\left(\frac{1}{x_s}+\frac{1}{x_d}\right)\cos2\delta-\frac{U_G U}{x_s}\cos\delta_s\cos\delta_G \tag{9-21}$$

由相量图可看出 δ 与 δ_s 成正比变化，所以 P 与 Q 均为 δ_s 的函数。式（9-20）和式（9-21）不仅可以计算发电机功率的大小，还可以判断系统运行的稳定情况。在静态稳定的极限（$\delta_s=90°$ 时），式中 $\cos\delta_s$ 项为零。将式（9-20）、式（9-21）整理得

$$P^2+\left[Q-\frac{U_G^2}{2}\left(\frac{1}{x_s}-\frac{1}{x_d}\right)\right]^2=\left[\frac{U_G^2}{2}\left(\frac{1}{x_s}+\frac{1}{x_d}\right)\right]^2 \tag{9-22}$$

由式（9-22）可以看出，计及外部电抗时进相运行的静态稳定极限为一圆的特性。其

圆心在 Q 轴上距原点 0 为 $\frac{U_G^2}{2}\left(\frac{1}{x_s}-\frac{1}{x_d}\right)$ 单位的 $0'$ 点上，其半径长度为 $\frac{U_G^2}{2}\left(\frac{1}{x_s}+\frac{1}{x_d}\right)$，如图 9 - 10所示。图中，AVR 为自动电压调节器，K_C为短路比，x_s 外部电抗。这是进相运行时由静态稳定决定的理论上的最大允许值，考虑实际运行中突然过负荷等因素的影响，比最大允许值还要低些。

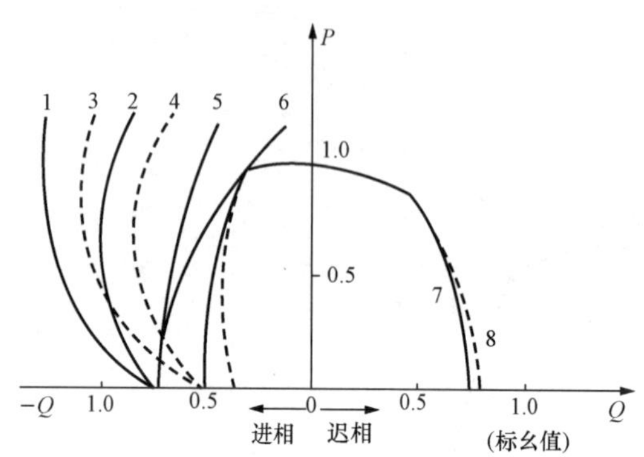

图 9 - 10　AVR、K_C和 x_s 与静态稳定的关系

1—有 AVR，$K_C=0.64$，$x_s=0.2$；2—有 AVR，$K_C=0.64$，$x_s=0.4$；3—有 AVR，$K_C=0.50$，$x_s=0.2$；4—有 AVR，$K_C=0.50$，$x_s=0.4$；5—无 AVR，$K_C=0.64$，$x_s=0.2$；6—无 AVR，$K_C=0.64$，$x_s=0.4$；7—容量曲线，$K_C=0.64$；8—容量曲线，$K_C=0.50$

图 9 - 9 和图 9 - 10 是在特定的条件（发电机的类型、参数及外部电抗已知）下绘制的，它表示了一般的规律。当具体的条件不同时，曲线不完全相同。如图 9 - 9 中的 c 和 e 部分，如果 x_d及 x_s 较大，则可能 e 的部分比 c 的部分更靠近原点 0。此时，静态稳定将成为限制进相运行允许输出功率的主要条件。

综上所述，得出如下结论：

（1）带自动电压调节器后，进相能力明显增强。

（2）发电机短路比大，即 x_d小，进相能力强。

（3）发电机与系统连接紧密时，则进相能力强；而边远地区孤立的电厂，发电机进相能力弱，甚至不能进相。

（4）系统电压越高，无功储备越大，则发电机进相时端电压下降越少，发电机进相运行能力越强。

（5）机组所带的有功功率越多，则功角越大，静态稳定储备越低。

2. 端部漏磁的发热

发电机端部的漏磁是由定子绕组端部漏磁与转子绕组端部漏磁组成的合成磁通。发电机定子端部铁心、结构件的过热主要是由于端部漏磁引起的。它的大小除与发电机的结构、型式、材料、短路比等因素有关外，还与定子电流的大小、功率因数的高低等因素有关。由于大型内冷式汽轮发电机的电磁负荷设计值较一般外冷式发电机明显增大，导致其端部漏磁明显加大。尽管在设计中采用了一系列的技术措施，如定子压指、压圈，转子护环采用无磁性钢，定子铁心端部加电屏蔽和磁屏蔽，边段铁心做成阶梯形，端部小齿开槽等，来增加漏磁路的磁阻，以避免漏磁通集中，减少由漏磁场感应产生的涡流损耗，降低端部温度，以维持温升在允许的范围之内。但是随着运行方式由迟相逐渐过渡到进相，端部合成磁通将会增大，引起发电机定子边段铁心及端部结构件上的感应涡流增大，而产生附加发热。

发电机运行时，在其端部出现的定子绕组端部漏磁和转子绕组端部漏磁，将尽可能通过磁阻最小的路径形成闭路。为此由磁性材料制成的定子端部铁心、端部连接片以及转子护环等部分便通过相当大的端部漏磁。它在空间与转子同速旋转，对定子有相对运动，因此在定子端部铁心齿部、压指、连接片等部件中要感应出涡流和磁滞损耗使之发热。特别是直接冷却的或者大型氢冷却的定子线负荷大的发电机，此种发热尤为显著。

在迟相运行时这种发热是在允许范围内的。而在进相运行时，随着进相功率的增大，发热越来越严重，这是因为端部合成漏磁通随功率因数的变化而增大所致。

图 9-11（a）所示气隙磁通关系中，各磁通全部都通过气隙，但是端部漏磁通的路径很复杂，定子端部漏磁通与转子端部漏磁通不取共同的途径。某一点的磁通量取决于该点的磁阻，故磁通量因地而异。定子铁心端部中，由定子磁动势引起的漏磁的漏磁通 $\dot{\Phi}_{ea}$ 易于通过，在图 9-11（b）中以$\overline{AC}$表示。转子磁动势引起的漏磁通经过气隙进入定子端部的部分 $\dot{\Phi}_{e0}$ 则较小，假设它为励磁磁通 $\dot{\Phi}_0$ 的 λ 倍（$\lambda<1$ 随着铁心端部位置而定），在图 9-11（b）中以相量$\overline{AD}$表示，其值为 a，$\overline{AD}=\lambda\overline{AB}$。此时端部的合成漏磁通 $\dot{\Phi}_e$ 等于$\overline{CD}$。保持定子电流不变的情况下（亦即图中$\overline{AC}$不变），当功率因数由迟相转为进相运行时，合成的漏磁通$\overline{CD}$将要增大，如图 9-12 所示。

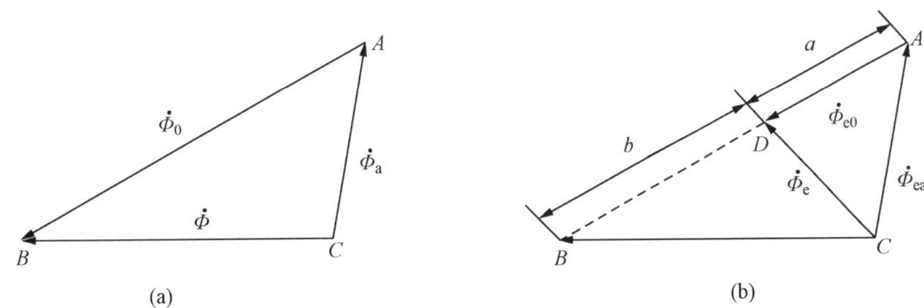

图 9-11　磁通相量图

（a）气隙磁通相量图；（b）端部漏磁通相量图

$\dot{\Phi}_0$、$\dot{\Phi}_{e0}$—励磁磁动势产生的磁通和漏磁通；$\dot{\Phi}$、$\dot{\Phi}_e$—合成磁通和漏磁通；

$\dot{\Phi}_a$、$\dot{\Phi}_{ea}$—电枢反应磁动势产生的磁通和漏磁通

在图 9-12 中，电枢反应磁动势产生的漏磁通$\overline{AC}$不变，随着功率因数由迟相转为进相运行，由于励磁电流的减小，所以励磁磁动势产生的漏磁通$\overline{AD}$也相应地减少，其值等于 $\lambda\overline{AB}$。而定子端部的合成漏磁通 $\dot{\Phi}_e$ 则增大，$\dot{\Phi}_e$ 等于$\overline{CD}$。D 点则在以 O 点为圆心（O 点到 C 点的距离$\overline{OC}=\lambda\overline{BC}$），以$\overline{OD}$为半径的半圆上移动，有$\overline{OD}=\dfrac{\overline{BD}}{\overline{AB}}\overline{AC}=(1-\lambda)\overline{AC}$。

由图 9-12 还可看出，当功率因数由迟相往进相变化时，在功率因数为 1 的附近，合成漏磁通 $\dot{\Phi}_e$ 的变化较显著；随着进相功率因数的降低（由 1 降到 0），吸收的无功功率增多，$\dot{\Phi}_e$ 越来越大，致使定子端部发热越来越严重。如取功率因数等于 1 时 $\dot{\Phi}_e=1$，则定子端部某一点（其 λ 值为小于 1 的定值）的合成漏磁通 $\dot{\Phi}_e$ 随功率因数而变化的关系如图 9-13 所示。

上面讨论了端部漏磁通与功率因数的关系，而当功率因数一定时，端部漏磁通约与发电机的出力成正比，如图 9-14 所示。由图中可以看出，如欲保持端部发热为一定值，亦即端部漏磁通为一定值，随着进相程度的增大输出功率应相应降低。

图 9-15 表示大型机组功率因数变化时的允许输出功率（有功和无功）。从图上很明显地看出，当发电机由迟相转入进相运行时，随着功率因数的降低，发电机允许的输出功率剧烈下降。

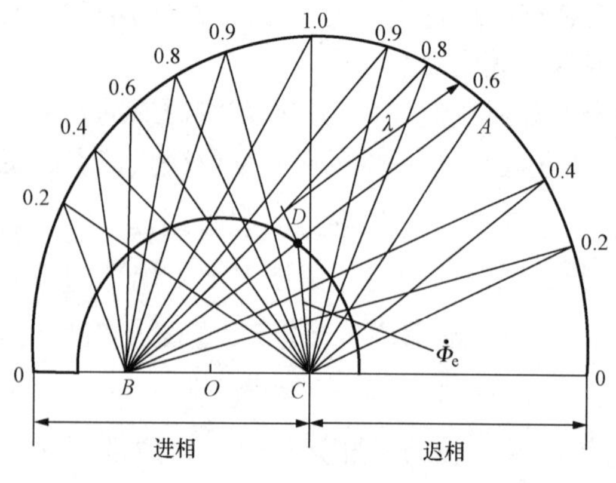

图 9-12 端部漏磁通与功率因数关系

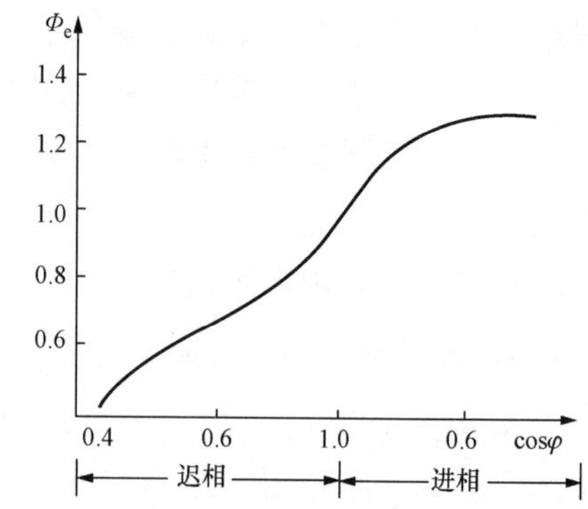

图 9-13 端部合成漏磁通随功率因数变化曲线

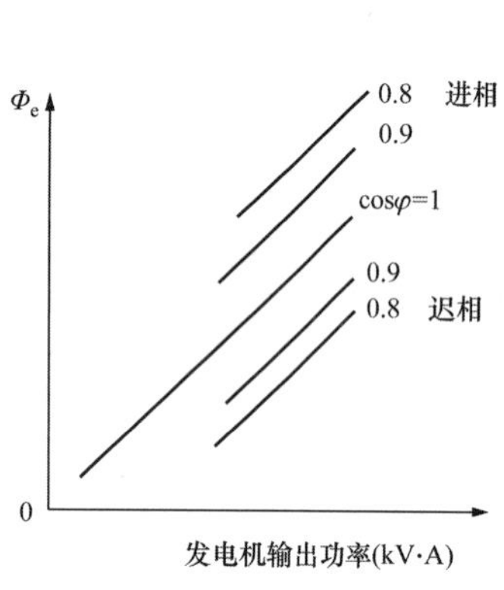

图 9-14 端部漏磁通与发电机输出功率的关系

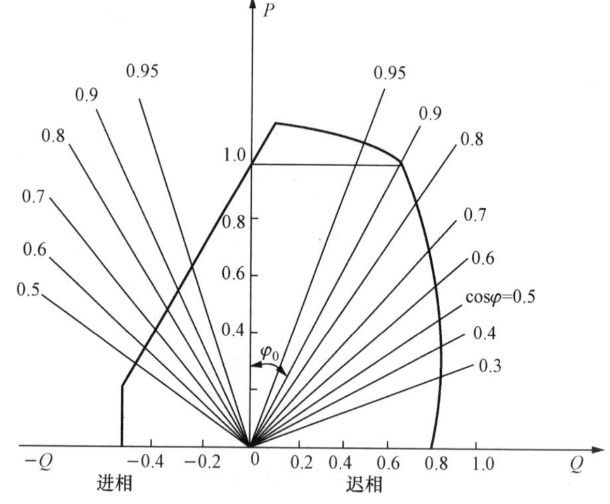

图 9-15 功率因数变化时发电机的允许有功功率和允许无功功率

值得一提的是，目前大型发电机已采取多种措施来减少端部发热，例如采用非磁性钢的转子护环、采用铜板屏蔽、开槽分割以限制涡流通路等。采用上述措施后，可降低进相运行时的端部温升，从而提高进相运行时的允许功率。

四、过励磁

1. 过励磁的定义

从电工学课程知道，发电机的电压与磁通和频率的乘积成正比，也就是说电压越高，频率越低，磁通越大；当电压上升到一定范围，或者频率下降到一定范围，或者两者变化到一定范围，发电机的磁通量将剧烈上升，使发电机铁心饱和，进入过励磁状态。因此，一般规定在一定电压上升范围、频率下降范围外的运行领域为发电机的过励磁运行领域，如图 9-16 所示。方框图内为电压、频率变化范围。斜线之外为过励磁运行领域。发电机的电压和频率变化范围各国规定有所不同，日本 JEC 的规定见表 9-4。

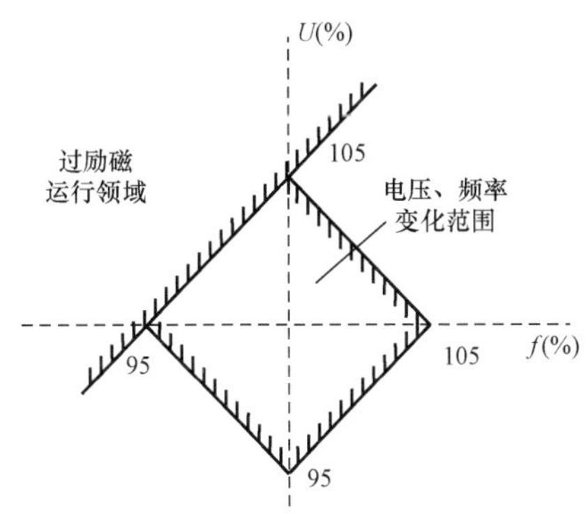

图 9-16 发电机电压、频率变化范围和过励磁运行领域

表 9-4 日本 JEC 规定的发电机电压、频率变化范围

	发 电 机	电 动 机
电压变化范围	±5%	±10%
频率变化范围	±5%	±5%
电压频率同时变化	两者绝对值之和 5%	两者绝对值之和 10%

2. 过励磁运行方式

过励磁运行方式有以下三种情况：

(1) 负荷甩开后电压升高；

(2) 启动过程中（低速度），自动电压调节器（AVR）动作；

(3) 单独运行时，励磁电流过大。

3. 过励磁运行的允许范围

过励磁运行的允许范围与很多因素有关，如发电机的结构、冷却方式等。

短时间（几秒至几十秒）过励磁的允许范围决定于漏磁感应的循环电流及由此而产生的局部过热等，长时间（几分至十几分）过励磁的允许范围决定于定子铁损耗的增加和铁心过热，一般都是由制造厂家提供过励磁运行允许范围曲线，如图 9-17 所示。图中，纵轴表示允许持续时间，横轴表示电压对频率之比的标幺值。

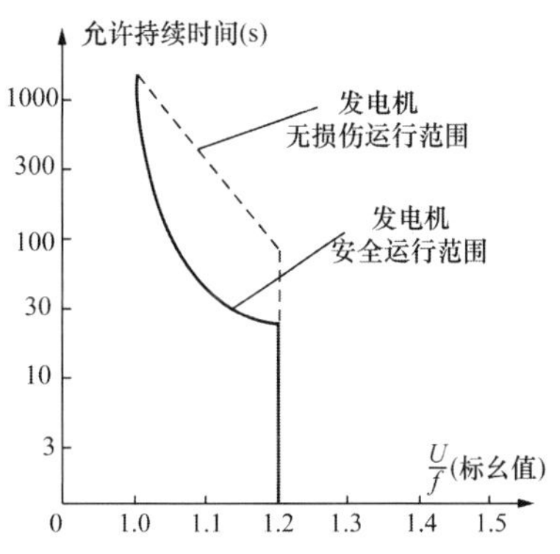

图 9-17 过励磁运行允许范围曲线

过励磁保护通常用过电压继电器或 U/f 继电器，整定值可根据过励磁运行允许范围曲线确定。

其他特殊运行方式，如启动停机、同步并列、重合闸等都有各自的运行特性，也有各种不同形式的约束以及不同的监测和保护方式。如启动停机频繁，会使发电机各个部分经常承受热胀冷缩、转子振动、遭受冲击，因此制造厂家都规定了每年或每月的允许启动停机次数，如 500 次/年。由于电力系统的发展、负荷性质的变化，以及尖峰负荷的迅速上升，迫切要求发电机能高频度地启动停机，因此必须在设计和运行两方面采取措施，以适应电力系统发展的需要。

对于重合闸的特殊运行方式也有类似之处。研究证明，重合闸对机组的冲击与机组参数、故障类型、重合闸时序以及成功与否等因素有关。一般来讲，大机组都能承受单相重合闸，轴系应力和疲劳不会超过允许限度。

*第五节 汽轮发电机的扭振稳定

大型汽轮发电机的轴系扭振问题已引起国内外广泛的关注，国内也有电厂由于扭振而发生大轴断裂事故。本节将简要叙述扭振稳定的概念、次同步谐振以及扭振的在线监测。

一、扭振稳定

1. 轴扭动振荡

图 9-18 表示一个简单的质量—弹簧系统，其旋转运动方程式为

$$J\frac{d^2\theta}{dt^2}+K\theta+\Delta T=0 \tag{9-23}$$

式中：J 为惯性常数；K 为轴的弹性系数；ΔT 为外加输入转矩。

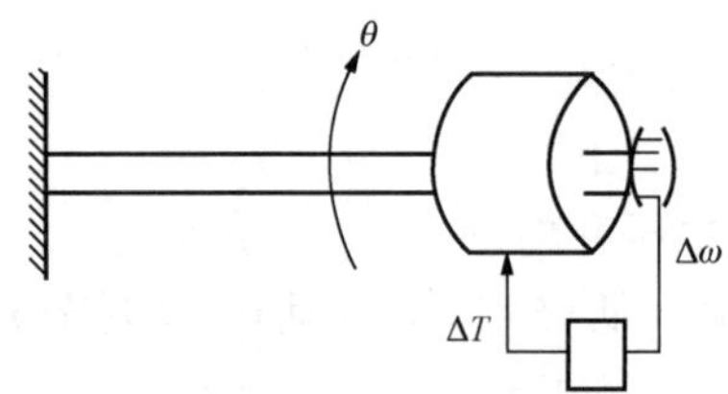

图 9-18 扭动振荡简单模型

如果外加输入转矩是常数，或是零（$\Delta T=0$），则质量—弹簧系统一经振荡便不衰减，成为持续性的扭动振荡。如果 ΔT 由励磁附加控制供给，输入信号是 $\Delta\omega$，传递函数纯是增益，式（9-23）即成为

$$J\frac{d^2\theta}{dt^2}+G\frac{d\theta}{dt}+H\theta=0 \tag{9-24}$$

这样，扭动振荡就产生阻尼，阻尼的大小与 G 值有关。G 不仅是增益，而且有大于 90°的相位差，则产生负阻尼转矩，自发地产生轴扭动振荡。在某种频率范围内，如果传递函数为下述形式

$$G(s)=\frac{\Delta T(s)}{\Delta\omega(s)}=\frac{G'}{(1+As)(1+Bs)} \tag{9-25}$$

就会产生相位滞后，在扭动振荡模式中提供阻尼转矩。

2. 汽轮发电机组的扭动振荡

大型汽轮发电机组的转动部分比上述简单的扭振系统要复杂一些，如图 9-19 所示。

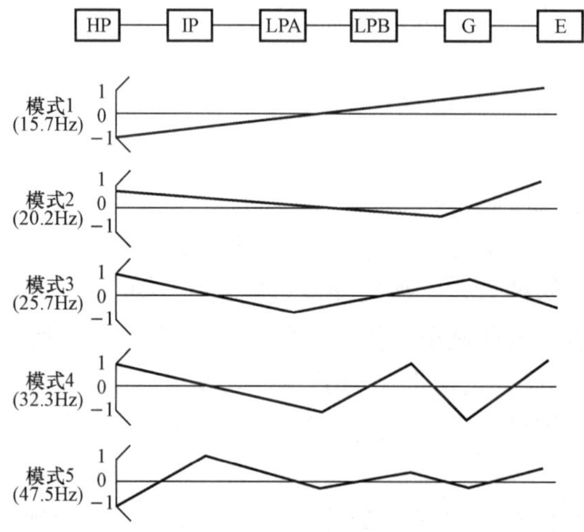

图 9-19 汽轮发电机组的扭振模式

图 9-19 中，有 6 个旋转质量，即高压汽缸（HP）、中压汽缸（IP）、两个低压汽缸（LPA 和 LPB）、发电机（G）和励磁机（E），全部在一个轴上，各段轴的作用像弹簧一样，共同组成一个线性六质量弹簧系统。六质量弹簧系统有 6 个扭动振荡模式，分别标记为 0、1、2、3、4、5。模式 0 表示 6 个质量弹簧系统同时转动，转轴和各段之间并无扭动；模式 1 有 1 个轴扭动；模式 2 有 2 个轴扭动，其余类推。根据式（9-24）对每个质量弹簧系统的扭动关系，都可写成微分方程式，从而得到 6 个质量弹簧系统的状态方程式。忽略阻尼因

数，从状态方程特征值的虚部即可求出自然扭动振荡频率以及相对振荡频幅，如图 9-19 所示。从图中可以看到，各个模式的振荡频幅与质量弹簧系统沿转轴的位置有关，扭动振荡的自然频率则与汽轮发电机组的结构和设计有关。最低的扭动振荡频率可达 1.51～1.67Hz，而最高的扭动振荡频率可达47.5～55Hz。

3. 扭振稳定

扭振稳定是指发电机组机械系统的稳定。同步发电机、励磁机、各级汽轮机、其他原动机都与主轴串接在一起组成机械系统。如果机械振荡频率与电气频率发生共振，将产生很大的机械转矩，造成机械轴的损伤，这类稳定问题称为扭振稳定。失去扭振稳定的标志是机械轴的损伤。

二、次同步谐振

当系统中发生故障或扰动时，同步发电机可能产生各种频率的电磁转矩。如果电磁转矩的频率和上述质量弹簧系统的振荡频率相同或相互接近时，则会发生共振。此时电磁转矩虽不大，但很可能产生很大的机械转矩，因而导致扭振不稳定和大轴损坏。汽轮发电机组大轴的次同步振荡即属于这种共振现象。这种共振也可认为是两者（系统和机组）之间的能量交换。IEEE 对次同步谐振的定义是：次同步谐振是电力系统的一种运行状态，在这种状态下，电气系统与汽轮发电机组以低于同步频率的某个或多个网机联合系统的自然振荡频率交换能量，这里指的运行状态是指任何一种交换能量的机会，包括振荡的自然模式和强迫模式。图 9-20 所示为具有串联电容补偿的电力系统中，它有一种自然振荡的模式，自然频率小于同步频率，称为次同步自然频率。其表达式为

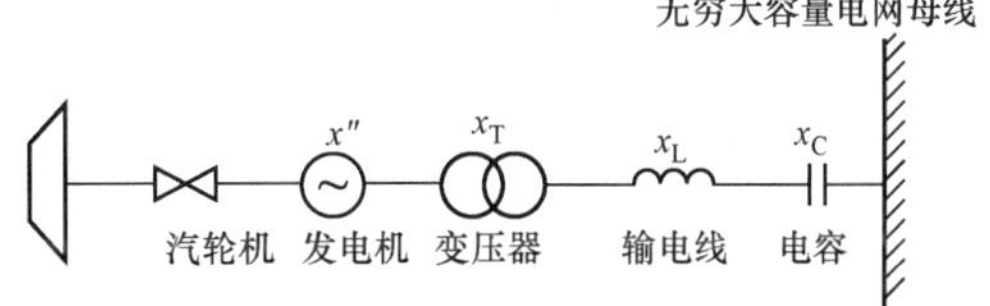

图 9-20　具有串联电容补偿的简单电力系统示意图

$$f_{er}=f_0\sqrt{\frac{x_C}{x''+x_T+x_L}} \quad (9-26)$$

式中：f_0 为对应于转子平均转速的频率或同步频率；x''为发电机两个轴的平均次暂态电抗；x_L为输电线电抗；x_T 为变压器电抗；x_C为串补电容器的容抗；f_{er}为电力系统次同步自然频率。

当次同步自然频率 f_{er}的三相谐振电流通过三相绕组时，造成一个次同步速度，即次同步频率 $f_r=f_0-f_{er}$的旋转磁场，它在转子绕组中产生频率为 f_r 的电流，在汽轮发电机旋转系统上产生频率为 f_r 的转矩振荡。此时转子仍然以系统频率 f_0 的一个平均速度旋转，因而在定子三相绕组中将感应出频率为 $f_0\pm f_r$ 的电压和电流。如果感应电流和电压的次同步频率 f_0-f_r 与次同步自然频率 f_{er}非常接近或相等时，则扭动振荡和电气谐振将互相激励而加强，产生所谓次同步谐振。由于 $f_r\pm f_{er}=f_0$，所以说次同步电气频率 f_r和次同步自然频率 f_{er}是互补的。次同步谐振包括感应发电机效应、扭转的相互作用、暂态扭矩三方面的内容。

1. 感应发电机效应

扭动振荡和电气谐振的自激有电气自激和电气机械自激两种类型。

电气自激仅含电气动态，起源于发电机转子对系统次同步频率电流表现出的视在负电阻特性。这个负电阻串联在发电机定子网路中时，如果总电阻仍是负值，则产生电气自激振荡。由于这种自激是同步发电机作为感应发电机运行方式下产生的，所以又称为感应发电机

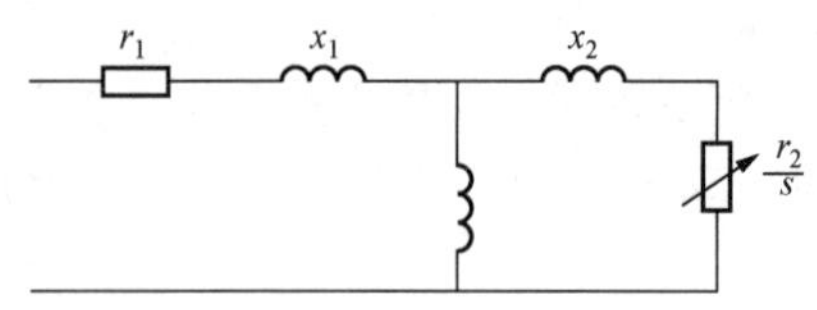

图 9-21　感应发电机的等值电路

s—滑差；r_1、x_1—定子阻抗；r_2、x_2—转子阻抗

效应。如果发电机转子本身以同步速度机械地旋转，电气谐振引起的旋转磁场以次同步速度旋转，由于 $f_{er}<f_0$，所以相当于感应发电机运行方式，其等值电路图如图 9-21 所示。

从机端看去，感应发电机的电阻近似为 r_2/s，r_2 为转子电阻，s 为转差率，此时为负值。当次同步频率越接近同步频率时，转差率的绝对值越小，负电阻的绝对值越大。如果发电机通过 LC 回路接至无穷大系统，发电机在回路谐振频率下的负电阻大于回路电阻时，回路就产生自激。设 R 为回路的总电阻，L 为回路的总电感，衰减系数 $R/(2L)$ 就变为负值，自然频率为 $1/(2L)$（rad/s），这种自激称为感应发电机效应。

产生自激现象与串联电容网络的补偿度有关，根据式（9-26），补偿度越大，次同步自然频率 f_{er}越大越接近 f_0，因而转差率越小，电阻负值越大阻尼越小，越容易发生自激而不稳定。

2. 扭转的相互作用

第二种类型的自激，即电气机械自激，既包含电气动态又包含机械动态。在机械方面有质量弹簧体的扭转振荡，在电气方面有发电机、变压器、输电线路和电容器之间的电气谐振。如果两者振荡频率互补，即扭转振荡引起定子电压次同步振荡的频率与电气谐振频率相同时，则扭转振荡和电气谐振将互相激励或加强，在此情况下，电气谐振对扭转振荡起负阻尼作用，扭转振荡对电气谐振也起负阻尼作用。这种电气和机械的相互作用也称扭转的相互作用。

扭转的相互作用也可用反馈理论来说明。机械系统的振动方程式与电气回路 RLC 相似，所以可用两个 RLC 耦合回路来模拟机电系统的振荡，如图 9-22 所示。任一回路中的一个参数（如 C_2）变化时，都要影响两个回路的响应、特征根的位置和阻尼情况。

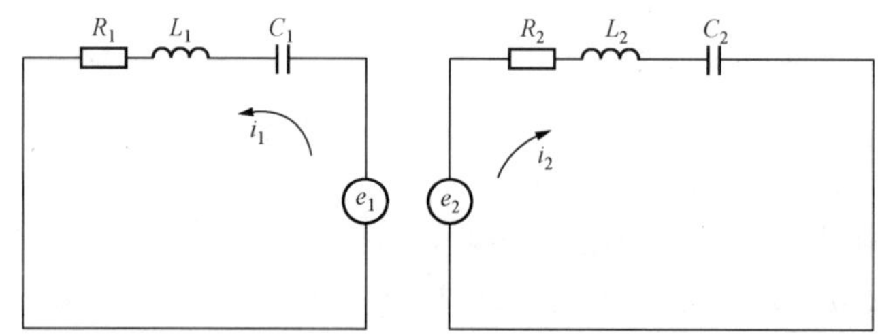

图 9-22　机电耦合模拟电路图

图 9-23 表示电气回路中补偿度增加时，两个回路特征根位置变化曲线，即阻尼和频率变化情况。从曲线上可以看到，当无耦合时，电气振模的阻尼随补偿度的增加而减小，机械振模的阻尼不变，如图 9-23（a）所示。当有扭转相互作用时，即有耦合时，两者阻尼变化情况如图 9-23（b）所示。由此可见，扭转的相互作用像耦合电路一样，相互影响，相互关联，也可进一步用反馈形式框图来表示这种相互作用，如图 9-24 所示。

3. 暂态扭矩

在次同步谐振过程中，很可能出现严重的暂态扭矩，对机械轴系统的寿命有很大影响。因此在设计和制造时必须仔细计算，分析它的危害，并采取有效预防措施。

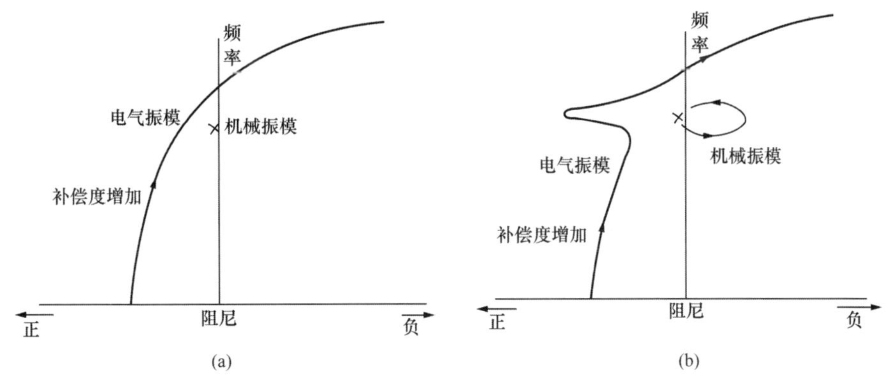

图 9-23　扭转相互作用阻尼情况变化图

（a）无耦合时；（b）有耦合时

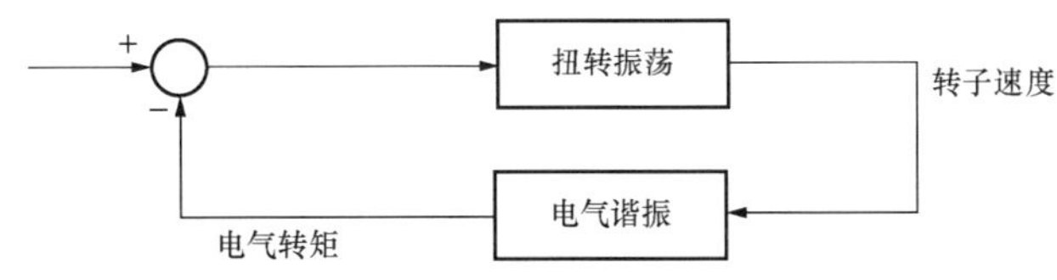

图 9-24　扭转相互作用框图

暂态扭矩来自系统的干扰（分、合闸操作，短路，重合闸等），干扰使网络突变，引起电流的突变，这个电流将以自然频率振荡。若输出线路中无串联电容，暂态电流中有正序、负序和直流分量；若有串联电容，暂态电流中将包括几个频率分量。如果其中有一个与汽轮机轴的自然振荡模式的频率相同，便会出现很大的峰值转矩。这个峰值转矩除与系统和机组的参数有关外，还与故障形式、故障地点、切除时间、有无重合闸等因素有关，在轴上分布也不相同，在设计计算中应取最严重的情况，同时应对分、合时序进行优化。

三、轴系扭振在线监测

为了提高电力系统的可靠性和大型机组的安全运行，大型汽轮发电机组装有轴系扭振应力分析装置（TSA，Torsional Stress Analyzer）。其作用是实现长期在线监测，对故障冲击下轴系的扭转振动提供详细准确的实测及分析数据，对超过整定值的扭振进行各个联轴节部位的应力疲劳损伤分析和安全评价。具体地说，该装置有以下几方面的功能：

（1）记录数据，运行人员不需长期监视，只需定期检查。

（2）显示汽轮发电机短时干扰（超过允许水平），记录过渡过程（几秒钟），以便将来利用记录和储存数据自动进行分析。

（3）显示长时间不太严重的非正常状态以及各种状态下的累积时间，根据严重程度分成几个阶段进行分析。

（4）将所得数据积累归纳，并用图表形成输出数据。TSA 的系统配置如图 9-25 所示，它采用多微机技术实现全部自动监测。监测分析系统总体上由四部分组成，即轴系两端的扭振振幅测量，机组状态参数采集处理与传输，扭振模型（自适应）分析与安全评价，数据储存、报警、显示及打印输出。

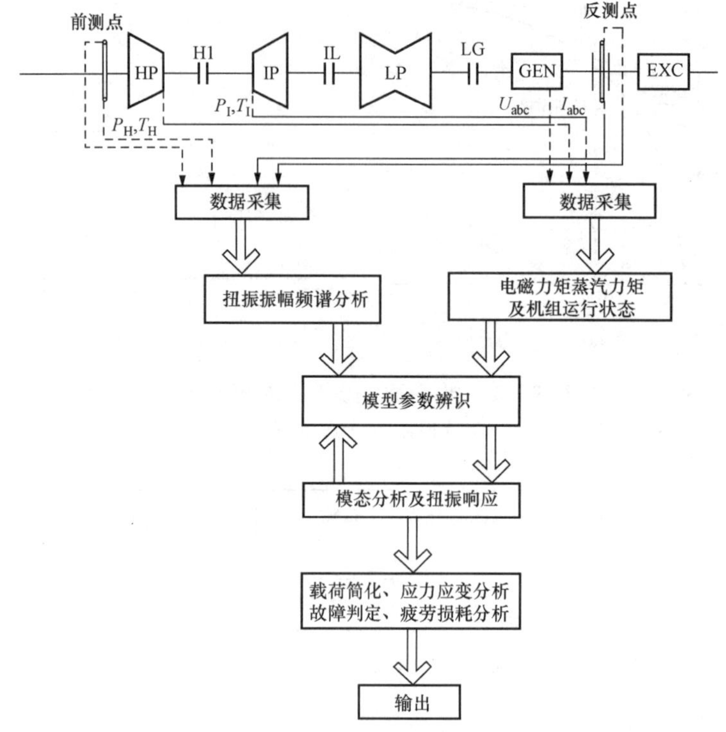

图 9-25 TSA 系统配置原理框图

*第六节 汽轮发电机的故障诊断

一、国外汽轮发电机故障诊断技术的发展情况

目前，国内外对发电机监测故障诊断方面的理论研究及装置的研制较为普遍且发展较快。国际上一些发达国家已经开展发电机故障在线诊断技术（装置）的研究工作，并且已取得了很大的实效。我国曾将 200MW 汽轮发电机组故障诊断技术的研究作为“八五”计划的攻关项目，并且先后研制出多套汽轮发电机组（主要针对汽轮机）故障诊断系统。这些诊断系统多被设计成旋转机械设备振动故障诊断系统，而没有开发成专门针对发电机的故障诊断系统，对发电机往往是离线故障诊断技术做的工作较多，而对于发电机的在线故障诊断技术还没有深入开展系统的研究工作，可以说是刚刚起步。

一些发达国家的电力公司很早就开展了大型汽轮发电设备在线监测与诊断系统的研究，到 20 世纪 80 年代已开发出了很实用的汽轮发电机故障诊断系统，并投入运行，以代替单纯的监测系统。这些系统运用该领域的知识与推理能力，根据监测系统所获得的汽轮发电机的状态信息，加上专家的知识进行推理判断，以确定设备与系统的故障，并且可以根据不完全、不精确（模糊或随机）的信息进行推理诊断。

除了综合诊断系统外，目前已开发了可以诊断单一故障的发电机在线监测仪，见表 9-5。它们对目前发电机的正常运转起着极其重要的作用。

表 9-5　　大型发电机在线监测仪

序号	大型发电机在线监测仪名称	作　用
1	发电机工况监测器（GCM）	利用分解氢冷却介质中的热分解物来发现发电机部件的发热情况
2	定子槽局部放电监测器（PDM）	装在部分出线端的定子槽内天线（10～1000MHz），以监测定子绕组的高频放电
3	无线电频率监测器（RFM）	装在发电机中性点接地变压器检测无线电频率（10～30MHz）设备，用于监测定子绕组绝缘的放电
4	转子匝间短路监测器（RSTD）	装在定子气隙侧的测量转子漏磁场波型设备，通过转子磁场的不规则性来发现转子的匝间短路
5	电刷工况监测器（BCM）	测量电刷和滑环间的压降，以监测电刷滑环的工况
6	定子端部绕组振动监测器（SEVM）	利用光导传感器或加速度测量计监测定子端部绕组系统的振动
7	氢气露点监测器（HDM）	测量氢气湿度并且将以其表示为露点的设备，用以监测氢气的干燥程度
8	定子冷却水电导率计（SCW）	通过测量定子冷却水电导率，以监测其纯度的设备
9	氢气漏入水中监测器（HLM）	测量氢气进入定子冷却水的设备
10	轴承振动分析仪（BJVA）	通过一套装在汽轮发电机组每一轴承上双传感器，观察轴的轴迹和平均位置的幅值及性质来诊断其振动问题

国外已开发的汽轮发电机诊断系统，不仅在理论研究而且在实际应用上都取得了很大的成果，它们有以下主要特点。

（1）监测范围从机械振动等简单参量扩大到温度、振动、压力、电气参数、冷却剂流量等各种运行状态有关的监测量，诊断范围也从机械振动故障过渡到电气、热力、机械、绝缘等各种类型的故障，应用范围扩大，系统不单单应用于一台机组，而且应用于多台不同型号的机组。

（2）系统的性能有了全面的提高，由单纯的报警监测系统向监测、诊断、控制、管理等综合性能过渡，闭环监控系统逐渐被开环的监测诊断系统所代替，监测对象从单机向多区域多机组网络化发展。

（3）系统的开发都把高级的计算机作为硬件的核心，软件程序设计模块化，配置十分灵活方便，具有逐步丰富知识库和较强的诊断功能。

（4）把人工智能理论引入了汽轮发电机诊断系统，使系统集中了多个领域专家的能力，不仅发挥系统的诊断能力，而且发挥专家的诊断能力，可以在线监测、远距离传送、异地诊断。

（5）许多诊断系统已形成定形产品，而且已取得实效，为现场操作人员所接受。

二、国内汽轮发电机故障诊断系统发展情况

我国电力部门在《二十一世纪电力发展规划》中制定了在 21 世纪初期电力工业实现大型发电机组预测维修的目标。

当前我国电力工业正向着大机组、大电网、高电压方向发展。现代大型火电机组具有高温、高压、高参数，主机及其辅助设备复杂、自动化控制程度高，工况变换多、操作频繁等特点。大机组所需检测和操作的项目增加，使用计算机监测、控制和诊断势在必行。

目前国内以计算机技术为基础的汽轮发电机诊断系统与国外相比还有较大差距。国内电厂发电机普遍采用只有在变量越限时才显示变量和报警的在线监测系统，或仅根据某一监测量的越限而发现单一故障的简易监测仪，例如氢冷汽轮发电机过热报警装置、发电机局部放电装置、漏氢及氢气湿度监测等，这些装置需进一步改进和完善。

可以说，到目前为止，国内还没有开发出实用的专门用于汽轮发电机故障诊断的系统。运行人员往往仅凭经验来判断发电机异常运行状态，难以准确早期发现事故隐患，到事故发生为止，机组状态记录很少，难以掌握事故的发生经过，不能及时地采取有效的措施以防止事故的发生。据现场调查，发电机虽较汽机、锅炉及辅机事故率低，但往往表现为突发性的恶性事故（实际上，任何故障都有一个发展过程，只是在故障初期特征不十分明显，现场人员没有觉察到，延误了对事故的处理），对设备的危害极大。据有关资料统计，我国200MW 以上的发电机年事故率高出国外 1 倍以上。目前，随着计算机硬件、软件技术及故障诊断技术的不断发展，国内将发电机监测系统与专用诊断技术达到更高级的程度，不仅是一种可能，而且是一种必要。

面对目前发电机组故障诊断及维修技术相对落后的情况，我国曾将 200MW 和 300MW 汽轮发电机组故障诊断技术的研究作为“七五”和“八五”计划攻关项目，组织多方面的研究力量联合攻关，先后研制了多种发电设备诊断系统，如哈尔滨工业大学的 3MD 型汽轮发电机组模糊诊断系统；重庆大学的 CCDAS 信号处理、振动分析与故障诊断系统；西安热工所的 JZJ 汽轮发电机组振动监测和故障诊断系统；西安交通大学的 RMMDS 系统；华中科技大学的 KBMD 系统；哈尔滨电工仪表所等单位研制的 ZHX-10 型 200MW 汽轮发电机组状态监测与故障诊断系统；清华大学先后推出了 BB-1、FS-1、DWK-1、QT-1 旋转机械振动监测和故障诊断系统；华北电力大学大型汽轮发电机故障诊断系统（MDST），大型汽轮发电机转子匝间故障诊断系统（RDST）。

三、发电机常见故障及其原因

发电机发生故障的类型取决于发电机的种类以及发电机工作的环境。尽管如此，还是可以从中找出各类发电机的一些基本故障，还必须能识别这些故障的早期征兆。因为不论哪种故障都会按一定的模式或机制发展，即从最初的缺陷发展成为故障。这一发展过程所需时间各不相同，它取决于各种具体情况。然而，最重要的是，不论哪种故障都会有其早期征兆。监测系统的任务就是要发现这些征兆，并及时采取措施。

1. 定子铁心故障

铁心故障并不常见，通常这类故障只发生在大型汽轮机驱动的发电机上。在这种发电机中，叠片式的定子铁心很笨重，工作磁密较高，而叠片之间的短路就是潜在故障点。全世界的很多大型发电机都出现过此类问题。其原因大都是由于在制造过程中或是在穿转子的过程中损伤了定子膛内的铁心，形成片间短路。短路电流不断流过定子膛内铁心短路的地方，经过一段时间电流逐渐增大。当电流增大到一定程度后，定子铁心硅钢片则会出现熔化现象，然后钢水会流入定子槽中，导致绕组绝缘烧坏，最后发电机则因定子绕组接地故障，继电器动作，从而停止运行。此时，定子铁心的故障已相当严重，而绕组也必须更换。这种故障的早期征兆是出现大的环路电流、高温，同时绝缘材料出现高温分解现象。小型发电机也同样会出现此类故障。造成小型发电机出现此类故障的原因可能是制造上的原因，但更常见的原因则是由于发电机自身振动过于剧烈，导致发电机定子铁心片间绝缘损坏。另外，轴承的损坏可能造成转子与定子之间发生摩擦，从而损坏定子铁心。

2. 绕组绝缘故障

发电机本身固有的无论是机械方面还是电气方面最为薄弱的部分之一就是绝缘系统，老式发电机绝缘故障最为频繁。现代绕组制造中，由于采用了热固性环氧云母技术或真空加压浸渍绝缘技术，从而使得绝缘系统具有良好的机械坚韧性和电气可靠性。就大型发电机来说，仅仅由于绝缘老化而导致故障的现象是十分罕见的，唯一例外的是空气冷却、大容量的水轮发电机。在这类水轮发电机中，由于环氧云母绝缘在定子槽中存在着局部放电现象，导致绝缘腐蚀，从而引起绝缘事故。出现这种事故的主要原因是环氧云母绝缘材料的刚度较大。但是，绕组故障通常是由于绝缘缺陷形成的。绝缘缺陷，包括主绝缘中的空洞或杂质、绝缘中从发电机其他地方来的杂质油或金属都是在制造过程中形成的。无论是由于绝缘老化或是孤立的缺陷所引起的绝缘故障，其故障的表征基本上是一致的，即发电机内活动性放电量增加。绝缘故障还常常出现在电气引出线的套管上。在汽轮发电机上，引出线套管安装于发电机的压力密封机壳之上，因此它们必须能够承受发电机在运行中的压力。导致引线套管发生损坏的原因可能有以下两种：一种是作用于穿过套管的引线上的机械应力或振动引起套管破裂；另一种是沉积于套管外表面的污垢导致套管表面爬电。这类故障的先兆同样也是活动性放电量的增加。

3. 定子绕组股线故障

此类故障同样较多见于那些电气负荷较大，定子绕组承受较大的电的、机械的以及热应力的大型发电机。通常，大型发电机的定子线棒均由多根股线组成，每股之间加以绝缘，并进行换位，以达到尽量降低定子绕组附加损耗的目的。在绝大多数现代化发电机中，由于采用了罗贝尔（Robbel）技术，所以换位是沿着整个线棒长度均匀地进行。这样做可使电流均匀分布，股线之间的压差降至最小。然而，老式发电机的股线换位是在定子端部绕组的连接头上实现的。因此，股线之间的电压差非常大，其有效值甚至可高达 50V 左右。如果发电机在运行中引起绕组严重的机械移位，则可能发生股线间绝缘损坏，导致股线间短路，产生电弧放电。在英国和美国，由于此类电弧的原因曾造成许多老式发电机出现故障。最严重时，这些电弧可以侵蚀和熔化其他股线，热解定子线棒的主绝缘。如果这种情形出现于槽部或靠近其他接地金属部件的位置上时，则会出现接地故障。另外，由燃烧区产生的碎片则可能构成绕组相间的导电通道，从而导致更为严重的相间短路故障。由于绕组振动过大，引起槽口处或水路、电路连接头进口处的定子线棒股线疲劳断裂，也可能引起股线电弧放电现象。此类故障的后果与股线短路故障的后果非常相似。当电弧放电现象出现在水内冷型发电机的定子空心导线上时，则会出现导线击穿现象。由于这种发电机的结构是在导线的外面有具有一定压力的冷却气体，所以这类故障将导致气体进入水冷系统。

此类故障的早期迹象是绕组当中的电弧放电和绝缘材料中出现热分解现象。尽管在线棒内部深处的绝缘材料会被烧焦，但最初只有少量颗粒和气态物质进入到气体冷却系统之中。在那些采用水内冷方式的发电机的空心导线中，这一故障便会使得气体进入绕组的冷却系统之中。

4. 定子端部线圈故障

为了合理设计各类机型的定子端部绕组结构，人们付出了大量的艰苦劳动。第一个目标就是设法使得绕组能够承受由暂态过程所引起的巨大作用力；第二个目标就是设法使得定子线棒能够缓冲发电机连续稳定运行时较小的力。在那些老式、刚性不够高的沥青云母绝缘系统中，定子端部绕组位移较大。但这类系统较为柔软，因此与较为坚硬的环氧云母绝缘系统相比较，其承受正常运行中固有振动产生的磨损的性能又较为优越。无论在哪一种情形下，正常运行中所产生的定子端部绕组的移动都应引起充分注意。在大型汽轮发电机上，此类位移有时可达几毫米。当支撑结构松弛时，端部绕组便会发生故障。导致故障的原因既可能是连续性过载，也可能是连续运行时间过长。在某些情况下，端部绕组绝缘会出现裂纹、磨损或完全损坏。大型发电机在正常运行时，由于绕组绑扎松弛，线棒产生较大的位移，可引发线棒疲劳磨损故障。而启动或重合闸过程中的较大的冲击力，也是产生同类故障的原因之一。

进入发电机的外来异物，如钢垫圈、螺母或小块绝缘材料等会被转子打飞，直接击伤发电机定子的端部绕组，从而损坏发电机。这些碎粒还可能在电磁力的作用下，侵入端部绕组的绝缘层，侵蚀绝缘，产生端部绝缘故障。

定子线圈端部故障的早期迹象是端部绕组的振动不断加大，并可能出现对地放电的现象。发电机常见故障及其原因见表 9-6。

表 9-6　　发电机常见故障及其原因

故障		原因	故障的早期征兆
冷却系统	冷却水软管的故障	材料缺陷 安装时受冲击损伤 运行中受冲击损伤 电气击穿 电机近处引起的冲击 机械振动	温度增加 线棒过热 绝缘热解
	冷却水管道系统故障	材料缺陷 水中杂质造成腐蚀 安装缺陷 机械振动	温度增加 湿度增加 绝缘热解
	冷却器泄漏	材料缺陷 水中杂质造成腐蚀 安装缺陷	湿度增加
电刷与引线	电刷的故障	制造缺陷 污染导致的击穿放电 机械振动导致破裂	
	引线的故障	安装缺陷、接头松动 机械振动导致接头松动 机械振动导致断裂	电弧放电 环流
	引线或端部接线盒闪络放电	设计缺陷 污染导致击穿放电 机械振动导致断裂	电弧放电

续表

故　障		原　因	故障的早期征兆
定子铁心	铁心局部过热	制造缺陷 制造过程中在硅钢片之间留有异物碎粒 定子铁心膛内进入杂质碎粒 穿入转子时损坏铁心 由于松动造成连接片绝缘磨损 轴承损坏造成离子摩擦铁心	温度升高 绝缘热解
	铁心松动	组装时压力不够造成的缺陷 夹紧机构故障 机械振动过大 铁心风道隔片故障	局部故障 绝缘热解
绝缘故障	绝缘局部损坏	安装中冲击而损坏 运行中冲击而损坏 因电机近距离故障而造成的冲击 频繁启动造成的位移	局部放电
	绝缘磨损	支撑方式设计的缺陷 频繁启动造成的松动 维护不当造成的松动 油垢的污染	端部绕组振动 局部放电
	由湿度、油和污垢造成的绝缘污染	冷却气体中湿度过高 机壳上的密封瓦漏油 机壳不合适	湿度增加 油雾 在冷却气体中出现颗粒
	连接线故障	安装缺陷，接头松动 运行后接头松动 运行中冲击而损坏 机械振动导致接头松动 机械振动导致接头断裂	局部放电
	绝缘破裂	支撑方式设计的缺陷 靠近电机处的故障产生的冲击 高温 冷却气体湿度太低	端部绕组振动 局部放电
	绝缘故电产生的腐蚀	在铁心端部应力不合适 绝缘剥离 制造缺陷	局部放电
	线棒位移	靠近电机处的故障产生的冲击	端部绕组松动
	匝间短路故障	以上所有端部绕组故障的原因	局部放电 环流 气隙磁通波形畸变 杂散磁通

续表

故　障		原　因	故障的早期征兆
槽部	绝缘磨损	槽楔松动 钦心叠片松动	局部放电
	线棒移位	槽楔设计的缺陷 靠近电机部位的故障引起的冲击	冷却水泄漏
轴承和密封	不同心	与原动机不同心 轴承间隙不当 轴承负载不当	用检查方法发现故障 振动 润滑油中的杂质
	润滑油泄漏	润滑油污染 润滑油泄漏 轴承间隙过大	用检查方法发现故障 振动 润滑油中的杂质
	放电	接地电刷故障 轴承座绝缘损坏	用检测方法发现故障 轴电压变化 杂散磁通 振动
	轴承故障	所有上面提到的来自轴承的问题	
	密封故障	安装不同心 油的污染 密封磁化 安装不完善	电机气体泄漏 油流入电机内 轴电压变化 杂散磁通 过热

四、发电机转子匝间短路故障诊断系统

转子绕组匝间短路是一种较常见的发电机故障，轻微的匝间短路，并不会影响机组的正常运行，所以经常被忽略。但如果故障继续发展，将会使转子电流显著增加，绕组温度升高，无功功率降低，电压波形畸变，机组振动并出现其他机械故障。因此进行发电机转子绕组匝间短路故障的早期预报是十分必要的，实现在线检测是今后发展的必然趋势。

1. 发电机转子绕组匝间短路故障电磁特性分析

在一定的运行条件下，如果存在转子匝间短路，由于励磁绕组的有效匝数减少，为满足气隙合成磁通条件，励磁电流必然增大。机组正常运行时，当忽略开槽造成磁动势的少许不连续性时，转子磁动势的空间分布非常接近于梯形波。转子的短路效应将会导致磁动势局部损失，从而使有短路磁极的磁动势峰值和平均值降低。造成的磁动势损失可用一个解析模型简便表示，将匝间短路认为是退磁的磁动势分布，它反向作用在有短路磁极主磁场的磁动势上，即视为正常条件下的磁动势减去由短路引起的磁动势小的突变，应用叠加原理，可求出合成磁动势的大小，磁动势的损失使得磁场变弱，故可忽略主磁通回路的饱和。采用简单的矢量表示，即

$$\vec{F} = \vec{F}_0 - \Delta\vec{F}$$

式中：$\vec{F}_0$ 表示正常条件下转子绕组磁动势；$\Delta\vec{F}$ 表示短路线匝产生的磁动势；$\vec{F}$ 表示匝间短路合成磁动势。

有效磁场的减弱，会使对应的空载电势较正常时有明显的下降，在发电机端电压保持恒

定的情况下，无功损耗会相应下降。因此，转子绕组匝间短路虽引起转子电流增大，但无功却相对减少，这一故障征兆可以作为识别转子发生匝间短路故障的一个明显的特征。

2. 转子绕组匝间短路故障诊断方式

在分析发电机磁场时，往往认为磁场是不饱和的，磁动势全部消耗在气隙中；但是发电机通常运行在正常励磁或过励状态，这时铁心磁阻的作用明显增强。在负载情况下，产生与空载状态同样的电动势，所需的磁动势比空载时增加。这是因为要产生同样的气隙磁通，负载时转子极间漏磁通增加，使得磁极比较饱和，磁阻增加，同时定子绕组漏磁通等的增加，也要引起主磁路磁阻的增加，因此利用空载曲线进行电磁特性分析时必须考虑饱和系数的影响。

在一定的运行条件下，如果存在转子匝间故障，由于励磁绕组有效匝数减少，为满足气隙合成磁通条件，励磁电流必然增大。因此，可以只用测量发电机机端信息，如电压、电流、有功、无功、励磁电压等，通过精确的数学模型计算出相应的励磁电流，并与实测励磁电流进行比较，从而判断是否存在匝间短路及短路的严重程度。经推导，可以得到正常条件下某一确定状态（一定的输出无功、有功功率及端电压）的励磁电流计算标准值 i_{f0} ，它和励磁电流的实际测量值 i_{fc} 比较，可以判断是否发生发电机转子绕组匝间短路故障。判据为

$$\frac{i_{fc}-i_{f0}}{i_{f0}} \geqslant a\%$$

式中：a %是把计算误差及测量误差考虑在内的偏差相对值。

3. 通过模拟机组试验验证发电机转子绕组匝间短路判据

采用华北电力大学动模实验室 MJF-30-6 模拟同步电机进行转子绕组匝间短路实验。通过实验获取电气状态监测量，利用相关公式计算发电机正常状态（无故障）下的励磁电流 i_f ，并求出短路判据。具体过程为：在发电机正常并网运行状态下，维持有功功率不变（18%左右），改变励磁绕组匝间短路程度（短路程度从 0 依次增加至 20%），测量各个电气量在确定参数条件下（定子电流分别为 10、15、20A 时）的几组数据。图 9－26 为保持定子电流为 20A 时发电机转子绕组短路实验的波形图。

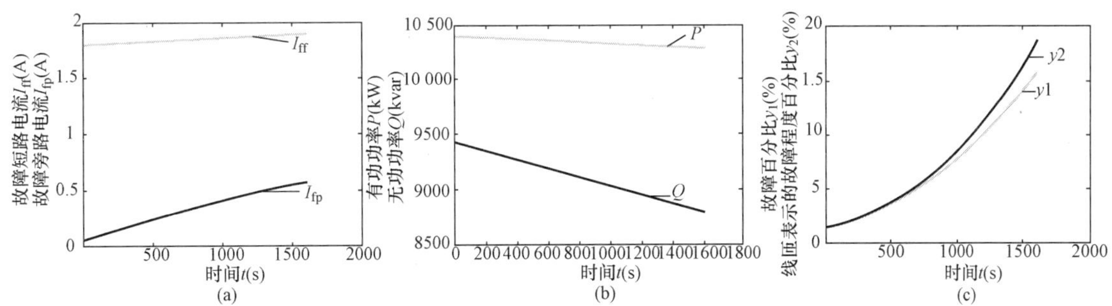

图 9－26　保持定子电流为 20A 时发电机转子绕组匝间短路实验的波形图

(a) 故障后励磁电流和故障旁路电流；(b) 故障后有功功率和无功功率变化趋势图；(c) 故障百分比和用线匝表示的故障程度百分比

通过图 9－26 可以看出，转子匝间短路发生后，虽然引起转子电流的增大，但无功输出却相对减小，而且随着短路程度的增加，这种趋势越来越明显，即判据数值越来越大，具体数据见表 9－7。从表中判据数值分布规律可以看出，判据数值和相对应的匝间短路百分比及线匝表示的计算百分比趋势相同，前两项的数值十分接近。

实验发电机参数数据见表 9-8。

表 9-7 实验机组转子线圈发生匝间短路故障前后在线记录数据及相对应转子电流和判决计算值

工况	短路匝数百分比	有功功率（W）	无功功率（var）	转子电流计算值（V）	转子电流测量值（A）	定子电压（V）	定子电流（A）	计算值	测量值	线匝计算百分比 $b=\frac{n}{\omega'_{\text{fd}}}\%$	状态
1	0%	10213.2	9343.06	1.879583	1.86998	400	23.23873	2.997%	2.471%	1.222%	故障前
	1.21%	10213.2	9343.06		1.92603	400	23.23873				故障后
2	0%	10308.8	9183.75	1.829738	1.82915	400	22.92181	6.837%	6.802%	4.073%	故障前
	3.91%	10308.8	9183.75		1.95420	400	22.92181				故障后
3	0%	10293.4	9098.05	1.831405	1.83093	400	22.85727	9.051%	9.022%	6.462%	故障前
	6.07%	10293.4	9098.05		1.99664	400	22.85727				故障后
4	0%	10380.2	9001.37	1.789541	1.78943	400	22.30566	14.03%	14.02%	11.183%	故障前
	10.06%	10380.2	9001.37		2.04052	400	22.30566				故障后
5	0%	10342.8	8818.99	1.781666	1.78140	400	22.79971	19.02%	19.00%	14.849%	故障前
	12.93%	10342.8	8818.99		2.12025	400	22.79971				故障后
6	0%	10003.4	8420.18	1.763546	1.7628	400	22.68231	22.13%	22.08%	17.406%	故障前
	14.83%	10003.4	8420.18		2.15296	400	22.68231				故障后

表 9-8 实验发电机参数数据

型号	额定电压（V）	额定电流（A）	功率因数	额定转速（r/min）	转子电流（A）	x_{d}	w_1	w_f	k_{w1}	k_a
MJF-30-6	400	43.3	0.8	1000	2	2.5	23	100	0.9	1.35

本例分析了汽轮发电机发生转子绕组匝间短路时，励磁电流增加而无功输出却相对减小的故障特征。在考虑发电机铁心磁场饱和的条件下，建立了转子线圈匝间短路故障诊断数学模型，计算匝间短路对无功输出的影响，进而建立在线识别转子匝间短路故障的判据，并采用动模的实验机组的匝间短路故障记录数据加以验证，得到了与理论分析吻合的结论。

小 结

发电机主要参数有 x_{d}、x'_{d}、x''_{d}、T_0、T'_{d}和 T''_{d}，以及机械时间常数 T_{m}等。大型机组参数具有阻抗值增大、机械时间常数减小的特点，这对系统运行和稳定产生很不利影响，应用励磁控制的方法，在一定程度上可以改善一部分对稳定的不利影响。

发电机在额定工作状态运行时具有损耗少、效率高、转矩均匀等较好性能。发电机在不同于额定情况下运行时，允许负荷的决定原则是定子绕组和转子绕组的温度都不超过允许值。电压和频率不同于额定值时，其允许运行条件应遵照制造厂家的规定和有关规程。

发电机的允许运行范围决定于原动机的额定功率、定子发热温度，转子发热温度和进相运行时的静态稳定极限。发电机的 *P-Q* 曲线就是表示根据上述条件所制定的安全运行极限。凸极发电机和隐极发电机不同，前者最大电磁功率发生在 $\delta<90°$时，且其值比后者大，所以在无励磁运行时凸极发电机差不多还能发出 25%的额定功率；在进相运行时，其安全运行

极限面积要比隐极机大。

发电机的短时过负荷、异步运行、不对称运行都属于非正常工作状态。发电机失磁后的异步运行状态比较严重。失磁后，转子加速，在转子部件和回路中感应出滑差频率的交流电流，产生异步转矩，直至这些制动的异步转矩和原动机的旋转转矩相互平衡为止。汽轮发电机的异步转矩性能比较好，在千分之几的滑差下就可达到稳定异步运行状态。水轮发电机要在相当大的滑差下才能稳定，所以水轮发电机一般不允许异步运行。汽轮发电机失磁后异步运行的允许时间和功率受到多种因素的限制，一般不允许超过 15～30min。

适应联合电力系统的要求，大型发电机组常见的特殊运行方式有进相运行、过励磁、高频度的启动和停机、重合闸等。

发电机在进相运行时，限制允许输出功率的因素是静态稳定极限和端部漏磁。如果单机通过外部阻抗接至无穷大系统时，发电机进相运行静态稳定极限的轨迹是一个圆，外部阻抗越大，轨迹圆的半径越小，静态稳定的范围越小。发电机由迟相变为进相运行时，由于励磁电流减小，静态稳定极限便要降低，同时，定子端部的漏磁通增大，引起端部发热，所以发电机的输出功率应降低，允许输出功率可以通过计算确定，一般情况下还需通过试验才能确定。

发电机的过励磁，起因于电压的升高和效率的降低，从而使铁心饱和，漏磁增加。次同步谐振是大型机组运行的突出问题，次同步谐振包括三方面内容，即感应发电机效应、扭矩相互作用和暂态扭矩作用。感应发电机效应起因于发电机转子电阻在感应发电机运行方式下呈负数，导致电气自激。机械轴系的扭转振荡与电气谐振的频率相互接近时，即可互相激励，相互作用，形成扭矩相互作用。如果系统干扰引起暂态扭矩的频率接近机械系统自然频率之一时，就会产生暂态扭矩峰值的放大。这三方面的作用都会产生不稳定的次同步谐振，从而引起轴系扭振、疲劳加速、寿命缩短，甚至造成大轴损坏。为了预防这类事故，必须在设计和运行方面加强研究，轴系扭振应力分析装置 TSA 的推广应用将会大大提高发电机的运行水平。

思考题

9-1　大型发电机的参数有何特点？对系统运行有何影响？

9-2　什么是发电机的额定工作状态？如果发电机的电压、频率、功率因数偏离额定值，如何决定其允许负荷？

9-3　发电机有哪些非正常运行方式？它们的特点是什么？

9-4　过励磁运行方式会对发电机造成什么危害？如何防护？

9-5　在单机对无穷大系统进相运行情况下，静态稳定极限的轨迹是什么？稳定范围和哪些因素有关？

9-6　为什么发电机从迟相变为进相运行时，定子端部漏磁通增大而引起端部发热？

9-7　试总结水轮发电机在参数、静态稳定极限、异步运行的允许条件等方面与汽轮发电机比较有什么不同？

*9-8　次同步谐振的起因是什么？解释一下感应发电机效应。输电线路串联电容补偿度越高时，为什么越容易发生次同步谐振？

*9-9　试简介国内外发电机故障诊断技术发展情况。

第十章　电力变压器的运行

本章着重介绍电力变压器的运行性能，叙述确定变压器负荷能力的原则和依据；通过例题，阐明变压器在各种不同负荷情况下各部分温升、绝缘老化率的计算和变压器正常过负荷、事故过负荷能力的计算。

本章还详细地分析了自耦变压器、分裂变压器的运行特点，介绍在电力系统中采用自耦变压器的优点和应注意的问题，全星形接线的电力变压器运行情况，电力变压器并联运行的条件，双绕组、三绕组变压器在各种不同情况下并联运行时的负荷分配和计算方法。本章最后介绍电力变压器故障检测的内容及主要方法。

第一节　概　述

电力变压器是发电厂和变电站中重要元件之一。随着电力系统的扩大和电压等级的提高，在电能输送过程中，电压转换（升压和降压）层次有增多的趋势，系统中变压器的总容量已由过去的 5～7 倍发电总容量，增加至 9～10 倍。电力变压器的效率虽然很高(99.5%)，但系统中每年变压器总能量损耗仍是一个很大的数目。因此，尽量减少变压层次，经济而合理地利用变压器容量，改善网络结构，提高变压器的可靠性，仍是当前电力变压器运行中的主要课题。

电力变压器可分为三相和单相。一台三相变压器与三台单相变压器组成的变压器组相比，其经济指标要好得多。所以，单相变压器只用于容量很大、制造和运输困难的特殊场合。

电力变压器可制成双绕组和三绕组的，少数是四绕组的。目前，在中性点直接接地系统中，广泛使用自耦变压器；由于限制短路电流的需要，分裂绕组变压器也得到应用。

电力变压器的主要参数有额定容量、额定电压、额定变比、额定频率、阻抗电压百分数等。所谓额定值是指在给定的技术条件下（其中包括冷却介质和环境条件等），所规定的各种电气和机械允许值。

一、电力变压器负荷超过铭牌额定容量运行时的效应

电力变压器的额定容量含义是，在规定的环境温度下，长时间地按这种容量连续运行，就能获得经济合理的效率和正常预期寿命（20～30 年）。换句话说，变压器的额定容量是指长时间所能连续输出的最大功率。

实际上电力变压器的负荷变化范围很大，不可能固定在额定值运行，在短时间间隔内，有时必须超过额定容量运行，在另一部分时间间隔内又可能是欠负荷运行，因此有必要规定一个短时允许负荷，即变压器的负荷能力。它不同于额定容量，变压器负荷能力是指在短时间内所能输出的功率，在一定条件下它可能超过额定容量。变压器负荷能力的大小和持续时

间决定于：①变压器的电流和温度是否超过规定的限值；②在整个运行期间，变压器总的绝缘老化是否超过正常值，即在过负荷期间绝缘老化可能多一些，在欠负荷期间绝缘老化要少一些，只要二者互相补偿，不超过正常值，能达到正常预期寿命即可。

电力变压器的负荷超过额定值运行时，将产生下列效应：

(1) 绕组、线夹、引线、绝缘部分及油的温度将会升高，且有可能达到不允许的程度；

(2) 铁心外的漏磁通密度将增加，使耦合的金属部分出现涡流，温度增高；

(3) 温度增高，使固体绝缘和油中的水分和气体成分发生变化；

(4) 套管、分接开关、电缆终端头和电流互感器等受到较高的热应力，安全裕度降低；

(5) 导体绝缘机械特性受高温的影响，热老化的累积过程将加快，使变压器的寿命缩短。

上述效应对不同容量的电力变压器的影响是不同的，为了能对电力变压器在预期运行方式下规定某一合理的危险程度，国际电工标准（IEC-354）对以下三种类型的变压器有如下要求：

(1) 配电变压器（额定容量为 2500kV·A 及以下），只需考虑热点温度和热老化。

(2) 中型电力变压器（额定容量不超过 100MV·A），其漏磁通的影响不是关键性的，但必须考虑冷却方式的不同。

(3) 大型电力变压器（额定容量超过 100MV·A），其漏磁通的影响很大，故障后果很严重。

二、电力变压器负荷超过额定容量运行时的限值

电力变压器超过额定值运行时，国际电工标准（IEC）建议不要超过表 10-1 规定的限值。

表 10-1　电力变压器负荷超过额定容量时的温度和电流的限值

负荷类型		配电变压器	中型电力变压器	大型电力变压器
通常周期性负荷	负荷电流（标幺值）	1.5	1.5	1.3
	热点温度及与绝缘材料接触的金属部件的温度（℃）	140	140	120
	顶层油温（℃）	105	105	105
长期急救周期性负荷	负荷电流（标幺值）	1.8	1.5	1.3
	热点温度及与绝缘材料接触的金属部件的温度（℃）	150	140	130
	顶层油温（℃）	115	115	115
短时急救周期性负荷	负荷电流（标幺值）	2.0	1.8	1.5
	热点温度及与绝缘材料接触的金属部件的温度（℃）	—	160	160
	顶层油温（℃）	—	115	115

第二节　电力变压器的发热和冷却

一、发热和冷却过程

电力变压器运行时，其绕组和铁心中的电能损耗都将转变为热量，使变压器各部分的温度升高，这些热量大多以传导和对流方式向外扩散。所以，变压器运行时各部分的温度分布

极不均匀。图 10 - 1 所示为油浸式变压器各部分的温升分布。它的散热过程如下：

（1）热量由绕组和铁心内部以传导方式传至导体或铁心表面，如图 10 - 1 中曲线 1—2 部分，通常为几摄氏度。

（2）热量由铁心和绕组表面以对流方式传到变压器油中，如曲线 2—3 部分，为绕组对空气温升的 20%～30%。

（3）绕组和铁心附近的热油经对流把热量传到油箱或散热器的内表面，如曲线 4—5 部分。这部分所占比重不大。

（4）油箱或散热器内表面热量经传导散到外表面，如曲线 5—6 部分。这部分不会超过 2～3℃。

（5）热量由油箱壁经对流和辐射散到周围空气中，如曲线 6—7 部分。这部分所占比重较大，占总温升的 60%～70%。

从上述散热过程中，可以归纳以下几个特点：

（1）铁心、高压绕组、低压绕组所产生的热量都传给油，它们的发热互不关联，而只与本身损耗有关。

（2）在散热过程中，会引起各部分的温度差别很大。图 10 - 2 所示为油浸式变压器温度沿高度的分布图。由图可见，绕组的温度最高。经试验证明，温度的最高点在高度方向的 70%～75%处；而沿径向，则温度最热的地方位于线圈厚度（自内径算起）的 1/3 处。

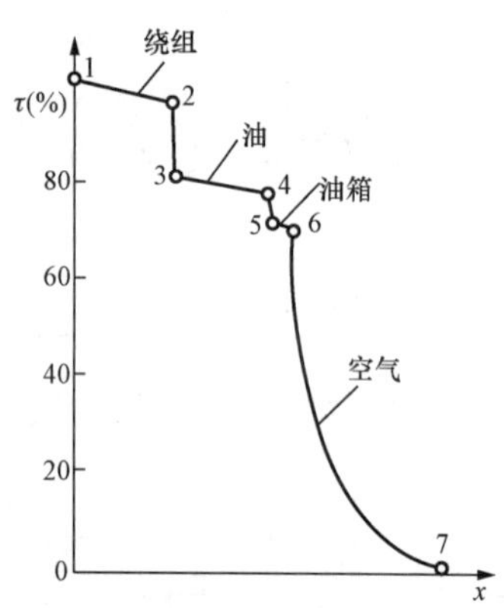

图 10 - 1 油浸式变压器各部分的温升分布

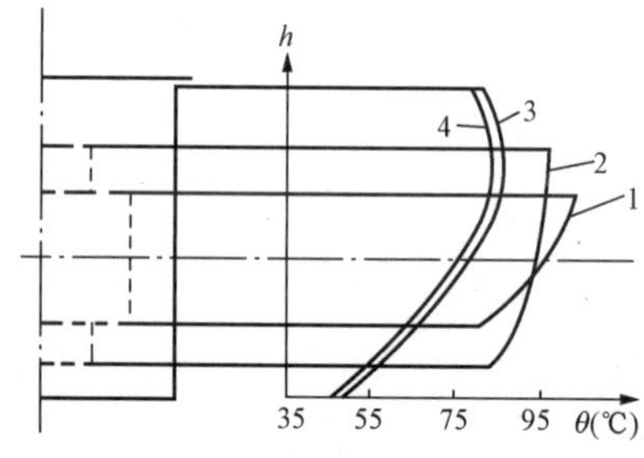

图 10 - 2 油浸式变压器的温度沿高度分布图

1—绕组温度；2—铁心温度；3—油温；4—油箱外表面温度；h—高度；θ—温度

（3）大容量电力变压器的损耗量大，单靠箱壁和散热器已不能满足散热要求，往往需采用强迫油循环风冷或强迫油循环水冷，使热油经过强风（水）冷却器冷却后，再用油泵送回变压器。大容量的电力变压器已普遍采用导向冷却，在高低压绕组和铁心内部，设有一定的油路，使进入油箱内的冷油全部通过绕组和铁心内部流出，这样带走了大量热量，改善了上、下热点温差，可有效地提高散热效率。

二、电力变压器的温升计算

电力变压器长期稳定运行，各部分温升达到稳定值，在额定负荷时的温升为额定温升。由于发热很不均匀，各部分温升通常都用平均温升和最大温升计算。绕组或油的最大温升是指其最热处的温升，而绕组或油的平均温升是指整个绕组或全部油的平均温升。

表 10 - 2 列出我国标准规定的在额定使用条件下变压器各部分的允许温升。额定使用条件为：最高气温 40℃，最高日平均气温 30℃，最高年平均气温 20℃，最低气温－30℃。

表 10 - 2　我国标准规定在额定使用条件下变压器各部分的允许温升（℃）

冷却方式	自然油循环	强迫油循环风冷	导向强迫油循环风冷
绕组对空气的平均温升	65	65	70
绕组对油的平均温升	21	30	30
顶层油对空气的温升	55	40	45
油对空气的平均温升	44	35	40

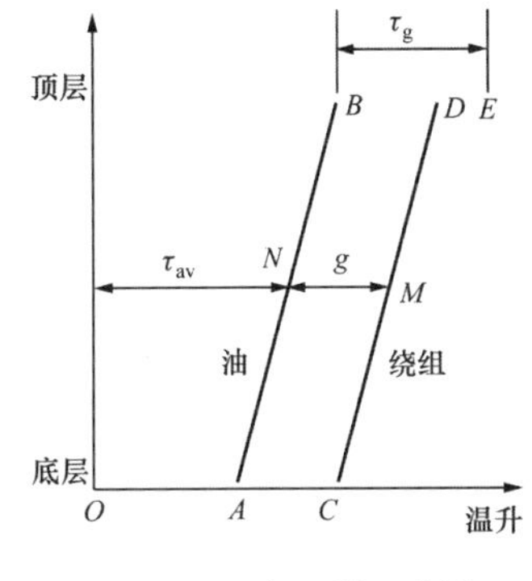

图 10 - 3　变压器温升沿高度的分布图

图 10 - 3 示出变压器油和绕组温升沿高度的分布图。图中：AB、CD 分别表示油温升和绕组导线的温升；从底层到顶层，油温升和绕组温升都呈线性增加，AB 和 CD 相互平行，也就是说，在不同高度绕组对油的温差是一常数，在图上用 g 表示。因此计算此绕组对空气温升时，可用绕组对油的温升和油对空气温升相加。由于杂散损耗增加，同时为了留有一定裕度，计算绕组最热点温度应比绕组顶层导线的平均温度高一些，计算时用绕组最热点温度与绕组顶层的油温之差 τ_g 表示。在额定负荷时，对于油浸变压器顶层油的温升等于 55℃（B 点），油平均温度约为最大值的 80%，即 44℃（N 点），绕组平均温升等于 65℃（M 点），AB 和 CD 的水平距离即 g 值为 21℃，绕组最热点的温升大约比平均温升高 13℃，则绕组最热点对油的温升 τ_g 为 23(＝44＋21＋13－55)℃。

如果变压器的负荷与额定负荷不同，温升将需计算和修正。因此，当负荷率为 K（即实际负荷与额定负荷之比）时，各部分温升可用下式计算：

顶层油温升为

$$\tau_t = \tau_{tN}\left(\frac{1+RK^2}{1+R}\right)^x \tag{10 - 1}$$

绕组对油的温升为

$$\tau_g = \tau_{gN}K^{2y} \tag{10 - 2}$$

式中：τ_t、τ_g 分别为在 K 负荷率时顶层油对空气的温升（最大值）、绕组对油的温升（最大值）；τ_{tN}、τ_{gN} 分别为在额定负荷时，顶层油对空气的温升（最大值）、绕组对油的温升（最大值）；K 为负荷率，即实际负荷与额定负荷之比；R 为额定负荷下，短路损耗对空载损耗之比，为 2～6；x 为计算油温的指数，根据冷却方式而不同，对于自然冷却方式的变压器，x=0.8；对于强迫油循环的变压器，x 为 0.9～1.0；y 为计算最热点温升的指数，也随冷却方式而不同，一般取 y=x。

三、稳态温度的计算

电力变压器绕组热点温度，根据冷却方式不同可用下列公式计算。

（1）自然油循环冷却（ON）。在任何负荷下，绕组热点温度等于环境温度、温升以及热点与顶层油之间温差之和，即

$$\theta_{\mathrm{h}}=\theta_0+\tau_{\mathrm{tN}}\left(\frac{1+RK^2}{1+R}\right)^x+\tau_{\mathrm{gN}}K^{2y} \tag{10-3}$$

式中：θ_{h} 为热点温度（不考虑导线电阻影响）；θ_0 为环境温度；其余符号同前。

（2）强迫油循环冷却（OF）。顶层油温等于底层油温加上平均油温与底层油温之差的 2 倍。因此计算时，以底层油温和油平均温度作基础，热点温度等于环境温度，底层油温升，绕组顶层油温与底层油温之差，以及绕组顶部油温与热点温度之差的总和，即

$$\theta_{\mathrm{h}}=\theta_0+\tau_{\mathrm{bN}}\left(\frac{1+RK^2}{1+R}\right)^x+2(\tau_{\mathrm{avN}}-\tau_{\mathrm{bN}})K^{2y}+\tau_{\mathrm{gN}}K^{2y} \tag{10-4}$$

式中：τ_{bN}为额定负荷下底层油温升；τ_{avN}为额定负荷下油平均温升；其余符号同前。

（3）强迫油循环导向冷却（OD）。对于这种冷却方式，基本上与 OF 冷却方式一样，但考虑到导线电阻的温度变化，应加上一个校正系数，即

$$\theta'_{\mathrm{h}}=\theta_{\mathrm{h}}+0.15(\theta_{\mathrm{h}}-\theta_{\mathrm{hN}}) \tag{10-5}$$

式中：θ'_{h} 为热点温度（考虑导线电阻影响）；θ_{hN}为额定负荷下绕组热点温度；θ_{h} 为 K 负荷率条件下绕组热点温度。

四、电力变压器的暂态温度计算

在电力变压器运行过程中，负荷不断改变，环境温度也有所变化，因此变压器的温升是瞬变的，远远没有达到稳定。在此情形下，任何负荷条件的变化都可看成一个阶跃函数。如果负荷的变化是阶段性的，如图 10-4 所示的矩形负荷图，它是一个上升阶跃函数和另外一个与其有一定延时的下降阶跃函数组成；如果是连续变化的负荷，阶跃函数是以较小的时间间隔依次施加的。对于前者，可用暂态发热公式依次推算，对于后者必须用计算机程序计算。

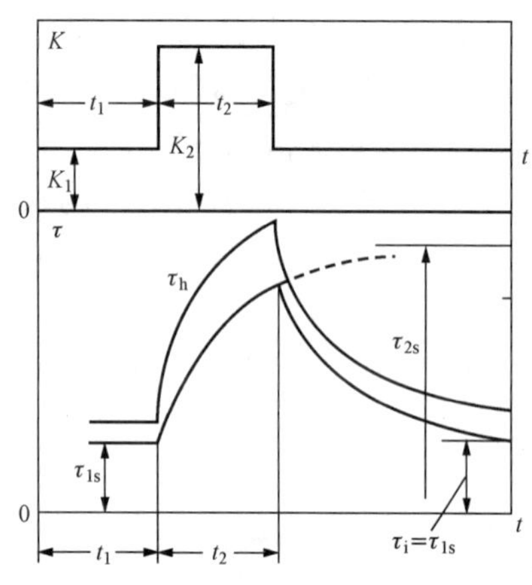

图 10-4 变压器二阶段负荷和各部分的温升变化曲线

如果是二阶负荷曲线（见图 10-4），负荷率为 K_1 和 K_2，时间相应为 t_1 和 t_2，可用一般暂态温升计算公式计算油的温升变化曲线。

变压器油的暂态温升计算公式为

$$\tau_{\mathrm{bt}}=\tau_{\mathrm{bi}}+(\tau_{\mathrm{bs}}-\tau_{\mathrm{bi}})(1-\mathrm{e}^{-t/T}) \tag{10-6}$$

式中：τ_{bt}为经过时间 t 后底层油温升；τ_{bs}为施加负荷后底层油的稳定温升；τ_{bi}为起始的底层油温升；T 为油的时间常数。

图 10-4 中，在 t_1 时间间隔开始瞬间，可假定底层油的温升相当于 K_1 负荷率时的稳定温升，在时间间隔 t_2 中，负荷率由 K_1 变到 K_2，这时油温升达不到稳定值，其瞬时值可用式（10-6）计算。当负荷率由 K_2 值减至 K_1 值时，温升的冷却曲线亦可用式（10-6）推算。由于绕组的发热时间常数很小，只有 5～6min，所以可假定负荷率由 K_1 变至 K_2 值时，绕组对油的温升能瞬时跃变，即由 K_1 负荷率时的稳定值跃变至 K_2 负荷率时的稳定值。图 10-4 中的 τ_{h} 曲线就是由油温升曲线加上相应的绕组对油的稳定温升曲线。

如果是多阶段负荷曲线，每一阶段的温升都没有达到稳定值（见图 10-5），应用上述方法和式（10-6）计算温升曲线是很麻烦的，从最初温升 τ_{i}，求出每一阶段的温升 τ_1，τ_2，…，τ_n（n 为阶段数），最后达到 $\tau_n=\tau_{\mathrm{i}}$ 也很费时间。在这种情况下，可用下面公式计算。

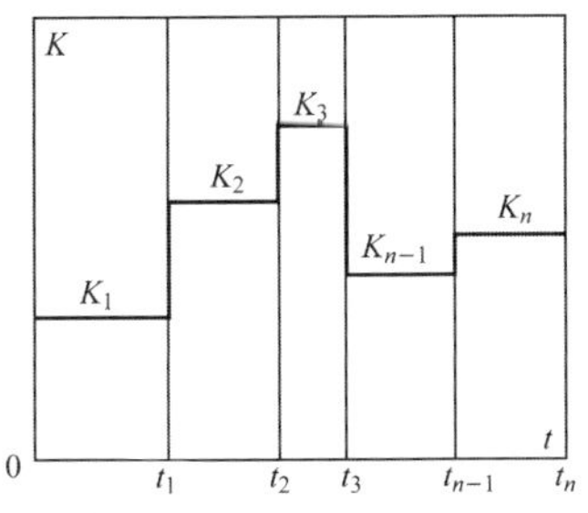

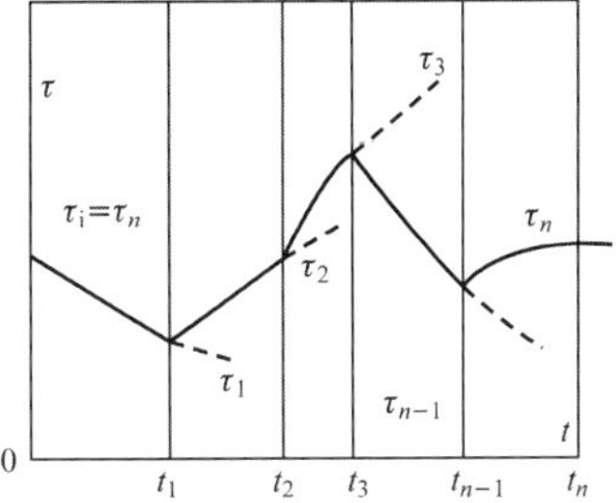

图 10-5　油对空气温升变化曲线

（多阶段负荷曲线情况）

令 $e^{-t_j/T}=A_j$，于是有

$$\tau_n=\tau_i=\frac{1}{A_n-1}\sum_{j=1}^{n}\tau_{js}(A_j-A_{j-1}) \quad (10-7)$$

在某阶段 x 末尾时的温升可计算为

$$\tau_x=\frac{1}{A_x}\left[\tau_i+\sum_{j=1}^{x}\tau_{js}(A_j-A_{j-1})\right] \quad (10-8)$$

式中：τ_i 为最初温升；τ_{js} 为 j 阶段负荷率为 K_j 时的稳定温升。

可见，从零开始可以计算在任何阶段中任何瞬间的温升，如果需求最大温升则只需计算到最大负荷末尾时的温升值。

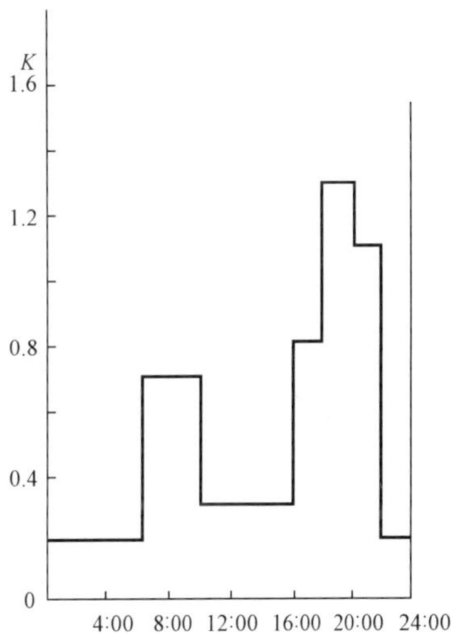

图 10-6 ［例 10-1］负荷曲线

【例 10-1】 依照图 10-6 的负荷曲线，计算并绘制油浸变压器的绕组和油的温升，油的发热时间常数为 3.5h，损耗比 $R=5$。负荷曲线有 6 段，最大负荷率 $K=1.3$，发生在 18～20h。最小负荷率 $K=0.2$，发生在 22～6h。在 22h 负荷陡然下降，以此作为计算开始时间，计算结果列于表 10-3。

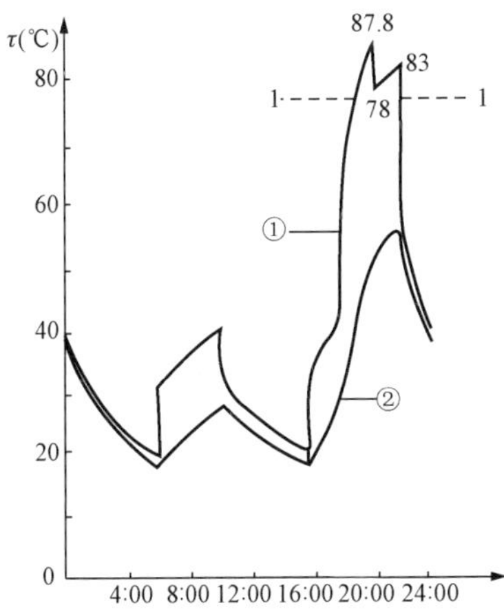

图 10-7 ［例 10-1］温升曲线

①—绕组对空气的温升；②—油对空气的温升

解　油的最初温升由式（10-7）得

$$\tau_i=\frac{1}{A_n-1}\sum_{j=1}^{n}\tau_{js}(A_j-A_{j-1})$$

$$=\frac{1}{951-1}\times 53\ 250=56(℃)$$

这个温升发生在 22h，在每一阶段末尾，油对空气的温升由式（10-8）求得，见表 10-3。绕组和油对空气的温升变化曲线示于图 10-7。由表 10-3 和图 10-7 可见，22h 时，油的最大温升达 56℃，其他时间都小于额定值 55℃，绕组最热点的温升在大部分时间内小于 78℃，而大于 78℃（图中水平线 1-1）的时刻仅在晚上最大负荷时出现。绕组最热点温度可在温升曲线上加上空气温度得到，如果空气温度为 20℃，则绕组最大温度达 87.8+20=107.8℃。

表 10-3 ［例 10-1］计算结果表

j	t_j	t_j/T	$A_j=e^{-t_j/T}$	A_j-A_{j-1}	K_j	τ_{js}	$\tau_{js}(A_j-A_{j-1})$	$\sum\tau_{js}(A_j-A_{j-1})$	τ_i	$\Delta\tau_h$	$\tau_i+\Delta\tau_h$
0	0	1.0	1.0	—	—	—	—	—	—	—	—
1	8	2.28	10	9	0.2	12.9	113	113	17.3	1.3	18.6
2	12	3.43	31	21	0.7	33.5	707	820	28.4	12.1	40.5
3	18	5.15	172	141	0.3	15.2	2150	2970	17.5	2.6	20.1
4	20	5.71	300	128	0.8	40	5120	8090	27.1	15.2	42.3
5	22	6.28	535	235	1.3	81.6	19 160	27 250	51	36.8	87.8
6	24	6.85	951	416	1.1	62.4	26 000	53 250	56	27.2	83.2

第三节 电力变压器的绝缘老化

一、变压器的热老化定律

电力变压器大多使用 A 级绝缘（油浸电缆纸），在长期运行中由于受到大气条件和其他物理化学作用的影响，绝缘材料的机械、电气性能将衰减，逐渐失去其初期所具有的性质，产生绝缘老化现象。对于绝缘材料的电气强度来说，在材料的纤维组织还未失去机械强度的时候，电气强度是不会降低的，甚至完全失去弹性的纤维组织，只要没有机械损伤，还是有相当高的电气强度。但是已经老化了的绝缘材料，显得十分干燥而脆弱，在变压器运行时产生的电磁振动和电动力作用下，很容易损坏。由此可见，判断绝缘材料的老化程度，不能单从电气强度出发，而应由机械强度的降低情况来决定。

变压器的绝缘老化，主要是因为温度、湿度、氧气和油中的劣化产物的影响，其中高温是促成老化的直接原因。运行中绝缘的工作温度愈高，化学反应（主要是氧化作用）进行得愈快，引起机械强度和电气强度丧失得愈快，即绝缘的老化速度愈大，变压器的预期寿命也愈短。根据研究结果，在 80～140℃范围内，变压器的预期寿命和绕组热点温度的关系为

$$z = Ae^{-P\theta} \tag{10-9}$$

式中：z 为变压器的预期寿命；θ 为变压器绕组热点的温度；A 为常数，与很多因素有关，如纤维制品的原始质量（原材料的组成和化学添加剂）以及绝缘中的水分和游离氧等；P 为温度系数，在一定范围内它可能是常数，但和纤维质量等因素无关。

现在尚没有一个简单的准则来判断变压器的真正寿命，通常用预期寿命来判断。一般认为，当变压器绝缘的机械强度降低至其额定值 15%～20%时，变压器的预期寿命即算终止。因此在工程上通常用相对预期寿命 z_* 和相对老化率 υ 来表示变压器的老化程度。

相对预期寿命和老化率都牵涉到绕组热点温度，对于标准变压器，在额定负荷和正常环境温度下，热点温度的正常基准值为 98℃，此时变压器能获得正常预期寿命 20～30 年。也就是说，此时变压器的老化率假定为 1。

根据式（10-9）计算，正常预期寿命为

$$z_N = Ae^{-P\times 98} \tag{10-10}$$

用 z/z_N 的比例表示任意温度 θ 时的相对预期寿命，则

$$z_* = \frac{z}{z_N} = e^{-P(\theta-98)} \tag{10-11}$$

其倒数称为相对老化率 υ，即

$$\upsilon = e^{P(\theta-98)} \tag{10-12}$$

计算时，用基数 2 代替 e 较为方便，则

$$\upsilon = 2^{\frac{P(\theta-98)}{0.693}} = 2^{\frac{(\theta-98)}{\nabla}} \tag{10-13}$$

在式（10-13）中

$$\frac{1}{0.693} = \frac{\ln e}{\ln 2}$$

并令

$$\nabla = \frac{0.693}{P} \tag{10-14}$$

研究表明，∇ 为 6℃左右，这意味着绕组温度每增加 6℃，老化率加倍，此即所谓热老化定律（绝缘老化的 6℃规则）。根据式（10-13）可计算在各温度下的老化率，列于表 10-4 中。

表 10-4　各温度下的老化率

温度（℃）	80	86	92	98	104	110	116	122	128	134	140
老化率 υ	0.125	0.25	0.5	1.0	2	4	8	16	32	64	128

二、等值老化原则

如上所述，变压器运行时，如维持变压器绕组最热点的温度在 98℃左右，可以获得正常预期寿命。实际上绕组温度受气温和负荷波动的影响，变动范围很大，因此如将绕组最高允许温度规定为 98℃，则大部分时间内，绕组温度达不到此值，亦即变压器的负荷能力未得到充分利用；反之，如不规定绕组的最高允许温度，或者将该值规定过高，变压器又可能达不到正常预期寿命。为了正确地解决这一问题，可应用等值老化原则，即在一部分时间内，根据运行要求，允许绕组温度大于 98℃，而在另一部分时间内使绕组的温度小于 98℃，只要使变压器在温度较高的时间内所多损耗的寿命（或预期寿命），与变压器在温度较低时间内所少损耗的寿命相互补偿，这样变压器的预期寿命可以和恒温 98℃运行时等值。换句话说，等值老化原则就是使变压器在一定时间间隔 T（一年或一昼夜）内绝缘老化或所损耗的寿命等于一常数，用公式表示为

$$\int_0^T e^{P\theta_t} dt = 常数$$

这个常数应相当于绕组温度在整个时间间隔 T 内为恒定温度 98℃时变压器所损耗的寿命，即

$$\int_0^T e^{P\theta_t} dt = Te^{98P} \tag{10-15}$$

实际上，为了判断变压器在不同负荷下绝缘老化的情况，或在欠负荷期间变压器负荷能力的利用情况，通常将式（10-15）左右两端的比值（即变压器在某一段时间间隔内实际所损耗的寿命对绕组温度维持恒定 98℃时所损耗寿命的比值）称为绝缘老化率 υ，即

$$\upsilon = \frac{\int_0^T e^{P\theta_t} dt}{Te^{98P}} = \frac{1}{T}\int_0^T e^{P(\theta_t-98)} dt \tag{10-16}$$

显然，如 $\upsilon>1$，则变压器的老化大于正常老化，预期寿命大为缩短；如果 $\upsilon<1$，变压器的负荷能力未得到充分利用。因此，在一定时间间隔内，维持变压器的老化率接近于 1，是制定变压器负荷能力的主要依据。

第四节 电力变压器的正常过负荷和事故过负荷

电力变压器绕组热点温度和其他部分的温度，在运行时受到负荷波动和环境空气温度变化的影响有很大变化，最高温度和最低温度的差别也较大。在此情况下，可以在一部分时间内使变压器超过额定负荷运行，即过负荷运行；而在另一部分时间内，小于额定负荷运行，只要在过负荷期间所多损耗的寿命与在小负荷期间少损耗的寿命相互补偿，仍可获得规定的预期寿命。变压器的正常过负荷能力，就是以不牺牲变压器正常预期寿命为原则而制定的。制定变压器的正常过负荷能力牵涉到绕组热点温度的计算。为了简便起见，在考虑环境温度和负荷变化的影响时，通常用等值空气温度代替实际变化的空气温度，将实际负荷曲线归算成等值阶段负荷曲线。

一、等值空气温度

由式（10-9）可知，在运行过程中变压器的预期寿命或老化程度与绕组温度成指数比例关系，即高温时，绝缘老化的加速远远大于低温时绝缘老化的延缓，因此，不能用平均温度来表示变化的温度对绝缘老化的影响，必须用一个等值空气温度来代替。

等值空气温度就是指某一空气温度，在一定时间间隔内如维持此温度不变，当变压器带恒定负荷时，绝缘所遭受的老化等于空气温度自然变化时和同样恒定负荷情况下的绝缘老化，用算式表示为

$$Te^{P\delta_{eq}} = \Delta t(e^{P\delta_1} + e^{P\delta_2} + \cdots + e^{P\delta_n}) = \sum_{t=1}^{n} e^{P\delta_t}\Delta t \tag{10-17}$$

或

$$\delta_{eq} = \frac{2.3}{P}\log\frac{1}{T}\int_1^n e^{P\delta_t}dt \tag{10-18}$$

式中：δ_{eq}为等值空气温度；δ_t为在各个短时间间隔 Δt 时空气的平均瞬时温度（$\delta_t=\delta_1,\delta_2,\cdots,\delta_n$）；$T$ 为某个时间间隔（通常为一年、一季度或一昼夜）。

研究指出，空气温度的日或年自然变化曲线，可近似地认为是正弦曲线（见图 10-8），也可表示为

$$\delta_t = \delta_{av} + \frac{1}{2}\Delta\delta\sin\frac{2\pi t}{T} \tag{10-19}$$

式中：δ_{av}为在时间间隔 T 内空气的平均温度；$\Delta\delta$ 为在该时间间隔内空气温度的变化范围，即最高温度和最低温度之差。

将式（10-19）代入式（10-18），即可计算出 δ_{eq}的数值，最后得

$$\delta_{eq} = \delta_{av} + \Delta \tag{10-20}$$

式中：Δ 为温度差，$\Delta=f(\Delta\delta)$。

由于高温时绝缘老化的加速远较低温时绝缘老化的延缓为大，因此等值空气温度不同于平均温度，它比平均气温大一个 Δ 数值［见式（10-20）］。Δ 数值依照气温变化的规律及其变化范围而不同，气温变化范围 $\Delta\delta$ 越大，则 Δ 值越大，Δ 永远是正值。例如气温变化是正弦曲线，$\Delta=f(\Delta\delta)$ 曲线示于图 10-9。

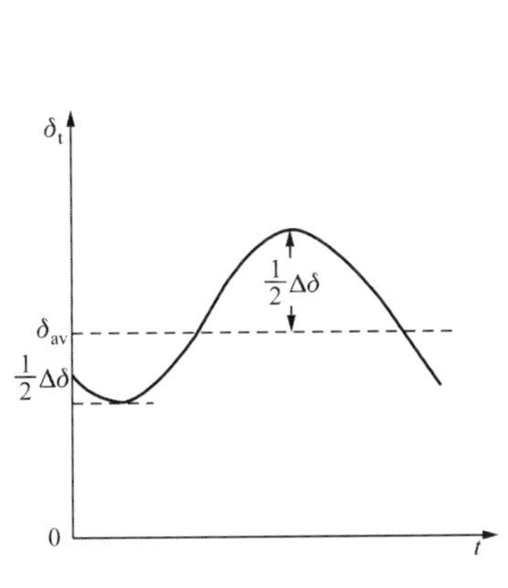

图 10-8　空气温度日变化曲线

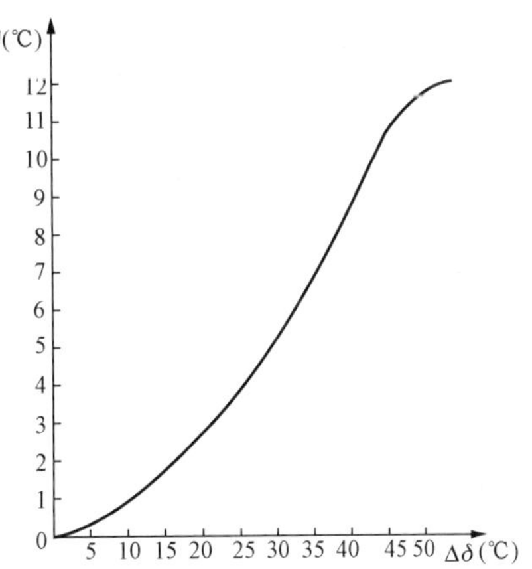

图 10-9　$\Delta=f(\Delta\delta)$ 关系曲线

实际上变压器绕组温度的变化即使在恒定负荷时也不能完全准确地依照空气温度而变化，变压器绕组和油都具有热容量，油的发热时间常数远较绕组为大，因此绕组温度变化往往落后于空气温度的变化，其变化范围也较小。根据经验和计算，绕组温度变化范围只有空气温度变化范围的 80%左右。根据这个数据，计算的全国主要城市的年等值空气温度结果表明，年等值空气温度约比年平均温度高 3～8℃。例如广州地区，年平均温度是 21.9℃，每年空气温度变化范围是 15℃，日变化范围是 8℃，年等值空气温度是 25.3℃。哈尔滨年平均温度为 3.3℃，年空气温度变化范围是 43.4℃，日变化范围是 11.9℃，年等值空气温度为 9.1℃。如果在恒定额定负荷时变压器绕组最热点温度维持在 98℃，则等值空气温度相当于 98－65－13＝20（℃）左右（其中，13℃是绕组最热点温度与平均温度之差）。这个数值适应于我国广大地区气温情况，所以我国变压器的额定容量不必根据气温情况加以修正，但在考虑过负荷能力时应考虑等值空气温度的影响。

二、等值负荷曲线的计算

前已述及，计算绕组热点温度时，如考虑负荷变动的影响显得很复杂，在此情况下，最好将实际负荷曲线归算成两阶段或多阶段负荷曲线，如图 10-10 所示。归算的原则是等值负荷期间，变压器中所产生的热量与实际负荷运行时产生的热量等值。因此有

$$K_i=\sqrt{\frac{I_1^2t_1+I_2^2t_2+\cdots+I_i^2t_i}{t_1+t_2+\cdots+t_i}} \tag{10-21}$$

式中：K_i 为 i 阶段等值负荷系数；I_i 为 i 阶段内负荷电流值；t_i 为 i 阶段持续时间。

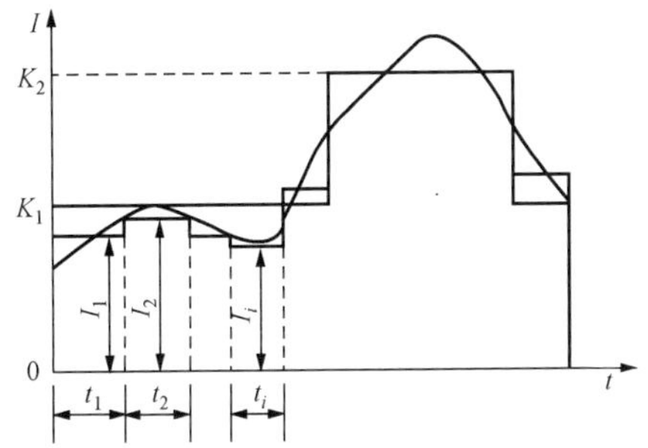

图 10-10　等值负荷曲线

三、电力变压器正常允许过负荷

正常允许过负荷是以不牺牲电力变压器正常寿命为原则，所以必须根据环境温度、实际负荷曲线以及变压器的数据，计算变压器的老化率 υ。如果 $\upsilon\leqslant 1$，说明过负荷在允许范围内；如果 $\upsilon>1$，则不允许正常过负荷。除此之外，绕组热点温度和电流等都不得超过表 10-1 给出的限值。

为了简化计算，国际电工委员会（IEC）根据上述原则，制定了各种类型变压器的正常允许过负荷曲线。图 10 - 11（a）和（b）分别表示自然油循环和强迫油循环变压器在日等值空气温度为 20℃时的过负荷曲线。图中 K_1 和 K_2 分别表示两段负荷曲线（见图 10 - 10）中低负荷和高负荷的负荷率。T 为过负荷的允许持续时间，利用过负荷曲线，很容易求出对应于允许持续时间的允许过负荷，但自然油循环的变压器过负荷不应超过 50%，强迫油循环的变压器过负荷不应超过 30%。

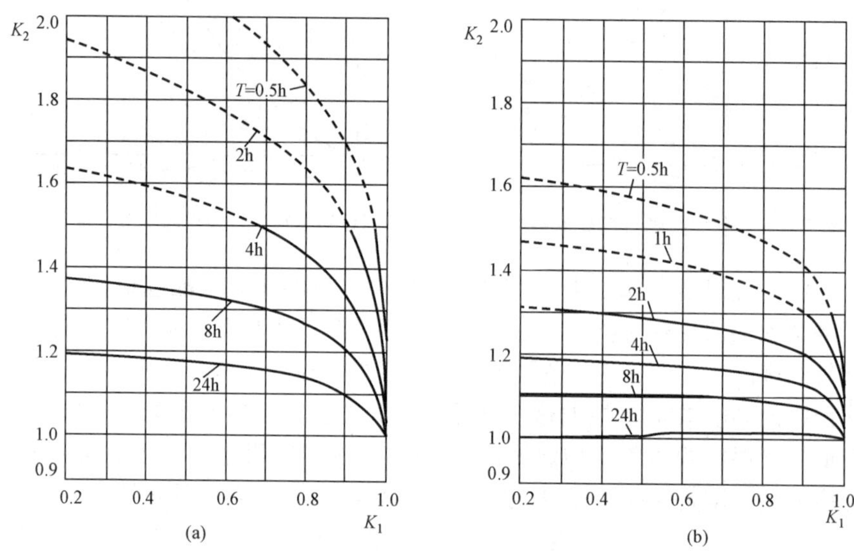

图 10 - 11　正常允许过负荷曲线图（日等值空气温度 20℃）

（a）自然油循环的变压器；（b）强迫油循环的变压器

【例 10 - 2】 应用［例 10 - 1］的原始数据，并已知日等值空气温度为 20℃，试求变压器绝缘的日老化率。

解　（1）求变压器绕组和油对空气温升曲线，见［例 10 - 1］的计算和图 10 - 7。

（2）求出的温升曲线加上日等值空气温度，求出绕组热点温度日变化曲线。

（3）应用式（10 - 16）求得绝缘的日老化率，即

$$\upsilon=\frac{1}{T}\int_0^{24}e^{P(\theta_t-98)}\mathrm{d}t=\frac{1}{24}\times(0.3+1.7+2.8+0.2)=\frac{5}{24}\approx0.21<1$$

计算证明，该变压器依照图 10 - 6 负荷曲线运行时日老化率未超过允许限度，故过负荷值在正常过负荷允许范围内。

【例 10 - 3】 一台 10 000kV・A 的自然油循环自冷变压器，安装在屋外，当地年等值空气温度为 20℃，日负荷曲线为两段负荷，起始负荷为 5000kV・A，试求变压器历时 2h 的过负荷值。

解　由已知条件可得

$$K_1=\frac{5000}{10\ 000}=0.5$$

查图 10 - 11（a）曲线，对应于 T=2h，求得过负荷倍数 K_2=1.43，但过负荷不得超过 30%，不能取曲线中的虚线部分，故取 K_2=1.3。

过负荷值为

$$1.3\times10\,000=13\,000\ (\text{kV}\cdot\text{A})$$

【例 10 - 4】 某自然油循环的变压器依照图 10 - 12 的负荷曲线运行，其中 18～22h 过负荷运行，当地日等值空气温度为 20℃，试求过负荷倍数。

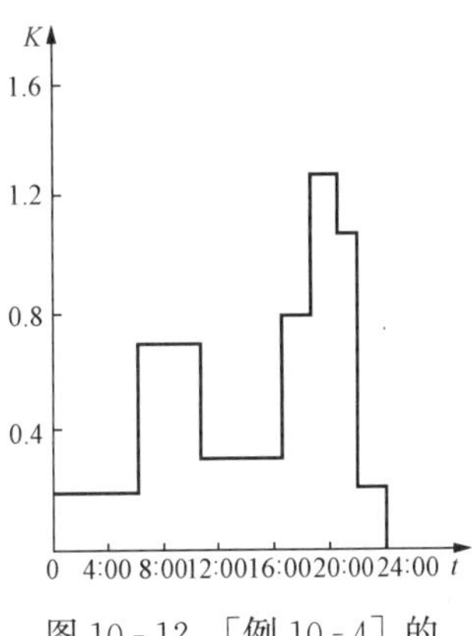

图 10 - 12 ［例 10 - 4］的负荷曲线

解 首先应将图 10 - 12 中的负荷曲线归算成两阶段负荷曲线，即可求出欠负荷期间等值负荷率 K_1。

等值负荷期间，变压器中所产生的热量和实际负荷运行时产生的热量等值，为此

$$K_1=\sqrt{\frac{I_1^2t_1+I_2^2t_2+\cdots+I_i^2t_i}{t_1+t_2+\cdots+t_i}}$$

$$=\sqrt{\frac{0.2^2\times6+0.7^2\times4+0.3^2\times6+0.8^2\times2+0.2^2\times2}{6+4+6+2+2}}$$

$$=0.453$$

查图 10 - 11（a）曲线，对应于 $T=4\text{h}$，求得过负荷倍数 $K_2=1.28$。

四、电力变压器的事故过负荷

当系统发生事故时，保证不间断供电是首要任务，变压器绝缘老化加速是次要的，所以事故过负荷和正常过负荷不同，它是以牺牲变压器寿命为代价的，绝缘老化率允许比正常过负荷时高得多。但是确定事故过负荷时，同样要考虑到绕组最热点的温度不要过高，避免引起事故扩大。和正常过负荷一样，变压器事故过负荷时绕组最热点的温度不得超过 140℃，负荷电流不得超过额定值的 2 倍。

国际电工技术委员会（IEC）没有严格规定允许事故过负荷的具体数值，而是列出了事故过负荷时变压器寿命所牺牲的天数，即事故过负荷一次（如事故过负荷 1.3 倍，运行 2h），变压器绝缘的老化相当于正常老化时的天数。运行人员可根据这个数值，参照变压器过去运行情况、当地的等值空气温度以及系统对事故过负荷的要求等情况灵活掌握。表 10 - 5列出了自然油循环和风冷油循环的变压器在不同事故过负荷时所牺牲的天数。表中 K_1 表示事故过负荷前等值负荷率；K_2 表示事故过负荷倍数；“＋”号表明即使在最低气温条件下也不允许运行；数字后面如附有 A、B、C、D，则分别表明在最高等值空气温度为 30、20、10、0℃时允许运行。表 10 - 5 中所列牺牲天数是指等值空气温度为 20℃时的数值，如等值空气温度不是 20℃，应乘以校正系数，见表 10 - 6。

表 10 - 5　自然油循环和风冷油循环的变压器在不同事故过负荷 1h 所牺牲的天数（天）

K_2	K_1									
	0.25	0.5	0.7	0.8	0.9	1.0	1.1	1.2	1.3	1.4
0.7	0.001	0.004	0.026							
0.8	0.001	0.005	0.027	0.079						
0.9	0.001	0.005	0.029	0.083	0.266					
1.0	0.002	0.006	0.032	0.091	0.283	1.0				
1.1	0.003	0.008	0.039	0.102	0.310	1.07	1.07	4.18		

续表

K_2	K_1									
	0.25	0.5	0.7	0.8	0.9	1.0	1.1	1.2	1.3	1.4
1.2	0.004	0.012	0.049	0.123	0.356	1.18	4.50	19.3A		
1.3	0.007	0.019	0.069	0.162	0.439	1.38	5.03A	20.9B	99.0D	
1.4	0.014	0.034	0.112	0.242	0.604	1.75A	5.97B	23.6B	108C	558D
1.5	0.029	0.069	0.205	0.416A	0.953A	2.52B	7.81B	28.6C	123D	+
1.6	0.066	0.150	0.424A	0.815B	1.74B	4.20C	11.7C	38.6D	+	+
1.7	0.158	0.353A	0.958B	1.78B	3.63C	8.15C	20.7D	+	+	+
1.8	0.397A	0.876B	2.33C	4.25C	8.38D	18.0D	+	+	+	+
1.9	1.05B	2.29C	6.00D	10.8D	+	+	+	+	+	+
2.0	2.88C	6.27D	+	+	+	+	+	+	+	+

表 10-6　等值空气温度不同于 20℃ 时的校正系数

等值空气温度（℃）	40	30	20	10	0
校正系数	10	3.2	1	0.32	0.1

第五节　多绕组变压器和第三绕组

在电力系统中，三个及以上不同电压等级需要互相连接时，可以用多台双绕组变压器，由于台数多、损耗大、运行灵活性差，显得很不经济。在此情况下，可用一台多绕组变压器代替两台或多台双绕组变压器。多绕组变压器只有一个铁心，但有多个绕组，通过铁心相互电磁耦合，形成多个不同的电压等级，用来连接电力系统，这样显得非常紧凑和经济。多绕组变压器中绝大部分是三绕组变压器。在电力系统中，三绕组变压器通常应用在下列场合：

（1）在发电厂内，除发电机电压外，有两种升高电压与系统连接或向用户供电；

（2）在具有三种电压的降压变电站中，需要由高压向中压和低压供电，或高压和中压向低压供电；

（3）在枢纽变电站中，两种不同电压等级的系统需要相互连接；

（4）在星形—星形连接的变压器中，需要一个三角形连接的第三绕组。

一、三绕组变压器的运行特点

三绕组变压器和双绕组变压器的原理相同，但由于多一个绕组形成以下特点：

（1）运行方式和容量匹配。三个绕组可以有多种运行方式，如高压—中压，高压—低压，高压同时向中、低压送电（或反之）等。根据运行要求，三个绕组的容量可以相等，也可以不相等。按我国标准，三绕组变压器高—中—低压绕组额定容量的百分比有三种类型，即 100%/100%/100%、100%/100%/50%和 100%/50%/100%。在运行时，一个绕组的负荷等于其他两个绕组负荷的相量和，但不得超过各自的额定容量。

（2）漏抗和等值电路。由于三个绕组在磁路上相互耦合，所以每个绕组都有自感和与其他绕组之间的互感。这样在任一个绕组的电路的电压方程式中就必然包括本身的自感电动势和与其他绕组之间的互感电动势，其等值电路图如图 10-13 所示。图中的 x_1、x_2、x_3 与双绕组变压器中的 x 意义有所不同，它们并不代表各自绕组的漏电抗，而是代表由各绕组的电抗和各绕组之间的互感电抗组合而成的一个等值电抗。从等值电路中也可看出，3 个绕组的电路是彼此关联的，在运行时，一个绕组负荷电流的变化将会影响另外绕组的电压；同时，一个绕组的迟后电流在某些情况下，还可能引起另一个或几个绕组电压升高。

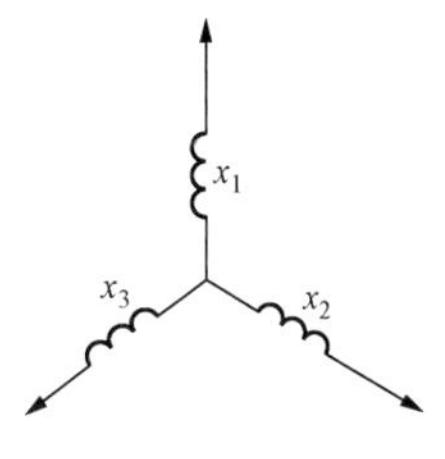

图 10-13　三绕组变压器等值电路图

（3）升压型和降压型结构。三绕组变压器通常采用同心式绕组，绕组的排列在制造上有升压型和降压型两种组合方式。高压绕组总是排列在最外层，升压型的排列为铁心—中压绕组—低压绕组—高压绕组，高压绕组—中压绕组之间的阻抗最大。降压型的排列为铁心—低压绕组—中压绕组—高压绕组，高压绕组—低压绕组之间的阻抗最大。降压型变压器中的无功损耗约为升压型的 160%～170%。因此升压型通常应用在低压向高压送电（或反之）为主的场合，降压型一般用在高压向中压供电为主、低压供电为辅的场合。

二、第三绕组

在星形—星形连接的变压器中通常装有三角形第三绕组，它的作用有以下几方面：

（1）减小 3 次谐波电压分量。在星形—星形连接变压器中产生 3 次谐波电压的原因为：由于绕组连接成星形—星形，3 次谐波电流无法流通，所以励磁电流是正弦波形，铁心饱和将使主磁通呈平顶波形（见图 10-14），亦即在主磁通波形中，除基波外尚有较大的 3 次谐波。因为电动势 E 和磁通的导数 $\frac{\mathrm{d}\phi}{\mathrm{d}t}$ 成正比，即 $E \propto \frac{\mathrm{d}\phi}{\mathrm{d}t}$，所以感应产生的相电动势将呈现尖顶波形（见图 10-15）。尖顶波形的电动势 E 含有较大的 3 次谐波电动势 E_3，这个 3 次谐波电动势使相电压波形的峰值增大，变压器中绝缘的电场强度因而增大，严重危害绝缘。3 次谐波电压的另一个严重后果是促使中性点电压位移；在中性点接地系统中，3 次谐波电压分量还可能对附近的通信线路产生电磁干扰。变压器中如有接成三角形的第三绕组，三角形绕组将感应一个 3 次谐波环流，3 次谐波电压因而被抑制掉。

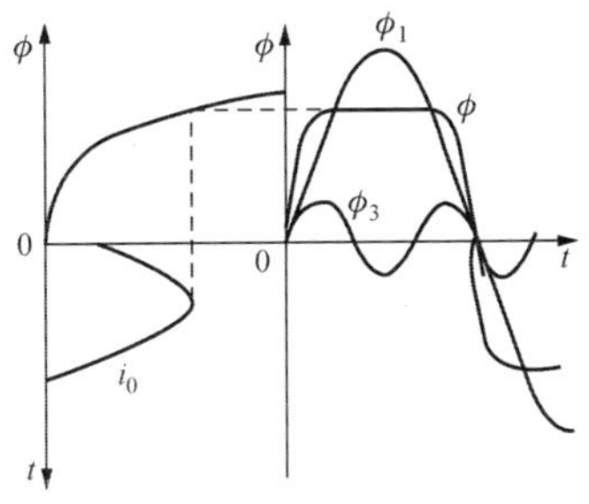

图 10-14　正弦波励磁电流产生的磁通波形

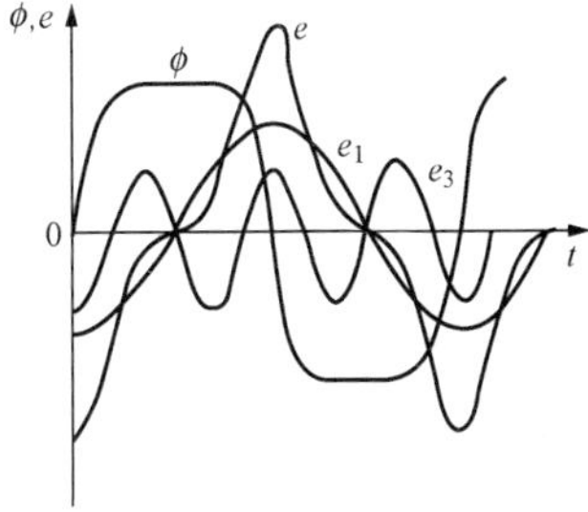

图 10-15　平顶波磁通产生的电动势波形

（2）允许对不平衡的三相负荷供电。三相不平衡负荷通常可分解为一个平衡的三相负荷与一个单相负荷或两个单相负荷。现在来看星形—星形连接变压器中一相与中性点之间接有单相不平衡负荷的情况。如图 10-16 所示，二次侧只有一相流过单相负荷电流，其他两相无电流。一次侧则不同，除一相流过相应的单相负荷电流外，其他两相流过从负荷相流过来的返回负荷电流，由于这两相二次侧没有电流，所以对这两相而言，一次负荷电流起励磁电流作用。因此，当负荷相电压降低时，这两相的电压将明显增高，从而造成变压器中性点电压严重位移。在此情况下，如果变压器中有三角形的第三绕组，情况就有很大变化。如图 10-17 所示，与不平衡二次侧相对应的一次侧电流，将被在三角形中流过的负荷电流所平衡，这样便不至于产生不正常的电压降，因而有了第三绕组就允许给不平衡的三相负荷供电。

（3）除主负荷外，给辅助负荷供电。第三绕组通常制成 6～35kV 电压等级，可以用来向附近地区供电，或用来连接发电机、调相机等。

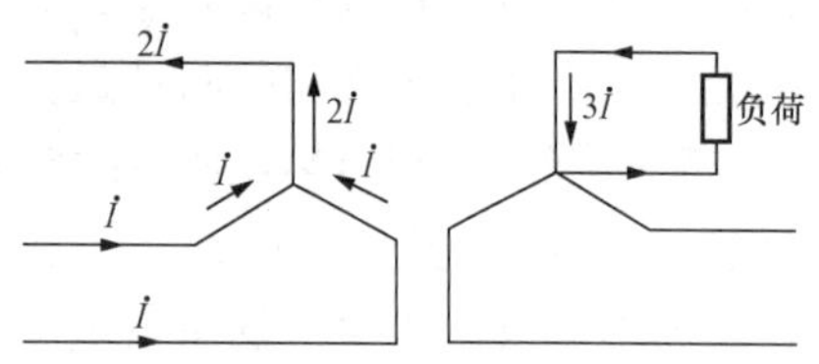

图 10-16　Yy 连接变压器带单相不平衡负荷电流分布图

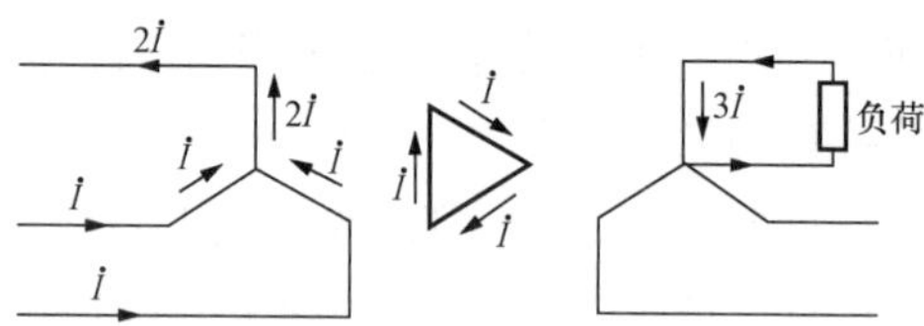

图 10-17　Yyd 连接变压器带单相不平衡负荷电流分布图

第六节　自耦变压器的特点和运行方式

一、自耦变压器的特点

自耦变压器是一种多绕组变压器，其特点就是其中两个绕组除有电磁联系外，在电路上也有联系。因此，当自耦变压器用来联系两种电压的网络时，一部分传输功率可以利用电磁联系，另一部分可利用电的联系。电磁传输功率的大小决定变压器的尺寸、质量、铁心截面和损耗，所以与同容量、同电压等级的普通变压器比较，自耦变压器的经济效益非常显著。

自耦变压器的缺点是：①由于一、二次绕组之间有电的联系，致使较高的电压易于传递到低压电路，所以低压电路的绝缘必须按较高电压设计；②由于一、二次绕组之间电的联系，每相绕组有一部分又是共有的，所以一、二次绕组之间的漏磁场较小，电抗较小，短路电流和它的效应就比普通双绕组变压器要大；③一、二次侧的三相连接方式必须相同，即星形—星形或三角形—三角形；④由于运行方式多样化，引起继电保护整定困难；⑤在有分接头调压的情况下，很难取得绕组间的电磁平衡，有时造成轴向作用力的增加。但由于自耦变压器的结构简单、经济，在 110kV 及以上中性点直接接地系统中，应用非常广泛，用自耦变压器代替普通变压器已成为发展趋势。

1. 自耦变压器的额定容量和标准容量

图 10-18 所示为单相自耦变压器的原理接线图。当自耦变压器二次侧未接负荷，如在一次侧 A-X 端对绕组 bd 施加电压 $\dot{U}_1$ 时，则在二次侧 a-x 端绕组 cd 出现电压 $\dot{U}_2$，$\dot{U}_1$ 和 $\dot{U}_2$ 与绕组的匝数成正比，即

$$\frac{U_1}{U_2}=\frac{N_1}{N_2},\ U_2=U_1\frac{N_2}{N_1}=\frac{U_1}{k_{12}} \tag{10-22}$$

其中

$$k_{12}=N_1/N_2,\ k_{12}=U_{1N}/U_{2N}$$

式中：N_1为绕组 bd 的匝数；N_2为绕组 cd 的匝数；k_{12}为自耦变压器一次侧和二次侧的变压比，近似地等于一、二次侧额定电压U_{1N}与U_{2N}之比。

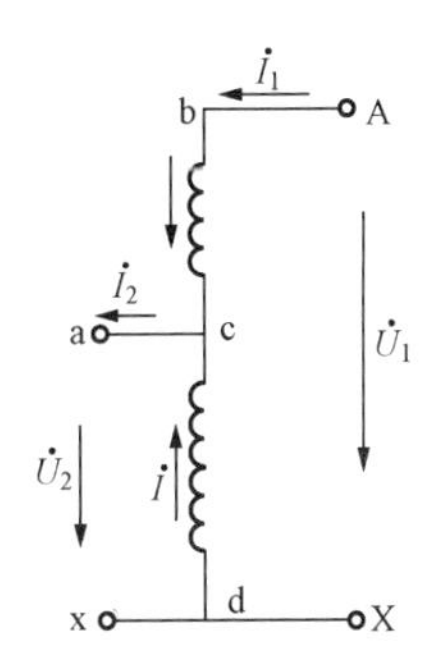

图 10 - 18　单相自耦变压器原理接线图

从图 10 - 18 可以看到，二次侧绕组 cd 是一次侧绕组 bd 的一部分，与绕组 bc 串接，绕组 cd 称为公共绕组，绕组 bc 称为串联绕组。

当二次侧 a-x 接有负荷时，即出现负荷电流 $\dot{I}_2$，在串联绕组、公共绕组内分别有电流 $\dot{I}_1$ 和$\dot{I}$，则

$$\dot{I} = \dot{I}_2 - \dot{I}_1$$

略去自耦变压器的磁化电流，bc 和 cd 两部分绕组的磁化作用相互抵消，即

$$(N_1 - N_2)\dot{I}_1 = N_2\dot{I} \tag{10 - 23}$$

$$\left.\begin{aligned}\frac{\dot{I}}{\dot{I}_1} &= \frac{N_1 - N_2}{N_2} = k_{12} - 1\\ \frac{\dot{I}}{\dot{I}_2} &= 1 - \frac{1}{k_{12}}\end{aligned}\right\} \tag{10 - 24}$$

如略去变压器的损耗和磁化电流，可以认为一次侧的输入功率$\dot{U}_1\dot{I}_1$等于二次侧的全部输出功率$\dot{U}_2\dot{I}_2$，这个功率的极限值称为自耦变压器的额定容量或称通过容量，即

$$\dot{U}_1\dot{I}_1 = \dot{U}_2\dot{I}_2 = \dot{U}_2(\dot{I}_1 + \dot{I}) = \frac{\dot{U}_2\dot{I}_2}{k_{12}} + \dot{U}_2\dot{I}_2\left(1 - \frac{1}{k_{12}}\right) \tag{10 - 25}$$

由式（10 - 25）可以看出，通过自耦变压器的传输功率由两部分组成：一部分是式(10 - 25)的前一项，即$\frac{\dot{U}_2\dot{I}_2}{k_{12}} = \dot{U}_2\dot{I}_1$，表示通过串联绕组由电路直接传输到二次侧的功率；另一部分即式（10 - 25）的第二项$\dot{U}_2\dot{I}_2\left(1 - \frac{1}{k_{12}}\right)$，表示通过公共绕组由电磁联系传输到二次侧的功率。在自耦变压器中，由电磁联系传输的最大功率称为自耦变压器的标准容量。

2. 自耦变压器的效益系数

图 10 - 19 所示为两台电磁功率相等的变压器接线。图 10 - 19（a）为普通变压器，图 10 - 19（b）为自耦变压器。比较图 10 - 19（a）、（b）两种情况，可以看出两者电磁功率相同，即标准容量相同，故铁心和绕组的截面、尺寸、质量都完全相等，但通过容量不等。普通变压器的通过容量等于标准容量，即为$\dot{U}_2(\dot{I}_2 - \dot{I}_1)$，而自耦变压器的通过容量为$\dot{U}_2\dot{I}_2$(或$\dot{U}_1\dot{I}_1$，忽略损耗)，两者相比，得

$$\frac{\dot{U}_2(\dot{I}_2 - \dot{I}_1)}{\dot{U}_2\dot{I}_2} = 1 - \frac{\dot{I}_1}{\dot{I}_2} = 1 - \frac{1}{k_{12}} = K_b \tag{10 - 26}$$

式中：K_b 为自耦变压器的效益系数，即标准容量对通过容量的比值，其值小于 1。

K_b 值愈小，说明自耦变压器的通过容量比同样普通变压器的显得愈大，其经济效益也愈大。

图 10-19（a）、（b）中，损耗的绝对值相等，但在自耦变压器中损耗对其通过容量的相对值要比普通变压器小 $1/K_b$ 倍；空载电流的绝对值和相对值都要小 $1/K_b$ 倍，因为普通变压器的空载电流流经 N_1-N_2 匝，而自耦变压器则流经 N_1 匝；短路阻抗的欧姆值相等，但相对值不同，因为在图 10-19（a）的变压器二次侧短路时，加在一次侧的电压是 $\dot{U}_1-\dot{U}_2$，而在图 10-19（b）的变压器二次侧短路时，加在一次侧的电压是 $\dot{U}_1$，由于上述原因，自耦变压器短路阻抗的相对值也小 $1/K_b$ 倍。综上所述，效益系数 K_b 是表示自耦变压器特点的重要系数。K_b 愈小，在一定通过容量的条件下，自耦变压器的标准容量可以制造得愈小，损耗和短路阻抗也显得愈小，经济效益就愈大。由式（10-26）可看到，K_b 和自耦变压器的变压比 k_{12} 有关，k_{12} 愈小，即一、二次侧电压相差不大时，K_b 值则愈小，自耦变压器的经济效益也越大；反之，如果 k_{12} 值过大，经济效益就不大，一般自耦变压器都应用在变压比为 3∶1 范围以内。

3. 自耦变压器的第三绕组

自耦变压器第三绕组的作用与普通三绕组变压器中的相同，第三绕组也接成三角形（见图 10-20），除消除 3 次谐波外，由于自耦变压器一、二次绕组的中性点都直接接地，所以还可减小自耦变压器的零序阻抗。在自耦变压器中，第三绕组和公共绕组、串联绕组只有电磁联系，与普通三绕组变压器一样，第三绕组可用来对附近地区供电或用来连接发电机或调相机等。

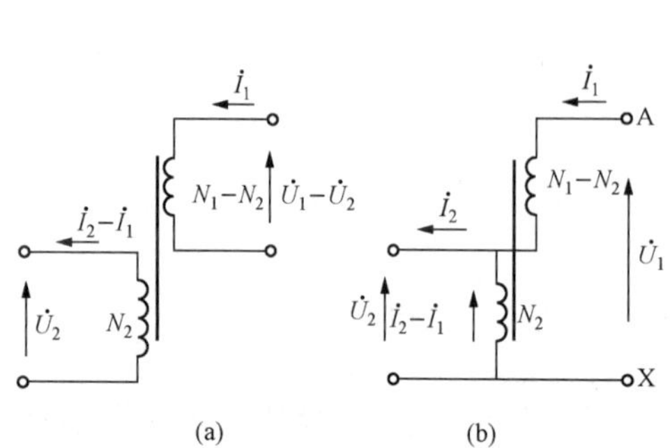

图 10-19 两台电磁功率相等的变压器接线图
（a）普通变压器；（b）自耦变压器

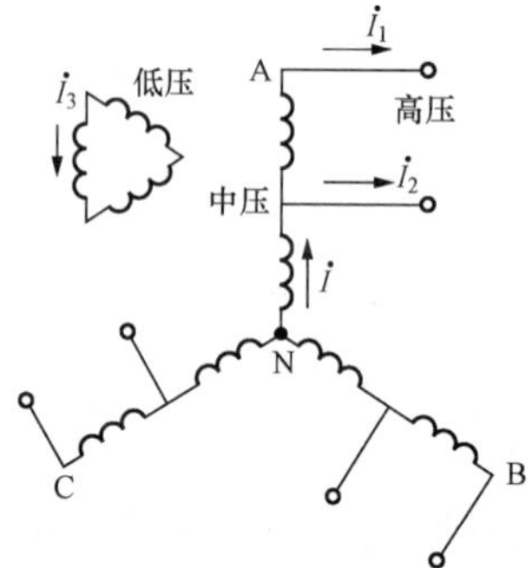

图 10-20 具有第三绕组的三相自耦变压器

第三绕组的容量，根据其用途有所不同。如果仅用来补偿 3 次谐波电流，则其容量大小或绕组的截面大小，应能满足低压侧短路时的热稳定和电动力稳定的要求，一般为标准容量的 1/3 左右。如果还用来连接发电机或调相机，第三绕组的容量应该等于其标准容量，但不得大于标准容量，因为自耦变压器的铁心截面和尺寸是根据其电磁功率，即标准容量设计的。

第三绕组在铁心中排列的位置，与自耦变压器是升压型还是降压型有关。在降压型自耦变压器中，主要功率是从高压侧流向中压侧，所以第三绕组应与公共绕组并联靠近串联绕组，这样可使高中压侧短路阻抗最小（见图 10-21）；如果是升压型，功率是由低压侧流向高压和中压侧，所以低压绕组（第三绕组）应排列在串联绕组和公共绕组中间，以便得到最小的短路阻抗（见图 10-22）。

自耦变压器中有了第三绕组，它的尺寸、质量、消耗材料和价格都有所增加，但三绕组自耦变压器仍较电压、变压比和容量相同的普通三绕组变压器或普通双绕组变压器便宜，价格一般只有后者的65%～75%。

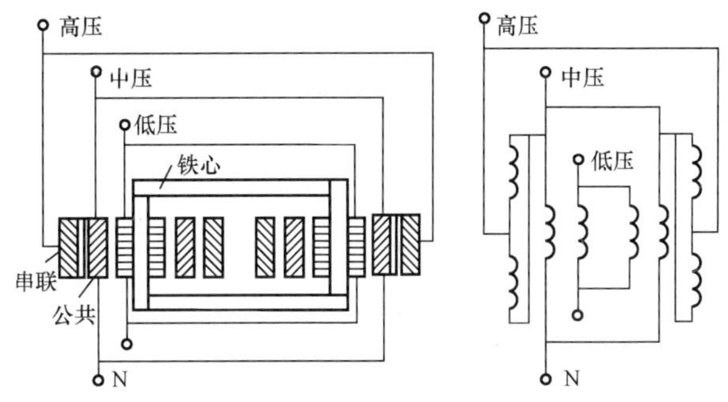

图 10-21 降压型自耦变压器绕组布置图

4. 自耦变压器的过电压问题

自耦变压器的特点之一，就是在高压侧和中压侧之间具有电气连接，这样就具备了过电压从一个电压等级电网向另一个电压等级电网转移的可能性。例如，高压侧发生过电压时，它可通过串联绕组进入公共绕组，使其绝缘受到危害。如果在中压侧出现过电压时，它同样进入串联绕组，可能产生很高的感应过电压。为了防止自耦变压器绕组的绝缘受到过电压的危害，无论在中压侧或高压侧的出口端都必须装设避雷器保护。避雷器必须装设在自耦变压器和最靠近的隔离开关之间，以便当自耦变压器断开时避雷器仍然保持连接状态。避雷器回路中不应装设隔离开关，因为不允许自耦变压器不带避雷器运行。

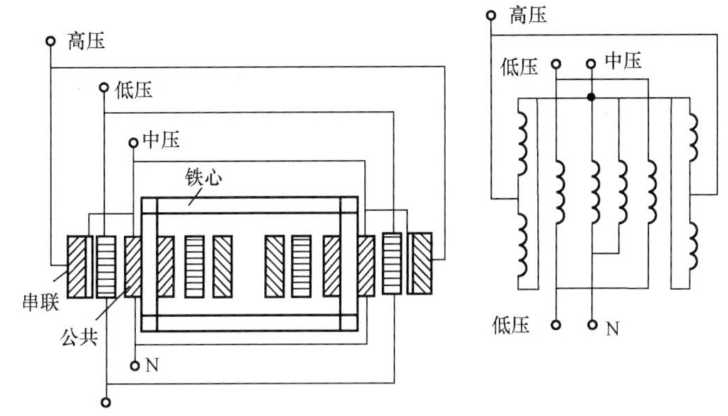

图 10-22 升压型自耦变压器绕组布置图

在自耦变压器中，高压侧和中压侧有电的联系，就要求自耦变压器的中性点必须直接接地，或者经过小电抗接地，以防当自耦变压器高压侧发生单相接地时，在中压绕组其他两相出现过电压。如果中性点不接地，当高压侧发生 a 相接地时，在电压相量图中，中性点发生偏移（见图 10-23），其他两相（b、c 相）中压绕组的相电压为

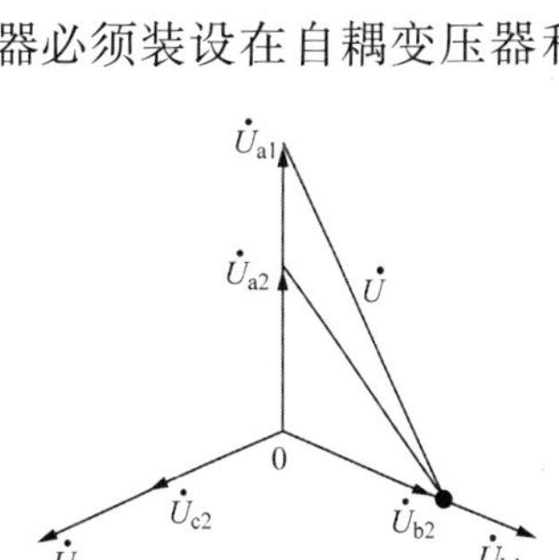

图 10-23 自耦变压器高、中压侧的电压相量图

$$\begin{aligned} U &= \sqrt{(U_{a1}+U_{b2}\sin30^\circ)^2+(U_{b2}\cos30^\circ)^2} \\ &= \sqrt{\left(k_{12}U_{a2}+\frac{U_{b2}}{2}\right)^2+\frac{3}{4}U_{b2}^2} \\ &= \sqrt{\left(k_{12}U_{b2}+\frac{U_{b2}}{2}\right)^2+\frac{3}{4}U_{b2}^2} \\ &= U_{b2}\sqrt{k_{12}^2+k_{12}+1} \end{aligned} \tag{10-27}$$

式中：U_{a1}、U_{b1}、U_{c1}为自耦变压器高压侧额定电压；U_{a2}、U_{b2}、U_{c2}为自耦变压器中压侧额定电压；k_{12}为自耦变压器高、中压侧的额定变压比。

从式（10-27）可以看出，高压侧发生单相接地时，中压绕组上的过电压倍数和变压比 k_{12} 有关，k_{12} 愈大，过电压愈高。例如，220/110kV 自耦变压器中压绕组上过电压倍数是 2.6，330/110kV 则达 3.6。由于上述原因，自耦变压器只能应用在中性点直接接地系统中，在我国则应用在下列电压等级的中压和高压电网：110/220kV，110/330kV，110/500kV，220/330kV，220/500kV，330/500kV 电网。

二、自耦变压器的运行方式

自耦变压器有两种运行方式，即自耦运行方式（只在高—中压侧有交换功率）和联合运行方式（除高—中压侧有交换功率外，高—低压侧或中—低压侧也有交换功率）。自耦运行方式比较简单，只要高—中压侧之间的交换功率不超过自耦变压器的额定容量即可满足运行要求。联合运行方式则比较复杂，因为自耦变压器中串联绕组、公共绕组和第三绕组的容量都不相同，各绕组上的电流又随运行方式而改变，所以在设计选择自耦变压器容量时，必须知道各个绕组的负荷，尤其要知道绕组上的最大负荷；在运行时也必须知道绕组间的负荷分布，以便确定是否允许该种运行方式，同时也可计算在各种运行方式下绕组上的功率损耗和能量损耗。

在联合运行方式时，自耦变压器公共绕组和串联绕组上的电流可认为由两个分量组成：①一个电流分量相当于自耦运行时，从高压侧流向中压侧的电流（或者相反）；②另一个电流分量相当于第三绕组通过变压方式（即电磁感应）传送的电流。在串联绕组和公共绕组中的电流应该是上述两个分量的相量和。三绕组自耦变压器的联合运行方式，最典型的有两种。

（1）运行方式一。高压侧同时向中压侧和低压侧送电，或低压侧和中压侧同时向高压侧送电，如图 10-24（a）所示。假定串联绕组和公共绕组中通过自耦方式的电流是 $\dot{I}_{as}$ 和 $\dot{I}_{ac}$（方向相反），通过变压方式的电流是 $\dot{I}_{t}$（图中以虚线箭头表示）。在此运行方式下，串联绕组中的电流为

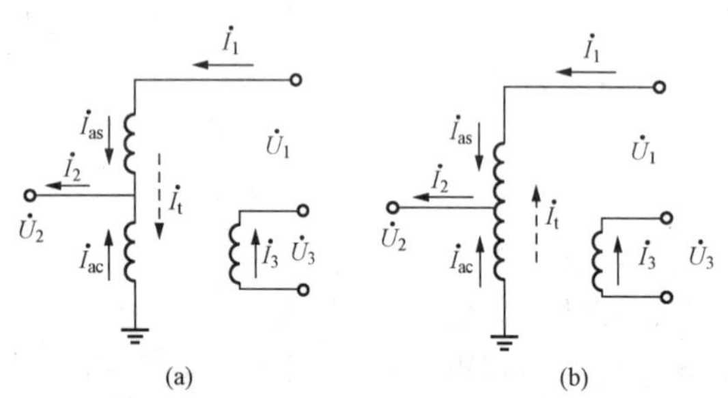

图 10-24 三绕组自耦变压器在联合运行方式时绕组上电流分布示意图
（a）运行方式一；（b）运行方式二

$$\dot{I}_s = \dot{I}_{as} + \dot{I}_t$$

$$\dot{I}_{as} = \frac{1}{U_1}(P_2 + jQ_2)$$

$$\dot{I}_t = \frac{1}{U_1}(P_3 + jQ_3)$$

式中：$P_2 + jQ_2$ 为自耦变压器中压侧的功率；$P_3 + jQ_3$ 为自耦变压器低压侧的功率。

串联绕组中的负荷为

$$S_s = \frac{U_1 - U_2}{U_1} \times \sqrt{(P_2 + P_3)^2 + (Q_2 + Q_3)^2}$$
$$= K_b \sqrt{(P_2 + P_3)^2 + (Q_2 + Q_3)^2} \quad (10-28)$$

在公共绕组上的电流为

$$\dot{I}_c = \dot{I}_{ac} - \dot{I}_t$$

公共绕组和串联绕组磁动势之和为零，所以

$$\dot{I}_{ac}N_2 = \dot{I}_{as}(N_1 - N_2)$$

$$\dot{I}_{ac} = \frac{N_1 - N_2}{N_2} \times \frac{(P_2 + jQ_2)}{U_1} = \frac{U_1 - U_2}{U_1 U_2}(P_2 + jQ_2)$$

公共绕组的负荷为

$$S_c = \sqrt{\left(K_b P_2 - \frac{U_2}{U_1}P_3\right)^2 + \left(K_b Q_2 - \frac{U_2}{U_1}Q_3\right)^2} \tag{10-29}$$

公共绕组的有功负荷和无功负荷可以是正的，也可以是负的，根据 $\dot{I}_{ac}$ 和 $\dot{I}_t$ 的大小来决定，但总的视在功率与它们的符号无关。公共绕组的电流都小于 $\dot{I}_{ac}$ 或 $\dot{I}_t$，在此运行方式下，串联绕组的电流较大，所以，最大传输功率受到串联绕组容量的限制。

(2) 运行方式二。中压侧同时向高压侧和低压侧（或高压侧和低压侧同时向中压侧）送电，如图 10-24（b）所示。

串联绕组中通过变压方式的电流分量等于零，所以有

$$\dot{I}_s = \dot{I}_{as} = \dot{I}_1 = \frac{1}{U_1}(P_1 + jQ_1)$$

式中：$P_1 + jQ_1$ 为自耦变压器高压侧的功率。

串联绕组的负荷为

$$S_s = \frac{U_1 - U_2}{U_1}\sqrt{P_1^2 + Q_1^2} = K_b\sqrt{P_1^2 + Q_1^2} \tag{10-30}$$

在公共绕组中，自耦方式分量和变压方式分量的方向相同，即

$$\dot{I}_c = \dot{I}_{ac} + \dot{I}_t$$

其中

$$\dot{I}_{ac} = \frac{U_1 - U_2}{U_1 U_2}(P_1 + jQ_1)$$

$$\dot{I}_t = \frac{1}{U_2}(P_3 + jQ_3)$$

因此，公共绕组中的负荷为

$$S_c = \sqrt{(K_b P_1 + P_3)^2 + (K_b Q_1 + Q_3)^2} \tag{10-31}$$

在这种运行方式下，最大传输功率受到公共绕组容量的限制。这种运行方式通常用于发电厂中，发电机接到自耦变压器的第三绕组，由高压侧和低压侧同时向中压侧输电；也可用于降压变电站，调相机接到第三绕组。在此情形下，值得注意的是，当低压侧向中压侧的传输功率达到自耦变压器的标准容量时，高压侧不能再向中压侧传输任何功率。换句话说，在这种运行方式下，用变压方式传输功率达到标准容量时，就不允许用自耦方式传输功率，否则公共绕组就要过负荷。如果变压方式传输功率小于标准容量，则允许以自耦方式传输一部分功率。这一部分以自耦方式传输的功率，可能大于标准容量与变压方式传输功率之差，从式（10-31）可以看到，如果功率因数相等，一般可以大于 $1/K_b$ 倍。例如，220/110/10kV、100/100/50MV・A 的自耦变压器中，当低压侧向中压侧传输 40MV・A 时，如果功率因数相等，高压侧可补充向中压侧传输功率 $(50-40)/0.5 = 20(\text{MV}\cdot\text{A})(K_b = 0.5)$。

三、自耦变压器的有功功率损耗

普通三绕组变压器的有功功率损耗可利用星形等值电路图（见图 10-25）来计算，根据

短路试验结果，列出每一支路的额定短路损耗，计算式为

$$\left.\begin{aligned}\Delta p_1 &= \frac{1}{2}(\Delta p_{1-2} + \Delta p_{1-3} - \Delta p_{2-3})\\ \Delta p_2 &= \frac{1}{2}(\Delta p_{1-2} + \Delta p_{2-3} - \Delta p_{1-3})\\ \Delta p_3 &= \frac{1}{2}(\Delta p_{1-3} + \Delta p_{2-3} - \Delta p_{1-2})\end{aligned}\right\} \tag{10-32}$$

式中：Δp_1、Δp_2、Δp_3 分别为高压、中压、低压绕组的额定短路损耗；Δp_{1-2}、Δp_{1-3}、Δp_{2-3}分别为高压—中压绕组间、高压—低压绕组间、中压—低压绕组间的额定短路损耗。

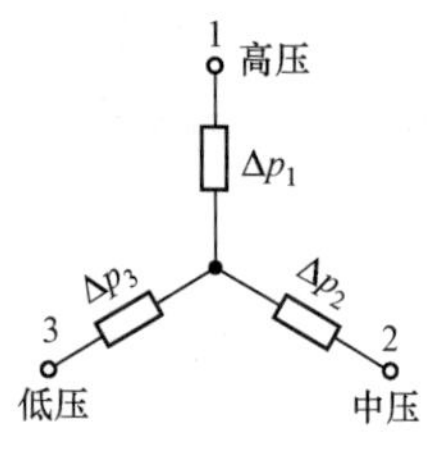

图 10 - 25　三绕组变压器短路损耗等值电路图

求总的有功损耗时，可利用式（10 - 32）Δp_1、Δp_2、Δp_3 数值，按与传输负荷的平方及损耗成正比的原则求得，即

$$\Delta p = \Delta p_1 \frac{S_1^2}{S_N^2} + \Delta p_2 \frac{S_2^2}{S_N^2} + \Delta p_3 \frac{S_3^2}{S_N^2} \tag{10-33}$$

式中：Δp 为总的有功损耗；S_1、S_2、S_3 分别为高压、中压、低压绕组的传输负荷；S_N 为三绕组变压器的额定容量。

三绕组自耦变压器的有功损耗可以利用同样方法求得，但自耦变压器中，高压—低压绕组和中压—低压绕组的短路损耗是以低压绕组的额定容量为基准的，因此，在计算 Δp_1、Δp_2、Δp_3 时，应将 Δp_{1-3}、Δp_{2-3}归算到以自耦变压器的额定容量为基准，即 Δp_{1-3}、Δp_{2-3}值应除以 a 系数的平方。其中，$a = S_{N3}/S_N$，即低压绕组额定容量 S_{N3}对自耦变压器额定容量 S_N 之比值。

求总的有功损耗时，仍可利用式（10 - 33），有时也可分别求出公共绕组（c 绕组），串联绕组（s 绕组）和第三绕组（t 绕组）的有功损耗，然后相加。

根据短路试验［见图 10 - 26（a）、(b)］，有关绕组间的短路损耗为

$$\Delta p_{c-s} = \Delta p_{1-2} \tag{10-34}$$

$$\Delta p_{c-t} = \Delta p_{2-3} \tag{10-35}$$

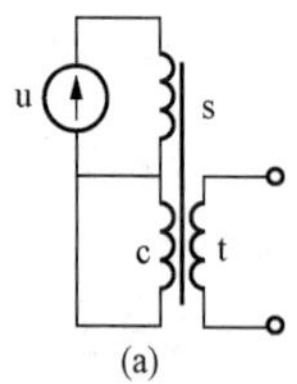

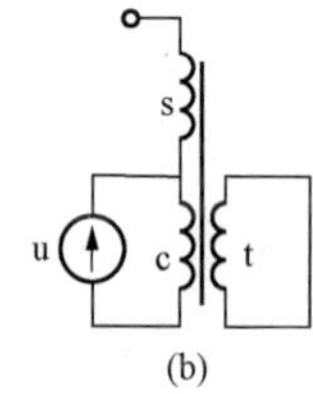

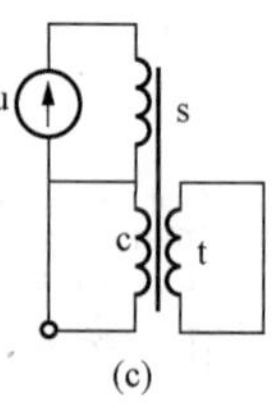

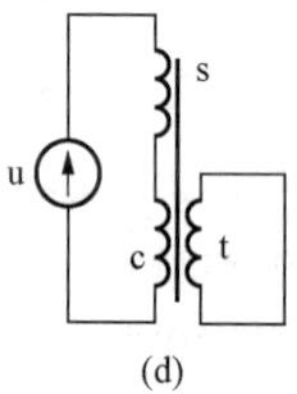

图 10 - 26　自耦变压器短路试验接线图

（a）串联绕组—公共绕组短路试验；（b）公共绕组—第三绕组短路试验；（c）串联绕组—第三绕组短路试验；（d）高压绕组—第三绕组短路试验
s—串联绕组；c—公共绕组；t—第三绕组

图 10 - 26（c）、(d）分别表示串联绕组—第三绕组和高压绕组—第三绕组间的短路实验接线图。从图中很明显地看出

$$\Delta p_{s-t} \neq \Delta p_{1-3}$$

经过换算可得

$$\Delta p_{s-t}=\frac{U_1}{U_1-U_2}\Delta p_{1-3}+\frac{U_2}{U_1}\Delta p_{1-2}a^2-\frac{U_2}{U_1-U_2}\Delta p_{2-3} \tag{10-36}$$

式中：Δp_{c-s}、Δp_{c-t}、Δp_{s-t}分别表示公共绕组、串联绕组、第三绕组每两个绕组间的额定短路损耗。

每个绕组中的损耗，也可以从每两个绕组间的损耗，即 Δp_{c-s}、Δp_{c-t}、Δp_{s-t}中推算出来，即

$$\left.\begin{aligned}\Delta p_c&=\frac{1}{2}\left(\Delta p_{c-s}+\frac{1}{a^2}\Delta p_{c-t}-\frac{1}{a^2}\Delta p_{s-t}\right)\\\Delta p_s&=\Delta p_{c-s}-\Delta p_c\\\Delta p_t&=\Delta p_{c-t}-\Delta p_c a^2\end{aligned}\right\} \tag{10-37}$$

$$\Delta p=3\left[\Delta p_c\left(\frac{S_c}{S_N}\right)^2+\Delta p_s\left(\frac{S_s}{S_N}\right)^2+\Delta p_t\left(\frac{S_t}{S_N}\right)^2\right] \tag{10-38}$$

式中：Δp_c、Δp_s、Δp_t 分别表示公共绕组、串联绕组、第三绕组的损耗；S_c、S_s、S_t 分别表示公共绕组、串联绕组、第三绕组的负荷。

式（10-38）中，Δp 是三个单相自耦变压器中的总损耗，如为三相自耦变压器则式（10-38）中不必乘以 3。

【例 10-5】 计算 200MV・A 三相三绕组自耦变压器中，每个绕组的负荷和相应的损耗。该自耦变压器用作发电厂中发电机—变压器组的升压变压器。原始数据如下：

发电机参数：额定电压 10.5kV，额定容量 100MV・A，额定功率因数 $\cos\varphi=0.85$。

自耦变压器参数：额定电压 242/121/15.75kV，低压绕组额定容量 $S_{N3}=100$MV・A，效益系数 $K_b=0.5$，额定空载损耗 $\Delta p_0=125$kW，额定短路损耗 $\Delta p_{1-2}=\Delta p_{c-s}=430$kW，$\Delta p_{2-3}=\Delta p_{c-t}=320$kW，$\Delta p_{1-3}=360$kW。

解　(1) 分析自耦变压器四种典型工作状态（假定三个绕组负荷的功率因数相等）。

1) 第一工作状态。发电机功率 100MV・A 送往 220kV 电力系统。这个工作状态是纯变压方式，绕组的负荷等于

$$S_t=S_3=S_1=100\text{MV}\cdot\text{A}$$

$$S_s=S_1K_b=100\times0.5=50(\text{MV}\cdot\text{A})$$

$$S_c=S_1(1-K_b)=100\times(1-0.5)=50(\text{MV}\cdot\text{A})$$

此时，低压绕组满负荷，串联绕组和公共绕组只带 50%额定负荷。

2) 第二工作状态。发电机功率 100MV・A 全部送往 110kV 网络。这个工作状态也属于变压方式，绕组负荷可同样求得

$$S_t=S_3=S_2=100\text{MV}\cdot\text{A}$$

$$S_s=0$$

$$S_c=100\text{MV}\cdot\text{A}$$

低压绕组和公共绕组满负荷，串联绕组不带负荷。

3) 第三工作状态。发电机功率送往 220kV 系统，与此同时还从 110kV 系统送 100MV・A到 220kV 系统。这个工作状态属于联合运行方式。各绕组负荷为

$$S_t=S_3=100\text{MV}\cdot\text{A}$$

$$S_s=K_b(S_2+S_3)=(100+100)\times0.5=100(\text{MV}\cdot\text{A})$$

$$S_c = K_b S_2 - \frac{U_2}{U_1} S_3 = 0.5 \times 100 - 0.5 \times 100 = 0(\text{MV} \cdot \text{A})$$

在此情况，串联绕组和低压绕组满负荷，公共绕组没有负荷。这种自耦变压器用于具有两种升高电压的发电厂中，作为升压变压器，同时兼作220kV和110kV系统的联络变压器。此时，自耦变压器能将发电机功率送往高压系统，并能从中压系统送给高压系统一部分功率。

4）第四工作状态。发电机功率100MV·A送往110kV系统，同时还从220kV系统送100MV·A到110kV系统。这种工作状态属于联合运行方式，各绕组的负荷为

$$S_t = S_3 = 100\text{MV} \cdot \text{A}$$

$$S_s = S_1 K_b = 100 \times 0.5 = 50(\text{MV} \cdot \text{A})$$

$$S_c = S_1 K_b + S_3 = 100 \times 0.5 + 100 = 150(\text{MV} \cdot \text{A})$$

在此工作状态，串联绕组带一半额定负荷，公共绕组过负荷50%，所以，只有在降低发电机输出功率并使公共绕组不过负荷的情况下，才允许运行。

（2）对本例第三工作状态，负荷损耗可计算如下

$$\begin{aligned}\Delta p_{s-t} &= \frac{1}{K_b}\Delta p_{1-3} + \frac{U_2}{U_1}\Delta p_{c-t} a^2 - \frac{1}{K_b} \times \frac{U_2}{U_1}\Delta p_{2-3} \\ &= 2 \times 360 + \frac{121}{242} \times 430 \times 1 - 2 \times \frac{121}{242} \times 320 = 615(\text{kW})\end{aligned}$$

$$\begin{aligned}\Delta p_c &= \frac{1}{2}\left(\Delta p_{c-s} + \frac{1}{a^2}\Delta p_{c-t} - \frac{1}{a^2}\Delta p_{s-t}\right) \\ &= 0.5 \times (430 + 320 - 615) = 67.5(\text{kW})\end{aligned}$$

$$\Delta p_s = \Delta p_{c-s} - \Delta p_c = 430 - 67.5 = 362.5(\text{kW})$$

$$\Delta p_t = \Delta p_{c-t} - \Delta p_c = 320 - 67.5 = 252.5(\text{kW})$$

$$\begin{aligned}\Delta p &= \Delta p_c \left(\frac{S_c}{S_N}\right)^2 + \Delta p_s \left(\frac{S_s}{S_N}\right)^2 + \Delta p_t \left(\frac{S_t}{S_N}\right)^2 \\ &= 67.5 \times \left(\frac{0}{100}\right)^2 + 362.5 \times \left(\frac{100}{100}\right)^2 + 252.5 \times \left(\frac{100}{100}\right)^2 = 615(\text{kW})\end{aligned}$$

已知空载损耗等于125kW，在此运行情况下，自耦变压器的总损耗为740kW。可以用同样方法计算其他任何一种工作状态的有功损耗。

第七节　分裂绕组变压器

由于发电机组和电力变压器的单位容量不断扩大，系统中的短路容量随之不断增大，分裂绕组变压器（简称分裂变压器）应用愈来愈广泛。例如，在水电厂有时用2台机组和1台分裂变压器相连，在装有大型机组的火电厂中，有时也用分裂变压器供给厂用电。

分裂变压器和普通多绕组变压器不同之处在于，在它的低压绕组中有一个或几个绕组分裂成额定容量相等的几个支路，这几个支路没有电气上的联系，而仅有较弱的磁的联系。在电力系统中用得比较多的是双绕组双分裂变压器，它有一个高压绕组和两个分裂的低压绕组，分裂绕组的额定电压和额定容量都相同。心式分裂变压器分裂绕组布置如图10-27所示。图10-27（a）是将一次绕组H布置在二次分裂绕组L1和L2之间，系径向式布置，适

当地选择 H－L1 和 H－L2 之间的距离可以调节两者之间的阻抗电压百分数；图 10－27（b）是将一次绕组分成两个并联的绕组 H1 和 H2，分别对应两个二次分裂绕组 L1 和 L2，上下布置，系轴向式布置。无论哪种布置，二次分裂绕组 L1 和 L2 之间磁的耦合是较弱的。

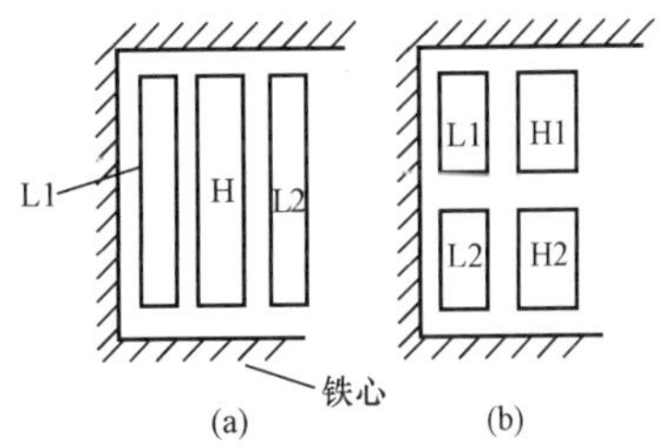

图 10－27　心式分裂变压器分裂绕组布置

（a）径向式布置；（b）轴向式布置

单相双绕组双分裂变压器原理接线图如图 10－28 所示。图中，a1x1 和 a2x2 都是低压侧分裂绕组，AX 是高压侧绕组。两个低压侧分裂绕组的容量相同，都是高压绕组容量的一半。

分裂绕组变压器有三种运行方式。

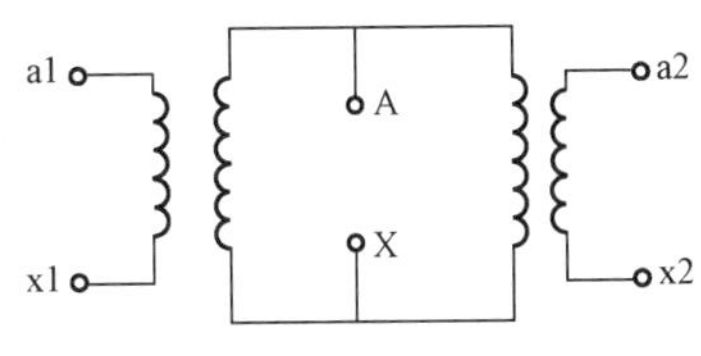

图 10－28　单相双绕组双分裂变压器原理接线图

（1）分裂运行，是指两个低压分裂绕组运行，低压绕组间有穿越功率，高压绕组不运行，高低压绕组间无穿越功率。在这种运行方式下，两个低压分裂绕组间的阻抗称为分裂阻抗。

（2）并联运行，是指两个低压绕组并联，高低压绕组运行，高低压绕组间有穿越功率。在这种运行方式下，高—低压绕组间的阻抗称为穿越阻抗。

（3）单独运行，是指任一低压绕组开路，另一个低压绕组和高压绕组运行。在此运行方式下，高低压绕组之间的阻抗称为半穿越阻抗。

分裂阻抗和穿越阻抗之比，一般称为分裂系数。假定以分裂变压器的额定容量为基准值（相当于每个分裂绕组容量的两倍），每个分裂绕组阻抗百分值为 Z，高压绕组阻抗为 0，则在上述分裂运行时，相当于 2 台变压器串联（每台变压器为分裂变压器额定容量的一半），所以分裂阻抗为 $2Z$；在并联运行时，分裂变压器的穿越阻抗为 $Z/2$；在单独运行时，半穿越阻抗为 Z，分裂系数等于 $2Z/(Z/2)=4$。根据图 10－27 分裂变压器的两种布置方式，分裂变压器的阻抗百分值示于表 10－7 中。

表 10－7　　分裂变压器的阻抗百分值

阻抗电压	径向式布置［图 10－27（a）］	轴向式布置［图 10－27（b）］
Z_{H-L1}	Z	Z
Z_{H-L2}	Z	Z
Z_{L1-L2}	$\approx 2.2Z$	$(1.8\sim 2.0)Z$

分裂变压器具有以下优缺点：

（1）能有效地限制低压侧的短路电流，因而可选用轻型开关设备，节省投资。图 10－29（a）、（b）所示分别为应用分裂变压器和应用普通变压器的两种接线方案。正常运行时，分裂变压器的穿越阻抗和普通变压器的阻抗值相同。当低压侧一端（即发电机端）短路时，由于分裂阻抗很大，在图 10－29（a）接线中，来自系统和另一侧发电机短路电流远较图 10－29（b）的小，所以在分裂变压器方案中，发电机电压侧可用轻型断路器，并可减小电缆截面。

（2）在降压变电站，应用分裂变压器对两段母线供电时（见图 10－30），当一段母线发生短路时，除能有效地限制短路电流外，还能使另一段母线电压保持一定的水平，不致影响电力用户的运行。

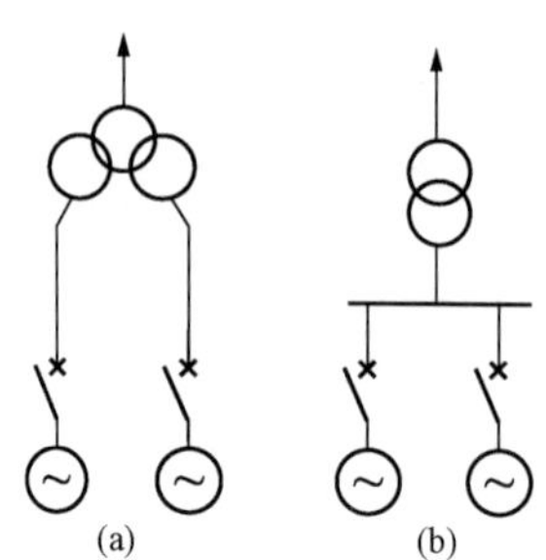

图 10-29 分裂变压器和普通变压器接线比较图
(a) 分裂变压器；(b) 普通变压器

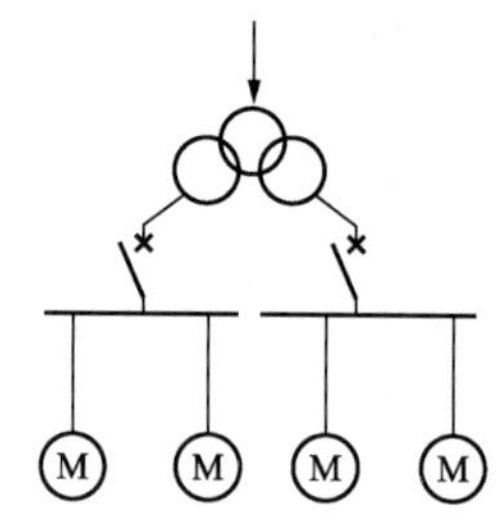

图 10-30 分裂变压器低压供电接线图

(3) 分裂变压器在制造上比较复杂，例如当低压绕组发生接地故障时，将有很大的电流流向该侧绕组，使分裂变压器铁心失去磁的平衡，产生巨大的轴向短路机械应力，必须采取坚实的支撑机构。因此分裂变压器约比同容量的普通变压器贵 20%左右。

(4) 分裂变压器中对两段低压母线供电时，如两段负荷不相等，两段母线上的电压也不相等，损耗也增大。所以分裂变压器适用于两段负荷均衡、又需限制短路电流的情况。

第八节 电力变压器的并联运行

在发电厂和变电站中，通常将两台或数台电力变压器并联运行，并联运行比 1 台大容量变压器单独运行有下列优点：

(1) 提高供电可靠性，一台退出运行，其他变压器仍可照常供电；

(2) 在低负荷时，部分变压器可不投入运行，因而能减小能量损耗，保证经济运行；

(3) 减小备用容量。

但是变压器并联运行时，通常希望它们之间没有平衡电流；负荷分配与额定容量成正比，与短路阻抗成反比；负荷电流的相位相互一致。要做到上述几点，就必须遵守以下条件：

(1) 并联运行的变压器一次侧电压相等，二次侧电压相等，也就是需要变压比相等；

(2) 额定短路电压相等；

(3) 绕组联结组号相同。

上述三个条件中，(1) 和 (2) 不可能绝对满足，一般规定变压比的偏差不得超过±0.5%，额定短路电压相差不得大于±10%。

一、不满足变压器并联运行条件时的运行

在某些特殊条件下，需将两台不符合并联运行条件的变压器并联运行，这时必须校验其影响，并采取相应的措施，以免导致危险的结果。为了便于分析，只讨论两台单相变压器的并联运行情况，其结论可推广到三相变压器。

1. 变压比不同的变压器的并联运行

图 10-31 表示单相变压器Ⅰ和Ⅱ并联运行的接线图，两变压器均为 Y 形接线。当变压

比不相同时，变压器的二次电压不等，并在二次绕组和一次绕组闭合回路中产生平衡电流 $\dot{I}_{b2}$ 和 $\dot{I}_{b1}$。空载时平衡电流可从并联运行变压器的等值电路图［见图 10 - 31（b）］中求出。

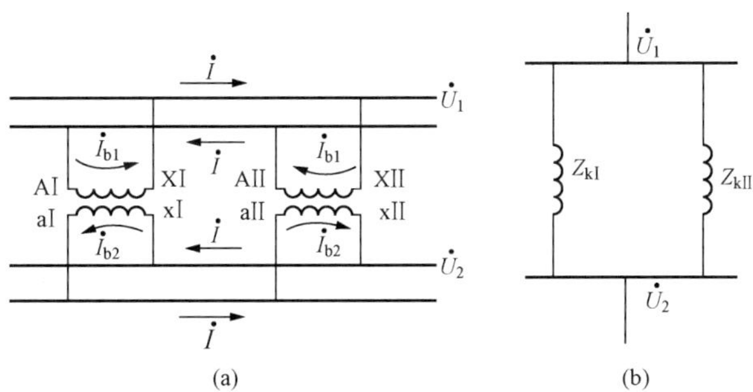

图 10 - 31　两台变压比不同的单相变压器并联运行

（a）接线图；（b）等值电路图

$$\dot{I}_{b2}=\frac{\dot{E}_{2\,Ⅰ}-\dot{E}_{2Ⅱ}}{Z_{kⅠ(2)}+Z_{kⅡ(2)}}=\frac{\dot{E}_1\left(\frac{1}{k_Ⅰ}-\frac{1}{k_Ⅱ}\right)}{[Z_{kⅠ(1)}+Z_{kⅡ(1)}]/k^2}\approx\frac{\dot{U}_1\left(\frac{1}{k_Ⅰ}-\frac{1}{k_Ⅱ}\right)}{[Z_{kⅠ(1)}+Z_{kⅡ(1)}]/k^2}$$

$$k=\sqrt{k_Ⅰ k_Ⅱ}$$

式中：$\dot{E}_{2Ⅰ}$、$\dot{E}_{2Ⅱ}$ 分别为Ⅰ、Ⅱ号变压器二次电动势；$\dot{E}_1$ 为Ⅰ、Ⅱ号变压器一次几何平均电动势；$Z_{kⅠ(1)}$、$Z_{kⅡ(1)}$ 分别为Ⅰ、Ⅱ号变压器归算到一次侧的阻抗；$Z_{kⅠ(2)}$、$Z_{kⅡ(2)}$ 分别为Ⅰ、Ⅱ号变压器归算到二次侧的阻抗；k 为两台变压器的几何平均变压比；$k_Ⅰ$、$k_Ⅱ$ 分别为Ⅰ、Ⅱ号变压器的变压比。

因为有

$$Z_{kⅠ(1)}=\frac{u_{*kⅠ}U_{N1Ⅰ}}{\sqrt{3}I_{N1Ⅰ}}\text{ 和 }Z_{kⅡ(1)}=\frac{u_{*kⅡ}U_{N1Ⅱ}}{\sqrt{3}I_{N1Ⅱ}}$$

故得

$$I_{b1}=kI_{b2}=\frac{U_1\Delta k_*}{\frac{u_{*kⅠ}U_{N1Ⅰ}}{\sqrt{3}I_{N1Ⅰ}}+\frac{u_{*kⅡ}U_{N1Ⅱ}}{\sqrt{3}I_{N1Ⅱ}}}$$

其中

$$\Delta k_*=\frac{k_Ⅰ-k_Ⅱ}{k}$$

式中：$u_{*kⅠ}$、$u_{*kⅡ}$ 分别为Ⅰ、Ⅱ号变压器的短路电压标幺值；Δk_* 为两台变压器变压比差对于平均变压比的标幺值。

假设 $U_{N1Ⅰ}=U_{N1Ⅱ}=U_1$ 以及 $a=\frac{I_{N1Ⅰ}}{I_{N1Ⅱ}}=\frac{S_{NⅠ}}{S_{NⅡ}}$，则得

$$\frac{I_{b1}}{I_{N1Ⅰ}}=\frac{\Delta k_*}{u_{*kⅠ}+au_{*kⅡ}}\tag{10 - 39}$$

如果两台变压器的短路电压标幺值相等，即 $u_{*kⅠ}=u_{*kⅡ}=u_{*k}$，则

$$\frac{I_{b1}}{I_{N1Ⅰ}}=\frac{\Delta k_*}{u_{*k}(1+a)}\tag{10 - 40}$$

由式（10 - 39）可知，平衡电流决定于 Δk_* 和变压器的内部阻抗，变压器的内部阻抗通

常很小，即使 Δk_* 不大，即两台变压器的变压比相差不大，也可能引起很大的平衡电流。例如在式（10-40）中，如果两台变压器的容量相同，短路电压相等，其标幺值等于 0.05；变压比如果相差 1%，平衡电流即可达额定值的 10%。平衡电流不同于负荷电流，在没有带负荷时便已存在，它占据了变压器的一部分容量，一般 Δk_* 不得超过 0.5%。

当变压器有负荷时，平衡电流叠加在负荷电流上，这时一台变压器的负荷减轻，另一台的负荷则增大。如果增大的负荷已超过它的额定负荷，则必须校验其过负荷能力是否在允许范围内。

2. 短路电压不同的变压器并联运行

若有一组变压器并联运行，它们的电流分别为 $\dot{I}_{\mathrm{I}}$、$\dot{I}_{\mathrm{II}}$、…、$\dot{I}_n$，短路阻抗分别为 Z_{kI}、Z_{kII}、…、$Z_{\mathrm{k}n}$，假定它们的变压比相同，则变压器中的电压降是一样的，即

$$\dot{I}_{\mathrm{I}} Z_{\mathrm{kI}} = \dot{I}_2 Z_{\mathrm{kII}} = \cdots = \dot{I}_n Z_{\mathrm{k}n}$$

故

$$\dot{I}_{\mathrm{I}} : \dot{I}_{\mathrm{II}} : \cdots : \dot{I}_n = \frac{1}{Z_{\mathrm{kI}}} : \frac{1}{Z_{\mathrm{kII}}} : \cdots : \frac{1}{Z_{\mathrm{k}n}}$$

如果阻抗角相同，则

$$\dot{I}_{\mathrm{I}} : \dot{I}_{\mathrm{II}} : \cdots : \dot{I}_n = \frac{I_{\mathrm{NI}}}{u_{*\mathrm{kI}}} : \frac{I_{\mathrm{NII}}}{u_{*\mathrm{kII}}} : \cdots : \frac{I_{\mathrm{N}n}}{u_{*\mathrm{k}n}}$$

所以，第 j 台变压器有如下关系

$$\frac{I_j}{\sum\limits_{i=\mathrm{I}}^{n} I_i} = \frac{\dfrac{I_{\mathrm{N}j}}{u_{*\mathrm{k}j}}}{\sum\limits_{i=\mathrm{I}}^{n} \dfrac{I_{\mathrm{N}i}}{u_{*\mathrm{k}i}}}$$

$$I_j = \frac{\sum\limits_{i=\mathrm{I}}^{n} I_i}{\sum\limits_{i=\mathrm{I}}^{n} \dfrac{I_{\mathrm{N}i}}{u_{*\mathrm{k}i}}} \times \frac{I_{\mathrm{N}j}}{u_{*\mathrm{k}j}}$$

故

$$S_j = \frac{\sum\limits_{i=\mathrm{I}}^{n} S_i}{\sum\limits_{i=\mathrm{I}}^{n} \dfrac{S_{\mathrm{N}i}}{u_{*\mathrm{k}i}}} \times \frac{S_{\mathrm{N}j}}{u_{*\mathrm{k}j}} = \frac{S_{\Sigma}}{\sum\limits_{i=\mathrm{I}}^{n} \dfrac{S_{\mathrm{N}i}}{u_{*\mathrm{k}i}}} \times \frac{S_{\mathrm{N}j}}{u_{*\mathrm{k}j}} \tag{10-41}$$

式中：S_{Σ} 为总负荷。

当两台变压器并联运行时，有

$$S_{\mathrm{I}} = \frac{S_{\Sigma} \times S_{\mathrm{NI}} \times u_{*\mathrm{kII}}}{S_{\mathrm{NI}} u_{*\mathrm{kII}} + S_{\mathrm{NII}} u_{*\mathrm{kI}}} \tag{10-42}$$

$$\frac{S_{\mathrm{I}}}{S_{\mathrm{II}}} = \frac{S_{\mathrm{NI}} u_{*\mathrm{kII}}}{S_{\mathrm{NII}} u_{*\mathrm{kI}}} \tag{10-43}$$

因此，数台变压器并联运行时，如果短路阻抗不同，其负荷并不按额定容量成比例分配。由式（10-43）可知，负荷分配是与短路阻抗的大小成反比，短路阻抗小的变压器承担的比重大，往往在其他变压器没有达到额定负荷之前，它已经过负荷。长期过负荷是不允许的，在此情形下只能让短路阻抗大的变压器欠负荷运行，这样就限制了总输出功率，能量损耗也增多。

3. 绕组联结组号不同的变压器并联运行

绕组联结组号不同的变压器并联运行时，同名相电压间的位移角 φ 等于联结组号 N 之差乘以 30°，即

$$\varphi=(N_{\mathrm{I}}-N_{\mathrm{II}})\times 30^{\circ} \tag{10-44}$$

此时，变压器将出现不平衡电流，引起此电流之电压等于

$$\Delta U=2\sin\frac{\varphi}{2}\times U \tag{10-45}$$

式中 $U=U_{\mathrm{I}}=U_{\mathrm{II}}$，所以

$$I_{\mathrm{bI}}=\frac{\Delta U}{Z_{\mathrm{kI}}+Z_{\mathrm{kII}}}=\frac{2\sin\frac{\varphi}{2}}{\frac{u_{*\mathrm{kI}}}{I_{\mathrm{NI}}}+\frac{u_{*\mathrm{kII}}}{I_{\mathrm{NII}}}} \tag{10-46}$$

如果并联运行的变压器容量相同，短路电压相同，而只有绕组联结组号不同，则变压器间的平衡电流为

$$I_{\mathrm{bI}}=\frac{\sin\frac{\varphi}{2}}{u_{*\mathrm{k}}}I_{\mathrm{N}} \tag{10-47}$$

例如，当位移角 φ=30°、短路电压 $u_{*\mathrm{k}}$=0.055 时，则

$$I_{\mathrm{bI}}=\frac{\sin 15^{\circ}}{0.055}I_{\mathrm{N}}=4.7I_{\mathrm{N}}$$

只有在故障情况下，才允许通过这样大的电流。至于允许平衡电流通过的时间，应依照事故过负荷的规定。

一般情况下，如果需要将绕组联结组号不同的变压器并联运行时，应根据联结组号差异的不同，采用将各相易名、始端与末端对换等方法将变压器的连接化为同一联结组号，才能并联运行。

【例 10-6】 两台三相变压器的高压侧额定电压相同，低压侧额定电压不等。求它们并联运行时的平衡电流。两台变压器的已知条件见表 10-8，如果变压器Ⅰ的 Z_{k}%由 5.0 增至 5.4，试问平衡电流有无变化，其值等于多少？

表 10-8 两台变压器参数

参 数	变压器Ⅰ	变压器Ⅱ
S（kV·A）	2400	3200
$U_{\mathrm{N1}}/U_{\mathrm{N2}}$（kV）	35/6.6	35/6.0
$I_{\mathrm{N1}}/I_{\mathrm{N2}}$（A）	39.6/210	52.8/309
Z_{k}（%）	5.0	5.0

解 由式（10-39）可得

$$k_{\mathrm{I}}=\frac{35\,000}{6600}=5.3$$

$$k_{\mathrm{II}}=\frac{35\,000}{6000}=5.83$$

$$k=\sqrt{k_{\mathrm{I}}k_{\mathrm{II}}}=5.56$$

$$\Delta k_{*}=\frac{5.83-5.30}{5.56}=0.095\,3$$

$$a=\frac{I_{\mathrm{N1I}}}{I_{\mathrm{N1II}}}=\frac{39.6}{52.8}=0.75$$

$$\frac{I_{b1}}{I_{N1\,I}}=\frac{\Delta k_*}{u_{*k}(1+a)}=\frac{0.0953}{0.05\times(1+0.75)}=1.09$$

一次侧平衡电流为 $I_{b1}=1.09\times39.6=43.2\quad(A)$

二次侧平衡电流为 $I_{b2}=1.09\times210=228.9\quad(A)$

如果变压器的 $Z_k\%$由 5.0%增至 5.4%，则

$$\frac{I_{b1}}{I_{N1\,I}}=\frac{0.0953}{0.054+0.05\times0.75}=1.04$$

一次侧平衡电流为 $I_{b1}=1.04\times39.6=41.3\quad(A)$

二次侧平衡电流为 $I_{b2}=1.04\times210=218.4\quad(A)$

由此可见，当变压器Ⅰ低压侧电压高于变压器Ⅱ时，变压器Ⅰ就要过负荷，此时增加变压器Ⅰ的 $Z_k\%$值可有效地减轻平衡电流。

二、三绕组变压器的并联运行

三绕组变压器的并联运行条件和双绕组变压器的并联运行条件相同，所不同的是多了第三绕组。因此，就存在两种情况：①两个绕组并联运行，第三绕组（通常是第三绕组）分别带负荷；②三个绕组同时并联运行。下面分别加以讨论。

1. 两台三绕组变压器的两个绕组并联运行，第三绕组分别带负荷

两台三绕组变压器 T1 和 T2 并联运行的接线图如图 10 - 32 所示。其中 1、2 绕组并联，负荷电流为 $\dot{I}_2$，变压器 T1 分担 $\dot{I}_2'$，而变压器 T2 分担 $\dot{I}_2''$。第三绕组各带一定的负荷。

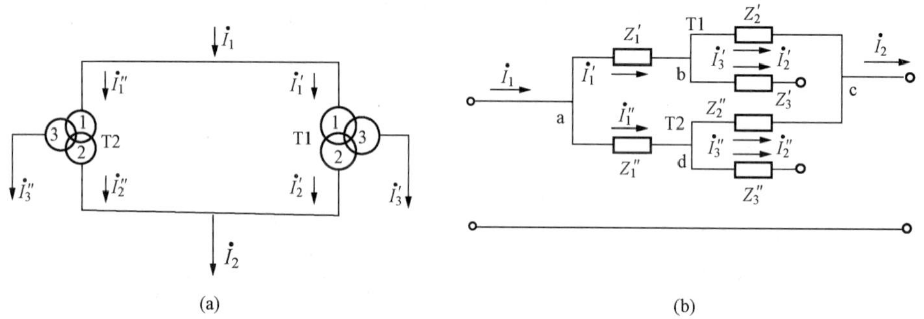

图 10 - 32　两台三绕组变压器两个绕组并联运行，第三绕组分别带负荷

（a）接线图；（b）等值电路图

若负荷电流 $\dot{I}_2$、$\dot{I}_3'$、$\dot{I}_3''$ 及阻抗均已知，则利用等值电路图可以求出 $\dot{I}_2'$ 和 $\dot{I}_2''$。图 10 - 32（b）中，Z_1、Z_2、Z_3 分别表示绕组 1、2、3 的阻抗。其值分别为

$$Z_1=\frac{Z_{k12}+Z_{k13}-Z_{k23}}{2}$$

$$Z_2=\frac{Z_{k12}+Z_{k23}-Z_{k13}}{2}$$

$$Z_3=\frac{Z_{k13}+Z_{k23}-Z_{k12}}{2}$$

$$\dot{I}_1=\dot{I}_2+\dot{I}_3'+\dot{I}_3''$$

由于两台变压器并联，它们高中压绕组 ac 之间的电压应相等，所以

$$\dot{I}'_2=\frac{\dot{I}_2u''_{k12}+\dot{I}''_3u''_{k1}-\dot{I}'_3u'_{k1}}{u'_{k12}+u''_{k12}} \tag{10-48}$$

$$\dot{I}''_2=\frac{\dot{I}_2u'_{k12}+\dot{I}'_3u'_{k1}-\dot{I}''_3u''_{k1}}{u'_{k12}+u''_{k12}} \tag{10-49}$$

式中：$\dot{I}'_2$ 为变压器 T1 第二绕组的归算电流，A；$\dot{I}''_2$ 为变压器 T2 第二绕组的归算电流，A；$\dot{I}'_3$ 和 $\dot{I}''_3$ 分别为变压器 T1 和 T2 第三绕组的归算电流，A。

于是则有

$$\left.\begin{aligned}u'_{k1}&=\frac{u'_{k12}+u'_{k13}-u'_{k23}}{2}\\u''_{k1}&=\frac{u''_{k12}+u''_{k13}-u''_{k23}}{2}\end{aligned}\right\} \tag{10-50}$$

式中：u'_{k12}、u'_{k13}、u'_{k23} 和 u''_{k12}、u''_{k13}、u''_{k23} 分别为变压器 T1、T2 各对绕组间归算到同一容量的短路电压，%。

由式（10-48）和式（10-49）可看出，并联绕组间负荷的分配受第三绕组负荷（I'_3 和 I''_3）的影响，在某些情况下还可能引起某一侧过负荷，运行中要加以监视或重新分配。

【例 10-7】 两台升压三绕组变压器按图 10-32（a）并联运行，已知数据见表 10-9。如中压侧（38.5kV）有总负荷 18 000kV·A，高压侧（121kV）T1 和 T2 的负荷分别为 S'_3=3000kV·A（I'_3=14.4A），S''_3=4000kV·A（I''_3=19.2A）。假定负荷的功率因数相等，试求它们之间的负荷分配。

表 10-9　　[例 10-7] 中两台三绕组变压器参数

参　数	T1	T2
S_N（kV·A）	10 000	15 000
$S_1/S_2/S_3$（kV·A）	10 000/10 000/10 000	15 000/15 000/15 000
联结组号	YNyn0d11	YNyn0d11
U_N（kV）	121/38.5/10.5	121/38.5/10.5
I_{N1}（A）	47.6/150/550	21.4/225/825
u_k（%）	u_{k12}=6.2 u_{k13}=17.1 u_{k23}=10.3	u_{k12}=6.5 u_{k13}=17.2 u_{k23}=10.0

解　将三绕组变压器 T1 的 u_k%值归算到变压器 T2 的额定容量（15 000kV·A）为基准的短路电压百分值为

$$u'_{k12}=6.2\times\frac{15\ 000}{10\ 000}=9.3(\%)$$

$$u'_{k13}=17.1\times\frac{15\ 000}{10\ 000}=25.6(\%)$$

$$u'_{k23}=10.3\times\frac{15\ 000}{10\ 000}=15.5(\%)$$

变压器 T2 的 $u_k\%$值为 $u''_{k12}=6.5\%$，$u''_{k13}=17.2\%$，$u''_{k23}=10.0\%$。根据式（10 - 50）求得 u'_{k1} 和 u''_{k1} 为

$$u'_{k1}=\frac{u'_{k12}+u'_{k13}-u'_{k23}}{2}=\frac{9.3+25.6-15.5}{2}=9.7(\%)$$

$$u''_{k1}=\frac{u''_{k12}+u''_{k13}-u''_{k23}}{2}=\frac{6.5+17.2-10.0}{2}=6.85(\%)$$

将电流 I'_3 和 I''_3 折算到 38.5kV 侧，得

$$I'_3=14.4\times\frac{121}{38.5}=45.2(\mathrm{A})$$

$$I''_3=19.2\times\frac{121}{38.5}=60.3(\mathrm{A})$$

代入式（10 - 48）和式（10 - 49），求得 38.5kV 侧变压器 T1 中的电流为

$$\dot{I}'_2=\frac{\dot{I}_2u''_{k12}+\dot{I}''_3u''_{k1}-\dot{I}'_3u'_{k1}}{u'_{k12}+u''_{k12}}$$

$$=\frac{270\times6.5+60.3\times6.85-45.2\times9.7}{9.3+6.5}=109.5(\mathrm{A})$$

功率为

$$S'_2=\sqrt{3}\times38\ 500\times109.5\times10^{-3}=7301.9(\mathrm{kV\cdot A})$$

变压器 T2 中的电流为

$$\dot{I}''_2=\frac{\dot{I}_2u'_{k12}+\dot{I}'_3u'_{k1}-\dot{I}''_3u''_{k1}}{u'_{k12}+u''_{k12}}$$

$$=\frac{270\times9.3+45.2\times9.7-60.3\times6.85}{9.3+6.5}=160.5(\mathrm{A})$$

功率为

$$S''_2=\sqrt{3}\times38\ 500\times160.5\times10^{-3}=10\ 690.1(\mathrm{kV\cdot A})$$

38.5kV 侧总负荷为

$$S'_2+S''_2=7301.9+10\ 690.1=17\ 992(\mathrm{kV\cdot A})$$

变压器 T1 和 T2 的绕组 1（10.5kV）的负荷，应该是绕组 2 和 3 的负荷之和再加上损耗，现忽略损耗，计算出的功率分别为

$$S'_1=S'_2+S'_3=7301.9+3000=10\ 301.9(\mathrm{kV\cdot A})(\text{过负荷 }3.02\%)$$

$$S''_1=S''_2+S''_3=10\ 690.1+4000=14\ 690.1(\mathrm{kV\cdot A})(\text{欠负荷 }2.07\%)$$

由［例 10 - 7］可以看到，变压器第三绕组分别带负荷时，对 T1 和 T2 的绕组间的负荷分配有一定影响。在此情况下，虽然总的负荷没有超过变压器额定容量之和，但最后使变压器 T1 的低压绕组过负荷 3.02%，T2 的低压绕组欠负荷 2.07%，在运行中应加注意。

2. 两台三绕组变压器三个绕组都并联运行

两台三绕组变压器三个绕组都并联运行的接线，如图 10 - 33（a）所示。在此情况下，依照图 10 - 33（b）所示的等值电路图，可求得各个绕组的负荷分配，即 I'_3、I''_3、I'_2、I''_2、I'_1 和 I''_1。其中前 4 个电流所用的计算式为

$$I'_3=\frac{I_2(\beta u''_{k1}-\alpha u''_{k12})+I_3(\beta u''_{k13}-\alpha u''_{k1})}{\beta\gamma-\alpha^2} \tag{10 - 51}$$

$$I''_3 = I_3 - I'_3 \tag{10-52}$$

$$I'_2 = \frac{I_2 u''_{k12} + I_3 u''_{k1} - \alpha I'_3}{\beta} \tag{10-53}$$

$$I''_2 = I_2 - I'_2 = \frac{I_2 u''_{k12} - I_3 u''_{k1} + \alpha I'_3}{\beta} \tag{10-54}$$

其中

$$\left.\begin{aligned} \alpha &= Z'_1 + Z''_1 = u'_{k1} + u''_{k1} \\ \beta &= Z'_{k12} + Z''_{k12} = u'_{k12} + u''_{k12} \\ \gamma &= Z'_{k13} + Z''_{k13} = u'_{k13} + u''_{k13} \end{aligned}\right\} \tag{10-55}$$

$$\left.\begin{aligned} u_{k1} &= \frac{u_{k12} + u_{k13} - u_{k23}}{2} \\ u_{k2} &= \frac{u_{k12} + u_{k23} - u_{k13}}{2} \\ u_{k3} &= \frac{u_{k13} + u_{k23} - u_{k12}}{2} \end{aligned}\right\} \tag{10-56}$$

所有的 u_k 都归算到同一容量。

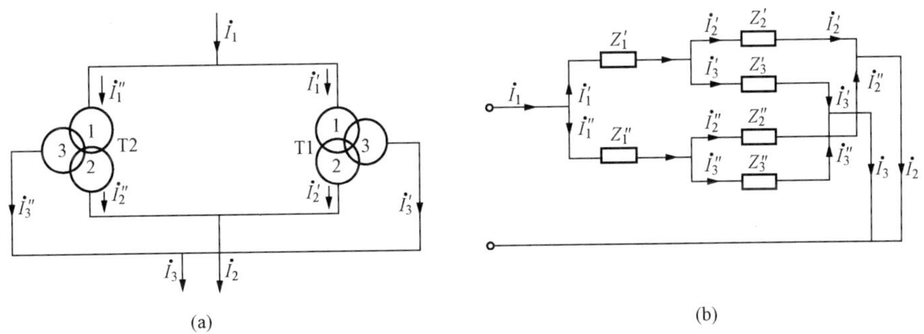

图 10-33　两台三绕组变压器三个绕组都并联运行
(a) 接线图；(b) 等值电路图

值得注意的是，式（10-51）～式（10-54）是三绕组变压器各种运行方式的一般公式，一些特殊情况都可以从上述公式中推导出。例如，一台三绕组变压器和一台双绕组变压器并联运行时 $u'_{k13}=\infty$，$u'_{k23}=\infty$，即

$$u''_{k3}=\infty,\ \gamma=\infty$$

由式（10-51）得 $I'_3=0$，代入式（10-53）、式（10-54），即得这种特殊情况的计算式为

$$I'_2 = \frac{I_2 u''_{k12} + I_3 u''_{k1}}{u'_{k12} + u''_{k12}}$$

$$I''_2 = \frac{I_2 u''_{k12} - I_3 u''_{k1}}{u'_{k12} + u''_{k12}}$$

如果是多台多绕组变压器并联运行，计算方法与两台并联运行时相似，先画出等值电路图，根据基尔霍夫定律列出数学方程求解即可。

*第九节　变压器的故障检测技术

根据DL/T 596—1996《电力设备预防性试验规程》和国家电网公司DL/T 393《输变电设备状态检修试验规程》规定的试验项目及试验顺序，变压器故障检测主要包括油中气体的色谱分析、直流电阻检测、绝缘电阻及吸收比检测、极化指数检测、绝缘介质损耗角正切检测、油质检测、局部放电检测及绝缘耐压试验等。各基本检测项目的相应特点和功能见表10-10。

由表10-10可知，在变压器故障诊断中应综合各种有效的检测手段和方法，对得到的各种检测结果要进行综合分析和判断。不可能具有一种包罗万象的检测方法，也不存在一种面面俱到的检测仪器，只有通过各种有效的途径和利用各种有效的技术手段，包括离线检测的方法、在线检测的方法，还包括电气检测、化学检测、超声波检测、红外成像检测等，只要是有效的，在可能条件下都应该进行相互补充、验证和综合分析判断，才能获得较好的故障诊断效果。

表10-10　变压器基本检测项目的相应特点和功能

序号	检测项目	可能发现的故障类型				
		整体故障	由电极间桥路构成的贯穿性故障	局部故障	磨损与污闪故障	电气强度降低
1	油色谱分析	受潮、过热老化故障	高温、火花放电	较严重局部放电	沿面放电	放电故障
2	直流电阻	线径、材质不一	分接开关不良	接头焊接不良	分接开关触头不良	不能发现
3	绝缘电阻及泄漏电流	受潮等贯穿性缺陷	随电压升高而电流的变化发现	不能发现	能发现	配合其他试验判断
	吸收比	发现受潮程度灵敏	灵敏度不高	灵敏度不高	灵敏度不高	不能发现
	极化指数	发现受潮程度灵敏	能发现	灵敏度不高	灵敏度不高	不能发现
4	介质损耗角正切	能发现受潮及离子性缺陷	大体积试品不灵敏	大体积试品不灵敏	能发现	配合其他试验判断
5	局部放电	能发现游离变化	不能发现	能发现电晕放电和火花放电	能发现沿面放电	能发现
6	油耐压	能发现	不能发现	不能发现	能发现	能发现
7	耐压试验	能发现	有一定的有效性	有效性不高	有效性不高	能发现

一、变压器故障的油中气体色谱检测

目前，在变压器故障诊断中，单靠电气试验方法往往很难发现某些局部故障和发热缺陷，而通过变压器油中气体的色谱分析这种化学检测的方法，对发现变压器内部的某些潜伏

性故障及其发展程度的早期诊断非常灵敏而有效，这已为大量故障诊断的实践所证明。

在一般情况下，变压器油中是含有溶解气体的，新油含有的气体最大值约值：CO 为 100μL/L，CO_2 为 35μL/L，H_2 为 15μL/L，CH_4 为 2.5μL/L；运行油中有少量的 CO 和烃类气体。但是，当变压器有内部故障时油中溶解气体的含量将发生变化。油中各种气体成分可以从变压器中取油样经脱气后用气相色谱分析仪分析得出。根据这些气体的含量、特征、成分比值（如三比值）和产气速率等方法可以判断变压器内部故障。

但实际应用中不仅能根据油中气体含量简单作为划分设备有无故障的唯一标准，而应结合各种可能的因素进行综合诊断。因此，DL/T 596—1996 专门列出油中的溶解气体含量的注意值，这些注意值是根据对国内 19 个省市 6000 多台·次变压器的统计而制定的，见表 10-11。

表 10-11　油中溶解气体含量的注意值及统计依据

设　　备	气体成分	注意值（μL/L）	6000 多台·次中超过注意值的比例（%）
变压器和电抗器	烃类气体	150	5.6
	C_2H_2	5	5.7
	H_2	150	3.6

在特定温度下，某一种气体的产气速率将会出现最大值；随温度升高，产气率最大的气体依次为 CH_4、C_2H_6、C_2H_4、C_2H_2。这也证明在故障温度与溶解气体含量之间存在着对应的关系。而局部过热、电晕和电弧是导致油纸绝缘中产生故障特征气体的主要原因。

变压器在正常运行状态下，由于油和固体绝缘会逐渐老化、变质，并分解出极少量的气体，主要包括 H_2、CH_4、C_2H_6、C_2H_4、C_2H_2、CO、CO_2 等多种气体。当变压器内部发生过热性故障、放电性故障或内部绝缘受潮时，这些气体的含量会迅速增加。对应这些故障所增加的气体成分见表 10-12。

表 10-12　不同绝缘故障气体成分的变化

故障类型	主要增大的气体成分	次要增大的气体成分	故障类型	主要增大的气体成分	次要增大的气体成分
油过热	CH_4、C_2H_4	H_2、C_2H_6	受潮或油中气泡	H_2	
油纸过热	CH_4、C_2H_4、CO、CO_2	H_2、C_2H_6	油中电弧	H_2、C_2H_2	CH_4、C_2H_4、C_2H_6
油纸中局放	H_2、CH_4、C_2H_2、CO	C_2H_6、CO_2	油纸中电弧	H_2、C_2H_2、CO、CO_2	CH_4、C_2H_4、C_2H_6
油中火花放电	C_2H_2、H_2				

这些气体大部分溶解在绝缘油中，少部分上升至绝缘油的表面，并进入气体继电器。经验证明，油中气体的各种成分含量的多少和故障性质及程度直接有关。因此在设备运行中，定期测量溶解于油中的气体成分和含量，对于及早发现充油电气设备内部存在的潜伏性故障有非常重要的意义。在 DL/T 596—1996 中，将变压器油的气体色谱分析放到了首要的位置，并通过近些年的普遍推广应用和经验积累取得了显著的成效。

电力变压器的内部故障主要有过热性故障、放电性故障及绝缘受潮等多种类型。据有关资料介绍，在对 359 台故障变压器的统计表明：过热性故障占 63%，高能量放电故障占

18.1%，过热兼高能量放电故障占 10%，火花放电故障占 7%，受潮或局部放电故障占 1.9%。

针对上述故障，根据色谱分析数据进行变压器内部故障诊断时应包括：

（1）分析气体产生的原因及变化；

（2）判定有无故障及故障类型，如过热、电弧放电、火花放电和局部放电等；

（3）判断故障的状况，如热点温度、故障严重程度以及发展趋势等；

（4）提出相应的处理措施，如能否继续运行，以及运行期间的技术安全措施和监视手段或是否需要吊心检修等，若需要加强监视则应缩短下次试验周期。

二、局部放电故障检测

停电后进行变压器局部放电的检测常采用感应加压方式，试验电压一般要高于变压器的额定电压，为防止铁心过饱和，电源频率常采用 150～250Hz。单相和三相变压器局部放电故障检测回路如图 10-34（a）、（b）所示。

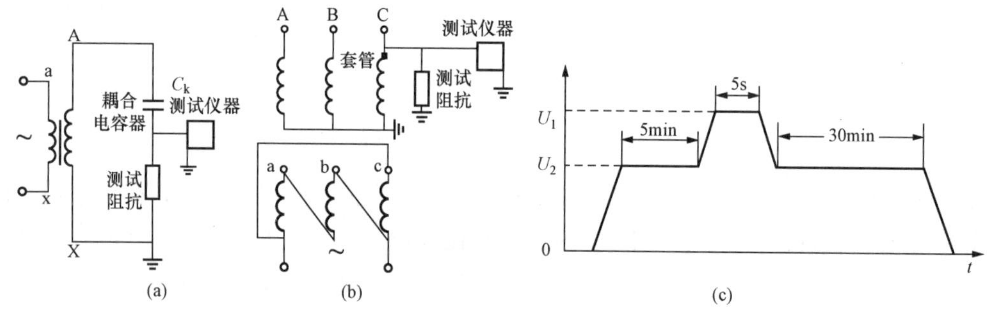

图 10-34　局部放电故障检测回路

（a）单相变压器；（b）三相变压器；（c）施加电压的时间程序

局部放电信号多从高压套管末屏引出，若高压套管没有末屏，可从耦合电容器 C_k 引出信号。在测试阻抗上接以测试仪器，就可在测试仪器上与校正的放电量相比，即可得知局部放电的放电量。

1. 局部放电试验电源的频率、电压及持续时间和判断

在对变压器进行局部放电试验时，被试绕组的中性点应接地，并按图 10-34（c）所示的程序施加高压端电压。施加电压程序中包括 5s 内电压升高到最高的试验电压。采用工频试验电源无法使绕组中感应出这样高的试验电压。因为铁心磁通密度饱和，励磁电流及铁磁损耗都会急剧增加，因此提高电源频率是唯一可行的办法。同时，在测量电气设备的局部放电时，试验标准中包括了一个短时间比规定的试验电压值高的预加电压过程。这是考虑到在实际运行过程中局部放电往往是由于过电压激发的，预加电压的目的就是人为地造成一个过电压的条件来模拟实际运行情况，以观察绝缘在规定条件下的局部放电水平。例如，在模拟的过电压下发生局部放电后约 30min 加压时间中局部放电熄灭的情况。

判断变压器局部放电的水平，就是在规定施加电压及持续时间 30min 内，对 220kV 及以上电压等级的绕组线端放电量，一般应不超过相应规定的放电量标准，并要观察其起始和熄灭电压及随所施加电压的发展趋势。

2. 变压器局部放电故障的判断

变压器的局部放电故障，可能发生在任何电场集中或绝缘不良的部位，如固体绝缘材料

或变压器油中的气泡，高压绕组静电屏蔽出线，高电压引线，相间围屏以及绕组匝间等处。严格地说，变压器内部总存在不同程度的局部放电。这种一时尚未贯通电极的放电，如果涉及固体绝缘，严重时会在绝缘上留下痕迹，并最终发展为电极间的击穿。而对于严重的局部放电故障，由于有些发展为击穿的时间较短，并且油色谱分析的特征往往不明显，会给及时判断带来困难。

局部放电测试方法包括电气法和超声波法，测试应尽量按国家标准规定的加压方法，使变压器主、纵绝缘均承受较高的电压，使放电缺陷明显地暴露出来。超声波法可以帮助确定放电的位置，是很有前途的试验手段，只是目前测试仪器的性能尚不满意，且难以确定放电量，这也限制了其单独使用的范围。

小　结

变压器负荷能力主要由变压器绕组最热点的温度决定。根据绝缘老化规则，如维持变压器绕组最热点的温度在98℃左右，即可获得正常预期寿命（20～30年）。由于绕组温度受气温和负荷波动的影响，变动范围很大，所以通常应用等值老化原则，即让变压器在高温时老化加速和低温时老化延缓相互补偿，或者说，使变压器在一定时间间隔内，绝缘老化或所损耗的寿命等于一常数。这个常数相当于绕组温度在整个时间间隔内绕组恒温为98℃时所损耗的寿命，其表达式为

$$\int_0^T e^{P\theta_t} dt = Te^{98P}$$

变压器在某一段时间间隔内所消耗的寿命对绕组温度维持在98℃时所消耗的寿命的比值称为绝缘老化率 υ。在一定时间间隔内维持变压器老化率接近于1，是制定变压器负荷能力的主要依据。判断和确定变压器正常过负荷能力时，可依照负荷曲线计算变压器绕组最热点的温度曲线，再计算变压器绝缘的老化率 υ。如果 υ 不大于1，可以认为变压器的最大负荷和其持续时间在允许范围内。如果 $\upsilon<1$，说明变压器的负荷能力未得到充分利用（详见[例10-2]）。也可以根据负荷曲线求出欠负荷期间的等值负荷率 K_1，然后查看有关图表（见图10-11），求得允许的过负荷倍数和允许持续时间。

自耦变压器比普通三绕组变压器有很多优点，主要反映在自耦变压器的标准容量比通过容量小 K_b 倍，所以自耦变压器的质量、体积、损耗、阻抗等也比同容量的三绕组变压器小 K_b 倍。K_b 值和变压比有关，K_b 值愈小，即高、中压侧额定电压比相差不大时，自耦变压器的经济效益愈高。自耦变压器的缺点是阻抗小，短路电流大，高、中压间有电的联系，只能应用在中性点直接接地系统中，在高、中压侧出口端都需加避雷器保护。

自耦变压器的运行方式目前有两种典型方式：①高压侧同时向低压侧和中压侧送电，或相反；②中压侧同时向高压侧和低压侧送电，或相反。在方式②下，最大传输功率受到公共绕组容量的限制，当低压侧向中压侧的传输功率达到自耦变压器的标准容量时，高压侧便不能再向中压侧传输任何功率。

变压器并联运行的条件是：①变压比相等；②额定短路电压相等；③绕组联结组号相同。在一定范围内，不满足上述条件时变压器也可并联运行，但需进行平衡电流计算，校验它们是否过负荷，计算公式和步骤可参阅本章例题。

为保证变压器安全可靠运行，对变压器进行各种故障检测是十分必要的。通过检测油中气体成分的含量、比值、产气速率等指标可判断变压器内部故障的种类和严重程度。通过检测局部放电可对各种放电参数进行测量，从而判断放电故障的严重程度。

思考题和习题

10-1 电力变压器的发热和冷却有哪些特点？当变压器的负荷不同于额定负荷时，各部分的温升起何变化？如何计算？

10-2 变压器的正常过负荷能力是依据什么原则制定的？

10-3 什么是等值空气温度？为什么它比同样时间间隔内的平均空气温度高？

10-4 试证明自耦变压器的质量（铁心质量和铜质量）、损耗和短路阻抗都是同容量同电压等级的普通变压器的 K_b 倍。

10-5 分裂变压器和普通三绕组变压器相比较有何优缺点？它有哪几种运行状态？

10-6 两台三绕组变压器的两个绕组并联运行，第三绕组分别带负荷时，第三绕组的负荷对并联绕组间的负荷分配有无影响？试举例说明。

10-7 油浸变压器发热时间常数为 3.5h，损耗比 $R=5$，日等值空气温度为 20℃，负荷曲线如图 10-35 所示。最大负荷率 $K=1.5$。试求：

(1) 绕组最热点的温度和上层油温的日变化曲线；

(2) 绕组绝缘的日老化率，并判断该变压器的过负荷情况是否在正常过负荷允许范围之内。

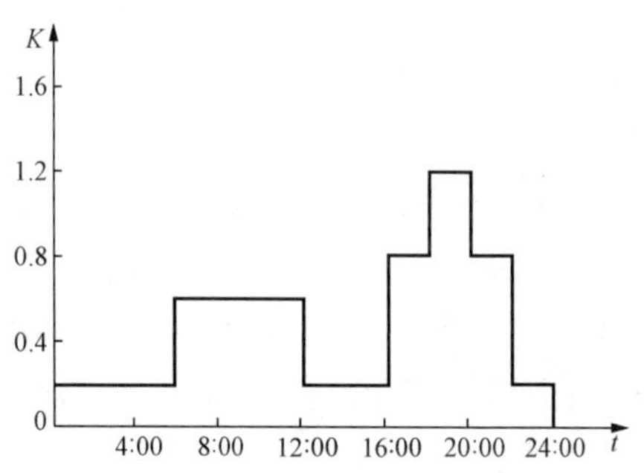

图 10-35 习题 10-7 负荷曲线

10-8 根据习题 10-7 的原始数据，应用图 10-11 曲线，试求历时 2h 的最大过负荷值。

附录　常用数据与系数表

附表 1　**矩形铝导体长期允许载流量和集肤效应系数 K_f**

导体尺寸 $h\times b$ (mm×mm)	单条			双条			三条			四条		
	平放(A)	竖放(A)	K_f	平放(A)	竖放(A)	K_f	平放(A)	竖放(A)	K_f	平放(A)	竖放(A)	K_f
50×4	586	613										
50×5	661	692										
63×6.3	910	952	1.02	1409	1547		1866	2111				
63×8	1038	1085	1.03	1623	1777		2113	2379				
63×10	1168	1221	1.04	1825	1994		2381	2665				
80×6.3	1128	1178	1.03	1724	1892	1.18	2211	2505		2558	3411	
80×8	1174	1330	1.04	1946	2131	1.27	2491	2809	1.44	2863	3817	
80×10	1427	1490	1.05	2175	2373	1.30	2774	3114	1.60	3167	4222	
100×6.3	1371	1430	1.04	2054	2253	1.26	2633	2985		3032	4043	
100×8	1542	1609	1.05	2298	2516	1.30	2933	3311	1.50	3359	4479	
100×10	1728	1803	1.08	2558	2796	1.42	3181	3578	1.70	3622	4829	2.00
125×6.3	1674	1744	1.05	2446	2680	1.28	2079	3490		3525	4700	
125×8	1876	1955	1.08	2725	2982	1.40	3375	3813	1.60	3847	5129	
125×10	2089	2177	1.12	3005	3282	1.45	3725	4194	1.80	4225	5633	2.20

注　1. 载流量系按导体最高允许工作温度 70℃，环境温度 25℃、导体表面涂漆、无日照、海拔为 1000m 及以下条件计算的。

2. 导体尺寸中 h 为矩形铝导体宽度，b 为矩形铝导体厚度。

3. 当导体为四条时，平放、竖放第 2、3 片间距离皆为 50mm。

4. 同截面铜导体载流量为表中铝导体载流量的 1.27 倍。

附表 2

槽形铝导体长期允许载流量及计算数据

截面尺寸（mm）				双槽导体截面（mm^2）	集肤效应系数 K_f	导体载流量（A）							双槽焊成整体时				共振最大允许距离（cm）	
h	b	c	r				截面系数 W_Y（cm^3）	惯性矩 I_Y（cm^4）	惯性半径 r_Y（cm）	截面系数 W_X（cm^3）	惯性矩 I_X（cm^4）	惯性半径 r_X（cm）	截面系数 W_{YO}（cm^3）	惯性矩 I_{YO}（cm^4）	惯性半径 r_{YO}（cm）	静力矩 S_{YO}（cm^3）	双槽实连时绝缘子间距	双槽不实连时绝缘子间距
75	35	4	6	1040	1.012	2280	2.52	6.2	1.09	10.1	41.6	2.83	23.7	89	2.93	14.1		
75	35	5.5	6	1390	1.025	2620	3.17	7.6	1.05	14.1	53.1	2.76	30.1	113	2.85	18.4	178	114
100	45	4.5	8	1550	1.020	2740	4.51	14.5	1.33	22.2	111	3.78	48.6	243	3.96	28.8	205	125
100	45	6	8	2020	1.038	3590	5.90	18.5	1.37	27	135	3.70	58.0	290	3.85	36	203	123
125	55	6.5	10	2740	1.050	4620	9.50	37.0	1.65	50	290	4.70	100	620	4.80	63	228	139
150	65	7	10	3570	1.075	5650	14.7	68.0	1.97	74	560	5.65	167	1260	6.00	98	252	150
175	80	8	12	4880	1.103	6600	25.0	144	2.40	122	1070	6.65	250	2300	6.90	156	263	147
200	90	10	14	6870	1.175	7550	40.0	254	2.75	193	1930	7.65	422	4220	7.90	252	285	157
200	90	12	16	8080	1.237	8800	46.5	294	2.70	225	2250	7.60	490	4900	7.90	290	283	157
225	105	12.5	16	9760	1.285	10 150	66.5	490	3.20	307	3400	8.50	645	7240	8.70	390	299	163
250	115	12.5	16	10 900	1.313	11 200	81.0	660	3.52	360	4500	9.20	824	10 300	9.82	495	321	200

注 1. 载流量系按最高允许温度 70℃、基准环境温度 25℃、无风、无日照条件计算的。

2. 截面尺寸中，h 为槽形铝导体高度，b 为槽形铝导体宽度，c 为槽形铝导体壁厚，r 为槽形铝导体弯曲半径。

附表 3

裸导体载流量在不同海拔及环境温度下的综合校正系数 K

导体最高允许温度（℃）	适应范围	海拔（m）	实际环境温度（℃）						
			20	25	30	35	40	45	50
70	屋内矩形、槽形、管形导体和不计日照的屋外软导线		1.05	1.00	0.94	0.88	0.81	0.74	0.67
80	计及日照时屋外软导线	1000 及以下	1.05	1.00	0.95	0.89	0.83	0.76	0.69
		2000	1.01	0.96	0.91	0.85	0.79		
		3000	0.97	0.92	0.87	0.81	0.75		
		4000	0.93	0.89	0.84	0.77	0.71		
	计及日照时屋外管形导体	1000 及以下	1.05	1.00	0.94	0.87	0.80	0.72	0.63
		2000	1.00	0.94	0.88	0.81	0.74		
		3000	0.95	0.90	0.84	0.76	0.69		
		4000	0.91	0.86	0.80	0.72	0.65		

附表 4 支柱绝缘子和穿墙套管技术数据

支柱绝缘子				穿墙套管				
型号	额定电压（kV）	绝缘子高度（mm）	机械破坏负荷（kN）	型号	额定电压（kV）	额定电流（母线尺寸220mm×210mm）（A）	套管长度（mm）	机械破坏负荷（kN）
ZC-10	10	225	12.25	CMWD2-20	20	4000	645	19.60
ZD-10	10	235	19.60	CMWF2-20	20	8000	625	39.20

注 Z—户内外胶装式；CMW—户外母线式；C、D、F—分别表示抗弯破坏负荷等级为12 250N、19 600N和39 200N。

附表 5 10kV 高压断路器技术数据

型号	额定电压（kV）	额定电流（A）	额定开断电流（kA）	极限通过电流（kA）		热稳定电流（kA）					固有分闸时间（s）	合闸时间（s）
				峰值	有效值	1s	2s	4s	5s	10s		
SN10-10I/630	10	630	16	40			16				0.05	0.2
SN10-10II/1000	10	1000	31.5	80			31.5				0.05	0.2
SN10-10III/2000	10	2000	43.3	130				43.3			0.06	0.25
SN10-10III/3000	10	3000	43.3	130				43.3			0.06	0.2
SN3-10/2000	10	2000	29	75	43.5	43.5			30	21	0.14	0.5
SN3-10/3000	10	3000	29	75	43.5	43.5			30	21	0.14	0.5
ZN5-10/630	10	630	20	50				20			0.05	0.1
ZN5-10/1000	10	1000	25	63				25			0.05	0.1
ZN5-10/1250	10	1250	25	63			25				0.05	0.10
LN-10/1250	10	1250	25	80			25（3s）				0.06	0.06
LN-10/2000	10	2000	40	110			43.5（3s）				0.06	C.06

注 SN—户内少油式；ZN—户内真空式；LN—户内 SF_6 式。

附表 6　　35～500kV 高压断路器技术数据

型　号	额定电压（kV）	额定电流（A）	开断容量（MV·A）	额定开断电流（kA）	极限通过电流（kA）		热稳定电流（kA）					固有分闸时间（s）	合闸时间（s）
					峰值	有效值	1s	2s	4s	5s	10s		
SW2-35/600	35	600	400	6.6	17	9.8			6.6			0.06	0.12
SW2-35/1000	35	1000	1500	24.8	63.4	39.2			24.8			0.06	0.4
SW3-110G/1200	110	1200	3000	15.8	41				15.8			0.07	0.4
SW4-110/1000	110	1000	3500	18.4	55	32	32			21	14.8	0.06	0.25
SW6-220/1200	220	1200	6000	21	55				21			0.04	0.2
SW7-220/1500	220	1500	6000	21	55				21			0.04	0.15
LW6-220/3150	220	3150		50	125							0.03	0.09
LW6-500/3150	500	3150		50	125							0.03	0.09

注　SW—户外少油式；G—改进型；LW—户外 SF_6 式。

附表 7　　隔离开关技术数据

型　号	额定电压（kV）	额定电流（A）	极限通过电流峰值（kA）	热稳定电流（kA）		操动机构型号
				4s	5s	
GN6-10/600-52	10	600	52	20		
GN6-10/1000-80	10	1000	80	31.5		
GN2-10/2000-85	10	2000	85		51	CS6-2T
GN10-10T/3000-160	10	3000	160		75	
GN10-10T/5000-200	10	5000	200		100	
GN2-35T/400-52	35	400	52		14	CS6-2T
GN2-35T/1000-70	35	1000	70		27.5	CS6-2T
GW5-35G/600-72	35	600	72	16		CS-17
GW5-35G/1000-83	35	1000	83	25		CS-17
GW4-110D/1000-80	110	1000	80		21.5	CQ2-145
GW4-220D/1000-80	220	1000	80	23.7		
GW6-220D/1000-50	220	1000	50	21		
GW7-220D/1000-83	220	1000	83	33		

注　GN—户内型隔离开关；GW—户外型隔离开关；D—带接地开关；CS—手动操动机构；CQ—气动操动机构；G—改进型；T—统一设计。

附表 8

电流互感器技术数据

型号	额定电流比（A）	级次组合	准确度等级	二次负荷 准确度等级 0.2（V·A）	0.5（Ω）	1（Ω）	3（Ω）	5P（V·A）	10P（V·A）	10%倍数 二次负荷（Ω）	10%倍数 倍数	1s热稳定 电流（kA）	1s热稳定 倍数	动稳定 电流（kA）	动稳定 倍数	长度 H（mm）
LA-10	300～400/5	0.5/3	0.5		0.4						<10		75		135	
	600～1000/5	及	1			0.4					<10		75		135	
		1/3	3				0.6				>10		50		90	
3	20～200/5	0.5/3	0.5		0.8	1.2							120		210	
LFZJ1-6	300/5	及	1			0.8							80		140	
10	400/5	1/3	3				1						75		130	
LMC-10	2000/5，3000/5	0.5/0.5	0.5		1.2											610
	4000/5，5000/5	及				3							75			
		0.5/3	3				2									620
LMZ1-10	2000/5，3000/5	0.5/D	0.5		1.6	2.4				2	15					
	4000/5，5000/5		D		2	3				2.4	15					
LCW-35	15～1000/5	0.5/3	0.5		2	4				2	28		65		100	
			3				2			2	5					
LCWB-35	20～1200/5	0.5/P			2							1.3～16.5		3.4～42		
LCWD-110	(2×50)～(2×600)/5	D_1/D_2	D_1							1.2	20		75		150	
		0.5	D_2							1.2	15					
			0.5		1.2											
LCW-220	4×300/5	D/D	D		1.2					1.2	30		60		60	
		D/0.5	0.5		2	4				2	20		60		60	
LCW2-220W	(2×200)～(2×600)/5	0.2/0.5	0.2	50												
		P/P	0.5		2							31.5		80		
		P/P	P						60	20	15					

注　L—电流互感器；A—穿墙式；F—复匝式；M—母线型；C—瓷绝缘或瓷箱串级式；Z—绝缘浇注式；W—户外型或防污型（在电压等级后）；D、P—差动保护用；J—加大容量；B—保护用和防爆型（在电压等级后）。

附表 9　　**电压互感器技术数据**

型号	额定电压（kV）			二次绕组额定容量（V·A）				辅助绕组额定容量（V·A）		最大容量（V·A）
	一次绕组	二次绕组	辅助绕组	0.2	0.5	1	3	3P	6P	
JDZ-10	10	0.1			50	80	200			400
JDZJ-10	$6/\sqrt{3}$	$0.1/\sqrt{3}$	0.1/3		30	50	120			200
JDZJ1-10	$10/\sqrt{3}$	$0.1/\sqrt{3}$	0.1/3		50	80	200			400
JDJ-10	10	0.1			80	150	320			640
JDJ-35	35	0.1			150	250	600			1200
JSJW-10	10	0.1	0.1/3		120	200	480			960
JDJJ-35	$35/\sqrt{3}$	$0.1/\sqrt{3}$	0.1/3		150	250	600			1200
JCC2-110	$110/\sqrt{3}$	$0.1/\sqrt{3}$	0.1			500	1000			2000
JCC2-220	$220/\sqrt{3}$	$0.1/\sqrt{3}$	0.1			500	1000			2000
JDCF-110WB	$110/\sqrt{3}$	$0.1/\sqrt{3}$	0.1	100	150			400		2000
JDCF-220WB	$220/\sqrt{3}$	$0.1/\sqrt{3}$	0.1	100	150			400		2000
YDR-110	$110/\sqrt{3}$	$0.1/\sqrt{3}$	0.1		150	220	440			1200
YDR-220	$220/\sqrt{3}$	$0.1/\sqrt{3}$	0.1		150	220	400			1200

注　J—电压互感器（第一个字母），油浸式（第三字母），接地保护用（第四字母）；Y—电压互感器；D—单相；S—三相；G—干式；C—串级式（第二字母），瓷绝缘（第三字母）；Z—环氧浇注绝缘；W—五柱三绕组（第四字母），防污型（在额定电压后）；B—防爆型（在额定电压后）；R—电容式；F—测量和保护二次绕组分开。

附表 10　　**常用测量与计量仪表技术数据**

仪表名称	型号	电流线圈				电压线圈				准确度等级
		线圈电流（A）	二次负荷（Ω）	每个线圈消耗功率（V·A）	线圈数目	线圈电压（V）	每个线圈消耗功率（V·A）	$\cos\varphi$	线圈数目	
电流表	16L1-A，46L1-A			0.35	1					
电压表	16L1-V，46L1-V					100	0.3	1	1	
频率表	16L1-Hz，46L1-Hz					100	1.2		1	
三相三线有功功率表	16D1-W，46D1-W			0.6	2	100	0.6	1	2	
三相三线无功功率表	16D1-var，46D1-var			0.6	2	100	0.5	1	2	
三相三线有功电能表	DS1，DS2，DS3	5	0.02	0.5	2	100	1.5	0.38	2	0.5
三相三线无功电能表	DX1，DX2，DX3	5	0.02	0.5	2	100	1.5	0.38	2	0.5

附表 11　10kV NKL 型铝电缆水泥电抗器技术数据

型号	额定电压（kV）	额定电流（A）	额定电抗（%）	三相通过容量（kV·A）	单相无功容量（kvar）	75℃时单相损耗（W）	稳定性	
							动稳定电流峰值（kA）	1s 热稳定电流（kA）
NKL-10-300-3	10	300	3	3×1734	52	2015	19.50	17.15
NKL-10-300-4			4		69.2	2540	19.10	17.45
NKL-10-300-5			5		86.5	3680	15.30	12.60
NKL-10-400-3	10	400	3	3×2310	69.4	3060	26.00	22.25
NKL-10-400-4			4		92.4	3625	25.50	22.20
NKL-10-400-5			5		115.4	4180	20.40	22.00
NKL-10-500-3	10	500	3	3×2890	86.5	3290	23.50	27.00
NKL-10-500-4			4		115.6	4000	31.90	27.00
NKL-10-500-5			5		144.5	5460	24.00	21.00
NKL-10-600-4	10	600	4	3×2470	138.5	4130	38.25	34.00
NKL-10-600-5			5		173.5	5870	30.60	28.60
NKL-10-600-6			6		208	6800	22.50	24.70

注　N—水泥柱式；K—电抗器；L—铝电缆。

附表 12　限流式熔断器主要技术数据

型号	额定电压（kV）	额定电流（A）	额定开断容量（MV·A）	最大开断电流有效值（kA）	最小开断电流（额定电流 I_N 倍数）	过电压倍数（额定电压 U_N 倍数）	备注
RN1	3 6 10	20～400 20～300 20～200	200	40 20 12	1.3	≤2.5	输电线路、设备发生短路或过电流保护用
RN2	3，6，10， 20，35	0.5 0.5	500 1000	85 50，28，17		≤2.5 ≤2.5	保护屋内 TV
RW10-35	35	0.5	2000	28		≤2.5	保护屋外 TV

注　R—熔断器；N—户内；W—户外。

附表 13　6kV 聚氯乙烯绝缘及护套（铠装）三芯（铝）电力电缆长期允许载流量（A）

缆芯截面（mm^2）	空气中敷设	直埋敷设		缆芯截面（mm^2）	空气中敷设	直埋敷设	
		土壤热阻系数 80℃·cm/W	土壤热阻系数 120℃·cm/W			土壤热阻系数 80℃·cm/W	土壤热阻系数 120℃·cm/W
16	56（56）	63（64）	58（58）	95	168（167）	182（186）	162（164）
25	73（74）	81（83）	74（75）	120	194（194）	209（213）	185（187）
35	90（90）	102（104）	92（93）	150	223（224）	237（243）	210（213）
50	114（112）	127（128）	113（114）	185	256（257）	270（275）	237（241）
70	143（136）	154（153）	137（136）	240	301（301）	313（316）	274（278）

注　1. 缆芯最高温度为 65℃，基准环境温度为 25℃。
2. 括号内数据适用于聚氯乙烯绝缘且铠装的电缆，括号外数据适用于聚氯乙烯绝缘且无铠装的电缆。

附表 14　**10kV 普通黏性浸渍纸绝缘三芯（铝）电力电缆长期允许载流量（A）**

缆芯截面（mm²）	空气中敷设	直埋敷设		缆芯截面（mm²）	空气中敷设	直埋敷设	
		土壤热阻系数 80℃・cm/W	土壤热阻系数 120℃・cm/W			土壤热阻系数 80℃・cm/W	土壤热阻系数 120℃・cm/W
16	60（50）	65	60	95	180（160）	185	165
25	80（70）	90	75	120	205（185）	215	185
35	95（85）	105	95	150	235（210）	245	215
50	120（105）	130	115	185	270（245）	275	240
70	145（130）	150	240	240	320（285）	325	280

注　1. 缆芯最高工作温度为 60℃，基准环境温度为 25℃。

2. 括号内数字适于铅包或裸铝包电缆。

附表 15　**20～35kV 普通黏性浸渍纸绝缘电力电缆长期允许载流量（A）**

缆芯截面（mm²）	空气中敷设				直埋敷设			
	铜　芯		铝　芯		土壤热阻系数 80℃・cm/W		土壤热阻系数 120℃・cm/W	
	一芯	三芯	一芯	三芯	铜芯	铝芯	铜芯	铝芯
25		95		75	105	80	80	70
35		115		85	115	90	110	85
50	160	145	123	110	150	115	135	100
70	200	175	154	135	180	135	160	120
90	245	210	188	165	210	165	195	150
120	290	240	223	180	240	185	220	170
150	340	265	261	200	275	210	240	190
185	395	300	304	230	300	230	270	210
240	475		366					
300	560		431					
400	680		523					

注　1. 缆芯最高温度为 50℃，基准环境温度为 25℃。

2. 直埋敷设栏内均为三芯电缆。

附表 16　**环境温度变化时电缆载流量的校正系数 K_t**

缆芯工作温度（℃）	环境温度								
	5℃	10℃	15℃	20℃	25℃	30℃	35℃	40℃	45℃
80	1.17	1.13	1.09	1.04	1.0	0.954	0.905	0.853	0.798
60	1.22	1.17	1.12	1.06	1.0	0.935	0.865	0.791	0.707
60	1.25	1.20	1.13	1.07	1.0	0.726	0.846	0.756	0.655
50	1.34	1.26	1.18	1.09	1.0	0.895	0.775	0.623	0.447

附表 17　电缆在空气中多根并列敷设时载流量的校正系数 K_1

线缆根数		1	2	3	4	6	4	6
排列方式		○	○ ○（s，d）	○○○	○○○○	○○○○○○	○○ ○○	○○○ ○○○
线缆中心距离	$S=d$	1.0	0.9	0.85	0.82	0.80	0.80	0.75
	$S=2d$	1.0	1.0	0.98	0.95	0.90	0.90	0.90
	$S=3d$	1.0	1.0	1.0	0.98	0.96	0.96	0.96

注　本表系产品外径相同时的载流量校正系数，当电缆外径 d 不同时，d 值建议取各产品外径的平均值。

附表 18　不同土壤热阻系数时电缆载流量的校正系数 K_3

缆芯截面（mm^2）	土壤热阻系数（℃·cm/W）				
	60	80	120	120	200
2.5～16	1.06	1.0	0.9	0.83	0.77
25～95	1.08	1.0	0.88	0.80	0.73
120～240	1.09	1.0	0.86	0.78	0.71

注　土壤热阻系数的选取：潮湿地区取 60～80mm^2，指沿海、湖、河畔地带雨量多地区，如华东、华南地区等；普通土壤取 120mm^2，如平原地区、东北、华北等；干燥土壤取 160～200mm^2，如高原地区、雨量少的山区、丘陵干燥地带。

附表 19　电缆在土壤中多根并列埋设时载流量的校正系数 K_4

线缆间净距（mm）	敷设并列根数								
	1 根	2 根	3 根	4 根	5 根	6 根	7 根	8 根	9 根
100	1.0	0.90	0.85	0.80	0.78	0.75	0.73	0.72	0.71
200	1.0	0.92	0.87	0.84	0.82	0.81	0.80	0.79	0.79
300	1.0	0.93	0.90	0.87	0.86	0.85	0.85	0.84	0.84

注　敷设时电线电缆相互间净距应不小于 100mm。

附表 20　不同负荷的年利用时间 T

负荷性质	T（h）	负荷性质	T（h）	负荷性质	T（h）	负荷性质	T（h）
煤炭工业	6000	食品工业	4500	铁合金工业	7700	造纸工业	6500
黑色金属工业	6500	交通运输	3000	有色金属冶炼	7500	石油工业	7000
有色金属采选业	5800	城市生活用电	2500	机械制造工业	5000	原子能工业	7800
电铝工业	8200	农业排灌	2800	建筑材料工业	6500	电气化铁道	6000
化学工业	7300	农村照明	1500	纺织工业	6000	其他工业	4000

附表 21　短路前导体温度为 70℃ 时的热稳定系数 C 值

导体材料	短路时导体最高允许温度（℃）	C	导体材料	短路时导体最高允许温度（℃）	C
铜	300	171	钢（不和电器直接连接时）	400	67
铝及铝锰合金	200	87	钢（和电器直接连接时）	300	60

附表 22　硬导体最大允许应力（N/cm^2）

导体材料	铝	铜	LF-21 型铝锰合金管
最大允许应力	6860	13 720	8820

注　1. 对于槽形导体，可能达不到表中数值，选择导体时应向制造部门咨询。
2. 表中所列数值为计及安全系数后的最大允许应力，安全系数一般取 1.7（对应于材料破坏应力）或 1.4（对应于材料屈服点应力）。

附表 23　干空气的热物理性质（p=101 325Pa）

θ_0（℃）	空气密度 ρ（kg/m^3）	定压比热 C_p [kJ/(kg·℃)]	导热系数 λ [$\times10^{-2}$ W/(m·℃)]	热扩散率 α ($\times10^{6}$ m^2/s)	动力黏度 μ [$\times10^{6}$ kg/(m·s)]	运动黏度 υ ($\times10^{-6}$ m^2/s)	普朗特尔常数 P_r
−40	1.515	1.013	2.12	13.8	15.2	10.04	0.728
−30	1.453	1.013	2.20	14.9	15.7	10.80	0.723
−20	1.395	1.009	2.28	16.2	16.2	11.61	0.716
−10	1.342	1.009	2.36	17.4	16.7	12.43	0.712
0	1.293	1.005	2.44	18.8	17.2	13.28	0.707
10	1.247	1.005	2.51	20.0	17.6	14.16	0.705
20	1.205	1.005	2.59	21.4	18.1	15.06	0.703
30	1.165	1.005	2.67	22.9	18.6	16.00	0.701
40	1.128	1.005	2.76	24.3	19.1	16.96	0.699
50	1.093	1.005	2.83	25.7	19.6	17.95	0.698
60	1.060	1.005	2.90	27.2	20.1	18.97	0.696
70	1.029	1.009	2.96	28.6	20.6	20.02	0.694
80	1.000	1.009	3.05	30.2	21.1	21.09	0.692
90	0.972	1.009	3.13	31.9	21.5	22.10	0.690
100	0.946	1.009	3.21	33.6	21.9	23.13	0.688

参 考 文 献

[1] 朱亚杰，孙兴文. 能源世界之窗. 北京：清华大学出版社，2001.

[2] 黄素逸. 能源科学导论. 北京：中国电力出版社，1999.

[3] 惠晶. 新能源转换与控制技术. 北京：机械工业出版社，2008.

[4] 中国科学技术协会. 能源科学技术学科发展报告. 北京：中国科学技术出版社，2008.

[5]《中国电力百科全书》编辑委员会，中国电力出版社《中国电力百科全书》编辑部编. 中国电力百科全书·火力发电卷. 北京：中国电力出版社，2001.

[6] 史晓斐. 节能减排世纪之约. 中国电力报，2007. 12. 27 (4271).

[7] 阎维平. 洁净煤发电技术. 北京：中国电力出版社，2002.

[8] 李惕先，季云，刘启钊. 抽水蓄能电站. 北京：水利电力出版社，1995.

[9] 朱继洲. 压水堆核电厂的运行. 北京：原子能出版社，2000.

[10] 欧阳予. 世界主要核电国家发展战略与我国核电规划. 现代电力，2006，23 (5)：1-10.

[11] 文锋，马振兴. 现代发电厂概论. 北京：中国电力出版社，1999.

[12] 涂光瑜. 汽轮发电机及电气设备. 2 版. 北京：中国电力出版社，2007.

[13] 楼樟达，李扬. 发电厂电气设备. 北京：中国电力出版社，1998.

[14] 熊信银. 发电机及电气系统. 北京：中国电力出版社，2004.

[15] 四川省电力工业局，四川省电力教育协会. 500kV 变电所. 北京：中国电力出版社，2000.

[16] 江苏省电力公司. 500kV 阳城电厂送出输变电工程. 南京：江苏科学技术出版社，2003.

[17] 戴熙杰. 直流输电基础. 北京：水利电力出版社，1990.

[18] 熊信银，张步涵. 电气工程基础. 武汉：华中科技大学出版社，2005.

[19] 姚春球. 发电厂电气部分. 北京：中国电力出版社，2004.

[20] 国家电力监管委员会电力可靠性管理中心. 电力可靠性技术与管理培训教材. 北京：中国电力出版社，2007.

[21] 丁德劭. 怎样读新标准电气一次接线图. 北京：中国水利水电出版社，2001.

[22] 熊信银，唐巍. 电气工程概论. 北京：中国电力出版社，2008.

[23] 傅知兰. 电力系统电气设备选择与实用计算. 北京：中国电力出版社，2004.

[24] 水利电力部西北电力设计院. 电力工程电气设计手册·电气一次部分. 北京：中国电力出版社，1989.

[25] 宋继成. 220～500kV 变电所二次接线设计. 2 版 . 北京：中国电力出版社，2014.

[26] 文峰. 发电厂及变电所的控制（二次部分）. 北京：中国电力出版社，1998.

[27] 黄益庄. 变电站综合自动化技术 . 北京：中国电力出版社，2000.

[28] 张公忠，陈锦章. 当代组网技术. 北京：清华大学出版社，2000.

[29] 邹仉平. 实用电气二次回路 200 例. 北京：中国电力出版社，2000.

[30] Ata Elahi. Network Communications Technology（英文影印版）. 北京：科学出版社，2002.

[31] 胡志光. 火电厂电气设备及运行. 北京：中国电力出版社，2001.

[32] 周德贵，巩北宁. 同步发电机运行技术与实践. 北京：中国电力出版社，1996.

[33] 黄稚罗，黄树红. 发电设备状态检修. 北京：中国电力出版社，2000.

[34] P.J. 达夫勒，J. 彭曼 [英]. 电机的状态监测. 姜建国，史家燕. 译. 北京：水利电力出版社，1992.

[35] 李伟清，王绍禹. 发电机故障检查分析及预防. 北京：中国电力出版社，1996.

[36] 沈标正. 电机故障诊断技术. 北京：机械工业出版社，1996.
[37] 陈启卷. 电气设备及系统. 北京：中国电力出版社，2006.
[38] 宋志明，李洪战. 电气设备与运行. 北京：中国电力出版社，2008.
[39] 国家电网公司. 国家电网公司750kV输变电示范工程建设总结. 北京：中国电力出版社，2006.
[40] 刘振亚. 特高压输电知识问答. 北京：中国电力出版社，2006.
[41] 刘泽洪，等. ±800kV特高压直流输电技术研究. 电力建设，2007，28（10）：17-23.
[42] 孙树波，等. 1000kV自耦变压器的开发设计. 电力设备，2007，8（4）：6-10.
[43] 许斌，曾静. ±800kV复龙换流站设计特点介绍. 电力建设，2008，29（4）：12-15，23.
[44] 孙昕，等. 中国特高压同步电网的构建以及经济性和安全性分析. 电力建设，2007，28（10）：7-11.
[45] 邱岭，周才洋. 1000MW等级火电机组厂用电电压等级的选择. 电力建设，2006，27（6）：23-27，34.
[46] 陈洪利，郭伟. 厂用工作电源与备用电源的正常切换方式探讨. 电力建设，2006，27（9）：56-59.
[47] 章素华. 构造中国数字化电厂的技术思考. 华电技术，2008，30（7）：32-36.
[48] 刘宇穗. 全面数字化电厂构思. 电力勘测设计，2008，(3)：63-67.
[49] 杨明. 关于数字化变电站. 供电企业管理，2007，(1)：39-41.
[50] 汤广福. 基于电压源换流器的高压直流输电技术. 北京：中国电力出版社，2009.
[51] 赵畹君. 高压直流输电工程技术. 2版. 北京：中国电力出版社，2010.
[52] 刘振亚. 国家电网公司输变电工程典型设计110kV变电站分册（2005）. 北京：中国电力出版社，2005.
[53] 卓乐友. 电力工程电气设计200例. 北京：中国电力出版社，2003.
[54] 中华人民共和国住房和城乡建设部. 1000kV变电站设计规范（1125）. 北京：中国计划出版社，2011.
[55] 李永刚，李和明. 发电机转子匝间短路故障特性分析与识别. 北京：中国电力出版社，2009.
[56] 王国光. 变电站二次回路及运行维护. 北京：中国电力出版社，2011.
[57] 戴宪滨. 变电站二次回路及其故障处理典型实例. 北京：中国电力出版社，2013.
[58] 景敏慧. 变电站电气二次回路及抗干扰. 北京：中国电力出版社，2010.